A Lei do Motorista Profissional e os Direitos Fundamentais

Análise Específica e Contextualizada das Leis ns. 12.619/2012 e 13.103/2015

Atualizada com as decisões do STF na ADC 58, ADI 5.322, ADPF 381, Tema 1.046 e Precedentes Qualificados (Vinculantes) do TST

LACIER
Lacier Livraria e Editora
www.livrarialacier.com.br

Rua Doutor Quirino, 808 - Centro
CEP 13015-081 - Campinas, SP - Brasil

Agosto, 2025

Diretor: *Lacier José de Rezende*
Coordenação editorial: *Eduardo Aureliano*
Projeto de capa: *Daniele Porfirio*
Projeto gráfico e editoração eletrônica: *Peter Fritz Strotbek –The Best Page*

Ficha Catalográfica

Dados Internacionais de Catalogação na Publicação (CIP)
(Câmara Brasileira do Livro, SP, Brasil)

G322l Gemignani, Tereza Aparecida Asta.

A lei do motorista profissional e os direitos fundamentais : análise específica e contextualizada das leis ns. 12.619/2012 e 13.103/2015 / Tereza Aparecida Asta Gemignani, Daniel Gemignani. — 4. ed. atual. com as decisões do STF na ADC 58, ADI 5.322, ADPF 381, Tema 1.046 e precedentes qualificados (vinculantes) do TST. — Campinas, SP : Lacier Editora, 2025.

372 p. ; 18,5 x 27 cm.

ISBN 978-65-5275-015-0

1. Direito do Trabalho — Legislação — Brasil. 2. Motorista profissional — Leis e legislação. 3. Direitos fundamentais — Motorista profissional — Brasil. I. Gemignani, Daniel. II. Título.

CDU 34:331(81)

Índices para catálogo sistemático:

Transporte rodoviário de passageiros e de cargas : Relações de trabalho : Direito do trabalho (Brasil)

Angela Schmidt da Rosa – Bibliotecária – CRB-14/1171

Dedicamos este livro a todos que acreditam no Direito do Trabalho,
como pilar de sustentação de uma sociedade democrática,
por garantir liberdade e emancipação da pessoa humana,
que depende de seu trabalho para sobreviver.

Agradecemos a Deus pela força e persistência de propósitos nos momentos difíceis.

Tereza e Daniel

Agradeço a pups por sempre me desafiar a escrever e expor novas ideias,
ainda que isso signifique um exercício contínuo de revisão e autocrítica.

Daniel

Sumário

Nota à 4ª edição 15

Nota à 3ª edição 17

Nota à 2ª edição 19

1. Introdução 23

2. Aplicação da Nova Lei no Tempo 29
2.1. O julgamento da ADI 5.322 33
2.2. A posição adotada pelo Supremo Tribunal Federal no julgamento da ADPF 381 38
2.3. A discutível previsão do art. 22 da Lei n. 13.103/2015, que converte em advertência as penalidades aplicadas com base na Lei n. 12.619/2012 42
2.4. A controvertida previsão do art. 12 da Lei n. 13.103/2015 e a inadequada socialização/externalização dos custos da atividade econômica — Análise conjunta com o disposto no art. 17 da Lei n. 13.103/2015, com redação dada pela Lei n. 13.711/2018 48

3. Definições e Abrangência. A Amplitude da Lei 55
3.1. Aplicação da lei e a caracterização de categoria diferenciada 58
3.1.1. O reconhecimento do motorista profissional rural como categoria diferenciada. A Lei n. 13.154/2015 60
3.1.2. O reconhecimento do motorista profissional doméstico como categoria diferenciada 65
3.1.3. A jurisprudência dominante do Tribunal Superior do Trabalho (TST) no que se refere à aplicação de normas coletivas à categoria profissional diferenciada 67
3.2. Abrangência das medidas protetivas no âmbito da saúde e segurança do trabalho 68
3.2.1. Os destinatários das Leis ns. 12.619/2012 e 13.103/2015 72
3.2.1.1. A competência da Justiça do Trabalho para julgar questões relacionadas à atividade profissional dos motoristas profissionais autônomos 76
3.2.2. Quem tem o dever legal de implementar a proteção estabelecida em questões de saúde e segurança do trabalho 80
3.2.2.1. Os contornos e as controvérsias da responsabilidade fixada pelos arts. 9º e 67-C, § 7º, do CTB. Interpretação acerca da expressão "ordenar o início da viagem sem o gozo integral dos períodos de descanso" 85

3.2.2.2. A responsabilidade por implementar medidas de saúde e segurança do trabalho — Pontos de parada e demais questões afetas à prestação do serviço e a Lei n. 13.103/2015 88

3.2.2.2.1. A responsabilidade pelas questões de saúde e segurança no trabalho — O dever profissional de informar anormalidades ao tomador do serviço 95

3.3. A questão do motorista estrangeiro 97

3.3.1. Diretrizes da Inspeção do Trabalho no âmbito do Mercosul e especificidades do setor de transportes 101

3.3.2. Da responsabilidade pela aplicação de sanções ao motorista estrangeiro 102

3.4. Do motorista brasileiro que atua em rotas internacionais 104

4. Direitos e Deveres dos Motoristas Profissionais de Maneira Geral 105

4.1. O acesso gratuito a programa de formação e aperfeiçoamento profissional e atendimento profilático, terapêutico e reabilitador — Art. 2º, incisos I, II e IV da Lei n. 13.103/2015 105

4.2. A proteção do direito à intimidade do trabalhador 109

4.2.1. As polêmicas envolvendo a realização de exames toxicológicos e a instituição de "programa de controle do uso de droga e bebida alcoólica" — Arts. 3º e 13 da Lei n. 13.103/2015, 235-B, inciso VII e parágrafo único, e 168 da CLT e 148-A do CTB 111

4.2.1.1. Questões gerais — Introdução ao tema e constitucionalidade dos dispositivos da Lei n. 13.103/2015 referentes à realização de exames toxicológicos 111

4.2.1.2. A sistemática de realização dos exames toxicológicos e do "programa de controle de uso de droga e de bebida alcoólica": discussões acerca dos procedimentos realizados pelo poder público e pelo empregador/tomador de serviços 114

4.2.1.3. Tabela comparativa da regulamentação da obrigatoriedade de realização de exames toxicológicos 131

4.2.2. O acesso da pessoa jurídica concessionária ou permissionária de serviço público aos pontos atribuídos em razão de infrações de trânsito aos motoristas que integram seu quadro funcional — Art. 261, § 8º, do CTB 136

4.2.3. A utilização de informações de bancos de dados de proteção ao crédito como mecanismo de obstaculização de acesso ao trabalho por parte de motoristas empregados e transportadores autônomos de carga 137

4.2.4. A adoção de sistemas de gerenciamento da fadiga humana 138

4.3. Da responsabilização do trabalhador por prejuízo patrimonial — O princípio da intangibilidade salarial — Art. 2º, inciso V, alínea "*a*", da Lei n. 13.103/2015 142

4.4. O reconhecimento da criminalidade como fator de risco no trabalho. Discutindo a responsabilidade subjetiva e objetiva — Art. 2º, inciso III, da Lei n. 13.103/2015 144

4.5. Controle dos tempos de trabalho 146

4.5.1. Mudança de paradigmas — Exclusão dos motoristas profissionais empregados da exceção prevista no inciso I do art. 62 da CLT 146

4.5.1.1. A inaplicabilidade do art. 74, § 2º, da CLT aos motoristas profissionais... 147
4.5.2. Os meios de controle ... 148
4.5.3. O controle de ponto. O Sistema de Registro Eletrônico ... 150

5. A Duração da Jornada de Trabalho ... 155
5.1. A jornada móvel ... 155
5.2. Duração e prorrogação da jornada ... 156
5.2.1. A prorrogação da jornada em 2 horas diárias ... 157
5.2.2. A prorrogação da jornada em 4 horas diárias ... 157
5.3. Aplicação do art. 384 da CLT às relações anteriores à Lei n. 13.467/2017 (Reforma Trabalhista) ... 161
5.4. Compensação da jornada ... 163
5.5. Força maior ... 165
5.6. A jornada 12 x 36. Alterações trazidas pela Lei n. 13.103/2015. A Reforma Trabalhista e o art. 59-A da CLT ... 166

6. A Prestação Laboral do Motorista Profissional Dividida em "Tempos" ... 170
6.1. Tempo de direção ou de condução ... 171
6.1.1. A possibilidade de fracionamento do tempo de direção ... 173
6.2. O início da viagem ... 174
6.3. Tempo de espera ... 174
6.3.1. Natureza jurídica do "tempo de espera". Critérios fixados para o pagamento do respectivo período ... 176
6.3.2. O início e a limitação temporal do **tempo de espera** ... 183
6.3.2.1. O início do tempo de espera ... 183
6.3.2.2. Limitação temporal do **tempo de espera** ... 183
6.4. Tempo de reserva — O trabalho em dupla ... 185
6.4.1. O gozo "espontâneo" do intervalo de repouso no próprio veículo parado ... 187
6.4.2. O acompanhamento de veículo transportado ... 187
6.5. A figura do ajudante — Art. 235-C, § 16, da CLT ... 188

7. Os Períodos de Descanso ... 189
7.1. O intervalo de 30 (trinta) minutos do tempo de direção ... 189
7.1.1. A sistemática para a concessão do intervalo de 30 minutos ... 191
7.1.1.1. Tempo máximo de direção, gozo do intervalo de 30 minutos para descanso do tempo de direção e seu fracionamento ... 191
7.1.1.2. O intervalo de 30 minutos — Concessão e coincidência com outros períodos de descanso ... 192
7.1.1.2.1. Coincidência com o intervalo para repouso e alimentação de 1 hora ... 192

7.1.1.2.2. Coincidência com o intervalo de 11 horas de descanso interjornadas 194
7.1.2. Motorista profissional empregado 196
7.1.2.1. Quem está obrigado a cumprir o intervalo de 30 minutos e a possibilidade de seu fracionamento 196
7.1.2.2. Os 30 minutos de descanso do tempo de direção integram a jornada de trabalho? 197
7.1.3. O intervalo de 30 minutos do tempo de direção e o motorista profissional autônomo. 197
7.2. O intervalo intrajornada 198
7.2.1. A duração do intervalo intrajornada quando a jornada for inferior a 6 horas 199
7.2.2. O fracionamento e a redução do intervalo intrajornada 199
7.2.2.1. O intervalo intrajornada dos motoristas profissionais empregados 199
7.2.2.2. A possibilidade de fracionamento e redução do intervalo intrajornada dos motoristas que atuam no transporte de passageiros, nos termos do § 5º do art. 71 da CLT 200
7.2.2.3. Coincidência do intervalo para refeição de 1 hora com os 30 minutos do tempo de direção 204
7.2.3. A Reforma Trabalhista: duração e fracionamento do intervalo intrajornada 205
7.2.4. As alterações promovidas pela Reforma Trabalhista quanto ao valor e a natureza jurídica do pagamento efetuado em relação ao intervalo intrajornada que não foi concedido 207
7.3. Intervalo interjornada. Possibilidade de fracionamento e coincidência com outros intervalos 208
7.3.1. O intervalo interjornada — Considerações gerais sobre o tema 208
7.3.2. A possibilidade de fracionamento e coincidência do intervalo interjornada com outros intervalos 208
7.3.2.1. A sistemática de fracionamento do intervalo interjornada 208
7.3.2.2. A coincidência do intervalo interjornada com outros intervalos 210
7.3.2.2.1. A coincidência do intervalo interjornada com o intervalo de direção e o intervalo intrajornada — Possibilidades e limitações da cumulação 210
7.3.2.2.2. A posição adotada pelo Supremo Tribunal Federal no julgamento da ADI 5.322 211
7.4. O descanso semanal de 24 horas — Motoristas profissionais autônomos e empregados. 211
7.4.1. A duração do descanso semanal: 35 ou 36 horas? 212
7.4.2. A possibilidade de fracionamento do descanso semanal de 24 horas 214
7.4.2.1. O fracionamento do descanso semanal do motorista profissional empregado que se ativa em viagens com duração superior a 7 dias 216
7.4.2.2. As alterações trazidas pela Lei n. 13.103/2015 — O fracionamento do período de descanso de 35 horas — *descanso semanal e descanso diário* 218
7.4.2.3. O acúmulo dos períodos de descanso e a limitação das viagens de longa distância com duração superior a 7 dias 219

7.4.3. A posição adotada pelo Supremo Tribunal Federal no julgamento da ADI 5.322.... 221

7.4.4. A relevância da negociação coletiva ... 222

7.5. Consequências da falta de concessão dos períodos de descanso — A interdição do serviço e a retenção do veículo ... 222

8. Repercussões Extrapatrimoniais do Descumprimento das Normas Protetivas da Atividade do Motorista Profissional ... 225

8.1. Dano extrapatrimonial ... 225

8.1.1. Critérios para a configuração do ato ilícito ... 225

8.1.2. A configuração de ato ilícito pelo transporte de valores por motorista não especializado. Tema 61 do TST ... 227

8.1.3. Critérios para a fixação do valor da indenização ... 227

8.1.4. Critérios para fixação da correção monetária ... 228

8.1.5. Possibilidade de cumulação da reparação por danos materiais e extrapatrimoniais decorrentes do mesmo ato lesivo ... 230

8.2. O dano existencial e a extrapolação dos limites de jornada e descanso ... 230

9. Tutela Inibitória — A Prevenção Reconhecida como Bem Jurídico ... 233

10. Remuneração: Limites a Estipulação de Pagamento Variável e por Comissão ... 239

11. A Negociação Coletiva ... 242

11.1. Alterações promovidas pela Lei n. 12.619/2012 – Incentivo à negociação coletiva... 242

11.2. A extensão e os limites da negociação coletiva ... 244

11.2.1. O alcance da negociação coletiva e a categoria diferenciada ... 244

11.2.2. O alcance da negociação coletiva e a base territorial ... 244

11.3. Alterações empreendidas pela Lei n. 13.103/2015 ... 245

11.4. Matérias que podem ser objeto de negociação coletiva ... 247

11.4.1. O valor do seguro obrigatório ... 247

11.4.2. Testes para detecção do uso de bebida alcoólica e drogas ... 247

11.5. As modificações implementadas pela Lei n. 13.467/2017 (Reforma Trabalhista) no instituto da negociação coletiva ... 248

11.5.1. Negociação quanto à jornada de trabalho, observados os limites constitucionais 248

11.5.2. A redução do intervalo intrajornada para 30 minutos ... 250

11.5.3. A fixação da modalidade do registro de jornada por negociação coletiva ... 250

11.6. A interpretação da "prevalência da convenção e do acordo coletivo sobre a lei" ... 251

11.7. A nova configuração da autonomia privada coletiva ... 252

11.7.1. O microssistema de direito coletivo do trabalho ... 253

11.7.1.1. O microssistema de direito coletivo *material* do trabalho ... 253

11.7.1.2. O microssistema de direito coletivo processual do trabalho ... 255

11.7.2. O microssistema de direito coletivo trabalhista e a formatação de novos modelos de hermenêutica ... 258

Nota à 4ª edição

Ao conferir um estatuto próprio para a atividade do motorista profissional, tanto a Lei n. 12.619/2012, quanto a Lei n. 13.103/2015, vieram demonstrar a importância de instituir parâmetros específicos para a proteção desses trabalhadores, que atuam em um meio ambiente compartilhado diretamente com a sociedade.

A *reforma trabalhista*, que compreende não só a Lei n. 13.467/2017, mas também uma série de leis e decisões, provocou relevantes alterações não só em relação ao direito individual mas, principalmente, quanto ao direito coletivo e direito sindical, gerando repercussão também na lei especial que disciplina o trabalho do motorista profissional.

A crescente temperatura e pressão desses embates jurídicos alçaram o patamar de questionamentos constitucionais, suscitados ao Supremo Tribunal Federal (STF), notadamente pelo manejo de Ação Direta de Inconstitucionalidade (ADI) e Arguição de Descumprimento de Preceito Fundamental (ADPF).

Nesta edição, a análise criteriosa e fundamentada das Leis ns. 12.619/2012 e 13.103/2015, acrescida do exame da *reforma trabalhista*, agrega o estudo das repercussões e efeitos provocados pelas decisões proferidas pelo Supremo Tribunal Federal, notadamente na Ação Direta de Inconstitucionalidade (ADI) n. 5.322 e na Arguição de Descumprimento de Preceito Fundamental (ADPF) n. 381, ADC 58 e Tema 1046, com repercussão geral, fazendo referência a casos concretos, para facilitar a compreensão das alterações significativas que provocaram no regramento da atividade do motorista profissional.

Analisa também os Precedentes Qualificados, com efeito vinculante, referentes aos motoristas profissionais, estabelecidos pelo Tribunal Superior do Trabalho (TST), em cumprimento à Resolução n. 374/2023, do Conselho Superior da Justiça do Trabalho (CSJT) que, nos termos do art. 927, incisos I a V do Código de Processo Civil, aplicáveis por compatíveis com o processo trabalhista, instituiu a Política de Consolidação do Sistema de Precedentes Obrigatórios na Justiça do Trabalho, em atendimento às Resoluções ns. 325/2020 e 444/2022 do Conselho Nacional de Justiça (CNJ).

Esta nova obra, totalmente reeditada, com análise das alterações legais e jurisprudenciais, propõe-se a contribuir com os debates, apresentando valioso material compilado para facilitar a atuação dos profissionais do Direito.

Nota à 3ª edição

Passados poucos anos desde a publicação da Lei n. 13.103/2015, que havia introduzido importantes mudanças na regulamentação da atividade do motorista profissional, o ordenamento jurídico trabalhista sofreu profunda alteração pelas diversas normas que compõem a *reforma trabalhista*.

Com efeito, entende-se por *reforma trabalhista* não apenas a Lei n. 13.467/2017, como uma série de leis e decisões que vêm impondo relevantes mudanças na seara laboral.(1) De questões individuais, passando pelos contornos do direito coletivo, até o direito sindical, todas as áreas do Direito do Trabalho sofreram, e vêm sofrendo, mudanças e reavaliações.

A presente obra volta a ser reeditada após o período inicial de efervescência dessas alterações legais, a fim de poder avaliar, de forma mais abrangente e com certo distanciamento, suas repercussões.

O momento ainda é de desafios. A tônica que empolgou a primeira edição desta obra — assim como a segunda —, ainda subsiste. Há, no entanto, farto material novo, que passa a ser incorporado.

Procedeu-se à revisão de todo o texto e à reavaliação de posicionamentos, agregando novas informações e perspectivas, além da exposição de novas controvérsias.

Contudo, manteve-se a diretriz que norteou as edições anteriores quanto à análise criteriosa e fundamentada, que busca discutir a extensão das disposições contidas nas Leis ns. 12.619/2012 e 13.103/2015 — agora, sob a perspectiva da *reforma trabalhista* —, mormente em razão das diversas alterações precarizantes introduzidas, muitas objeto de discussão na Ação Direta de Inconstitucionalidade (ADI) n. 5.322 e na Arguição de Descumprimento de Preceito Fundamental (ADPF) n. 381, em trâmite perante o Supremo Tribunal Federal (STF).

Esta nova obra, totalmente reeditada, propõe-se a contribuir com os debates doutrinários e discussões jurisprudenciais.

(1) GEMIGNANI. Tereza Aparecida Asta; GEMIGNANI, Daniel. "Grupo econômico e sucessão empresarial: o que muda com a reforma trabalhista?". In: MIESSA, Élisson; CORREIA, Henrique (Orgs.). *A reforma trabalhista e seus impactos.* Salvador: JusPodivm, 2017, p. 40: "O cenário posto demonstra que a denominada reforma trabalhista não se resume à Lei n. 13.467/2017, conquanto tal diploma legislativo tenha feito modificações profundas no direito do trabalho, vez que diversas outras leis já tinham sido sancionadas nessa mesma toada de reformas. Como exemplos, pode-se citar a Lei n. 13.103/2015 (lei do motorista profissional), LC n. 150/2015 (lei do doméstico), Lei n. 13.352/2017 (lei do salão parceiro), Lei n. 13.419/2017 (lei da gorjeta), Lei n. 13.424/2017 (lei do radialista), Lei n. 13.429/2017 (lei que trata do trabalho temporário e prestação de serviços/terceirização), Lei n. 13.445/2017 (lei de migração) e Lei n. 13.475/2017 (lei do aeronauta), que desencadearam relevantes repercussões no ordenamento jurídico laboral, suscitando as mais diversas discussões na doutrina e jurisprudência. Diferentemente do que ocorreu em outros momentos, agora não se trata apenas de reformas pontuais e conjunturais, mas de alteração da própria estrutura sistêmica do edifício jurídico trabalhista".

Nota à 2ª edição

Após pouco mais de dois anos de vigência da Lei n. 12.619/2012, denominada *lei do descanso*, o acirrado embate inicial contra alguns de seus dispositivos começa a ser amainado em alguns pontos pela doutrina, ante o reconhecimento da importância de garantir a higidez física e mental do motorista, como requisito indispensável para preservar a segurança no seu meio ambiente de trabalho, atípico em relação aos demais, por ser compartilhado com toda a sociedade.

Dissemina-se a percepção de que assegurar limites à jornada de trabalho e ao gozo de períodos de descanso é tratar de saúde e segurança, reduzindo cada vez mais à condição de exceção a atitude singela de *monetizar* as infrações a esses limites, com a reparação por seu equivalente pecuniário. A regra, portanto, deve ser a busca pelo cumprimento da lei, com a prevenção das condições de saúde e segurança por meio de medidas que impeçam a reiterada extrapolação da jornada normal de trabalho do motorista profissional, conforme já defendemos em obra conjunta, com os seguintes argumentos:

> "Assim, a análise das questões atinentes à jornada de trabalho encerra conteúdos variados, inter-relacionando a saúde e a segurança no trabalho com temas tradicionalmente trabalhistas. Em razão disso, deve-se, pois, ter-se em perspectiva que a correta administração do tempo em que o trabalhador permanece à disposição do empregador, nisso se inserindo a instituição de pausas no trabalho, reflete tanto em questões acidentárias (logo, sob uma perspectiva de proteção ao trabalhador), como de saúde no ambiente laboral (que tem por pressuposto o bem-estar no meio ambiente laboral), quanto em questões atinentes à produtividade do empregado, haja vista a maior disposição, disponibilidade e comprometimento para com o trabalho."(2)

Entretanto, o caminhar não tem sido fácil.

A par dos avanços, houve preocupantes retrocessos.

Posições divergentes pautadas por interesses contrapostos, explicitadas em debates ora produtivos, ora especulativos, focados tanto nas questões trabalhistas entre particulares (trabalhadores/empregados/contratantes/empregadores) quanto públicas e estatais (enquadramento sindical, prevenção de acidentes, preço de pedágio, condição de conservação das estradas, efetividade e limites da atuação dos órgãos de fiscalização(3) e redução de custos previdenciários).(4)

(2) GEMIGNANI, Daniel. Pausas como instrumento de saúde e segurança do trabalho — As pausas no meio rural, em empresas de abate e processamento de carnes e derivados e de mecanografistas, digitadores, telefonistas e operadores de *telemarketing*. In: GEMIGNANI, Daniel; GEMIGNANI, Tereza Aparecida Asta. *Direito constitucional do trabalho:* da análise dogmática à concretização de questões polêmicas. São Paulo: LTr, 2014. p. 103.

(3) No que se refere à atuação da Inspeção do Trabalho, vale mencionar importante estudo crítico realizado por Fernando Donato Vasconcelos acerca da atuação do Ministério do Trabalho na fiscalização de questões de saúde e segurança do trabalho. VASCONCELOS, Fernando Donato. Atuação do Ministério do Trabalho na fiscalização das condições de segurança e saúde dos trabalhadores, Brasil, 1996-2012. *Revista Brasileira de Saúde Ocupacional*, v. 39, p. 86-100, 2014.

(4) Exemplo disso é a renovação dos protestos verificados quando da promulgação da Lei n. 12.619/2012, agora visando à sanção, sem vetos, do que veio a se tornar a Lei n. 13.103/2015, em que motoristas, país afora, realizaram manifestações com paralisações por todo o território nacional. A recente paralisação, tal qual a anterior, suscitou muitas controvérsias, bem como a forte suspeita de se tratar, na verdade, de locaute. Suspeitas e discussões à parte, fato é que a regulamentação da atividade do motorista é das mais controvertidas e conflituosas.

São enfrentamentos que explicitam as dificuldades provocadas pela aplicação da Lei n. 12.619/2012, que resultaram na revogação e reforma de vários de seus preceitos pela Lei n. 13.103/2015, pontualmente acrescida pela Lei n. 13.154/2015, conforme abordaremos no decorrer deste livro.

A Lei n. 13.103/2015, publicada no Diário Oficial da União em 3.3.2015, entrou em vigor no dia 17.4.2015, nos termos do art. 1º da Lei de Introdução às Normas de Direito Brasileiro (LINDB), que preceitua:

> "Art. 1º Salvo disposição contrária, a lei começa a vigorar em todo o país quarenta e cinco dias depois de oficialmente publicada."

Assim, considerando-se a *vacatio legis* de 45 dias, contados na forma como determina o § 1º do art. 8º,[(5)] da Lei Complementar n. 95/1998,[(6)] isto é, com "a inclusão da data da publicação e do último dia do prazo, entrando em vigor no dia subsequente à sua consumação integral", tem-se conclusão no sentido de que a entrada em vigor se deu no dia 17.4.2015.

Referida Lei n. 13.103/2015 é apresentada com a seguinte ementa:

> "Dispõe sobre o exercício da profissão de motorista; altera a Consolidação das Leis do Trabalho — CLT, aprovada pelo Decreto-lei n. 5.452, de 1º de maio de 1943, e as Leis ns. 9.503, de 23 de setembro de 1997 — Código de Trânsito Brasileiro, e 11.442, de 5 de janeiro de 2007 (empresas e transportadores autônomos de carga), para disciplinar a jornada de trabalho e o tempo de direção do motorista profissional; altera a Lei n. 7.408, de 25 de novembro de 1985; revoga dispositivos da Lei n. 12.619, de 30 de abril de 2012; e dá outras providências."

Dentre suas disposições, traz diversas novidades que serão examinadas ao longo desta nova edição, em análise detalhada e pormenorizada, entre as quais merecem ser destacadas:

(i) distinções que o regime legal traça entre transporte de passageiros e de cargas;

(ii) diferenciação entre a regulamentação do motorista profissional empregado e autônomo (TAC), com a nova figura do Transportador Autônomo de Cargas Auxiliar — TAC *auxiliar*;

(iii) as novas regras para a fixação da duração de jornada, descanso e intervalos, com previsão de fracionamento e coincidência entre esses períodos;

(iv) alteração da regulamentação do tempo de espera e supressão do tempo de reserva;

(v) possibilidades de negociação coletiva;

(vi) criação do "Programa de Apoio ao Desenvolvimento do Transporte de Cargas Nacional — PROCARGAS", para o "desenvolvimento de programas visando à melhoria do meio ambiente de trabalho no setor de transporte de cargas, especialmente as ações de medicina ocupacional para o trabalhador".

---

(5) "Art. 8º A vigência da lei será indicada de forma expressa e de modo a contemplar prazo razoável para que dela se tenha amplo conhecimento, reservada a cláusula 'entra em vigor na data de sua publicação' para as leis de pequena repercussão.

§ 1º A contagem do prazo para entrada em vigor das leis que estabeleçam período de vacância far-se-á com a inclusão da data da publicação e do último dia do prazo, entrando em vigor no dia subsequente à sua consumação integral.

§ 2º As leis que estabeleçam período de vacância deverão utilizar a cláusula 'esta lei entra em vigor após decorridos (o número de) dias de sua publicação oficial'."

(6) Referida Lei tem por ementa: "Dispõe sobre a elaboração, a redação, a alteração e a consolidação das leis, conforme determina o parágrafo único do art. 59 da Constituição Federal, e estabelece normas para a consolidação dos atos normativos que menciona".

Vale aqui a observação de que a aplicação do art. 8º, § 1º da Lei Complementar n. 95/1998 dá-se apenas para os prazos contados em dias, enquanto o art. 132, § 3º do Código Civil aplica-se para os prazos contados em meses ou anos, como é o caso dos arts. 13 e 14 da Lei n. 13.103/2015.

Na 2ª edição desta obra procuramos não só aprofundar o estudo de alguns pontos que se apresentaram mais controversos, como também acrescentar o exame de outros questionamentos que foram surgindo na aplicação da Lei n. 12.619/2012, quer no direito individual, quer no direito coletivo e administrativo do trabalho. Referidos pontos podem ser percebidos nas alterações substanciais do índice desta obra, que manteve a praticidade na consulta dos diversos temas abordados, sem, contudo, deixar de registrar a amplitude da problemática existente.

Nessa linha de atuação, comprometida com o esclarecimento em razão da complexidade, atecnia e, por vezes, confusão em que se perdeu a Lei n. 13.103/2015, organizamos esta edição apresentando em cada discussão o texto legal em vigor para, então, passarmos a sua respectiva interpretação. Nessa toada, e em alguns casos, preferiu-se a exposição das diversas variáveis de forma sistematizada, a fim de resguardar a objetividade da argumentação.

Às claras, o texto da Lei n. 13.103/2015 apresenta-se tormentoso e de difícil interpretação. A excessiva e injustificável dificuldade apresentada em vários de seus preceitos cria confusão que, muitas vezes, parece querer tornar o texto legal inaplicável, seja pelos atores privados, seja pelo Estado.

Registre-se que a Confederação Nacional dos Trabalhadores em Transporte (CNTT) ajuizou perante o STF uma Ação Direta de Inconstitucionalidade (ADI), de n. 5.322, em relação aos arts. 4º, 5º, 6º, 7º, 9º, 15 e 22 da Lei n. 13.103/2015, sob a alegação de violação do preceituado nos arts. 1º, 5º, 7º, 144, 150, 170 e 193 da CF/88, bem como dos arts. 3º, 14, 16, 17 e 19 da Convenção n. 155 da OIT.

A 2ª edição desta obra buscou expor tais questionamentos de forma clara e didática, fazendo referência aos preceitos legais sob a tônica da sistematização, efetuando a análise da Lei n. 13.103/2015 sob a óptica dos direitos fundamentais sociais e trabalhistas postos pela Constituição Federal de 1988, além dos preceitos traçados pelas Convenções da OIT.

Como a 2ª edição foi publicada poucos meses após a promulgação da Lei n. 13.103/2015, consideramos que ainda se trata de um processo em construção, estando, pois, aberta a críticas e sugestões, que poderão ser encaminhadas aos autores pelo *e-mail*: motorista.profissional.debate@gmail.com.

tempos de descanso, que já vinham sendo consideradas como normas que garantem saúde e segurança, em que pese inovação legislativa prescrevendo o contrário,[8] chamando atenção para a importância de efetivar os princípios da precaução, da prevenção e da melhoria contínua, conferindo reconhecimento às iniciativas que buscam evitar a ocorrência de doenças e acidentes de trabalho. Ainda, surge a necessidade da reanálise de institutos jurídicos já existentes na legislação, como é o caso do tempo à disposição, como os trazidos pela Lei n. 13.103/2015, que lhes são correlatos, como o tempo de espera, objeto de acirrada controvérsia dirimida pelo STF, ao julgar a ADI 5.322.

Essas peculiaridades vêm exigindo novas formas de atuação dos órgãos e entes estatais envolvidos, como a Justiça do Trabalho, no âmbito do Poder Judiciário, além dos órgãos que tratam da saúde e segurança do trabalhador[9] e da fiscalização rodoviária, no âmbito do Poder Executivo.

Os contornos da atividade do motorista profissional também abrem espaços importantes para a atuação do Ministério Público do Trabalho e dos sindicatos, tendo em vista os movimentos deflagrados em razão das Leis ns. 12.619/2012 e 13.103/2015, e que, no contexto social que ensejou as alterações empreendidas pela *reforma trabalhista*, vieram a ser revigorados com grande intensidade junto ao STF.

Assim, seguindo a senda aberta pela Lei n. 12.619/2012, tem-se a negociação coletiva como via de relevo para obter respostas aos conflitos específicos, que caracterizam as peculiaridades de exercício da atividade do motorista profissional.

Vê-se, portanto, a importância dos atores sociais envolvidos na temática e dos diversos órgãos que compõem o sistema de justiça trabalhista.

Nesse diapasão, tem-se claro que qualquer discussão acerca das modificações vivenciadas na atividade dos motoristas profissionais não pode deixar de considerar as profundas mudanças legais e jurisprudenciais que vêm ocorrendo nos últimos anos.

Por um lado, há que se sublinhar a senda aberta pela Lei n. 12.551/2011 que, ao alterar o art. 6º da Consolidação das Leis do Trabalho (CLT), veio redefinir os parâmetros da subordinação jurídica, na medida em que positivou a possibilidade de controle da atividade laboral por meios remotos e virtuais, trazendo novos contornos não só para a configuração da subordinação clássica e caracterização das atividades não sujeitas ao controle de jornada, assim abrindo novas perspectivas para a interpretação do disposto no art. 62, inciso I, da CLT.

(8) Cita-se, aqui, o art. 611-B, parágrafo único, CLT: "Art. 611-B. Constituem objeto ilícito de convenção coletiva ou de acordo coletivo de trabalho, exclusivamente, a supressão ou a redução dos seguintes direitos: (Incluído pela Lei n. 13.467, de 2017). (...). Parágrafo único. Regras sobre duração do trabalho e intervalos não são consideradas como normas de saúde, higiene e segurança do trabalho para os fins do disposto neste artigo. (Incluído pela Lei n. 13.467, de 2017)".

(9) Nota Técnica SIT n. 303/2017, que ao tratar da reforma trabalhista, assim dispõe em suas "considerações iniciais": "Desse modo, pode-se afirmar que a Lei n. 13.467/2017 e a MP n. 808/2017 são normas celetistas que possuem efeitos sancionatórios, pois alteram uma série de dispositivos que constituem tipos legais trabalhistas. Por envolverem tipos legais de condutas sujeitas à sanção, por meio do exercício do poder de polícia estatal, sua aplicabilidade está diretamente ligada ao Direito Administrativo sancionador. Isto porque, inicialmente, há todo um arcabouço jurídico regendo as relações entre empregado e empregador; por outro lado, a partir do momento em que ocorre uma infração às normas de proteção do trabalho, detectada em inspeção efetuada por auditor-fiscal competente, surge uma relação entre Estado e infrator, relação esta que é regida pelas normas, princípios e limites administrativos.

Nesse contexto, é cediço que a Reforma Trabalhista tratou, de forma mais branda, uma série de normas aplicáveis às relações entre patrão e empregado, flexibilizando inúmeras regras até então cogentes e indisponíveis. Algumas condutas que eram anteriormente reprováveis pelo ordenamento jurídico e, portanto, passíveis de autuação fiscal, não serão mais consideradas ilícitas para relações trabalhistas firmadas após a entrada em vigor da Reforma. Assim, surge a necessidade de se recorrer à hermenêutica jurídica, como forma de nortear as futuras ações fiscais. (...).

Ocorre que, independentemente das legítimas discussões acerca da constitucionalidade de algumas disposições da Reforma Trabalhista, *o fato é que a Administração Pública, no exercício de sua atividade vinculada, deve dar cumprimento às novas normas celetistas enquanto as mesmas se encontrarem em plena vigência, em observância ao princípio da legalidade. Descabe, portanto, aos órgãos do Poder Executivo, declarar inconstitucionalidade de norma, inexistindo qualquer permissivo para apreciação administrativa de inconstitucionalidade de lei*". (Marcas nossas)

Por outro lado, não podem ser desconsideradas as alterações profundas trazidas pelas Leis ns. 13.429/2017 e 13.467/2017 quanto à nova configuração da terceirização, colocando em xeque os pressupostos que serviram para a edificação da *teoria da subordinação estrutural.*[(10)]

As alterações legais são dotadas de notável amplitude, não só quanto aos elementos caracterizadores do vínculo de emprego, mas também no que se refere à abordagem de temas relacionados aos novos tipos de relações de trabalho, que vêm surgindo na era contemporânea.

Ademais, a tônica deflagrada com as alterações realizadas no art. 6º da CLT veio a ser impactada pelas diversas modificações trazidas pela Lei n. 13.467/2017, que buscaram sublinhar a parte final do *caput* do art. 4º da CLT, *in verbis*:

> Considera-se como de serviço efetivo o período em que o empregado esteja à disposição do empregador, aguardando ou executando ordens, salvo disposição especial expressamente consignada.

Vê-se, assim, que as alterações provocadas em todo o ordenamento jurídico, ao longo dos anos, não só modificaram conceitos elementares, como repristinaram questionamentos, exigindo, em razão disso, constantes estudos e releituras de cambiantes realidades.

Nas edições anteriores desta obra, pontuou-se que as disposições postas pela Lei n. 13.103/2015 suscitavam relevantes questionamentos, desafiando o intérprete à análise não só específica, de coerência interna, mas também contextualizada, seja com relação à evolução legislativa verificada, seja em sua relação com as demais normas existentes em todo o ordenamento jurídico, a fim de possibilitar a operacionalidade do sistema. Buscava-se, com isso, evitar impasses como os explicitados pelas manifestações sociais e acadêmicas, projetos e comissões parlamentares[(11)], sendo exemplo, também, a expedição de norma recomendatória aos órgãos fiscalizadores[(12)] que, a despeito de toda a polêmica suscitada, veio a ser inserida no bojo da Lei n. 13.103/2015.

(10) DELGADO, Mauricio Godinho. *Curso de Direito do Trabalho*. 11. ed. São Paulo: LTr, 2012. p. 298: "Estrutural é, finalmente, a subordinação que se expressa 'pela inserção do trabalhador na dinâmica do tomador de seus serviços, independentemente de receber (ou não) suas ordens diretas, mas acolhendo, estruturalmente, sua dinâmica de organização e funcionamento'. Nesta dimensão da subordinação, não importa que o trabalhador se harmonize (ou não) aos objetivos do empreendimento, nem que receba ordens diretas das especificadas chefias deste: o fundamental é que esteja estruturalmente vinculado à dinâmica operativa da atividade do tomador de serviços". Ainda, na p. 299, tem-se: "Essa moderna e renovada compreensão do fenômeno da subordinação, que efetivamente possui nítido caráter multidimensional, tem sido percebida não só pela doutrina e jurisprudência mais atentas e atualizadas, como também pelo próprio legislador. Nesta linha despontou a recente Lei n. 12.551, de 15.12.2011, conferindo nova redação ao *caput* do art. 6º da CLT e lhe agregando o novo parágrafo único, de modo a incorporar, implicitamente, os conceitos de subordinação objetiva e de subordinação estrutural, equiparando-os, para os fins de reconhecimento da relação de emprego, à subordinação tradicional (clássica), que se realiza por meios pessoais e diretos de comando, controle e supervisão do trabalho alheio".

(11) Cita-se, aqui, a criação da CEMOTOR — Comissão especial destinada a debater e propor modificações à Lei n. 12.619, de 30 de abril de 2012, que regulamenta a profissão de motorista. Disponível em: http://www2.camara.gov.br/atividade-legislativa/comissoes/comissoes-temporarias/especiais/54a-legislatura/modificacoes-a-lei-no-12.619-profissao-motorista.

(12) Faz-se alusão à Resolução n. 417/2012 do CONTRAN, atualmente revogada pela Resolução n. 525/2015 do CONTRAN. Referida Resolução CONTRAN n. 417/2012 foi objeto de grandes discussões judiciais e administrativas ao tempo da Lei n. 12.619/2012. Em âmbito judicial, foi suspensa por meio da Deliberação CONTRAN n. 134/2013, a qual teve seus efeitos referendados pela Resolução CONTRAN n. 431/2013. A suspensão se deu em razão de antecipação de tutela deferida em Ação Civil Pública manejada pelo MPT, e que tramitou perante a 21ª Vara do Trabalho de Brasília, nos Autos do processo n. 0002295-26.2012.5.10.0021. Contudo, em razão de liminar concedida em sede de Mandado de Segurança pelo Tribunal Regional do Trabalho da 10ª Região, processo n. 0000046-34.2013.5.10.0000, houve a revogação da antecipação de tutela conferida em primeiro grau, com o restabelecimento da Resolução CONTRAN n. 417/2012. Referido restabelecimento foi reconhecido, administrativamente, pela Deliberação CONTRAN n. 136/2013, a qual foi referendada pela Resolução CONTRAN n. 437/2013. Posteriormente, em agravo regimental, a liminar deferida foi revogada pelo colegiado. Com a prolação de sentença nos autos da Ação Civil Pública, no entanto, houve a extinção do mandado de segurança, em razão da perda de seu objeto. Já com relação à Ação Civil Pública, esta foi julgada procedente em primeiro grau, sendo que em grau recursal foi julgado improcedente o recurso ordinário da ré, a qual interpôs recurso de revista, não admitido. Atualmente, há agravo de instrumento da ré visando ao destrancamento de seu recurso de revista. Consulta realizada em 18.4.2016. Já em âmbito administrativo, vale o registro de que a Resolução n. 417/2012 do CONTRAN, por diversos fundamentos, foi considerada inaplicável à Inspeção do Trabalho, conforme se extrai das razões da Nota Técnica n. 352/2012/DSST/SIT e do Parecer n. 008/2013/CONJUR-MTE/CGU/AGU.

Referida tônica se mantém, notadamente após as decisões proferidas pelo STF, como analisaremos pormenorizadamente no decorrer desta nova edição.

Uma das percepções mais argutas da Lei n. 12.619/2012, e que foi, ao menos em seus aspectos gerais, restaurada pelas decisões proferidas pelo STF, reside no imbricamento das questões afetas aos limites de jornada e tempos de descanso com as normas garantidoras de um meio ambiente do trabalho seguro, ante o reconhecimento de que o local em que labora o motorista profissional é compartilhado com terceiros, o que lhe confere inequívoca especificidade a exigir tratamento normativo diferenciado. Assim, àquele que se ativa por conta de outrem — não necessariamente de forma subordinada — devem ser garantidas condições ambientais adequadas à preservação de sua higidez física e mental, não só como um direito individual fundamental, mas também como garantia de segurança a terceiros que com ele dividem o mesmo ambiente de trabalho, trafegando pelas mais diversas rodovias do país.

Essa diretriz, delineada à época em que o direito do trabalho vinha reafirmando sua histórica posição, atuando como um dique jurídico de contenção à "lógica do descarte".[13] contribuiu para construir marcos de proteção que vieram conferir nova dimensão aos direitos fundamentais[14] dos motoristas profissionais, mas sofreu inequívoco retrocesso com a promulgação da Lei n. 13.103/2015.

---

(13) GEMIGNANI, Daniel e GEMIGNANI. Tereza Aparecida Asta. Meio ambiente de trabalho. Precaução e prevenção. Princípios norteadores de um novo padrão normativo. *Revista do Tribunal Regional do Trabalho da Décima Quinta Região*, v. 40, 2012, p. 141: "Esse *'modus operandi'* marcado pela lógica do descarte, calcado na ideia matriz de que tudo tem que ser substituído rapidamente, vem gerando uma mentalidade que passou a ser aplicada também em relação à própria pessoa do trabalhador, sua segurança, saúde, integridade física e mental. (...) O mais assustador é que essa mentalidade vem sendo aplicada também ao ser humano, destituindo-o da condição de sujeito e transformando-o num objeto passível de troca, cujo 'preço' é aferido pela possibilidade 'de uso'. Nesta toada, pouca importância se dá às condições de segurança e saúde no meio ambiente de trabalho, pois, quando um trabalhador fica incapacitado, é mais fácil descartá-lo e substituí-lo por um novo. *Se durante todo o século XX lutamos bravamente para impedir que o trabalho fosse reduzido a situação de mercadoria, no início deste novo século nosso desafio é maior ainda: impedir que a própria pessoa do trabalhador seja reduzida à condição de mercadoria, num momento em que a descoberta de novas tecnologias e a exigência de intensificação dos ritmos das tarefas tem precarizado o meio ambiente de trabalho, aumentando os acidentes e provocando o surgimento de novas doenças.* Neste contexto, se revelam cada vez mais insuficientes as singelas respostas até hoje oferecidas, seja a consistente no pagamento de um adicional pela prestação laboral em condições de insalubridade e periculosidade, seguida de um rápido 'descarte' do ser humano quando perde seu 'uso', seja a sedimentação do que se pode denominar por 'cultura do EPI — Equipamento de Proteção Individual, que transfere ao empregado o ônus de se proteger dos riscos ambientais como algo natural, ao invés da adoção de equipamentos de proteção coletiva, os denominados EPC, ou de modificações na organização do trabalho, de modo que o meio ambiente de trabalho seja adequado ao ser humano, que despende lá importante parte de seu tempo de vida". (Marcas nossas)

(14) Acerca das diversas perspectivas sobre os conceitos de direitos fundamentais e direitos humanos: BRITO FILHO, José Claudio Monteiro de. *Direitos humanos*. São Paulo: LTr, 2015. Versão digital, p. 22 e 24-25: "Penso que não é a melhor denominação [direitos humanos fundamentais], pois significa fazer a soma de dois conjuntos de direitos que, embora possam ter a mesma finalidade, que é enunciar direitos indispensáveis da pessoa humana, são distintos. (...).

Passando agora à definição, ou melhor, definições, é preciso, em primeiro lugar, indicar que a total compreensão das definições que serão apresentadas depende de três questões que serão apresentadas um pouco adiante: a universalidade como característica dos Direitos Humanos, a dignidade da pessoa humana como fundamento desse conjunto e a indispensabilidade desse conjunto para a realização de qualquer plano de vida das pessoas. (...).

Nessa perspectiva, os Direitos Humanos constituem o conjunto de direitos indispensáveis à preservação da dignidade do ser humano, em qualquer lugar do planeta. (...).

Já a segunda definição é apresentada a partir de uma linguagem típica da Filosofia Política e relaciona os Direitos Humanos ao objetivo primordial das pessoas, que é a busca do cumprimento de seu plano de vida, qualquer que seja esse plano de vida, ou seja, independentemente dos interesses que pretendam as pessoas explorar e priorizar, crítico ou volitivo, e das relações que pretendam implementar: de bem-estar ou de condição de agente, em suma, direitos que as pessoas necessitarão em qualquer hipótese, quer tenham mais interesses relacionados à sua própria vida, ou, ao contrário, à vida da comunidade, quer queiram direcionar seus esforços mais fortemente para o seu específico bem-estar, ou, também, por outro lado, queiram que esses esforços sejam feitos, principalmente em prol da sociedade.(...).

Note-se, para encerrar este aspecto, que o elemento comum das duas definições é a existência de um conjunto de direitos tidos como indispensáveis, e esse elemento comum e que conduz à afirmação feita, no início do capítulo, de que há uma significação única para a ideia de Direitos Humanos, que não está relacionada somente à importância desses direitos, mas

Essa alteração legislativa se revelou ainda mais nociva quando se examina o extenso rastro de acidentes ocorridos no país que, apenas entre os anos de 2012 e 2024,[15] expõem, de forma clara, a importância de reconhecer as especificidades dessa atividade, assim como a necessidade de conferir limites e condicionantes ao exercício da profissão de motorista. Os desafios, portanto, são, atualmente, muito maiores.

A análise contextualizada e evolutiva das Leis ns. 12.619/2012 e 13.103/2015, em conjunto com as leis que compõem a *reforma trabalhista* e as diretrizes postas pelo STF no julgamento da ADI 5.322, ADPF 381, ADC 58 e Tema 1.046, assim como dos Precedentes Qualificados (vinculantes) do TST, indica que o norte interpretativo deve continuar a ser pautado pelos parâmetros constitucionais de valorização do trabalho e da livre-iniciativa, configurados como vasos comunicantes em constante correlação pelos arts. 1º, 3º, 4º, 6º, 7º, 170 e 225 da Constituição Cidadã,[16]

à sua indispensabilidade, à sua essencialidade". BORSIO, Marcelo Fernando. Direitos humanos e Direitos fundamentais: Conceito. Diferença. Função. Características. Classificação dos Direitos Humanos Fundamentais. In: CALSING, Renata de Assis; ALVARENGA, Rúbia Zanotelli de (Orgs.). *Direitos humanos e relações sociais trabalhistas*. São Paulo: LTr, 2017. Versão digital, p. 34-35: "Ao longo do tempo e da evolução doutrinária, muito se debateu, ou mesmo se confundiu, se realmente há uma distinção entre as expressões 'direitos humanos' e 'direitos fundamentais'. Não há ponto de dúvida de que os direitos fundamentais, ao seu modo, são também direitos humanos, posto que o seu titular sempre será o ser humano, mesmo que representado por entes coletivos.

Apesar de grupos utilizarem os termos como sinônimos, 'direitos fundamentais' são aqueles direitos do ser humano reconhecidos e positivados na esfera interna do direito constitucional de determinado Estado. Já 'direitos humanos' guarda relação com as 'documentações' de direito internacional, reconhecendo o ser humano como tal, independentemente de determinada ordem constitucional, havendo uma validade universal, com caráter supranacional. (...).

A distinção também pode encontrar fundamento em que 'direitos humanos' guardam relação com uma concepção jusnaturalista de direitos, ao passo que os 'direitos fundamentais' assentam respeito à corrente positivista. Os 'direitos humanos', nessa ideia, acabam por ser transformados em 'direitos fundamentais' pelos positivistas, mediante processo de fundamentalização e internalização nos ordenamentos jurídicos estatais. (...).

Recentemente, tem-se utilizado a expressão direitos humanos fundamentais como meio híbrido para reunir todas as conjunturas numa única ideia. Apesar da clássica distinção acima, como dito, verifica-se a correlata e íntima aproximação entre os direitos humanos e fundamentais. (...).

A principal função dos Direitos Humanos, bem como dos internos direitos fundamentais, é a de proteger os indivíduos das injustiças, do autoritarismo e dos abusos de poder, trazendo-lhe forte carga de sinônimo de liberdade".

SARLET, Ingo Wolfgang; MARINONI, Luiz Guilherme; MITIDIERO, Daniel. *Curso de Direito Constitucional*. 7. ed. São Paulo: Saraiva, 2018, p. 307: "(...). Muito embora existam os que sustentem a equivalência entre as duas noções, considerando até mesmo irrelevante a discussão em torno da eventual diferença ou identidade entre direitos humanos e direitos fundamentais, o fato é que as diferenças, especialmente quando se tiverem bem presentes os critérios para tanto, são evidentes e têm sido reconhecidas por ampla doutrina e mesmo em caráter jurisprudencial, ainda que não se possa falar aqui em uma posição uníssona no direito brasileiro.

Se não há dúvida que os direitos fundamentais, de certa forma, são também sempre direitos humanos, no sentido de que seu titular sempre será o ser humano, ainda que representado por entes coletivos (grupos, povos, nações, Estado), também é certo que não é esse o motivo pelo qual a distinção se faz necessária, ainda mais no contexto do direito constitucional positivo.

De acordo com o critério aqui adotado, o termo 'direitos fundamentais' se aplica àqueles direitos (em geral atribuídos à pessoa humana) reconhecidos e positivados na esfera do direito constitucional positivo de determinado Estado, ao passo que a expressão 'direitos humanos' guarda relação com os documentos de direito internacional, por referir-se àquelas posições jurídicas que se reconhecem ao ser humano como tal, independentemente de sua vinculação com determinada ordem constitucional, e que, portanto, aspiram à validade universal, para todos os povos e em todos os lugares, de tal sorte que revelam um caráter supranacional (internacional) e universal".

(15) Nesse contexto, importante menção a iniciativa do Ministério Público do Trabalho e da Organização Internacional do Trabalho de apresentação do denominado "Observatório em Saúde e Segurança do Trabalho" – SmartLab, com informações georreferênciais de acidentes e afastamentos previdenciários de todo o Brasil. BRASIL. MINISTÉRIO PÚBLICO DO TRABALHO (Org.). *Observatório em Saúde e Segurança do Trabalho*. Disponível em: https://smartlabbr.org/. Acesso em: 26 jun. 2025.

Segundo dados do "Observatório em Saúde e Segurança do Trabalho", com base na atividade "Transporte rodoviário de carga", houve, de 2012 até 2024, cerca de 1.207.052 benefícios B31 concedidos. Ademais, tem-se a ocupação "motorista de caminhão – rotas regionais e internacionais" como uma das 10 que mais acidentam no país.

(16) O termo foi apresentado primeiramente quando do discurso proferido pelo deputado Ulysses Guimarães, presidente da Assembleia Nacional Constituinte, por ocasião da promulgação da Constituição Federal de 5 de outubro de 1988: "A exposição panorâmica da lei fundamental que hoje passa a reger a Nação permite conceituá-la, sinoticamente, como a Constituição coragem, a Constituição cidadã, a Constituição federativa, a Constituição representativa e participativa, a Constituição do Governo síntese Executivo-Legislativo, a Constituição fiscalizadora".

para que o Brasil possa alcançar um desenvolvimento sustentável amplo, superando a míope visão exclusivamente econômica, que considera o trabalhador simples peça de engrenagem da atividade produtiva, garantindo que o trabalho seja adaptado ao ser humano, notadamente no que se refere às condições de preservação de sua vida, segurança, integridade física e mental.

Essa exegese, fundada nos marcos constitucionais, também está respaldada na "Declaração sobre meio ambiente e desenvolvimento", cujos preceitos possibilitaram a criação da "Agenda 21", editada durante a Conferência realizada no Rio de Janeiro em 1992,(17) que visou obter melhores resultados no planejamento de sociedades sustentáveis, assim constando do "Plano de Ação" então elaborado para impulsionar um movimento de sinergia entre sociedade, métodos de proteção ambiental, justiça social e eficiência econômica.

Essa perspectiva, mais abrangente, tem por pressuposto o reconhecimento de que outras discussões continuarão a ocorrer, como bem demonstraram as alterações trazidas pela Lei n. 12.619/2012, assim como as decisões proferidas pelo STF, notadamente na ADI 5.322, reconhecendo a inconstitucionalidade de vários artigos da Lei n. 13.103/2015, trazendo o desafio de compatibilizar, sob a óptica constitucional, os diferentes interesses envolvidos no mundo do trabalho do motorista profissional.

Como bem pondera Celso Fernandes Campilongo,[(18)] "quanto mais complexa a sociedade, maior a necessidade de redução da complexidade pelos sistemas de funções" e "seletividade das interpretações do direito", pois o desafio do sistema jurídico é "construir sentido interpretativo à pluralidade de valores".

Portanto, o fim imediato do presente estudo não é oferecer respostas definitivas, mas colaborar com as discussões em pauta, analisando diversos prismas, considerando as contingências das situações encontradas na realidade fática, conjugadas às tendências doutrinárias e legislativas da atualidade. Trata-se de uma ação propositiva e instigadora do debate, suscetível a críticas, que serão, certamente, bem recebidas.

(17) Disponível em: www.onu.org.br/rio20/img/2012/rio92.pdf.

(18) CAMPILONGO, Celso Fernandes. *Interpretação do Direito e movimentos sociais*. Rio de Janeiro: Elsevier, 2012. p. 158.

2

Aplicação da Nova Lei no Tempo

Ante as modificações significativas, trazidas pelas leis que disciplinam a atividade do motorista profissional, os critérios que devem ser considerados para a aplicação das leis no tempo se revestem de inequívoca importância, especialmente porque se está a tratar de relações continuativas, como as trabalhistas.

Com a publicação da Lei n. 12.619/2012, duas correntes interpretativas emergiram com relação à ideia de que a atividade dos motoristas profissionais estaria sujeita ao controle de jornada.

Uma, defendia que a nova legislação possuiria efeitos que denominaram "meramente declaratórios" dos que já existiam antes, e outra, de que esses efeitos seriam "constitutivos". Referida discussão voltou à baila com a publicação da Lei n. 13.103/2015, tendo como elemento adicional o questionamento quanto à sucessão dessas leis no tempo, disciplinando de forma jurídica diferente, em cada período de vigência, as mesmas situações fáticas.

A análise da aplicação das Leis ns. 12.619/2012 e 13.103/2015 no tempo, assim, se mostrou fundamental.

Vê-se, às claras, que a discussão acerca dos efeitos da edição dessas leis — mormente em um contexto no qual subsistem outros elementos, como instrumentos negociais coletivos[(19)] — se reveste de inequívoca centralidade.

Conforme temos ponderado desde a primeira edição deste livro, insustentável considerar que o escopo de uma norma especial se limite apenas a declarar preceitos implícitos, anteriormente contidos em uma regra geral. Ao tutelar, de forma específica, o trabalho do motorista profissional, a lei ostenta inequívoca natureza constitutiva de novos direitos. Nesse contexto, a análise da questão referente à aplicação das Leis ns. 12.619/2012 e 13.103/2015 no tempo pode ser considerada em três aspectos: (i) quanto à possibilidade de inserção dos novos direitos e deveres aos contratos vigentes; (ii) quanto à aplicação das novas disposições aos fatos já ocorridos; e (iii) com relação aos efeitos de eventuais mudanças jurisprudenciais em razão das alterações legislativas.

Quanto ao primeiro e segundo aspectos, têm-se por parâmetro as balizas estabelecidas pelos arts. 5º, inciso XXXVI, da Constituição Federal de 1988, e 6º da Lei de Introdução às Normas do Direito Brasileiro (LINDB),[(20)] ao dispor que:

(19) Acerca do tema, têm-se as importantes decisões proferidas pelo STF quando do julgamento do RE n. 895.759 e do RE n. 590.415/SC (Tema 152, Repercussão Geral).

(20) Lei de Introdução às Normas do Direito Brasileiro, com a redação dada pelas Leis ns. 12.376/2010 e 13.655/2018. Disponível em: www.planalto.gov.br, consulta em: 14 ago. 2018. No que se refere às alterações introduzidas pela Lei n. 13.655/2018, vale menção ao disposto nos arts. 20, 21, 23, 24 e 30, que assim dispõem: "Art. 20. Nas esferas administrativa, controladora e judicial, não se decidirá com base em valores jurídicos abstratos sem que sejam consideradas as consequências práticas da decisão. (Incluído pela Lei n. 13.655, de 2018); Parágrafo único. A motivação demonstrará a necessidade e a adequação da medida imposta ou da invalidação de ato, contrato, ajuste, processo ou norma administrativa, inclusive em face das possíveis alternativas. (Incluído pela Lei n. 13.655, de 2018); Art. 21. A decisão que, nas esferas administrativa, controladora ou judicial, decretar a invalidação de ato, contrato, ajuste, processo ou norma administrativa deverá indicar de modo expresso suas consequências jurídicas e administrativas. (Incluído pela Lei n. 13.655, de 2018); Parágrafo único. A decisão a que se refere o *caput* deste artigo deverá, quando for o caso, indicar as condições para que a regularização ocorra de modo proporcional e equânime e sem prejuízo aos interesses gerais, não se podendo impor aos

> Art. 5º XXVI – a lei não prejudicará o direito adquirido, o ato jurídico perfeito e a coisa julgada;
>
> Art. 6º *A Lei em vigor terá efeito imediato e geral, respeitados o ato jurídico perfeito, o direito adquirido e a coisa julgada.*
>
> § 1º Reputa-se ato jurídico perfeito o já consumado segundo a lei vigente ao tempo em que se efetuou.
>
> § 2º Consideram-se adquiridos assim os direitos que o seu titular, ou alguém por ele, possa exercer, como aqueles cujo começo do exercício tenha termo pré-fixo, ou condição pré-estabelecida inalterável, a arbítrio de outrem.
>
> § 3º Chama-se coisa julgada ou caso julgado a decisão judicial de que já não caiba recurso. (Marcas nossas)

Nessa mesma senda segue o critério fixado pelo art. 2.035 do Código Civil, aplicável com fundamento na subsidiariedade prevista no art. 8º da CLT, por ser compatível com os princípios fundamentais trabalhistas, *in verbis:*

> Art. 2.035. A validade dos negócios e demais atos jurídicos, constituídos antes da entrada em vigor deste Código, obedece ao disposto nas leis anteriores, referidas no art. 2.045, *mas os seus efeitos, produzidos após a vigência deste Código, aos preceitos dele se subordinam,* salvo se houver sido prevista pelas partes determinada forma de execução.
>
> Parágrafo único. *Nenhuma convenção prevalecerá se contrariar preceitos de ordem pública,* tais como os estabelecidos por este Código para assegurar a função social da propriedade e dos contratos. (Marcas nossas)

Portanto, as novas disposições das Leis ns. 12.619/2012 e 13.103/2015, observado o período legal de vigência, têm efeito imediato e geral, de sorte que devem ser aplicadas aos contratos em vigor, mesmo que celebrados antes das respectivas promulgações, haja vista que as disposições protetivas previstas nessas leis buscam efetivar a função social da propriedade e dos contratos. Destarte, não há falar em ofensa ao direito adquirido ou ao ato jurídico perfeito, principalmente no que se refere aos efeitos produzidos durante a vigência de cada uma delas.

Com efeito, é preciso observar a função social da propriedade e dos contratos, inclusive trabalhistas, notadamente quando os novos preceitos legais ostentam inequívoco interesse público. Esse foi, às claras, o mote da Lei n. 12.619/2012, que visou ampliar o leque de proteção de uma atividade profissional marcada por diversas externalidades sociais, de modo que a aplicação da nova lei é imediata e sua vigência afeta os contratos de trabalho em vigor.

O mesmo critério deve ser considerado em relação à aplicação da Lei n. 13.103/2015, valendo ressaltar que os preceitos legais são objeto de interpretação e sua aplicação só pode ser afastada em caso de inconstitucionalidade. Destarte, os balizamentos e a extensão decorrentes da interpretação da nova lei, cabem à doutrina e à jurisprudência, mas sempre com observância dos respectivos períodos de vigência.

Como a Lei n. 13.103/2015 foi publicada no *Diário Oficial da União* em 3.3.2015, entrou em vigor no dia 17.4.2015, nos termos do art. 1º da Lei de Introdução às Normas de Direito Brasileiro (LINDB), que preceitua:

---

sujeitos atingidos ônus ou perdas que, em função das peculiaridades do caso, sejam anormais ou excessivos. *(Incluído pela Lei n. 13.655, de 2018)*; Art. 23. A decisão administrativa, controladora ou judicial que estabelecer interpretação ou orientação nova sobre norma de conteúdo indeterminado, impondo novo dever ou novo condicionamento de direito, deverá prever regime de transição quando indispensável para que o novo dever ou condicionamento de direito seja cumprido de modo proporcional, equânime e eficiente e sem prejuízo aos interesses gerais. Art. 24. A revisão, nas esferas administrativa, controladora ou judicial, quanto à validade de ato, contrato, ajuste, processo ou norma administrativa cuja produção já se houver completado levará em conta as orientações gerais da época, sendo vedado que, com base em mudança posterior de orientação geral, se declarem inválidas situações plenamente constituídas. *(Incluído pela Lei n. 13.655, de 2018)*; Parágrafo único. Consideram-se orientações gerais as interpretações e especificações contidas em atos públicos de caráter geral ou em jurisprudência judicial ou administrativa majoritária, e ainda as adotadas por prática administrativa reiterada e de amplo conhecimento público. *(Incluído pela Lei n. 13.655, de 2018)*; Art. 30. As autoridades públicas devem atuar para aumentar a segurança jurídica na aplicação das normas, inclusive por meio de regulamentos, súmulas administrativas e respostas a consultas. (Incluído pela Lei n. 13.655, de 2018); Parágrafo único. Os instrumentos previstos no *caput* deste artigo terão caráter vinculante em relação ao órgão ou entidade a que se destinam, até ulterior revisão. *(Incluído pela Lei n. 13.655, de 2018)".*

Art. 1º Salvo disposição contrária, a lei começa a vigorar em todo o país quarenta e cinco dias depois de oficialmente publicada.

Considerando-se a *vacatio legis* de 45 dias, contados na forma como determina o § 1º do art. 8º,(21) da Lei Complementar n. 95/1998,(22) isto é, com "a inclusão da data da publicação e do último dia do prazo, entrando em vigor no dia subsequente à sua consumação integral", tem-se que a Lei n. 13.103/2015 entrou em vigor no dia 17.4.2015.

Portanto, a Lei n. 12.619/2012, publicada em 2.5.2012, com a observância da *vacatio legis*, esteve em vigor no período de 17.6.2012 a 16.4.2015, quando revogada pela Lei n. 13.103/2015, que tem seu início de vigência em 17.4.2015, estando, no entanto, todas as suas disposições vigentes apenas a partir de 3.3.2018, conforme será tratado de forma mais detalhada no capítulo 2 deste livro.

Assim, sempre deve ser observado o princípio da irretroatividade das novas disposições legais quanto aos fatos ocorridos sob a égide da lei anterior, por se tratar de respeito ao ato jurídico perfeito, cujos efeitos já se consumaram ou estejam pendentes, norma basilar em nosso ordenamento, que visa garantir a segurança jurídica.

Sobre essa questão, importante analisar interessante voto condutor proferido pelo ministro Moreira Alves quando do julgamento da Ação Direta de Inconstitucionalidade (ADI) n. 493/DF. Na ocasião, em que pese inadmitir a tese da irretroatividade mínima, indicou caminho a ser seguido, qual seja, a existência da tese da aplicabilidade imediata. Assim, ponderou que:

> Quanto à graduação por intensidade, *as espécies de retroatividade são três: a máxima, a média e a mínima.* Matos Peixoto, em notável artigo — 'Limite temporal da Lei' — publicado na Revista Jurídica da antiga Faculdade Nacional de Direito da Universidade do Brasil (v. IX, p. 9 a 47), assim as caracteriza:
>
> 'Dá-se a *retroatividade máxima* (também chamada *restitutória*, porque em geral restitui as partes ao *status quo ante*), *quando a lei nova ataca a coisa julgada e os fatos consumados* (transação, pagamento, prescrição). Tal é a decretal de ALEXANDRE III que, em ódio à usura, mandou os credores restituírem os juros recebidos. À mesma categoria pertence a célebre lei francesa de 2 de novembro de 1793 (12 brumário do ano II), na parte em que anulou e mandou refazer as partilhas já julgadas, para os filhos naturais serem admitidos à herança dos pais, desde 14 de julho de 1789. A carta de 10 de novembro de 1937, art. 95, parágrafo único, previa a aplicação da retroatividade máxima, porquanto dava ao Parlamento a atribuição de rever decisões judiciais, sem excetuar as passadas em julgado, que declarassem inconstitucional uma lei.
>
> A *retroatividade* é *média* quando *a lei nova atinge os efeitos pendentes de ato jurídico verificados antes dela*, exemplo: uma lei que limitasse a taxa de juros e fosse aplicada aos vencidos e não pagos.
>
> Enfim, a *retroatividade* é *mínima* (também chamada *temperada ou mitigada*) quando *a lei nova atinge apenas os efeitos dos atos anteriores produzidos após a data em que ela entra em vigor.*
>
> Tal é, no direito romano, a lei de Justiniano (C. 4, 32, *de usuris*, 26, 2 e 27 pr.), que, corroborando disposições legislativas anteriores, reduziu a taxa dos juros vencidos após a data da sua obrigatoriedade. Outro exemplo: o Decreto-lei n. 22.626, de 7 de abril de 1933, que reduziu a taxa de juros e se aplicou, 'a partir da sua data, aos contratos existentes, inclusive aos ajuizados (art. 3º)'.

(21) "Art. 8º A vigência da lei será indicada de forma expressa e de modo a contemplar prazo razoável para que dela se tenha amplo conhecimento, reservada a cláusula 'entra em vigor na data de sua publicação' para as leis de pequena repercussão.

§ 1º A contagem do prazo para entrada em vigor das leis que estabeleçam período de vacância far-se-á com a inclusão da data da publicação e do último dia do prazo, entrando em vigor no dia subsequente à sua consumação integral.

§ 2º As leis que estabeleçam período de vacância deverão utilizar a cláusula 'esta lei entra em vigor após decorridos (o número de) dias de sua publicação oficial'".

(22) Referida Lei tem por ementa: "Dispõe sobre a elaboração, a redação, a alteração e a consolidação das leis, conforme determina o parágrafo único do art. 59 da Constituição Federal, e estabelece normas para a consolidação dos atos normativos que menciona.".

Vale aqui a observação de que a aplicação do art. 8º, § 1º da Lei Complementar n. 95/1998 dá-se apenas para os prazos contados em dias, enquanto o art. 132, § 3º do Código Civil aplica-se para os prazos contados em meses ou anos, como é o caso dos arts. 13 e 14 da Lei n. 13.103/2015.

> *Nas duas primeiras espécies, não há dúvida alguma de que a lei 'age para trás', e, portanto, retroage, uma vez que, inequivocamente, alcança o que já ocorreu no passado. Quanto à terceira opção — a da retroatividade mínima —, há autores que sustentam que, nesse caso, não se verifica, propriamente, a retroatividade, ocorrendo, aí, tão somente a aplicação imediata da lei.* (...). (Marcas nossas)

Na esteira do acima relatado, vale assentar a informação de que o STF não vem admitindo a tese da retroatividade mínima, conforme se nota do julgamento do Agravo de Instrumento n. 244.578/RS, noticiado no Informativo n. 154 desta Corte:

> *EMENTA:* Contrato. Depósitos em caderneta de poupança. Ato jurídico perfeito. Princípio constitucional da intangibilidade das situações definitivamente consolidadas (CF, art. 5º, XXXVI). *Impossibilidade da incidência de lei nova destinada a reger os efeitos futuros de contratos anteriormente celebrados. Hipótese de retroatividade mínima vedada pela Constituição da República.* Precedentes do STF. Agravo improvido.
>
> (...)
>
> A lei nova não pode reger os efeitos futuros gerados por contratos a ela anteriormente celebrados, sob pena de afetar a própria causa - ato ou fato ocorrido no passado - que lhes deu origem. *Essa projeção retroativa da lei nova, mesmo tratando-se de retroatividade mínima, incide na vedação constitucional que protege a incolumidade do ato jurídico perfeito.* (Marcas nossas)

Entretanto, a exegese do conceito de "retroatividade mínima" não deixa de se revestir de pontos controversos. A título de exemplo, a posição adotada pelos Enunciados ns. 164 e 300 do Conselho da Justiça Federal (CJF),[(23)] ao preceituar:

> Enunciado n. 164: Tendo início a mora do devedor ainda na vigência do Código Civil de 1916, são devidos juros de mora de 6% ao ano, até 10 de janeiro de 2003; a partir de 11 de janeiro de 2003 (data de entrada em vigor do novo Código Civil), passa a incidir o art. 406 do Código Civil de 2002.
>
> Enunciado n. 300: A lei aplicável aos efeitos atuais dos contratos celebrados antes do novo Código Civil será a vigente na época da celebração; todavia, havendo alteração legislativa que evidencie anacronismo da lei revogada, o juiz equilibrará as obrigações das partes contratantes, ponderando os interesses traduzidos pelas regras revogada e revogadora, bem como a natureza e a finalidade do negócio.

No âmbito do STF não há qualquer manifestação explícita acerca da constitucionalidade do art. 2.035 do Código Civil, a despeito do quanto acima relatado.

Importante ressaltar, contudo, que na seara trabalhista a questão deve ser analisada sob perspectiva diversa da ideia subjacente à tese da retroatividade mínima, pois os contratos de trabalho têm, como traço relevante, o fato de serem de trato sucessivo. Assim, a aplicação imediata da nova lei é medida que se impõe a uma relação cuja característica principal é a dinamicidade. Ademais, impedir a aplicação imediata de evoluções legislativas levaria à desconsideração do basilar princípio protetor, na medida em que impediria a incorporação de avanços, bem como implicaria a insustentável criação de uma miríade de regras legais diversas, destinadas a disciplinar contratos de empregados que trabalham lado a lado, exercendo a mesma função, mas que pactuaram seus contratos de trabalho sob a regência de legislação diversa, provocando um caos que, por óbvio, frustraria os escopos da nova lei. Por todos esses fundamentos, deve prevalecer a tese da aplicabilidade imediata, a qual também nos filiamos.

Contudo, a assunção da tese da aplicabilidade imediata não admite que fatos e efeitos já ocorridos sejam atingidos pela nova legislação, sob pena de afronta à segurança jurídica. Daí por que sustentamos, desde o início, que as modificações empreendidas pela Lei n. 12.619/2012 têm natureza jurídica constitutiva, e não meramente declaratória, como argumenta certa parte da doutrina.

(23) Enunciados da III Jornada de Direito Civil. Disponíveis em: http://www.cjf.jus.br/enunciados/. Consulta em: 25 mar. 2019.

O mesmo raciocínio se aplica à Lei n. 13.103/2015, conquanto se façam críticas a diversos de seus dispositivos nesta obra. Portanto, ainda que se possam discutir aspectos relativos à nova regulamentação, fato é que seus preceitos têm aplicação imediata, não atingindo fatos pretéritos, cujos efeitos já se esgotaram ou se encontram pendentes, mas alteram os efeitos jurídicos de fatos ocorridos já sob sua vigência.

2.1. O julgamento da ADI 5.322

Explica Luiz Guilherme Marinoni[(24)] que a alteração de uma diretriz jurisprudencial consolidada "pode causar surpresa injusta a todos aqueles que nela pautaram suas condutas. Daí por que é imprescindível, na lógica jurídica estribada na autoridade e na obrigatoriedade dos precedentes, atentar para os efeitos da decisão revogadora de precedente ou de jurisprudência consolidada", o que implica a "modulação dos efeitos temporais para preservar a segurança jurídica".

O julgamento da ADI 5.322 afastou a possibilidade de efeito repristinatório, ao reconhecer a inconstitucionalidade de vários artigos da Lei n. 13.103. Porém, como essa lei regulamentou situações jurídicas e produziu efeitos desde 2015, houve a interposição de embargos declaratórios, suscitando relevante questionamento quanto à modulação dos efeitos desta decisão, visando preservar a segurança jurídica.

Em relação à matéria, o art. 27 da Lei n. 9.868/1999 indica um norte, ao dispor:

> Art. 27. Ao declarar a inconstitucionalidade de lei ou ato normativo, e tendo em vista razões de segurança jurídica ou de excepcional interesse social, poderá o Supremo Tribunal Federal, por maioria de dois terços de seus membros, restringir os efeitos daquela declaração ou decidir que ela só tenha eficácia a partir de seu trânsito em julgado ou de outro momento que venha a ser fixado.

Seguindo nesta senda, ao julgar os referidos embargos declaratórios, decidiu o STF:

> *EMENTA: REGULAMENTAÇÃO DA PROFISSÃO DE MOTORISTA. LEI N. 13.103/2015. RECONHECIMENTO DA AUTONOMIA DAS NEGOCIAÇÕES COLETIVAS (CF, ART. 7º, XXVI). SITUAÇÃO DE EXCEPCIONAL INTERESSE PÚBLICO E SOCIAL QUE PERMITE A MODULAÇÃO DE EFEITOS* EX NUNC. *GARANTIA DE SEGURANÇA JURÍDICA. EMBARGOS DA AUTORA PARCIALMENTE ACOLHIDOS.*
>
> *1. Nos processos objetivos de controle de constitucionalidade, terceiros estranhos à relação jurídico-processual não possuem legitimidade para apresentar pedido ou interpor recursos, conforme disposição do art. 7º da Lei n. 9.868/1999 e do art. 169, § 2º, do RISTF.*
>
> *Precedentes. Da mesma maneira,* amicus curiae *não possui legitimidade para interpor recursos em sede de controle abstrato de constitucionalidade. Precedentes.*
>
> *2. O PLENÁRIO reconheceu a autonomia das negociações coletivas (art. 7º, XXVI, da CF) ao afirmar a constitucionalidade da redução e/ou fracionamento do intervalo intrajornada dos motoristas profissionais, desde que ajustado em acordo ou convenção coletiva de trabalho.*
>
> *3. A jurisprudência do SUPREMO TRIBUNAL FEDERAL admite o conhecimento de embargos declaratórios para a modulação da eficácia das decisões proferidas em controle concentrado de constitucionalidade, desde que estejam presentes o excepcional interesse público e social, bem como razões de segurança jurídica, os quais justificam o parcial acolhimento do pedido para conferir efeitos* ex nunc *ao acórdão embargado.*
>
> *4. NÃO CONHECIMENTO dos Embargos de Declaração opostos pela Confederação Nacional da Indústria — CNI e pela Confederação Nacional do Transporte — CNT.*
>
> ***5. CONHECIMENTO E PARCIAL PROVIMENTO dos embargos de declaração opostos pela Confederação Nacional dos Trabalhadores em Transportes Terrestres — CNTTT para:***
>
> *(a) reiterar o reconhecimento da autonomia das negociações coletivas (art. 7º, XXVI, da CF);*
>
> *(b) modular os efeitos da declaração de inconstitucionalidade, atribuir-lhes eficácia* ex nunc, *a contar da publicação da ata do julgamento de mérito desta ação direta.*

(24) MARINONI, Luiz Guilherme. Eficácia Temporal da revogação da jurisprudência consolidada dos Tribunais Superiores. *Revista dos Tribunais*, ano 100, v. 906, p. 255-283, abr. 2011.

ACÓRDÃO

Vistos, relatados e discutidos estes autos, os Ministros do Supremo Tribunal Federal, em Plenário, sob a Presidência do Ministro ROBERTO BARROSO, por unanimidade, 1) não conheceram dos embargos de declaração opostos pela Confederação Nacional da Indústria — CNI e pela Confederação Nacional do Transporte — CNT; e 2) ***acolheram parcialmente os embargos de declaração opostos pela Confederação Nacional dos Trabalhadores em Transportes Terrestres — CNTTT para (a) reiterar o reconhecimento da autonomia das negociações coletivas (art. 7º, XXVI, da CF); e (b) modular os efeitos da declaração de inconstitucionalidade, atribuindo-lhes eficácia ex nunc, a contar da publicação da ata do julgamento de mérito desta ação direta.*** *Tudo nos termos do voto do Relator.*

Assim sendo, *como a ATA de julgamento foi publicada em 12/7/2023, com fundamento na preservação da segurança jurídica, os efeitos do julgamento da ADI 5.322, quanto ao reconhecimento da inconstitucionalidade dos artigos da Lei n. 13.103/2015, valem a partir desta data.*

O TST também vinha decidindo nesse sentido, conforme deliberado no Recurso de Revista n. RR 37500-76.2005.5.15.0004,[25] em relação aos efeitos decorrentes da alteração da Súmula n. 277,[26] *in verbis*:

> *Esse posicionamento jurisprudencial altera essencialmente a concepção quanto aos efeitos das normas coletivas nos contratos de trabalho individuais*, sejam elas provenientes de sentença normativa, acordo, convenção, ou contrato coletivo de trabalho. (...).
>
> De acordo com a nova redação da súmula, consagra-se a vertente interpretativa da aderência limitada por revogação, ou ultratividade relativa, segundo a qual as normas coletivas aderem aos contratos de trabalho até que outra disposição resultante de negociação coletiva as revogue ou substitua. (...)
>
> Essa é a posição que parece mais adequada em decorrência do disposto no art. 114, § 2º, da Constituição Federal, que estabelece a faculdade de ajuizamento de dissídio coletivo de natureza econômica, 'respeitadas as disposições mínimas legais de proteção ao trabalho, bem como as convencionadas anteriormente'. (...).
>
> *Dessa forma, a mudança de postulado quanto à aderência das normas coletivas nos contratos de trabalho conduz a questionamentos em relação às situações ocorridas anteriormente à alteração do entendimento e quanto às hipóteses que já estão sendo objeto das lides individuais e coletivas na Justiça do Trabalho.*
>
> A questão consiste no sopesamento do princípio da segurança jurídica e a evolução das posições jurisprudenciais consolidadas.
>
> (...).
>
> Com esses pressupostos, a *alteração no entendimento* consubstanciado na Súmula n. 277 do TST, quanto à ultratividade das normas coletivas, *deve ter seus efeitos aplicados às situações ocorridas a partir de sua publicação, e não, retroativamente, às situações em que se adotava e esperava outro posicionamento da jurisprudência consolidada da Justiça do Trabalho.*
>
> Dessa forma, tendo em vista que a Corte regional registrou que a pretensão tinha como origem direito instituído em regulamento de empresa, suprimido por norma coletiva, sem que outra norma coletiva restabelecesse o direito, não se há de falar em alteração do contrato de trabalho, estando, desta via, intacto o art. 468 da CLT. (Marcas nossas)

(25) Processo: RR – 37500-76.2005.5.15.0004. Data de Julgamento: 28.11.2012, relator Ministro: Luiz Philippe Vieira de Mello Filho, 4ª Turma, Data de Publicação: *DEJT* 7.12.2012.

(26) A Súmula n. 277 do TST encontra-se, atualmente, suspensa por decisão do STF, prolatada nos Autos da ADPF n. 373, que também determinou a suspensão de "(...) todos os processos em curso e dos efeitos de decisões judiciais proferidas no âmbito da Justiça do Trabalho, que versem sobre a aplicação da ultratividade de normas de acordos e de convenções coletivas, sem prejuízo do término de sua fase instrutória, bem como das execuções já iniciadas". Ademais, com a publicação da Lei n. 13.467/2017 foi fixado pelo art. 614, § 4º da CLT que: "Art. 614. Os Sindicatos convenentes ou as empresas acordantes promoverão, conjunta ou separadamente, dentro de 8 (oito) dias da assinatura da Convenção ou Acordo, o depósito de uma via do mesmo, para fins de registro e arquivo, no Departamento Nacional do Trabalho, em se tratando de instrumento de caráter nacional ou interestadual, ou nos órgãos regionais do Ministério do Trabalho e Previdência Social, nos demais casos. *(Redação dada pelo Decreto-lei n. 229, de 28.2.1967)*. (...). § 3º Não será permitido estipular duração de convenção coletiva ou acordo coletivo de trabalho superior a dois anos, *sendo vedada a ultratividade*. (Redação dada pela Lei n. 13.467, de 2017)." (Marcas nossas).

Entre os fundamentos adotados pelo TST no acórdão referido, alguns merecem especial destaque, notadamente por balizar os contornos do conceito de segurança jurídica, fixando critérios cuja observância se revela importante para nortear a formação dos precedentes jurisprudenciais.

Assim, ressaltam-se as seguintes razões de decidir, constantes das fls. 8-11, que, a despeito de alongadas, merecem a transcrição, *in verbis*:

> Humberto Ávila, em singular contribuição ao aprofundamento do tema, em 'Segurança Jurídica — Entre Permanência, Mudança e Realização no Direito Tributário', Ed. Malheiros, São Paulo, 2012, 2. ed., ao tratar do sentido da palavra segurança na Constituição Federal de 1988, p. 255, afirma: 'É segurança jurídica. Primeiro porque, ao instituir, no seu art. 1º, um Estado Democrático de Direito destinado a 'assegurar a segurança como valor', a CF/88 refere-se a um objetivo social que ultrapassa a dimensão meramente psicológica ou física.
>
> Segundo porque o art. 5º, ao garantir o 'direito à segurança' ao lado do direito à liberdade, à igualdade e à propriedade, que são qualificados como valores sociais objetivos, e não meramente estados psicológicos individuais, termina por proteger a segurança de modo paralelo à garantia desses outros valores, isto é, como valores jurídicos.
>
> Terceiro porque, entre os direitos fundamentais catalogados pelos incisos do art. 5º, há vários relativos quer à segurança física e individual (proteção da residência e garantia do *habeas corpus* contra restrições abusivas da liberdade), quer às exteriorizações específicas da liberdade (liberdade de manifestação do pensamento, de consciência e de crença, de expressão intelectual, artística, científica e de comunicação ou de associação para fins lícitos), o que pressupõe a maior amplitude da previsão do *caput* do mencionado artigo.'
>
> Prosseguindo, para tratar da dimensão normativa da segurança jurídica, a partir da Constituição Federal de 1988, destaca na mesma obra as p. 255-256: 'A segurança jurídica qualifica-se como norma jurídica da espécie norma-princípio, porque, pelo exame da sua estrutura e das suas partes constituintes, verifica-se que ela determina a proteção de um ideal de coisas cuja realização depende de comportamentos, muitos dos quais já previstos expressamente. Todos os fundamentos constitucionais anteriormente referidos, diretos e indiretos, obtidos por dedução ou por indução, não só expressam a vinculatividade dos ideais de cognoscibilidade, de confiabilidade e de calculabilidade estabelecidos como ainda definem esses ideais quanto aos seus vários aspectos. O qualificativo de norma jurídica de modo algum afasta o aspecto axiológico do princípio: apenas indica que, como princípio, incorpora e positiva um valor em um nível maior de concretização.'
>
> Luiz Guilherme Marinoni, por sua vez, em 'Precedentes Obrigatórios', Ed. Revista dos Tribunais, São Paulo, 2011, 2. ed., abordando o Estado de Direito e Segurança Jurídica, ressalta: 'O cidadão precisa ter segurança de que o Estado e os terceiros se comportarão de acordo com o direito e de que os órgãos incumbidos de aplicá-lo o farão valer quando desrespeitado. Por outro lado, a segurança jurídica também importa para que o cidadão possa definir o seu próprio comportamento e as suas ações. O primeiro aspecto demonstra que se trata de garantia em relação ao comportamento daqueles que podem contestar o direito e têm o dever de aplicá-lo; o segundo quer dizer que ela é indispensável para que o cidadão possa definir o modo de ser das suas atividades.
>
> Não obstante, para que a ideia de segurança jurídica não se perca em uma extrema generalidade, convém discriminar dois elementos imprescindíveis à sua caracterização. Para que o cidadão possa esperar um comportamento ou se postar de determinado modo, é necessário que haja univocidade na qualificação das situações jurídicas. Além disso, há que se garantir-lhe previsibilidade em relação às consequências das suas ações. O cidadão deve saber, na medida do possível, não apenas os efeitos que as suas ações poderão produzir, mas também como os terceiros poderão reagir diante delas. Note-se, contudo, que a previsibilidade das consequências oriundas da prática de conduta ou ato pressupõe univocidade em relação à qualificação das situações jurídicas, o que torna esses elementos indissociavelmente ligados. Em outra perspectiva, a segurança jurídica reflete a necessidade de a ordem jurídica ser estável.
>
> Esta deve ter um mínimo de continuidade. E isso se aplica tanto à legislação quanto à produção judicial, embora ainda não haja, na prática dos tribunais brasileiros, qualquer preocupação com a estabilidade das decisões. Frise-se que a uniformidade na interpretação e aplicação do direito é um requisito indispensável ao Estado de Direito. Há de se perceber o quanto antes que há um grave problema num direito variável de acordo com o caso.
>
> Nos debates ocorridos no Superior Tribunal de Justiça, em julgamento do EREsp 738694 (2006/0043241-3), em que se discutia a alteração de entendimento jurisprudencial consolidado quanto à validade de norma legal que instituía benefício fiscal, o Ministro Herman Benjamin sustentou a existência de sombra de juridicidade, situação que tratou nos seguintes termos: "Sombra de juridicidade" indica que uma situação

de juridicidade anterior, originada na lei, projeta-se no ordenamento, como eco capaz de produzir efeitos jurídicos válidos, não obstante a revogação do texto legal que lhe deu causa.

Com isso, os fatos jurídicos — neste caso, o benefício fiscal — passam a retirar seu sustento normativo já não mais diretamente de um ato do legislador da lei revogada, mas de outra(s) das fontes do Direito, admitidas pelo sistema.

As indagações que se levantam no campo da 'sombra de juridicidade', então, não se referem, no caso dos autos, à possibilidade de o Tribunal Superior manejar os efeitos *ex tunc* e *ex nunc* de sua decisão, conectando-se, diversamente, com o universo das fontes do Direito ou, melhor dizendo, da transição de fontes do Direito, como apoio para benefícios tributários.

Lembra Ricardo Lorenzetti que 'a norma jurídica não é somente a lei estatal, pois há pluralismo de fontes' (*Teoria de La Decisión Judicial*: Fundamentos de Derecho, Santa Fé, Rubinzal-Culzoni, 2006, p. 103). Como se sabe, no Brasil a tipologia das fontes do Direito não está regulada na Constituição Federal (o art. 59 apenas cuida do 'processo legislativo' que orienta a criação de uma das fontes do Direito, a lei), mas sim, de forma transversa e precária, na Lei de Introdução ao Código Civil (Decreto-lei n. 4.657/42). É a partir desse estatuto, portanto, mas não só nele, que devemos buscar auxílio na compreensão dos fundamentos da 'sombra de juridicidade'.

Nesse contexto, merece destaque, ainda, o disposto no art. 27 da Lei n. 9.868/1999, que adota as razões de segurança jurídica ou excepcional interesse social para restrição dos efeitos de decisão em que se declara a inconstitucionalidade de lei ou ato normativo, o que se denominou modulação dos efeitos das ações de controle de constitucionalidade.

A matéria foi objeto de renovada discussão com a promulgação das leis que promoveram a *reforma trabalhista*, notadamente a Lei n. 13.429/2017.(27) Nesse sentido, é a posição externada pelo TST, ao decidir acerca da aplicação das novas disposições acerca da terceirização:(28)

EMBARGOS DE DECLARAÇÃO. EMBARGOS. ESCLARECIMENTOS. VÍNCULO DE EMPREGO. TERCEIRIZAÇÃO ILÍCITA. *TELEMARKETING*. INSTITUIÇÃO FINANCEIRA PRIVADA. ATIVIDADE-FIM. SÚMULA N. 331, I, DO TST. CONTRATO DE TRABALHO CELEBRADO NA VIGÊNCIA DA ANTIGA REDAÇÃO DA LEI N. 6.019/74. SUPERVENIÊNCIA DA LEI N. 13.429/2017 (LEI DA TERCEIRIZAÇÃO). EFEITOS.

1. *A entrada em vigor da Lei n. 13.429/2017* (Lei da Terceirização), geradora de profundo impacto perante a jurisprudência consolidada do Tribunal Superior do Trabalho, no que alterou substancialmente a Lei n. 6.019/74, *não se aplica às relações de emprego regidas e extintas sob a égide da lei velha, sob pena de afronta ao direito adquirido do empregado a condições de trabalho muito mais vantajosas.*

2. *Quanto aos contratos de trabalho celebrados e findos antes da entrada em vigor da Lei n. 13.429/2017, prevalece o entendimento jurisprudencial firmado à luz da Súmula n. 331, I, do TST, amparado na anterior redação da Lei n. 6.019/74.* (Marcas nossas)

(27) Processo: ED-E-ED-RR – 1144-53.2013.5.06.0004. Data de Julgamento: 3.8.2017, relator Ministro: João Oreste Dalazen, Subseção I Especializada em Dissídios Individuais, Data de Publicação: *DEJT* 10.8.2017.

(28) A questão envolvendo a licitude da terceirização para o período anterior à reforma trabalhista foi objeto de julgamento pelo STF na ADPF n. 324 e no RE n. 958.252 (com repercussão geral reconhecida), sendo fixadas as seguintes teses, respectivamente: "O Tribunal, no mérito, por maioria e nos termos do voto do Relator, julgou procedente o pedido e *firmou a seguinte tese: 1. É lícita a terceirização de toda e qualquer atividade, meio ou fim, não se configurando relação de emprego entre a contratante e o empregado da contratada.* 2. Na terceirização, compete à contratante: i) verificar a idoneidade e a capacidade econômica da terceirizada; e ii) responder subsidiariamente pelo descumprimento das normas trabalhistas, bem como por obrigações previdenciárias, na forma do art. 31 da Lei n. 8.212/1993, vencidos os Ministros Edson Fachin, Rosa Weber, Ricardo Lewandowski e Marco Aurélio. *Nesta assentada, o relator esclareceu que a presente decisão não afeta automaticamente os processos em relação aos quais tenha havido coisa julgada.* Presidiu o julgamento a Ministra Cármen Lúcia. Plenário, 30.08.2018" (marcas nossas); "O Tribunal, por maioria e nos termos do voto do Relator, *apreciando o tema 725 da repercussão geral*, deu provimento ao recurso extraordinário, vencidos os Ministros Edson Fachin, Rosa Weber, Ricardo Lewandowski e Marco Aurélio. Em seguida, o Tribunal fixou a seguinte tese: *"É lícita a terceirização ou qualquer outra forma de divisão do trabalho entre pessoas jurídicas distintas, independentemente do objeto social das empresas envolvidas*, mantida a responsabilidade subsidiária da empresa contratante", vencida a Ministra Rosa Weber. O Ministro Marco Aurélio não se pronunciou quanto à tese. Ausentes os Ministros Dias Toffoli e Gilmar Mendes no momento da fixação da tese. Presidiu o julgamento a Ministra Cármen Lúcia. Plenário, 30.8.2018." (Marcas nossas). Os Acórdãos, contudo, ainda não foram publicados.

Importante registrar, no entanto, posição adotada pelo TST quando da edição do inciso III da Súmula n. 191,[(29)] que assim prescreve:

> Súmula n. 191
>
> ADICIONAL DE PERICULOSIDADE. INCIDÊNCIA. BASE DE CÁLCULO (cancelada a parte final da antiga redação e inseridos os itens II e III) – Res. n. 214/2016, *DEJT* divulgado em 30.11.2016 e 1 e 2.12.2016.
>
> I – O adicional de periculosidade incide apenas sobre o salário básico e não sobre este acrescido de outros adicionais.
>
> II – O adicional de periculosidade do empregado eletricitário, contratado sob a égide da Lei n. 7.369/1985, deve ser calculado sobre a totalidade das parcelas de natureza salarial. Não é válida norma coletiva mediante a qual se determina a incidência do referido adicional sobre o salário básico.
>
> *III – A alteração da base de cálculo do adicional de periculosidade do eletricitário promovida pela Lei n. 12.740/2012 atinge somente contrato de trabalho firmado a partir de sua vigência, de modo que, nesse caso, o cálculo será realizado exclusivamente sobre o salário básico, conforme determina o § 1º do art. 193 da CLT.* (Marcas nossas)

No STF, Gilmar Mendes também destaca a importância de se observarem as balizas traçadas pelo princípio da segurança jurídica, que torna "imperativa a adoção de cláusulas de transição nos casos de mudança radical de um dado instituto ou estatuto jurídico".[(30)]

Assim, no que se refere à alteração da jurisprudência, premente se mostra uma nota de cautela, posto que essas alterações atingem essencialmente comportamentos que se fizeram pautar por interpretação diversa, outrora dominante e, por isso, resultaram em atos realizados com o que, à época em que ocorreram, se tinha por conforme ao ordenamento jurídico.

Não à toa, ante a relevância da questão, a lei passou a garantir no processo judicial trabalhista a segurança nas mudanças jurisprudenciais, conforme estabelece o art. 896-C, § 17, da CLT, alterado pela Lei n. 13.015/2014, ao determinar:

> Art. 896-C. § 17 – Caberá revisão da decisão firmada em julgamento de recursos repetitivos quando se alterar a situação econômica, social ou jurídica, *caso em que será respeitada a segurança jurídica das relações firmadas sob a égide da decisão anterior, podendo o Tribunal Superior do Trabalho modular os efeitos da decisão que a tenha alterado.* (Marcas nossas)

A mesma tônica se nota em diversos dispositivos do Código de Processo Civil (CPC), que traz em seu art. 927, § 3º, a possibilidade de modulação dos efeitos da decisão, na "hipótese de alteração da jurisprudência dominante do Supremo Tribunal Federal e dos tribunais superiores ou daquela oriunda de julgamento de casos repetitivos", em atendimento a imperativos de "interesse social" e "segurança jurídica", objetivando uma jurisprudência "estável, íntegra e coerente", nos termos do art. 926 do CPC, visando obter a pacificação social respaldada na justiça das decisões.

---

(29) Análise dos julgados que amparam o posicionamento jurisprudencial sedimentado após a publicação da Lei n. 12.740/2012, que alterou o art. 193 da CLT e revogou a Lei n. 7.369/1985, que fixava base de cálculo diversa para os trabalhadores expostos ao risco energia elétrica, indica tese no sentido da aplicação do novo regime jurídico nos seguintes termos: "RECURSO DE EMBARGOS EM RECURSO DE REVISTA. LEI N. 13.015/2014. ELETRICITÁRIO ADMITIDO SOB A ÉGIDE DA LEI N. 7.369/85. ADICIONAL DE PERICULOSIDADE. BASE DE CÁLCULO. TOTALIDADE DAS PARCELAS DE NATUREZA SALARIAL. SUPERVENIÊNCIA DA LEI N. 12.740/2012. INALTERABILIDADE. *A jurisprudência prevalente no âmbito desta Corte é no sentido de que a Lei n. 12.740/12 é aplicável somente aos contratos de trabalho iniciados após a sua vigência, não tendo o condão de alterar situações consolidadas sob a égide da Lei n. 7.369/85, sob pena de violação do art. 5º, XXXVI, da Constituição da República)"* Processo: E-RR – 10025-52.2014.5.03.0041. Data de Julgamento: 19.5.2016, relator Ministro: Hugo Carlos Scheuermann, Subseção I Especializada em Dissídios Individuais, Data de Publicação: *DEJT* 27.5.2016."

(30) MENDES, Gilmar Ferreira. *Direitos Fundamentais e controle da constitucionalidade* — estudos de direito constitucional, 3. ed. São Paulo: Saraiva, 2004. p. 143-149.

2.2. A posição adotada pelo Supremo Tribunal Federal no julgamento da ADPF 381

Em relação a essa matéria, os coautores têm posicionamento diferente. Assim sendo, a fim de contribuir para o debate e trazer essas reflexões e perspectivas para o conhecimento dos leitores, decidimos consignar separadamente os respectivos entendimentos, para melhor facilitar a leitura.

1ª posição — Entendimento do coautor Daniel Gemignani

As discussões referentes à aplicação das leis que regulamentam a atividade do motorista profissional no tempo foram impactadas pelo julgamento da Arguição de Descumprimento de Preceito Fundamental (ADPF) n. 381, que tinha por objeto, conforme relatório elaborado pelo ministro Gilmar Mendes:

> A ação tem por objeto decisões do Tribunal Superior do Trabalho e de Tribunais Regionais do Trabalho que violariam os princípios constitucionais da segurança jurídica, da isonomia e da livre iniciativa. Segundo aduz a requerente, os mencionados atos judiciais teriam afastado a incidência do art. 62, I, da Consolidação das Leis do Trabalho para condenar empregadores ao pagamento de horas extras e horas trabalhadas em dias de descanso antes da vigência da Lei federal 12.619/2012, apesar da existência de convenções coletivas pactuadas entre transportadoras e motoristas prevendo a ausência de controle de jornada externa de trabalho.(31)

Como destacado na 3ª edição desta obra, dessumiu-se da decisão monocrática proferida pelo relator ministro Gilmar Mendes, que reconsiderou a extinção da ADPF e determinou seu processamento, disposição da Corte para reconhecer a validade dos acordos e convenções coletivas que pactuavam a aplicação do art. 62, inc. I, da CLT, à categoria dos motoristas profissionais, do que decorreria não só a possibilidade de negociação quanto ao referido tema, como a admissão de que esses profissionais não se submeteriam a controle de jornada. Trata-se, portanto, de disposição para assegurar um mínimo de estabilidade, integridade e coerência jurisprudencial, nos termos estabelecidos pelo art. 926 do Código de Processo Civil — considerando a Orientação Jurisprudencial n. 332 da SBDI-1.

Nesse sentido, e de forma a compreender a decisão proferida na ADPF n. 381, mostra-se necessário considerar duas questões, quais sejam: (i) a extensão conferida às obrigações entabuladas nos acordos e convenções coletivas e (ii) a aplicação da tese de repercussão geral n. 1046, que fixou ser "constitucionais os acordos e as convenções coletivas que, ao considerarem a adequação setorial negociada, pactuam limitações ou afastamentos de direitos trabalhistas, independentemente da explicitação especificada de vantagens compensatórias, desde que respeitados os direitos absolutamente indisponíveis".

No que se refere à intenção das obrigações entabuladas em acordos e convenções coletivas, cumpre destacar a posição vencida sustentada pelo relator, no sentido de que teriam pactuado o afastamento do controle de jornada dos motoristas profissionais. A referência ao art. 62, inc. I, da CLT, assim, visava estabelecer a ausência de controle de jornada desses profissionais e não a mera reprodução do texto legal:

> A jurisprudência da Justiça do Trabalho frequentemente interpreta convenções e acordos coletivos com base no fundamento do princípio da primazia da realidade. Indica, nessas hipóteses, não estar invalidando dispositivos convencionados, mas apenas verificando se estes são compatíveis com a prática desempenhada.
>
> Ou seja, em relação ao objeto desta demanda, as partes livremente convencionaram que motoristas profissionais estariam submetidos ao art. 62, I, da CLT, que dispõe sobre a impossibilidade de controle de jornada de trabalho. Ao avaliar situações fáticas, porém, a Justiça Trabalhista em geral entende que haveria meios de controle disponíveis ao empregador, o que legitimaria o afastamento do convencionado.
>
> Entretanto, no caso das negociações coletivas, a própria pactuação, em si, devidamente chancelada, já é, por si só, a expressão da vontade das partes e evidencia o real quadro delimitado entre seus contraentes.(32)

(31) Relatório elaborado pelo relator Ministro Gilmar Mendes no julgamento da ADPF n. 381, p. 4-5 do acórdão.

(32) Voto proferido pelo relator Ministro Gilmar Mendes no julgamento da ADPF n. 381, p. 23 do acórdão.

O voto vencido proferido pelo relator, contudo, conquanto indique ser o controle de jornada matéria disponível, passível, portanto, de negociação coletiva, não deixa claro como ela se dissociaria do "patamar civilizatório mínimo, composto, em linhas gerais, (i) pelas normas constitucionais, (ii) pelas normas de tratados e convenções internacionais incorporadas ao Direito Brasileiro e (iii) pelas normas que, mesmo infraconstitucionais, asseguram garantias mínimas de cidadania aos trabalhadores".(33)(34)

A posição sustentada pelo relator, contudo, não foi seguida pela maioria dos ministros do Supremo Tribunal Federal.

Com efeito, do voto proferido pela ministra redatora para o acórdão, extrai-se interpretação que busca restringir o alcance dos acordos e convenções coletivas, a partir de sua interpretação literal, de modo a possibilitar seu afastamento caso identificado que o pactuado não refletiria a realidade fática. No aspecto, oportuno destacar argumentação desenvolvida pela ministra Rosa Weber com a finalidade de distinguir o simples "afastamento do pactuado em normas coletivas" da sua não aplicação quando identificada realidade fática diversa daquela avençada. A restrição da extensão da obrigação entabulada, assim, foi utilizada pela ministra como forma de afastar a "prevalência do negociado sobre o legislado", visto não ser essa a sua posição:(35)

> Outra a minha compreensão, porque em momento algum, com a devida vênia, houve o afastamento do pactuado em normas coletivas.
>
> Como bem enfatizado no parecer do Ministério Público carreado aos autos, as decisões judiciais impugnadas, que condenam empresas de transporte rodoviário a pagar horas extras a motoristas profissionais, não negam incidência ao art. 62, I, da CLT nem recusam aplicação a normas convencionais que prescrevem aplicação desse dispositivo à categoria convenente. Elas interpretam referidas normas à luz do quadro fático e reputam aplicável o regime de controle de jornada de trabalho quando constatada viabilidade do controle ou sua realização, pelo empregador.(36)

Interessante pontuar que a tese, adotada como pressuposto pela ministra Rosa Weber para seu voto, foi vencida no julgamento do recurso extraordinário com agravo n. 1.121.633/GO, que fixou a tese de repercussão geral n. 1046, e que foram julgadas contemporaneamente.

Pode-se dizer, assim, que na mesma assentada(37) em que fixada a tese de repercussão geral n. 1046, entendeu o Supremo Tribunal Federal por não aplicá-la.

Os debates ocorridos ao final do julgamento da ADPF n. 381 revelam a dissociação desse julgamento com a tese de repercussão geral n. 1.046:

> O SENHOR MINISTRO DIAS TOFFOLI:
>
> Quando se proclama que acompanhei a improcedência nos termos do voto da Ministra Rosa Weber, não necessariamente significa que concordei com todas as premissas. Então, é nos termos dos votos divergentes, a partir do voto da Ministra Rosa Weber
>
> O SENHOR MINISTRO LUIZ FUX (PRESIDENTE) — Eu estou anotando isso.

(33) Voto proferido pelo relator Ministro Gilmar Mendes no julgamento da ADPF n. 381, p. 27 do acórdão.

(34) Voto proferido pelo relator Ministro Gilmar Mendes no julgamento da ADPF n. 381, p. 56 do acórdão: "Por todo o exposto, entendo que decisões da Justiça do Trabalho que afastam a validade da incidência do art. 62, I, da Convenção das Leis do Trabalho, deixando de aplicar cláusula contratual de acordos e convenções coletivas em que deliberada sua aplicação à categoria, para situações ocorridas antes da entrada em vigor da Lei federal n. 12.619/2012, ofendem os princípios constitucionais da segurança jurídica, da isonomia, da livre iniciativa e, principalmente, a supremacia das convenções e dos acordos coletivos.".

(35) Voto proferido pela redatora para o acórdão Ministra Rosa Weber no julgamento da ADPF n. 381, p. 196 do acórdão.

(36) Voto proferido pela redatora para o acórdão Ministra Rosa Weber no julgamento da ADPF n. 381, p. 59 do acórdão.

(37) Embora pautados para a mesma sessão, a ADPF n. 381 foi julgada em 1º.6.2022 enquanto o ARE n. 1.121.633 foi julgado em 2.6.2022. Ambos os acórdãos foram publicados em 28.4.2023.

O SENHOR MINISTRO DIAS TOFFOLI:

Meu voto não foi totalmente aderente ao voto da Ministra Rosa Weber em algumas das premissas de Sua Excelência.

O SENHOR MINISTRO LUIZ FUX (PRESIDENTE) — Nós aferimos a procedência ou a improcedência pela conclusão do voto. Vossa Excelência pode concluir o voto no sentido da divergência, muito embora tenha suas próprias razões para fazê-lo. Pelo que eu entendi, Vossa Excelência manifestou que não era nem caso de conhecimento pelo Supremo, quer por se tratar de legislação infraconstitucional, quer por ser matéria fático--probatória — foi o que eu entendi —, mas que as premissas...

O SENHOR MINISTRO DIAS TOFFOLI:

Eu julguei improcedente nos termos do meu voto, não nos do voto da Ministra Rosa Weber. Era isso que gostaria que ficasse consignado.

O SENHOR MINISTRO LUÍS ROBERTO BARROSO — Presidente, permite-me?

O SENHOR MINISTRO LUIZ FUX (PRESIDENTE) — Pois não, Ministro Roberto Barroso.

O SENHOR MINISTRO LUÍS ROBERTO BARROSO — Onde Vossa Excelência colocou "nos termos do voto divergente da Ministra Rosa Weber", coloque "nos termos dos votos divergentes", que já resolve o problema.

O SENHOR MINISTRO LUIZ FUX (PRESIDENTE) — Está bem! Resolvido o problema.

A SENHORA MINISTRA ROSA WEBER — Senhor Presidente, me concede, por favor, a palavra?

O SENHOR MINISTRO LUIZ FUX (PRESIDENTE) — Pois não.

A SENHORA MINISTRA ROSA WEBER — Eu quero tranquilizar tanto o Ministro Dias Toffoli quanto o Ministro Luís Roberto. Por óbvio, assim como fiz naquele julgamento dos quilombolas, em que Redatora designada, havendo uma diversidade de fundamentos que ensejaram a conclusão, eu vou destacar o fato até na própria ementa do julgado.

E não poderia ser diferente, Senhor Presidente, porque tanto o Ministro Dias Toffoli quanto o Ministro Roberto Barroso endossam a tese e as premissas do voto do Ministro Gilmar Mendes quanto à prevalência do negociado sobre o legislado, o que não é a minha posição, nem a posição, por exemplo, do Ministro Edson Fachin, ao que eu recordo do voto.

Então isso tem de ficar registrado na própria ementa e a conclusão há de ser um juízo de improcedência nos termos dos votos divergentes proferidos.[38]

Ressalta-se, por fim, que nada obstante a interpretação restritiva sustentada pela divergência, parece afirmar a redatora para o acórdão ser indisponível o afastamento do controle de jornada por norma coletiva, a indicar que, mesmo que assim fosse pactuado, referida obrigação seria inconstitucional:

Nesse contexto, a efetividade do direito fundamental à duração normal do trabalho pela fixação de limites à jornada do empregado sujeita-se à autenticidade do sistema de controle pelo empregador, ou seja, da veracidade da anotação da hora de entrada e saída do empregado por meio de registro manual, mecânico ou eletrônico (CLT, art. 74, § 3º).[39]

Bem postas as coisas, e com a devida vênia dos que têm entendimento diverso, no caso, não há falar em afastamento do pactuado em cláusulas coletivas, como as ora citadas, cujo reconhecimento é sem dúvida direito fundamental assegurado pelo inciso XXVI do art. 7º da Constituição Federal. E isso porque sujeitas, ao comandarem a aplicação do art. 62, I, da CLT aos motoristas de carga, ao mesmo requisito nele consagrado atinente à incompatibilidade entre o exercício da atividade externa pelo empregado e o efetivo controle da jornada pelo empregador.

[...]

Nesse contexto, consideradas tanto a norma heterônoma (art. 61, I, da CLT) quanto a norma autônoma (cláusulas coletivas entabuladas pela categoria), a pretensão reducionista de classificar *a priori* a atividade exercida pelo motorista de transporte de cargas, peremptoriamente negada qualquer possibilidade de subsunção dos fatos à norma, implica verdadeiro menoscabo dos direitos fundamentais do trabalhador, nota-

(38) Debates ocorridos durante o julgamento da ADPF n. 381, p. 195-196 do acórdão.

(39) Voto proferido pela redatora para o acórdão Ministra Rosa Weber no julgamento da ADPF n. 381, p. 62 do acórdão.

damente do direito à limitação da jornada e ao pagamento das horas extraordinárias, previstos no art. 7º da Constituição Federal, com chancela de fraude à legislação trabalhista. Significa negar ao trabalhador o direito de acesso ao Poder Judiciário para alcançar a definição da realidade em que se deu a prestação dos serviços (CF, art. 5º, XXXV, e 114, I).(40)

Com efeito, ainda que se observe do acórdão divergência nos fundamentos adotados pelos ministros que julgaram a ADPF improcedente, fato é que a conclusão do julgamento vem suscitando discussões, notadamente quanto a dois dos três aspectos acima identificados, quais sejam: (i) a aplicação das novas disposições legais aos fatos já ocorridos e (ii) os efeitos de eventuais mudanças jurisprudenciais em razão das alterações legislativas. A posição prevalecente, ao não acolher nem uma interpretação "meramente declaratória", tampouco constitutiva da Lei n. 12.619/2012, sujeitando a resolução da controvérsia aos casos concretos, não só permitiu a revisão de entendimento que havia se consolidado antes da regulamentação do motorista profissional, como tornou duvidosa a própria aplicação da tese de repercussão geral n. 1046, tema este a ser aprofundado com mais vagar no curso desta obra.

2ª posição — Entendimento da coautora Tereza Aparecida Asta Gemignani

Conforme destacado na 3ª edição desta obra, o relator Ministro Gilmar Mendes reconsiderou sua decisão quanto à extinção e determinou o processamento da Arguição de Descumprimento de Preceito Fundamental (ADPF) n. 381, consignando em seu relatório:

> A ação tem por objeto decisões do Tribunal Superior do Trabalho e de Tribunais Regionais do Trabalho que violariam os princípios constitucionais da segurança jurídica, da isonomia e da livre iniciativa. Segundo aduz a requerente, os mencionados atos judiciais teriam afastado a incidência do art. 62, I, da Consolidação das Leis do Trabalho para condenar empregadores ao pagamento de horas extras e horas trabalhadas em dias de descanso antes da vigência da Lei federal 12.619/2012, apesar da existência de convenções coletivas pactuadas entre transportadoras e motoristas prevendo a ausência de controle de jornada externa de trabalho.(41)

Após intensos debates, a ADPF 381 foi julgada improcedente:

> *EMENTA*
>
> *ARGUIÇÃO DE DESCUMPRIMENTO DE PRECEITO FUNDAMENTAL. DECISÕES EMANADAS DO TRIBUNAL SUPERIOR DO TRABALHO E DOS TRIBUNAIS REGIONAIS DO TRABALHO. MOTORISTAS PROFISSIONAIS EMPREGADOS. DURAÇÃO DO TRABALHO ANTES DA VIGÊNCIA DA LEI N. 12.619/2012. AFASTAMENTO DO CONTROLE DO HORÁRIO DE TRABALHO POR MEIO DE NEGOCIAÇÃO COLETIVA. INADMISSIBILIDADE. CONDENAÇÃO AO PAGAMENTO DE HORAS EXTRAS E HORAS TRABALHADAS EM DIAS DE REPOUSO. ACORDOS E CONVENÇÕES COLETIVAS DO TRABALHO. LIMITES CONSTITUCIONAIS À AUTONOMIA NEGOCIAL COLETIVA. GARANTIA DO PATAMAR CIVILIZATÓRIO MÍNIMO.*
>
> *1. Arguição de descumprimento ajuizada contra decisões judiciais do Tribunal Superior do Trabalho e de Tribunais Regionais do Trabalho nas quais reconhecido a motoristas do transporte rodoviário de cargas o direito a horas extraordinárias e ao pagamento pelo trabalho em dias de descanso antes da vigência da Lei n. 12.619/2012, a despeito de prevista, quanto a eles, em convenções coletivas de trabalho, a aplicação do art. 62, I, da CLT, em razão da impossibilidade de controle da jornada.*
>
> *2. Compreensão da maioria dos Ministros no sentido do cabimento da arguição de descumprimento, diante da relevância constitucional da controvérsia e da existência de quadro de insegurança jurídica e econômica decorrente da divergência de decisões entre Tribunais. Vencida, no ponto, a corrente minoritária, inaugurada pela Ministra Relatora, quanto ao não conhecimento da ADPF, por envolver a subsunção das cláusulas coletivas a casos concretos, sem que configurado conflito em relação a normas heterônomas trabalhistas.*
>
> *3. **Reafirmação da diretriz assentada no julgamento do Tema n. 152 da Repercussão Geral (RE 590.415, Rel. Min. Roberto Barroso**), quanto à prevalência das normas coletivas do trabalho sobre o padrão geral heterônomo justrabalhista, notadamente em face de autorização constitucional expressa (CF, arts. 7º, VI, XIII e XIV),*

(40) Voto proferido pela redatora para o acórdão Ministra Rosa Weber no julgamento da ADPF n. 381, p. 65 do acórdão.

(41) Relatório elaborado pelo relator Ministro Gilmar Mendes no julgamento da ADPF n. 381, p. 4-5 do acórdão.

desde que assegurada a preservação dos direitos sociais de absoluta indisponibilidade, correspondentes ao patamar civilizatório mínimo assegurado pelo texto constitucional, tal como ocorre em relação às horas extras e ao repouso semanal remunerado (CF, art. 7º, XV e XVI), entre outros.

4. Inocorrência, no caso, segundo os votos da maioria, de situação de recusa dos órgãos da Justiça do Trabalho em reconhecer a validade dos contratos coletivos de trabalho. *Decisões que apenas reconhecem não incidir, em relação aos motoristas profissionais empregados, a norma inscrita no art. 62, I, da CLT,* ***diante da constatação, in concreto, da existência de meios idôneos ao controle da duração diária de trabalho realizada por essa categoria específica de trabalhadores.*** (Marcas acrescentadas pela coautora)

A análise do referido julgamento confirma que, como defendemos desde a 1ª edição desta obra, a Lei n. 12.619/2012 se reveste de natureza constitutiva como regra especial instituída para reger a atividade do motorista profissional, de sorte que tem validade só a partir de sua vigência, sendo vedada sua aplicação retroativa.

Assim, antes de sua vigência prevalecem as regras gerais postas pela CLT em relação aos empregados em geral.

Nesse passo, ao afastar a aplicação da exceção prevista no inciso I do art. 62 da CLT, quando a prova dos autos demonstrar que a atividade externa é compatível com o controle de jornada, a referida decisão reconhece que, em relação ao período anterior à vigência da Lei n. 12.619/2012 deve ser aplicado o regime previsto no Capítulo II – Da duração do trabalho, estabelecido na CLT, que traça regras gerais para disciplinar a duração de jornada e intervalos dos empregados em geral.

Art. 62 – Não são abrangidos pelo ***regime previsto neste capítulo***:

I – os empregados que exercem atividade externa incompatível com a fixação de horário de trabalho, devendo tal condição ser anotada na Carteira de Trabalho e Previdência Social e no registro de empregados. (Marca acrescentada pela coautora)

Registre-se que, embora a conclusão defendida pelo relator não tenha sido seguida pela maioria dos Ministros do STF, alguns convergiram com partes de sua fundamentação. Neste passo, do voto prevalecente da Ministra Redatora extrai-se a interpretação de que, com base na primazia da realidade, que é um dos princípios fundantes do Direito do Trabalho, foi feita uma distinção (*distinguishing*) em relação ao Tema 152 (RE 590.415) e ao Tema 1.046 (ARE 1.121.633/GO) no sentido de que deixam de ser aplicadas as normas convencionadas, quando no caso em julgamento for identificada realidade fática diversa daquela avençada na norma negociada, assim fixando importante critério de hermenêutica quanto à interpretação do alcance da norma negociada, inexistindo qualquer contradição com a tese fixada no Tema 1046.

Nessa esteira a *ratio decidendi*, emanada da decisão proferida pelo STF na ADPF 381, consistiu em considerar que o princípio da primazia da realidade deve ser aplicado à interpretação das normas negociadas, de sorte que o disposto em convenções e acordos coletivos de trabalho não prevalece quando a situação fática, disciplinada pela norma convencionada, é diferente da situação fática evidenciada pela prova dos autos em julgamento.

Assim sendo, se no período anterior à vigência da Lei n. 12.619/2012, a prova dos autos demonstrar que no caso concreto havia a possibilidade de fixação e controle de jornada, em conformidade com o disposto nos arts. 4º e 6º da CLT, deve ser aplicado o regime previsto no Capítulo II – Da duração do trabalho — do mesmo estatuto legal, que traça as regras gerais para disciplinar a duração de jornada e intervalos dos empregados em geral, ou seja, antes da vigência da lei especial é aplicada a regra geral.

2.3. A discutível previsão do art. 22 da Lei n. 13.103/2015, que converte em advertência as penalidades aplicadas com base na Lei n. 12.619/2012

Assim preceitua o art. 22 da Lei n. 13.103/2015:

Art. 22. Ficam convertidas em sanção de advertência:

> *I – as penalidades decorrentes de infrações ao disposto na Lei n. 12.619, de 30 de abril de 2012, que alterou a Consolidação das Leis do Trabalho — CLT, aprovada pelo Decreto-lei n. 5.452, de 1º de maio de 1943, e a Lei n. 9.503, de 23 de setembro de 1997 – Código de Trânsito Brasileiro, aplicadas até a data da publicação desta Lei; e*
>
> II – as penalidades por violação do inciso V do art. 231[42] da Lei n. 9.503, de 23 de setembro de 1997 — Código de Trânsito Brasileiro, aplicadas até 2 (dois) anos antes da entrada em vigor desta Lei. (Marcas nossas)

Primeiramente, necessário pontuar que o referido artigo trata de questão eminentemente administrativa, o que foge à sistemática estritamente trabalhista. A sua análise deve se dar, portanto, sob a perspectiva do direito administrativo e do direito constitucional.

Com efeito, *ab initio*, suscitam a leitura do dispositivo legal as hipóteses de *anistia* e *remissão*, previstas no direito tributário. A *anistia* vem regulamentada nos arts. 175, inciso II, 180, 181 e 182 do Código Tributário Nacional (CTN). Já a *remissão* encontra previsão nos arts. 156, inciso IV, e 172 do mesmo diploma legal.

Nesse sentido, e a fim de se compreenderem os contornos de cada um desses institutos e eventual compatibilidade com a previsão da Lei n. 13.103/2015, vale as observações de Ricardo Lobo Torres que, ao tratar da anistia tributária, assim aduz:

> Anistia é o esquecimento da infração cometida à legislação tributária e o perdão da multa ainda não aplicada.[43]

Já a remissão, para o autor, encerra os seguintes contornos:

> Admite-se excepcionalmente no direito tributário a remissão, que é o perdão do crédito tributário pela Administração, previamente autorizado por lei. O CTN, no art. 172, estabelece os diversos tipos de remissão, que, embora tenha peculiaridades próprias, aproxima-se do instituto previsto no Código Civil (arts. 385 a 388).[44]

Adiante, traça com percuciência a distinção entre *anistia* e *remissão*:

> Mas a distinção entre as duas figuras [anistia e remissão], como já vimos (p. 299), consiste em que pela remissão extingue-se o crédito correspondente à penalidade pecuniária já aplicada, enquanto a anistia atua sobre a própria infração e suas consequências jurídicas ainda não descobertas nem sancionadas.[45]

E complementa:

> A remissão abrange assim o tributo como a sanção pecuniária já aplicada. Distingue-se da anistia porque esta implica no perdão relativamente à infração cometida e ainda não descoberta, isto é, ainda não punida com a sanção pecuniária. A remissão da multa aproxima-se da figura do indulto, que, no Direito Penal, é o perdão da pena já imposta.[46]

(42) "Art. 231. Transitar com o veículo: (...). V – com excesso de peso, admitido percentual de tolerância quando aferido por equipamento, na forma a ser estabelecida pelo CONTRAN: Infração – média; Penalidade – multa acrescida a cada duzentos quilogramas ou fração de excesso de peso apurado, constante na seguinte tabela: (...). Medida administrativa – retenção do veículo e transbordo da carga excedente."

(43) TORRES, Ricardo Lobo. *Curso de direito financeiro e tributário*. 15. ed. Rio de Janeiro: Renovar, 2008. p. 316.

(44) *Ibidem*, p. 299.

(45) *Ibidem*, p. 316.

(46) *Ibidem*, p. 299.

Das conceituações apresentadas nota-se que a medida prescrita pelo art. 22 da Lei n. 13.103/2015 não se compatibiliza nem com a *anistia*,[47] tampouco com a *remissão*, e isso porque o artigo da nova lei, por um lado, nada trata acerca da possibilidade de punição de infração ainda não descoberta, uma vez que consome seus efeitos assim que publicada e, por outro lado, não perdoa a infração cometida e já descoberta, mas apenas altera a punição anteriormente aplicada. Por fim, não há atuação sobre o crédito decorrente da infração, isto é, sobre o direito do trabalhador decorrente da infração praticada – como eventuais horas extraordinárias não compensadas, não cumprimento integral do intervalo intrajornada, reflexos em descanso semanal remunerado, recolhimentos correspondentes ao Fundo de Garantia do Tempo de Serviço etc. Assim, não há como aproximar à exótica figura prescrita pelo art. 22 da Lei n. 13.103/2015 da *anistia* e da *remissão*.

No entanto, em que pese a distinção entre a previsão do art. 22 da Lei n. 13.103/2015 e os institutos da *anistia* e da *remissão*, interessante pressuposto exposto por Ricardo Lobo Torres quanto à *anistia* parece se aplicar ao presente caso, posto se tratar de fundamento próprio e pertinente à conformação e finalidade do exercício do poder de polícia. Referido fundamento, portanto, se mostra pertinente à presente análise, subsidiando as conclusões que se seguirão:

> A anistia vincula-se estritamente ao princípio da legalidade. (...)
>
> Vincula-se também aos princípios da justiça. Pode se fundar em razões de equidade com relação a determinadas regiões do território da entidade tributante ou em motivos de utilidade, como acontece com o perdão de pequenas multas, necessário para aliviar a burocracia dedicada à cobrança. Mas os argumentos de justiça devem ser rigorosamente desenvolvidos, eis que pesa para a anistia a suspeita generalizada de iniquidade, por estabelecer discriminação contra o contribuinte cumpridor de seus deveres.[48]

O art. 22 da Lei n. 13.103/2015 não traz qualquer critério para a conversão das multas aplicadas em advertência. Não há distinção entre empregadores que deixaram de cumprir a lei de forma pontual e aqueles que a descumpriram de forma contumaz, como estratégia de negócio para redução de custos. Não há distinção entre empregadores de grande poder econômico e Microempresas e Empresas de Pequeno Porte. Enfim, a medida foi concedida de forma horizontal e sem critério, uma vez que de caráter geral, atingindo, indiscriminadamente, todas as autuações realizadas.

Com efeito, na ADI n. 5.322, foi alegada a inconstitucionalidade do referido preceito, por afrontar o art. 5º e o inciso II do art. 150 da CF/88, ao violar os princípios da impessoalidade e da isonomia, quando concede benefícios tributários diferenciados ao infrator da legislação trabalhista independentemente de qualquer critério.

Nota-se, também, afronta direta e flagrante ao art. 1º da Constituição Federal de 1988, que preceitua ser o Estado brasileiro constituído em Estado de Direito, do que decorre a interpretação de que a conversão de penalidades pecuniárias regularmente aplicadas em advertência, sem que haja qualquer justificativa ou critério objetivo para tanto, se mostra inconstitucional, pois isso significa informar à sociedade que determinados segmentos são privilegiados e podem deixar de cumprir a lei, se isso for conveniente, e houver expectativa de que as normas impostas serão eventualmente revistas.

Nessa senda, e a um só tempo, a medida desmoraliza todas as instâncias públicas que de alguma forma buscaram a efetividade da legislação regularmente promulgada, bem como faz desmoronar com o pressuposto fundamental do Estado de Direito, que consiste na aplicação da lei com

(47) Exemplo de anistia pode ser verificado no art. 4º da Lei n. 13.281/2016, que assim dispõe: "Art. 4º É concedida anistia às multas e sanções previstas no art. 253-A da Lei n. 9.503, de 23 de setembro de 1997, aplicadas, até a data de entrada em vigor desta Lei, aos caminhoneiros participantes das manifestações iniciadas no dia 9 de novembro de 2015".

(48) TORRES, Ricardo Lobo. *Curso de direito financeiro e tributário*. 15. ed. Rio de Janeiro: Renovar, 2008. p. 316-317.

observância dos princípios da isonomia e da impessoalidade. Ademais, desestimula o comportamento de todos aqueles que buscaram se adequar à lei, valorizando a ação ilícita dos que burlaram os direitos assegurados aos trabalhadores e, assim, arcaram com menor custo na exploração de sua atividade econômica, atuando em concorrência desleal com os demais, que cumpriram os novos preceitos legais.

Ora, o estrago causado pelo famigerado art. 22 da Lei n. 13.103/2015 certamente suplanta, e muito, qualquer senso de razoabilidade, proporcionalidade, justiça, legalidade e, principalmente, constitucionalidade, seja por qual corrente doutrinária se supor sustentar. A previsão, de tão desastrosa, deveria ter sido frustrada durante o processo legislativo pelas Comissões de Constituição e Justiça das casas do Congresso Nacional e, se isso não bastasse, pelo controle de constitucionalidade e conveniência política realizado pela Presidência da República.[(49)] Por assim não ser, caberia ao Poder Judiciário, enfim, desfazer tamanha aberração, e para isso argumentos e fundamentos não faltam.

Feitas essas observações iniciais, passemos, então, a analisar as repercussões da nova disposição legal sob a perspectiva de seus efeitos, pontuando algumas questões que poderiam ter sido suscitadas, haja vista não terem sido tratadas pela Portaria MTE n. 706/2015,[(50)] com a respectiva proposta de interpretação:

(i) Como aplicar a conversão pretendida pelo art. 22, inciso I, da Lei n. 13.103/2015, às infrações trabalhistas autuadas se a legislação laboral não prevê a possibilidade de aplicação da penalidade de advertência para o empregador?

(ii) Como proceder ao registro administrativo e à notificação do infrator que cometeu uma infração sancionada por imposição de multa, quando esta foi transformada em advertência ao arrepio de todo o sistema de fiscalização trabalhista estabelecido pela CLT?

O Decreto n. 4.552/2002, que traz o Regulamento da Inspeção do Trabalho (RIT), não apresenta, dentre as penalidades aplicáveis pela fiscalização do trabalho, a possibilidade de advertir quando constatada a prática de conduta infracional. Com efeito, constatada a infração, é dever legal do Auditor-Fiscal do Trabalho a lavratura do Auto de Infração, nos termos do art. 628 da CLT e art. 24 do RIT.[(51)] Exceção a essa hipótese é a aplicação do critério da dupla vista, prevista no art. 627 da CLT, art. 55, §§ 1º e 6º da Lei Complementar n. 123/2006 e art. 6º, § 3º da Lei n. 7.855/1989, regulamentados pelo art. 23 do RIT. A advertência só é admitida quando a infração

(49) A mesma questão voltou à baila com a publicação da Lei n. 13.703/2018, que "Institui a Política Nacional de Pisos Mínimos do Transporte Rodoviário de Cargas". Com efeito, consta do art. 9º de referida Lei que: "Art. 9º Fica concedida anistia às multas e sanções previstas na Lei n. 9.503, de 23 de setembro de 1997 (Código de Trânsito Brasileiro), e em outras normas ou decisões judiciais, aplicadas em decorrência das paralisações dos caminhoneiros nas manifestações ocorridas entre 21 de maio e 4 de junho de 2018".

A disposição foi, contudo, vetada, por inconstitucional, por meio da Mensagem n. 427/2018, sob as seguintes razões: "Razões do veto. '*O dispositivo incorre em inconstitucionalidade, por afronta ao disposto no art. 113 do Ato das Disposições Constitucionais Transitórias, uma vez que seu conteúdo enseja renúncia de receitas para o Poder Público. A aplicação das multas e sanções previstas no Código de Trânsito Brasileiro foram impostas por decisão judicial cautelar em tutela provisória (ADPF n. 519) e em função do poder de polícia do Estado. Deste modo, além de representar ingerência fiscal reflexa entre os Poderes, a propositura deveria estar acompanhada de seu impacto orçamentário e financeiro como requisito de validade. Por estas razões, impõe-se o veto*'. Essas, Senhor Presidente, as razões que me levaram a vetar o dispositivo acima mencionado do projeto em causa, as quais ora submeto à elevada apreciação dos Senhores Membros do Congresso Nacional." (Marcas nossas).

(50) Portaria n. 706, de 28 de maio de 2015, publicada no *DOU* de 29.5.2015. Referida Portaria "dispõe sobre a conversão em advertência das penalidades decorrentes de infrações ao disposto na Lei n. 12.619, de 30 de abril de 2012, em conformidade com o disposto no art. 22, inciso I, da Lei n. 13.103, de 2 de março de 2015, bem como do ressarcimento a que terão direito aqueles que já pagaram as multas impostas".

(51) A aplicação do art. 628 da CLT pela Inspeção do Trabalho já foi objeto de atuação por parte do Ministério Público do Trabalho, podendo-se mencionar, como exemplo, as Ações Civis Públicas n. 0000063-80.2016.5.20.0002 e 0010325-27.2015.5.18.0052.

não é verificada — havendo, por exemplo, apenas indícios ou suspeita — ou está inserida no critério da dupla visita. Nesses casos, a suposta advertência assume, na realidade, a natureza de mera orientação.

No que se refere ao critério da dupla visita, vale consignar interpretação conferida pela Nota Técnica n. 62/2010/DMSC/SIT que, em suas fls. 12-13, assim orienta a atuação fiscal:

> Construiu-se, ao longo dos anos, no Direito Brasileiro, uma concepção sobre o critério da dupla visita que seria forjada numa visão 'moderna' de Inspeção do Trabalho segundo a qual sua finalidade poderia ser resumida na tríade orientação, colaboração e punição (necessariamente nessa ordem). A despeito de tal visão ter tido ressonância inclusive no próprio seio da Inspeção do Trabalho, é fato que sua reprodução mais corrente se dá por meio de uma 'doutrina' capitaneada por advogados de empregadores que moldaram o critério da dupla visita da Inspeção do Trabalho aos interesses de sua clientela e conseguiram persuadir em grande medida o próprio Poder Judiciário, onde infelizmente se encontra uma vasta gama de julgados simplesmente emulando essa mesma visão. É claro que a orientação e a colaboração da Inspeção do Trabalho são importantes nos mais diferentes setores da atividade e podem trazer inegáveis avanços nas relações entre empregadores e empregados, lustrando e reverberando a atuação dos Auditores-Fiscais do Trabalho. Contudo, diante de irregularidades que geraram danos à coletividade de trabalhadores ou mesmo a um único empregado, a autuação é um dever jurídico do Auditor-Fiscal que deve ser exercido de forma concomitante às orientações, haja vista que a punição (que, por sinal, só se verifica após exaurimento de processo administrativo), a par do seu caráter repressivo, também tem finalidade pedagógica. Em última análise, punir e orientar não são compartimentos estanques de um antagonismo discursivo e ideológico. Ao contrário, são modos complementares de atuação que não derivam da maior ou menor empatia que possam provocar perante terceiros, mas sim da própria legalidade estrita que continua a reger os atos administrativos da Inspeção do Trabalho. A dupla visita, enquanto critério legal a ser obedecido pelos Auditores Fiscais do Trabalho nas hipóteses anteriormente examinadas, não suspende a eficácia do ordenamento de proteção ao empregado no tocante às suas repercussões administrativas e tampouco afasta a incidência do principio geral de direito segundo o qual não cabe a ninguém esquivar-se do cumprimento da lei sob o argumento de que não a conhece.
>
> Ao contrário, por comportar restrição a direito dos trabalhadores e oferecer proteção específica a certas situações e a certos tipos de empregadores, a dupla visita há de ser interpretada de forma restritiva; não sendo justificável a aplicação do critério nas situações onde as providências corretivas que podem ser adotadas pelo empregador se revelarem inócuas para efeito de sanar infração legal já praticada e consumada, tendo causado dano aos trabalhadores.

Logo, duas possíveis interpretações podem ser depreendidas do art. 22 da Lei n. 13.103/2015, quais sejam: O dispositivo é inconstitucional, ao infringir o princípio da legalidade, na medida em que impõe ao autuado penalidade não prescrita em lei; ou, o art. 22 da Lei n. 13.103/2015 não se aplica às autuações impostas pela Inspeção do Trabalho, restringindo-se, apenas, às autuações lavradas pelos órgãos fiscais que tenham, dentre as suas atribuições legais, a imposição da penalidade de advertência.

Outrossim, a se considerar constitucional a previsão do art. 22 da Lei n. 13.103/2015, ter-se-ia, no âmbito da Inspeção do Trabalho, situação preocupante, na medida em que o § 2º do art. 1º da Portaria MTE n. 706/2015 prevê que "(...) as multas serão convertidas em sanção de advertência e a Unidade de Multas e Recursos na qual tramita o processo notificará o empregador da sanção de advertência aplicada, através de publicação no Diário Oficial da União, utilizando o modelo do Anexo I da presente portaria". As multas aplicadas, assim, tornar-se-ão convertidas em advertência publicadas no Diário Oficial da União, ou seja, sem qualquer confirmação de que o infrator tomou ciência da penalidade imposta. Não há previsão, portanto, sequer de envio de advertência escrita diretamente ao infrator, para que tome ciência da reprovabilidade de seu ato, como há no âmbito da fiscalização de trânsito, como indica o art. 267 do CTB, que assim dispõe:

> Art. 267. Poderá ser imposta a *penalidade de advertência por escrito* à infração de natureza leve ou média, passível de ser punida com multa, não sendo reincidente o infrator, na mesma infração, nos últimos doze meses, quando a autoridade, considerando o prontuário do infrator, entender esta providência como mais educativa. (Marcas nossas)

Logo, seja porque não há, dentre as sanções aplicáveis pela Inspeção do Trabalho, a penalidade de advertência, fato que atinge de morte o princípio da legalidade estrita, seja porque essa previsão apenas encontra respaldo e operacionalidade efetiva na legislação de trânsito (CTB, arts. 21, inciso VI e 256, inciso I), tem-se que, caso não se adote a tese da inconstitucionalidade do art. 22 da Lei n. 13.103/201, forçoso reconhecer que sua aplicação restringe-se apenas às sanções aplicadas pelas autoridades de trânsito.

(iii) A conversão pretendida pelo art. 22 da Lei n. 13.103/2015 atinge apenas as penalidades já impostas, ou atingirá também futuras penalidades apuradas após a consumação dos efeitos do referido preceito legal?

Conforme observamos no início deste capítulo, a análise do art. 22 da Lei n. 13.103/2015 indica que seus efeitos, regidos pelos direitos administrativo e constitucional, restringem-se às penalidades já aplicadas antes da promulgação da referida Lei. Não há como, sob a perspectiva da segurança jurídica e da legalidade estrita, pretender-se interpretação ampliativa do novo dispositivo legal. A análise estrita se impõe por imperativo legal, haja vista atuarmos no campo da legalidade estrita. Assim, não se vislumbra óbice a que infrações cometidas à época da Lei n. 12.619/2012 sejam, após esgotados os efeitos do art. 22 da Lei n. 13.103/2015, que são imediatos, constatados e sancionados, desde que, obviamente, não haja *bis in idem*. As infrações ainda não constatadas podem, portanto, vir a ser objeto de sanção.

Neste aspecto, cumpre observar que a Portaria MTE n. 706/2015 nada traz a respeito, restando, pois, ao menos em âmbito administrativo, aberta a questão.

(iv) Autuações conexas àquelas que deram origem à ora convertida em advertência mantêm-se válidas?

A questão suscitada refere-se aos reflexos das infrações constatadas e objeto de autuação, como é o caso, por exemplo, de autuações pela realização de eventuais horas extraordinárias não compensadas, não cumprimento integral do intervalo intrajornada, reflexos em descanso semanal remunerado, recolhimentos correspondentes ao Fundo de Garantia do Tempo de Serviço etc.

Como já pontuamos ao longo deste capítulo, e como se denota da análise do novo dispositivo legal, tem-se que não houve *anistia* ou *remissão* da sanção aplicada, mas sua simples conversão em sanção diversa. A infração, portanto, persiste. O que pretendeu o art. 22 da Lei n. 13.103/2015 foi apenas converter as multas já aplicadas em advertência. Logo, alteração alguma há para as infrações conexas sancionadas, as quais se mantêm subsistentes.

Assim, insustentável e inconstitucional o disposto no art. 22 da Lei n. 13.103/2015, na medida em que viola os princípios da impessoalidade, da isonomia e da legalidade, bem como privilegia determinados setores econômicos de forma linear e injustificada. Ao converter sanção pecuniária mais gravosa em outra mais branda, sem qualquer critério, prevendo a aplicação de uma "advertência", que sequer existe no ordenamento jurídico como sanção passível de ser aplicada ao infrator trabalhista, indica aos atores privados proposta de regulamentação que desqualifica aquele que busca cumprir o ordenamento jurídico, ao premiar quem, com sua conduta antissocial, adotou o descumprimento do ordenamento jurídico como estratégia de negócio.

A posição adotada pelo Supremo Tribunal Federal

No julgamento da ADI n. 5.322, contudo, o STF concluiu de forma diversa, conforme fundamento adotado pelo relator ministro Alexandre de Moraes, para reputar constitucional o art. 22 da Lei n. 13.103/2015 pelas seguintes razões:

> No caso dos autos, observo que o preceito constitucional invocado como parâmetro para exame de constitucionalidade diz respeito à situação diversa da tratada na norma impugnada.

Nesse contexto, verifica-se que o disposto no art. 22 da Lei n. 13.103.2015 versa sobre conversão de sanções administrativas existentes na Lei n. 12.619/2012, quais sejam: multa por infração aos dispositivos da CLT e multa por infração de trânsito (CTB).

O parâmetro invocado, por sua vez, dispõe sobre limitação do poder de tributar, particularmente à vedação de instituição de tratamento desigual entre contribuintes que se encontrem em situação equivalente. Assim, tendo em vista que a norma impugnada tratou de conversão de sanção por infração administrativa, cuja natureza é de crédito não tributário, e que o Código Tributário Nacional conceitua tributo como uma prestação pecuniária que não constitui ato ilícito, verifico a ausência de referibilidade entre a norma impugnada e o parâmetro constitucional tido por violado.[52]

2.4. A controvertida previsão do art. 12 da Lei n. 13.103/2015 e a inadequada socialização/externalização dos custos da atividade econômica — Análise conjunta com o disposto no art. 17 da Lei n. 13.103/2015, com redação dada pela Lei n. 13.711/2018

A Lei n. 13.103/2015 traz, em seu art. 12, a seguinte disposição:

Art. 12. *O disposto nos §§ 2º e 3º do art. 235-C do Capítulo I do Título III da Consolidação das Leis do Trabalho — CLT*, aprovada pelo Decreto-lei n. 5.452, de 1º de maio de 1943, *e no* caput *nos §§ 1º* e *3º* do art. 67-C do Capítulo III-A da Lei n. 9.503, de 23 de setembro de 1997 — *Código de Trânsito Brasileiro, produzirá efeitos:*

I - a partir da data da publicação dos atos de que trata o art. 11, para os trechos das vias deles constantes;

III - a partir da data da publicação das relações subsequentes, para as vias por elas acrescidas.

Parágrafo único. Durante os primeiros 180 (cento e oitenta) dias de sujeição do trecho ao disposto na Consolidação das Leis do Trabalho — CLT, aprovada pelo Decreto-lei n. 5.452, de 1º de maio de 1943, e na Lei n. 9.503, de 23 de setembro de 1997 - Código de Trânsito Brasileiro, com as alterações constantes desta Lei, *a fiscalização do seu cumprimento será meramente informativa e educativa.* (Marcas nossas)

Os dispositivos mencionados no *caput* do art. 12 referem-se:

(i) §§ 2º e 3º do art. 235-C da CLT: Intervalo intrajornada mínimo de 1 (uma) hora e intervalo interjornada de 11 (onze) horas;

(ii) §§ 1º e 3º do art. 67-C do CTB: intervalo de 30 (trinta) minutos de descanso do tempo de direção para o motorista profissional que se ativa no transporte de carga e intervalo interjornada de 11 (horas) horas;

De início, há que se notar que a Lei n. 13.103/2015 deixou de incluir, nas exceções pretendidas, (i) o intervalo de 30 (trinta) minutos de descanso para o motorista profissional que se ativa no transporte de passageiros (§1º-A do art. 67-C do CTB); e, (ii) toda a regulamentação do descanso semanal do motorista profissional empregado – e, por extensão, do motorista profissional autônomo, como se defende nesta obra.

Referido dispositivo foi complementado pelas previsões contidas no art. 11 da mesma Lei, que assim dispõe:

Art. 11. *Atos do órgão competente da União ou, conforme o caso, de autoridade do ente da federação com circunscrição sobre a via* publicarão a relação de trechos das vias públicas que disponham de pontos de parada ou de locais de descanso adequados para o cumprimento desta Lei.

§ 1º *A primeira relação dos trechos das vias referidas no* caput *será publicada no prazo de até 180 (cento e oitenta) dias a contar da data da publicação desta Lei.*

§ 2º As relações de trechos das vias públicas de que trata o *caput* deverão ser ampliadas e revisadas periodicamente.

(52) Voto proferido pelo relator Ministro Alexandre de Moraes no julgamento da ADPF n. 5.322, p. 95 do acórdão.

§ 3º Os estabelecimentos existentes nas vias poderão requerer no órgão competente com jurisdição sobre elas o seu reconhecimento como ponto de parada e descanso. (Marcas nossas)

Assim, interpretação superficial e literal dos referidos preceitos, à primeira vista, parecia indicar que o gozo desses intervalos poderia ser postergado em até 180 dias da publicação da lei, prazo em que a fiscalização teria caráter informativo e educativo, concedido para a divulgação da "primeira relação dos trechos das vias" (...) "que disponham de pontos de parada ou de locais de descanso adequados para o cumprimento". Referida interpretação encontrava ressonância no art. 10, parágrafo único, da Resolução CONTRAN n. 525/2015.(53)

Dispôs, também, que periodicamente novas relações de vias poderiam ser publicadas e, em relação a estas, o disposto nos §§ 2º e 3º do art. 235-C da CLT e nos §§ 1º e 3º do art. 67-C do CTB teria aplicabilidade imediata.

Por derradeiro, estabeleceu em seu art. 14 :

Art. 14. *Decorrido o prazo de 3 (três) anos* a contar da publicação desta Lei, *os seus efeitos dar-se-ão para todas as vias, independentemente da publicação dos atos de que trata o art. 11* ou de suas revisões. (Marcas nossas)

A Lei n. 13.103/2015, neste aspecto, não deixa de ser polêmica, para dizer o mínimo.

Primeiramente, repristina a discussão ocorrida quando da publicação da famigerada Resolução CONTRAN n. 417/2012(54) que, em seu art. 1º, acresceu novos parágrafos ao art. 6º na Resolução CONTRAN n. 405/2012 para recomendar que a "fiscalização punitiva se dê nas vias que tenham possibilidade do cumprimento do tempo de direção e descanso, no que se refere à existência de pontos de parada que preencham os requisitos definidos no art. 9º da Lei n. 12.619, de 30 de abril de 2012".

Referida previsão, outrora rechaçada tanto em âmbito judicial, quanto administrativo,(55) guardadas as devidas diferenças, volta agora pela via legislativa, o que suscitou muitas controvérsias jurídicas, considerando que a exigência para a adequação dos postos de parada já existe desde 2012, conforme estabelecia a revogada Lei n. 12.619/2012.

Com efeito, já àquela época, prescrevia a nova disposição inserida pela Resolução CONTRAN n. 417/2012 no art. 6º da Resolução CONTRAN n. 405/2012 que "o Ministério dos Transportes e o Ministério do Trabalho(56) publicarão no Diário oficial da União Portaria Interministerial, no prazo de até 180 dias, com as listas de rodovias federais abrangidas pelo § 7º".

Ademais, a inexistência de parâmetros para fixar a *periodicidade* a que se refere o § 2º do art. 11 da Lei n. 13.103/2015 e a falta da cominação de sanção pela inércia do poder público no cumprimento das obrigações, tornaram a lei letra morta pelo período de 3 anos referidos no art. 14.

(53) O art. 10 da Resolução CONTRAN n. 525/2015: "Art. 10. As disposições dos incisos I, II, III e V do art. 3º desta RESOLUÇÃO produzirão efeitos: I – a partir da data da publicação dos atos de que trata o art. 8º desta Resolução, para os trechos das vias deles constantes; II – a partir da data da publicação das relações subsequentes, para as vias por elas acrescidas. Parágrafo único. Durante os primeiros 180 (cento e oitenta) dias de sujeição do trecho ao disposto na Consolidação das Leis do Trabalho — CLT, aprovada pelo Decreto-lei n. 5.452, de 1º de maio de 1943, e no CTB, com as alterações constantes da Lei n. 13.103, de 2015, a fiscalização do seu cumprimento será meramente informativa e educativa.".

(54) As Resoluções CONTRAN ns. 405/2012 e 417/2012 foram revogadas pelo art. 12 da Resolução CONTRAN n. 525/2015, a qual "Dispõe sobre a fiscalização do tempo de direção do motorista profissional de que trata os arts. 67-A, 67-C e 67-E, incluídos no Código de Trânsito Brasileiro — CTB, pela Lei n. 13.103, de 2 de março de 2015, e dá outras providências".

(55) Retrospectiva das discussões judiciais e administrativas mencionadas encontra-se em nota de rodapé inserida na introdução desta obra, a qual se remete o leitor.

(56) Com a edição da Medida Provisória n. 696/2015, o Ministério do Trabalho e Emprego (MTE) passou a ser denominado, em razão de sua fusão ao Ministério da Previdência Social, Ministério do Trabalho e Previdência Social (MTPS). Com a publicação da Lei n. 13.341/2016, houve, novamente, alteração na estrutura administrativa desse órgão, que passou a se chamar, apenas, Ministério do Trabalho (MTb).

Basta, para tanto, mera consulta aos *sites* do Departamento Nacional de Infraestrutura de Transportes (DNIT)[57] e da Agência Nacional dos Transportes Terrestres (ANTT),[58] em âmbito federal,[59] para se verificar as poucas rodovias que constam das publicações existentes.

Vê-se, assim, que o prazo concedido pela Lei n. 13.103/2015, tão criticado à época, não se prestou à regularização, com a criação de estrutura de pontos de parada em todo o território nacional, mas sim, à mera suspensão da implementação de medidas voltadas a assegurar condições de segurança no setor de transportes. Trata-se de situação precarizante das condições de trabalho do motorista, que continua a produzir seus nefastos efeitos até hoje.

Infelizmente, essa mesma lógica parece se refletir na forma como são distribuídos os custos decorrentes dessa atividade econômica. Com efeito, ao invés de suportados pelos que participam da cadeia produtiva, a cada eclosão de insatisfação,[60] são reiteradas as tentativas de transferir e compartilhar esses gastos com a sociedade.

Nessa senda, conquanto preveja, no § 3º do art. 9º, que será de "livre-iniciativa" a implantação de locais de parada para repouso e descanso, o art. 10 da Lei n. 13.103/2015 assim dispôs:

> Art. 10. O *poder público adotará medidas, no prazo de até 5 (cinco) anos a contar da vigência desta Lei, para ampliar a disponibilidade dos espaços previstos no art. 9º*, especialmente:
>
> I – a *inclusão obrigatória de cláusulas específicas em contratos de concessão* de exploração de rodovias, *para concessões futuras ou renovação;*
>
> II – a *revisão das concessões de exploração das rodovias em vigor*, de modo a *adequá-las à previsão de construção de pontos de parada de espera e descanso*, respeitado o *equilíbrio econômico-financeiro dos contratos;*
>
> III – a identificação e o cadastramento de pontos de paradas e locais para espera, repouso e descanso que atendam aos requisitos previstos no art. 9º desta Lei;
>
> IV – a *permissão do uso de bem público nas faixas de domínio das rodovias sob sua jurisdição*, vinculadas à implementação de locais de espera, repouso e descanso e pontos de paradas, de trevos ou acessos a esses locais;
>
> V – a *criação de linha de crédito para apoio à implantação dos pontos de paradas.*
>
> Parágrafo único. O poder público apoiará ou incentivará, em caráter permanente, a implantação pela iniciativa privada de locais de espera, pontos de parada e de descanso. (Marcas nossas)

Ora, por que *socializar* os custos da implementação dos pontos de parada, que provocará a inevitável consequência de elevação do valor do pedágio para todos, como ocorrerá caso ultimada a previsão do art. 10, incisos I e II, da nova Lei, se os lucros são auferidos apenas por quem explora essa atividade econômica?

Nesse contexto, se o cadastramento, a permissão de uso e a criação de linha de crédito para apoio a tais iniciativas, nos termos dos incisos III, IV e V do art. 10, são providências louváveis, insustentável a indevida *externalização* dos custos ínsitos a essa atividade privada que deve, por óbvio, ser suportada pelos respectivos agentes econômicos integrantes da cadeia produtiva.

---

(57) Conforme informações disponibilizadas pelo DNIT, há 94 "pontos de parada e descanso" disponíveis para "uma malha rodoviária federal de aproximadamente 69 mil quilômetros". Disponível em: https://www.gov.br/dnit/pt-br/rodovias/pontos-de-parada-e-descanso. Acesso em: 29 dez. 2023.

(58) Mapa disponibilizado pela ANTT, por outro lado, indica um total de 139 "pontos de parado e descanso", distribuídos por 22 estados e 110 cidades, sendo atendidas 37 rodovias federais,sendo 43 sob responsabilidade da agência e 96 do DNIT. Disponível em: https://app.powerbi.com/view?r=eyJrIjoiNWRlMDM4OTMtMzI2MS00NWQzLWJhMGUtZTk0OTZjMDg3MTUyIiwidCI6IjdiZjAxYzZhLWU2ZmItNDIxYS1iYmIyLWI5MGMzZWE4NjhmNyJ9&pageName=ReportSection. Acesso em: 29 dez. 2023.

(59) A competência para a divulgação das informações sobre pontos de parada e descanso é "[d]o órgão competente da União ou, conforme o caso, [d]a autoridade do ente da Federação com circunscrição sobre a via", nos termos do § 9º, do art. 67-C, da Lei n. 9.503/1997, incluído pela Lei n. 14.440/2022.

(60) Refere-se, aqui, para além das manifestações de *caminhoneiros* de 2012 e de 2015, as ocorridas em 2018 e em 2019.

Com efeito, não há como confundir o interesse público contido no incentivo e planejamento da atividade econômica, que se dá nos termos do art. 174, e na promoção da segurança viária, conforme art. 144, § 10, ambos da Constituição Federal, com a repartição pública de custos eminentemente privados, decorrentes da exploração de atividade econômica lucrativa, como fez o art. 10, em seus incisos I, II, IV e V, ao corresponsabilizar o Estado pela disponibilização desses espaços, seja com a determinação de inclusão de cláusula específica em contratos de concessão para exploração de rodovias, o que, por via transversa, acabará por socializar os custos, que serão suportados por toda a sociedade, seja pela permissão do uso de bem público nas faixas de domínio das rodovias sob sua jurisdição, seja, enfim, pela criação de linha de crédito para apoio à implantação dos pontos de paradas, as quais, espera-se, não sejam objeto de subsidio público, isto é, subvencionada com recursos que devem ser destinados a atividades não lucrativas.

Não se olvida que o cumprimento da lei, quanto aos pontos de parada para descanso, demanda alterações concretas quanto à disponibilização segura dos locais adequados para tanto. Porém, trata-se de preceito que já está em vigor desde 2012, quando passou a ser exigível a concessão de tais intervalos não só em benefício do motorista profissional, mas também em prol da segurança no trânsito das rodovias, ante os riscos gerados pela atividade.

Destarte, revela-se equivocado pretender justificar o afrouxamento e o descumprimento de legislação protetiva, uma vez que cabe ao empregador e ao tomador dos serviços organizarem a atividade exigida do motorista profissional, a fim de que os intervalos de descanso sejam efetivamente usufruídos.

Assim, fixado o pressuposto de que o principal escopo da lei, que estabeleceu um estatuto próprio para a profissão de motorista desde 2012, consistiu em garantir maior proteção à saúde, à integridade física e à segurança não só do próprio condutor, mas também de terceiros que com ele compartilham o mesmo meio ambiente de trabalho, torna-se inevitável concluir que a disponibilização de local adequado para o gozo das pausas intervalares é exigível desde a data de vigência da Lei n. 12.619/2012, cabendo ao empregador e ao tomador do serviço arcar com essa responsabilidade, que poderá ser compartilhada com todos os demais participantes da cadeia produtiva que atuam nessa atividade, ao invés de imputar esse ônus ao Estado e, por consequência, a toda a sociedade.

Em relação a tais questões, a Portaria SPREV/ME n. 1.343/2019, do Ministério da Economia, que revogou a Portaria MTE n. 944/2015, veio estabelecer "as condições mínimas de segurança, sanitárias e de conforto nos locais de espera, de repouso e de descanso dos motoristas profissionais de transporte rodoviário de passageiros e de cargas".[61] Ao tratar da matéria em relação às rodovias federais, a Portaria GM n. 326/2015 do Ministério dos Transportes fixou os procedimentos necessários para emissão de documento certificador desses locais como "Ponto de Parada e Descanso (PPD)", bem como a Resolução CONTRAN n. 525/2015 estabeleceu, em seu Anexo II, "sinalização de indicação dos postos de parada e descanso reconhecidos", *assim abrindo um novo nicho de atividade comercial que poderá ser explorado pela iniciativa privada.*

Observa-se, portanto, que referidos pontos de parada para descanso não possuem natureza pública, mas privada, sendo habilitados, inclusive, a gerar lucro para quem explora essa atividade econômica.

Tais preceitos vieram fortalecer posição que estamos adotando desde a primeira edição deste livro, em oposição aos defensores da ideia de que esses serviços deveriam ser assumidos pelo Estado.

(61) Registra-se ainda o Anexo III da Norma Regulamentadora n. 24, que tem por objeto estabelecer as "condições sanitárias e de conforto aplicáveis a trabalhadores em transporte público rodoviário coletivo urbano de passageiros em atividade externa".

Registre-se que em 3 de março de 2018 (regra de contagem de prazo do art. 132, § 3º, do Código Civil),[62] entraram em vigor, *in totum*, as disposições da Lei n. 13.103/2015, infelizmente sem produzir nenhum efeito até agora, já que os motoristas continuam sem ter onde parar, com segurança, para usufruir dos intervalos determinados pela lei.

Nossa preocupação quanto aos efeitos que provocará essa imputação de custos para toda a sociedade, que passa a suportar os benefícios auferidos apenas por alguns, também se estendem a certas previsões legais que retornaram à pauta de discussão após a paralisação dos *caminhoneiros* em 2018.

Referimo-nos ao disposto no art. 17 da Lei n. 13.103/2015,[63] alterado pela Medida Provisória n. 833/2018,[64] que foi convertida na Lei n. 13.711/2018.

Sustentávamos, na 2ª edição desta obra, que a redação original do art. 17 da Lei n. 13.103/2015, ao ser regulamentado pelo Decreto n. 8.433/2015,[65] permitia a *socialização* dos custos da atividade, na medida em que concedia à ANTT a incumbência de regular a cobrança de pedágio de eixos suspensos, condicionada à observância "[da] viabilidade econômica".

A matéria está assim tratada nos arts. 2º e 5º do Decreto n. 8.433/2015:

> Art. 2º Os veículos de transporte de carga que circularem vazios ficam isentos da cobrança de pedágio sobre os eixos que mantiverem suspensos.
>
> § 1º Os órgãos ou entidades competentes da União, dos Estados, do Distrito Federal e dos Municípios disporão sobre as medidas técnicas e operacionais para viabilizar a isenção de que trata o *caput*.
>
> § 2º Até a implementação das medidas a que se refere o § 1º, consideram-se vazios os veículos de transporte de carga que transpuserem as praças de pedágio com um ou mais eixos que mantiverem suspensos, ressalvada a fiscalização da condição pela autoridade com circunscrição sobre a via ou ao seu agente designado na forma do § 4º do art. 280 da Lei n. 9.503, de 23 de setembro de 1997 – Código de Trânsito Brasileiro.
>
> § 3º Para as vias rodoviárias federais concedidas, a regulamentação de que trata o § 1º será publicada pela Agência Nacional de Transportes Terrestres — ANTT no prazo máximo de cento e oitenta dias, contado da publicação deste Decreto, observada a viabilidade econômica e o interesse público.
>
> § 4º Regulamentações específicas fixarão os prazos para o cumprimento das medidas pelas concessionárias de rodovias.
>
> Art. 5º Compete ao Conselho Nacional de Trânsito — CONTRAN regulamentar:
>
> II – o uso de equipamentos para a verificação se o veículo se encontra vazio e os demais procedimentos a serem adotados para a fiscalização de trânsito e o cumprimento das disposições do art. 17 da Lei n. 13.103, de 2015, no prazo máximo de cento e oitenta dias, contado da publicação deste Decreto. (Marcas nossas)

Porém, a nova redação conferida ao art. 17 da Lei n. 13.103/2015 incorporou ao texto legal grande parte das disposições regulamentares, com exceção da parte final do § 3º do art. 2º do Decreto n. 8.433/2015, que determinava a observância "[da] viabilidade econômica":

(62) "§ 3º Os prazos de meses e anos expiram no dia de igual número do de início, ou no imediato, se faltar exata correspondência." Tem-se, aqui, a aplicação do art. 132, § 3º, do Código Civil, uma vez que se trata de norma especial quando analisada em comparação com o art. 8º, § 1º, da Lei Complementar n. 95/1998. Assim, para os prazos contados em dias, deve-se utilizar o art. 8º, § 1º, da Lei Complementar n. 95/1998. Já para os prazos contados em meses ou anos, utiliza-se o art. 132, § 3º, do Código Civil.

(63) O dispositivo revogado possuía a seguinte redação: "Art. 17. Os veículos de transporte de cargas que circularem vazios não pagarão taxas de pedágio sobre os eixos que mantiverem suspensos".

(64) Referida medida provisória tem por objeto: "Altera a Lei n. 13.103, de 2 de março de 2015, para prever que, em todo o território nacional, os veículos de transporte de cargas que circularem vazios nas vias terrestres federais, estaduais, distritais e municipais ficarão isentos da cobrança de pedágio sobre os eixos que mantiverem suspensos".

(65) Decreto n. 8.433 de 16.4.2015 veio regulamentar os arts. 9º ao 12º, 17º e 22º da Lei n. 13.103/2015. Disponível em: www.planalto.gov.br. Acesso em: 16 ago. 2018.

Art. 17 da Lei n. 13.103/2015	Art. 17 da Lei n. 13.103/2015, com alterações da Medida Provisória n. 833/2018	Art. 17 da Lei n. 13.103/2015, com alterações da Lei n. 13.711/2018
Art. 17. Os veículos de transporte de cargas que circularem vazios não pagarão taxas de pedágio sobre os eixos que mantiverem suspensos.	Art. 17. Em todo o território nacional, os veículos de transporte de cargas que circularem vazios ficarão isentos da cobrança de pedágio sobre os eixos que mantiverem suspensos. § 1º O disposto no *caput* abrange as vias terrestres federais, estaduais, distritais e municipais, inclusive as concedidas. § 2º Os órgãos e as entidades competentes da União, dos Estados, do Distrito Federal e dos Municípios disporão sobre as medidas técnicas e operacionais para viabilizar a isenção de que trata o *caput*. § 3º Até a implementação das medidas a que se refere o § 2º, consideram-se vazios os veículos de transporte de carga que transpuserem as praças de pedágio com um ou mais eixos que mantiverem suspensos, assegurada a fiscalização da condição pela autoridade com circunscrição sobre a via ou pelo seu agente designado na forma prevista no § 4º do art. 280 da Lei n. 9.503, de 1997 – Código de Trânsito Brasileiro. § 4º Para as vias rodoviárias federais concedidas, poderá ser adotada a regulamentação da Agência Nacional de Transportes Terrestres - ANTT. § 5º Ficam sujeitos à penalidade prevista no art. 209 do Código de Trânsito Brasileiro os veículos de transporte de cargas que circularem com eixos indevidamente suspensos. (NR)	Art. 17. Em todo o território nacional, os veículos de transporte de cargas que circularem vazios ficarão isentos da cobrança de pedágio sobre os eixos que mantiverem suspensos. § 1º O disposto no *caput* deste artigo abrange as vias terrestres federais, estaduais, distritais e municipais, inclusive as concedidas. § 2º Os órgãos e as entidades competentes da União, dos Estados, do Distrito Federal e dos Municípios disporão sobre as medidas técnicas e operacionais para viabilizar a isenção de que trata o *caput* deste artigo. § 3º Até a implementação das medidas a que se refere o § 2º deste artigo, considerar-se-ão vazios os veículos de transporte de carga que transpuserem as praças de pedágio com um ou mais eixos mantidos suspensos, assegurada a fiscalização dessa condição pela autoridade com circunscrição sobre a via ou pelo agente designado na forma prevista no § 4º do art. 280 da Lei n. 9.503, de 23 de setembro de 1997 (Código de Trânsito Brasileiro). § 4º Para as vias rodoviárias federais concedidas ou delegadas, será adotada a regulamentação da Agência Nacional de Transportes Terrestres (ANTT). § 5º Ficam sujeitos à penalidade prevista no art. 209 da Lei n. 9.503, de 23 de setembro de 1997 (Código de Trânsito Brasileiro), os veículos de transporte de cargas que circularem com eixos indevidamente suspensos. § 6º O aumento do valor do pedágio para os usuários da rodovia a fim de compensar a isenção de que trata o *caput* deste artigo somente será adotado após esgotadas as demais alternativas de reequilíbrio econômico-financeiro dos contratos. (NR)

A omissão da questão no *novo* regramento legal, editado no calor do movimento de paralisação dos *caminhoneiros* em 2018, não resolveu a discussão.

A concessão desse benefício, por certo, provocará a redução das receitas de pedágio, principalmente nas rotas em que o custo de manutenção das rodovias é mais dispendioso, em decorrência de o tráfego de cargas provocar maior desgaste na pavimentação asfáltica.

A compensação por essa redução, assim, poderá ensejar a elevação do valor do pedágio a todos aqueles que circulam pelas rodovias concedidas, independentemente de estarem inseridos na cadeia produtiva do setor que explora essa atividade econômica.

Registra-se, contudo, que quando o legislador pretendeu a observância da viabilidade econômica das mudanças empreendidas, o fez de forma expressa, como é o caso art. 10, inciso II, *in fine*, da Lei n. 13.103/2015.

Assim, necessário proceder à interpretação restritiva quanto à atribuição dos custos de determinada atividade econômica a quem dela não participa, sendo aconselhável a existência de disposição legal expressa nesse sentido, a fim de evitar conflitos.

O confronto entre o disposto no art. 10, inciso II, *in fine*, da Lei n. 13.103/2015, com as disposições do art. 17 da Lei n. 13.103/2015, dotado da nova redação conferida pela Lei n. 13.711/2018 c/c art. 2º, § 3º, *in fine*, do Decreto n. 8.433/2015, autorizam a interpretação por nós sustentada desde a 2ª edição desta obra, no sentido de ser inevitável que a ANTT (Agência Nacional de Transportes Terrestres), órgão regulador e responsável pelo equilíbrio econômico do sistema, busque alguma alternativa para a compensação devida ao concessionário pela receita perdida, assim evitando que resulte em aumento tarifário do pedágio para todos.

Por certo, os custos do ressarcimento devem recair sobre aqueles que exploram a cadeia produtiva do transporte, e não sobre toda a sociedade, indistintamente.

Ademais, ante a decisão proferida pelo STF no julgamento da ADI 5.322, declarando inconstitucionais vários artigos da Lei n. 13.103/2015, por reputar inafastável o efetivo cumprimento integral dos intervalos para descanso e observância dos limites da jornada trabalhada, a exigência dos pontos de parada se tornou ainda mais urgente para possibilitar o implemento dessas regras protetivas em benefício dos motoristas.

3

Definições e Abrangência. A Amplitude da Lei

Na primeira década do século XXI, o intenso desenvolvimento de novos meios telemáticos e informatizados de acompanhamento e supervisão das atividades laborais veio colocar em xeque o modelo legal, que até então priorizava a atuação direta e presencial como requisito necessário para possibilitar o controle de jornada, levando à alteração do comando normativo anterior, com a promulgação da Lei n. 12.551/2011, que conferiu nova redação ao art. 6º da CLT, nos seguintes termos:

> Art. 6º Não se distingue entre o trabalho realizado no estabelecimento do empregador, o executado no domicílio do empregado e o realizado a distância, desde que estejam caracterizados os pressupostos da relação de emprego.
>
> Parágrafo único. Os meios telemáticos e informatizados de comando, controle e supervisão *se equiparam*, para fins de subordinação jurídica, aos meios pessoais e diretos de comando, controle e supervisão do trabalho alheio. (Marcas nossas)

Ao contemporizar os contornos da subordinação, positivando critérios próprios para a configuração *da subordinação remota*,[66] a referida lei conferiu ao conceito tradicional de subordinação nova configuração jurídica, estabelecendo que os instrumentos telemáticos de controle e supervisão em nada se diferenciam daquele tradicional contato presencial entre o trabalhador e o empregador.

Ademais, veio exigir nova interpretação do disposto no inciso I do art. 62 da CLT, ao estabelecer que esses novos meios telemáticos criam possibilidades de supervisão, tornando compatível o exercício da atividade externa com a fixação e o controle de cumprimento efetivo da jornada de trabalho.

Essa alteração legislativa teve impacto direto na atividade dos motoristas profissionais, cujo trabalho tem por característica essencial o fato de não se realizar de forma presencial no estabelecimento do empregador, preparando caminho para o advento da Lei n. 12.619/2012, que surgiu não só para disciplinar as especificidades de uma categoria profissional diferenciada, mas também para propor uma nova organização do sistema protetivo trabalhista, que desborda os limites meramente contratuais para abranger todo o entorno social em que se dá a prestação de trabalho.

Nesse contexto, cumpre analisar qual a abrangência do sistema normativo que regulamentou a atividade do motorista profissional e, no aspecto, qual a extensão da Lei n. 13.103/2015.

Com base na Lei n. 12.619/2012, na primeira edição deste livro, fixamos o posicionamento de que, diferentemente do que poderia sugerir a literalidade do parágrafo único de seu art. 1º, era necessário proceder à interpretação desse preceito em conformidade com o seu *caput*, levando à conclusão de que a lei não excluiu os motoristas profissionais não empregados de sua regulamentação, dentre os quais o transportador autônomo de carga (TAC), cuja atividade é regulamentada pela Lei n. 11.442/2007.

(66) Subordinação estrutural, conceito definido por Mauricio Godinho Delgado na obra *Direitos Fundamentais na Relação de Trabalho*. São Paulo: LTr Editora, 2006, v. 70, n. 6, p. 667, reafirmado nas edições posteriores da obra *Curso de Direito do Trabalho*. São Paulo: LTr Editora, constando da edição 11, ano 2012, p. 298.

Sublinhamos, à época, que tal ocorria por se tratar de um estatuto profissional próprio, norma especial destinada a disciplinar toda a categoria dos motoristas profissionais, tanto autônomos quanto celetistas, que anteriormente estavam inseridos na norma geral constante do inciso I do art. 62 da CLT.

Apesar de ter revogado o art. 1º da Lei n. 12.619/2012, o disposto na Lei n. 13.103/2015 corrobora a interpretação por nós sustentada na primeira edição, isto é, de que a regulamentação da atividade do motorista profissional é ampla, protegendo todos os que laboram nessa atividade,(67) como explicita seu art. 1º, que não fez nenhuma distinção entre celetistas e autônomos, *in verbis*:

> Art. 1º É livre o exercício da profissão de motorista profissional, atendidas as condições e qualificações profissionais estabelecidas nesta Lei.
>
> Parágrafo único. Integram a categoria profissional de que trata esta Lei os motoristas de veículos automotores cuja condução exija formação profissional e que exerçam a profissão nas seguintes atividades ou categorias econômicas:
>
> I – de transporte rodoviário de passageiros;
>
> II – de transporte rodoviário de cargas.

Acrescente-se o disposto no art. 15 da Lei n. 13.103/2015 que, fazendo referência ao TAC Auxiliar (transportador autônomo de cargas auxiliar), estabeleceu expressamente:

> Art. 15. A Lei n. 11.442, de 5 de janeiro de 2007, passa a vigorar com as seguintes alterações:
>
> Art. 4º
>
> § 3º *Sem prejuízo dos demais requisitos de controle estabelecidos em regulamento*, é facultada ao TAC a cessão de seu veículo em regime de colaboração a outro profissional, assim denominado TAC – Auxiliar, não implicando tal cessão a caracterização de vínculo de emprego.
>
> § 4º O Transportador Autônomo de Cargas Auxiliar deverá contribuir para a previdência social de forma idêntica à dos Transportadores Autônomos.
>
> § 5º As relações decorrentes do contrato estabelecido entre o Transportador Autônomo de Cargas e seu Auxiliar ou entre o transportador autônomo e o embarcador não caracterizarão vínculo de emprego. (Marcas nossas)

À parte os questionamentos surgidos quanto à competência e caracterização do vínculo empregatício do Transportador Autônomo de Cargas e TAC Auxiliar, dirimidos pelo STF no julgamento da ADC 48, o certo é que o novo texto passou a admitir a aplicação da lei ao transportador autônomo de cargas, não havendo amparo para sustentar posição diversa, por se tratar de norma que protege a saúde e segurança não só do condutor, mas também de terceiros, que com ele atuam no tráfego do sistema viário.

Nesse contexto, cabe menção à Ação Direta de Inconstitucionalidade (ADI) n. 5.322, ajuizada pela Confederação Nacional dos Trabalhadores em Transportes Terrestres (CNTTT), ao pleitear a aplicação ampla do referido preceito, na mesma direção que sustentamos.

Registre-se, por oportuno, que com base nesse mesmo fundamento, insurgimo-nos contra o inciso I do art. 235-A, ao preceituar:

> Art. 235-A. Os preceitos especiais desta Seção aplicam-se ao motorista profissional empregado:
>
> I – de transporte rodoviário *coletivo* de passageiros;
>
> II – de transporte rodoviário de cargas. (Marcas nossas)

(67) No mesmo sentido, PASSOS, Edésio; PASSOS, André; NICOLADELI, Sandro Lunard; NASCIMENTO, Giovani. Normatização do ato de dirigir por trabalhador subordinado. In: PASSOS, André; PASSOS, Edésio; LUNARD, Sandro (Orgs.). *Motorista Profissional:* Aspectos críticos e apontamentos de inconstitucionalidade da Lei n. 13.103/2015: com remissões à Lei n. 12.619/2012, 3. ed. São Paulo: LTr, 2017. p. 33: "A Lei n. 13.103/2015 retira a referência ao vínculo de emprego, ampliando o seu alcance subjetivo também para *todos e quaisquer trabalhadores especializados na condução de veículos*, independentemente da atividade econômica desenvolvida pelo empregador, sejam esses trabalhadores empregados ou não, inclusive motoristas autônomos". (Grifos do original).

Ao restringir a aplicação da lei apenas ao transporte rodoviário *coletivo* de passageiros, poder-se-ia sustentar exclusão dos motoristas profissionais que atuam de forma diversa como, por exemplo, em serviços de táxi e locação de carro com motorista (inclusive por meio de aplicativos como, *e.g.*, *Uber*, *Cabify*, *99Taxi*), entre outros em que o transporte rodoviário não ocorra na modalidade coletiva, interpretação restritiva insustentável por configurar retrocesso institucional e flagrante violação do disposto nos incisos IV do art. 1º, XIII do art. 5º, XXII e XXXIV do art. 7º, além dos arts. 170 e 193 da CF/88.

A aplicação ampla da lei, conforme defendemos desde a primeira edição desta obra, agora encontra respaldo também na aprovação da Emenda Constitucional n. 82/2014. Com efeito, ao acrescentar o § 10 ao art. 144 da CF/88, reconheceu o constituinte derivado a importância da segurança viária para garantir a "preservação da ordem pública e da incolumidade das pessoas e de seu patrimônio nas vias públicas", o que evidentemente abrange a atuação de todos os motoristas profissionais, independentemente da natureza jurídica do contrato existente.

Assim, concluímos pela ampla aplicação das normas que regulam a atividade do motorista profissional.

A posição adotada pelo Supremo Tribunal Federal no julgamento da ADI 5.322

A decisão proferida na ADI n. 5.322 reconheceu a constitucionalidade do art. 235-A da CLT, inserido pelo art. 6º da Lei n. 13.103/2015, conforme fundamento adotado pelo relator ministro Alexandre de Moraes, nos seguintes termos:

> Improcedente a alegação.
>
> A Constituição Federal, no inciso XIII do art. 5º, garante a todos o "livre o exercício de qualquer trabalho, ofício ou profissão, atendidas as qualificações profissionais que a lei estabelecer", além de consagrar, como princípio geral da atividade econômica, a valorização do trabalho humano, assegurando "a todos o livre exercício de qualquer atividade econômica, independentemente de autorização de órgãos públicos, salvo nos casos previstos em lei" (art. 170, parágrafo único, da CF).
>
> A Lei n. 13.103/2015, objeto de impugnação nesta presente ação direta, é oriunda do Projeto de Lei n. 4.246/2012, que dispôs sobre o exercício da profissão de motorista. Na justificativa legislativa, entendeu-se que a edição da lei seria necessária para corrigir distorções geradas pela legislação anterior, sob os seguintes argumentos:
>
> (...)
>
> Nos termos do art. 1º da lei ora impugnada, as normas ali previstas seriam aplicadas para a categoria profissional dos motoristas de veículos automotores cuja condução exija formação profissional e que exerçam a profissão na atividade: a) de transporte rodoviário de passageiros; e b) de transporte rodoviário de cargas. Com efeito, a atividade regulamentada pela Lei n. 13.103/2015 diz respeito apenas às categorias profissionais relacionadas com o transporte rodoviário de passageiros e de cargas, de modo que não há contrariedade ao texto constitucional quando o legislador ordinário, no exercício de seu mister, optando por atender aos anseios de um setor econômico, sob a justificativa de interesse público envolvido na regulação de uma profissão, edita uma lei para estruturar determinado exercício profissional
>
> Assim, não procede a alegação de que o art. 235-A da CLT, com a redação dada pelo art. 6º da Lei n. 13.103/2015, seria inconstitucional simplesmente por ter excluído do seu âmbito de incidência motoristas profissionais que atuam em outras áreas, como motoristas de serviços de táxi, locação de automóveis com motorista ou condutor, transporte especializado na locomoção de estudantes etc.
>
> Cabe ao Poder Legislativo elencar, com base nas suas atribuições outorgadas pela Constituição Federal, qual ou quais profissões mereçam receber tratamento por meio de lei, a exemplo da Lei n. 12.468/2011, que regulamenta a profissão de taxista.(68)

A interpretação sistemática e teleológica das razões de decidir indica que o reconhecimento da constitucionalidade deste artigo não afasta a possibilidade da aplicação supletiva da lei aos motoristas que trabalham mediante vínculos contratuais de natureza jurídica diversa da empregatícia/celetista, notadamente quanto às alterações que a Lei n. 13.103/2015 promoveu na Lei

(68) Voto proferido pelo relator Ministro Alexandre de Moraes no julgamento da ADPF n. 5.322, p. 71-73 do acórdão.

n. 9.503/97 (CTB) e também às normas que versam sobre saúde e segurança, tendo em vista a especificidade do serviço de transporte, que ocorre em meio ambiente compartilhado por terceiros (vias públicas), questões que devem ser analisadas sob a perspectiva da função social do contrato.

3.1. Aplicação da lei e a caracterização de categoria diferenciada

As Leis ns. 12.619/2012 e 13.103/2015 acentuaram, de forma específica, a condição do motorista como integrante de categoria diferenciada.(69)

Logo, tem-se que as disposições legais protetivas incluem, também, os motoristas profissionais que atuam em empresas que exploram outra atividade econômica preponderante, haja vista a natureza peculiar da função desempenhada.

Conforme pontuamos desde a introdução deste livro, ao enfrentar antigas discussões, com novos olhares, a Lei n. 12.619/2012 teve o mérito especial de desnudar a relação intrínseca que existe entre as questões referentes à duração de jornada e tempos de descanso, com a preservação da higidez física e mental não somente do motorista profissional, mas também de terceiros, usuários das rodovias e vias públicas que com ele compartilham o mesmo meio ambiente de trabalho, chamando atenção para a necessidade de aplicação dos princípios da precaução, prevenção e redução progressiva dos riscos, nessa senda enfatizando a importância das ações voltadas à redução dos acidentes de trabalho.

Esse novo cenário passa a exigir do intérprete uma análise não só específica, de coerência interna, mas principalmente contextualizada com as demais normas existentes em todo o ordenamento jurídico, a fim de possibilitar sua operacionalidade, de modo a compatibilizar os diferentes interesses envolvidos no mundo do trabalho sob a óptica constitucional, que coloca os direitos fundamentais como núcleo do sistema.

Conforme pontuamos desde a primeira edição deste livro, as razões então apresentadas para justificar o veto ao anteriormente disposto nos incisos III e IV do parágrafo único do art. 1º,(70) da Lei n. 12.619/2012, revelam sua fragilidade jurídica ao consignar que:

> Da forma como redigida, a proposta causaria interferências na representação sindical de trabalhadores no exercício de atividades distintas daquelas que são objeto do Projeto de Lei.

Afirmar que os interesses sindicais devem servir de norte para pautar a abrangência da regulação dos direitos trabalhistas afronta o disposto no art. 511 da CLT, que estabelece exatamente o contrário, além de revelar retrocesso normativo que não pode ser admitido, principalmente quando as instituições jurídicas trabalhistas vêm demandando, cada vez com maior força, uma releitura constitucional, que possa levar à superação do nefasto neocorporativismo que insiste em continuar impregnando o ordenamento, conforme alerta a coautora desta obra em artigo sobre o tema.(71)

---

(69) Cabe aqui o registro de que houve o cancelamento da Orientação Jurisprudencial n. 315, da SBDI-1/TST, pela Resolução n. 200/2015, para dispor que "é considerado trabalhador rural o motorista que trabalha no âmbito de empresa cuja atividade é preponderantemente rural, considerando que, de modo geral, não enfrenta o trânsito das estradas e cidades.".

(70) O texto vetado possuía a. seguinte redação:

"III – transporte executado por motoristas como categoria diferenciada que, de modo geral, atuem nas diversas atividades ou categorias econômicas;

IV – operadores de trator de roda, de esteira ou misto ou equipamento automotor e/ou destinado à movimentação de cargas que atuem nas diversas atividades ou categorias econômicas."

Já o texto da Lei n. 12.619/2012, revogada pela Lei n. 13.103/2015, possuía a seguinte redação:

"Art. 1º É livre o exercício da profissão de motorista profissional, atendidas as condições e qualificações profissionais estabelecidas nesta Lei. *(Revogado pela Lei n. 13.103, de 2015)*

Parágrafo único. Integram a categoria profissional de que trata esta Lei os motoristas profissionais de veículos automotores cuja condução exija formação profissional e que exerçam a atividade mediante vínculo empregatício, nas seguintes atividades ou categorias econômicas: *(Revogado pela Lei n. 13.103, de 2015)*

I – transporte rodoviário de passageiros; *(Revogado pela Lei n. 13.103, de 2015)*

II – transporte rodoviário de cargas;"

(71) GEMIGNANI, Tereza Aparecida Asta. *Neocorporativismo x neoconstitucionalismo:* um debate sindical contemporâneo. *Revista Bonijuri*. Curitiba. n. 611, p. 30-39, out. 2014; e *Revista LTr*, p. 1.300-1.307, nov. 2014.

Nesse contexto, como sustentar juridicamente que um motorista empregado de uma transportadora deva cumprir os limites fixados quanto ao tempo de direção, às pausas, aos intervalos para descanso e repouso e, ao mesmo tempo, liberar dessa exigência outro motorista, que trafega pelas mesmas rodovias, só porque se ativa em empresa que tem outra atividade econômica preponderante?

Convergente com a posição que vimos adotando, e importante no que se refere à fixação de critérios, foram os seguintes julgados proferidos pelo Tribunal Superior do Trabalho no sentido de que:

> *Não há dúvidas de que a função desempenhada pelos condutores de veículos rodoviários apresenta características próprias e singulares, as quais se inserem nos mais diversificados empreendimentos, independentemente do objeto de exploração comercial, o que permite enquadrar esses profissionais como categoria diferenciada,* inclusive a teor do quadro de atividades e profissões a que faz referência o art. 577 da CLT.
>
> (...)
>
> No caso em tela, o cerne da discussão não diz respeito ao fato de os trabalhadores motoristas da Odebrecht laborarem, ou não, nos canteiros de obras, mas, sim, à questão de se definir se os empregados da Odebrecht que dirigem veículos nos canteiros de obra, mesmo não trafegando em rodovias, poderiam ser enquadrados na categoria diferenciada dos condutores de veículos rodoviários urbanos e em geral, de forma a serem representados pelo Sindicato autor.
>
> (...)
>
> *Ocorre que a circunstância de os empregados da Odebrecht que trabalham como motoristas de caminhões que efetuam transporte de cargas ou de outros veículos não saírem da área dos canteiros de obra não implica, por si só, na inexistência do caráter diferenciado das condições de vida singulares pertinentes à categoria diferenciada dos motoristas. É que, a partir do momento em que o exercício das atividades de direção de veículos automotores, mesmo que seja no canteiro de obras, exige que o empregado, para sua condução, tenha a formação profissional, a ação de dirigir é o que vincula o caráter singular, e não o local em que o veículo é conduzido.*
>
> Ademais, não coaduno com o entendimento de que o local da prestação de serviços é a condição que difere os motoristas profissionais daqueles que laboram nos canteiros de obras e de que, se 'laboram sempre no mesmo local, não se sujeitam ao trânsito das cidades e rodovias', na medida em que, também nos canteiros de obras, os condutores de veículos estão sujeitos a graves acidentes, além de que podem conduzir os veículos, pelas rodovias, transportando pessoas e cargas até o local da prestação dos serviços.[(72)(73)] (Marcas nossas)

Como a Lei n. 13.103/2015 continuou a dispor sobre questões relacionadas à Lei n. 9.503/1997, Código de Trânsito Brasileiro, à qual estão sujeitos todos os motoristas, esse norte fica ainda mais evidente e robusto.

---

(72) Processo n. TST-RR-289-52.2014.5.09.0749, Relatora Dora Maria da Costa, 8ª Turma, publicado no DJE em 30.9.2016, fls. 24-25 do Acórdão. Em referido Recurso de Revista, manejado pelo Sindicato dos motoristas, condutores de veículos rodoviários urbanos e em geral, trabalhadores em transportes rodoviários de dois vizinhos — SINTRODOV, requereu-se "(...) a reforma do julgado [regional] a fim de que seja declarada a representatividade do SINTRODOV em relação aos motoristas da Odebrecht e para que seja determinado ao SINTRAPAV que se abstenha de tentar representar tais empregados. (...)".

(73) Segundo o Acórdão prolatado nos autos do processo n. TST-RO-5133-61.2014.5.09.0000, relator Mauricio Godinho Delgado, SDC, publicado no *DJE* em 19.10.2016: "Trata-se de ação anulatória de convenção coletiva de trabalho, com pedido de antecipação de tutela, ajuizada pelo Sindicato dos Trabalhadores nas Indústrias da Construção de Estradas, Pavimentação, Montagem, Obras de Terraplanagem em Geral, Obras Públicas e Privadas — SINTRAPAV em face do Sindicato da Indústria da Construção Pesada do Estado do Paraná, da Federação dos Trabalhadores em Transportes Rodoviários do Estado do Paraná — FETROPAR e de outras (16) entidades representativas da categoria profissional dos motoristas e condutores de veículos (...)". No mesmo sentido do Recurso de Revista acima referido (RR-289-52.2014.5.09.0749), tem-se, na fl. 25: "*Observe-se que a categoria dos condutores de veículos rodoviários (motoristas) se enquadra como categoria profissional diferenciada, porquanto, além de estar relacionada no anexo referido pelo art. 577 da CLT (que arrola um grupo de categorias diferenciadas), há lei regulando o funcionamento da profissão e o desempenho da atividade exige formação e qualificação profissionais específicas. Não há dúvida, pois, da significativa distinção profissional desses trabalhadores no âmbito das mais variadas empresas.*" (Marcas nossas) e, na fl. 27: "Infere-se, portanto, que os trabalhadores representados pelo SINTRAPAV não são os mesmos destinatários da cláusula de abrangência da CCT impugnada. *Com efeito, os trabalhadores motoristas, ainda que empregados das empresas que exploram a atividade econômica da construção pesada, não compartilham dos mesmos anseios e condições laborais dos demais empregados (genericamente considerados) das empresas da construção pesada. Essa divisão se dá em face da peculiaridade da própria profissão, como já mencionado, que identifica o motorista como componente de categoria profissional diferenciada.*" (Marcas nossas).

Ademais, as incongruências das razões expostas no veto ao art. 1º da Lei n. 12.619/2012 se mostram ainda mais claras quando confrontadas com as repercussões decorrentes da aplicação das Leis ns. 12.619/2012 e 13.103/2015 nesses últimos anos.

O debate, contudo, se coloca, e nos tópicos seguintes apresentaremos posição com relação aos motoristas que exercem essa função no meio rural e doméstico.(74)

3.1.1. O reconhecimento do motorista profissional rural como categoria diferenciada. A Lei n. 13.154/2015

No que se refere ao enquadramento sindical do motorista profissional empregado de empregador rural, Paulo Ricardo Pozzolo assim apresenta a questão:

> Definido que empregador rural é quem explora atividade agro-econômica (a qual abrange não só o serviço agrícola ou pecuário típico, mas também a primeira industrialização do produto in natura sem alterar-lhe a natureza), e observado que empregados rurais são todos aqueles que lhe prestam serviços em imóvel rural ou prédio rústico (independentemente das tarefas que realizam), deve-se aferir o enquadramento jurídico do motorista profissional que transita pelas áreas rurais ou que presta serviços a empregador rural. Trabalhador contratado por empregador rural para laborar como motorista é empregado rural?(75)

(74) Importante paralelo pode ser verificado em Acórdão do Tribunal superior do Trabalho no sentido de reconhecer um piloto particular como integrante da categoria diferenciada dos aeronautas: "AGRAVO DE INSTRUMENTO – RECURSO DE REVISTA – 1. PRELIMINAR DE NULIDADE POR NEGATIVA DE PRESTAÇÃO JURISDICIONAL – FALTA DE FUNDAMENTAÇÃO. Não houve omissões ou obscuridade no acórdão embargado. O Tribunal Regional foi categórico ao consignar que todas as questões citadas nos embargos de declaração se encontram prequestionadas nos acórdãos proferidos; ressaltou, ainda, que o Julgador não está obrigado a transcrever ou mencionar no acórdão todos os termos da petição inicial, da defesa, do depoimento das partes e da prova testemunhal produzida. Diante deste contexto, em que, na decisão recorrida, deixaram-se explícitos, com análise pormenorizada do contexto probatório, os questionamentos do agravante, não há que se falar em negativa de prestação jurisdicional por falta de fundamentação. Intactos, pois, os arts. 93, IX, da Constituição Federal e 832 da Consolidação das Leis do Trabalho. *2. VÍNCULO EMPREGATÍCIO – AERONAUTA. Toda a discussão está centrada no reconhecimento de vínculo empregatício e enquadramento do reclamante que trabalhava como piloto de aeronave particular, na categoria diferenciada de aeronauta. A Corte Regional, soberana no reexame do conjunto fático-probatório dos autos, concluiu estarem presentes os requisitos da relação empregatícia (pessoalidade, onerosidade, não eventualidade e subordinação) previstos nos arts. 2º e 3º da Consolidação das Leis do Trabalho. Nesse sentido e não se verificando a possibilidade de tratar-se de serviço doméstico, a Corte Regional afastou acertadamente a aplicação do art. 1º da Lei n. 5.859/72, uma vez que as atividades rurais do reclamado, para as quais estava direcionado o trabalho, tinham, evidentemente, finalidade lucrativa e não era a prestação de serviços restrita ao âmbito residencial, enquadrando corretamente o reclamante na categoria diferenciada dos aeronautas. Logo, para se chegar a solução diversa, demandar-se-ia necessariamente o reexame da prova, procedimento vedado nesta esfera extraordinária (Súmula n. 126).* 3. JORNADA DE TRABALHO – HORAS DE SOBREAVISO – HORAS DE RESERVA. O Tribunal Regional deferiu horas extras ao reclamante, assim consideradas as que excederem as 176 horas mensais, devendo, para tanto, ser computadas as horas de voo conforme os diários de bordo, as horas de sobreaviso e as de reserva. Diante das circunstâncias, provas e peculiaridades específicas constantes dos autos, não há que se falar em violação dos arts. 23 e 26 da Lei n. 7.183/84, ao fundamento de que foram deferidas horas de sobreaviso e reserva em quantidades superiores aos máximos legais, porque atendem ao disposto nos referidos artigos da Lei n. 7.183/84 que regulam o exercício da profissão de aeronauta. Relativamente à alegação de inexistência de provas nos autos de que o reclamante ficava à disposição do reclamado enquanto permanecia em Goiânia, local de sua residência, o recurso esbarra no óbice da Súmula n. 126 desta Corte, por depender do necessário reexame do contexto fático-probatório, na medida em que a Corte Regional consignou expressamente que o reclamante ficava à disposição do reclamado em Goiânia, aguardando ser avisado de um voo ou para resolver questões relacionadas à aeronave. Agravo de instrumento não provido". Processo n. TST-AIRR-28000-18.2004.5.18.0010.

(75) POZZOLO, Paulo Ricardo. Enquadramento sindical dos motoristas (antes, durante e depois das Leis ns.12.619/12 e 13.103/15 – com referências à nova regulamentação do Ministério do Trabalho e Emprego sobre o registro das entidades sindicais, Portaria MTE n. 326, de 1º.03.2013. In: PASSOS, André; PASSOS, Edésio; LUNARD, Sandro (Orgs.). *Motorista Profissional:* Aspectos críticos e apontamentos da Lei n. 13.103/2015: com remissões à Lei n. 12.619/2012. São Paulo: LTr, 2017, p. 239.

Concluindo, a seguir:

> *Embora sejam empregados rurais* (regidos pela Lei n. 5889/74 e, também, pelas Leis ns. 12.619/12 e 13.103/15) *são representados pelos sindicatos dos motoristas*, não pelo sindicato dos trabalhadores rurais.(76) (Marcas do original)

Entende o autor referenciado que, apesar de continuar a ostentar a condição de empregado rural, aplica-se ao motorista profissional empregado de empregador rural as disposições da Lei n. 12.619/2012 e, agora, da Lei n. 13.103/2015, por integrar categoria profissional diferenciada, trazendo à baila a tormentosa discussão acerca do reconhecimento da existência de categoria diferenciada no meio rural.

Paulo Douglas de Almeida Moraes também expõe suas preocupações com essa questão, ao registrar que:

> (...) o caráter eclético dos sindicatos de trabalhadores rurais, que tenta encontrar sua verdadeira identidade ante a contradição dos interesses das categorias que representa, constitui um fator que inviabiliza a elaboração da negociação coletiva tendente a garantir melhores condições de trabalho.(77)

Ao regulamentar a organização sindical brasileira, o § 3º do art. 511 da CLT prevê uma exceção ao critério da atividade preponderante previsto no seu *caput*, reconhecendo juridicamente a existência da *categoria diferenciada*, assim definida como aquela formada por empregados que exercem profissões ou funções diferenciadas *por força de estatuto profissional especial* ou em decorrência de *condições de vida similares*.

A Lei n. 12.619/2012, seguida pela Lei n. 13.103/2015, estabeleceu um estatuto próprio para disciplinar a atividade do motorista profissional, formalizando de maneira concreta o atendimento desses dois requisitos, com o reconhecimento jurídico das condições de vida singulares que caracterizam a atividade peculiar desse profissional, e lhe confere uma unidade como categoria distinta.

A Lei n. 5.889/1973, promulgada para disciplinar a atividade do trabalhador rural, contudo, limitou-se a considerar o local de trabalho e a natureza da atividade econômica explorada pelo empregador como fatores determinantes, definindo como rurícola todo empregado que presta serviços de natureza não eventual em propriedade rural ou prédio rústico, em benefício do empregador rural, sem nada prever quanto à possibilidade de existência da categoria diferenciada, de modo que o motorista profissional do meio rural anteriormente estava filiado ao sindicato dos trabalhadores rurais.

Entretanto, a Constituição Federal de 1988 trouxe modificação importante nesse cenário quando igualou os direitos do rurícola aos do trabalhador urbano, assim dispondo no *caput* do art. 7º da CF/88, acabando, assim, de vez com a diferenciação que considerava o rurícola trabalhador de segunda categoria.(78) Destarte, como a interpretação da regra legal deve pautar-se pela diretriz

(76) POZZOLO, Paulo Ricardo. Enquadramento sindical e destinatários da Lei n. 12.619/12 — com referências à nova regulamentação do Ministério do Trabalho e Emprego sobre o registro das entidades sindicais, Portaria MTE n. 326, de 1º.03.2013. In: PASSOS, André; PASSOS, Edésio; LUNARD, Sandro (Orgs.). *Motorista Profissional:* Aspectos críticos e apontamentos da Lei n. 13.103/2015: com remissões à Lei n. 12.619/2012. São Paulo: LTr, 2017, p. 241.

(77) MORAES, Paulo Douglas de Almeida. Reinventando a negociação coletiva no setor sucroalcooleiro: diagnósticos e proposições — artigo baseado em palestra proferida no 4º Congresso Internacional de Direito do Trabalho, promovido pela Academia Brasileira de Direito do Trabalho em 16.10.2014.

(78) A possibilidade de aplicação de institutos da CLT ao trabalhador rural já era admitida pelo art. 1o, parte final, da Lei n. 5.889/1973. Tal fato, contudo, não impedia discussões e entendimentos limitadores da igualdade entre empregados urbanos e rurais, o que só foi superado pelo art. 7o da Constituição Federal de 1988, que expressamente estabeleceu a igualdade entre trabalhadores urbanos e rurais.

constitucional, deixou de existir o óbice que impedia a igualdade jurídica entre empregados urbanos e rurais, inclusive no que se refere à possibilidade de configuração da categoria diferenciada no meio rural.

As condições de trabalho do motorista rural são semelhantes às dos demais motoristas e, por certo, muito diferentes das executadas por outros trabalhadores rurais. Assim como os urbanos, os motoristas rurais também precisam ter carteira de habilitação específica e enfrentam o trânsito carregado das estradas e rodovias, transportando matéria-prima e insumos necessários para a produção agrícola, além dos produtos colhidos na safra, atuando em uma realidade muito diferente da existente em 2003, quando fixada diretriz diversa pela Orientação Jurisprudencial n. 315 da SBDI-I do TST,(79)atualmente cancelada, que fundamentou a exclusão nos seguintes termos:

> 315. MOTORISTA. EMPRESA. ATIVIDADE PREDOMINANTEMENTE RURAL. ENQUADRAMENTO COMO TRABALHADOR RURAL (*DJ* 11.08.2003).
>
> É considerado trabalhador rural o motorista que trabalha no âmbito de empresa cuja atividade é preponderantemente rural, *considerando que, de modo geral, não enfrenta o trânsito das estradas e cidades.* (Marcas nossas)

Ora, é público e notório que a situação fática que embasou a diretriz fixada pela OJ n. 315 da SBDI-1 do TST deixou de existir, ante a modernização que vem ocorrendo na organização produtiva do meio rural. E tanto isso é verdade que a referida diretriz jurisprudencial foi cancelada pela Resolução n. 200/2015.

Por meio da mesma Resolução, ainda, houve o cancelamento da Orientação Jurisprudencial n. 419 da SBDI-1 do TST,(80) a indicar, portanto, a superação do entendimento anteriormente fixado.

Mas não é só.

A crescente inovação tecnológica dos veículos utilizados no meio rural confere singularidade à atuação de "operadores de automotores destinados a puxar ou a arrastar maquinaria de qualquer natureza ou a executar trabalhos de construção ou pavimentação e aos operadores de tratores, colheitadeiras, autopropelidos e demais aparelhos automotores destinados a puxar ou a arrastar maquinaria agrícola ou a executar trabalhos agrícolas". Assim, ante a similitude das condições de vida e de trabalho, reconhecidas pelo § 17 do art. 235-C da CLT, inafastável a conclusão de que tais trabalhadores também integram a categoria profissional diferenciada dos motoristas, representada pelo sindicato respectivo, apto a defender os interesses desta categoria quanto ao cumprimento da regulamentação fixada pelo estatuto próprio.

(79) Consta do *site* do Tribunal Superior do Trabalho a seguinte notícia da época do cancelamento das OJ n. 315 e 419 da SBDI-1: "OJ n. 419. O Pleno acatou proposta da comissão de jurisprudência pelo cancelamento da OJ por entender que a tese hoje escolhida por esta orientação jurisprudencial teve à época de sua aprovação tão somente que aplicar a prescrição que beneficiava os rurícolas, não se discutindo a questão do enquadramento sindical. Este fato causa nos dias de hoje "uma instabilidade jurídica muito grande (...) com inúmeros conflitos intersindicais de representatividade", observou o presidente da comissão, Ministro João Oreste Dalazen.

OJ n. 315. A comissão em seu parecer entendeu pelo cancelamento sob o fundamento de que a OJ n. 315 conflita abertamente com a Súmula n. 117 do TST, mediante a qual se acata o conceito de categoria diferenciada, desprendido da Consolidação das Leis do Trabalho (CLT), para efeito de não admitir que motorista de Banco seja considerado bancário. Diante disso entenderam inexistir 'jurisprudência digna' para que se compreenda que motorista de empresa rural deveria ser considerado rurícola. O presidente da comissão complementou seus argumentos com fundamentos propostos para o cancelamento da OJ n. 419. (Disponível em: http://www.tst.jus.br/noticia-destaque/-/asset_publisher/NGo1/content/pleno-do-tst-altera-redacao-da-sumula-392-e-cancela-as-ojs-419-e-315-da-sbdi-1. Consulta realizada em: 17 ago. 2018).

(80) "419. ENQUADRAMENTO. EMPREGADO QUE EXERCE ATIVIDADE EM EMPRESA AGROINDUSTRIAL. DEFINIÇÃO PELA ATIVIDADE PREPONDERANTE DA EMPRESA. (cancelada) – Res. n. 200/2015, *DEJT* divulgado em 29.10.2015 e 3 e 4.11.2015. Considera-se rurícola, a despeito da atividade exercida, empregado que presta serviços a empregador agroindustrial (art. 3º, § 1º, da Lei n. 5.889, de 8.6.1973), visto que, neste caso, é a atividade preponderante da empresa que determina o enquadramento."

Nessa senda, importante pontuar algumas alterações normativas ocorridas desde a segunda edição desta obra e que possuem relação com o quanto aqui discutido.

O Conselho Nacional de Trânsito (CONTRAN), por meio das Resoluções n. 429/2012(81) e 434/2013(82) — revogadas, em razão da Lei n. 13.154/2015, pela Resolução CONTRAN n. 587/2016 — determinou o emplacamento e o registro de máquinas agrícolas e tratores destinados a puxar ou arrastar maquinário de qualquer natureza, aptos a executar trabalhos agrícolas, no RENAVAM.(83)

Em 18.12.2014, decidiu o CONTRAN prorrogar o prazo anteriormente fixado para emplacamento de tratores e máquinas agrícolas que transitam por vias públicas até 31 de dezembro de 2016. Segundo o CONTRAN, o objetivo dessa medida seria possibilitar a adequação do Registro Nacional de Veículos Automotores (RENAVAN) e dos sistemas estaduais para receber as novas informações.

Porém, logo após a prorrogação do prazo, foi editada a Medida Provisória n. 673, de 31 de março de 2015,(84) fixando que "os tratores e demais aparelhos automotores destinados a puxar ou a arrastar maquinaria agrícola ou a executar trabalhos agrícolas *são sujeitos ao registro único em cadastro específico da repartição competente, dispensado o licenciamento e o emplacamento*", assim alterando a exigência legal para alcançar, apenas, as máquinas e equipamentos "produzidos a partir de janeiro de 2016".

Convertida na Lei n. 13.154/2015, empreenderam-se novas modificações nas exigências de registro, bem como realizou-se a inclusão de novas disposições na CLT, que vieram corroborar a posição por nós adotada quanto à aplicação do estatuto dos motoristas também no meio rural.

(81) "Estabelece critérios para o registro de tratores destinados a puxar ou arrastar maquinaria de qualquer natureza ou a executar trabalhos agrícolas e de construção, de pavimentação ou guindastes (máquinas de elevação)."

(82) "Altera redação do § 2º do art. 1º e do art. 8º da Resolução CONTRAN n. 429, de 5 de dezembro de 2012, que estabelece critérios para o registro de tratores destinados a puxar ou arrastar maquinaria de qualquer natureza ou a executar trabalhos agrícolas e de construção, de pavimentação ou guindastes (máquinas de elevação)."

(83) Conforme Resoluções ns. 429 e 434 do CONTRAN, os veículos agrícolas novos, fabricados a partir de janeiro de 2013, teriam que passar por um pré-cadastro feito pelo fabricante, montadora ou importador. Antes da comercialização, o fabricante, montadora ou importador também teriam que, previamente, informar ao Departamento Nacional de Trânsito (DENATRAN) sobre as características dos veículos. Para os tratores já comercializados, não seria necessário o cadastro prévio, mas caso haja a necessidade de transitar em vias públicas, eles terão que ser emplacados. A placa seria exigida dos tratores que circularem em vias públicas. Por conta disso, a resolução do CONTRAN previa que o RENAVAM deveria ser ajustado para não exigir o lançamento da placa no ato do registro. Caso seja emplacado, os proprietários dos veículos teriam que arcar com o pagamento da taxa de licenciamento anual. O proprietário que não cumprisse as determinações da resolução estaria sujeito a multa gravíssima, além da anotação de sete pontos na Carteira Nacional de Habilitação (CNH) e apreensão do veículo.". Disponível em: www.denatran.gov.br. Acesso em: 17 abr. 2015.

(84) A Medida Provisória n. 673/2015, que alterou o art. 115 da Lei n. 9.503/1997 (Código de Trânsito Brasileiro), possuía a seguinte redação: "Art. 115. (...). § 4º Os aparelhos automotores destinados a puxar ou a arrastar maquinaria de qualquer natureza ou a executar trabalhos de construção ou de pavimentação são sujeitos, se transitarem em via pública, *ao registro e ao licenciamento da repartição competente;* § 4º-A Os tratores e demais aparelhos automotores destinados a puxar ou a arrastar maquinaria agrícola ou a executar trabalhos agrícolas são sujeitos ao registro único em cadastro específico da repartição competente, dispensado o licenciamento e o emplacamento; Art. 2º O registro de que trata o art. 115, § 4º-A, da Lei n. 9.503, de 1997 – Código de Trânsito Brasileiro, somente é exigível para os aparelhos ou máquinas produzidos a partir de 1º de janeiro de 2016".

Contudo, ao ser convertida na Lei n. 13.154/2015, referidos dispositivos sofreram alteração em sua redação:

"Art. 115. (...). § 4º Os aparelhos automotores destinados a puxar ou a arrastar maquinaria de qualquer natureza ou a executar trabalhos de construção ou de pavimentação são sujeitos ao registro na repartição competente, se transitarem em via pública, *dispensados o licenciamento e o emplacamento*; § 4º-A. Os tratores e demais aparelhos automotores destinados a puxar ou a arrastar maquinaria agrícola ou a executar trabalhos agrícolas, *desde que facultados a transitar em via pública, são sujeitos ao registro único, sem ônus, em cadastro específico do Ministério da Agricultura, Pecuária e Abastecimento, acessível aos componentes do Sistema Nacional de Trânsito;* (...); § 8º Os veículos artesanais utilizados para trabalho agrícola (jericos), para efeito do registro de que trata o § 4º-A, ficam dispensados da exigência prevista no art. 106.' (NR)." (Marcas nas partes alteradas)

Importante pontuar que a Resolução CONTRAN 587/2016 foi revogada pela Resolução CONTRAN 1017/2024, que tratou do registro e emplacamento de "de tratores e demais aparelhos automotores destinados a puxar ou arrastar maquinaria de qualquer natureza ou a executar trabalhos agrícolas, de construção e de pavimentação, bem como de seus reboques e implementos"(85).

Com efeito, a Lei n. 13.154/2015 alterou o § 4º-A do art. 155 do CTB,(86) bem como inseriu o § 17 ao art. 235-C da CLT, que trata das normas especiais de tutela do serviço do motorista profissional, estabelecendo:

> Art. 115.
>
> (...)
>
> § 4º-A. Os tratores e demais aparelhos automotores destinados a puxar ou a arrastar maquinaria agrícola ou a executar trabalhos agrícolas, desde que facultados a transitar em via pública, são sujeitos ao registro único, sem ônus, *em cadastro específico do Ministério da Agricultura, Pecuária e Abastecimento, acessível aos componentes do Sistema Nacional de Trânsito.* (Marcas nossas)
>
> Art. 235-C. A jornada diária de trabalho do motorista profissional será de 8 (oito) horas, admitindo-se a sua prorrogação por até 2 (duas) horas extraordinárias ou, mediante previsão em convenção ou acordo coletivo, por até 4 (quatro) horas extraordinárias.
>
> (...)
>
> § 17. *O disposto no* caput *deste artigo aplica-se também* aos operadores de automotores destinados a puxar ou a arrastar maquinaria de qualquer natureza ou a executar trabalhos de construção ou pavimentação e *aos operadores de tratores, colheitadeiras, autopropelidos e demais aparelhos automotores destinados a puxar ou a arrastar maquinaria agrícola ou a executar trabalhos agrícolas.* (Marcas nossas)

Tal evolução legislativa, assim como as modificações no art. 235-C, § 17, da CLT, não podem ser objeto de análise apartada, restrita apenas às questões de trânsito e referentes à jornada dos

---

(85) Resolução n. 1017/2024.

CAPÍTULO III

DO REGISTRO E LICENCIAMENTO

Art. 10. Os veículos de que trata esta Resolução devem ser devidamente registrados junto à repartição competente para transitar em vias públicas.

§ 1º O registro deve ser realizado:

I – pelos órgãos e entidades executivos de trânsito dos Estados e do Distrito Federal, no âmbito do RENAVAM, para os tratores destinados a puxar ou arrastar maquinaria de qualquer natureza ou a executar trabalhos de construção ou de pavimentação, sendo dispensados do licenciamento e emplacamento, conforme art. 115 do CTB; e

II – pelo Ministério da Agricultura e Pecuária (MAPA), no âmbito do Registro Nacional de Tratores e Máquinas Agrícolas (RENAGRO), para os tratores e demais aparelhos automotores destinados a executar trabalhos agrícolas.

§ 2º Os tratores destinados a puxar ou a arrastar maquinaria de qualquer natureza ou a executar trabalhos de construção ou de pavimentação, fabricados a partir de 1º de janeiro de 2016, são sujeitos ao registro nos órgãos ou entidades executivos de trânsito dos Estados e do Distrito Federal, se transitarem na via pública, dispensados do licenciamento e do emplacamento, conforme estabelece o § 4º do art. 115do CTB.

§ 3º Os tratores agrícolas e demais aparelhos automotores destinados a puxar ou a arrastar maquinaria agrícola ou a executar trabalhos agrícolas, fabricados a partir de 1º de janeiro de 2016, desde que facultados a transitar em via pública, são sujeitos ao registro único, sem ônus, em cadastro específico do MAPA, acessível ao componentes do Sistema Nacional de Trânsito, conforme estabelece o § 4º do art.115 do CTB, estando dispensados do licenciamento e do emplacamento.

§ 4º Os tratores destinados a serviços portuários, aeroportuários e em mineradoras são dispensados do licenciamento e do emplacamento quando transitarem em vias públicas adjacentes às áreas de suas atividades.

§ 5º É facultado o registro no RENAVAM ou RENAGRO dos veículos de que trata esta Resolução, fabricados até 31 de dezembro de 2015, que atendam aos requisitos previstos nesta norma.

Art. 11. Para o registro no RENAVAM dos veículos referidos nesta Resolução, deve ser exigido:

I – certificado de Adequação à Legislação de Trânsito (CAT);

II – código de marca/modelo/versão específico; e

III – realização de pré-cadastro pelo fabricante ou montadora, órgão alfandegário ou importador.

(86) Registra-se a publicação da Lei n. 14.599/2023, que apenas suprimiu a expressão "e abastecimento" do § 4º-A do art. 155 do CTB, sem alterá-lo, portanto, substancialmente.

motoristas profissionais. Pelo contrário, reclamam uma interpretação sistemática, por ter referenciado esses trabalhadores a um artigo da Seção IV-A, do Título III da CLT, que trata das "Normas Especiais de Tutela do Trabalho". Vê-se, assim, a existência de movimento legislativo condizente com a interpretação por nós sustentada, no sentido de se considerar o motorista profissional rural também como categoria diferenciada.

Ademais, deve-se levar em conta as razões de veto ao art. 3º da referida lei,(87) o que fortalece nossa argumentação de que houve alteração da realidade fática do trabalho prestado no meio rural, assim justificando a posição que defendemos no sentido de que a Lei n. 12.619/2012, secundada pela Lei n. 13.103/2015, veio estabelecer um estatuto profissional próprio para o motorista, em consequência das suas condições singulares de vida e trabalho, de sorte que foram atendidos os requisitos exigidos pelo § 3º do art. 511 da CLT, aplicável também aos trabalhadores rurais, nada mais impedindo a caracterização do motorista profissional como categoria diferenciada, tanto no meio urbano quanto no rural.

3.1.2. O reconhecimento do motorista profissional doméstico como categoria diferenciada

A CLT excluiu expressamente os empregados domésticos de sua aplicação.(88) A Lei n. 5.859, publicada em 1972 para disciplinar essa relação, erigiu o local de trabalho e a natureza do empregador como critérios caracterizadores do trabalhador como doméstico,(89) no que, neste aspecto, foi seguido pela Lei Complementar n. 150, de 1º de julho de 2015.(90)

Apesar de a Constituição Federal, ao ser promulgada em 1988, ter ampliado de maneira pontual os direitos dos domésticos, a modificação radical da teia protetiva só veio a ocorrer muito tempo depois, com a nova diretriz trazida pela EC n. 72/2013, que alterou o parágrafo único do art. 7º da CF/88, ampliando os direitos dos trabalhadores domésticos.

Nessa senda, e sob os mesmos fundamentos da total diferenciação das atividades executadas entre motoristas e demais trabalhadores domésticos, e da flagrante similitude das condições de trabalho do motorista doméstico com os demais motoristas profissionais, conclui-se que as Leis ns. 12.619/2012 e 13.103/2015 também devem ser aplicadas ao motorista doméstico, agora integrante de categoria diferenciada.

Conforme já salientamos em outros tópicos desta obra, diferentemente das demais profissões, a atividade do motorista é exercida em vias públicas e rodovias, ou seja, não se dá "no âmbito residencial", mas em meio ambiente compartilhado com terceiros, de modo que os preceitos que

(87) "Lei n. 13.154/2015. Art. 3º Os tratores e demais aparelhos automotores destinados a puxar ou a arrastar maquinaria agrícola ou a executar trabalhos agrícolas estão dispensados do recolhimento do Seguro Obrigatório de Danos Pessoais causados por veículos automotores de via terrestre, ou por sua carga, a pessoas transportadas ou não, DPVAT, de que trata a Lei n. 6.194, de 19 de dezembro de 1974, restando sem cobertura as pessoas que sofram dano em acidente causado por esses veículos".

Razões do veto

"O Seguro Obrigatório de Danos Pessoais causados por Veículos Automotores de Via Terrestre — DPVAT é medida fundamental para garantir reparos e indenizações de forma rápida a pessoas vítimas do trânsito. Por isso, o afastamento da cobertura pelo DPVAT proposto no dispositivo contrariaria o interesse público." (Marcas nossas)

(88) CLT, art. 7º, alínea *a*.

(89) Lei n. 5.859/1972, "art. 1º Ao empregado doméstico, assim considerado aquele que presta serviços de natureza contínua e de finalidade não lucrativa à pessoa ou à família no âmbito residencial destas, aplica-se o disposto nesta lei". Já o art. 1º da Lei Complementar n. 150/2015, assim dispõe: "Art. 1º Ao empregado doméstico, assim considerado aquele que presta serviços de forma contínua, subordinada, onerosa e pessoal e de finalidade não lucrativa à pessoa ou à família, no âmbito residencial destas, por mais de 2 (dois) dias por semana, aplica-se o disposto nesta Lei".

(90) A Lei Complementar n. 150/2015 revogou expressamente, a Lei n. 5.859/1972, nos termos de seu art. 46.

tratam da saúde e segurança devem ser observados com maior rigor, assim incluindo as pausas para descanso, o gozo regular de intervalos e os limites de jornada.

Portanto, descabe interpretação restritiva do alcance deste estatuto profissional, pois viria configurar inequívoco retrocesso, além de solapar um dos objetivos justificadores de sua promulgação, num momento em que o direito passa a valorizar cada vez mais a efetividade das normas que tratam da saúde e segurança no local de trabalho do motorista, de modo que, apesar de eventuais posições contrárias,(91)(92) a lei deve ser aplicada a todos os motoristas profissionais, independentemente da natureza jurídica do vínculo contratual, a fim de preservar não só seus direitos individuais, mas também os direitos dos demais membros da sociedade.

Como o art. 5º da Lei n. 12.619/2012 e, posteriormente, o art. 7º da Lei n. 13.103/2015, inseriu o Capítulo III-A à Lei n. 9.503/1997 (Código de Trânsito Brasileiro), ao qual estão sujeitos todos os motoristas, trabalhadores celetistas ou não, este norte fica ainda mais evidente.

Nesse sentido também o constante da Resolução n. 525/2015 do Conselho Nacional de Trânsito (CONTRAN)(93) quando define motorista profissional, em seu art. 1º, parágrafo único, inc. I, "como o condutor que exerce atividade remunerada ao veículo".

A aplicação ampla da lei, incluindo também os motoristas domésticos, encontra respaldo na Emenda Constitucional n. 82/2014. Com efeito, ao acrescentar o § 10 ao art. 144 da CF/88, reconheceu a importância da segurança viária para garantir a "preservação da ordem pública e da incolumidade das pessoas e de seu patrimônio nas vias públicas", o que evidentemente abrange a atuação de todos os motoristas profissionais, independentemente da natureza jurídica do vínculo de trabalho existente.

Ante todos esses fundamentos, não há como se afastar a conclusão de que o motorista doméstico também integra categoria profissional diferenciada, estando sujeito à aplicação das leis que disciplinam o trabalho do motorista profissional.

---

(91) Posição diversa pode ser encontrada no trabalho de SILVA, José Antonio Ribeiro de Oliveira. Lei do motorista profissional: tempo de trabalho, tempos de descanso e tempo de direção. *Revista do Tribunal Regional do Trabalho da 15ª Região*, v. 41, 2012, p. 105: "Destarte, a destinação das normas 'trabalhistas' acabou restrita aos motoristas empregados, e apenas no transporte rodoviário de passageiros e de cargas, consoante a regra do art. 1º, parágrafo único, da Lei. Isso porque os incisos III e IV dessa regra foram vetados, de modo que, a princípio, as normas que tratam de tempo de trabalho e descanso não se aplicam aos motoristas que se ativam em outras categorias econômicas, como motoristas de ambulâncias (e de qualquer ente público), de entregas de comércio etc., tampouco a operadores de trator de roda, de esteira ou misto, como previa o texto vetado. Quando muito, de acordo com o objeto central da lei, será possível aplicar tais normas por analogia, dependendo da situação concreta".

(92) Paulo Ricardo Pozzolo inicialmente rejeitou a aplicação dessa lei ao motorista doméstico ao aduzir que "À exceção dos domésticos, são regidos pelos arts. 235-A a 235-H e § 5º do art. 71 da CLT (incluídos pela Lei n. 12.619/2012) todos os demais empregados admitidos para o exercício da função de guiar veículo automotor, cuja condução dependa de habilitação para dirigir (CNH)". POZZOLO, Paulo Ricardo. Enquadramento sindical e destinatários da Lei n. 12.619/2012 — com referências à nova regulamentação do Ministério do Trabalho e Emprego sobre o registro das entidades sindicais, Portaria MTE n. 326, de 1º.3.2013. In: PASSOS, André; PASSOS, Edésio; LUNARD, Sandro (Orgs.). *Motorista Profissional:* Aspectos da Lei n. 12.619/2012 — elementos da legislação trabalhista e de trânsito. São Paulo: LTr, 2013. p. 143.

Porém, em edição posterior, passou a reconhecer que "Até mesmo os empregados domésticos contratados para laborar como motoristas devem, obrigatoriamente, observar as disposições incluídas no Código de Trânsito Brasileiro pelo referido diploma (dentre os quais, o controle do tempo de direção, tempo ininterrupto de direção intervalos de descanso, etc..)" POZZOLO, Paulo Ricardo. Enquadramento sindical dos motoristas (antes, durante e depois das Leis ns.12.619/2012 e 13.103/2015 — com referências à nova regulamentação do Ministério do Trabalho e Emprego sobre o registro das entidades sindicais, Portaria MTE n. 326, de 1º.3.2013. In: PASSOS, André; PASSOS, Edésio; LUNARD, Sandro (Orgs.). *Motorista Profissional:* Aspectos críticos e apontamentos da Lei n. 13.103/2015: com remissões à Lei n. 12.619/2012. São Paulo: LTr, 2017. p. 233.

(93) A Resolução CONTRAN 525/2015, que "Dispõe sobre a fiscalização do tempo de direção do motorista profissional de que trata os arts. 67-A, 67-C e 67-E, incluídos no Código de Trânsito Brasileiro — CTB, pela Lei n. 13.103, de 2 de março de 2015, e dá outras providências" revogou a Resolução n. 405/2012 do Conselho Nacional de Trânsito (CONTRAN). Ainda assim, manteve a mesma definição ampliada de motorista: "CONSIDERANDO o disposto na Lei n. 10.350, de 21 de dezembro de 2001, que definiu motorista profissional como o condutor que exerce atividade remunerada ao veículo".

3.1.3. A jurisprudência dominante do Tribunal Superior do Trabalho (TST) no que se refere à aplicação de normas coletivas à categoria profissional diferenciada

Fiel à concepção que tem a negociação coletiva como produto da autonomia privada coletiva, o TST fixou, em relação à categoria profissional diferenciada, a seguinte diretriz:

Súmula n. 374 do TST

NORMA COLETIVA. CATEGORIA DIFERENCIADA. ABRANGÊNCIA (conversão da Orientação Jurisprudencial n. 55 da SBDI-1) – Res. n. 129/2005, *DJ* 20, 22 e 25.4.2005.

Empregado integrante de categoria profissional diferenciada não tem o direito de haver de seu empregador vantagens previstas em instrumento coletivo no qual a empresa não foi representada por órgão de classe de sua categoria. *(ex-OJ n. 55 da SBDI-1 – inserida em 25.11.1996)*

Destarte, mesmo sendo membro integrante de categoria diferenciada, o motorista profissional não pode pleitear a aplicação de acordo coletivo ou de convenção coletiva se para tanto não houve a participação de seu empregador diretamente, ou por órgão de classe da sua categoria.

No entanto, é preciso ressaltar que tal diretriz deve ser aplicada quando o empregador ou sua entidade sindical representativa *não foram chamados a participar da negociação*, condição distinta daquela em que há recusa de participação ou simples inércia, situação jurídica que justifica a judicialização da matéria, com observância do preceituado no § 2º do art. 114 da CF/88.(94)

Assim, empregador que explora atividade econômica alheia ao transporte de cargas ou de passageiros, se participar do instrumento negocial coletivo, está obrigado a aplicar aos seus motoristas os preceitos acordados com a categoria profissional diferenciada.

Entretanto, questiona-se:

Se o empregador, ou seu órgão de classe, não tiverem participado da elaboração do instrumento negocial coletivo, ao motorista profissional também não será aplicado eventual acordo coletivo ou convenção coletiva firmado com a categoria preponderante, nos termos da Súmula acima referida? Nesse caso, esses trabalhadores ficariam desprotegidos, à margem de qualquer instrumento negocial coletivo?

Ronaldo Lima dos Santos faz as seguintes reflexões em relação a tal questão:

> O conflito entre convenções coletivas é comumente observado quando presentes numa empresa trabalhadores vinculados a sindicatos distintos, como nas hipóteses de categoria diferenciada. Em se tratando de categoria diferenciada (músicos profissionais, aeronautas, professores, vendedores, etc.), por exemplo, é comum o empregado invocar em juízo a aplicação da convenção coletiva elaborada pelo sindicato da categoria diferenciada e o empregador requerer a aplicação da convenção coletiva elaborada pelas respectivas categorias econômica e profissional aferidas pela natureza da atividade econômica exercida pela empresa. *In casu*, em não havendo participação da empresa na elaboração da norma referente à categoria diferenciada, o empregado não terá o direito de haver do empregador as vantagens previstas na respectiva norma coletiva (Súmula n. 374 do TST), *tendo aplicabilidade, na situação, a norma da categoria profissional correspondente à atividade econômica da empresa.*(95) (Marcas nossas)

Concordamos com essa posição.

(94) Art. 114, § 2º, da CF/88: "Recusando-se qualquer das partes à negociação coletiva ou à arbitragem, é facultado às mesmas, de comum acordo, ajuizar dissídio coletivo de natureza econômica, podendo a Justiça do Trabalho decidir o conflito, respeitadas as disposições mínimas legais de proteção ao trabalho, bem como as convencionadas anteriormente". *(Redação dada pela Emenda Constitucional n. 45, de 2004)*

(95) SANTOS, Ronaldo Lima dos. *Teoria das normas coletivas*. 2. ed. São Paulo: LTr, 2009. p. 276.

Portanto, caso o empregador ou o órgão de classe de sua categoria econômica não tenham sido chamados a participar da elaboração do instrumento negocial aplicável à categoria profissional diferenciada, *há que se aplicar aos motoristas profissionais empregados o instrumento negocial coletivo firmado pela categoria preponderante.*

Entretanto se, embora chamados a participar, tenham se recusado ou se omitido, prevê o sistema a possibilidade de judicialização da questão, com a instauração de dissídio coletivo nos termos dos §§ 1º e 2º do art. 616 da CLT.(96)

3.2. Abrangência das medidas protetivas no âmbito da saúde e segurança do trabalho

A Lei n. 12.619/2012 abriu um foco inovador quanto à questão do meio ambiente de trabalho do motorista profissional, ao evidenciar sua inter-relação com a duração da jornada de trabalho e o efetivo gozo dos períodos de descanso. Apesar de rejeitar a aplicação repristinatória do constante desse diploma legal, ao julgar a ADI 5.322 e reputar inconstitucionais vários artigos da Lei n. 13.103/2015, o STF chancelou essa diretriz. Questões que até então eram analisadas de forma segmentada, como compartimentos estanques, passaram a ser percebidas como relacionadas, na medida em que evidenciadas as consequências que provocam na precarização da saúde do motorista profissional. O salto, no que se refere ao trato da saúde e segurança do trabalho, foi significativo.

A atenção de referida lei, voltada à limitação dos "tempos" de trabalho e direção, veio demonstrar o repúdio à prestação de longas jornadas sem o gozo de pausas regulares, pois evidenciado que longos períodos de atividade trazem consequências nefastas para a saúde do motorista profissional. Ainda, a inserção de dispositivo atrelando a forma de remuneração à higidez ambiental jogou luz sobre técnicas de administração do trabalho que buscam a coparticipação do trabalhador, a qual, contudo, tende a vulnerar as suas condições de trabalho, tornando-o refém de si mesmo.(97) Questões até então vislumbradas de forma apartada das condições ambientais de trabalho passaram, com a promulgação da Lei n. 12.619/2012, a necessariamente ser analisadas em uma perspectiva inter-relacional.

Mas não é só.

Também teve o mérito de ampliar horizontes.

Ao estabelecer alterações legais, inserindo artigos tanto na CLT (Consolidação das Leis do Trabalho) quanto no CTB (Código Brasileiro de Trânsito), trouxe para a discussão jurídica trabalhista o conceito da função social do contrato em uma perspectiva ampla, assim considerado não só aquele firmado pelo trabalhador subordinado, como também o celebrado pelo motorista autônomo, pois ambos atuam lado a lado, no mesmo meio ambiente, que são as estradas e vias públicas.

Nesse contexto, a perspectiva inaugurada pela Lei n. 12.619/2012 ultrapassou uma visão meramente comutativa, centrada na inter-relação dos contratantes entre si, demonstrando evidente preocupação com os efeitos que essa atividade provoca em seu entorno social, notadamente porque o meio ambiente de trabalho do motorista profissional é também compartilhado com terceiros.

---

(96) "Art. 616. Os Sindicatos representativos de categorias econômicas ou profissionais e as empresas, inclusive as que não tenham representação sindical, quando provocados, não podem recusar-se à negociação coletiva. § 1º Verificando-se recusa à negociação coletiva, cabe aos Sindicatos ou empresas interessadas dar ciência do fato, conforme o caso, ao Departamento Nacional do Trabalho ou aos órgãos regionais do Ministério do Trabalho e Previdência Social, para convocação compulsória dos Sindicatos ou empresas recalcitrantes. § 2º No caso de persistir a recusa à negociação coletiva, pelo desatendimento às convocações feitas pelo Departamento Nacional do Trabalho ou órgãos regionais do Ministério de Trabalho e Previdência Social, ou se malograr a negociação entabulada, é facultada aos Sindicatos ou empresas interessadas a instauração de dissídio coletivo."

(97) É o caso, por exemplo, da Lei n. 12.436/2011, que "veda o emprego de práticas que estimulem o aumento de velocidade por motociclistas profissionais."

Assim, questões afetas à duração da jornada e à forma de remuneração variável, muitas vezes instituída como maneira de burlar os limites legais de jornada, desbordam dos interesses meramente contratuais entre as partes, passando a ser do interesse da sociedade.[98]

Com efeito, o motorista que desrespeita os limites de jornada, ou deixa de gozar intervalos de refeição e descanso, para rodar mais e receber salário variável maior, se vier a dormir ao volante e provocar acidente, causará danos para além de si mesmo, sendo empregado subordinado ou autônomo, na medida em que atua em constante interação com terceiros. Ambos, motorista profissional subordinado e autônomo, estão sujeitos e expostos às mesmas condições ambientais, expondo, da mesma forma, terceiros, aos riscos que suscitam.

São conceitos novos, que num primeiro momento foram rejeitados pelos próprios beneficiários, notadamente transportadores autônomos que, desconhecendo os efeitos que podem provocar num futuro próximo, pautados por uma mentalidade imediatista e incentivados pelos tomadores de seus serviços, como demonstrou o movimento desencadeado no início de julho de 2013,e repetido em fevereiro de 2015, paralisaram várias rodovias do país, apresentando insatisfação com as exigências traçadas pela Lei n. 12.619/2012 e reivindicando sua reforma pela Lei n. 13.103/2015, que veio precarizar direitos assegurados pela lei anterior em preceitos que, posteriormente, foram reputados inconstitucionais pelo STF no julgamento da ADI 5.322.

É evidente que a implementação das normas de proteção vai exigir, num primeiro momento, um dispêndio maior de recursos.[99] Entretanto, isso não pode ser visto de forma canhestra, como custo, porque na verdade se trata de investimento. O motorista profissional, subordinado ou não, que obedece aos limites de jornada e intervalos, pode demorar mais para chegar, mas certamente preservará de forma mais efetiva sua integridade física e mental e terá melhores chances de evitar acidentes que podem vitimar terceiros.

O empregador e o tomador de serviços que observam essas balizas legais, certamente pagarão mais pelo serviço mas, por outro lado, deixarão de responder pelos ilícitos trabalhistas que suscitaram e de arcar com o pagamento de indenizações, notadamente nos casos de doenças profissionais e acidentes, que podem alcançar valores significativos, bem como das ações regressivas intentadas pela União e ações civis públicas manejadas pelo Ministério Público do Trabalho, além de repercussões no Seguro Acidente de Trabalho (SAT) decorrentes do reenquadramento do Fator Acidentário de Prevenção (FAP). A sociedade também será beneficiada pela diminuição da quantidade de concessão de benefícios previdenciários e aposentadorias precoces por invalidez, que via de regra aumentam os casos de alcoolismo e violência doméstica, além de prolongar o ciclo de pobreza das famílias que, em decorrência dos baixos valores recebidos, são obrigadas a retirar os filhos da escola mais cedo, para ajudar nas despesas domésticas, criando um círculo vicioso que perpetua e amplia os níveis de pobreza.

Assim, se por um lado não se pode ter a pretensão de considerar as novas regulamentações como perfeitas e acabadas, pois alguns de seus preceitos são passíveis de severas críticas, como se verá ao longo deste livro; por outro lado, não se pode deixar de pontuar o valor representado por

(98) Essa perspectiva mais ampla em saúde e segurança do trabalho já se encontra em dispositivos outros da CLT, como o art. 184, que assim dispõe: "Art. 184 – As máquinas e os equipamentos deverão ser dotados de dispositivos de partida e parada e outros que se fizerem necessários para a prevenção de acidentes do trabalho, especialmente quanto ao risco de acionamento acidental. (Redação dada pela Lei n. 6.514, de 22.12.1977). Parágrafo único – *É proibida a fabricação, a importação, a venda, a locação e o uso de máquinas e equipamentos que não atendam ao disposto neste artigo. (Incluído pela Lei n. 6.514, de 22.12.1977)*" (Marcas nossas)

(99) Esse é um dos motivos que suscitaram as discussões que levaram a edição da Lei n. 13.103/2015, como se nota do Relatório da Comissão de Trabalho, de Administração e Serviço Público — CTASP, em que há menção ao Projeto de Lei n. 5.943/2003 que, na p. 2, assim afirma: "O autor justifica sua proposta afirmando que as modificações impostas à CLT e ao CTB pela Lei n. 12.619, 2012, trouxeram transtornos a toda a cadeia de serviços do motorista profissional e impactou o custo da produção, de modo que se tornou inviável o cumprimento da legislação em vigor, tanto para as empresas quantos para os transportadores autônomos".

referidas normas — e, nesse quadro, tem-se a Lei n. 12.619/2012 como de maior relevância, pois descortinou uma nova perspectiva, que veio conferir formatação jurídico-trabalhista aos conceitos de socialidade, função social do contrato e da propriedade, ao considerá-los na formatação das regras que vieram disciplinar a atuação do motorista profissional.

Em decorrência disso, o movimento iniciado pela Lei n. 12.619/2012 veio demonstrar que a aplicação do princípio da proteção não pode mais ficar restrito à pessoa do trabalhador subordinado, devendo abranger também trabalhadores que se ativam em relação diversa, uma vez que sua atividade representa alto risco não só a si mesmo, mas também a todos aqueles que com ele interagem no mesmo ambiente, enfoque que se revela inovador para o direito do trabalho. As alterações precarizantes trazidas pela Lei n. 13.103/2015, portanto, não possuem força para interromper esse movimento, conforme enfatizou o STF, ao reconhecer a inconstitucionalidade de vários de seus preceitos no julgamento da ADI 5.322.

Nesse contexto, a função social do contrato, analisada sob a perspectiva trabalhista em sentido amplo, assim incluindo o trabalho prestado não só pelo motorista empregado, mas também pelo terceirizado, pelo autônomo e pelo TAC auxiliar (art. 15 da Lei n. 13.103/2015), vai implicar a discussão de outros conceitos,(100) como a aplicação dos princípios da prevenção e da precaução, para balizar o *modus procedendi* que o novo estatuto legal passa a exigir dos atores sociais.

(100) A responsabilização da cadeia produtiva é tema que vem há tempos sendo objeto de discussão, desenvolvimento e atuação no Ministério Público do Trabalho, nas mais diversas áreas. Nesse sentido, cita-se: SEGATTI, Ana Elisa Alves Brito; NOVAES, Dirce Trevisi Prado; NOGUEIRA, Christiane Vieira; SABINO, João Filipe Moreira Lacerda e FORTES, Mariana Flesch. Trabalho escravo: reflexões sobre a responsabilidade na cadeia produtiva. *Revista do Ministério Público do Trabalho/Procuradoria-Geral do Trabalho*. Brasília, ano XXIV, n. 48, setembro de 2014, p. 68-69: "É incontestável que o pequeno agenciador — o 'gato', nas atividades rurais; o oficinista, na indústria têxtil ou o arregimentador de turmas, na construção civil — não é o principal obtentor de lucro no contexto da submissão de trabalhadores à condição análoga à de escravo. Por consequência, não deve ser o único a responder pelo fato, seja com a imposição de obrigações de fazer ou não fazer e/ou pagamento de indenizações, no caso do plano civil-trabalhista, seja com a pena criminal. Para além dessa primeira camada, há um encadeamento de exploração nesses modelos produtivos que envolve pecuaristas e frigoríficos, carvoeiros e siderúrgicas, confecções e grifes, construtoras terceirizadas e grandes empreiteiras. Então, sob pena de reprodução das estruturas excludentes e desiguais da nossa sociedade, punir apenas a camada mais imediata não é suficiente sequer para questionar o sistema laboral que reduz trabalhadores à situação de escravos. Necessário chegar aos maiores beneficiados e aos que auferem grandes lucros a partir dessa estrutura perversa. Nesse sentido, as reflexões aqui expostas. (...). *No plano civil-trabalhista, algumas teorias buscam explicar a atuação de cada um dos atores nas diversas camadas produtivas dentro de uma cadeia em que há exploração de mão de obra análoga à de escravo e, a partir dessas constatações, delimitar a responsabilidade dos beneficiados por esse tipo de violação de direitos trabalhistas fundamentais e da dignidade humana. Abordaremos quatro delas: a subordinação jurídica estrutural/integrativa; os contratos coligados/conexos; a teoria da cegueira deliberada; e a responsabilidade pelo meio ambiente de trabalho*". (Marcas nossas)

LIMA, Carlos Eduardo de Azevedo. Cadeias produtivas e a defesa dos direitos humanos dos trabalhadores. *Revista do Ministério Público do Trabalho/Procuradoria-Geral do Trabalho*. Brasília, ano XXVI, n. 51, mar. 2016, p. 64-65: "Desse modo, e sem deixar de reconhecer um instante sequer a imprescindibilidade de serem adotadas todas as providências necessárias para o combate à fraude e ao simulacro, defende-se neste trabalho é que, independentemente dessa situação, e ainda que se esteja diante de terceirização efetivada por meio de subcontratações lícitas, ainda assim há elementos no ordenamento jurídico que permitem — e, ao nosso ver, recomendam enfaticamente, como maneira de otimizar a eficácia das medidas voltadas para o resguardo da dignidade humana na seara laboral — a responsabilização de toda a cadeia produtiva.

Reitera-se que a atuação que aqui se propõe, na linha do que já se vem fazendo há algum tempo em algumas atuações constatadas no Brasil — mormente a partir de ações ajuizadas pelo Ministério Público do Trabalho (MPT) — e também em outras partes do mundo, tem caráter estratégico, tendo por escopo ampliar a eficácia das providências a serem adotadas na defesa dos Direitos Humanos dos trabalhadores".

MELO, Luís Antônio Camargo de *et al.* O novo direito do trabalho: a era das cadeias produtivas — Uma análise do Protocolo Adicional e da Recomendação Acessória à Convenção n. 29 da OIT sobre Trabalho Forçado ou Obrigatório. *Revista Direitos, Trabalho e Política Social*, São Paulo, v. 1, n. 1, p. 311-335, maio 2015, jul./dez. Disponível em: https://periodicoscientificos.ufmt.br/ojs/index.php/rdtps/article/view/8751. Acesso em: 15 abr. 2018, p. 319, 326 e 332: "Coerentemente, o Protocolo se referiu à questão concorrencial no seguinte Considerando: '*The General Conference of the International Labour Organization, (...).*

Noting that the effective and sustained suppression of forced or compulsory labour contributes to ensuring fair competition among employers as well as protection for workers (...)'

Ao se acentuar a análise econômico-concorrencial da questão, positiva-se a noção de que não é apenas a situação particular de cada explorado que inspira a tutela; mais amplamente, está-se tutelando todo o setor econômico envolvido: os

Nesse sentido, o julgamento de recurso ordinário,(101) que teve a coautora como relatora, ao reputar competente a Justiça do Trabalho para julgar ação civil pública, que visa à proteção do meio ambiente de trabalho quando ocorre transporte de cana de açúcar acima dos limites de peso, inclusive por motoristas terceirizados, deferindo tutela inibitória quanto a obrigações de não fazer.

Conforme já ressaltamos em artigo que tratou do meio ambiente de trabalho,(102) não basta mais apenas efetuar pagamentos por danos já ocorridos (perspectiva *monetizante*), cujos efeitos muitas vezes são irreversíveis e a *restitutio in integrum* impossível. É preciso investir na prevenção, a fim de evitar que o dano ocorra (perspectiva *inibitória*), diretriz que se encontra alinhada também com os preceitos internacionais.

A Convenção n. 155 da OIT,(103) que trata da segurança e saúde dos trabalhadores e o meio ambiente de trabalho, *internalizada* pelo Brasil, dispõe em seu art. 3º, alínea *e*, que a saúde não pode ser definida apenas como "ausência de doenças", abrangendo também os "elementos físicos e mentais que afetam a saúde e estão diretamente relacionados com a segurança e a higiene no trabalho". Em seu art. 4º, item 2, determina que a política estatal deve ser direcionada para:

> (...) *prevenir os acidentes e os danos à saúde* que forem consequência do trabalho, tenham relação com a atividade de trabalho, ou se apresentarem durante o trabalho, *reduzindo* ao mínimo, na medida em que for razoável e possível, *as causas dos riscos inerentes ao meio ambiente de trabalho.* (Marcas nossas)

Assim, em relação ao meio ambiente de trabalho, o direito contemporâneo não pode esgotar sua capacidade de atuação apenas na função reparatória do dano já ocorrido. A intensificação da função promocional do Direito e o estímulo à atuação preventiva mais abrangente se tornam cada vez mais imperativos no sentido do agir antes para evitar a lesão.

A Convenção n. 161 da OIT,(104) também *internalizada* pelo Brasil, indica claramente essa diretriz ao priorizar em seu art. 1º, incisos I e II, as funções essencialmente preventivas dos serviços

---

interesses de empregadores cumpridores da legislação e o interesse de todos os demais trabalhadores na iminência de despojamento de direitos em decorrência do nivelamento por baixo das práticas concorrenciais. (...)

A identificação do *poder econômico relevante em uma dada cadeia produtiva* (assim aquele empresário que, por seu porte econômico, possui o poder de ditar as regras do jogo em sua cadeia de fornecedores/compradores) e o seu envolvimento nas intercorrências de trabalho escravo ocorridas em tal cadeia tem se revelado uma das mais eficazes medidas domésticas de combate ao trabalho escravo. O deslocamento do enfoque nas pequenas carvoarias, para as grandes siderúrgicas, das pequenas oficinas para as grandes grifes, dos pequenos prestadores para as grandes empresas, tem gerado efeitos virtuosos em cascata, possibilitando eficiência muito maior à atuação dos órgãos de fiscalização. (...).

Embora a temática das cadeias produtivas não constasse originariamente das minutas do Protocolo nem da Recomendação levados à 103ª Conferência Internacional do Trabalho, o Governo brasileiro e o MPT realizaram enfático trabalho de convencimento junto a outros blocos governamentais a fim de que apoiassem emendado grupo dos trabalhadores introduzindo a matéria.

O objetivo foi bem-sucedido, considerando-se o ambiente naturalmente polarizado da OIT. Pela primeira vez, ainda que indiretamente, o envolvimento de cadeias produtivas foi positivado, conforme se depreende da alínea *"j"* do art. 4º da Recomendação aprovada: '*4. Taking into account their national circumstances, Members should take the most effective preventive measures, such as: (...). (j) in giving effect to their obligations under the Convention to suppress forced or compulsory labour, providing guidance and support to employers and businesses to take effective measures to identify, prevent, mitigate and account for how they address the risks of forced or compulsory labour in their operations or in products, services or operations to which they may be directly linked*'". (Grifos do original)

Os autores mencionam, ademais, teorias diversas que fundamentam a responsabilização em cadeia, como as já citadas "Teoria da cegueira deliberada" e "Teoria da subordinação integrativa", bem como a "Teoria da *ajenidad*" e a "Teoria da internalização das externalidades negativas", com origem, especialmente, no direito ambiental.

(101) GEMIGNANI, Tereza Aparecida Asta. P. 0011798-33.2022.5.15.0037.

(102) GEMIGNANI, Daniel; GEMIGNANI, Tereza Aparecida Asta. Meio ambiente de trabalho. Precaução e prevenção. Princípios norteadores de um novo padrão normativo. *Revista do Tribunal Regional do Trabalho da 15ª Região*, Campinas, v. 40, 2012.

(103) A Convenção n. 155 da OIT foi aprovada pelo Decreto-Legislativo n. 2/1992 e promulgada pelo Decreto n. 1.254/1994, atualmente revogado pelo Decreto n. 10.088/2019, que teve por objetivo consolidar os "atos normativos editados pelo Poder Executivo Federal que dispõem sobre a promulgação de convenções e recomendações da Organização Internacional do Trabalho — OIT ratificadas pela República Federativa do Brasil".

(104) A Convenção n. 161 da OIT foi aprovada pelo Decreto Legislativo n. 86/1989 e promulgada pelo Decreto n. 127/1991, atualmente revogado pelo Decreto n. 10.088/2019.

de saúde no trabalho, que devem orientar o empregador, os trabalhadores e seus representantes na empresa sobre os:

> I. Requisitos necessários para estabelecer e manter um ambiente de trabalho seguro e salubre, de molde a favorecer uma saúde física e mental ótima em relação com o trabalho;
>
> II. A adaptação do trabalho às capacidades dos trabalhadores, levando em conta seu estado de sanidade física e mental.

Importante pontuar que a adoção do princípio da prevenção, pelo ordenamento jurídico nacional, está demonstrada nos incisos II, III, IV e V do § 1º do art. 225 da CF/88.

Nesse sentido, explica Germana Parente Neiva Belchior(105) que o *princípio da prevenção* consiste na adoção antecipada de medidas definidas, que possam evitar a ocorrência de um dano provável, numa determinada situação, reduzindo ou eliminando suas causas, quando se tem conhecimento de um risco concreto.

Já o *princípio da precaução* se refere à adoção antecipada de medidas amplas, que possam evitar a ocorrência de possível ameaça à saúde e segurança. Aponta para a necessidade de comportamento cuidadoso, marcado pelo bom senso, de maior abrangência, direcionado para a redução ou eliminação das situações de risco.

Assim, enquanto o princípio da prevenção tem o escopo de evitar riscos determinados, o princípio da precaução aponta para a implementação de condutas acautelatórias gerais, considerando o risco abstrato e potencial, como esclarece Paulo Affonso Leme Machado.(106)

Cristiane Derani(107) ressalta que a aplicação do princípio da precaução objetiva "garantir uma suficiente margem de segurança da linha de perigo" e, por isso, antecede a sua manifestação. É um comportamento de cautela, que visa evitar um possível risco, ainda que indefinido, procurando reduzir o "potencial danoso oriundo do conjunto de atividade". Precaução é atitude de cuidado, *in dubio pro securitate*, que assim surgiu como linha mestra do direito ambiental, cuja aplicação passa a ter importância cada vez maior quando se trata de meio ambiente de trabalho, tendo em vista a relevância do bem jurídico a ser protegido, qual seja, a vida e a integridade física e mental do ser humano.

Portanto, assentados os aspectos gerais e os pressupostos do estudo que irá se empreender, pode-se adentrar a discussão envolvendo a abrangência das novas medidas protetivas, as quais passam a ser estudadas a partir de duas questões essenciais, quais sejam:

i) Quem são os destinatários das regras estabelecidas pelas Leis ns. 12.619/2012e 13.103/2015; e,

ii) Quem tem o dever legal de implementá-las.

3.2.1. Os destinatários das Leis ns. 12.619/2012 e 13.103/2015

O original imbricamento que a Lei n. 12.619/2012 fez das condições de jornada e remuneração com as questões afetas à saúde e segurança impede que a aplicação de seus preceitos fique restrita às relações empregatícias, devendo abranger os motoristas profissionais de uma forma geral, ainda que posições diversas sejam verificadas na doutrina e na jurisprudência.

Conquanto o regime jurídico que regula a saúde e segurança do trabalho, incluindo as Normas Regulamentadoras, tenha sido inicialmente estruturado visando à proteção do trabalho

(105) NEIVA BELCHIOR, Germana Parente. *Hermenêutica Jurídica Ambiental*. São Paulo: Saraiva, 2011. p. 208 e seguintes.

(106) LEME MACHADO, Paulo Affonso. *Direito Ambiental Brasileiro*. São Paulo: Malheiros Editores, 2006. p. 65 e seguintes.

(107) DERANI, Cristiane. *Direito Ambiental Econômico*, 3. ed. São Paulo: Saraiva, 2008. p. 149-152.

subordinado, haja vista que as disposições legais que outrora fundamentaram a edição desses regulamentos técnicos(108) pelo Ministério do Trabalho encontravam-se, essencialmente, no art. 200 da CLT e no art. 13 da Lei n. 5.889/1973, após o advento da Constituição Federal de 1988 a aplicação de tais preceitos deve ser ampliada.

Por força do art. 7º, inciso XXII, da Constituição Federal de 1988,(109) é possível sustentar que toda a regulamentação em saúde e segurança tem por objeto o trabalho em sentido *lato*,(110) e não apenas aquele que é prestado de forma subordinada. A constitucionalização da questão ampliou o campo de aplicação do preceito, de modo que a extensão da proteção em saúde e segurança do trabalho para além da relação subordinada se apresenta como tendência inevitável, notadamente por ter o texto constitucional inserido os direitos sociais e ambientais dentre os fundamentais de todos os trabalhadores e não somente dos empregados.

Tal ocorre porque a preservação da higidez física e mental no meio ambiente do trabalho insere-se numa sistemática muito mais ampla do que a relacionada ao trabalho subordinado, envolvendo, em razão de suas externalidades, diversos setores estatais e sociais.

Com efeito, toda a trama securitária social criada pela Constituição Federal de 1988 teve a finalidade de assegurar de forma ampla a integridade física e mental do trabalhador. Assim, tem-se que não só o trabalhador subordinado é beneficiário da proteção, mas os trabalhadores de uma maneira geral, pois o infortúnio, que pode ocorrer em qualquer modalidade de trabalho, traz consequências para toda a sociedade.

Trata-se, pois, de se conferir proteção ao *trabalho sem adjetivos*, isto é, a tutela para além do trabalho subordinado, tendo-se em vista a miríade de relações laborais vislumbradas atualmente, em razão da "(...) modificação da dimensão do direito do trabalho pela extensão de seu campo, ou seja, da categoria de relações que ele alcança. Essa perspectiva é aquela da transição de um direito do trabalho, que trata somente do trabalho subordinado, em direção a um direito do 'trabalho sem adjetivo'".(111)

A ampliação da proteção normativa, em matéria de saúde e segurança do trabalho, para abranger também os trabalhadores não subordinados, encontra respaldo na melhor exegese dos preceitos constitucionais contidos nos arts. 7º e 225 da Carta Federal de 1988. Essa nova perspectiva constitucional, assim, vem repercutindo na conformação de novos diplomas legais como,

(108) A despeito de a nomenclatura usual denominar os atos administrativos publicados pelo Ministério do Trabalho, quando do exercício regulamentar de questões de saúde e segurança do trabalho, como "Normas Regulamentadoras", tem-se por possível, senão mais apropriado, denominar esses atos administrativos de "Regulamentos Técnicos", na medida em que se trata de atos com força cogente, elaborados por autoridade pública competente para tanto, com a fixação direta de critérios técnicos ou, indiretamente, pela remissão a normas técnicas. Contudo, porque há tempos assentada a denominação "Norma Regulamentadora", prejuízo algum existe em se continuar a usar o que já consolidado, restando a presente observação apenas como registro.

(109) Nesse contexto é que se pode compreender a evolução da Norma Regulamentadora n. 1, que em sua redação anterior à Portaria SEPRT n. 6.730, de 9 de março de 2020, previa, em seu item 1.1: "As Normas Regulamentadoras — NRs, relativas à segurança e medicina do trabalho, são de observância obrigatória pelas empresas privadas e públicas e pelos órgãos públicos da administração direta e indireta, bem como pelos órgãos dos Poderes Legislativo e Judiciário, que possuam empregados regidos pela Consolidação das Leis do Trabalho — CLT.". Atualmente, dispõe referida NR: "1.2.1 As NRs *obrigam*, nos termos da lei, *empregadores e empregados*, urbanos e rurais. [...]. 1.2.1.2 *Nos termos previstos em lei, aplica-se o disposto nas NRs a outras relações jurídicas*." (Grifo nosso). Logo, com fundamento no art. 7º, inc. XXII, da CF/88, pode-se compreender que, na ausência de disposição em sentido contrário, aplicam-se as Normas Regulamentadoras às relações trabalhistas não subordinadas.

(110) Acórdão em Recurso de Revista prolatado pela 5ª turma do Tribunal Superior do Trabalho, de n. TST-RR-58900-48.2008.5.04.0231, aplicou preceitos de saúde e segurança do trabalho à relação diversa da de emprego. No caso, responsabilizou-se o tomador de serviços ao se reconhecer como suas as obrigações de exigir e fornecer condições mínimas de trabalho aos seus prestadores de serviços.

(111) JEAMMAUD, Antoine. A questão do futuro do direito do trabalho: visão da Europa. In: JEAMMAUD, Antoine; REZENDE, Joaquim; FRAGALE FILHO, Roberto. *Trabalho, cidadania & magistratura*. Rio de Janeiro: Edições Trabalhistas, 2000. p. 41.

v.g., a previsão contida na lei das cooperativas de trabalho, Lei n. 12.690/2012, que em seu art. 8º prescreve, *in verbis*:

> Art. 8º As Cooperativas de Trabalho devem observar as normas de saúde e segurança do trabalho previstas na legislação em vigor e em atos normativos expedidos pelas autoridades competentes.

Sustentável concluir, portanto, que as cooperativas de trabalho, aí incluídas as formadas por motoristas profissionais, sejam responsabilizadas se seus cooperados — logo, não empregados — estiverem em condições de trabalho irregulares no que se refere à saúde e à segurança, aferidas com base nas Normas Regulamentadoras do Ministério do Trabalho.

Trata-se de aplicar a legislação laboral protetiva, em matéria de saúde e segurança do trabalho, mesmo nos casos em que não há qualquer trabalhador subordinado envolvido na prestação de serviços.(112)

Para tanto, pertinente é a análise do Plano Nacional em Saúde e Segurança do Trabalho (Plansat), principalmente das "estratégias 1.1. e 3.1., item 3.1.6.", bem como da Política Nacional em Saúde e Segurança do Trabalho (PNSST), aprovada pelo Decreto n. 7.602/2011, com especial atenção aos seus itens II e IV, alíneas *"a"*, *"b"* e *"c"*. Ainda, há que se atentar para a Política Nacional de Saúde do Trabalhador e da Trabalhadora, aprovada pela Portaria n. 1.823/2012(113)(114) do Ministério da Saúde, que traz em seus arts. 3º e 7º questões interessantes, seja pela sua abrangência, seja pelo foco na prevenção.(115)

Assim, do PNSST, retira-se como diretriz a "inclusão de todos trabalhadores brasileiros no sistema nacional de promoção e proteção da saúde", tendo por princípio a "universalidade", a "prevenção" e a "precedência das ações de promoção, proteção e prevenção sobre as de assistência, reabilitação e reparação". Ainda, do Plansat, tem-se como estratégia de ação a ser seguida a

---

(112) No mesmo sentido, art. 14 da Lei n. 11.788/2008, Lei de estágio.

(113) Alguns itens dessa Portaria, no entanto, extrapolaram o limite regulamentar próprio a uma norma infralegal, bem como se distanciam da competência atribuída pelo PNSST, em seu item VIII. Pode-se citar como exemplo o art. 8º. Inciso I, que prevê, na "alínea *'f'* — contribuição na identificação e erradicação de situações análogas ao trabalho escravo;" e, "alínea *'g'* — contribuição na identificação e erradicação de trabalho infantil e na proteção do trabalho do adolescente;" Mencionadas previsões não se enquadram na competência dos profissionais da saúde, vinculados ao Ministério da Saúde (MS), na medida em que encerram contornos eminentemente trabalhistas, uma vez que a caracterização de trabalho em condições análogas à de escravo ou a análise da natureza do trabalho prestado por crianças e adolescentes perpassa não por questões envolvendo a saúde do trabalhador, mas sim, a caracterização e qualificação jurídica da situação fática encontrada. A toada de atuação por parte dos profissionais da saúde vinculados ao MS, nesses aspectos, dá-se mais no campo do suporte à Inspeção do Trabalho, nos termos dos itens III, IV e VI, alínea *"a"* da PNSST. Assim, impróprio, porque simplista e extravagante, a sujeição de questões de tamanho relevo a apenas problemas de saúde do trabalhador, olvidando, pois, toda a complexidade que envolve a abordagem nessas searas.

(114) A Portaria n. 1.823/2012 foi revogada pela Portaria de Consolidação n. 2, de 28 de setembro de 2017, que trata da "Consolidação das normas sobre as políticas nacionais de saúde do Sistema Único de Saúde". A matéria, assim, passa a ser disciplinada, de forma específica, no Anexo XV de referida Portaria, o qual manteve o mesmo texto normativo anterior.

(115) "Art. 3º Todos os trabalhadores, homens e mulheres, independentemente de sua localização, urbana ou rural, de sua forma de inserção no mercado de trabalho, formal ou informal, de seu vínculo empregatício, público ou privado, assalariado, autônomo, avulso, temporário, cooperativados, aprendiz, estagiário, doméstico, aposentado ou desempregado são sujeitos desta Política.

Parágrafo único. A Política Nacional de Saúde do Trabalhador e da Trabalhadora alinha-se com o conjunto de políticas de saúde no âmbito do SUS, considerando a transversalidade das ações de saúde do trabalhador e o trabalho como um dos determinantes do processo saúde-doença. (...).

Art. 7º A Política Nacional de Saúde do Trabalhador e da Trabalhadora deverá contemplar todos os trabalhadores priorizando, entretanto, pessoas e grupos em situação de maior vulnerabilidade, como aqueles inseridos em atividades ou em relações informais e precárias de trabalho, em atividades de maior risco para a saúde, submetidos a formas nocivas de discriminação, ou ao trabalho infantil, na perspectiva de superar desigualdades sociais e de saúde e de buscar a equidade na atenção.

Parágrafo único. As pessoas e os grupos vulneráveis de que trata o *"caput"* devem ser identificados e definidos a partir da análise da situação de saúde local e regional e da discussão com a comunidade, trabalhadores e outros atores sociais de interesse à saúde dos trabalhadores, considerando-se suas especificidades e singularidades culturais e sociais."

"elaboração e aprovação de dispositivos legais, adotando princípios comuns de SST para todos os trabalhadores, independentemente de sua inserção no mercado de trabalho", no que é seguido pela Política Nacional de Saúde do Trabalhador e da Trabalhadora.

Esse plano e essa política têm respaldo na Convenção n. 155 da OIT, notadamente em seus arts. 4º e 15, que orientamos Estados Membros a promover ações de promoção e constante acompanhamento dessas questões envolvendo os trabalhadores.

Portanto, ainda que de forma incipiente, passa a ser desencadeado um movimento de sinergia entre o Sistema de Justiça Trabalhista e o Poder Executivo (pelos diversos órgãos de proteção dos trabalhadores e do ordenamento jurídico laboral), que procura articular essas duas esferas de atuação, a fim de potencializar os efeitos da proteção, notadamente quanto à adoção de medidas de prevenção e precaução.

Quanto à competência, tem-se, na esteira da ampliação constitucional de competência levada a cabo pela Emenda Constitucional n. 45/2004, as alterações trazidas ao art. 114 da Constituição Federal de 1988.(116) Consentânea com esse alargamento (a despeito de ter sido editada antes das alterações no referido artigo constitucional) é a Súmula n. 736 do Supremo Tribunal Federal (STF), que encerra a seguinte redação:

> STF Súmula n. 736 – 26.11.2003 – *DJ* de 9.12.2003, p. 2; *DJ* de 10.12.2003, p. 3; *DJ* de 11.12.2003, p. 3. Competência – Causa de Pedir – Descumprimento – Normas Trabalhistas. Compete à Justiça do Trabalho julgar as ações que tenham como causa de pedir o descumprimento de normas trabalhistas relativas à segurança, higiene e saúde dos trabalhadores.

Na esfera administrativa, tem-se como competência do órgão federal de Inspeção do Trabalho, de âmbito nacional (art. 21, inciso XXIV, CF/1988), nos termos da Lei n. 10.593/2002, art. 11, e do Regulamento da Inspeção do Trabalho (RIT), Decreto n. 4.552/2002, arts. 1º, 9º, 14 e 18, item I, a previsão de que:

> Art. 11. Os ocupantes do cargo de Auditor-Fiscal do Trabalho têm por atribuições assegurar, em todo o território nacional:
>
> I – o cumprimento de disposições legais e regulamentares, inclusive as relacionadas à segurança e à medicina do trabalho, no âmbito das relações de trabalho e de emprego.(117)

Já no âmbito internacional, verifica-se a mesma abertura, seja no que se refere à atribuição de poderes à Inspeção do Trabalho para atuar sobre as mais variadas formas de prestação laboral (Convenção da OIT n. 81,(118) essencialmente os arts. 2º, 3º e 5º), seja na amplitude das questões de saúde e segurança, abrangendo os trabalhadores de uma forma geral, independentemente de nacionalidade ou da natureza do vínculo jurídico e da atividade econômica preponderantemente explorada, já que o motorista profissional também integra categoria diferenciada (Convenção da OIT n. 155, arts. 1º, 3º, alíneas *"a"* e *"c"*, e 9º).

(116) Cumpre registrar que um dos pontos mais emblemáticos dessa modificação de competência foi o reconhecimento de que as causas envolvendo a reparação pelos acidentes do trabalho seriam de competência da Justiça Trabalhista, nos termos da Súmula Vinculante n. 22/STF. A despeito do reconhecimento, houve a modulações de efeitos da medida, evitando-se, por questões de política judicial, complicadores administrativos.

(117) Conquanto seja verificada tendência de expansão das medidas protetivas, na esfera administrativa ainda subsistem limitações à ação fiscal trabalhista, principalmente em face de entes públicos e de seus respectivos servidores estatutários. Nesse sentido, citam-se as Notas Técnicas ns. 172/2009/CGFIP/DSST/SIT e 15/2008/DMSC/SIT. Contudo, discussões começam a surgir em âmbito judicial, haja vista diversas ações fiscais de caráter mais amplo, como é exemplo a ocorrida no âmbito do STF, nos autos da Reclamação n. 17.808/DF, cujo Acórdão negou seguimento à reclamação, por entender que não há identidade material entre a decisão impugnada e o alegado descumprimento do acórdão proferido na Ação Direta de Inconstitucionalidade n. 3.395 pelo Supremo Tribunal.".

(118) A Convenção n. 81 da OIT que trata da inspeção do trabalho na indústria e no comércio, foi aprovada pelo Decreto Legislativo n. 24/1956 e promulgada pelo Decreto n. 41.721/1957, atualmente revogado pelo Decreto n. 10.088/2019.

O escopo protetivo, portanto, é amplo.

Na 100ª Conferência Internacional do Trabalho, realizada em junho de 2011, foi elaborada a *Resolução sobre Administração do Trabalho e Inspeção do Trabalho*, que em seu ponto 17 adota importante conclusão acerca das estratégias e amplitude de atuação da fiscalização do trabalho nos seguintes termos:

> 17. Promover e fazer cumprir condições de trabalho decentes, normas de segurança e saúde e o respeito aos princípios e direitos fundamentais no trabalho é a essência das atividades da inspeção do trabalho. Isso inclui, por exemplo, ações de combate ao trabalho não declarado, ao trabalho infantil e ao trabalho forçado. *As disposições da legislação do trabalho devem ser aplicadas igualmente a todos os trabalhadores e locais de trabalho.* O atendimento da legislação em geral e as estratégias de prevenção são fundamentais para assegurar equidade no local de trabalho e, por consequência, para conseguir empresas sustentáveis e crescimento econômico. Essas estratégias devem alcançar todos os trabalhadores, inclusive os do setor público, a economia informal, a economia rural e a agricultura, assim como as zonas francas industriais (ZFI). É inadmissível que algumas ZFI sejam isentas de leis laborais elementares. Os inspetores do trabalho enfrentam o desafio de promover a observância da lei em lugares difíceis de serem alcançados (por exemplo, nos setores da agricultura e da construção), ou nos quais a relação de emprego é peculiar (trabalho em domicílio, trabalho doméstico)[(119)] ou difícil de identificar (novas formas de emprego, terceirizações e complexas cadeias de fornecimento). Nesse sentido, a Recomendação sobre a relação de trabalho, 2006 (n. 198), deveria ser observada. (Marcas nossas)

Importante registrar que as diversas alterações trazidas pela Lei n. 12.619/2012 ao ordenamento jurídico provocaram uma notável mudança cultural que abrangeu todos os envolvidos, tarefa que se revestiu de notória complexidade em um país marcado pela diversidade e pluralidade, que ocupa um território de dimensões continentais como o Brasil. Sob esse norte, no julgamento da ADI 5.322, reconheceu o STF que muitos dos dispositivos legais previstos na Lei n. 13.103/2015 estão eivados de inconstitucionalidade, não se admitindo retrocessos, haja vista que as inovações garantistas promovidas pela Lei n. 12.619/2012 estão lastreadas em fundamento constitucional.

Portanto, vale o registro de que as diversas modificações inseridas não só pela Lei n. 13.103/2015, mas também pela Lei n. 13.467/2017, quanto ao contido no parágrafo único do art. 611-B, em relação aos motoristas profissionais devem ser interpretadas pelo norte constitucional que prioriza a saúde e a segurança,[(120)] como direitos fundamentais não só dos motoristas, mas também de terceiros que com eles interagem no mesmo meio ambiente de trabalho.

3.2.1.1. A competência da Justiça do Trabalho para julgar questões relacionadas à atividade profissional dos motoristas profissionais autônomos

A Emenda Constitucional n. 45/2014 ampliou a competência da Justiça do Trabalho para além das questões que envolvem o vínculo empregatício. Porém, essa alteração até hoje tem sido objeto de diversas resistências,[(121)] que tem levado ao afastamento da competência da Justiça do

(119) *Recentemente, com a alteração da Lei n. 5.859/1972 pela Lei n. 12.964/2014, conferiu-se à Inspeção do Trabalho a fiscalização de relações domésticas. Referida modalidade fiscalizatória, em que pesem as discussões* existentes, encontra-se regulamentada pela Instrução Normativa n. 110/2014. A inovação legislativa, contudo, veio a sofrer alterações em razão da publicação da Lei Complementar n. 150/2015. Nesse sentido, deverá a regulamentação administrativa ser revista, mormente no que se refere ao novel art. 44 da Lei Complementar, que acrescentou o art. 11-A a Lei n. 10.593/2002.

(120) "Art. 7º São direitos dos trabalhadores urbanos e rurais, além de outros que visem à melhoria de sua condição social: XXII – redução dos riscos inerentes ao trabalho, por meio de normas de saúde, higiene e segurança; Art. 144. § 10. A segurança viária, exercida para a preservação da ordem pública e da incolumidade das pessoas e do seu patrimônio nas vias públicas."

(121) No âmbito do Supremo Tribunal Federal pode-se citar a ADI n. 3.395, o RE n. 606.003 (**Tema 550** – "Competência para processar e julgar controvérsia a envolver relação jurídica entre representantes e representadas comerciais").
Tese: Preenchidos os requisitos dispostos na Lei n. 4.886/65, compete à Justiça Comum o julgamento de processos envolvendo relação jurídica entre representantes e representadas comerciais, uma vez que não há relação de trabalho entre as partes.

Trabalho, como ocorreu em relação ao TAC — Transportador Autônomo de Carga, conforme passou a decidir o TST:

> A referida norma, que regula o transporte rodoviário de cargas, prevê que as relações jurídicas estabelecidas entre partes possuem natureza comercial, afastando a competência da Justiça do Trabalho. Confira-se, no particular, a redação do art. 5º da Lei n. 11.442/2007, *in verbis*:
>
> Art. 5º As relações decorrentes do contrato de transporte de cargas de que trata o art. 4º desta Lei são sempre de natureza comercial, não ensejando, em nenhuma hipótese, a caracterização de vínculo de emprego.
>
> Parágrafo único. Compete à Justiça Comum o julgamento de ações oriundas dos contratos de transporte de cargas.
>
> Esta Corte Superior, por sua vez, já se pronunciou sobre o tema, afastando a competência da Justiça do Trabalho para o exame de ações indenizatórias fundadas na Lei n. 11.442/2007. Confira-se:
>
> I – AGRAVO DE INSTRUMENTO. A potencial ofensa ao art. 114 da Constituição Federal encoraja o processamento do recurso de revista, na via do art. 896, "c" da CLT. Agravo de instrumento conhecido e provido. II – RECURSO DE REVISTA. PROCEDIMENTO SUMARÍSSIMO. INCOMPETÊNCIA DA JUSTIÇA DO TRABALHO. AÇÃO INDENIZATÓRIA. TRANSPORTE RODOVIÁRIO DE CARGAS. LEI N. 11.442/2007. A Justiça do Trabalho é incompetente para o exame de ações indenizatórias, fundadas na Lei n. 11.442/2007, uma vez que o contrato de transporte de cargas possui natureza comercial. Dicção do art. 5º, parágrafo único, do diploma legal. Recurso de revista conhecido e provido. (RR-112-78.2011.5.04.0411, 3ª Turma, relator Ministro Alberto Luiz Bresciani de Fontan Pereira, *DEJT* de 24.2.2012)
>
> AGRAVO DE INSTRUMENTO EM RECURSO DE REVISTA. RITO SUMARÍSSIMO. INCOMPETÊNCIA DA JUSTIÇA DO TRABALHO. AÇÃO INDENIZATÓRIA. TRANSPORTADOR RODOVIÁRIO DE CARGAS. LEI N. 11.442/2007. O contrato de transporte rodoviário de cargas, regido pela Lei n. 11.442/2007, possui natureza comercial, o que afasta a competência da Justiça do Trabalho para processar e julgar pedido de ação indenizatória oriundo da relação havida entre as partes. Incólume o disposto no art. 114, I, da Constituição da República. Agravo de instrumento a que se nega provimento. (AIRR-3612140-05.2008.5.09.0003, 1ª Turma, relator Ministro Lelio Bentes Corrêa, *DEJT* 11.2.2011)
>
> Ao decidir de modo diverso, o Tribunal Regional violou o art. 114, I e IX, da Constituição.
>
> *Conheço*, por violação ao referido dispositivo constitucional.
>
> *Mérito*
>
> Uma vez conhecido o recurso por violação constitucional, *dou-lhe provimento* para declarar a incompetência da Justiça do Trabalho para processar e julgar a ação e a nulidade dos atos decisórios do processo, encaminhando os autos à Justiça Comum do Estado do Rio Grande do Sul, a teor do art. 113, § 2º, do CPC.[122] (Marcas do original).

Neste passo, a ampliação prevista na EC 45 também vem sendo decotada pelo STF, como ocorreu com a competência para julgar conflitos que envolvam a atuação do motorista profissional autônomo, conforme decisão proferida no julgamento conjunto da ADC n. 48 com a ADI n. 3.961:

> Ementa: Direito do Trabalho. Ação Direta de Inconstitucionalidade e Ação Declaratória da Constitucionalidade. Transporte rodoviário de cargas. Lei n. 11.442/2007, que previu a terceirização da atividade-fim. Vínculo meramente comercial. Não configuração de relação de emprego.
>
> 1. A Lei n. 11.442/2007 (i) regulamentou a contratação de transportadores autônomos de carga por proprietários de carga e por empresas transportadoras de carga; (ii) autorizou a terceirização da atividade-fim pelas empresas transportadoras; e (iii) afastou a configuração de vínculo de emprego nessa hipótese.
>
> 2. É legítima a terceirização das atividades-fim de uma empresa. Como já foi decidido pelo Supremo Tribunal Federal, a Constituição não impõe uma única forma de estruturar a produção. Ao contrário, o princípio constitucional da livre iniciativa garante aos agentes econômicos liberdade para eleger suas estratégias empresariais dentro do marco vigente (CF/1988, art. 170). A proteção constitucional ao trabalho não impõe que toda e qualquer prestação remunerada de serviços configure relação de emprego (CF/1988, art. 7º). Precedente: ADPF 524, rel. Min. Luís Roberto Barroso.

(122) Processo: RR – 516-67.2012.5.04.0291. Data de Julgamento: 21.5.2014, relator Desembargador convocado: João Pedro Silvestrin, 8ª Turma, Data de Publicação: *DEJT* 30.5.2014.

3. Não há inconstitucionalidade no prazo prescricional de 1 (um) ano, a contar da ciência do dano, para a propositura de ação de reparação de danos, prevista no art. 18 da Lei n. 11.442/2007, à luz do art. 7º, XXIX, CF, uma vez que não se trata de relação de trabalho, mas de relação comercial.

4. Procedência da ação declaratória da constitucionalidade e improcedência da ação direta de inconstitucionalidade. Tese: "1 – A Lei n. 11.442/2007 é constitucional, uma vez que a Constituição não veda a terceirização, de atividade-meio ou fim. 2 – O prazo prescricional estabelecido no art. 18 da Lei n. 11.442/2007 é válido porque não se trata de créditos resultantes de relação de trabalho, mas de relação comercial, não incidindo na hipótese o art. 7º, XXIX, CF. 3 – Uma vez preenchidos os requisitos dispostos na Lei n. 11.442/2007, estará configurada a relação comercial de natureza civil e afastada a configuração de vínculo trabalhista".

Tese

I – A Lei n. 11.442/2007 é constitucional, uma vez que a Constituição não veda a terceirização, de atividade-meio ou fim; II – O prazo prescricional estabelecido no art. 18 da Lei n. 11.442/2007 é válido porque não se trata de créditos resultantes de relação de trabalho, mas de relação comercial, não incidindo na hipótese o art. 7º, XXIX, CF; III – Uma vez preenchidos os requisitos dispostos na Lei n. 11.442/2007, estará configurada a relação comercial de natureza civil e afastada a configuração de vínculo trabalhista.

Oportuno destacar que, em razão das controvérsias decorrentes da configuração do vínculo de emprego dos trabalhadores que atuam através de plataformas digitais, notadamente daqueles que se ativam na entrega de bens e no transporte de pessoas, vem o STF reiterando o quanto decidido na ADC n. 48 e na ADI n. 3.961 para concluir ser a Justiça do Trabalho incompetente, inclusive para apreciar demandas nas quais se discute o vínculo de emprego. Destarte, sequer a alegação de fraude ao vínculo seria de competência da justiça laboral, visto que, para assim concluir, seria necessário desconstituir a relação comercial formalmente estabelecida, matéria que o STF reputa ser de competência da Justiça Comum.

Nesse sentido o julgamento proferido pelo STF na Reclamação n. 64.018, que anulou acórdão do TRT da 3ª Região, que havia reconhecido o vínculo de emprego de motorista de aplicativo com a plataforma para a qual prestou serviço, sob o fundamento de ter ocorrido o descumprimento da jurisprudência da Corte, consubstanciada na ADC n. 48, na ADPF n. 324, na ADI n. 5.835 e nos RE ns. 958.252 e 688.223.

Em relação à indenização extrapatrimonial, interessante a fundamentação adotada pelo STJ no Recurso Especial n. 1.260.638/MS, no qual se discutia a ocorrência de dano moral à motorista profissional em razão da inclusão de seu nome em lista de empregados e ex-empregados, que haviam ingressado na Justiça do Trabalho. Extrai-se do voto vencido — mas que sustenta, quanto à questão da competência, a mesma posição adotada pela tese vencedora — substanciosa fundamentação acerca da competência da Justiça Comum para apreciação da matéria, nos seguintes termos:

2. Em primeiro lugar, importante ressaltar que não há dúvida quanto a competência da Justiça Comum, e não da Justiça Trabalhista, para o julgamento da demanda, conforme já assentou esta Corte Superior ao analisar casos idênticos.

De fato, há na jurisprudência deste Tribunal decisões em conflitos de competência que assentaram que a 'competência para julgamento da demanda está adstrita à natureza jurídica da lide, definida em função do pedido e da causa de pedir' e que *a ação de danos morais, em que se discute ato atentatório da personalidade do autor, ainda que entre ex-empregado e ex-empregador, 'não tem o condão de transferir para a Justiça especializada a competência para apreciação da questão, pois a causa de pedir e o pedido não se originaram da relação de trabalho, tampouco foram decorrentes dela'* (CC 105.002/MS, relator Ministro Massami Unida, publicado em 28.8.2009).[123] (Marcas nossas)

(123) Recurso Especial n. 1.260.638/MS, fl. 5 do Acórdão. Mais à frente, cita o voto vencido ementa de acórdão proferido nos autos de conflito de competência julgado pelo STJ, do qual se extrai o seguinte excerto: "A questão controvertida no presente processo cinge-se em definir se a relação jurídica entre a autora e os réus é de trabalho, de forma a atrair a competência da Justiça trabalhista, ou se é uma relação de natureza civil.

De acordo com a nova redação do art. 114, inc. VI, da Constituição Federal, compete à Justiça do Trabalho processar e julgar as ações de indenização por dano moral ou patrimonial, decorrentes da relação de trabalho.

No presente processo *a natureza do pedido é cível* e advém da relação existente entre a parte autora e Irineu Vobeto, primeiro demandado, e Vobeto Transporte Ltda., segunda demandada.

A posição adotada em referido Recurso Especial, quanto ao mérito, foi a seguinte:

> Senhora Presidente, neste caso concreto, o aspecto fundamental, me parece, é saber se houve ou não a divulgação da lista que a sociedade empresária demandada podia ter elaborado para seu controle e uso interno. É só isso que importa a meu ver: se houve ou não divulgação da lista.
>
> Penso que é perfeitamente lícita a confecção de lista contendo informações sobre empregados, desde que para uso próprio da empresa. *'Ninguém é obrigado a fazer ou deixar de fazer alguma coisa, senão em virtude de lei'* — diz a Constituição Federal.
>
> Então, nada impede que o empresário tenha cautela na contratação de empregados que prestam serviço para a população, sua clientela, e que, nessas cautelas que adota, faça anotações, cadastrando ex-empregados, empregados e até futuros empregados, se quiser, sobre os quais quer deter informações que repute importantes para contratar ou não contratar. Isso é válido, é lícito, está dentro da liberdade empresarial.
>
> O que à sociedade empresária não é dado fazer é divulgar essas anotações próprias, internas, que tem consigo para outras empresas, porque aí estará prejudicando o empregado para além daquilo que tem a liberdade de fazer.(124) (Marcas do original)

Portanto, a diretriz jurisprudencial predominante, até aqui adotada, confere interpretação restritiva ao disposto no inciso IX do art. 114 da CF/88, que atribui à Justiça do Trabalho competência para julgar "outras controvérsias decorrentes da relação de trabalho, na forma da lei".

Oportuno trazer à colação o Tema 1.389, ainda pendente de julgamento, em que o STF reconheceu a repercussão geral e determinou a suspensão nacional de todos os processos que tratam da licitude da contratação de trabalhadores autônomos ou pessoa jurídica para a prestação de serviços.

O desafio parece encontrar-se em cindir, pela causa de pedir e pelo pedido, a natureza da relação que se discute, isto é, se comercial/consumerista ou trabalhista.

Questões eminentemente comerciais ou consumeristas,(125) por certo, deverão manter-se alheias à competência da Justiça Trabalhista, na medida em que encerram controvérsia estranha à matéria laboral. Contudo, em conformidade com as alterações promovidas pela EC 45/2004, que inseriu o inciso IX ao art. 114 da Constituição Federal de 1988, questões *oriundas* ou *decorrentes da*

A parte autora pretende receber reparação pelos danos morais sofridos em decorrência de uma suposta 'lista negra' criada sob a responsabilidade do primeiro demandado e instalada nos computadores da sua empresa, segunda demandada, com o intuito de impedir que o autor e outros trabalhadores conseguissem emprego.

Como bem observado pelo Juízo suscitante e pelo Ministério Público Federal, o que há, na espécie, é um pedido de indenização por danos advindos de uma relação de natureza civil e, mesmo com a extensão da abrangência do art. 114 da CF, promovida pela EC n. 45/2000, não é possível dizer que o pedido formulado tenha sua origem em uma relação de trabalho. Não sendo a relação jurídica entre as partes de natureza trabalhista, *afasta-se a competência da Justiça do Trabalho para julgar a ação*, conforme melhor interpretação do art. 114 da Constituição Federal". CC 93.183/MS, Relator Ministro João Otávio de Noronha, publicado em 17.2.2011 (Grifos do original).

(124) Recurso Especial n. 1.260.638/MS, fl. 23 do Acórdão, voto vencedor proferido pelo Ministro Raul Araújo. Contudo, o voto vencido, proferido pelo Ministro Luis Felipe Salomão, assim fundamentou posição divergente, nas fls. 7-8 e 15: "3. A questão principal consiste em determinar se a elaboração de lista contendo nomes de trabalhadores, com o fim específico de impedir a contratação daqueles por empresas que atuam no mesmo ramo de serviço, é conduta ilícita que gera dano aos listados. (...). Importa destacar, para logo, que são dois os fatos alegados como originários do dano moral: 1) a *confecção* da lista contendo os nomes de motoristas que não deveriam ser contratados pela empresa de transporte; 2) a *divulgação* e a *circulação* da referida 'lista negra' por diversas empresas do mesmo ramo de atividade. (...). Com efeito, para os julgadores de origem, o fato de a 'lista negra' não ter sido divulgada, não ter circulado entre outras empresas de transporte, culminou na impossibilidade de reconhecimento de dano ao recorrente. Noutras palavras, o dano teria como pressuposto lógico e inafastável a *circulação* da relação dos nomes. Como isso não aconteceu, não haveria que se falar em dano moral. (...). Contudo, penso que, de modo algum, o exercício de um direito legitimamente reconhecido, qual seja, o direito de ação, pode significar menor aptidão para o exercício da atividade de motorista de uma empresa de transporte. Difícil, quiçá impossível, verificar aí qualquer relação entre uma e outra conduta, capaz de objetivamente justificar a distinção. É evidente que a proposição de ação trabalhista não é fator razoável de diferenciação. Sendo assim, observa-se que há mesmo ilicitude da conduta dos recorridos, exteriorizada na lista arbitrária elaborada e mantida pela empresa Vobeto Transportes, colhendo êxito a pretensão à indenização pelo dano moral".

(125) Súmula n. 363/STJ: "Compete à Justiça estadual processar e julgar a ação de cobrança ajuizada por profissional liberal contra cliente".

relação de trabalho (e não apenas de emprego), poderiam ser apreciadas pela Justiça Especializada, no que se inclui a saúde e segurança do trabalho.

Nessa senda, há que se registrar acórdão proferido pelo TST, que reconheceu o interesse processual do MPT e a competência da Justiça do Trabalho, para julgar questões afetas à saúde e segurança de motoristas profissionais não subordinados:

> "RECURSO ORDINÁRIO EM AÇÃO RESCISÓRIA. ART. 485, V, DO CPC. AÇÃO CIVIL PÚBLICA. MEDICINA E SEGURANÇA DO TRABALHO. MOTORISTA AUTÔNOMO. COMPETÊNCIA DA JUSTIÇA DO TRABALHO. AUSÊNCIA DE ELEMENTO QUE APONTE PARA RELAÇÃO CONSUMERISTA ENTRE TOMADOR DE SERVIÇO E TRABALHADORES.
>
> *Para fins de fixação da competência desta Justiça Especializada, interessa que a controvérsia, delineada no pedido e causa de pedir, guarde pertinência com o trabalho humano.* A exceção a tal regra foi firmada pelo STF que, extraiu do art. 114, I, da Constituição Federal a impossibilidade da Justiça do Trabalho decidir sobre relações entre servidores e o Poder Público, o que não é o caso (ADI 3395). Registre-se, ademais, que não se verifica, no caso vertente, relação entre cliente e profissional autônomo, que coloque o primeiro em desvantagem contratual, técnica e econômica capaz de invocar, a seu favor, a proteção do Código de Defesa do Consumidor. Recurso ordinário conhecido e desprovido.[126] (Marcas nossas)

As recentes decisões proferidas pelo STF vêm evidenciando que, quando existe um contrato comercial entre as partes, a alegação de ter ocorrido fraude nesse contrato deve ser julgada pela Justiça Comum.

O tema é complexo, na medida em que envolve não só a adequada efetivação da mudança constitucional ocorrida há mais de uma década, mas também por demandar a percuciente análise quanto à causa de pedir e pedido, para que sejam fixados os contornos da competência material em destaque.

Essa questão será retomada em capítulo próprio deste livro, quando abordaremos a situação jurídica do transportador autônomo (TAC) e do transportador autônomo agregado (TAC agregado).

Interessante pontuar que essa perspectiva gera reflexos também na caracterização da terceirização, sendo que, ao reafirmar sua jurisprudência e instituir a Consolidação do Sistema de Precedentes Obrigatórios na Justiça do Trabalho, com efeito vinculante, o TST estabeleceu o Tema n. 59, nos seguintes termos:

A contratação dos serviços de transporte de mercadorias, por ostentar natureza comercial, não se enquadra na configuração jurídica de terceirização prevista na Sumula n. 331, IV, do TST e, por conseguinte, não enseja a responsabilização subsidiária das empresas tomadoras de serviço.

3.2.2. Quem tem o dever legal de implementar a proteção estabelecida em questões de saúde e segurança do trabalho

Apresentada a discussão com relação a quem se destina a proteção, passemos ao debate acerca de quem está legalmente obrigado, materialmente, a implementar as condições mínimas de saúde e segurança no trabalho, matéria que também está imbricada com as discussões que envolvem a situação do transportador autônomo, referida no capítulo anterior.

Inicialmente, oportuno assentar os contornos que a constitucionalidade da terceirização vem assumindo no ordenamento jurídico brasileiro.

No aspecto, faz-se ver que, para além da abertura à terceirização, possibilidade pelas Leis ns. 13.429/2017 e 13.467/2017, depreende-se das razões de decidir e da tese firmada pelo Supremo Tribunal Federal quando do julgamento da Arguição de Descumprimento de Preceito Fundamental

(126) Processo: RO – 327-27.2013.5.23.0000. Data de Julgamento: 2.8.2016, relator Ministro: Alberto Luiz Bresciani de Fontan Pereira, Subseção II Especializada em Dissídios Individuais, Data de Publicação: *DEJT* 5.8.2016 (divulgado no Informativo TST n. 141).

(ADPF) n. 324/DF e do Recurso Extraordinário (RE) n. 958.252/MG (tese de repercussão geral n. 725) a adoção de posição mais ampla, admitindo não apenas transferência de atividades, mas a própria fragmentação da atividade produtiva, inclusive quanto à atividade-fim.

Como corolário lógico, é cabível a imputação de responsabilidade à tomadora em relação às questões atinentes à saúde e segurança do trabalhador, como decidiu a coautora, ao atuar como relatora,(127) não acolhendo a defesa da tomadora, que alegava não ser responsável pelo excesso de peso dos caminhões que transportavam cana-de-açúcar para a usina, porque o serviço era terceirizado.

Nesse passo, destaca-se o conceito apresentado pelo relator da ADPF n. 324/DF, ministro Luís Roberto Barroso, no voto proferido conjuntamente na ADPF n. 324/DF e no RE n. 958.252/MG:

> *Terceirizar significa transferir parte da atividade de uma empresa para outra empresa*, por motivos de custo, eficiência, especialização ou por qualquer outro interesse empresarial legítimo. Assim, *uma etapa da cadeia produtiva de uma empresa — chamada empresa contratante — passa a ser cumprida por uma outra empresa — denominada empresa contratada ou empresa prestadora de serviços*. Por exemplo, uma empresa pode optar por ter um departamento jurídico internamente ou pode optar por contratar um escritório de advocacia. Eu acho perfeitamente legítimo, já antecipando, que um escritório de advocacia especializado em advocacia tributária, portanto, sua atividade-fim, contrate um parecer ou uma sustentação de outro escritório especializado em advocacia tributária, mesmo sendo esta a sua atividade-fim.
>
> Também acho — um outro exemplo de terceirização — que uma empresa de construção pode empregar um engenheiro calculista ou pode contratar externamente uma empresa que faça os cálculos das suas obras. Ou pode, perfeitamente, apesar de a sua atividade-fim ser construção, pode contratar a impermeabilização do telhado ou pode contratar a construção da piscina com uma empresa especializada. *Portanto, em última análise, tarefas de interesse da empresa contratante são desempenhadas por uma empresa contratada, prestadora de serviços.*
>
> (...)
>
> Por exemplo, uma montadora de automóveis, em lugar de produzir pneus, adquire-os de uma empresa especializada, com *know how* específico. Ela *contrata externamente, terceiriza a produção* dos pneus, embora não seja difícil considerar que o pneu é atividade-fim de produção de um automóvel, pois um carro sem pneu não tem condição. Ou uma construtora não precisa produzir concreto, *ela pode contratar com uma empresa a produção de concreto ou pode comprar pré-moldados de concreto de uma empresa externa.* Uma incorporadora imobiliária pode *terceirizar* os serviços de portaria, de segurança, de piscina, de restaurante, de exploração do estacionamento.
>
> *Não se trata, portanto, de uma divisão entre atividade-meio e atividade-fim; mas de saber se é bom para a lógica do negócio que determinadas atividades sejam prestadas por terceiros* que são remunerados e empregam trabalhadores para prestarem aquelas atividades. Isso não é Direito, isso é Economia e não há como fugir desse modelo.
>
> (...)
>
> Portanto, Presidente, este é o contexto em que se debate a terceirização. Ela é muito mais do que uma forma de reduzir custos, é uma estratégia de produção imprescindível para a sobrevivência e competitividade de muitas empresas brasileiras, cujos empregos queremos preservar. (Marcas nossas)

O registro dessa posição se mostra importante, na medida em que permite a identificação dos responsáveis por implementar as medidas de saúde e segurança do trabalho, uma vez que, se constitucional, é a fragmentação da atividade produtiva, todos aqueles que integram essa cadeia econômica devem se responsabilizar por sua regularidade.

(127) GEMIGNANI, Tereza Aparecida Asta – Relatora do Processo 0011.798-33.2022.5.15.0037 – 1ª Câmara TRT 15.

Com efeito, para além do disposto no art. 5º-A, § 3º, da Lei n. 6.019/1974, que fixou a "responsabilidade da contratante garantir as condições de segurança, higiene e salubridade dos trabalhadores, quando o trabalho for realizado em suas dependências ou local previamente convencionado em contrato", há que se destacar o previsto nos arts. 16 e 17 da Convenção n. 155/OIT e no art. 942, parágrafo único, do Código Civil, que assim prescrevem:

IV. AÇÃO EM NÍVEL DE EMPRESA

Art. 16

1. Deverá ser exigido dos empregadores que, na medida em que for razoável e possível, garantam que os locais de trabalho, o maquinário, os equipamentos e as operações e processos que estiverem sob seu controle são seguros e não envolvem risco algum para a segurança e a saúde dos trabalhadores.

2. Deverá ser exigido dos empregadores que, na medida em que for razoável e possível, garantam que os agentes e as substâncias químicas, físicas e biológicas que estiverem sob seu controle não envolvem riscos para a saúde quando são tomadas medidas de proteção adequadas.

3. Quando for necessário, os empregadores deverão fornecer roupas e equipamentos de proteção adequados a fim de prevenir, na medida em que for razoável e possível, os riscos de acidentes ou de efeitos prejudiciais para a saúde.

Art. 17

Sempre que duas ou mais empresas desenvolverem simultaneamente atividades num mesmo local de trabalho, as mesmas terão o dever de colaborar na aplicação das medidas previstas na presente Convenção.

Art. 942. Os bens do responsável pela ofensa ou violação do direito de outrem ficam sujeitos à reparação do dano causado; e, se a ofensa tiver mais de um autor, todos responderão solidariamente pela reparação.

Parágrafo único. São solidariamente responsáveis com os autores os coautores e as pessoas designadas no art. 932.

Art. 932. São também responsáveis pela reparação civil:

I - os pais, pelos filhos menores que estiverem sob sua autoridade e em sua companhia;

II - o tutor e o curador, pelos pupilos e curatelados, que se acharem nas mesmas condições;

III - o empregador ou comitente, por seus empregados, serviçais e prepostos, no exercício do trabalho que lhes competir, ou em razão dele;

IV - os donos de hotéis, hospedarias, casas ou estabelecimentos onde se albergue por dinheiro, mesmo para fins de educação, pelos seus hóspedes, moradores e educandos;

V - os que gratuitamente houverem participado nos produtos do crime, até a concorrente quantia. (Marcas nossas)

Em relação ao motorista empregado, a Lei n. 12.619/2012 atribuiu essa responsabilidade ao empregador, mas, num movimento inovador, abriu o leque dos coobrigados em seu art. 9º, quanto "às condições sanitárias e de conforto nos locais de espera dos motoristas", para incluir também o embarcador, consignatário de cargas, operador de terminais de carga, operador intermodal/multimodal de cargas, agente de cargas, aduanas, portos marítimos, fluviais e secos. Seguindo na mesma senda, determinou que os "locais para repouso e descanso, para os motoristas de transporte de passageiros em rodoviárias, pontos de parada, de apoio, alojamentos, refeitórios das empresas ou de terceiros", teriam que "obedecer ao disposto nas Normas Regulamentadoras do Ministério do Trabalho e Emprego, dentre outras". *A previsão inicial, portanto, era ampla, alcançando toda a cadeia produtiva envolvida na atividade de transporte.*

Referido dispositivo, contudo, foi substituído por nova redação conferida pela Lei n. 13.103/2015, com disposições mais restritivas:

Art. 9º da Lei n. 12.619/2012	Art. 9º, *caput* e § 4º, da Lei n. 13.103/2015
"Art. 9º As condições sanitárias e de conforto nos locais de espera dos motoristas de transporte de cargas em pátios do transportador de carga, embarcador, consignatário de cargas, operador de terminais de carga, operador intermodal de cargas ou agente de cargas, aduanas, portos marítimos, fluviais e secos e locais para repouso e descanso, para os motoristas de transporte de passageiros em rodoviárias, pontos de parada, de apoio, alojamentos, refeitórios das empresas ou de terceiros terão que obedecer ao disposto nas Normas Regulamentadoras do Ministério do Trabalho e Emprego, dentre outras."	"Art. 9º As condições de segurança, sanitárias e de conforto nos locais de espera, de repouso e de descanso dos motoristas profissionais de transporte rodoviário de passageiros e rodoviário de cargas terão que obedecer ao disposto em *normas regulamentadoras pelo ente competente.* (...) § 4º A estrita observância às Normas Regulamentadoras do Ministério do Trabalho e Emprego, no que se refere aos incisos II, III, IV e V do § 2º, *será considerada apenas quando o local for de propriedade do transportador, do embarcador ou do consignatário de cargas, bem como nos casos em que esses mantiverem com os proprietários destes locais contratos que os obriguem a disponibilizar locais de espera e repouso aos motoristas profissionais."* (Marcas em alterações no texto da lei)

Além disso, a Lei n. 12.619/2012 inseriu o art. 67-A, § 7º, no CTB, ampliando as responsabilidades no que se refere à observância dos intervalos para descanso. Referido dispositivo foi revogado pela Lei n. 13.103/2015, que passou a regulamentar a matéria no art. 67-C, § 7º, no CTB:

Art. 67-A, § 7º, no CTB, inserido pela Lei n. 12.619/2012	Art. 67-C, § 7º, no CTB, inserido pela Lei n. 13.103/2015
"Art. 67-A. É vedado ao motorista profissional, no exercício de sua profissão e na condução de veículo mencionado no inciso II do art. 105 deste Código, dirigir por mais de 4 (quatro) horas ininterruptas. **(...)** **§ 5º O condutor somente iniciará viagem com duração maior que 1 (um) dia, isto é, 24 (vinte e quatro) horas após o cumprimento integral do intervalo de descanso previsto no § 3º.** **(...)** **§ 7º Nenhum transportador de cargas ou de passageiros, embarcador, consignatário de cargas, operador de terminais de carga, operador de transporte multimodal de cargas ou agente de cargas *permitirá* ou ordenará a qualquer motorista a seu serviço, ainda que subcontratado, que conduza veículo referido no *caput* sem a observância do disposto no § 5º."** (Marcas em alterações no texto da lei)	"Art. 67-C. É vedado ao motorista profissional dirigir por mais de 5 (cinco) horas e meia ininterruptas veículos de transporte rodoviário coletivo de passageiros ou de transporte rodoviário de cargas. (...) § 3º O condutor é obrigado, dentro do período de 24 (vinte e quatro) horas, a observar o mínimo de 11 (onze) horas de descanso, que podem ser fracionadas, usufruídas no veículo e coincidir com os intervalos mencionados no § 1º, observadas no primeiro período 8 (oito) horas ininterruptas de descanso. (...) § 6º O condutor somente iniciará uma viagem após o cumprimento integral do intervalo de descanso previsto no § 3º deste artigo. § 7º Nenhum transportador de cargas ou coletivo de passageiros, embarcador, consignatário de cargas, operador de terminais de carga, operador de transporte multimodal de cargas ou agente de cargas ordenará a qualquer motorista a seu serviço, ainda que subcontratado, que conduza veículo referido no *caput* sem a observância do disposto no § 6º."

Necessário registrar que, no julgamento da ADI 5.322, o STF considerou inconstitucional parte do § 3º, do art. 67-C do CTB, quando prevê "*que podem ser fracionadas, usufruídas no veículo e coincidir com os intervalos mencionados no § 1º, observadas no primeiro período 8 (oito) horas ininterruptas de descanso*", assim vinculando também o embarcador ao cumprimento dessa determinação.

Ademais, interessante pontuar que decisões proferidas pela Justiça do Trabalho têm reconhecido a responsabilidade de embarcadores por questões relacionadas à saúde e segurança do trabalho dos motoristas profissionais que lhes prestam serviços:

> *CNJ: 0000927-22.2013.5.09.0749*
>
> *TRT: 00934-2013-749-09-00-9 (RO)*
>
> (...)
>
> No que concerne ao pedido sucessivo de que a BRF seja responsável subsidiária, trata-se de decisão que exige a verificação de sua qualidade de tomadora dos serviços. Para tanto, seria necessário saber qual seria a transportadora alvo da responsabilidade principal. Ocorre que nenhuma transportadora foi incluída no polo passivo, o que prejudica a análise do pedido sob o prisma da responsabilização subsidiária. Logo, o pedido não pode ser acolhido sob o viés da subsidiaridade.
>
> *Todavia, inegável que os pedidos sucessivos aqui enumerados pelo Ministério Público do Trabalho são diretamente decorrentes de obrigação legal de toda e qualquer um que contrate trabalhadores (sob o manto empregatício ou não), pois dizem respeito a fiscalização e impedimento da realização de jornadas excessivas, de respeito aos intervalos intra e interjornada e ao descanso semanal remunerado, de só conceber trabalho em feriados quando autorizados pelo órgão competente, de fiscalizar o efetivo pagamento do tempo de espera dos motoristas, de impedir que os caminhões trafeguem com excesso de carga.(...).*
>
> *O respeito às regras emanadas da Constituição da República e da legislação infraconstitucional destinadas às relações de trabalho precisam ser cumpridas à risca e não podem ser tolerados desrespeitos nem abusos, especialmente em atividades que podem gerar prejuízos para toda a sociedade*, como é o caso de motoristas profissionais que trafegam por ruas e estradas. *As condições de trabalho devem ser cumpridas dentro dos padrões exigidos pela legislação para que sejam garantidas a segurança e a saúde do trabalhador e, em última análise, da coletividade.*
>
> Sob este prisma, *tem-se que a pretensão do Ministério Público do Trabalho de que algumas regras sejam cumpridas pela BRF S.A. são passíveis de serem acolhidas pela via da Ação Civil Pública, de forma genérica que obriga a BRF S.A. a agir com lisura perante a legislação trabalhista, esteja tal ré atuando na condição de empregadora ou tomadora dos serviços.*
>
> Diante desse raciocínio e considerando que o Ministério Público do Trabalho devolveu a matéria a este Tribunal, é certo que cabe acolher a pretensão de determinar que a BRF S.A. cumpra a lei, até porque a ninguém é dado descumpri-la.
>
> Portanto, acolhe-se parcialmente o recurso do Ministério Público do Trabalho para determinar que a BRF S.A., *seja na qualidade de empregadora ou de tomadora de serviços, cumpra com efetividade a legislação constitucional e infraconstitucional no que tange ao seguinte*: (...). (Marcas nossas)
>
> 4ª TURMA – 8ª CÂMARA
>
> PROCESSO TRT 15ª REGIÃO – N. 0011028-80.2015.5.15.0006 RO
>
> RECURSO ORDINÁRIO – ACP
>
> RECORRENTE: MINISTÉRIO PÚBLICO DO TRABALHO
>
> RECORRIDO: SUCOCÍTRICO CUTRALE LTDA.
>
> ORIGEM: 1ª VARA DO TRABALHO DE ARARAQUARA
>
> JUIZ SENTENCIANTE: PAULO HENRIQUE COIADO MARTINEZ
>
> (...)
>
> Não se pode admitir que a reclamada age sem culpa ao exigir das empresas que transportam seus produtos viagens em prazo que seria impossível atender sem o desrespeito aos direitos dos motoristas que laborem sozinhos.
>
> *A demandada "olha para outro lado" quanto à forma pela qual as suas exigências contratuais são cumpridas, pretendendo ignorar irregularidades presumíveis pelo contexto do negócio entabulado.*
>
> Entendo que não se pode admitir que a terceirização, alardeada como forma de "modernização" das relações de trabalho, seja utilizada como meio para que uma empresa explore mão de obra de forma desrespeitosa aos patamares mínimos de dignidade e segurança impostos pela lei. *Esta "ignorância consciente" da tomadora de serviços revela-se como nítida prática atentatória aos direitos dos trabalhadores.*

Ora, se a demandada contrata uma empresa de transportes para fazer uma viagem de 600 km, com velocidade média de 60km/h, em 10 horas, e ainda por cima não faz qualquer esforço para fiscalizar as condições em que tal serviço é prestado, deixa transparecer o total descompromisso com os motoristas terceirizados, contando sempre com um menor custo e, consequentemente, maiores ganhos. Em outras palavras: é inescapável a conclusão de que a reclamada beneficia-se das condições de trabalho precárias a que suas prestadoras de serviços sujeitam os trabalhadores.

Pondero ainda que a culpa — da qual decorre a possibilidade de responsabilização civil — pode ocorrer por negligência, imprudência ou imperícia do agente.

No presente caso, *a reclamada agiu de forma ostensivamente negligente ao não fiscalizar a ocorrência de irregularidades que eram claramente previsíveis,* considerando as exigências contratuais feitas para a prestação dos serviços. Tal negligência caracteriza culpa e, decorrendo dela dano, configura-se ato ilícito apto a ensejar indenização (art. 186 do CC).

Além disso, um contrato que tem nas entrelinhas de seus termos o desrespeito às normas trabalhistas é afrontoso à função social dos negócios jurídicos e, portanto, não pode ser admitido como legal (art. 421 do Código Civil).

Conclui-se, portanto, que:

1) Ao realizar contrato do qual decorria nítido risco de lesão aos direitos dos trabalhadores envolvidos, a reclamada atraiu para si a obrigação de fiscalizar a prestação de serviços, para assegurar que esta não seria feita de modo a vilipendiar a função social do contrato, sob pena se caracterizar a culpa na modalidade negligência;

2) Uma vez constatado que a prestação de serviços era reiteradamente realizada em desatenção às normas de proteção do trabalho, conclui-se que a reclamada não está cumprindo com sua obrigação legal de fiscalizar a prestadora;

Diante disto, a presente ação merece ser acolhida quanto ao pedido de imposição de obrigação de fazer, referente à efetiva fiscalização da reclamada quanto a suas prestadoras de serviços de transporte.

Outrossim, faz-se devida a responsabilização da reclamada pelos danos à coletividade já ocorridos, decorrentes de sua conduta negligente.

Relevante pontuar que, tratando-se da atividade de transporte rodoviário de cargas, a jornada alongada, sem os intervalos regulares, coloca em risco não apenas a saúde e o bem-estar dos trabalhadores, mas também a segurança de todos os que compartilham com eles as rodovias. Ou seja: o risco de dano atinge não apenas os prestadores de serviços, mas toda a coletividade.

Destarte, *dou parcial provimento* ao apelo do Ministério Público do Trabalho para julgar parcialmente procedente a ação civil pública e impor à reclamada as obrigações de fazer a seguir descritas, ponderadas de modo que melhor se atinja o objetivo da reclamatória, conforme admitido pelo art. 497 do CPC: (...). (Marcas nossas)

Os temas, por sua complexidade, serão objeto de análise específica no capítulo seguinte.

3.2.2.1. Os contornos e as controvérsias da responsabilidade fixada pelos arts. 9º e 67-C, § 7º, do CTB. Interpretação acerca da expressão "ordenar o início da viagem sem o gozo integral dos períodos de descanso"

Os arts. 9º e 67-A, § 7º, do CTB, nos termos estabelecidos pela Lei n. 12.619/2012, foram revogados pela Lei n. 13.103/2015, que tratou da mesma matéria em seus arts. 9º, § 4º, e art. 67-C, §§ 3º, 6º e 7º, nos seguintes termos:

Art. 9º As condições de segurança, sanitárias e de conforto nos locais de espera, de repouso e de descanso dos motoristas profissionais de transporte rodoviário de passageiros e rodoviário de cargas terão que obedecer ao disposto em normas regulamentadoras pelo ente competente.

(...)

§ 4º A estrita observância às Normas Regulamentadoras do Ministério do Trabalho e Emprego, no que se refere aos incisos II, III, IV e V do § 2º, será considerada apenas quando o local for de propriedade do transportador, do embarcador ou do consignatário de cargas, bem como nos casos em que esses mantiverem com os proprietários destes locais contratos que os obriguem a disponibilizar locais de espera e repouso aos motoristas profissionais.

Art. 67-C.[(128)] É vedado ao motorista profissional dirigir *por mais de 5 (cinco) horas e meia ininterruptas* veículos de transporte rodoviário coletivo de passageiros ou de transporte rodoviário de cargas.

§ 3º O condutor é obrigado, dentro do período de 24 (vinte e quatro) horas, a observar o mínimo de 11 (onze) horas de descanso, que podem ser fracionadas, usufruídas no veículo e coincidir com os intervalos mencionados no § 1º, observadas no primeiro período 8 (oito) horas ininterruptas de descanso.

§ 6º O condutor somente iniciará uma viagem após o cumprimento integral do intervalo de descanso previsto no § 3º deste artigo.

§ 7º Nenhum transportador de cargas ou coletivo de passageiros, embarcador, consignatário de cargas, operador de terminais de carga, operador de transporte multimodal de cargas ou agente de cargas *ordenará* a qualquer motorista a seu serviço, ainda que subcontratado, que conduza veículo referido no *caput* sem a observância do disposto no § 6º. (NR) (Marcas nossas)

Preliminarmente, é preciso ponderar que a prescrição "cumprimento integral do intervalo de descanso" deve ser objeto de interpretação ampla, isto é, não apenas a estipulação formal dos períodos de descanso, mas a fruição efetiva, com o gozo do referido período em condições adequadas.

Nesse contexto, quais seriam essas condições adequadas e quem seria responsável por implementá-las?

Nesse ponto, traz a Lei n. 13.103/2015 complexidades.

Em primeiro lugar, necessário observar a alteração legislativa promovida pela Lei n. 13.103/2015, quando suprime a expressão "permitir" do § 7º do art. 67-A do CTB, inserido pela Lei n. 12.619/2012. Referido parágrafo foi totalmente revogado pelo art. 7º da Lei n. 13.103/2015, passando a respectiva matéria a ser disciplinada pelo § 7º do art. 67-C do CTB, que retirou a expressão "permitir", restringindo a cominação apenas à ação de "ordenar".

Ao configurar a responsabilização do tomador por "permitir ou ordenar", a lei anterior gizava abrangência ampla, que vinha sendo alvo de acirradas críticas pelos que pretendiam reduzir sua configuração apenas ao ato de ordenar, o que certamente desatende ao escopo legal por reduzir o nível de proteção do motorista profissional e de terceiros, que com ele interagem no mesmo ambiente de trabalho.

Com efeito, a nova lei tentou reduzir a responsabilidade daqueles que têm ampla ingerência sobre a forma como o trabalho é prestado e organizado, aumentando a desproteção e a sujeição dos trabalhadores aos mais diversos riscos à saúde e segurança. Conforme ressaltamos nas edições anteriores desta obra, a inserção do termo "permitir" pela Lei n. 12.619/2012 se revelava oportuna e adequada para evitar que o motorista pudesse conduzir o veículo, sem ter as necessárias condições para tanto, por ter deixado de usufruir do devido intervalo de descanso.

Não temos dúvida que essa alteração promovida pela Lei n. 13.103/2015 gerará inúmeras controvérsias na seara trabalhista, exigindo a instrução detalhada dos processos judiciais para detectar as situações fáticas em que o "permitir", agora alijado da sanção legal, apenas foi usado para

(128) O novo art. 67-C do CTB deve ser interpretado com olhos atentos aos arts. 12 e 14 da Lei n. 13.103/2015. Considerações a esse respeito serão tecidas em capítulo próprio.

"Art. 12. O disposto nos §§ 2º e 3º do art. 235-C do Capítulo I do Título III da Consolidação das Leis do Trabalho — CLT, aprovada pelo Decreto-lei n. 5.452, de 1º de maio de 1943, e no *caput* e nos §§ 1º e 3º do art. 67-C do Capítulo III-A da Lei n. 9.503, de 23 de setembro de 1997 – Código de Trânsito Brasileiro, produzirá efeitos:

I – a partir da data da publicação dos atos de que trata o art. 11, para os trechos das vias deles constantes;

II – a partir da data da publicação das relações subsequentes, para as vias por elas acrescidas.

Parágrafo único. Durante os primeiros 180 (cento e oitenta) dias de sujeição do trecho ao disposto na Consolidação das Leis do Trabalho — CLT, aprovada pelo Decreto-lei n. 5.452, de 1º de maio de 1943, e na Lei n. 9.503, de 23 de setembro de 1997 — Código de Trânsito Brasileiro, com as alterações constantes desta Lei, a fiscalização do seu cumprimento será meramente informativa e educativa.

Art. 14. Decorrido o prazo de 3 (três) anos a contar da publicação desta Lei, os seus efeitos dar-se-ão para todas as vias, independentemente da publicação dos atos de que trata o art. 11 [a referência correta é ao art. 12] ou de suas revisões."

camuflar verdadeiras ordens, que não podiam deixar de ser cumpridas por quem precisa manter o emprego, ou o contrato, para ter a oportunidade de continuar a fazer outros fretes no futuro.

De qualquer modo, o novo preceito deverá ser interpretado sob a ótica traçada pelo inciso XXII do art. 7º da CF/88, além das Convenções da OIT, para que não haja afronta ao texto da Lei Maior. Portanto, temos que o § 7º deve ser aplicado conjuntamente com o § 6º do mesmo art. 67-C do CTB, que nesta perspectiva balizará a interpretação do termo "ordenar", a fim de fazer valer o comando legal no sentido de vedar expressamente que o motorista inicie uma viagem, sem ter cumprido integralmente o seu intervalo de descanso dentro do período de 24 horas.

Destarte, ainda que o motorista — autônomo ou empregado — não receba ordens explícitas para iniciar suas atividades, tal não significa que poderá iniciá-las caso não tenha usufruído do intervalo para descanso, vez que cabe ao empregador/contratante organizar adequadamente o trajeto e ao embarcador, consignatário de cargas, operador de terminais de carga, operador de transporte multimodal de cargas ou agente de cargas o ônus de comprovar que respeitou os períodos de descanso nos respectivos locais de sua atuação, assim acarretando a inversão do ônus da prova (art. 818, § 1º,[129] da CLT, inserido pela Lei n. 13.467/2018).

Ainda, imperiosa a interpretação sistemática do art. 67-C com o que dispõem os arts. 157, inciso I, e 166 da CLT, de sorte que, por se tratar de direito fundamental à saúde e segurança, a referência normativa à empresa não pode ficar restrita apenas à figura do empregador.

Com efeito, ante a extensão conferida pelo Supremo Tribunal Federal à possibilidade de fragmentação da atividade organizacional/produtiva, e considerando também o disposto nos arts. 4º-A, 4º-C, II e 5º-A§ 3º da Lei n. 6.019/1974, tanto os embarcadores, como os tomadores nos casos de terceirização, tem obrigação legal de cumprir a CLT, quando estabelece:

> Art. 157. Cabe às *empresas*:
>
> I – cumprir *e fazer cumprir* as normas de segurança e medicina do trabalho;
>
> Art. 166. A *empresa* é obrigada a fornecer aos empregados, gratuitamente, equipamento de proteção individual adequado ao risco e em perfeito estado de conservação e funcionamento, sempre que as medidas de ordem geral não ofereçam completa proteção contra os riscos de acidentes e danos à saúde dos empregados.

Logo, como a lei considera imperioso promover medidas de proteção, nestas incluindo a proibição de iniciar viagem antes do *cumprimento integral do intervalo de descanso em condições adequadas*, inafastável a conclusão de que o preceito legal respaldou a imputação de responsabilidade a todos que participam da cadeia de organização da atividade de transporte.

Nesse contexto, tem-se como controversa a previsão inserida no § 8º, do art. 67-C, do CTB, pela Lei n. 14.599/2013, ao atribuir à seguinte competência ao CONTRAN:

> § 8º Regulamentação do Contran *definirá as situações excepcionais de inobservância justificada do tempo de direção e de descanso* pelos motoristas profissionais condutores de veículos ou composições de transporte rodoviário de cargas *justificadas por indisponibilidade de pontos de parada e de descanso na rota programada para a viagem ou por exaurimento das vagas de estacionamento neles disponíveis.* (Grifo nosso)

A disposição normativa, no caso, diferentemente de *objetivar* as hipóteses de excepcionalidade, insere-se num processo de esvaziamento dos avanços pretendidos com a Lei n. 12.619/2012, caracterizado pela relativização do incentivo à programação adequada de viagens e criação de pontos

(129) "Art. 818. O ônus da prova incumbe: (...). § 1º Nos casos previstos em lei ou diante de peculiaridades da causa relacionadas à impossibilidade ou à excessiva dificuldade de cumprir o encargo nos termos deste artigo ou à maior facilidade de obtenção da prova do fato contrário, poderá o juízo atribuir o ônus da prova de modo diverso, desde que o faça por decisão fundamentada, caso em que deverá dar à parte a oportunidade de se desincumbir do ônus que lhe foi atribuído."

de parada e descanso, analisada a seguir, e pela ampliação das hipóteses justificadas de descumprimento de medidas de saúde e segurança. A atribuição a um órgão administrativo de trânsito da competência para dizer as hipóteses "justificadas por indisponibilidade de pontos de parada e de descanso na rota programada para a viagem ou por exaurimento das vagas de estacionamento neles disponíveis", portanto, parece pretender autorizar o descumprimento do art. 67-C, § 7º, do CTB, ao estabelecer previamente quais seriam as situações excepcionais, como se a imprevisibilidade pudesse ser planejada. Por certo, a regulamentação a ser editada pelo CONTRAN poderá ser sindicada judicialmente, assegurando sua aderência à finalidade normativa.

Destarte, a única interpretação razoável, em conformidade com a Constituição Federal de 1988, implica entender o verbo "ordenar" não em sua acepção formal e restritiva, mas em sentido amplo, material e substantivo, para assim considerar o conjunto de ações e procedimentos que, para atender interesses econômicos, impedem o motorista de usufruir de seus intervalos legais de descanso em condições adequadas para tanto.

Interessante pontuar que, ao julgar o RE 1.298.647 – Rel. Ministro Nunes Marques — o STF ressaltou a importância de assegurar as normas de saúde e segurança também nos casos de terceirização, que envolvem os entes da administração pública, consignando expressamente no item 3, da Tese de Repercussão Geral – Tema 1.118: *"3. Constitui responsabilidade da Administração Pública garantir as condições de segurança, higiene e salubridade dos trabalhadores, quando o trabalho for realizado em suas dependências ou local previamente convencionado em contrato, nos termos do art. 5º-A, § 3º, da Lei n. 6.019/1974"*.

3.2.2.2. A responsabilidade por implementar medidas de saúde e segurança do trabalho — Pontos de parada e demais questões afetas à prestação do serviço e a Lei n. 13.103/2015

Trouxe o texto do art. 9º da Lei n. 13.103/2015 distinções confusas, com a nítida intenção de restringir a imputação de responsabilidade(130) somente a alguns dos participantes da cadeia produtiva que envolve a atividade de transporte, apesar de ter acrescentado a "segurança" como valor a ser resguardado nessa proteção. Com efeito, dispõe que "as condições de segurança, sanitárias e de conforto nos locais de espera, de repouso e de descanso dos motoristas profissionais de transporte rodoviário de passageiros e rodoviário de cargas terão que obedecer ao disposto em normas regulamentadoras pelo ente competente".(131)

Por *normas regulamentadoras* devem ser consideradas todas as editadas por órgãos competentes, cada qual em sua área de atribuição.

Assim, como o referido *caput* não faz menção apenas às Normas Regulamentadoras do Ministério do Trabalho, razoável considerar que inclui também as diversas normas sanitárias, ambientais

(130) Interessante o registro da Mensagem de veto n. 151/2012: "O Ministério da Justiça e a Advocacia-Geral da União opinaram pelo veto aos seguintes dispositivos: § 8º do art. 67-A da Lei n. 9.503, de 23 de setembro de 1997, inserido pelo art. 5º, e art. 310-A da mesma lei, inserido pelo art. 6º do projeto de lei: '§ 8º Respondem solidariamente com o transportador os agentes mencionados no § 7º, com exceção feita àqueles identificados como embarcadores e/ou passageiros, pelas obrigações civis, criminais e outras previstas em lei, decorrentes da inobservância dos horários de descanso previstos neste artigo.' 'Art. 310-A. Ordenar ou permitir o início de viagem de duração maior que 1 (um) dia, estando ciente de que o motorista não cumpriu o período de descanso diário, conforme previsto no § 3º do art. 67-A. Pena – detenção, de 6 (seis) meses a 1 (um) ano e multa. Parágrafo único. Incorrerá na mesma pena aquele que, na condição de transportador de cargas, consignatário de cargas, operador de terminais de carga, operador de transporte multimodal de cargas ou agente de cargas, concorrer para a prática do delito.' *Razões dos vetos. 'O dispositivo que insere o art. 310-A no Código de Trânsito Brasileiro estabelece tipo penal de forma imprecisa, tanto no que diz respeito à ação propriamente dita, quanto ao agente que a pratica, afrontando o art. 5º, inciso XXXIX da Constituição. Por sua vez, ao estabelecer solidariedade na responsabilidade criminal, a redação do § 8º do art. 67-A é contrária ao princípio da responsabilidade pessoal, previsto no art. 5º, inciso XLV da Constituição.'* (Marcas nossas)".

(131) De início, aponta-se a inclusão, dentre as condições a serem asseguradas aos motoristas, da *segurança*.

e de postura municipal, que devem ser aplicadas aos locais de espera, repouso e descanso dos motoristas profissionais.(132)

Outrossim, a interpretação ampliativa, calcada no art. 154 da CLT, dá-se em sintonia com o disposto no § 2º do art. 9º da Lei n. 13.103/2015, que ofereceu um rol meramente exemplificativo quando se referiu aos locais de espera:

> I – estações rodoviárias;
>
> II – pontos de parada e de apoio;
>
> III – alojamentos, hotéis ou pousadas;
>
> IV – refeitórios das empresas ou de terceiros;
>
> V – postos de combustíveis.

Portanto, todos os locais "de espera, repouso e descanso" devem adequar-se às *normas regulamentadoras*, conclusão que mais ainda se fortalece com o exame do § 3º do mesmo artigo, ao prever que a implantação desses locais se dará pela livre-iniciativa.

Entretanto, há outras complexidades.

A primeira delas refere-se ao § 1º, que assim dispõe:

> § 1º É vedada a cobrança ao motorista ou ao seu empregador pelo uso ou permanência em locais de espera sob a responsabilidade de:
>
> I – transportador, embarcador ou consignatário de cargas;
>
> II – operador de terminais de cargas;
>
> III – aduanas;
>
> IV – portos marítimos, lacustres, fluviais e secos;
>
> V – terminais ferroviários, hidroviários e aeroportuários. (Marcas nossas)

Há, assim, o reconhecimento, ainda que indireto, de que o transportador, embarcador ou consignatário de cargas, operador de terminais de cargas, aduanas, portos marítimos, lacustres, fluviais, secos e terminais ferroviários, hidroviários e aeroportuários encontram-se, de alguma forma, inseridos na cadeia produtiva da prestação de serviços de transporte, tendo responsabilidades para com o motorista profissional empregado e seu empregador.

Portanto, caso o motorista profissional empregado — restringe-se, aqui, ao empregado, em razão da referência seguinte a empregador — utilize ou permaneça em um ponto de parada sob a responsabilidade de quaisquer dos atores envolvidos na prestação do serviço de transporte, ilegal será a exigência de cobrança.

Por outro lado, caso o motorista venha utilizar outros pontos de parada, que não os de responsabilidade dos acima indicados, impedimento algum haverá para eventuais cobranças pelo serviço a ser disponibilizado para que os intervalos de parada e descanso sejam usufruídos em condições adequadas. Tem-se aqui o reconhecimento de uma demanda que poderá ser livremente

(132) O Decreto n. 8.433/2015, em seu arts. 4º e 5º, empreendeu a seguinte interpretação: "Art. 4º *Compete ao Ministério do Trabalho e Emprego regulamentar as condições de segurança, sanitárias e de conforto nos locais de espera, de repouso e de descanso dos motoristas profissionais de transporte rodoviário de passageiros e de cargas, conforme disposto no art. 9º da Lei n. 13.103, de 2 de março de 2015*; e, Parágrafo único. Para os procedimentos de reconhecimento como ponto de parada e descanso, os órgãos de que trata o *§ 3º do art. 11 da Lei n. 13.103*, de 2015, observarão o cumprimento da regulamentação de que trata o *caput*. Art. 5º *Compete ao Conselho Nacional de Trânsito — CONTRAN regulamentar: I – os modelos de sinalização, de orientação e de identificação dos locais de espera, de repouso e de descanso dos motoristas profissionais de transporte rodoviário de passageiros e de cargas*, observadas as disposições do *§ 3º do art. 11 da Lei n. 13.103*, de 2015; (...)." (Marcas nossas).

explorada pela iniciativa privada, nos termos do § 3º do mesmo artigo, fato por nós já sustentado nas edições anteriores desta obra.

Com relação ao motorista profissional autônomo, a interpretação não pode ser diversa no que se refere ao reconhecimento da responsabilidade de todos os integrantes da cadeia produtiva da atividade de transporte, haja vista que o escopo de garantir saúde e segurança não se restringe à atuação do motorista celetista.

Já a segunda complexidade, de maior relevância, encontra-se no § 4º do art. 9º, da Lei n. 13.103/2015, que assim dispõe:

> § 4º A estrita observância às Normas Regulamentadoras do Ministério do Trabalho e Emprego, no que se refere aos incisos II, III, IV e V do § 2º, será considerada apenas quando o local for de propriedade do transportador, do embarcador ou do consignatário de cargas, bem como nos casos em que esses mantiverem com os proprietários destes locais contratos que os obriguem a disponibilizar locais de espera e repouso aos motoristas profissionais.

Uma leitura mais superficial e apressada da lei pode dar a entender que o cumprimento das Normas Regulamentadoras do Ministério do Trabalho, no que se refere aos "II – pontos de parada e de apoio; III – alojamentos, hotéis ou pousadas; IV – refeitórios das empresas ou de terceiros e V – postos de combustíveis", só será exigível quando o local for "de propriedade do transportador, do embarcador ou do consignatário de cargas" ou caso esses mantenham "com os proprietários destes locais contratos que os obriguem a disponibilizar locais de espera e repouso aos motoristas profissionais".

Assim, enquanto o § 1º veda a cobrança pelo uso e pela permanência em locais de espera sob a responsabilidade do transportador, embarcador ou consignatário de cargas, operador de terminais de cargas, aduanas, portos marítimos, lacustres, fluviais e secos, terminais ferroviários, hidroviários e aeroportuários, o § 4º parece tentar restringir a responsabilidade pela aplicação das Normas Regulamentadoras do Ministério do Trabalho apenas ao transportador, ao embarcador e ao consignatário de cargas, quando forem proprietários dos pontos de parada e apoio, alojamentos, hotéis ou pousadas, refeitórios ou postos de combustíveis, ou mantiverem contratos com proprietários desses locais estabelecendo tais condições.

Entretanto, essa interpretação não merece prosperar, sob pena de se admitir que caberia ao transportador, embarcador ou consignatário de cargas a decisão de aplicar, ou não, tais normas, bastando para tanto não ser proprietário, ou não ter contrato com referidos locais, para justificar a exclusão da aplicação das Normas Regulamentadoras do Ministério do Trabalho.

Tal lógica se configura inadmissível, seja porque seria contrária ao disposto no *caput* do art. 9º da Lei n. 13.103/2015, que fixa o dever de "obedecer ao disposto em normas regulamentadoras pelo ente competente", no que se incluem, por certo, as Normas Regulamentadoras do Ministério do Trabalho, seja porque não se pode atribuir a particular a decisão sobre qual será a extensão do cumprimento de um dispositivo legal que trata de saúde e segurança, concedendo-lhe a prerrogativa de escolher se vai, ou não, arcar com a responsabilidade pelo cumprimento da lei. Essa conclusão se fortalece ainda mais quando o § 3º do mesmo artigo estabeleceu que a implantação dos locais de repouso e descanso caberá "à livre-iniciativa".

O poder de regulamentar a atividade econômica é próprio do Estado, nos termos do art. 174 da Constituição Federal, e assim deverá ser observado neste caso, em que há a nítida criação de demanda para que a iniciativa privada passe a explorar economicamente os pontos de parada para descanso do motorista profissional.(133)

---

(133) Registra-se veto aposto pela Presidência da República assim fundamentado: "Art. 7º O § 2º, do art. 34-A da Lei n. 10.233, de 5 de junho de 2001, passa a vigorar acrescido do seguinte inciso VI: *Art. 34-A, § 2º, inciso VI – nos casos de concessões de rodovias, a exigência da construção de locais seguros destinados a estacionamento de veículos e descanso para os motoristas, situados a intervalos menores que 200 (duzentos) quilômetros entre si, incluindo área isolada para os veículos*

Logo, tem-se que a fixação de condicionantes e estipulação de requisitos à atividade econômica deve ser observada. Portanto, a aplicação das regras previstas na Portaria MTP 672, de 8.11.2021, que revogou a Portaria SPREV/ME n. 1.343/2019, deve alcançar todos aqueles que exploram os pontos de parada, de modo que esses ofereçam condições adequadas de higiene e segurança aos motoristas profissionais.

Destarte, ante o disposto no inciso XXII do art. 7º da Constituição Federal, não se sustenta a aparente tentativa de reduzir a imputação de responsabilidade com relação à observância das necessárias condições de saúde e segurança dos *motoristas profissionais* nos pontos de parada. O velho esquema de privatizar lucros e socializar prejuízos tentou buscar guarida num preceito que já chega natimorto.

A corroborar tal conclusão, há vários preceitos contidos em nosso ordenamento, entre os quais pode ser destacada a previsão da Lei n. 12.690/2012 acerca da imputação de responsabilidade por implementar condições adequadas em saúde e segurança do trabalho, nas hipóteses em que o tomador de serviços indica o local em que os membros de uma cooperativa de trabalho irão se ativar, conforme dispõe o art. 9º:

> Art. 9º O contratante da Cooperativa de Trabalho prevista no inciso II do *caput* do art. 4º desta Lei *responde solidariamente pelo cumprimento das normas de saúde e segurança do trabalho quando os serviços forem prestados* no seu estabelecimento ou *em local por ele determinado.* (Marcas nossas)

Ora, se para a relação com os membros de uma *cooperativa de trabalho*(134) a lei imputa a responsabilização do tomador pela adequação do local onde o serviço será prestado, lógica outra não pode haver para o caso em que as paradas para descanso foram indicadas e estabelecidas pelo próprio empregador/tomador dos serviços, em benefício da organização de sua atividade econômica.

No mesmo sentido é o disposto nos arts. 4º-A, 4º-C e 5º-A da Lei n. 6.019/1974, com as alterações introduzidas pelas Leis ns. 13.429/2017 e 13.467/2017:

> Art. 4º-A. Considera-se prestação de serviços a terceiros a transferência feita pela contratante da execução de quaisquer de suas atividades, inclusive sua atividade principal, à pessoa jurídica de direito privado prestadora de serviços que possua capacidade econômica compatível com a sua execução.
>
> Art. 4º-C. *São asseguradas aos empregados da empresa prestadora de serviços* a que se refere o art. 4º-A desta Lei, quando e enquanto os serviços, que podem ser de qualquer uma das atividades da contratante, forem executados nas dependências da tomadora, as mesmas condições:
>
> (...)
>
> II – sanitárias, de medidas de proteção à saúde e de segurança no trabalho e de *instalações adequadas à prestação do serviço.*
>
> Art. 5º-A. Contratante é a pessoa física ou jurídica que celebra contrato com empresa de prestação de serviços relacionados a quaisquer de suas atividades, inclusive sua atividade principal.
>
> (...)
>
> § 3º É responsabilidade da contratante garantir as condições de segurança, higiene e salubridade dos trabalhadores, quando o trabalho for realizado em suas dependências ou *local previamente convencionado em contrato.* (Marcas nossas)

---

que transportem produtos perigosos, e em consonância com o volume médio diário de tráfego na rodovia'. Razões do veto. 'A proposta acarretaria novas obrigações aos concessionários de rodovias, o que poderia ensejar o reequilíbrio dos contratos e o consequente aumento de tarifas cobradas nos pedágios. Ademais, a utilização do regime de parecerias público-privadas deve se limitar a projetos que exijam recursos vultosos e contratos de longo prazo, os quais permitam a amortização dos valores investidos'". (Marcas nossas)

(134) Segundo dispõe a Lei n. 12.690/2012, tem-se que: "Art. 4º A Cooperativa de Trabalho pode ser: II – de serviço, quando constituída por sócios para a prestação de serviços especializados a terceiros, sem a presença dos pressupostos da relação de emprego".

Logo, caso o empregador ou o tomador dos serviços venha a planejar paradas ou a exigir trabalho por rodovias cujas paradas estejam em pontos sob a administração de outrem, a ele caberá arcar com os custos desse planejamento.

Portanto, apesar da atecnia e confusa redação do texto legal, nada foi alterado quanto à possibilidade de imputação de responsabilidade ao empregador/tomador dos serviços por garantir condições adequadas de saúde e segurança do trabalho, incluindo a adequação dos pontos de parada às Normas Regulamentadoras do Ministério do Trabalho.

Mantém-se, assim, o mesmo entendimento exposto quando analisado o art. 9º da Lei n. 12.619/2012, por nós defendido nas edições anteriores desta obra.(135) O que a nova lei trouxe, a esse respeito, foi a explicitação de que os indicados no § 1º do art. 9º são integrantes da cadeia produtiva da prestação dos serviços de transporte, de sorte que a proteção ampla em benefício do motorista deve ser mantida, tendo em vista as condições peculiares que revestem o exercício desta profissão.

Esse raciocínio ainda mais se consolida quando atentamos para o disposto no art. 12 da Lei n. 11.442/2007, que se refere ao motorista profissional autônomo nos seguintes termos:

> Art. 12. Os transportadores e seus subcontratados somente serão liberados de sua responsabilidade em razão de:
>
> I - ato ou fato imputável ao expedidor ou ao destinatário da carga;
>
> II - inadequação da embalagem, quando imputável ao expedidor da carga;
>
> III - vício próprio ou oculto da carga;
>
> IV - manuseio, embarque, estiva ou descarga executados diretamente pelo expedidor, destinatário ou consignatário da carga ou, ainda, pelos seus agentes ou prepostos;
>
> V - força maior ou caso fortuito;
>
> VI - contratação de seguro pelo contratante do serviço de transporte, na forma do inciso I do art. 13 desta Lei.
>
> Parágrafo único. Não obstante as excludentes de responsabilidades previstas neste artigo, *o transportador e seus subcontratados serão responsáveis pela agravação das perdas ou danos a que derem causa.* (Marcas nossas)
>
> Ademais, oportuno trazer para a discussão a peculiar situação do *transporte cumulativo*, disciplinado pelos arts. 733 e 756 do Código Civil nos seguintes termos:
>
> Art. 733. Nos contratos de transporte cumulativo, cada transportador se obriga a cumprir o contrato relativamente ao respectivo percurso, respondendo pelos danos nele causados a pessoas e coisas.
>
> § 1º O dano, resultante do atraso ou da interrupção da viagem, será determinado em razão da totalidade do percurso.
>
> § 2º Se houver substituição de algum dos transportadores no decorrer do percurso, a responsabilidade solidária estender-se-á ao substituto.
>
> Art. 756. No caso de transporte cumulativo, todos os transportadores respondem solidariamente pelo dano causado perante o remetente, ressalvada a apuração final da responsabilidade entre eles, de modo que o ressarcimento recaia, por inteiro, ou proporcionalmente, naquele ou naqueles em cujo percurso houver ocorrido o dano.

Ao discorrer sobre o contrato de transporte, previsto no Código Civil, Gustavo Tepedino(136) explica que de um lado temos o condutor ou transportador, que se obriga a transportar o bem e,

(135) Assim consignamos: "Além disso, em seu art. 9º expressamente imputou ao transportador, embarcador, consignatário de cargas, operador de terminais de carga, operador intermodal de cargas ou agente de cargas, aduanas, portos marítimos, fluviais e secos, a obrigação de cumprir os marcos legais e o disposto nas NRs (Normas Regulamentadoras) expedidas pelo Ministério do Trabalho e Emprego, no que se refere aos locais para repouso e descanso, "pontos de parada, de apoio, alojamentos, refeitórios das empresas e de terceiros (...)".

(136) TEPEDINO, Gustavo. *Comentários ao novo Código Civil*. vol. X. Coordenador Sálvio de Figueiredo Teixeira. Rio de Janeiro: Forense, 2008. p. 442 e seguintes.

de outro lado, o expedidor, esclarecendo que destinatário, ou consignatário, "é a pessoa a quem é expedida a mercadoria, que pode ser o próprio remetente ou terceiro". Esclarece que no caso de transporte de coisas, o documento que configura o instrumento do contrato "é denominado *conhecimento*, cuja apresentação é condição para a entrega do bem ao expedidor ou ao destinatário".

Expõe,(137) ainda, que há responsabilidade solidária dos transportadores "perante a outra parte e terceiros, pelos danos causados na execução do contrato (atraso ou interrupção da viagem, danos às pessoas ou às coisas decorrentes do transporte) ressalvada a ação regressiva contra o efetivo causador do dano".

Destarte, revela-se juridicamente sustentável a imputação da responsabilidade pelo cumprimento das normas protetivas aos demais integrantes da cadeia produtiva da prestação dos serviços de transporte, interpretação que encontra amparo na matriz constitucional.

Com efeito, e na esteira do quanto já tratado no capítulo 3.2.1., até outubro de 1988, a exigência de cumprimento das Normas Regulamentadoras do Ministério do Trabalho, que visavam preservar a saúde e segurança no local de trabalho, estava restrita às relações empregatícias. Entretanto, a promulgação da Constituição Federal de 1988, em razão do contido no inciso XXII e *caput* do art. 7º, deflagrou novo debate acerca da extensão dessas medidas protetivas, especialmente em decorrência da menção expressa ao termo *trabalhadores*.

Assim, tendo por novo fundamento a Constituição Federal de 1988,(138) as Normas Regulamentadoras deixaram de ser referenciadas à legislação infraconstitucional e passaram a ter como baliza a previsão elastecida pelas novas balizas constitucionais.

Com isso, abriu-se a possibilidade de aplicar as Normas Regulamentadoras para além da relação de emprego, conforme previsto no item 1.2.1.2 da atual redação na NR-1 (Portaria MTE n. 344/2024), que foi nesses termos mantido pela Portaria MTE n. 1.419/2024.

Esse é o caso da Lei de Estágio (art. 14, da Lei n. 11.788/2008), da Lei das Cooperativas de Trabalho (arts. 8º e 9º, da Lei n. 12.690/2012), dos avulsos (art. 7º, inciso XXXIV, CF/88 e, para os avulsos portuários, Lei n. 9.719/1998, art. 9º c/c Lei n. 12.815/2013, art. 33 e, para os avulsos não portuários, Lei n. 12.023/2009 (art. 9º).(139)

(137) TEPEDINO, Gustavo. *Comentários ao novo Código Civil*. vol. X. Coordenador Sálvio de Figueiredo Teixeira. Rio de Janeiro: Forense, 2008. p. 475 e seguintes.

(138) SOARES, José Batista Berthier Leite. O trabalho na Constituição da República Federativa do Brasil de 1988 — reflexões de um procurador do trabalho. In: CORREIA, Henrique e MIESSA, Élisson (Orgs.). *Estudos Aprofundados Ministério Público do Trabalho*. 2. ed. Salvador: JusPodivm, 2013. p. 286: "Como sexto campo de incidência do art. 7º, vale destacar o art. 7º, XXII, que preceitua o direito à redução dos riscos inerentes ao trabalho, por meio de normas de saúde, higiene e segurança. Sobre tal inciso é importante destacar que, mais do que nunca, o art. 7º, no ponto em análise, demonstra seu potencial para alcançar trabalhadores em geral, o que será aprofundado ao final da apreciação geral dos tópicos do art. 7º. Entretanto, existe outra peculiaridade do referido inciso XXII que merece ênfase. Efetivamente, em vários outros incisos, o art. 7º demanda regulamentação por ato infraconstitucional e, sempre que tal situação aparece nos demais incisos, a regulamentação exigida constitucionalmente deve ser veiculada por 'lei' (ordinária ou complementar com relação ao inciso I). Ocorre que o inciso XXII demanda não apenas 'lei', mas sim 'normas' de saúde, higiene e segurança, ou seja, como se está no campo da proteção ambiental do trabalho (o que reaparece no art. 200, VIII, da Constituição), a Lei Maior exige mais do que a feitura de lei. Como se sabe, toda proteção ambiental exige mais do que leis que definam direitos e deveres, uma vez que a proteção ambiental em geral (inclusive a do trabalho) sempre implicará normatização de cunho também técnico para assegurar, efetivamente, um trabalho com menor grau de potencial ofensivo para a saúde e integridade física do trabalhador. Em outras palavras, o inciso XXII, ao demandar 'normas' sobre a matéria ambiental do trabalho, representa não somente o fundamento para justificar exigência constitucional de leis ambientais de proteção do trabalhador, como também serve de fundamento para a exigência constitucional de normatização técnica de proteção ambiental do trabalho como, por exemplo, as Normas Regulamentadoras do Ministério do Trabalho e Emprego. Ou seja, deve-se admitir que as chamadas NRs possuem fundamento constitucional para sua existência e obrigatoriedade. (...)".

(139) No caso dos domésticos, será necessária uma adequação das Normas Regulamentadoras do Ministério do Trabalho (MTb) existentes, haja vista as peculiaridades dessa relação de trabalho e as obrigações constantes das normas técnicas. Entretanto, não se pode deixar de ressaltar que o motorista doméstico, assim como os demais motoristas, trabalha na condução de veículos nas vias públicas, de sorte que não desempenha sua função dentro do ambiente doméstico,

Nesse sentido, ainda, é a nova tônica empreendida pelas Normas Regulamentadoras do Ministério do Trabalho, notadamente após a revisão realizada nos últimos anos, que passaram a dispor sobre a gestão integrada do meio ambiente laboral.

No aspecto, registra-se mudança na técnica de elaboração das Normas Regulamentadoras que, em substituição à mera reiteração de disposições já contidas no ordenamento jurídico afetas à responsabilidade solidária,(140) passou a prever a figura da "organização", conforme previsto na Norma Regulamentadora n. 1.

A organização, por sua vez, foi atribuída a responsabilidade pela elaboração do Programa de Gerenciamentos de Riscos (PGR), o qual deve integrar os diversos integrantes da cadeia produtiva, a fim de promover condições amplas e adequadas de saúde e segurança do trabalho.

Logo, todos esses exemplos demonstram a tendência de expansão do sistema protetivo, o que se aplica, portanto, não só aos empregados, mas aos trabalhadores em sentido amplo.

Destarte, a interpretação do art. 9º da Lei n.13.103/2015 deve seguir na mesma direção, quanto à responsabilização do tomador do serviço pela implementação das condições de saúde e segurança do trabalho. Tendo em vista que se trata de atividade inserida na cadeia organizacional dos serviços de transporte, se "a ofensa tiver mais de um autor, todos responderão solidariamente pela reparação" nos termos do art. 942, parágrafo único, do Código Civil, atentando-se para a calibragem do valor da indenização "pela extensão do dano", como prevê o art. 944 do mesmo Código.

Por fim, importante pontuar que se insere nessa cadeia de responsabilizações o Transportador Autônomo de Cargas (TAC) que contrata, em seu benefício, o denominado Transportador Autônomo de Cargas Auxiliar (TAC-Auxiliar), nos termos do art. 15 da Lei n. 13.103/2015, que inseriu a seguinte previsão na Lei n. 11.442/2007:

Art. 15. A Lei n. 11.442, de 5 de janeiro de 2007, passa a vigorar com as seguintes alterações:

> Art. 4º.
>
> § 3º *Sem prejuízo dos demais requisitos de controle estabelecidos em regulamento*, é facultada ao TAC a cessão de seu veículo em regime de *colaboração a outro profissional, assim denominado TAC – Auxiliar*, não implicando tal cessão a caracterização de vínculo de emprego.
>
> § 4º O Transportador Autônomo de Cargas Auxiliar deverá contribuir para a previdência social de forma idêntica à dos Transportadores Autônomos.
>
> § 5º As relações decorrentes do contrato estabelecido entre o Transportador Autônomo de Cargas e seu Auxiliar ou entre o transportador autônomo e o embarcador não caracterizarão vínculo de emprego. (Marcas nossas)

Portanto, toda a sistemática legal, a despeito de possíveis divergências interpretativas, ampara a imputação de responsabilidade não só ao empregador, mas também a todos os integrantes da cadeia organizacional que envolve o serviço de transporte, por assegurar ao motorista profissional

---

o que justifica sua classificação como membro integrante de categoria diferenciada, sujeito às Leis ns. 12.619/2012 e 13.103/2015 nos seus respectivos períodos de vigência.

(140) Nesse sentido são as seguintes previsões, já revogadas, contidas em Normas Regulamentadoras, e citadas em edições anteriores desta obra. Observa-se que referidas regras apenas desdobram obrigações decorrentes da responsabilidade solidária em matéria de saúde e segurança do trabalho: "(i) Norma Regulamentadora n. 31, dispondo no item 31.23.8., que "devem ser garantidas aos trabalhadores das empresas contratadas para a prestação de serviços as mesmas condições de higiene, conforto e alimentação oferecidas aos empregados da contratante" (arts. 13 e 17 da Lei n. 5.889/1973); (ii) Norma Regulamentadora n. 33, estabelecendo em seu item 33.5.2., que "são solidariamente responsáveis pelo cumprimento desta NR os contratantes e contratados"; (iii) Norma Regulamentadora n. 10, item 10.13.1., que determina que "as responsabilidades quanto ao cumprimento desta NR são solidárias aos contratantes e contratados envolvidos"; (iv) Norma Regulamentadora n. 32, item 32.11.4., para quem "A responsabilidade é solidária entre contratantes e contratados quanto ao cumprimento desta NR"; e, (v) Norma Regulamentadora n. 18, que em seus itens 18.30.6. e 18.30.1., dispõem, respectivamente, sobre a responsabilização pela falta de proteção dos imóveis vizinhos, nas atividades desenvolvidas pela indústria da construção civil, haja vista a possibilidade de queda de materiais, e a responsabilização pela falta de colocação de tapumes, tendo-se em vista a possibilidade de que pessoas estranhas ingressem e se lesionem nos canteiros de obras.".

o cumprimento dos limites legais de jornada e gozo dos intervalos para descanso. Assim, toda a organização do trajeto de transporte deve ser pensada e planejada de modo a permitir que o trabalho seja executado em condições de saúde e segurança adequados.

A posição adotada pelo Supremo Tribunal Federal no julgamento da ADI 5.322

No julgamento proferido pelo STF na ADI n. 5.322 destaca-se o fundamento adotado pelo relator, Ministro Alexandre de Moraes, para reputar constitucional o art. 9º da Lei n. 13.103/2015:

> Não merecem prosperar as alegações da inicial nesse ponto.
>
> O legislador constituinte elencou como um direito do trabalhador urbano e rural a atuação positiva do Estado e de empregadores no tocante à tomada de medidas que visem à redução dos riscos inerentes ao trabalho, por meio de normas de saúde, higiene e segurança (art. 7º, XXII, CF).
>
> E com base nesse mandamento constitucional foi editado o Decreto 8.433/2015, que atribuiu ao Ministério do Trabalho e Emprego a competência para "regulamentar as condições de segurança, sanitárias e de conforto nos locais de espera, de repouso e de descanso dos motoristas profissionais de transporte rodoviário de passageiros e de cargas", de que trata o art. 9º da Lei n. 13.103.2015 (art. 4º do Decreto 8.433/2015).
>
> O aludido decreto atribuiu, ainda, competência ao Conselho Nacional de Trânsito — CONTRAN para regulamentar "os modelos de sinalização, de orientação e de identificação dos locais de espera, de repouso e de descanso dos motoristas profissionais de transporte rodoviário de passageiros e de cargas, observadas as disposições do § 3º do art. 11 da Lei n. 13.103, de 2015" (art. 5º, I, do Decreto n. 8.433/2015).
>
> Nesse sentido, o Ministério da Economia/Secretaria Especial de Previdência e Trabalho editou a Portaria 1.343/2019, na qual estabeleceu as condições mínimas de segurança, sanitárias e de conforto nos locais de espera, de repouso e de descanso dos motoristas profissionais de transporte rodoviário de passageiros e de cargas. Destaca-se, entre outros, o art. 12 da referida portaria:
>
> "Art. 12. Aos estabelecimentos de propriedade do transportador, do embarcador ou do consignatário de cargas, bem como nos casos em que esses mantiverem com os proprietários destes locais contratos que os obriguem a disponibilizar locais de espera, de repouso e de descanso aos motoristas profissionais, aplicam-se as Normas Regulamentadoras de saúde e segurança no trabalho."
>
> Portanto, improcedentes as alegações no sentido de que o dispositivo impugnado retirou do empregador ou do tomador do serviço a responsabilidade direta na disponibilização de locais adequados para descanso e higiene, uma vez que houve atuação do Poder Público na edição de normas tendentes a reduzir os riscos inerentes ao trabalho, em que foi expressamente prevista a aplicação das normas regulamentadoras de saúde e segurança no trabalho para o transportador, embarcador ou consignatário de cargas que possuam estabelecimentos destinados à espera, repouso e descanso aos motoristas profissionais. A norma, portanto, encontra guarida no inciso XXII do art. 7º da Constituição Federal.
>
> Assim, improcedente o pedido nesse ponto.[141]

3.2.2.2.1. A responsabilidade pelas questões de saúde e segurança no trabalho — O dever profissional de informar anormalidades ao tomador do serviço

A garantia de efetividade dos direitos, pela imputação de responsabilidade aos participantes das atividades inter-relacionadas à prestação de serviços não exclui, entretanto, os deveres correlatos que a lei também atribui ao motorista profissional.

Com efeito, a Lei n. 13.103/2015 manteve o disposto nos incisos I e II do art. 235-B, integrado à CLT pela Lei n. 12.619/2012, quanto a "estar atento às condições de segurança do veículo", que deve ser conduzido com "perícia, prudência, zelo" e observância dos princípios da direção defensiva, além do respeito à "legislação de trânsito e, em especial, às normas relativas ao tempo de direção e de descanso". A Lei n. 13.103/2015, ainda, inseriu o art. 67-E na Lei n. 9.503/1997 (CTB), assim prescrevendo:

> Art. 67-E. O motorista profissional é responsável por controlar e registrar o tempo de condução estipulado no art. 67-C, com vistas à sua estrita observância.

(141) Voto proferido pelo relator Ministro Alexandre de Moraes no julgamento da ADPF n. 5.322, p. 90-92 do acórdão.

§ 1º A não observância dos períodos de descanso estabelecidos no art. 67-C sujeitará o motorista profissional às penalidades daí decorrentes, previstas neste Código.

§ 1º-A. Não estará sujeito às penalidades previstas neste Código o motorista profissional condutor de veículos ou composições de transporte rodoviário de cargas que não observar os períodos de direção e de descanso quando ocorrer a situação excepcional descrita no § 8º do art. 67-C deste Código.

§ 2º O tempo de direção será controlado mediante registrador instantâneo inalterável de velocidade e tempo e, ou por meio de anotação em diário de bordo, ou papeleta ou ficha de trabalho externo, ou por meios eletrônicos instalados no veículo, conforme norma do CONTRAN.

§ 3º O equipamento eletrônico ou registrador deverá funcionar de forma independente de qualquer interferência do condutor, quanto aos dados registrados.

§ 4º A guarda, a preservação e a exatidão das informações contidas no equipamento registrador instantâneo inalterável de velocidade e de tempo são de responsabilidade do condutor.

Nesse quadrante, em que a participação do trabalhador ganha relevância, oportuno registrar que lhe é garantido o *direito de recusa*(142) à execução de qualquer serviço ou tarefa que possa acarretar risco concreto de dano a sua vida e saúde.

Porém, como corolário ao direito de recusa, cabe ao trabalhador o dever de informar(143) ao empregador, tomador de serviços ou contratante, eventuais anormalidades ou desconformidades na prestação do serviço. Há, assim, o dever profissional de comunicação, cujas ferramentas de implementação devem ser asseguradas pelo empregador ou tomador de serviços, disponibilizando sistemas idôneos de registro de informações.

Nesse sentido, dispôs a Lei n. 13.154/2015 ao inserir o § 8º ao art. 261 do CTB, prevendo que:

§ 8º A pessoa jurídica concessionária ou permissionária de serviço público tem o direito de ser informada dos pontos atribuídos, na forma do art. 259, aos motoristas que integrem seu quadro funcional, exercendo atividade remunerada ao volante, na forma que dispuser o CONTRAN.

Tal preceito gera duas consequências importantes, que atuam de forma complementar. Se por um lado dá ao empregador/tomador de serviços a possibilidade de obter informações sobre a existência das infrações de trânsito praticadas pelo motorista — tema que será objeto de capítulo específico nesta obra —, por outro lado, em virtude disso, lhe imputa o dever de tomar uma providência, o que pode incluir a reorganização de rotas e tempo de duração das viagens, para que o motorista possa trabalhar sem ser pressionado a cumprir um número excessivo de tarefas em lapso temporal exíguo e sob condições de trabalho inadequadas.

Ademais, desde a primeira edição deste livro pontuamos que esse preceito tangencia dois direitos fundamentais constitucionalmente assegurados. De um lado, a preservação da intimidade e da vida privada do motorista profissional; de outro, o direito à saúde e segurança de todos aqueles que, por também transitarem pelas vias públicas, estão sujeitos a situação de risco provocadas por condutas do motorista profissional que descumpre a lei.

(142) O denominado *direito de recusa* encontra previsão em Convenções da OIT, como é exemplo a Convenção n. 155, que em seu art. 19, alínea *f*, preceitua que: "f) o trabalhador informará imediatamente o seu superior hierárquico direto sobre qualquer situação de trabalho que, a seu ver e por motivos razoáveis, envolva um perigo iminente e grave para sua vida ou sua saúde; enquanto o empregador não tiver tomado medidas corretivas, se forem necessárias, não poderá exigir dos trabalhadores a sua volta a uma situação de trabalho onde exista, em caráter contínuo, um perigo grave ou iminente para sua vida ou sua saúde". Já no âmbito infralegal, tem-se como exemplos as disposições contidas nos seguintes itens da Norma Regulamentadora n. 1: "1.4.3 O trabalhador poderá interromper suas atividades quando constatar uma situação de trabalho onde, a seu ver, envolva um risco grave e iminente para a sua vida e saúde, informando imediatamente ao seu superior hierárquico. 1.4.3.1 Comprovada pelo empregador a situação de grave e iminente risco, não poderá ser exigida a volta dos trabalhadores à atividade enquanto não sejam tomadas as medidas corretivas".

(143) A participação do trabalhador é relevada em diversas Normas Regulamentadoras, como é exemplo o item 9.6.2., da Norma Regulamentadora n. 9 do MTb.

Nesse contexto é que se deve compreender a excepcionalidade da previsão incluída no § 1º-A, do art. 67-E, do CTB, pela Lei n. 14.440/2022.

Vê-se, assim, que em relação a esse tema específico, os direitos à intimidade e à vida privada do motorista profissional são mitigados em razão das peculiaridades do risco diferenciado da atividade que desenvolvem, devendo-se, pois, conferir atenção especial às questões de saúde e segurança do trabalho.

3.3. A questão do motorista estrangeiro

Matéria intrincada, de notória complexidade, diz respeito ao ingresso, em território nacional, de motoristas profissionais estrangeiros para o cumprimento de um serviço específico, sem a pretensão de permanecer ou manter qualquer vínculo contratual de trabalho no Brasil. Nesse caso, estariam sujeitos ao cumprimento da lei brasileira?

Inicialmente, pode-se assentar que o trabalhador estrangeiro, motorista profissional, ao ingressar em território nacional, está sujeito às normas brasileiras de trânsito, basicamente o CTB. Ademais, e em razão das especificidades trazidas pelas Leis ns. 12.619/2012 e 13.103/2015, também estará sujeito às normas de saúde e segurança do trabalho.

Nesse sentido a Declaração Sociolaboral do Mercosul que, em sua versão original,(144) buscou agregar à união, outrora apenas comercial dos países sul-americanos, matérias sociais e trabalhistas:

> A Declaração Sócio-Laboral do Mercosul foi criada como resposta dos Estados-Partes às reiteradas reclamações quanto ao enfoque do bloco regional. Segundo as críticas, havia excesso de influência dos aspectos comerciais, econômicos e tributários da integração, pelo que em muito se descuidava das demandas sociais daí advindas. Após seguidas tratativas — surgidas a partir da criação do Subgrupo de Trabalho n. 11 (atual SGT n. 10) —, consolidaram-se as ideias que viriam, em dezembro de 1998, a possibilitar a assinatura da Declaração Sócio-Laboral do Mercosul, durante a reunião semestral do Conselho do Mercado Comum — CMC.(145)

Cumpridos os objetivos iniciais, deu-se a revisão da Declaração assinada 10 de dezembro de 1998, sendo que, da atual *Declaração Sociolaboral do Mercosul*, pode-se sublinhar os seguintes dispositivos:(146)

> ART. 7º
>
> Trabalhadores migrantes e fronteiriços
>
> 1. Todos os trabalhadores, independentemente de sua nacionalidade, têm direito à assistência, à informação, à proteção e à igualdade de direitos e condições de trabalho, bem como direito de acesso aos serviços públicos, reconhecidos aos nacionais do país em que estiver exercendo suas atividades, em conformidade com a legislação de cada país.
>
> (...)
>
> 3. Os Estados Partes comprometem-se a adotar e articular medidas tendentes ao estabelecimento de normas e procedimentos comuns, relativos à circulação dos trabalhadores nas zonas de fronteira e a levar a cabo as

(144) PEDUZZI, Maria Cristina Irigoyen. Aplicabilidade da Declaração Sócio laboral do Mercosul aos Estados-partes. Disponível em: http://www.stf.jus.br/imprensa/pdf/peduzzi.pdf. Acesso em: 1º set. 2018; arts. 2º, 3º, 4º, 7º, 11, 12, 25, 28 e 31 *(A Declaração Sociolaboral do Mercosul foi objeto de revisão, cujo teor, atualizado está disponível em: http://www.itamaraty.gov.br/notas-a-imprensa/10519-declaracao-sociolaboral-do-mercosul-de-2015-i-reuniao-negociadora-brasilia-17-de-julho-de-2015?lang=pt-BR).*

(145) PEDUZZI, Maria Cristina Irigoyen. *Aplicabilidade da Declaração Sócio laboral do Mercosul aos Estados-partes*. Disponível em: http://www.stf.jus.br/imprensa/pdf/peduzzi.pdf. Acesso em: 1º set. 2018.

(146) Nas primeiras edições desta obra, fazia-se referência aos arts. 4º, 10, 16, inciso I, 17 e 18, da primeira versão da Declaração Sociolaboral do Mercosul.

ações necessárias para melhorar as oportunidades de emprego e as condições de trabalho e de vida desses trabalhadores, nos termos dos acordos específicos para essa população, tendo como base os direitos reconhecidos nos acordos de residência e imigração vigentes.

4. Os Estados Partes comprometem-se, ademais, a desenvolver ações coordenadas no campo da legislação, das políticas laborais, das instituições migratórias e em outras áreas afins, com vistas a promover a livre circulação dos trabalhadores e a integração dos mercados de trabalho, de forma compatível e harmônica com o processo de integração regional.

ART. 11

Jornada

Todo trabalhador tem direito à jornada não superior a oito horas diárias, em conformidade com as legislações nacionais vigentes nos Estados Partes e o disposto em convenção ou acordo coletivo de trabalho, sem prejuízo de disposições específicas para a proteção de trabalhos perigosos, insalubres ou noturnos.

ART. 12

Descanso, férias e dias feriados

1. Todo trabalhador tem direito ao repouso diário, dentro e entre jornada, em conformidade com as disposições legais vigentes nos Estados Partes.

2. Os trabalhadores, de acordo com a sua modalidade de contratação, terão direito a um dia de repouso semanal remunerado, preferencialmente aos domingos, em conformidade com as disposições legais vigentes nos Estados Partes.

3. Todo trabalhador tem direito ao gozo de férias anuais remuneradas, em conformidade com as disposições legais vigentes nos Estados Partes.

4. Todo trabalhador tem direito aos dias feriados, estabelecidos em conformidade com as disposições legais vigentes nos Estados Partes.

5. Os Estados Partes comprometem-se a adotar as medidas necessárias tendentes a garantir o gozo efetivo destes direitos por parte dos trabalhadores.

ART. 25

Saúde e segurança no trabalho

1. Os Estados Partes deverão, em consulta com as organizações mais representativas de empregadores e de trabalhadores, formular, planificar, implementar, controlar e avaliar periodicamente, um sistema nacional de saúde e segurança no trabalho, que garanta a melhora contínua das condições e do ambiente de trabalho.

(...)

3. O sistema de saúde e segurança deverá dispor de mecanismos de notificação obrigatória dos acidentes e doenças do trabalho, que permitam a elaboração de estatísticas anuais sobre a matéria, devendo estar disponíveis para o conhecimento do público interessado.

4. Os Estados Partes deverão instituir, manter e fortalecer os serviços de inspeção do trabalho, dotando-os de recursos materiais e legais necessários, para que possibilitem um desempenho efetivo no controle das condições e do meio ambiente de trabalho, para uma proteção adequada da saúde física e psíquica dos trabalhadores.

5. O sistema de segurança e de saúde no trabalho deverá prever o acesso à orientação, educação, formação e informação em matéria de saúde e segurança no trabalho, disponíveis para trabalhadores, empregadores e especialistas da área.

6. O sistema de saúde e segurança no trabalho deverá prever a participação de trabalhadores e de empregadores no âmbito das empresas, com o objetivo de prevenir acidentes e doenças originárias do trabalho, de forma a tornar compatível, permanentemente, o trabalho com a preservação da vida e a promoção da saúde dos trabalhadores.

7. A legislação e as práticas nacionais deverão garantir que a fabricação, o uso e a cessão, a título oneroso ou gratuito, de máquinas, equipamentos e tecnologias sejam seguros.

8. A adoção de medidas de proteção contra os riscos ocupacionais e o sistema de saúde e segurança no trabalho deverão criar condições que privilegiem as ações de caráter coletivo. Quando as medidas coletivas não forem suficientes para o controle dos riscos, ou enquanto estiverem sendo implementadas ou em situações de emergência, as empresas deverão ministrar aos trabalhadores, gratuitamente, equipamentos de

proteção individual adequados aos riscos e em perfeito estado de conservação e funcionamento e instruí-los para o seu uso.

9. O sistema de saúde e segurança deverá criar controles adequados de substâncias, procedimentos e tecnologias que, em base à evidência científica, possam produzir efeitos graves sobre a saúde dos trabalhadores.

10. As legislações nacionais deverão prever que as empresas estrangeiras instaladas nos países do MERCOSUL devem cumprir as mesmas condições de saúde e segurança que as empresas do MERCOSUL. Os Estados Partes procurarão garantir que, quando aquelas empresas dispuserem de padrões superiores em suas casas matrizes ou filiais, estes sejam aplicados nos países do MERCOSUL.

11. A legislação e as práticas nacionais deverão garantir que os trabalhadores possam se recusar a desenvolver suas atividades laborais, sempre que houver condições de risco grave e iminente, sem prejuízo para eles, conforme a legislação e usos nacionais.

12. Os Estados Partes reconhecerão o direito à informação dos trabalhadores sobre os riscos permanentes nos diversos processos de trabalho e as medidas adotadas para o seu controle ou eliminação.

13. A legislação e as práticas nacionais deverão prever os serviços competentes de saúde e segurança no trabalho, com o objetivo de assessorar os empregadores e os trabalhadores na prevenção dos acidentes e doenças profissionais.

Importante trazer à colação, ainda, o Acordo sobre Transporte Internacional Terrestre (ATIT), internalizado pelo Decreto n. 99.704, de 20 de novembro de 1990, existente entre Brasil, Argentina, Bolívia, Chile, Paraguai, Peru e Uruguai, notadamente o constante do art. 4º, item 1, ao dispor que "aplicar-se-ão às empresas que efetuem transporte internacional, assim como a seu pessoal, veículos e serviços que prestem no território de cada país signatário, as leis e regulamentos nela vigentes".

A mesma disposição pode ser encontrada no Acordo de Transporte Rodoviário Internacional de Passageiros e Cargas entre os Governos da República Federativa do Brasil e da República Cooperativista da Guiana,(147) celebrado em Brasília, em 7 de fevereiro de 2003, e internalizado pelo Decreto n. 5.561, de 10 de outubro de 2005, e no Acordo entre o Governo da República Federativa do Brasil e o Governo da República Francesa referente ao Transporte Rodoviário Internacional de Passageiros e de Cargas, firmado em Paris, em 19 de março de 2014, conforme Decreto n. 8.964, de 18 de janeiro de 2017, que de forma semelhante, em seu art. 7º, determinam que "os transportadores autorizados, o pessoal empregado, os veículos, os equipamentos e os serviços que prestem, estão sujeitos a todas as normas e regulamentos vigentes no território de cada país, reconhecendo cada uma das Partes Contratantes o direito da outra de impedir a prestação de serviço em seu território, quando não sejam cumpridos as condições e os requisitos estabelecidos em sua legislação.". Já no art. 8º, determinam que "cada Parte Contratante aplicará em seu território aos transportadores, veículos e tripulações da outra Parte as mesmas disposições legais e regulamentares que aplicam aos do seu próprio país para o transporte objeto deste Acordo".

Tais diplomas respaldam a aplicação ampla das normas de proteção contidas nas Leis ns. 12.619/2012 e 13.103/2015 e, mais especificamente, nos pontos que alteram o Código de Trânsito Brasileiro (CTB), pois inquestionável que os motoristas profissionais, quando adentram o território nacional, devem sujeitar-se não só às regras de trânsito, mas também às normas destinadas à preservação da saúde e segurança no local de trabalho, assim incluídas as referentes aos intervalos para refeição, repouso e descanso.

Com efeito, conforme reiteradamente ressaltamos ao longo deste livro, tais questões passaram a receber tratamento especial e diferenciado pelas Leis ns. 12.619/2012 e 13.103/2015, ao identificá-las como condições necessárias para assegurar condições mínimas de saúde e segurança do trabalho.

(147) Referido acordo foi objeto, recentemente, do Decreto n. 9.446, de 11.7.2018, que Promulga a Emenda ao Anexo II do Acordo de Transporte Rodoviário Internacional de Passageiros e Cargas entre a República Federativa do Brasil e a República Cooperativista da Guiana, firmada em Georgetown, em 29 de junho de 2009".

Nesse contexto, mesmo sendo estrangeiro ou atuando em rotas internacionais, o motorista está obrigado ao cumprimento das normas de saúde e segurança do trabalho estabelecidas pela lei nacional — se mais favoráveis —, uma vez que quando trafegam pelo nosso território, tal qual os motoristas que atuam localmente, podem vir a sofrer — e a causar — acidentes.

A matéria, contudo, é árida e difícil, pois não está disciplinada de forma clara e expressa na legislação nacional ou em acordos internacionais. Houve, no entanto, avanços quando a Lei n. 13.103/2015 inseriu o art. 230, inciso XXIII, e § 2º, no CTB, cominando penalidade ao condutor que descumprir os preceitos assegurados no art. 67-C, ao estabelecer que, em "se tratando de condutor estrangeiro, a liberação do veículo fica condicionada ao pagamento ou ao depósito, judicial ou administrativo, da multa".

Portanto, o tema traz implicações sérias, considerando a relevância do comércio, circulação de pessoas e mercadorias por via terrestre entre os países do Mercosul — assim como com os demais países com os quais o Brasil mantenha relações terrestres. Ademais, envolve outros interesses, como o custo do transporte e os efeitos que este pode provocar na competitividade econômica das empresas que exploram esse ramo de atividade, trazendo para a arena do debate controvérsias a respeito de concorrência entre nacionais e estrangeiros, que pode se tornar desleal se não houver uma equalização nas exigências legais, abrindo válvulas de escape para que uns operem com menor custo do que outros (arts. 2º, 31 e 35 da Lei n. 12.529/2011, que estrutura o Sistema Brasileiro de Defesa da Concorrência — SBDC), além da possibilidade de atuar sem a devida observância das regras de proteção, o que pode gerar consequências nefastas para a integridade física de terceiros que trafegam pelas rodovias nacionais.

Também em âmbito jurisprudencial, nota-se cuidado na análise da matéria, como evidenciam as razões que levaram ao cancelamento da Súmula n. 207 do Tribunal Superior do Trabalho. Conforme ressaltou a ministra Maria Cristina Irigoyen Peduzzi, em voto proferido ao julgar o Recurso de Embargos em Recurso de Revista n. 219000-93.2000.5.01.0019:(148)

> [A]s recentes construções jurisprudenciais, que têm afastado a aplicação da Súmula n. 207 desta Eg. Corte, assim como as alterações legislativas que estenderam os direitos previstos na Lei n. 7.064/1982 a todos os

(148) E-RR – 219000-93.2000.5.01.0019. Data de Julgamento: 22.9.2011, relatora Ministra: Maria Cristina Irigoyen Peduzzi, Subseção I Especializada em Dissídios Individuais, Data de Publicação: *DEJT* 7.10.2011: "PRESTAÇÃO DE SERVIÇOS NO EXTERIOR – CONFLITO DE LEIS TRABALHISTAS NO ESPAÇO – EMPRESA ESTRANGEIRA SUBSIDIÁRIA DE EMPRESA ESTATAL BRASILEIRA.

1. Em harmonia com o princípio da *Lex loci execucionis*, esta Eg. Corte editou em 1985 a Súmula n. 207, pela qual adotou o princípio da territorialidade, sendo aplicável a legislação protetiva do local da prestação dos serviços aos trabalhadores contratados para laborar no estrangeiro.

2. Mesmo antes da edição do verbete, contudo, a Lei n. 7.064, de 1982, instituiu importante exceção ao princípio da territorialidade, prevendo normatização específica para os trabalhadores de empresas prestadoras de serviços de engenharia no exterior.

3. Segundo o diploma, na hipótese em que o empregado inicia a prestação dos serviços no Brasil e, posteriormente, é transferido para outro país, é aplicável a legislação mais favorável (art. 3º, II). Por outro lado, quando o empregado é contratado diretamente por empresa estrangeira para trabalhar no exterior, aplica-se o princípio da territorialidade (art. 14).

4. Apesar de o diploma legal ter aplicação restrita às empresas prestadoras de serviços de engenharia, a jurisprudência desta Eg. Corte Superior passou, progressivamente, a se posicionar favoravelmente à sua aplicação a outras empresas, como se pode observar em vários precedentes.

Essa tendência também tem sido verificada no ordenamento jurídico de outros países.

5. Atento à jurisprudência que veio se firmando no âmbito desta Eg. Corte, o legislador, por meio da Lei n. 11.962/2009, alterou a redação do art. 1º da Lei n. 7.064/82, estendendo o diploma a todos os trabalhadores contratados no Brasil ou transferidos por seus empregadores para prestar serviços no exterior.

6. No caso concreto, o empregado foi contratado pela Braspetro Oil Service Company, empresa subsidiária da Petrobras constituída em outro país, para prestar serviços nas águas territoriais da Angola.

7. Por se tratar de empresa subsidiária da maior empresa estatal brasileira, que tem suas atividades estritamente vinculadas ao país, entendo aplicável a legislação mais favorável ao trabalhador — no caso, a brasileira —, em razão dos estreitos vínculos do empregador com o ordenamento jurídico nacional. Embargos conhecidos e desprovidos." (Marcas nossas)

trabalhadores que passarem a prestar serviços no exterior, indicam a prevalência do princípio da norma mais favorável sobre o princípio da territorialidade. Essa tendência também tem sido verificada no ordenamento jurídico de outros países, como já registrado.

A análise da questão, sob o prisma do trabalhador brasileiro que se ativa no exterior, pode ser aplicada, também, ao caso do trabalhador estrangeiro que ingressa, ainda que provisoriamente, em território brasileiro. Como bem pontua Valério de Oliveira Mazzuoli,[149] a aplicação do princípio da prevalência da norma mais benéfica está em "consonância com o disposto no art. 29 da Convenção Americana".

Assim, tem-se por norte, no que se refere à aplicação de medidas laborais protetivas, também a regra da condição mais benéfica ao motorista que ingressa em território nacional, posição essa que, além de coerente com a doutrina e a jurisprudência, beneficia terceiros, que com ele compartilham o mesmo meio ambiente de trabalho, bem como busca fixar os mesmos critérios de atuação às diferentes empresas que operam, em concorrência, nos mesmos mercados.

3.3.1. Diretrizes da Inspeção do Trabalho no âmbito do Mercosul e especificidades do setor de transportes

Por derradeiro, vale observar que a Inspeção Trabalhista no âmbito do Mercosul tem, dentre suas prioridades e seus focos, a homogeneização de atuação no que se refere à questão da jornada de trabalho. Nesse sentido são as considerações de Marcelo Julio Navarro:

> El Consejo del Mercado Común, en su reunión del 19 de junio de 2005, mediante la Recomendación n. 1, decidió fijar algunas pautas aplicables a las inspecciones de trabajo que se realicen en el âmbito de los Estados partes (...).
>
> El primer instrumento elaborado por el consejo, con el referido objetivo de homogeneizar los servicios de inspección y procurar la eficacia de su actuación, aconseja que, en la medida de resultar compatible con las prácticas administrativas locales y con la actividad inspeccionada, en los operativos de inspección se verifiquem, como mínimo, las cuestiones que indica a titulo enunciativo. Por uma parte, deben controlarse las condiciones generales de trabajo vinculadas con el debido registro de los trabajadores en la documentación laboral y en los organismos de seguridad social, así como el cumplimiento de las normas legales o convencionales que regulan la jornada de trabajo y la prohibición del trabajo infantil. (...)[150]

A questão encontra ressonância, ainda, na Recomendação n. 82 da Organização Internacional do Trabalho, que trata "*sobre la inspección del trabajo (minas y transporte)*", a fim de que:

> La Conferencia recomienda a los Miembros que apliquen las disposiciones siguientes, tan pronto lo permitan las condiciones nacionales, y que informen a la Oficina Internacional del Trabajo, conforme lo solicite el Consejo de Administración, sobre todas las medidas dictadas para ponerlas en práctica:
>
> *Todo Miembro de la Organización Internacional del Trabajo debería aplicar a las empresas* mineras y *de transporte, tal como las defina la autoridad competente, sistemas de inspección del trabajo apropiados, que garanticen el cumplimiento de las disposiciones legales referentes a las condiciones de trabajo y protejan a los trabajadores en el ejercicio de su profesión.* (Marcas nossas)

Assim, em que pese a especialidade da matéria, verifica-se sua importância, não só em decorrência das elevadas repercussões sociais advindas do maior controle fiscal sobre questões de saúde e segurança do trabalho aplicáveis aos motoristas profissionais, como, também, econômicas e

(149) MAZZUOLI, Valério de Oliveira. *O controle jurisdicional da convencionalidade das leis.* 2. ed. São Paulo: Revista dos Tribunais, 2011. p. 80. No mesmo sentido, GEMIGNANI, Daniel. *O federalismo brasileiro sob perspectiva funcional:* condomínio legislativo e proteção dos direitos humanos. Brasília: Esmpu, 2023. Disponível em: https://escola.mpu.mp.br/publicacoes/obras-avulsas/e-books-esmpu/o-federalismo-brasileiro-sob-perspectiva-funcional-condominio-legislativo-e-protecao-dos-direitos-humanos. Acesso em: 20 dez. 2023.

(150) NAVARRO, Marcelo Julio. *Derecho Administrativo laboral.* Policía del trabajo. Actuación de la administración publica en el ámbito de las relaciones de trabajo. Santa Fé: Rubinzal-Culzoni editores, 2010. p. 145, item II.

políticas, na medida em que implicam maior dinamização e equalização das condições que cercam as relações entre os países membros do Mercosul.

3.3.2. Da responsabilidade pela aplicação de sanções ao motorista estrangeiro

Tratando-se de motorista estrangeiro que atua de forma provisória no território nacional, plenamente possível dirigir-se a sanção ao tomador de serviços sediado em território nacional, haja vista sua responsabilidade solidária quando se está a tratar de saúde e segurança do trabalhador.(151) Ainda, e com base no art. 24, item 1, alínea *"b"*, do Decreto n. 99.704, de 20 de novembro de 1990, que dispõe sobre a execução no Brasil do Acordo sobre Transporte Internacional Terrestre — ATIT, tem-se:

> Art. 24. – 1. A fim de requerer a licença complementar, a empresa deverá apresentar ao Organismo Nacional Competente do outro país signatário, em um prazo de 60 (sessenta) dias a partir da data de expedição de documento de idoneidade que comprova a licença originária, juntamente com a solicitação de licença complementar segundo o formulário do apêndice 2, unicamente os documentos seguintes:
>
> (...)
>
> b) *Prova de designação, no território do país em que se solicita a licença complementar, de um representante legal com plenos poderes para a empresa em todos os atos administrativos e judiciais em que esta deva intervir na jurisdição do país.* (Marcas nossas)

Extrai-se, assim, do dispositivo legal suprarreferido, a exigência de que, no território em que o motorista estrangeiro ingressa, deve existir representante legal do prestador de serviços com "plenos poderes". Ambos, prestador de serviços e seu representante legal, são solidariamente(152) responsáveis pelo cumprimento da normatividade protetiva, cuja inobservância pode comprometer até a liberação do veículo conforme dispõe o § 2º do art. 230 do CTB.

Já em âmbito judicial, registre-se o constante do Protocolo de Cooperação e Assistência Jurisdicional em Matéria Civil, Comercial, Trabalhista e Administrativa — MERCOSUL/CMC/DEC. n. 05/1992, alterado conforme Decreto Legislativo n. 970/2003,(153) ao dispor, em seu art. 3º, que:

> Art. 3º Os nacionais, os cidadãos e os residentes permanentes ou habituais de um dos Estados Partes gozarão, nas mesmas condições dos nacionais, cidadãos e residentes permanentes ou habituais de outro Estado Parte, do livre acesso à jurisdição desse Estado para a defesa de seus direitos e interesses.

(151) A exemplo do que se tem nos seguintes acórdãos, ilustrativamente: (i) AIRR-298-41.2010.5.04.0701, que na fl. 16, assim assenta: "Ressalte-se, ainda, que a isenção de responsabilidade do dono da obra, na forma sedimentada na OJ n. 191 da SBDI-1 do TST, alcança apenas as obrigações estritamente trabalhistas contraídas pelo empreiteiro, não se aplicando aos casos de responsabilidade civil decorrente de acidente de trabalho em que há dever genérico de proteção contra os riscos inerentes à execução do serviço, em especial daqueles que se beneficiarão com o resultado do labor". Ver, ainda, outras discussões presentes neste livro no capítulo "Abrangência das medidas protetivas no âmbito da saúde e segurança do trabalho". Processo: AIRR – 298-41.2010.5.04.0701. Data de Julgamento: 8.5.2013, relator Ministro: Alberto Luiz Bresciani de Fontan Pereira, 3ª Turma, Data de Publicação: *DEJT* 17.5.2013.

(152) Nos termos do art. 9º, do Decreto n. 99.704, de 20 de novembro de 1990 (ATIT), tem-se que: "(...) 2. não obstante, o representante legal a que se refere a letra b) do art. 24, será solidariamente responsável pelo pagamento das multas aplicadas aos condutores que houverem cometido infrações de trânsito. As exigências feitas, em cada caso, pelas Autoridades Judiciárias Competentes, serão notificadas ao representante indicado, através do Organismo Nacional Competente respectivo".

Ademais, nos termos do art. 58, tem-se que: "1. Os países signatários designam como organismos nacionais competentes para a aplicação do presente Acordo, em suas respectivas jurisdições, os seguintes: (...) BRASIL: Ministro dos Transportes (Departamento Nacional de Estradas de Rodagem — DNER e Rede Ferroviária Federal — RFFSA)".

(153) Dispõe o Decreto Legislativo n. 970/2003 que: "Os Governos da República Argentina, da República Federativa do Brasil, da República do Paraguai e da República Oriental do Uruguai, doravante "Estados Partes";

TENDO EM CONTA o Protocolo de Cooperação e Assistência Jurisdicional em Matéria Civil, Comercial, Trabalhista e Administrativa firmado entre os Estados Partes do MERCOSUL no Valle de Las Leñas, República Argentina, em 27 de junho de 1992;

CONSIDERANDO o "Acordo de Cooperação e Assistência Jurisdicional em Matéria Civil, Comercial, Trabalhista e Administrativa entre os Estados Partes do MERCOSUL e a República da Bolívia e a República do Chile", firmado na XVII Reunião de Ministros de Justiça dos Estados Partes do MERCOSUL;

CONSCIENTES da necessidade de harmonizar ambos os textos, (...)".

O parágrafo anterior aplicar-se-á às pessoas jurídicas constituídas, autorizadas ou registradas de acordo com as leis de qualquer dos Estados Partes.

Portanto, também a jurisdição nacional pode ser acessada pelo estrangeiro (art. 12 da Lei de Introdução às Normas de Direito Brasileiro, LINDB — antiga Lei de Introdução ao Código Civil, LICC — Decreto-lei n. 4.657/1942), motorista profissional que ingressa em território brasileiro, podendo pleitear em face do tomador de serviço nacional (arts. 13 e 14 da LINDB), do representante do prestador de serviços ou do tomador de serviços.(154)

A possibilidade de retenção do veículo para que não saia do território nacional até que os valores devidos em razão do descumprimento legal sejam devidamente quitados reveste-se de efeito coercitivo considerável, como bem expressa o art. 230, inciso XXIII e § 2º, inserido pela Lei n. 13.103/2015 no CTB, que assim prevê:

Em se tratando de condutor estrangeiro, a liberação do veículo fica condicionada ao pagamento ou ao depósito, judicial ou administrativo, da multa.

Assim sendo, além das disposições e possibilidades já aventadas desde a primeira edição desta obra, tem-se, também, a possibilidade de retenção do veículo até que seja quitada a multa aplicada em razão do art. 67-C do CTB "relativamente ao tempo de permanência do condutor ao volante e aos intervalos para descanso, quando se tratar de veículo de transporte de carga ou coletivo de passageiros", penalidade que pode ser aplicada não só pela autoridade de trânsito e pela Inspeção do Trabalho(155), mas também respaldar decisão judicial, proferida com supedâneo no inciso IV do art. 139 do CPC.(156)

---

(154) As modificações ocorridas em 2003 alcançaram, também, o art. 5º do Protocolo, que assim dispõe: "ART. 5º Cada Estado-Parte deverá enviar às autoridades jurisdicionais do outro Estado Parte, segundo o previsto nos arts. 2 e 10, carta rogatória em matéria civil, comercial, trabalhista ou administrativa, quando tenha por objeto:

a) diligências de simples trâmite, tais como citações, intimações, citações com prazo definido, notificações ou outras semelhantes;

b) recebimento ou obtenção de provas".

(155) Vislumbra-se aqui, portanto, a necessária integração de sistemas entre as polícias rodoviárias, órgãos aduaneiros e a Inspeção do Trabalho, a fim de que sejam compartilhadas informações com relação a imposição de multas por afronta as disposições protetivas dos motoristas profissionais.

(156) "Art. 139. O juiz dirigirá o processo conforme as disposições deste Código, incumbindo-lhe: (...). IV – determinar todas as medidas indutivas, coercitivas, mandamentais ou sub-rogatórias necessárias para assegurar o cumprimento de ordem judicial, inclusive nas ações que tenham por objeto prestação pecuniária". Referido dispositivo do Código de Processo Civil foi reputado constitucional, conforme ADI n. 5.941, assim ementada: "EMENTA: AÇÃO DIRETA DE INCONSTITUCIONALIDADE. OS ARTIGOS 139, IV; 380, PARÁGRAFO ÚNICO; 400, PARÁGRAFO ÚNICO; 403, PARÁGRAFO ÚNICO; 536, *CAPUT* E § 1º E 773, TODOS DO CÓDIGO DE PROCESSO CIVIL. MEDIDAS COERCITIVAS, INDUTIVAS OU SUB-ROGATÓRIAS. ATIPICIDADE DOS MEIOS EXECUTIVOS. PEDIDO DE DECLARAÇÃO DE INCONSTITUCIONALIDADE, SEM REDUÇÃO DE TEXTO, PARA AFASTAR, EM QUALQUER HIPÓTESE, A POSSIBILIDADE DE IMPOSIÇÃO JUDICIAL DE MEDIDAS COERCITIVAS, INDUTIVAS OU SUB-ROGATÓRIAS CONSISTENTES EM SUSPENSÃO DO DIREITO DE DIRIGIR, APREENSÃO DE PASSAPORTE E PROIBIÇÃO DE PARTICIPAÇÃO EM CONCURSOS PÚBLICOS OU EM LICITAÇÕES. AUSÊNCIA DE VIOLAÇÃO À PROPORCIONALIDADE. MEDIDAS QUE VISAM A TUTELAR AS GARANTIAS DE ACESSO À JUSTIÇA E DE EFETIVIDADE E RAZOÁVEL DURAÇÃO DO PROCESSO. INEXISTÊNCIA DE VIOLAÇÃO ABSTRATA E APRIORÍSTICA DA DIGNIDADE DO DEVEDOR. AÇÃO CONHECIDA E JULGADA IMPROCEDENTE. 1. O acesso à justiça reclama tutela judicial tempestiva, específica e efetiva sob o ângulo da sua realização prática. 2. A morosidade e inefetividade das decisões judiciais são lesivas à toda a sociedade, porquanto, para além dos efeitos diretos sobre as partes do processo, são repartidos pela coletividade os custos decorrentes da manutenção da estrutura institucional do Poder Judiciário, da movimentação da sua máquina e da prestação de assistência jurídica integral e gratuita aos que comprovarem insuficiência de recursos. 3. A efetividade e celeridade das decisões judiciais constitui uma das linhas mestras do processo civil contemporâneo, como se infere da inclusão, no texto constitucional, da garantia expressa da razoável duração do processo (art. 5º, LXXVIII, após a Emenda Constitucional n. 45/2004) e da positivação, pelo Novo Código de Processo Civil, do direito das partes "de obter em prazo razoável a solução integral do mérito, incluída a atividade satisfativa" (grifei). 4. A execução ou satisfação daquilo que devido representa verdadeiro gargalo na prestação jurisdicional brasileira, mercê de os estímulos gerados pela legislação não terem logrado suplantar o cenário prevalente, marcado pela desconformidade geral e pela busca por medidas protelatórias e subterfúgios que permitem ao devedor se evadir de suas obrigações. 5. Os poderes do juiz no processo, por conseguinte, incluem "determinar todas as medidas indutivas, coercitivas, mandamentais ou sub-rogatórias necessárias para assegurar o cumprimento de ordem judicial, inclusive nas ações que tenham por objeto prestação pecuniária" (art. 139, IV), obedecidos o devido processo

3.4. Do motorista brasileiro que atua em rotas internacionais

De outra banda, importante tecer comentários com relação ao motorista brasileiro, isto é, aquele registrado no Brasil, mas que atua em rotas internacionais.

Nesse caso, deve-se aplicar, por analogia, o quanto assentado em razão do cancelamento da Súmula n. 207 do TST, conforme acima registrado. Diz-se por analogia, pois, não se está a tratar, no presente caso, do trabalhador expatriado, nos termos da Lei n. 7.064/1982, haja vista o que dispõe seu art. 1º, parágrafo único. Contudo, em razão da especificidade das condições em que o serviço é prestado, imperioso registrar que ao motorista que se ativa em linhas internacionais deve ser assegurada a proteção da lei brasileira, se mais benéfica.

Logo, devem ser aplicadas as disposições protetivas brasileiras ao motorista contratado no Brasil, se mais benéficas, inclusive para o período em que estiver trabalhando em território estrangeiro.

---

legal, a proporcionalidade, a eficiência, e, notadamente, a sistemática positivada no próprio NCPC, cuja leitura deve ser contextualizada e razoável à luz do texto legal. 6. A amplitude semântica das cláusulas gerais permite ao intérprete/aplicador maior liberdade na concretização da fattispecie — o que, evidentemente, não o isenta do dever de motivação e de observar os direitos fundamentais e as demais normas do ordenamento jurídico e, em especial, o princípio da proporcionalidade. 7. A significação de um mandamento normativo é alcançada quando se agrega, à filtragem constitucional, a interpretação sistemática da legislação infraconstitucional — do contrário, de nada aproveitaria a edição de códigos, microssistemas, leis interpretativas, meta-normas e cláusulas gerais. Essa assertiva assume ainda maior relevância diante do Direito codificado: o intérprete não pode permanecer indiferente ao esforço sistematizador inerente à elaboração de um código, mercê de se exigir do Legislador a repetição, ad nauseam, de preceitos normativos já explanados em títulos, capítulos e seções anteriores. 8. A correção da proporcionalidade das medidas executivas impostas pelo Poder Judiciário reside no sistema recursal consagrado pelo NCPC. 9. A flexibilização da tipicidade dos meios executivos visa a dar concreção à dimensão dialética do processo, porquanto o dever de buscar efetividade e razoável duração do processo é imputável não apenas ao Estado-juiz, mas, igualmente, às partes. 10. O Poder Judiciário deve gozar de instrumentos de enforcement e accountability do comportamento esperado das partes, evitando que situações antijurídicas sejam perpetuadas a despeito da existência de ordens judiciais e em razão da violação dos deveres de cooperação e boa-fé das partes — o que não se confunde com a punição a devedores que não detêm meios de adimplir suas obrigações. 11. A variabilidade e dinamicidade dos cenários com os quais as Cortes podem se deparar (e.g. tutelas ao meio ambiente, à probidade administrativa, à dignidade do credor que demanda prestação essencial à sua subsistência, ao erário e patrimônio públicos), torna impossível dizer, a priori, qual o valor jurídico a ter precedência, de modo que se impõe estabelecer o emprego do raciocínio ponderativo para verificar, no caso concreto, o escopo e a proporcionalidade da medida executiva, vis-à-vis a liberdade e autonomia da parte devedora. 12. *In casu*, o argumento da eventual possibilidade teórica de restrição irrazoável da liberdade do cidadão, por meio da aplicação das medidas de apreensão de carteira nacional de habilitação e/ou suspensão do direito de dirigir, apreensão de passaporte, proibição de participação em concurso público e proibição de participação em licitação pública, é imprestável a sustentar, só por si, a inconstitucionalidade desses meios executivos, máxime porque a sua adequação, necessidade e proporcionalidade em sentido estrito apenas ficará clara à luz das peculiaridades e provas existentes nos autos. 13. A excessiva demora e ineficiência do cumprimento das decisões judiciais, sob a perspectiva da análise econômica do direito, é um dos fatores integrantes do processo decisório de escolha racional realizado pelo agente quando deparado com os incentivos atinentes à propositura de uma ação, à interposição de um recurso, à celebração de um acordo e à resistência a uma execução. Num cenário de inefetividade generalizada das decisões judiciais, é possível que o devedor não tenha incentivos para colaborar na relação processual, mas, ao contrário, seja motivado a adotar medidas protelatórias, contexto em que, longe de apresentar estímulos para a atuação proba, célere e cooperativa das partes no processo, a legislação (e sua respectiva aplicação pelos julgadores) estará promovendo incentivos perversos, com maiores *payoffs* apontando para o descumprimento das determinações exaradas pelo Poder Judiciário. 14. A efetividade no cumprimento das ordens judiciais, destarte, não serve apenas para beneficiar o credor que logra obter seu pagamento ao fim do processo, mas incentiva, adicionalmente, uma postura cooperativa dos litigantes durante todas as fases processuais, contribuindo, inclusive, para a redução da quantidade e duração dos litígios. 15. *In casu*, não se pode concluir pela inconstitucionalidade de toda e qualquer hipótese de aplicação dos meios atípicos indicados na inicial, mercê de este entendimento, levado ao extremo, rechaçar quaisquer espaços de discricionariedade judicial e inviabilizar, inclusive, o exercício da jurisdição, enquanto atividade eminentemente criativa que é. Inviável, pois, pretender, apriorística e abstratamente, retirar determinadas medidas do leque de ferramentas disponíveis ao magistrado para fazer valer o provimento jurisdicional. 16. Ação direta de inconstitucionalidade conhecida e, no mérito, julgada improcedente".

4

Direitos e Deveres dos Motoristas Profissionais de Maneira Geral

O art. 2º da Lei n. 12.619/2012 foi revogado pelo art. 21 da Lei n. 13.103/2015 que, em seu art. 2º passou a tratar dos direitos dos motoristas profissionais em geral.

Referido dispositivo legal, contudo, não traz um rol exaustivo de direitos, ante o marco protetivo mais amplo, constitucionalmente assegurado pelos arts. 6º a 11º, que disciplinam os direitos sociais fundamentais — Capítulo II do Título II da CF/1988 — e os discriminados entre os arts. 194 a 204, que tratam da seguridade social — Capítulo II do Título VIII da CF/1988.

Com efeito, seja com o controle de jornada (limites de duração, intervalos, tempo de direção), seja com vedação a modalidades remuneratórias que incentivem a exposição dos motoristas a riscos que possam comprometer a saúde e segurança, seja, por fim, pela exigência de implantação de programas de gerenciamento de riscos, a interpretação da Lei n. 13.103/2015 não pode se afastar da senda principal, aberta pela Lei n. 12.619/2012 quanto à importância de redução das situações de risco e de incentivo a condutas de prevenção, questões que passaremos a analisar de forma mais detalhada.

4.1. O acesso gratuito a programa de formação e aperfeiçoamento profissional e atendimento profilático, terapêutico e reabilitador — Art. 2º, incisos I, II e IV da Lei n. 13.103/2015

O novo preceito legal realça a necessidade de aperfeiçoamento e treinamento contínuo dos motoristas profissionais. Assim, em cotejo com a disposição anterior da Lei n. 12.619/2012, tem-se:

Lei n. 12.619/2012 - Art. 2º	Lei n. 13.103/2015 - Art. 2º
I - ter acesso gratuito a programas de formação e aperfeiçoamento profissional, em cooperação com o poder público;	I - ter acesso gratuito a programas de formação e aperfeiçoamento profissional, **preferencialmente mediante cursos técnicos e especializados previstos no inciso IV do art. 145 da Lei n. 9.503, de 23 de setembro de 1997 — Código de Trânsito Brasileiro, normatizados pelo Conselho Nacional de Trânsito — CONTRAN,** em cooperação com o poder público;
II - contar, por intermédio do Sistema Único de Saúde — SUS, com atendimento profilático, terapêutico e reabilitador, especialmente em relação às enfermidades que mais os acometam, consoante levantamento oficial, respeitado o disposto no art. 162 da Consolidação das Leis do Trabalho — CLT, aprovada pelo Decreto-lei n. 5.452, de 1º de maio de 1943;	II - contar, por intermédio do Sistema Único de Saúde — SUS, com atendimento profilático, terapêutico, reabilitador, especialmente em relação às enfermidades que mais os acometam; **IV - contar com serviços especializados de medicina ocupacional, prestados por entes públicos ou privados à sua escolha;**

OBS: Os grifos indicam as novidades da Lei n. 13.103/2015.

Tais dispositivos têm por finalidade preservar as condições de segurança e resguardar a vida e a integridade física não só dos motoristas profissionais, mas também de terceiros, sejam os passageiros transportados, sejam os demais usuários da malha viária. Esses direitos têm como responsáveis por sua implementação não somente os empregadores, mas também os tomadores de serviço, aos quais cabe não só ministrar, mas também possibilitar o acesso a cursos de formação e aperfeiçoamento, exigindo a constante atualização desses profissionais.

Novidade trazida pela nova lei é a preferência por cursos técnicos e especializados previstos no CTB,(157) normatizados pelo CONTRAN. Visa-se, com isso, a uniformização de conteúdos e a facilitação da fiscalização da sua qualidade, possibilitando meios e parâmetros de controle.

Contudo, imperioso interpretar o dispositivo legal não apenas sob a perspectiva do trânsito, mas principalmente da saúde e segurança do trabalho. Restringir o alcance de tão importante previsão legal é fechar os olhos para os riscos a que estão sujeitos os motoristas profissionais, bem como o risco que esses profissionais, quando despreparados, representam para toda a sociedade.

Como exemplo, pode-se citar o estudo da OIT titularizado por Bruce A. Millies, ao destacar:

> Los accidentes de los vehículos a motor constituyen uno de lós riesgos más graves con que se enfrentan los conductores de camiones y autobuses. Este riesgo se agrava si el mantenimiento del vehículo no es el adecuado, sobre todo si los neumáticos están desgastados o el sistema de frenos falla. La fatiga provocada por horarios de trabajo prolongados o irregulares o por otros factores de estrés aumenta la probabilidad de accidente. Una velocidad excesiva o el transporte de cargas con pesos superiores a lo aconsejable agravan la situación, al igual que el tráfico denso y las condiciones meteorológicas adversas, que disminuyen la tracción y la visibilidad. (...)
>
> Los conductores afrontan diversos riesgos ergonómicos. Los más obvios son las lesiones de espalda y de otro tipo por levantamiento de grandes pesos o por emplear técnicas de izado inadecuadas. (...)
>
> Con frecuencia, los asientos del conductor están mal diseñados y no disponen de medios de ajuste para mejorar el apoyo y la comodidad en períodos prolongados, lo que da lugar a molestias de espalda y daños musculares y óseos. (...)
>
> Los conductores corren el riesgo de sufrir pérdidas auditivas por exposición prolongada al fuerte ruido emitido por el motor. (...)
>
> Algunos camioneros están expuestos a riesgos de carácter químico, radiactivo o biológico asociados con la carga que transportan. (...).(158)

Portanto, a questão joga luz sobre a necessidade de treinamento do motorista profissional não só quanto às questões de trânsito, mas também em relação às questões que envolvem a saúde e segurança própria e de terceiros.

Nesse passo, nos termos da Norma Regulamentadora n. 1(159) do Ministério do Trabalho, surge a necessidade de comunicar os motoristas profissionais a respeito do controle dos riscos

(157) Assim preceitua o art. 145, inciso IV, do CTB: "Art. 145. Para habilitar-se nas categorias D e E ou para conduzir veículo de transporte coletivo de passageiros, de escolares, de emergência ou de produto perigoso, o candidato deverá preencher os seguintes requisitos: IV – ser aprovado em curso especializado e em curso de treinamento de prática veicular em situação de risco, nos termos da normatização do CONTRAN".

(158) Enciclopédia em saúde e segurança do trabalho da Organização Internacional do Trabalho (OIT) 102 – "Industria del transporte y el almacenamiento", Diretor do capítulo LaMont Byrd, que, em seu ponto "Transporte por carretera", Bruce A. Millies, p. 102.25.

(159) Referida Norma Regulamentadora trata de disposições gerais e gerenciamento de riscos ocupacionais, visando a articulação com as demais normas regulamentadoras. Da NR-1 destaca-se o denominado "inventário de riscos", que deverá contemplar: "1.5.7.3.2 O Inventário de Riscos Ocupacionais deve contemplar, no mínimo, as seguintes informações:

ambientais relacionados à carga transportada, às medidas de controle em caso de acidente e demais situações adversas, bem como as relativas a condições ergonômicas inadequadas a que podem estar submetidos, tendo como norte os incisos II e VIII do art. 200 da CF/1988, de modo que tal controle deve ser coordenado com avaliação médica específica, individual e coletiva desses trabalhadores, a fim de detectar, preventivamente, a existência de situações que os exponham, ou exponha terceiros, a situações de risco.

Importante, também, trazer à discussão a previsão do art. 147, § 3º, do CTB, com redação conferida pela Lei n. 14.071/2020, que dispõe:

> Art. 147. O candidato à habilitação deverá submeter-se a exames realizados pelo órgão executivo de trânsito, na ordem descrita a seguir, e os exames de aptidão física e mental e a avaliação psicológica deverão ser realizados por médicos e psicólogos peritos examinadores, respectivamente, com titulação de especialista em medicina do tráfego e em psicologia do trânsito, conferida pelo respectivo conselho profissional, conforme regulamentação do Contran:
>
> (...)
>
> § 2º O exame de aptidão física e mental, a ser realizado no local de residência ou domicílio do examinado, será preliminar e renovável com a seguinte periodicidade:
>
> I – a cada 10 (dez) anos, para condutores com idade inferior a 50 (cinquenta) anos;
>
> II – a cada 5 (cinco) anos, para condutores com idade igual ou superior a 50 (cinquenta) anos e inferior a 70 (setenta) anos;
>
> III – a cada 3 (três) anos, para condutores com idade igual ou superior a 70 (setenta) anos.
>
> § 3º O exame previsto no § 2º incluirá avaliação psicológica preliminar e complementar sempre que a ele se submeter o condutor que exerce atividade remunerada ao veículo, incluindo-se esta avaliação para os demais candidatos apenas no exame referente à primeira habilitação.

Assim, para os motoristas profissionais empregados, deve constar do Programa de Controle Médico de Saúde Ocupacional (PCMSO)[(160)] todo o instrumental clínico epidemiológico voltado à prevenção, nos termos delineados pela Norma Regulamentadora n. 7 do Ministério do Trabalho.

Conforme assentamos em trabalho diverso, faz-se o seguinte registro:

> Neste ponto, interessantes são os apontamentos de Luiz Antonio Rabelo Rocha, que assim aduz[(161)]:
>
> Para a elaboração/construção do Programa de Controle Médico de Saúde Ocupacional em qualquer empresa, é necessário que tenhamos alguns dados que são essenciais para a concretização do pretendido programa: o conhecimento detalhado da população trabalhadora que será alvo de suas ações, a avaliação mais aprofundada dos riscos ocupacionais envolvidos nas atividades desenvolvidas por aqueles trabalhadores, tudo isso após visita técnica do médico aos locais de trabalho para verificação *in loco* das diversas tarefas, do fluxograma de produção ou da organização do trabalho, do clima

a) caracterização dos processos e ambientes de trabalho; b) caracterização das atividades; c) descrição de perigos e de possíveis lesões ou agravos à saúde dos trabalhadores, com a identificação das fontes ou circunstâncias, descrição de riscos gerados pelos perigos, com a indicação dos grupos de trabalhadores sujeitos a esses riscos, e descrição de medidas de prevenção implementadas; d) dados da análise preliminar ou do monitoramento das exposições a agentes físicos, químicos e biológicos e os resultados da avaliação de ergonomia nos termos da NR-17. e) avaliação dos riscos, incluindo a classificação para fins de elaboração do plano de ação; e f) critérios adotados para avaliação dos riscos e tomada de decisão.", sendo um dos deveres da *organização* "comunicar aos trabalhadores sobre os riscos consolidados no inventário de riscos e as medidas de prevenção do plano de ação do PGR", conforme item 1.5.3.3.

(160) Registra-se a restrição estabelecida na Portaria n. 672, de 8 de novembro de 2021, do Ministro da Economia, quanto à *inclusão dos exames toxicológicos* no PCMSO. A questão, contudo, será objeto de análise específica ao longo desta obra.

(161) ROCHA, Luiz Antonio Rabelo. *PCMSO, teoria e prática*. São Paulo: LTr, 2011. p. 31.

psico-organizacional existente na empresa, além de outros aspectos, como jornada e descanso.(162)

Aqui, mais uma vez, vale transcrição da obra acima referida, que assim comenta sobre o conceito de PCMSO, destacando-se a necessária atualização da referência em razão da extensa revisão realizada nas Normas Regulamentadoras nos últimos anos, em especial da Norma Regulamentadora n. 1:

> Trata-se de metodologia de atuação médica, centrada na saúde de grupos específicos de trabalhadores, avaliando-os individual e coletivamente, atenta a todos os fatores ligados à ocupação profissional e que possam ocasionar distúrbios da saúde, sempre voltada para as condutas preventiva e diagnóstica precoces (em fases sub-clinicas, ou seja, em momentos em que a doença ainda não se instalou de forma definitiva no organismo do trabalhador).
>
> Por derradeiro, em complementação às observações colacionadas no item acima, vale a transcrição da observação constante da Nota Técnica s/n, de 1º.10.1996, da antiga Secretaria de Segurança e Saúde no Trabalho, sobre o PCMSO, editada "visando orientar os profissionais ligados à área de segurança e saúde no trabalho, quanto à adequada operacionalização do programa de Controle Médico de Saúde Operacional — PCMSO, objeto da Norma Regulamentadora n. 7", tem-se os seguintes comentários ao item 7.2.4.:
>
> (...) Embora o Programa deva ser articulado com todas as Normas Regulamentadoras, a conexão básica deve ser com o Programa de Prevenção de Riscos Ambientais — PPRA, previsto na Norma Regulamentadora n. 9.(163)

Já para o caso dos motoristas profissionais autônomos, referido controle deve se dar por meios equivalentes, conquanto não se possa falar, estritamente, na elaboração de PCMSO, considerando o disposto no item 1.2.1.2 da NR-1, conforme análise realizada no Capítulo 3.2.2.2. Tal ocorre porque a obrigação de controle subsiste para os tomadores de serviço, haja vista os direitos albergados no art. 2º da Lei n. 13.103/2015 e os deveres previstos no próprio CTB.

Exemplificativamente, em publicação do Instituto Nacional de Câncer (INCA),(164) denominada "Diretrizes para a Vigilância do Câncer Relacionado ao Trabalho", do ano de 2012, foi constatada a existência de nexo causal entre câncer de bexiga, estômago, esôfago e a atividade dos motoristas de caminhão, tanto empregados quanto autônomos, basicamente em razão das condições adversas a que expostos esses profissionais, fatos cujo conhecimento pode resultar em procedimentos de prevenção que consigam evitar referidos agravos à saúde.

Nessa mesma toada, deve ser considerado o rol de substâncias a que estão expostos os motoristas profissionais, cujo risco foi reconhecido pela Portaria Interministerial n. 9, de 7 de outubro de 2014, que veicula a denominada Lista Nacional de Agentes Cancerígenos para Humanos (LINACH), com a indicação das substâncias reconhecidamente carcinogênicas, e da Portaria GM/MS n. 1.999, de 27 de novembro de 2023, que atualizou a Lista de Doenças Relacionadas ao Trabalho (LDRT).

Por fim, há que se analisar as disposições contidas nos incisos II e IV, que estabelecem como direito do motorista profissional "contar com serviços especializados de medicina ocupacional, prestados por entes públicos ou privados à sua escolha" e "com atendimento profilático, terapêutico, reabilitador, especialmente em relação às enfermidades que mais os acometam", "por intermédio do Sistema Único de Saúde — SUS".

---

(162) GEMIGNANI, Daniel. Pausas como instrumento de saúde e segurança do trabalho — As pausas no meio rural, em empresas de abate e processamento de carnes e derivados e de mecanografistas, digitadores, telefonistas e operadores de *telemarketing*. In: GEMIGNANI, Daniel; GEMIGNANI, Tereza Aparecida Asta. *Direito constitucional do trabalho:* da análise dogmática à concretização de questões polêmicas. São Paulo: LTr, 2014. p. 102-103.

(163) ROCHA, Luiz Antonio Rabelo. *PCMSO, teoria e prática*. São Paulo: LTr, 2011. p. 22.

(164) O estudo pode ser encontrado em: www.inca.gov.br, consulta realizada em: 23 mar. 2019. Houve, ainda, 2ª edição, publicada em 2013, que pode ser acessada em: https://www.inca.gov.br/sites/ufu.sti.inca.local/files//media/document//diretrizes-vigilancia-cancer-relacionado-2ed.compressed.pdf.

Portanto, há um avanço quando a legislação passa a estabelecer que os órgãos encarregados da saúde do trabalhador atuem nessa seara, com a institucionalização de políticas públicas voltadas à prevenção, como prevê o art. 200, inciso VIII da Constituição Federal, o art. 6º, inciso V e § 3º da Lei n. 8.080/1990 (Sistema Único de Saúde), e os arts. 18, incisos IX e XIV e 21 do Decreto n. 4.552/2002 (Inspeção do Trabalho).

Referidas disposições legais, em que pese a previsão de que ao motorista profissional é assegurado o acesso aos serviços de medicina ocupacional prestados por entes púbicos, não devem levar à conclusão de que essa opção afasta o dever do empregador ou do tomador de serviços de assegurar meios de acompanhamento, controle e tratamento em matéria de saúde e segurança do trabalho.

Esse dispositivo apenas explicita o direito de acesso do motorista aos órgãos públicos encarregados de promover a saúde do trabalhador, sem que isso autorize a externalização desses custos, e dessa responsabilidade, por parte de quem contrata esses profissionais.

Assim, toda a sistemática de proteção do trabalhador, na qual se inclui sua qualificação por programas de formação e aperfeiçoamento, engloba uma série de atividades voltadas à precaução, à prevenção e ao controle dos riscos a que são submetidos, a fim de preservar não só sua própria saúde e higidez física e mental, mas também a segurança e a integridade de terceiros, que com ele compartilham o mesmo ambiente de trabalho.

4.2. A proteção do direito à intimidade do trabalhador

As discussões relacionadas à proteção do direito à intimidade do trabalhador são das mais tormentosas, haja vista as inúmeras controvérsias que exsurgem do seu confronto com as especificidades das condições de trabalho do motorista profissional.[165]

Nesse contexto, paradigmática a controvérsia que envolve a legalidade de cláusula convencional coletiva que estabelece o registro do Código CID — Classificação Internacional de Doenças[166] — como requisito para que seja reconhecida a validade do atestado médico, emitido para abono da falta ao trabalho no período discriminado. A discussão envolve, por certo, a intimidade

(165) Nesse sentido, registram-se as discussões que resultaram no julgamento do incidente de recurso repetitivo n. 1, pelo Tribunal Superior do Trabalho, cujo Acórdão foi publicado em 22.09.2017. *A Decisão, desafiada por Recurso Extraordinário, possui a seguinte ementa: "INCIDENTE DE RECURSO DE REVISTA REPETITIVO. TEMA N. 0001. DANO MORAL. EXIGÊNCIA DE CERTIDÃO DE ANTECEDENTES CRIMINAIS. CANDIDATO A EMPREGO. 1. Não é legítima e caracteriza lesão moral a exigência de Certidão de Antecedentes Criminais de candidato a emprego quando traduzir tratamento discriminatório ou não se justificar em razão de previsão em lei, da natureza do ofício ou do grau especial de fidúcia exigido. 2. A exigência de Certidão de Antecedentes Criminais de candidato a emprego é legítima e não caracteriza lesão moral quando amparada em expressa previsão legal ou justificar-se em razão da natureza do ofício ou do grau especial de fidúcia exigido, a exemplo de* empregados domésticos, cuidadores de menores, idosos ou deficientes (em creches, asilos ou instituições afins), *motoristas rodoviários de carga,* empregados que laboram no setor da agroindústria no manejo de ferramentas de trabalho perfurocortantes, bancários e afins, trabalhadores que atuam com substâncias tóxicas, entorpecentes e armas, trabalhadores que atuam com informações sigilosas. *3. A exigência de Certidão de Antecedentes Criminais, quando ausente alguma das justificativas supra, caracteriza dano moral* in re ipsa, *passível de indenização, independentemente de o candidato ao emprego ter ou não sido admitido".* (Marcas nossas)

(166) "Ementa: RECURSO ORDINÁRIO – AÇÃO ANULATÓRIA.

CLÁUSULA 39 – ATESTADO MÉDICO – EXIGÊNCIA DE PREVISÃO DA CID

A exigência da CID nos atestados estipulada por norma coletiva obriga o trabalhador a divulgar informações acerca de seu estado de saúde sempre que exercer o seu direito — garantido pelo art. 6º, § 1º, *"f"*, da Lei n. 605/1949 — de justificar a ausência no trabalho por motivo de doença comprovada. Essa exigência, por si só, viola o direito fundamental à intimidade e à privacidade do trabalhador, sobretudo por não existir, no caso, necessidade que decorra da atividade profissional.

Recurso Ordinário conhecido e desprovido". Processo: RO – 268-11.2014.5.12.0000 Data de Julgamento: 17.8.2015, relatora Ministra: Maria Cristina Irigoyen Peduzzi, Seção Especializada em Dissídios Coletivos, Data de Publicação: *DEJT* 18.9.2015.

Do Acórdão, extraem-se as seguintes informações, que auxiliam na compreensão da decisão: "II – MÉRITO. 1 – CLÁUSULA 39 – ATESTADO MÉDICO – EXIGÊNCIA DE PREVISÃO DA CID. O Eg. TRT da 12ª Região decretou a nulidade da cláusula 39 da convenção coletiva de trabalho, que obriga que os atestados médicos apresentados pelos empregados contenham a CID — Classificação Internacional de Doenças, com base nos seguintes fundamentos: 1. Ação anulatória. Exigência de indicação do CID nos atestados médicos O Ministério Público do Trabalho pretende a declaração de nulidade da cláusula 39 (trinta e nove) da convenção coletiva de trabalho celebrada pelos réus, com vigência no período de 1º de janeiro de

do trabalhador, quer porque muitas vezes não deseja declarar a razão pela qual se afastou por problemas de saúde, quer porque tem receio de que o motivo de afastamento possa ensejar alguma forma de discriminação no trabalho.

Não se desconhece a posição da jurisprudência(167) e do Conselho Federal de Medicina (CFM)(168) quanto a essa questão. Contudo, imperioso considerar as especificidades que distinguem o exercício da profissão de motorista, notadamente por ocorrer em vias com intensa interação com terceiros, de modo que a adequada demonstração das razões de afastamento pode contribuir para a eficiência da gestão das questões relacionadas à saúde e segurança, uma vez que o conhecimento desses dados deve ser considerado não só para fins de rastreamento epidemiológico, com a identificação de eventuais danos à saúde do trabalhador causados, ou agravados, pela forma como a atividade é organizada, mas também para identificar as ocorrências que podem comprometer a segurança no trânsito e, assim, colocar em risco a integridade física também de terceiros.

Destarte, a questão relacionada à preservação da privacidade nas atividades do motorista profissional se reveste de complexidade, não podendo encerrar soluções singelas. Sua análise deve considerar os dispositivos legais postos, sem olvidar, contudo, que em muitos casos poderá ocorrer colisão entre diferentes princípios constitucionais, a exigir o necessário sopesamento na solução de casos concretos. Para tanto, imperioso considerar o contexto em que as exigências de informações privadas e pessoais se inserem, notadamente quanto à necessária aferição da aptidão do trabalhador, quando há um histórico de recorrência na prática de infrações administrativas, ou o comprometimento dos níveis de atenção exigíveis para o adequado desempenho da função na direção do veículo,

---

2014 a 31 de dezembro de 2014, registrada no MTE sob o n. SC000123/2014, que apresenta a seguinte redação: CLÁUSULA TRIGÉSIMA NONA - ATESTADOS MÉDICOS. Os atestados médicos apresentados pelos empregados deverão conter o CID - Código Internacional de Doenças, independentemente de serem particulares ou emitidos por médicos do SUS. Sustenta que a cláusula transcrita extrapola o âmbito da negociação coletiva, uma vez que afronta a legislação vigente. Refere que o código de ética médica, aprovado pela Resolução n. 1.931/2009 do Conselho Federal de Medicina, estabelece, no item XI, que "O médico guardará sigilo a respeito das informações de que detenha conhecimento no desempenho de suas funções, com exceção dos casos previstos em lei". Ainda, ressalta que o código veda ao médico "Revelar o fato de que tenha conhecimento em virtude do exercício de sua profissão, salvo por justa causa, dever legal ou autorização expressa do paciente". Invoca, também, o art. 5º da Resolução do CFM n. 1.658/2002 (que normatiza a emissão de atestados médicos e dá outras providências) cujo teor estabelece que "Os médicos somente podem fornecer atestados com o diagnóstico codificado ou não quando por justa causa, exercício de dever legal, solicitação do próprio paciente ou de seu representante legal". Ainda, faz referência ao teor da Resolução do CFM de n. 1.488/1998 e, também, de n. 1.819/2007, que, em seu art. 1º, resolve: (...) Vedar ao médico o preenchimento, nas guias de consulta e solicitação de exames das operadoras de planos de saúde, dos campos referentes à Classificação Internacional de Doenças (CID) e tempo de doença concomitantemente com qualquer outro tipo de identificação do paciente ou qualquer outra informação sobre diagnóstico, haja vista que o sigilo na relação médico-paciente é um direito inalienável do paciente, cabendo ao médico a sua proteção e guarda. O autor pretende demonstrar que a ética médica alça o sigilo de diagnóstico ao patamar das garantias inafastáveis da relação médico/paciente, de forma a salvaguardar o direito fundamental da inviabilidade à intimidade, inserto no art. 5º, X, da Constituição da República. Argumenta o Ministério Público do Trabalho que, nas relações de trabalho, além de promover a exposição da intimidade do trabalhador, a exigência de CID nos atestados médicos, que visam à justificação de afastamentos, pode se prestar, também, a fins abusivos e discriminatórios, promovendo, por exemplo, a segregação do empregado acometido por alguma doença estigmatizante. Frisa que não há permissão legal para a inserção do CID nos atestados médicos e que estes gozam de presunção de veracidade, "devendo ser acatado por quem de direito, salvo se houver divergência de entendimento por médico da instituição ou perito", nos moldes do art. 6º, 3º, da Resolução n. 1.658/2002 do CFM."

(167) Ação anulatória. Atestados médicos e odontológicos. Exigência de indicação do código referente à Classificação Internacional de Doenças — CID. Nulidade de cláusula de norma coletiva. É nula cláusula de norma coletiva que condiciona a validade de atestados médicos e odontológicos apresentados pelos empregados à indicação do código referente à Classificação Internacional de Doenças — CID. Tal exigência obriga o trabalhador a divulgar informações acerca de seu estado de saúde para exercer seu direito de justificar a ausência ao trabalho por motivo de doença, em afronta às regulamentações do Conselho Federal de Medicina e às garantias constitucionais de inviolabilidade da intimidade, da vida privada, da honra e da imagem (art. 5º, X, da CF). Sob esses fundamentos, a SDC, por unanimidade, conheceu do recurso ordinário, e, por maioria, negou-lhe provimento para manter a decisão do Tribunal Regional que declarara nula a cláusula em apreço. Vencidos os Ministros Ives Gandra Martins Filho, Dora Maria da Costa e Guilherme Augusto Caputo Bastos. TST-RO-213-66.2017.5.08.0000, SDC, relª. Minª. Kátia Magalhães Arruda, 19. 2.2019. (Cf. *Informativos TST* ns. 114 e 126).

(168) Para tanto, citam-se as restritivas disposições contidas na Resolução CFM n. 2.183/2018, que "Dispõe de normas específicas para médicos que atendem o trabalhador".

como ocorre, por exemplo, nos casos em que há dependência por ingestão de drogas e bebida alcoólica, *déficit* de atenção e aumento de fadiga, situações que a seguir passaremos a analisar.

4.2.1. As polêmicas envolvendo a realização de exames toxicológicos e a instituição de "programa de controle do uso de droga e bebida alcoólica" — Arts. 3º e 13 da Lei n. 13.103/2015, 235-B, inciso VII e parágrafo único, e 168 da CLT e 148-A do CTB

4.2.1.1. Questões gerais — Introdução ao tema e constitucionalidade dos dispositivos da Lei n. 13.103/2015 referentes à realização de exames toxicológicos

Matéria que se reveste de inequívoca atualidade, e que vem suscitando diversos debates, é a referente ao programa de controle do uso de droga e bebida alcoólica e a submissão à realização de exame toxicológico com janela de detecção mínima de 90 dias.

Anteriormente, a questão foi suscitada no art. 235-B, inciso VII e parágrafo único, inserido na CLT pela Lei n. 12.619/2012, que estabelecia uma nova modalidade de falta grave configuradora de justa causa para a resolução contratual, qual seja, a recusa do empregado em submeter-se ao teste ou ao programa de controle de uso de droga e de bebida alcoólica.

Com a Lei n. 13.103/2015 a matéria passou a ser disciplinada pelo art. 235-B, inciso VII e parágrafo único, inseridos na CLT, mais o art. 261, § 8º, do CTB, nos seguintes termos:

> Art. 235-B. São deveres do motorista profissional empregado:
>
> (...)
>
> VII – submeter-se a exames toxicológicos com janela de detecção mínima de 90 (noventa) dias e a programa de controle de uso de droga e de bebida alcoólica, instituído pelo empregador, com sua ampla ciência, pelo menos uma vez a cada 2 (dois) anos e 6 (seis) meses, podendo ser utilizado para esse fim o exame obrigatório previsto na Lei n. 9.503, de 23 de setembro de 1997 — Código de Trânsito Brasileiro, desde que realizado nos últimos 60 (sessenta) dias..
>
> Parágrafo único. A recusa do empregado em submeter-se ao teste ou ao programa de controle de uso de droga e de bebida alcoólica previstos no inciso VII será considerada infração disciplinar, passível de penalização nos termos da lei.
>
> Art. 261. A penalidade de suspensão do direito de dirigir será imposta nos seguintes casos:
>
> (...)
>
> § 8º A pessoa jurídica concessionária ou permissionária de serviço público tem o direito de ser informada dos pontos atribuídos, na forma do art. 259, aos motoristas que integrem seu quadro funcional, exercendo atividade remunerada ao volante, na forma que dispuser o CONTRAN.

Primeiramente, vale registrar que o novo texto do inciso VII não repetiu o termo "teste", como anteriormente constava da Lei n. 12.619/2012. Porém, tal termo foi mantido no parágrafo único do art. 235-B da Lei n. 13.103/2015, levando à conclusão de que o legislador quis priorizar a instituição do programa de controle do uso de drogas e de bebida alcoólica pelo empregador, sinalizando que a identificação, controle e tratamento devem ser pautados por uma perspectiva mais ampla.

Em segundo lugar, destaca-se a publicação da Lei n. 14.599/2023, que em seu art. 5º fixou o prazo de 180 dias para que o Ministério do Trabalho e Emprego edite "norma para regulamentar a aplicação dos exames toxicológicos previstos no§ 6º do art. 168 e no inciso VII do *caput* do art. 235-B da Consolidação das Leis do Trabalho, aprovada pelo Decreto-lei n. 5.452, de 1º de maio de 1943, *especialmente para estabelecer* os procedimentos relativos à sua aplicação e fiscalização periódica e constante, por meio de processos e sistemas eletrônicos, e *o registro da aplicação do exame em sistema eletrônico de escrituração das obrigações trabalhistas.*", realçando, com isso, a importância do conhecimento das informações referentes ao estado de saúde do motorista profissional.

Com efeito, desde a primeira edição deste livro pontuamos que esse preceito legal tangencia dois direitos fundamentais constitucionalmente assegurados. De um lado, a preservação da intimidade e da vida privada do motorista profissional; de outro, o direito à saúde e segurança de todos aqueles que, por também transitarem pelas vias públicas, estão sujeitos a situações de risco provocadas por condutas do motorista profissional que descumpre tal preceito.

Em razão disso, era esperado que a novidade legislativa suscitasse diversas posições controversas, cada qual propugnando por alguma espécie de limitação à previsão legal.(169)

Tais insurgências, entretanto, não podem ser analisadas apenas sob a óptica do direito individual de proteção à intimidade e à vida privada do trabalhador, pois o escopo da nova Lei consistiu em abrir outra perspectiva, ao demonstrar que as questões afetas à preservação da vida e da integridade física detêm uma abrangência muito mais ampla, por envolver a aplicação do ***princípio da socialidade***, adotado pelo Código Civil de 2002, em cumprimento "à opção axiológica do Constituinte brasileiro", como explica Gustavo Tepedino:

> Ao eleger a dignidade humana como valor máximo do sistema normativo, o Constituinte exclui a existência de redutos particulares que, como expressão de liberdades fundamentais inatas, desconsiderem a realização plena da pessoa. Vale dizer, família, propriedade, empresa, sindicato, universidade, bem como quaisquer microcosmos contratuais devem permitir a realização existencial isonômica, segundo a ética da solidariedade constitucional.(170)

Referida perspectiva, como se percebe, confere atualidade ao art. 8º da CLT, notadamente quando estabelece que "nenhum interesse de classe ou particular prevaleça sobre o interesse público", nesses termos procedendo à *juridicização* do princípio da solidariedade na seara trabalhista, assim vinculando não só o empregador e o tomador dos serviços, mas também o empregado/trabalhador motorista profissional, em relação a todos aqueles que com ele compartilham o mesmo meio ambiente de trabalho nas estradas e vias públicas. Conclui-se, portanto, pela constitucionalidade de referidos preceitos legais.

Vale lembrar que a Lei n. 12.619/2012 começou a ser gestada quando o Ministério Público do Trabalho (Procuradoria do Trabalho no Município de Rondonópolis, Mato Grosso) passou a receber inúmeras denúncias quanto ao uso excessivo de drogas pelos motoristas, o que causava elevada taxa de mortalidade por acidente no transporte rodoviário, matéria que se tornou objeto de uma ação civil pública, cujo mérito consistiu em jogar luz sobre questão importante, que até então vinha evoluindo de forma subterrânea, direcionada muito mais para os efeitos do que para as causas, o que impossibilitava a busca de soluções efetivas.

Explicam Keyla Tormena e Livia Vasconcelos(171) que "desta provocação judicial decorreu uma inédita aproximação, em escala nacional, das representações classistas laborais e patronais", culminando com a atuação do MPT, em Brasília, na coordenação de "um longo processo de mediação", que resultou num projeto, posteriormente promulgado como a Lei n. 12.619/2012.

(169) Cumpre o registro, no entanto, que o escopo da norma deve ser compreendido em toda sua completude. Notória e há tempos divulgada na mídia, a miríade de substâncias lícitas (*e.g.* álcool) e ilícitas (*e.g.* os denominados rebites) utilizadas pelos motoristas com a finalidade de se manterem acordados ou para suportarem as extensas e extenuantes jornadas de trabalho. O controle dessa situação, com sua identificação, é questão de extrema importância, razão pela qual a ampla abrangência da norma é o que efetivamente assegurará sua eficácia.

(170) TEPEDINO, Gustavo. *Temas de Direito Civil*. tomo II. Rio de Janeiro: Renovar, 2006. p. 381.

(171) TORMENA, Keyla; VASCONCELOS, Lívia. Excesso de jornada põe vidas em risco — motoristas correm contra o tempo e extrapolam a jornada legal. *LABOR, Revista do Ministério Público do Trabalho*, ano I, n. 1, p. 52-59, 2013.

Destarte, nessa conjuntura social, andou bem o legislador quando procedeu à ponderação e ao sopesamento dos direitos fundamentais em conflito, considerando que a preservação da vida, da integridade física e da segurança devem prevalecer sobre o direito à intimidade e à vida privada, notadamente ante a peculiaridade que reveste a atuação do motorista profissional, que compartilha seu meio ambiente de trabalho com terceiros, passageiros e demais usuários da malha viária. Por isso, tais questões inter-relacionam direitos não só dos motoristas profissionais, mas também de todas as demais pessoas que atuam em vias públicas e rodovias, de sorte que a proteção à intimidade encontra limites nos próprios preceitos constitucionais, assim respaldando a limitação legal ora imposta,(172) esvaziando qualquer alegação de inconstitucionalidade formal ou substantiva desse dispositivo legal.

Por outro lado, necessário pontuar ter a realidade fática demonstrado que, via de regra, o motorista é chamado a percorrer longas distâncias em tempo cada vez mais curto, remunerado com salário fixo propositalmente baixo, acrescido de salário variável atraente, como estímulo ao cumprimento de certas (e contestáveis) metas. Essa soma de fatores claramente pressiona o trabalhador para o uso de drogas para se manter acordado por longos períodos, pondo em risco sua vida e a de terceiros, o que deve ser levado em consideração quando se examina a prova produzida nos autos judiciais em relação à configuração de uma pretensa falta grave.

Assim, as questões afetas ao meio ambiente de trabalho passam a ser tratadas sob outra perspectiva, o que vem fortalecer a percepção de insustentabilidade das teses que aplicam de forma ampla e abrangente o conceito de "ato inseguro" do trabalhador, notadamente quando demonstrado que, seduzido pela perspectiva de receber salário maior, o motorista é incitado, às vezes de forma velada e sub-reptícia, a descumprir as exigências necessárias para preservação da saúde e segurança no trabalho. Nesses casos, não há como excluir a responsabilidade patronal, já que a lei não se limita a exigir que cumpra a legislação protetiva, mas também que a "faça cumprir".(173)

Ademais, o referido preceito legal imputa ao empregador, explicitamente, a obrigação não só de instituir "programa de controle do uso de drogas e de bebida alcoólica", direcionado para medidas preventivas na busca da prestação de trabalho seguro, mas também de dar ciência ao empregado da existência deste programa, cujo descumprimento contribui para a caracterização da omissão patronal culposa e a consequente responsabilização por danos causados a terceiros.

Sob tal perspectiva é que devem ser interpretadas as novas disposições trazidas pela Lei n. 13.103/2015, especialmente no que se refere à atuação concorrente do empregador, do tomador de serviços e do poder público, nos termos dos arts. 3º da Lei n. 13.103/2015, 235-B, inciso VII e parágrafo único, da CLT e 148-A do CTB.

A posição adotada pelo Supremo Tribunal Federal no julgamento da ADI 5.322

No julgamento da ADI n. 5.322, o STF concluiu pela constitucionalidade dos §§ 6º e 7º do art. 168 da CLT, com redação dada pelo art. 5º da Lei n. 13.103/2015, do e art. 8º da Lei n. 13.103/2015, que alterou o art. 148-A do Código de Trânsito Brasileiro (CTB).

Nesse sentido, destaca-se o fundamento adotado pelo relator ministro Alexandre de Moraes:

> Os dispositivos impugnados são fruto, portanto, de políticas públicas tendentes a minorar os perigos das estradas brasileiras no que diz respeito ao uso de substâncias psicoativas por parte de motoristas profissionais, que, em sua grande maioria, trafegam nas vias públicas todos os dias, exercendo uma atividade extremamente importante para a vida do brasileiro e da economia do país.
>
> (...)

(172) Na mesma linha aqui defendida, tem-se o trabalho de MORAES, Paulo Douglas Almeida de. Abordagem holística sobre nova regulamentação da profissão do motorista (Lei n. 12.619/2012). *Jus Navigandi*, Teresina, ano 17, n. 3331, 14 ago. 2012. Disponível em: http://jus.com.br/revista/texto/22405. Acesso em: 20 ago. 2012.

(173) Art. 157 da CLT: "Cabe às empresas: I – Cumprir e *fazer cumprir* as normas de segurança e medicina do trabalho." (Marcas nossas)

Não há como negar, dessa forma, que a exigência do exame toxicológico para motoristas profissionais vem se mostrando como um relevante instrumento de política pública na questão envolvendo segurança de trânsito.

(...)

A exigência do exame toxicológico para os motoristas profissionais, condutores das categorias C, D e E, veiculada pela Lei n. 13.103/2015, está adequadamente ponderada por diversos fatores, a saber:

(a) o transporte rodoviário, no Brasil, representa mais de 61% da movimentação anual de cargas e passageiros, demonstrando a relevância do setor;

(b) o número de acidentes de trânsito, no país, apesar de estar diminuindo, ainda atinge patamares alarmantes;

(c) dados científicos comprovam que a condução de veículo motor sob a influência de álcool ou substâncias psicoativas, que causem dependência, potencializam o risco de acidentes no trânsito; (d) a utilização dessas substâncias psicoativas é uma triste realidade na vida dos motoristas profissionais, o que justifica um maior rigor e controle por parte do Poder Público no tocante à fiscalização da segurança nas vias públicas;

(e) a exigência do exame toxicológico faz parte de um conjunto de medidas tendentes a melhorar a segurança no trânsito, na conformidade de ação global proposta pela ONU nesse sentido.

Segundo a Constituição Federal, é dever do Estado garantir melhores condições de segurança no trânsito, além de ser direito e responsabilidade de todos, de forma que a exigência de exame toxicológico de motoristas profissionais, para condutores das categorias C, D e E, se revela como importante instrumento para o cumprimento do dever estatal. Em outras palavras, a medida atende ao interesse público consubstanciado na proteção de todos os usuários das vias públicas, incluído o próprio motorista.

(...)

Por fim, observo que a lei ainda tomou o cuidado de preservar a intimidade dos motoristas ao assegurar a confidencialidade do resultado dos exames.

Com base nessas razões, concluo pela constitucionalidade dos dispositivos impugnados.[174]

4.2.1.2. A sistemática de realização dos exames toxicológicos e do "programa de controle de uso de droga e de bebida alcoólica": discussões acerca dos procedimentos realizados pelo poder público e pelo empregador/tomador de serviços

Da análise dos arts. 3º e 13 da Lei n. 13.103/2015, 235-B, inciso VII e parágrafo único, e 168 da CLT e 148-A do CTB, chega-se à conclusão de que o motorista profissional deve ser submetido a *duplo controle*, um exercido pelo poder público e, outro, pelo empregador/tomador de serviços. Referido controle se dá, precipuamente, pela realização de exames toxicológicos, sendo para tanto considerados aqueles com janela de detecção mínima de 90 dias, e que sejam específicos à detecção de substâncias psicoativas que causem dependência ou comprometam a capacidade de direção.

No que se refere ao *primeiro controle*, tem-se a atuação do poder público voltada à obtenção ou manutenção da Carteira Nacional de Habilitação (CNH), categorias C, D e E, pelo condutor, conforme o disposto no art. 148-A do CTB, com alterações promovidas pelas Leis ns. 14.071/2020 e 14.599/2023, que preceitua:

Art. 148-A. Os condutores das categorias C, D e E deverão *comprovar* resultado negativo em exame toxicológico para a obtenção e a renovação da Carteira Nacional de Habilitação.

§ 1º O exame de que trata este artigo buscará aferir o consumo de substâncias psicoativas que, comprovadamente, comprometam a capacidade de direção e deverá ter janela de detecção mínima de 90 (noventa) dias, nos termos das normas do Contran.

(174) Voto proferido pelo relator Ministro Alexandre de Moraes no julgamento da ADPF n. 5.322, p. 64, 66-67 e 70-71 do acórdão.

> § 2º Além da realização do exame previsto no *caput* deste artigo, os condutores das categorias C, D e E com *idade inferior a 70 (setenta) anos serão submetidos a novo exame a cada período de 2 (dois) anos e 6 (seis) meses*, a partir da obtenção ou renovação da Carteira Nacional de Habilitação, independentemente da validade dos demais exames de que trata o inciso I do *caput* do art. 147 deste Código.
>
> § 3º (Revogado).
>
> § 4º *É garantido o direito de contraprova e de recurso administrativo, sem efeito suspensivo, no caso de resultado positivo para os exames de que trata este artigo*, nos termos das normas do Contran.
>
> § 5º O resultado positivo no exame previsto no § 2º deste artigo acarretará ao condutor:
>
> I - (VETADO); e
>
> II – a suspensão do direito de dirigir pelo período de 3 (três) meses, condicionado o levantamento da suspensão à inclusão no Renach de resultado negativo em novo exame, vedada a aplicação de outras penalidades, ainda que acessórias.
>
> § 6º *O resultado do exame somente será divulgado para o interessado e não poderá ser utilizado para fins estranhos ao disposto neste artigo ou no § 6º do art. 168 da Consolidação das Leis do Trabalho — CLT*, aprovada pelo Decreto-lei n. 5.452, de 1º de maio de 1943.
>
> § 7º *O exame será realizado, em regime de livre concorrência, pelos laboratórios credenciados pelo órgão máximo executivo de trânsito da União*, nos termos das normas do Contran, vedado aos entes públicos:
>
> I – fixar preços para os exames;
>
> II – limitar o número de empresas ou o número de locais em que a atividade pode ser exercida; e
>
> III – estabelecer regras de exclusividade territorial.
>
> § 8º A não realização do exame previsto neste artigo acarretará ao condutor:
>
> I – nos casos de que trata o *caput* deste artigo, o impedimento de obter ou de renovar a Carteira Nacional de Habilitação até que seja realizado o exame com resultado negativo e a aplicação das sanções previstas no art. 165-B deste Código; e
>
> II – no caso do § 2º, a aplicação das sanções previstas no § 5º deste artigo e nos arts. 165-B e 165-D deste Código, conforme a irregularidade verificada.
>
> § 9º Compete ao órgão máximo executivo de trânsito da União comunicar aos condutores, por meio do sistema de notificação eletrônica de que trata o art. 282-A deste Código, o vencimento do prazo para a realização do exame com 30 (trinta) dias de antecedência, bem como as penalidades decorrentes da sua não realização. (Marcas nossas)

Não obstante a previsão legislativa há tempos inserida no ordenamento jurídico, vê-se que novamente foi prorrogada sua eficácia, conforme parágrafo único do art. 7º da Lei n. 14.599/2023, que assim fixou:

> Art. 7º O disposto no art. 165-B da Lei n. 9.503, de 23 de setembro de 1997 (Código de Trânsito Brasileiro), alterado pelo art. 1º desta Lei, e nos arts. 165-C e 165-D do referido Código, acrescidos pelo mesmo artigo, produzirá efeitos a partir de 1º de julho de 2023.
>
> Parágrafo único. *O Conselho Nacional de Trânsito (Contran) estabelecerá o escalonamento, não superior a 180 (cento e oitenta) dias, contados a partir do dia 1º de julho de 2023, da realização dos exames de que trata o art. 148-A da Lei n. 9.503, de 23 de setembro de 1997 (Código de Trânsito Brasileiro), pelos condutores das categorias C, D e E que tenham a obrigação de realização do exame toxicológico periódico a partir de 3 de setembro de 2017.* (Grifo nosso)

Observa-se, no entanto, ser adequado sustentar a inaplicabilidade da referida prorrogação de prazo aos exames a cargo dos empregadores de motoristas profissionais, ou dos tomadores de seus serviços, visto que referidos profissionais se submetem a regramento próprio — não obstante passível de suplementação pelo CTB.

Nesse contexto, oportuna a menção à Resolução CONTRAN n. 923, de 28 de marco de 2022, e à Portaria n. 672, de 8 de novembro de 2021, do Ministério da Economia Secretaria Especial de Previdência e Trabalho, que atualmente disciplinam a realização dos exames toxicológicos em âmbito infraconstitucional.

No aspecto, faz-se ver a importância conferida pela Resolução CONTRAN n. 923/2022 ao registro e rastreamento das diversas etapas do processo de realização dos exames toxicológicos:

> Art. 3º *O exame toxicológico deve possuir todas as suas etapas, pré-analíticas, analíticas e pós-analíticas, protegidas por cadeia de custódia com validade forense, incluindo desde o procedimento de coleta do material biológico até o registro na base de dados do Registro Nacional de Condutores Habilitados (RENACH) e a entrega do laudo do exame ao condutor*, garantindo a rastreabilidade operacional, contábil e fiscal de todo o processo, aí compreendidas todas as etapas analíticas (descontaminação, extração, triagem e confirmação). (Grifo nosso)

Os exames deverão ser feitos por laboratórios *credenciados* e *acreditados* nos termos dos arts. 4º e 5º da Resolução CONTRAN n. 923/2022, sendo os procedimentos de coleta descritos no art. 6º:

> Art. 4º O exame toxicológico somente poderá ser realizado por laboratórios credenciados pelo órgão máximo executivo de trânsito da União.
>
> (...)
>
> Art. 5º (...). § 1º *Os laboratórios deverão estar acreditados junto ao Instituto Nacional de Metrologia, Qualidade e Tecnologia (INMETRO) ou entidade internacional com a qual o INMETRO possua acordo de reconhecimento mútuo, de acordo com a norma ISO/IEC 17025*, com atendimento dos requisitos que incluam integralmente as "Diretrizes sobre o exame de substâncias psicoativas em cabelos e pelos: Coleta e Análise" da Sociedade Brasileira de Toxicologia (SBTOX), (versão publicada oficialmente em dezembro de 2015), *ou junto ao Colégio Americano de Patologistas (CAP-FDT)*, (acreditação forense para exames toxicológicos de larga janela de detecção do Colégio Americano de Patologistas), e requisitos forenses específicos para exames toxicológicos de larga janela de detecção contidos nesta Resolução.
>
> (...)
>
> Art. 6º *A coleta* de material biológico destinado ao exame toxicológico de larga janela de detecção *deverá ser realizada pelo próprio laboratório credenciado* junto ao órgão máximo executivo de trânsito da União *ou por Posto de Coleta Laboratorial (PCL) por ele contratado, de forma exclusiva*, e atendendo às exigências estabelecidas nesta Resolução e seus Anexos. (Grifo nosso)

A análise conjunta da Resolução CONTRAN n. 923/2022 e da Portaria MTP n. 672/2021, contudo, indica a necessidade de harmonização, seja a fim de assegurar a fidedignidade dos resultados, seja sua confidencialidade:

Resolução CONTRAN n. 923/2022	**Portaria MTP n. 672/2021**
Art. 8º Os laboratórios credenciados deverão disponibilizar Médico Revisor (MR) com capacidade técnica para atender às exigências contidas nesta Resolução e seus Anexos. (...) Art. 20. *Os laboratórios credenciados* pelo órgão máximo executivo de trânsito da União *devem disponibilizar MR com capacidade técnica para interpretar os laudos toxicológicos positivos, relacionando ou não o uso de determinada substância com condição ou tratamento médico.* § 1º Cabe ao MR a interpretação do exame toxicológico e emissão de relatório médico, concluindo pelo uso indevido ou não de substância psicoativa, considerando o comprometimento da capacidade do condutor. § 2º O MR deve considerar, dentre outras situações, além dos níveis da substância detectada no exame, o uso de medicamento prescrito, devidamente comprovado.	Art. 64. Os laboratórios devem disponibilizar médico revisor para proceder à interpretação do laudo laboratorial e emissão do relatório médico, *sendo facultado ao empregador optar por outro médico revisor de sua escolha.* § 1º Cabe ao médico revisor emitir relatório médico, concluindo pelo uso indevido, ou não, de substância psicoativa. § 2º O médico revisor deve considerar, dentre outras situações, além dos níveis da substância detectada no exame, o uso de medicamento prescrito, devidamente comprovado. § 3º O médico revisor deve possuir conhecimentos para interpretação dos resultados laboratoriais. § 4º O relatório médico emitido pelo médico revisor deve conter: I – nome e CPF do trabalhador; II – data da coleta da amostra; III – número de identificação do exame;

§ 3º O relatório emitido pelo MR deve conter: *a)* nome e CPF do condutor; *b)* data da coleta da amostra; *c)* número de identificação do exame; *d)* identificação do laboratório que realizou o exame; *e)* data da emissão do laudo laboratorial; *f)* data da emissão do laudo do MR; *g) relatório conclusivo sobre o uso indevido ou não de substância psicoativa, com indicação de níveis e tipo de substância;* e *h)* nome, CPF, assinatura e CRM do MR.	IV – identificação do laboratório que realizou o exame; V – data da emissão do laudo laboratorial; VI – data da emissão do relatório; e VII – assinatura e número de inscrição no Conselho Regional de Medicina — CRM. *§ 5º O relatório médico deve concluir pelo uso indevido, ou não, de substância psicoativa, sem indicação de níveis ou tipo de substância.* *§ 6º O trabalhador deve entregar ao empregador o relatório médico emitido pelo médico revisor em até quinze dias corridos após o recebimento*

Nota-se, portanto, a relação entre o controle a cargo do poder público e aquele sob a responsabilidade do empregador/tomador de serviços.

Por derradeiro, há que se registrar que nada obsta, mas, pelo contrário, recomenda, que em negociação coletiva seja atribuído ao empregador o encargo de arcar com os custos desses exames realizados pelo motorista profissional junto ao poder público, uma vez que os respectivos resultados poderão ser utilizados para atendimento da obrigação prevista no inciso VII do art. 235-B da CLT, como também para as rotinas administrativas de admissão, acompanhamento periódico[(175)] e de demissão do motorista profissional, tendo-se por fundamento os arts. 168, § 7º, e 235-B, inc. VII, da CLT.

A testagem positiva, ademais, terá implicações trabalhistas — e que serão analisadas a seguir, ao tratarmos da sistemática dos exames toxicológicos por parte do empregador/tomador de serviços.

Por oportuno, há que se destacar o "programa de controle de uso de droga e de bebida alcoólica" previsto no art. 235-B, inciso VII e parágrafo único, ambos da CLT.

Referido programa tem por foco não a obtenção/manutenção da Carteira Nacional de Habilitação (CNH), categorias C, D e E, pelo condutor, mas acompanhar a aptidão do motorista profissional para a atividade que irá exercer.

A ausência de regulamentação específica acerca de referido programa, contudo, não retira sua importância ou o torna ineficaz.

No aspecto, importante registrar que medidas de proteção com propósito semelhante, nos moldes dos arts. 3º da Lei n. 13.103/2015, 148-A do CTB e 235-B, inciso VII, da CLT, já vêm sendo implantadas no ordenamento jurídico. Esse é o caso do Regulamento Brasileiro da Aviação Civil (RBAC) n. 120 (aprovado pela Resolução n. 190 de 31.5.2011), publicado pela Agência Nacional de Aviação Civil (ANAC), que instituiu o "Programa de prevenção do uso indevido de substâncias psicoativas na aviação civil", fixando as regras para sua implementação, conforme análise realizada no capítulo 4.2.4.

Tal regulamento foi acrescido da Instrução Complementar (IS) n. 120-002 (Portaria n. 607/SSO de 4.4.2012), de modo que todo o programa de prevenção apresenta regramento, seja quanto à abrangência, seja com relação à forma como serão realizados os exames, possibilitando total ciência do trabalhador. Ademais, em 11.2.2021, foi publicada a Resolução n. 605, que promoveu diversas

(175) Diz-se acompanhamento periódico, pois a despeito de o art. 168, § 7º, da CLT e de o art. 62 da Portaria MTP n. 672/2021 mencionarem apenas a admissão e o desligamento do motorista profissional, o inciso VII do art. 235-B da CLT refere-se, explicitamente, à obrigatoriedade de renovação do exame toxicológico, ao menos, a cada 2 anos e 6 meses. A questão será retomada adiante, ao tratarmos do controle a cargo do empregador.

alterações na RBA n. 120, especificando procedimentos e alargando as obrigações contidas no regulamento.

Assim, considerando as discussões que emergem da *procedimentalização* da realização dos exames toxicológicos e do "programa de controle de uso de droga e de bebida alcoólica", apresentam-se, ao menos, cinco controvérsias principais.

A – A primeira discussão

A *primeira dessas discussões* decorre da previsão legal referente ao momento da realização do exame toxicológico admissional. Discute-se se referido exame deve ser realizado antes ou depois da admissão. Trata-se, no caso, de definir a extensão da intimidade e da vida privada do trabalhador.

O critério adotado pela Lei n. 13.103/2015, para o caso dos motoristas profissionais, é o anterior à admissão. Nesse sentido, preceitua o art. 62 da Portaria MTP n. 672/2021,[(176)] reproduzindo o disposto no § 6º do art. 168 da CLT, que o exame toxicológico deverá ser realizado "previamente à admissão":

> Art. 61. Os exames toxicológicos serão realizados *previamente à admissão* e por ocasião do desligamento; (Marcas nossas)

Entende o Ministério do Trabalho[(177)]que a realização do exame toxicológico previamente à admissão se justifica, pois os "(...) exames toxicológicos previstos pela Lei n. 13.103/2015, [têm por] (...) foco principal (...) a segurança no trânsito":

> 6. A Empresa pode admitir o trabalhador antes de chegar o resultado do exame? Ou ainda, pode admitir o trabalhador cujo resultado do exame foi positivo?
>
> *Conforme já mencionado, o exame toxicológico não deve constar no PCMSO e não deve ser utilizado para fins de definição de aptidão do trabalhador. Observe* ainda que a Lei tratou o exame toxicológico como sendo *aquele a ser realizado previamente a admissão, não vinculando seu resultado a eventual contratação.Portanto, independente do resultado do exame cabe à empresa decidir se vai contratar ou não o trabalhador.*
>
> *É facultado à empresa efetuar a admissão do trabalhador antes de ter o resultado, sendo necessário, nesses casos, comprovação de que o submeteu ao exame, por exemplo, por meio de um protocolo (ou outro documento) do laboratório com previsão da entrega do resultado.*[(178)] (Grifo nosso)

Referida previsão normativa, entretanto, parece dissociar *o acesso do empregador ao exame toxicológico das atividades realizadas pelo motorista profissional*, como se o trabalhador devesse submeter seus dados médicos a terceiros, independentemente da formalização do vínculo. Há, assim, hipótese na qual o empregador terá acesso aos dados de saúde do trabalhador sem que este ainda tenha sido admitido. Solução diversa, contudo, pode ser encontrada na Norma Regulamentadora n. 7, que trata do Programa de Controle Médico de Saúde Ocupacional (PCMSO).

Com efeito, dispõe o item 7.5.8, inc. I, da NR-7, do Ministério do Trabalho, que:

> 7.5.8 O exame clínico deve obedecer aos prazos e à seguinte periodicidade:
>
> *I – no exame admissional: ser realizado antes que o empregado assuma suas atividades;* (Grifo nosso)

(176) Disposição semelhante constava do item 1.1., alínea *"a"*, da Portaria MTPS n. 116/2015.

(177) Nota Técnica n. 59/2016/GNOR/DSST/SIT/MTPS, p. 3-4. A mesma posição é adotada na p. 3 de documento editado com a finalidade de publicizar perguntas e respostas com relação à sistemática de realização de exames toxicológicos, documento este disponível em: https://www.gov.br/trabalho-e-emprego/pt-br/assuntos/inspecao-do-trabalho/seguranca-e-saude-no-trabalho/sst-portarias/2015/Exames_Toxicologicos_Perguntas_Respostas_Portaria_MTPS_116_2015.pdf. Consulta realizada em: 4 jan. 2024.

(178) Documento editado com a finalidade de publicizar perguntas e respostas com relação à sistemática de realização de exames toxicológicos, p. 3-4. Disponível em: https://www.gov.br/trabalho-e-emprego/pt-br/assuntos/inspecao-do-trabalho/seguranca-e-saude-no-trabalho/sst-portarias/2015/Exames_Toxicologicos_Perguntas_Respostas_Portaria_MTPS_116_2015.pdf. Consulta realizada em: 4 jan. 2024.

No caso, decorre do disposto no item 7.5.8, inc. I, da NR-7, que o empregado *já contratado* apenas poderá dar início às suas atividades quando estiver comprovadamente apto. A contratação, portanto, precede à exposição dos dados de saúde do trabalhador, sendo essas informações imprescindíveis para o efetivo exercício da atividade. Faz-se ver, no aspecto, que a necessidade da realização de eventuais exames complementares será informada ao trabalhador *durante o exame clínico*, de modo que a vulneração da intimidade e da vida privada apenas se justifica em razão do trabalho que será exercido:

> 7.5.16 Os empregados devem ser informados, durante o exame clínico, das razões da realização dos exames complementares previstos nesta NR e do significado dos resultados de tais exames.

A questão que aqui se coloca, esclarece-se, pressupõe que a atividade do motorista profissional deve ser controlada, especialmente quanto ao "uso de droga e de bebida alcoólica", em razão de suas particularidades, que envolvem a vida e a integridade de terceiros. O momento em que esse controle deve se dar, contudo, parece restar controvertido, do que deve decorrer a possibilidade de o empregador exigir a realização do exame toxicológico antes ou depois da contratação, com as consequências advindas de cada uma dessas condutas. Não obstante a discussão posta, importante conclusão pode ser extraída do debate apresentado, qual seja, a de que, independentemente do momento em que realizado o exame toxicológico, *o motorista profissional somente poderá iniciar suas atividades quando o resultado de referido exame atestar a "ausência de substâncias psicoativas que causem dependência ou, comprovadamente, comprometam a capacidade de direção"*, conforme art. 168, § 7º, da CLT.

B – A segunda discussão

A *segunda discussão* trata dos momentos em que os exames toxicológicos devem ser realizados, mais especificamente da exigibilidade de *exame toxicológico periódico* — o que certamente deve ser considerado em relação aos exames necessários para o retorno e/ou de mudança de função, quando for o caso.

Apreende-se, em uma primeira leitura, que os exames toxicológicos seriam obrigatórios apenas quando da admissão e da dispensa do motorista profissional, nos termos do art. 168, § 6º, da CLT e do 62 da Portaria MTP n. 672/2021.(179)(180) Contudo, referida interpretação parece se chocar, por um lado, com a razão da existência de exames toxicológicos e, por outro, com a própria sistemática estabelecida para a realização desses exames.

No que se refere à razão da existência de exames toxicológicos, tem-se que esses se destinam a assegurar que os motoristas profissionais desempenhem suas atividades de forma hígida, evitando-se que motoristas dependentes de substâncias psicoativas, ou cuja capacidade de direção se mostre comprometida, possam arriscar sua vida e a de terceiros, quando do exercício de suas atividades profissionais. A finalidade da realização periódica de exames toxicológicos busca, a um só tempo, proteger o trabalhador, ao longo de sua atividade laboral, bem como todos aqueles que com ele compartilham as vias de trânsito.

(179) Disposição semelhante constava do item 1.1 da Portaria MTPS n. 116/2015.

(180) Interessante a menção, neste ponto, de questionamento realizado pela Associação Nacional das Empresas de Transportes Urbanos — NTU ao Ministério do Trabalho, com a respectiva resposta, constante da Nota Técnica n. 59/2016/GNOR/DSST/SIT/MTPS, p. 3: "2) Por qual razão a Portaria MTPS n. 116 não tratou dos exames toxicológicos realizados pelo menos uma vez a cada 2 anos e meio, que é um dever do motorista profissional empregado, conforme estabelecido no art. 235-B da CLT? A Portaria MTPS n. 116/2015 foi editada com base na competência conferida ao MTPS pelo art. 168 da CLT, destacado acima. Em decorrência deste fato, não se tratou do estabelecido no Art. 235-B da CLT, que trata dos deveres do motorista profissional empregado".

Já no que tange à sistemática de realização dos exames toxicológicos, não há respaldo para sustentar a restrição da periodicidade apenas à admissão e à demissão do motorista profissional,[181] mormente quando se considera a existência de outros dispositivos legais que tratam do tema para além do art. 168 da CLT.

Com efeito, se por um lado consta do inciso VII do art. 235-B da CLT, explicitamente, a obrigatoriedade de renovação do exame toxicológico, ao menos[182] a cada 2 anos e 6 meses, por outro lado há que se ter presente que o exame realizado com a finalidade de obter a *renovação* para as categorias C, D e E, logo *periódico*, pode ser utilizado, também, para fins trabalhistas, isto é, de acompanhamento da higidez biopsicofisiológica do motorista profissional, que deve ocorrer ao longo de sua vida laboral, imperativo que se impõe em decorrência do risco próprio e inerente ao exercício da atividade.

No aspecto, vislumbra-se coerência de referida interpretação com a sistemática de acompanhamento das condições de saúde e segurança do trabalho prescrita pela NR-7, que assim dispõe, notadamente no que se refere aos exames periódicos, de retorno ao trabalho e de mudança de riscos ocupacionais, e a finalidade para a qual são realizados:

> *7.3.2 São diretrizes do PCMSO:*
>
> *a) rastrear e detectar precocemente os agravos à saúde relacionados ao trabalho;*
>
> *b) detectar possíveis exposições excessivas a agentes nocivos ocupacionais;*
>
> *c) definir a aptidão de cada empregado para exercer suas funções ou tarefas determinadas;*
>
> *d) subsidiar a implantação e o monitoramento da eficácia das medidas de prevenção adotadas na organização;*
>
> *e) subsidiar análises epidemiológicas e estatísticas sobre os agravos à saúde e sua relação com os riscos ocupacionais;*
>
> *f) subsidiar decisões sobre o afastamento de empregados de situações de trabalho que possam comprometer sua saúde;*
>
> g) subsidiar a emissão de notificações de agravos relacionados ao trabalho, de acordo com a regulamentação pertinente;
>
> h) subsidiar o encaminhamento de empregados à Previdência Social;
>
> *i) acompanhar de forma diferenciada o empregado cujo estado de saúde possa ser especialmente afetado pelos riscos ocupacionais;*
>
> j) subsidiar a Previdência Social nas ações de reabilitação profissional;
>
> k) subsidiar ações de readaptação profissional;
>
> l) controlar da imunização ativa dos empregados, relacionada a riscos ocupacionais, sempre que houver recomendação do Ministério da Saúde.
>
> (...)
>
> *7.5.6 O PCMSO deve incluir a realização obrigatória dos exames médicos:*
>
> a) admissional;

(181) Administrativamente, adota o Ministério do Trabalho posição diversa, conforme se extrai de resposta a questionamentos contidos na Nota Técnica n. 77/2016/CGNOR/DSST/SIT/MTPS, p. 3: "2. A Lei estabelece em seu texto, ser obrigatório realizar no Admissional e Demissional, mas nos demais tipos de exames ocupacionais, tipo: Periódico, Retorno ao Trabalho e Troca de Função, qual conduta legal que deverá ser seguida, ou ficará a critério do Médico do Trabalho? A obrigatoriedade legal da realização do exame toxicológico custeado pelo empregador é previamente a admissão e por ocasião do desligamento (vide Art. 168 da CLT). Como não fazem parte do PCMSO e do ASO, não há que se falar em exame toxicológico periódico ou de mudança de função". Referida posição administrativa é corroborada pela Nota Técnica 192/2016/CGNOR/DSST/SIT/MTPS.

(182) Diz-se "ao menos", pois, referidos exames podem se sujeitar a periodização diversa, seja por determinação administrativa por parte do Ministério do Trabalho, nos termos do art. 168, § 3º, da CLT, seja por determinação constante do PCMSO.

> *b) periódico;*
>
> *c) de retorno ao trabalho;*
>
> *d) de mudança de riscos ocupacionais;*
>
> e) demissional.
>
> 7.5.7 Os exames médicos de que trata o subitem 7.5.6 compreendem exame clínico e exames complementares, realizados de acordo com as especificações desta e de outras NR.
>
> (...)
>
> 7.5.9 No exame de retorno ao trabalho, o exame clínico deve ser realizado antes que o empregado reassuma suas funções, quando ausente por período igual ou superior a 30 (trinta) dias por motivo de doença ou acidente, de natureza ocupacional ou não.
>
> (...)
>
> 7.5.10 O exame de mudança de risco ocupacional deve, obrigatoriamente, ser realizado antes da data da mudança, adequando-se o controle médico aos novos riscos. (Grifo nosso)

Assim, não só para as rotinas de admissão e demissão do motorista profissional, mas também em exames periódicos, de retorno ao trabalho e de mudança de riscos ocupacionais, deve ser realizado o exame toxicológico, renovado ao menos a cada 2 anos e 6 meses, salvo indicação médica diversa, tendo-se em vista as peculiaridades da condição biopsicofisiológica do trabalhador.

C – A terceira discussão

A *terceira discussão* refere-se à integração dos exames toxicológicos ao Programa de Controle Médico de Saúde Ocupacional (PCMSO), bem como a análise da possibilidade de esses referidos exames constarem de Atestados de Saúde Ocupacional (ASO), considerando o disposto no § 2º do art. 62 da Portaria MTP n. 672/2021,(183) que assim estabelece:

> § 2º Os exames toxicológicos não devem:
>
> I – ser parte integrante do Programa de Controle Médico de Saúde Ocupacional — PCMSO;
>
> II – constar de atestados de saúde ocupacional; e
>
> III – estar vinculados à definição de aptidão do trabalhador.

A justificativa para a não inclusão dos exames toxicológicos no PCMSO — e, por conseguinte, no ASO — é explicitada quando da resposta aos questionamentos realizados pela Associação Nacional das Empresas de Transportes Urbanos — NTU ao Ministério do Trabalho, constante da Nota Técnica n. 59/2016:

> 3) A Portaria MTPS n. 116 estabelece no item 3.1 que os exames toxicológicos não devem estar vinculados a definição de aptidão do trabalhador, entretanto a Lei n. 13.103/2015 incluiu no Código de Trânsito Brasileiro (Art. 148-A, § 5º) que a reprovação no exame toxicológico terá como consequência a suspensão do direito de dirigir pelo período de 3 (três) meses, condicionado o levantamento da suspensão ao resultado negativo em novo exame, o que significa que o profissional estará inapto para exercer suas funções. Como tratar essa aparente discrepância entre as legislações?
>
> A construção dos regulamentos de segurança e saúde no trabalho é realizada pelo Ministério do Trabalho e Previdência Social adotando os procedimentos preconizados pela Organização Internacional do Trabalho — OIT, que recomenda o uso de Sistema Tripartite Paritário (Governo, Trabalhadores e Empregadores) para discussão e elaboração de normas na área de Segurança e Saúde do Trabalho.
>
> Nesse sentido, o MTPS coordena a Comissão Tripartite Paritária Permanente — CTPP, instituída pela Portaria SSST n. 2, de 10 de abril de 1996, por meio do Departamento de Segurança e Saúde no Trabalho — DSST, da Secretaria de Inspeção do Trabalho — SIT.

(183) Disposição semelhante constava do item 3.1, alíneas *"a"* e *"b"*, da Portaria MTPS n. 116/2015.

A CTPP é composta por representantes do governo (MTPS, FUNDACENTRO e Ministério da Saúde), e representantes dos empregadores, indicados pela Confederação Nacional do Comércio de Bens, Serviços e Turismo — CNC, Confederação Nacional do Transporte — CNT, Confederação Nacional das Instituições Financeiras — CNF, Confederação Nacional da Indústria — CNI, Confederação da Agricultura e Pecuária do Brasil — CNA e Confederação Nacional da Saúde — CNS; e dos trabalhadores, indicados pela Central Única dos Trabalhadores — CUT, Força Sindical, União Geral dos Trabalhadores — UGT, Nova Central Sindical dos Trabalhadores — NCST, Central dos Trabalhadores e Trabalhadoras do Brasil — CTB e Central Geral dos Trabalhadores do Brasil — CGTB;

Desse modo, apesar de não se tratar de uma Norma Regulamentadora, com a publicação da Lei n. 13.103/15, optou-se por apresentar o tema para avaliação da CTPP, buscando ouvir e debater sobre os diversos aspectos da Lei e de sua regulamentação com os representantes de trabalhadores e empregadores desta Comissão, o que efetivamente foi feito, inclusive com a participação de representantes da CNT e da NTU.

Na CTPP, um ponto que foi consenso entre os representantes de trabalhadores e empregadores na Comissão Tripartite Paritária Permanente - CTPP, desde o início do debate, foi que o exame toxicológico deveria ser tratado fora das Normas Regulamentadoras - NR, especialmente fora da NR7 - Programa de Controle Médico de Saúde Ocupacional - PCMSO, uma vez que estes tem o caráter de monitorar a relação entre a saúde e os riscos do ambiente de trabalho, diferentemente dos exames toxicológicos previstos pela Lei n. 13.103/2015, cujo foco é a segurança no trânsito.[184] (Grifo nosso)

Inicialmente, cumpre ter presente que o PCMSO "(...) é parte integrante do conjunto mais amplo de iniciativas da organização no campo da saúde de seus empregados (...)", devendo ter por diretriz, entre outras, "rastrear e detectar precocemente os agravos à saúde relacionados ao trabalho". Trata-se, portanto, de programa que visa "proteger e preservar a saúde (...) empregados em relação aos riscos ocupacionais, conforme avaliação de riscos do Programa de Gerenciamento de Risco — PGR da organização"(itens 7.1.1, 7.2.1e 7.3.2, alínea a, da NR-7).

Já ao tratar do PGR, estabelece a NR-1 que:

1.5.3.1.1 O gerenciamento de riscos ocupacionais deve constituir um Programa de Gerenciamento de Riscos — PGR.

(...)

1.5.3.2 A organização deve:

a) evitar os riscos ocupacionais que possam ser originados no trabalho;

b) identificar os perigos e possíveis lesões ou agravos à saúde;

c) avaliar os riscos ocupacionais indicando o nível de risco;

d) classificar os riscos ocupacionais para determinar a necessidade de adoção de medidas de prevenção;

e) implementar medidas de prevenção, de acordo com a classificação de risco e na ordem de prioridade estabelecida na alínea *g* do subitem 1.4.1; e

f) acompanhar o controle dos riscos ocupacionais.

A questão toxicológica, neste contexto, insere-se na própria dinâmica da prestação laboral do motorista profissional, *sendo a higidez biopsicofisiológica deste profissional tema eminentemente trabalhista.*

Assim, toda a sistemática de exames deve vir prevista no PCMSO, para que se possa ter a questão toxicológica inserida e vislumbrada de forma ampla.

Saber, por exemplo, quais substâncias estão sendo utilizadas, a relação dessas com índices de absenteísmo e afastamento, quais rotas/tipos de mercadorias transportadas apresentam maior

(184) Nota Técnica n. 59/2016/GNOR/DSST/SIT/MTPS, fls. 3-4. A mesma posição é adotada na fl. 3 de documento editado com a finalidade de publicizar dúvidas e respostas com relação a sistemática de realização de exames toxicológicos, documento este disponível em: http://trabalho.gov.br/seguranca-e-saude-no-trabalho/exames-toxicologicos. Consulta realizada em: 27 ago. 2016.

índice de trabalhadores dependentes/doentes, quais são as drogas mais utilizadas, faz parte da sistemática de prevenção, rastreamento e diagnóstico precoce dos agravos à saúde. Tal sistemática, inclusive, deve subsidiar a emissão da Comunicação de Acidente de Trabalho (CAT) quando da identificação de agravos que, conquanto num primeiro momento pareçam não se relacionar com a atividade profissional, dela decorrem, tendo-se em vista a própria organização do trabalho desenvolvido.

Até mesmo o "programa de controle de uso de drogas e bebidas alcoólicas" deve estar previsto na sistemática do PCMSO, a fim de permitir a adequada compreensão do problema e, assim, possibilitar a implementação de medidas eficazes, pois se insere em um contexto mais amplo, de saúde e segurança não só do motorista, mas também de terceiros, que com ele compartilham o mesmo meio ambiente de trabalho.

Nessa toada, a posição adotada pelo Ministério do Trabalho, de que os exames toxicológicos não fazem parte do PCMSO, e que não devem constar dos atestados de saúde ocupacional, nada mais faz que fragilizar a previsão legal por via transversa, na medida em que dificulta a possibilidade de aferir se o uso de drogas e bebidas alcoólicas está relacionado à gestão organizacional, inclusive por assédio, quando ocorrem pressões pelo cumprimento de longas distâncias em prazos exíguos, com objetivo de reduzir custos para atender interesses do empregador e embarcador, em detrimento da saúde do motorista, o que pode acarretar repercussões quanto à configuração da responsabilidade objetiva do empregador perante terceiros, nos termos do arts. 932, inciso III, e 933, ambos do Código Civil, para o caso de danos causados pelo empregado nessas condições.

Ademais, não se pode perder de vista que a percepção do nexo entre o uso de drogas e bebidas alcoólicas com a devida responsabilidade no exercício da atividade de transporte é o grande avanço que se começou a conquistar com as Leis ns. 12.619/2012 e 13.103/2015.

Essa percepção é a tônica do art. 18 da Resolução CONTRAN n. 923/2022, que assim dispõe:

> Art. 18. Independentemente do resultado apurado, todos os exames toxicológicos de larga janela de detecção realizados com base nesta Resolução serão utilizados, de forma anônima e com fins estatísticos, para a formação de banco de dados para análise da saúde dos condutores, com vistas à implementação de políticas públicas de saúde.
>
> Parágrafo único. As informações armazenadas, contendo o resultado dos exames toxicológicos de larga janela de detecção, poderão ser disponibilizadas mediante determinação judicial, para instrução de processos relativos a acidentes e crimes de trânsito.

Destarte, essas medidas não significam a exposição indevida do trabalhador ou de sua intimidade, mas sim, a criação de sistemática adequada para promoção da saúde do motorista profissional e consequente garantia de segurança no trânsito. Seus dados pessoais, e sua intimidade, certamente deverão ser preservados, mas não com o sacrifício de questões relacionadas à saúde e segurança do trabalho.

Nessa toada, a referência aos exames realizados deve constar do Atestado de Saúde Ocupacional (ASO), mas sem informações que possam desabonar ou expor o trabalhador. Essa referência, inserida no ASO e dentro da sistemática do PCMSO, permite a fiscalização do cumprimento da obrigação trabalhista com resguardo das informações sigilosas do trabalhador. Portanto, constitui informação que deve constar do ASO, ainda que complementar,[185] para permitir que obrigações

(185) Ainda que tratando de assunto diverso ao da realização de exames toxicológicos, assim se manifestou o Ministério do Trabalho por meio da Nota Técnica n. 151/2015/CGNOR/DSST/SIT, na p. 1: "3. Conforme esclarecido pela manifestação da Superintendência Regional do Trabalho e Emprego no Rio Grande do Sul (fl. 02), a emissão do ASO no caso de exames complementares é necessária não só para o cumprimento do estabelecido na NR-07, mas também para permitir a efetiva fiscalização do cumprimento da obrigação trabalhista pela fiscalização do trabalho sem a violação do sigilo médico".

trabalhistas sejam passíveis de apuração sem, contudo, possibilitar o acesso das informações sigilosas contidas nos exames, salvo na hipótese de justo motivo para tanto — como omissões na consideração de agravo relacionado ao trabalho ou construção de perfis epidemiológicos —, com a consequente emissão de CAT(186) e direcionamento de medidas profiláticas necessárias.

D – A quarta discussão

A *quarta discussão* se refere ao resultado do exame toxicológico e a forma como esse resultado, e as ações do empregador, deverão repercutir no contexto de um "programa de controle de uso de droga e de bebida alcoólica".(187)

Com a realização do exame toxicológico (que deve ser autorizado expressamente pelo trabalhador), obviamente os efeitos serão diferentes em caso de resultado positivo ou negativo.(188) Se ocorrer o resultado negativo, o motorista está apto para o exercício de sua função, podendo, desde já, iniciar suas atividades profissionais. Contudo, se o motorista for considerado temporariamente inapto para o trabalho, o que poderá acontecer?

Inicialmente, é preciso ter por certo que a inaptidão está relacionada à função que o trabalhador irá exercer, e não para o trabalho em si. Em razão disso, tem-se pela necessidade de interpretação adequada do art. 61, § 2º, inciso III, da Portaria MTP n. 672/2021, que assim dispõe:

> § 2º Os exames toxicológicos não devem:
>
> (...)
>
> III – estar vinculados à definição de aptidão do trabalhador.

(186) Questão sempre sensível na atuação dos órgãos de fiscalização diz respeito à necessidade de autorização judicial para acesso aos prontuários médicos dos trabalhadores ou a exigência de formação médica para análise de referidos documentos. Em que pese toda a discussão que possa ser travada, tem-se por posição a possibilidade de acesso aos prontuários médicos pelos órgãos de fiscalização, de forma devidamente justificada, na medida em que referidas informações encerram interesse quando da constatação de omissões patronais no reconhecimento de agravos à saúde dos trabalhadores. No âmbito da Inspeção do Trabalho, por exemplo, editou-se a Nota Técnica n. 112/2009/DSST/SIT em que se analisa se "um Auditor-Fiscal do Trabalho sem a formação de Medicina [pode] examinar prontuários médicos durante inspeções às empresas" e "se um Auditor-Fiscal do Trabalho com formação em medicina poderia examinar esses prontuários.". Como conclusão, nas p. 4-5, assume referida Nota Técnica que "a) o prontuário médico de trabalhadores dentro do PCMSO de empresas não é de livre e rotineiro acesso à fiscalização trabalhista; b) o acesso a esses documentos não pode ser negado pela empresa ou médico do trabalho se houver à autorização expressa do paciente/trabalhador interessado; c) a autorização deve ser do indivíduo trabalhador, nominalmente, e não de sua representação associativa ou sindical; d) o fato do Auditor-Fiscal do Trabalho deter formação médica não o desobriga da autorização do trabalhador, uma vez que, naquele momento, não se exerce um ato médico e sim um ato administrativo de fiscalização trabalhista; e) É vedado aos Auditores-Fiscais do Trabalho revelar informações obtidas em decorrência do exercício das suas competências, respondendo civil, penal e administrativamente pela infração. Recomenda-se, portanto, que as fiscalizações que envolvam consultas a prontuários médicos de trabalhadores revistam-se dos cuidados necessários, consultando-se essa documentação somente quando estritamente necessário, em situações específicas em que o benefício para os trabalhadores envolvidos seja inquestionável. Esse acesso deve ser precedido, como visto, de autorização formal por parte do trabalhador interessado, evitando-se desdobramentos jurídicos e administrativos negativos. Os mesmos cuidados deverão se estender a todos os documentos e relatórios elaborados durante a fiscalização, com quaisquer finalidades. A empresa, o Médico do Trabalho envolvido, tanto quanto os próprios trabalhadores, podem insurgir-se contra o Ministério do Trabalho e Emprego, em todas as instâncias, se entenderem ter ocorrido algum dano material ou moral decorrente da violação do sigilo da documentação médica.". Referido entendimento é corroborado pela Nota Técnica n. 162/2016/CGNOR/DSST/SIT. A questão da autorização individual do trabalhador, contudo, parece ser dispensável, tendo em vista o disposto nos arts. 6º, 7º, incs. II, III,VII e VIII, e § 6º, 11, inc. II, alíneas *"a"*, *"b"*, *"e"* e *"f"* da Lei n. 13.709/2018.

(187) Toda a sistemática de avaliação e acompanhamento toxicológico dos trabalhadores deve vir inserida no contexto do "programa de controle de uso de droga e de bebida alcoólica". A mera realização de exames, sem a sua inserção em um programa, se mostra de toda ineficaz. Questões interessantes sobre a realização de exames toxicológicos, e sua contextualização em um programa de acompanhamento, podem ser vislumbradas no julgamento do Recurso de Revista n. RR-1191-58.2014.5.03.0171. Conquanto encerre contornos distintos, em muitos aspectos, do "programa de controle de uso de droga e de bebida alcoólica" preconizado pela Lei n. 13.103/2015, trazem esses julgados discussões importantes, e que aqui, quando pertinentes, são abordadas. Consulta ao referido processo realizada em 14.6.2016.

(188) Faz-se essa observação na medida em que são relativamente comuns atestados de saúde ocupacional em que se tem por conclusão "apto em parte" ou "com ressalvas".

Com efeito, a inaptidão para a função, em que pese seja temporária, deve facultar ao trabalhador algumas opções, todas, certamente, inseridas em um contexto de preservação de sua intimidade e respeito à tomada de decisão suficientemente informada – conforme previsão contida no "programa de controle de uso de droga e de bebida alcoólica".

Nos termos do art. 168, § 6º, da CLT, do art. 148-A, § 4º, do CTB, do arts. 11, § 6º, 12, § 7º, incs. II, III e IV, e 17 da Resolução CONTRAN n. 923/2022 e do art. 63 da Portaria MTP n. 672/2021, deve-se permitir ao trabalhador a contraprova e o recurso administrativo — procedimentos esses custeados pelo empregador, beneficiário final de referidos exames, quando se tratar de motorista profissional empregado.(189) O exercício dessas faculdades deve ser informado ao empregador, de modo que todo o processo se dê com a participação, ciência e suporte — nesse sentido, inclusive, é que se pode compreender o disposto na parte final do art. 64 da Portaria MTP n. 672/2021, que faculta "(...) ao empregador optar por outro médico revisor de sua escolha.".(190)

Confirmado o resultado positivo, deve-se permitir ao trabalhador já contratado seu ingresso no "programa de controle de uso de droga e de bebida alcoólica" mantido pelo empregador, para possibilitar adequada recuperação visando à sua reinserção na atividade. A mera constatação de que o motorista profissional fez uso de "substâncias psicoativas que causem dependência ou, comprovadamente, comprometam a capacidade de direção" não deve implicar penalidades funcionais ao trabalhador para além daquela estabelecida no art. 148-A, § 5º, inc. II, do CTB, conforme expressa determinação contida no § 6º do mesmo dispositivo legal.(191) A perspectiva de proteção à saúde,

(189) A mesma posição é adotada pelo Ministério do Trabalho conforme as Notas Técnicas n. 222/2016/CGNOR/DSST/SIT/MTb, p. 02 e 78/2016/CGNOR/DSST/SIT/MTPS, p. 4-5: "6 – Quem deve arcar com o custo dos exames se ele não consta no PCMSO?? No caso de um segundo exame (contraprova) quem deverá pagar o novo exame, se for uma solicitação do paciente? (...) Em razão da previsão legal da realização do exame toxicológico estar inserida como inciso do Art. 168 da CLT, resta claro que o custeio deste exame é de responsabilidade do empregador. (...).". Adotando posição diversa, PASSOS, Edésio; PASSOS, André; NICOLADELI, Sandro Lunard; NASCIMENTO, Giovani. Normatização do ato de dirigir por trabalhador subordinado. In: PASSOS, André, PASSOS, Edésio e LUNARD, Sandro (Orgs.). *Motorista Profissional:* Aspectos críticos à Lei n. 13.103/2015: Análise do novo referencial normativo, com remissões à Lei n. 12.619/2012, 2. ed. São Paulo: LTr, 2015. p. 51: "Há, contudo, uma exceção, pois o empregado tem direito a produzir uma *contraprova* relativamente ao resultado positivo do exame anteriormente realizado e que foi custeado pelo empregador. No caso do segundo exame, o empregado é que deverá custeá-lo, o que nem sempre é acessível para quem se encontra em situação de desemprego. Essa é mais uma restrição ao mercado de trabalho do motorista profissional que usa substância(s) psicoativa(s)." (Grifo do original).

(190) Interessante registrar que o Ministério do Trabalho, em seus esclarecimentos constantes da Nota Técnica n. 76/2016/CGNOR/DDST/SIT, p. 3-4, indica a realização da contraprova como automática, e não facultativa: "1.3 – Uma vez constatado o uso de substâncias indevidas fora dos padrões permitidos, deverá a Consulente (a) omitir tal informação do empregador e solicitar a contraprova; (b) informar ao empregador e solicitar a contraprova; (c) informar ao trabalhador e questioná-lo sobre seu desejo de exercer o direito de contraprova? O responsável por levar o relatório do exame ao conhecimento do empregador é o próprio empregado. Ele é o único autorizado a conhecer o relatório médico do MR (médico revisor), além do próprio empregador. *A realização de contraprova é automática na detecção de resultado positivo.* O item 5.1 da Portaria MTPS n. 116/2015 determina que 'Para a realização dos exames toxicológicos, devem ser coletadas duas amostras, conforme procedimentos de custódia indicados pelo laboratório executor, com as seguintes finalidades: a) para proceder ao exame completo, com triagem e exame confirmatório, b) para armazenar no laboratório, por no mínimo 5 (cinco) anos; a fim de se dirimirem eventuais litígios.' Aqui, cumpre esclarecer que uma das amostras é utilizada para a realização de triagem e, se indicado resultado positivo, realização imediata da contraprova. Já a segunda amostra deve ser mantida no laboratório a fim de se dirimirem eventuais litígios". Já em documento editado com a finalidade de publicizar perguntas e respostas com relação à sistemática de realização de exames toxicológicos, esclarece o Ministério do Trabalho, nas p. 5-6, que: "A realização de contraprova é automática na detecção de resultado positivo. O item 5.1 da Portaria MTPS n. 116/2015 determina que 'Para a realização dos exames toxicológicos devem ser coletadas duas amostras, conforme procedimentos de custódia indicados pelo laboratório executor, com as seguintes finalidades: a) para proceder ao exame completo, com triagem e exame confirmatório, b) para armazenar no laboratório, por no mínimo 5 (cinco) anos, a fim de se dirimirem eventuais litígios.' Aqui, cumpre esclarecer que uma das amostras é utilizada para a realização de triagem e, se indicado resultado positivo, realização imediata da contraprova. Já a segunda amostra deve ser mantida no laboratório a fim de se dirimirem eventuais litígios." (Disponível em: https://www.gov.br/trabalho-e-emprego/pt-br/assuntos/inspecao-do-trabalho/seguranca-e-saude-no-trabalho/sst-portarias/2015/Exames_Toxicologicos_Perguntas_Respostas_Portaria_MTPS_116_2015.pdf. Consulta realizada em: 5 jan. 2024).

(191) "Art. 148-A. Os condutores das categorias C, D e E deverão comprovar resultado negativo em exame toxicológico para a obtenção e a renovação da Carteira Nacional de Habilitação. (...). § 5º O resultado positivo no exame previsto no § 2º deste artigo acarretará ao condutor: I – (VETADO); e II – a suspensão do direito de dirigir pelo período de 3 (três) meses, condicionado o levantamento da suspensão à inclusão no Renach de resultado negativo em novo exame, vedada

no caso, deve ser realçada, de modo que assegure o engajamento dos trabalhadores na realização dos exames e a fidedignidade dos resultados, prevenindo, com isso, a ocorrência de acidentes.

Nesse contexto, afigura-se inadequado o veto ao art. 148-A, § 5º, inc. I, do CTB,(192) previsto pela Lei n. 14.599/2023, que estabelecia como consequência do resultado positivo "I – o impedimento de dirigir qualquer veículo até a obtenção de resultado negativo em novo exame", visto que a finalidade do dispositivo era justamente impedir a exposição de outras pessoas aos riscos decorrentes da atividade de motorista profissional que fez uso de "substâncias psicoativas que causem dependência ou, comprovadamente, comprometam a capacidade de direção".

Essa mesma tônica subsidia o entendimento da necessidade de aplicação conjunta do parágrafo único do art. 235-B da CLT, com a redação que lhe conferiu a Lei n. 13.103/2015,(193) com o art. 148-A, § 8º, do CTB, inserido pela lei n. 14.599/2023, de modo que desestimule a negativa da realização do exame toxicológico, evitando-se, com isso, a exposição de terceiros a riscos.

Com efeito, a caracterização de "infração disciplinar" pela recusa do motorista em se submeter ao "teste ou ao programa de controle do uso de droga e de bebida alcoólica" visa à proteção de todos aqueles que compartilham das vias de tráfego com o empregado recusante, de sorte que não pode ser tratada apenas como uma questão individual, afeta unicamente à intimidade e vida privada do condutor. Nesse sentido, a decisão do TST ao reconhecer a necessidade de o empregado submeter-se ao teste para controle do uso de bebida alcoólica ante a sua importância para garantir segurança no trabalho.(194)

A recusa, nessa hipótese, além de punível, implicará a impossibilidade do exercício da atividade pelo motorista profissional, pois é preciso interpretar o dispositivo de modo contextualizado, atentando-se para a finalidade da proteção estabelecida.

---

a aplicação de outras penalidades, ainda que acessórias. (...). § 6º O resultado do exame somente será divulgado para o interessado e não poderá ser utilizado para fins estranhos ao disposto neste artigo ou no § 6º do art. 168 da Consolidação das Leis do Trabalho — CLT, aprovada pelo Decreto-lei n. 5.452, de 1º de maio de 1943".

(192) Conforme Mensagem n. 278/2022, essas foram as razões do veto: "Art. 1º do Projeto de Lei de Conversão na parte em que altera o inciso I do § 5º do art. 148-A da Lei n. 9.503, de 23 de setembro de 1997. 'I - o impedimento de dirigir qualquer veículo até a obtenção de resultado negativo em novo exame;' Razões do veto. 'A proposição legislativa estabelece que o resultado positivo no exame previsto no § 2º do art. 148-A, que dispõe que os condutores das categorias C, D e E com idade inferior asetenta anos serão submetidos a novo exame a cada período de dois anos e seis meses, a partir da obtenção ou renovação da Carteira Nacional de Habilitação, acarretaria ao condutor o impedimento de dirigir qualquer veículo até a obtenção de resultado negativo em novo exame. Em que pese a boa intenção do legislador, a proposição legislativa contraria o interesse público e viola a constitucionalidade, tendo em vista que a instituição de 'impedimento de dirigir qualquer veículo até a obtenção de resultado negativo em novo exame', aplicado de forma imediata, é medida que se confunde com a própria sanção de suspensão do direito de dirigir, mas com o agravamento de não ser aplicada após processo administrativo, com contraditório e ampla defesa. A pena ainda é desproporcional já que prevê o impedimento do direito de dirigir qualquer veículo, e não apenas aqueles das categorias para as quais se exige o exame toxicológico. Ademais, o art. 165-B, que prevê as penalidades para condução de veículo para o qual seja exigida habilitação nas categorias C, D ou E sem realizar o exame toxicológico, já estabelece como penalidade multa e suspensão do direito'. Ouvido, o Ministério da Justiça e Segurança Pública manifestou-se pelo veto ao seguinte dispositivo do Projeto de Lei de Conversão:".

(193) "Art. 235-B. (...). Parágrafo único. A recusa do empregado em submeter-se ao teste ou ao programa de controle de uso de droga e de bebida alcoólica previstos no inciso VII será considerada infração disciplinar, passível de penalização nos termos da lei.".

(194) RECURSO DE REVISTA INTERPOSTO SOB A ÉGIDE DA LEI N. 13.015/2014. INDENIZAÇÃO POR DANOS MORAIS. TESTE DE BAFÔMETRO REALIZADO MEDIANTE SORTEIO. ABUSO DE PODER DIRETIVO NÃO IDENTIFICADO. O Tribunal Regional manteve a sentença que julgou improcedente o pedido de indenização por danos morais, pois concluiu que não configura abuso de poder o fato de o reclamante, na função de caldeireiro, ter sido submetido de forma aleatória pela reclamada a teste etilômetro, tendo registrado que não constou prova quanto ao abuso do exercício do poder diretivo. Nesse contexto, a imposição de teste de bafômetro não se traduz ofensa à dignidade da pessoa no trabalho (CF, art. 5º, X) e nem configura ato ilícito do empregador (Código Civil, arts. 186 e 187) passível de indenização, porquanto não verificado, na hipótese, o abuso do poder diretivo do empregador, pois o teste foi direcionado a outros empregados e a escolha do autor se deu de forma aleatória, ou seja, foi impessoal. Precedentes. Recurso de revista não conhecido. Processo n. TST-RR-11276-14.2015.5.03.0060. Relª. Minª. Maria Helena Mallmann".

Por outro lado, cumprida essa obrigação legal pelo empregado, em nenhuma hipótese poderá o resultado do exame ser utilizado para outros fins que não o de informar o trabalhador e facultar-lhe a submissão à contraprova, ao recurso administrativo ou ao tratamento, nos termos do art. 168, § 6º, da CLT, inserido pela Lei n. 13.103/2015, cumulado com a interpretação, hoje majoritária, no sentido de não ser admitida a justa causa nos casos de dependência do álcool. Assim, a nova previsão legal elastece a interpretação que se dá ao art. 482, alínea *"f"*, primeira parte, da CLT, quanto à "embriaguez habitual", no sentido de conferir o mesmo tratamento legal para a utilização e dependência de outras substâncias psicoativas.

Outrossim, como o referido "programa de controle de uso de droga e de bebida alcoólica" não apresenta contornos legais precisos, tem-se aberta a possibilidade de uma maior flexibilidade na sua formatação pelo empregador, seja para assegurar o acolhimento e a recuperação do obreiro *positivado*,[(195)] seja para compreender medidas preventivas, com a identificação de sobrecarga no trabalho, como o monitoramento de sinais exteriores de fatiga. Tal poderá ocorrer, inclusive, por negociação coletiva e, até mesmo, por regulamento da empresa, mas é sempre prudente contar com o acompanhamento sindical não só na elaboração, como também na sua aplicação, para garantir maior eficiência na obtenção de resultados. Isso porque o "programa de controle de uso de droga e de bebida alcoólica" deve ser instituído e implementado para garantir a necessária segurança no trânsito, ao mesmo tempo que preserva a saúde e a inserção segura do trabalhador na atividade.

Por oportuno, cumpre trazer à colação trecho do Parecer apresentado pela Procuradoria-Geral da República na ADI n. 5.322, ao ressaltar o número expressivo de acidentes provocados pela falta de atenção do motorista, "fruto principalmente de fadiga e da pressão por cumprimento de horários, contexto no qual se insere o uso acentuado de drogas por motoristas profissionais." — e que foi acolhido, considerando a improcedência de referida ação quanto aos "§§ 6º e 7º do art. 168 da CLT, com redação dada pelo art. 5º da Lei n. 13.103/2015, e art. 8º da Lei n. 13.103/2015, que alterou o art. 148-A do Código de Trânsito Brasileiro (CTB).".[(196)]

Situação complexa refere-se à hipótese na qual o trabalhador, mesmo após submeter-se ao "programa de controle do uso de droga e de bebida alcoólica", não consegue reabilitar-se para atuar novamente como motorista. Nesse caso, há que se considerar algumas possibilidades, quais sejam: caso o trabalhador se mostre apto para o trabalho, mas inapto para a função de motorista, deverá ser avaliado se o empregador tem a possibilidade de seu remanejamento para outra função, que não demande essa habilitação específica. Contudo, se o trabalhador estiver inapto para o trabalho em razão do comprometimento de suas funções motoras e cognitivas, cabe ao empregador proceder ao seu encaminhamento ao Instituto Nacional do Seguro Social (INSS), a fim de que seja providenciado seu afastamento previdenciário para tratamento, como beneficiário do sistema estatal de seguridade social.

Trata-se de interpretação que encontra fundamento no item 7.3.2 da NR-7, que ao fixar as diretrizes que informam o PCMSO, estabelece, na alínea *"h"*, a de "subsidiar o encaminhamento de empregados à Previdência Social".

A recusa do trabalhador em participar de procedimentos de reabilitação interna, organizados pelo empregador, como é o caso do "programa de controle do uso de droga e de bebida alcoólica", ou sua resistência em contribuir para a superação dessa dependência, devem ser analisados com cuidado, haja vista tratar-se de situação delicada e complexa. Para tanto, necessário aferir se há

(195) Exemplos de medidas que podem também ser adotadas no âmbito do "programa de controle de uso de droga e de bebida alcoólica" referem-se à colocação do trabalhador em recuperação para se ativar em dupla com outro motorista, de modo que execute suas atividades de forma controlada e assistida, ou a execução de atividades de suporte, necessárias ao trabalho do motorista profissional, mas cuja exposição a risco se mostra, conquanto mitigada, adequada às limitações motoras e cognitivas do trabalhador em recuperação.

(196) Voto proferido pelo relator Ministro Alexandre de Moraes no julgamento da ADPF n. 5.322, p. 57-71 do acórdão.

um comportamento negligente e desidioso do empregado, ou se é o sistema organizacional do empregador que leva a esse comportamento do motorista, quando há, por exemplo, a exigência/premiação daquele que cumpre longas distâncias em tempo cada vez menor.

De qualquer modo, imperioso evitar a elisão de responsabilidades pela mera alegação da ocorrência de dolo ou culpa, sendo necessária a criteriosa avaliação da prova dos autos para evitar a ocorrência de dispensas discriminatórias, motivadas por doença estigmatizaste, nos termos da Súmula n. 443/TST.(197)

Ainda, há que se abordar a situação do trabalhador que, já em atividade, vem a ser reprovado no exame toxicológico realizado quando da renovação de sua habilitação. Nesses casos a reprovação não pode ensejar medida punitiva para além daquela já prevista na legislação. Ademais, a constatação do uso de drogas ou de bebida alcoólica deve estimular não só o tratamento do motorista, como a análise das causas e circunstâncias que desencadearam ou contribuíram para o uso dessas substâncias.

Na seara trabalhista caberá ao empregador proceder ao ingresso do motorista no "programa de controle do uso de droga e de bebida alcoólica", bem como a adequação de suas funções durante o período de suspensão de sua habilitação – notadamente porque a suspensão do direito de dirigir não implica a suspensão do contrato de trabalho. Portanto, ao motorista profissional deverá ser dado o suporte necessário à superação da situação em que se encontra, por se tratar de *questão atinente à saúde e segurança do trabalho.*

Por fim, necessário examinar a hipótese em que, por ocasião da rescisão do contrato de trabalho, o exame toxicológico apresenta resultado positivo.

Em que pese posição administrativa adotada pelo Ministério do Trabalho,(198) imperioso ressaltar que, em sendo positivo o exame toxicológico, é preciso aferir se para tanto contribuíram as condições em que o trabalho era prestado, a fim de verificar eventual existência de nexo causal entre a atividade desenvolvida e o resultado do exame toxicológico, o que gera não só consequências em relação àquele motorista, mas também provoca repercussões na situação de outros trabalhadores expostos às mesmas condições de trabalho.

E – A quinta discussão

A *quinta discussão* está relacionada à responsabilidade do tomador de serviços/embarcador em exigir do contratado (empregador) o cumprimento das normas que regulam a realização de exames toxicológicos e a instituição de um "programa de controle do uso de droga e de bebida alcoólica".

A imputação dessa responsabilidade ocorre quando o serviço de transporte está inserido na cadeia produtiva do tomador de serviços/embarcador que estipula as condições de contratação e, por conseguinte, a forma como o motorista profissional desempenhará sua atividade. Os contornos

(197) "Súmula n. 443 do TST. DISPENSA DISCRIMINATÓRIA. PRESUNÇÃO. EMPREGADO PORTADOR DE DOENÇA GRAVE. ESTIGMA OU PRECONCEITO. DIREITO À REINTEGRAÇÃO – Res. n. 185/2012, *DEJT* divulgado em 25, 26 e 27.9.2012. Presume-se discriminatória a despedida de empregado portador do vírus HIV ou de outra doença grave que suscite estigma ou preconceito. Inválido o ato, o empregado tem direito à reintegração no emprego".

(198) Em documento editado com a finalidade de publicizar perguntas e respostas com relação à sistemática de realização de exames toxicológicos, esclarece o Ministério do Trabalho, na p. 4, que: "7. Se o resultado do exame toxicológico realizado por ocasião do desligamento der positivo, a empresa fica impedida de demitir o trabalhador? Não. Em que pese discussões no sentido de que as condições de trabalho impostas podem levar o trabalhador a fazer uso de substâncias psicoativas para cumprir suas atividades, a lei não fez essa vinculação. 8. No caso de demissão, onde o funcionário não irá cumprir aviso prévio, como proceder com o exame, já que o mesmo demora de 15 a 20 dias para sair o resultado e o prazo para o pagamento da rescisão é de 10 dias? Deve-se proceder da mesma forma indicada na questão 6, ou seja, ser exigido um protocolo do laboratório com a indicação de que o material para o exame já foi coletado e com previsão da entrega do resultado." (Disponível em: https://www.gov.br/trabalho-e-emprego/pt-br/assuntos/inspecao-do-trabalho/seguranca-e-saude-no-trabalho/sst-portarias/2015/Exames_Toxicologicos_Perguntas_Respostas_Portaria_MTPS_116_2015.pdf. Consulta realizada em: 5 jan. 2024).

dessa responsabilidade foi objeto de análise no capítulo 3.2.2, sendo as razões lá apresentadas aqui aplicáveis (*e.g.*, art. 942 do Código Civil e art. 5º-A, § 3º, da Lei n. 6.019/1974). Ademais, se restar demonstrada a existência de grupo econômico[(199)] ou a ingerência direta da tomadora/embarcadora na gestão dos serviços de transporte (rota, horários de embarque/desembarque, carga/descarga etc.), revela-se juridicamente sustentável o reconhecimento da responsabilidade solidária nos termos dos §§ 2º e 3º do art. 2º da CLT.[(200)]

Importante ressaltar que, no que se refere ao uso de drogas e de bebida alcoólica, a Lei n. 13.103/2015 estabeleceu dois tipos de controle:

> (i) Um, instituído pelos órgãos estatais, em conformidade com o art. 148-A do CTB e regulamentado pelas Resoluções do CONTRAN, a ser cumprido pessoalmente pelo motorista como requisito para habilitação e renovação da CNH;
>
> (ii) Outro, a ser feito pelo empregador (com acompanhamento do tomador de serviços), que arcará com os custos desta operação, permitindo o § 7º do art. 168 e o inciso VII do art. 235-B, ambos da CLT, que o empregador utilize, para tanto, o resultado obtido no exame toxicológico realizado a cargo do ente público, nos termos do art. 148-A do CTB.

Tem-se, assim, a implementação da há tempos conhecida hierarquia das medidas de proteção,[(201)] em que primeiramente há a (i) instituição de sistemas coletivos de proteção, seguida da (ii) adequação das rotinas administrativas de trabalho, como o necessário planejamento prévio das atividades; e, (iii) por fim, a adoção dos equipamentos de proteção individual, formando um conjunto articulado que visa conferir efetividade ao arcabouço protetivo laboral (art. 7º, inc. XXII, da Constituição Federal, art. 166 da CLT e item 1.4.1, alínea "*g*", da NR-1):

---

(199) Inclusive de grupo econômico por coordenação, conforme alterações trazidas pela Lei n. 13.467/2017. Quanto ao tema, GEMIGNANI, Daniel; GEMIGNANI. Tereza Aparecida Asta. Grupo econômico e sucessão empresarial: o que muda com a reforma trabalhista? In: MIESSA, Élisson; CORREIA, Henrique (Orgs.). *A reforma trabalhista e seus impactos*. Salvador: JusPodivm, 2017.

(200) "Art. 2º Considera-se empregador a empresa, individual ou coletiva, que, assumindo os riscos da atividade econômica, admite, assalaria e dirige a prestação pessoal de serviço.

§ 1º Equiparam-se ao empregador, para os efeitos exclusivos da relação de emprego, os profissionais liberais, as instituições de beneficência, as associações recreativas ou outras instituições sem fins lucrativos, que admitirem trabalhadores como empregados.

§ 2º Sempre que uma ou mais empresas, tendo, embora, cada uma delas, personalidade jurídica própria, estiverem sob a direção, controle ou administração de outra, ou ainda quando, mesmo guardando cada uma sua autonomia, integrem grupo econômico, serão responsáveis solidariamente pelas obrigações decorrentes da relação de emprego;

§ 3º Não caracteriza grupo econômico a mera identidade de sócios, sendo necessárias, para a configuração do grupo, a demonstração do interesse integrado, a efetiva comunhão de interesses e a atuação conjunta das empresas dele integrantes".

(201) GEMIGNANI, Daniel; GEMIGNANI. Tereza Aparecida Asta. Meio ambiente de trabalho. Precaução e prevenção. Princípios norteadores de um novo padrão normativo. *Revista do Tribunal Regional do Trabalho da Décima Quinta Região*, v. 40, 2012, p. 141: "Esse 'modus operandi' marcado pela lógica do descarte, calcado na ideia matriz de que tudo tem que ser substituído rapidamente, vem gerando uma mentalidade que passou a ser aplicada também em relação à própria pessoa do trabalhador, sua segurança, saúde, integridade física e mental. (...) O mais assustador é que essa mentalidade vem sendo aplicada também ao ser humano, destituindo-o da condição de sujeito e transformando-o num objeto passível de troca, cujo 'preço' é aferido pela possibilidade 'de uso'. Nesta toada, pouca importância se dá às condições de segurança e saúde no meio ambiente de trabalho, pois, quando um trabalhador fica incapacitado, é mais fácil descartá-lo e substituí-lo por um novo. Se durante todo o século XX lutamos bravamente para impedir que o trabalho fosse reduzido a situação de mercadoria, no início deste novo século nosso desafio é maior ainda: impedir que a própria pessoa do trabalhador seja reduzida à condição de mercadoria, num momento em que a descoberta de novas tecnologias e a exigência de intensificação dos ritmos das tarefas tem precarizado o meio ambiente de trabalho, aumentando os acidentes e provocando o surgimento de novas doenças. Neste contexto, se revelam cada vez mais insuficientes as singelas respostas até hoje oferecidas, seja a consistente no pagamento de um adicional pela prestação laboral em condições de insalubridade e periculosidade, seguida de um rápido 'descarte' do ser humano quando perde seu 'uso', seja a sedimentação do que se pode denominar por 'cultura do EPI — Equipamento de Proteção Individual, que transfere ao empregado o ônus de se proteger dos riscos ambientais como algo natural, ao invés da adoção de equipamentos de proteção coletiva, os denominados EPC, ou de modificações na organização do trabalho, de modo que o meio ambiente de trabalho seja adequado ao ser humano, que despende lá importante parte de seu tempo de vida". (Grifos nossos).

> Art. 166 – A empresa é obrigada a fornecer aos empregados, gratuitamente, equipamento de proteção individual adequado ao risco e em perfeito estado de conservação e funcionamento, sempre que as medidas de ordem geral não ofereçam completa proteção contra os riscos de acidentes e danos à saúde dos empregados."
>
> 1.4 Direitos e deveres
>
> 1.4.1 Cabe ao empregador:
>
> [...]
>
> *g)* implementar medidas de prevenção, ouvidos os trabalhadores, de acordo com a seguinte ordem de prioridade:
>
> I. eliminação dos fatores de risco;
>
> II. minimização e controle dos fatores de risco, com a adoção de medidas de proteção coletiva;
>
> III. minimização e controle dos fatores de risco, com a adoção de medidas administrativas ou de organização do trabalho; e
>
> IV. adoção de medidas de proteção individual.

Nesse contexto, a prevalência dos direitos que preservam a privacidade e a intimidade do motorista cede passo aos direitos fundamentais à saúde e segurança de todos que com ele compartilham o mesmo meio ambiente de trabalho (rodovias e vias públicas), ante a magnitude da lesão que o uso de substâncias psicoativas pode provocar ao motorista e terceiros. Tal fato, contudo, não elide a necessária regulamentação, seja por meio de negociação coletiva, regulamento de empresa ou por norma infraconstitucional, explicitando a forma como os testes e programas de prevenção ao uso indevido de drogas e bebidas alcoólicas devem ser implementados, para que se revistam de eficácia.

Ademais, com fundamento no art. 8º da CLT, é cabível a aplicação de outros preceitos constantes do ordenamento jurídico, como aqueles previstos para o setor da avia*ção* — que serão analisados no capítulo 4.2.4. —, como norte de interpretação e densificação dos arts. 3º da Lei n. 13.103/2015, 148-A do CTB e 235-B, inciso VII, da CLT.

Registre-se o disposto no art. 13 da Lei n. 13.103/2015, anteriormente citado, que assim prevê:

> Art. 13. O exame toxicológico com janela de detecção mínima de 90 (noventa) dias de que tratam o art. 148-A da Lei n. 9.503, de 23 de setembro de 1997 — Código de Trânsito Brasileiro, os §§ 6º e 7º do art. 168 e o inciso VII do art. 235-B da Consolidação das Leis do Trabalho — CLT, aprovada pelo Decreto-lei n. 5.452, de 1º de maio de 1943, será exigido:
>
> I – em 90 (noventa) dias da publicação desta Lei, para a renovação e habilitação das categorias C, D e E;
>
> *II – em 1 (um) ano a partir da entrada em vigor desta Lei, para a admissão e a demissão de motorista profissional;*
>
> III – em 3 (três) anos e 6 (seis) meses a partir da entrada em vigor desta Lei, para o disposto no § 2º do art. 148-A da Lei n. 9.503, de 23 de setembro de 1997;
>
> IV – em 2 (dois) anos e 6 (seis) meses a partir da entrada em vigor desta Lei, para o disposto no § 3º do art. 148-A da Lei n. 9.503, de 23 de setembro de 1997.
>
> Parágrafo único. Caberá ao CONTRAN estabelecer adequações necessárias ao cronograma de realização dos exames. (marcas nossas)

E as alterações trazidas pela Lei n. 14.599/2023:

> Art. 7º O disposto no art. 165-B da Lei n. 9.503, de 23 de setembro de 1997 (Código de Trânsito Brasileiro), alterado pelo art. 1º desta Lei, e nos arts. 165-C e 165-D do referido Código, acrescidos pelo mesmo artigo, produzirá efeitos a partir de 1º de julho de 2023.
>
> Parágrafo único. O Conselho Nacional de Trânsito (Contran) estabelecerá o escalonamento, não superior a 180 (cento e oitenta) dias, contados a partir do dia 1º de julho de 2023, da realização dos exames de que

trata o art. 148-A da Lei n. 9.503, de 23 de setembro de 1997 (Código de Trânsito Brasileiro), pelos condutores das categorias C, D e E que tenham a obrigação de realização do exame toxicológico periódico a partir de 3 de setembro de 2017.

À época da promulgação da Lei n. 13.103/2015, causou preocupação a disposição contida no inciso II,(202) haja vista a falta de justificativa para concessão de prazo tão dilatado para o cumprimento de obrigação importante para o incremento das medidas de proteção. Embora não se tenha atingido situação ideal, é possível constatar que as ações implementadas têm contribuído para reduzir o consumo de bebidas alcoólicas e drogas, abrindo caminhos que devem ser aprimorados.

Interessante pontuar que, atentos aos novos preceitos, empregadores e sindicatos já começam a incluir nos acordos, convenções coletivas e acordos celebrados em dissídios coletivos, cláusulas dispondo sobre a obrigatoriedade de realização de exames com o objetivo de detectar o uso de bebida alcoólica e drogas.(203)

4.2.1.3. Tabela comparativa da regulamentação da obrigatoriedade de realização de exames toxicológicos

	Consolidação das Leis do Trabalho (CLT)	Portaria MTP n. 672/2021	Código de Trânsito Brasileiro (CTB)	Resolução CONTRAN n. 923/2022
O que, quando e de quem se exige	Art. 168. Será obrigatório *exame médico, por conta do empregador* (...). § 6º Serão exigidos *exames toxicológicos, previamente à admissão e por ocasião do desligamento,* (...). Art. 235-B. São deveres do motorista profissional empregado: (...). VII – submeter-se a *exames toxicológicos* (...), *pelo menos uma vez a cada 2 (dois) anos e 6 (seis) meses* (...).	Art. 61. *Os exames* toxicológicos *serão realizados previamente à admissão e por ocasião do desligamento.*	Art. 148-A. Os condutores das categorias C, D e E *deverão comprovar resultado negativo em exame toxicológico* para a *obtenção e a renovação* da Carteira Nacional de Habilitação. § 1º *O exame* de que trata este artigo *buscará aferir o consumo de substâncias psicoativas que, comprovadamente, comprometam a capacidade de direção* (...). § 2º Além da realização do exame previsto no *caput* deste artigo, *os condutores das categorias C, D e E com idade inferior a 70 (setenta) anos serão submetidos a*	Art. 1º Esta Resolução dispõe sobre as normas do *exame toxicológico de larga janela de detecção*, em amostra queratínica, *para a habilitação, renovação ou mudança as categorias C, D e E*, decorrente da Lei n. 13.103, de 02 de março de 2015. Art. 10. *O exame toxicológico* de larga janela de detecção, exigido para a habilitação, renovação ou mudança para as categorias C, D e E, dentro do processo de habilitação para condução de veículos automotores, *deverá ser realizado em etapa anterior aos exames realizados pelo órgão executivo de trânsito, previstos no art. 147 do Código de Trânsito* Brasileiro (CTB). Art. 15. (...). § 3º Até que seja inserida a informação contendo o resultado da análise, *o laboratório credenciado deverá inserir no RENACH, no prazo máximo de 24 (vinte e quatro) horas, a informação com a data e a hora da realização da coleta da amostra.*

(202) Segundo a Nota Técnica n. 46/2016/CGNOR/DSST/SIT/MTPS, fls. 3-4, que: "O inciso II do art. 13 da Lei n. 13.103/2015, ao prever que a entrada em vigor dos exames admissionais e demissionais se daria 1 (um) ano após a entrada em vigor da lei, sem mencionar sua publicação, remeteu a obrigatoriedade ao dia 17 de abril de 2015 para sua entrada em vigor, *trazendo, consequentemente, para o dia 17 de abril de 2016, a entrada em vigor da obrigação de realização dos exames toxicológicos trabalhistas dos motoristas profissionais.*

Ocorre que a Portaria MTPS n. 116, de 13 de novembro de 2015, por sua vez, estabeleceu no seu art. 2º que a sua data de vigência seria o dia 2 de março de 2016. *Cumpre esclarecer, no entanto, que a vigência da portaria não prevalece sobre a entrada em vigor da obrigação do inciso II do art. 13 da lei.* Desta feita, a portaria, que apenas regulamenta os parâmetros para a realização dos exames toxicológicos, teve o seu teor disponibilizado à sociedade com antecedência suficiente para servir aos ajustes e adequações necessários aos interessados, mas não para antecipar nenhuma das obrigações, prazos ou efeitos previstos na Lei n. 13.103/2015.

Portanto, orientamos os Auditores Fiscais do Trabalho que, *durante esse período de 45 dias, compreendido entre a vigência da portaria e a entrada em vigor da obrigação do inciso II do art. 13 da lei, adotem, em suas inspeções, caráter meramente orientador, de modo que os empregadores possam se preparar e cumprir suas obrigações dentro do prazo concedido pela lei (17 de abril de 2016).*" (Marcas nossas).

(203) Em Sessão de Julgamento realizada no dia 10.7.2013 a Seção de Dissídios Coletivos do TRT de Campinas homologou cláusula neste sentido inserida no acordo celebrado nos autos do processo n. 0000938-36.2012.5.15.0000.

	Consolidação das Leis do Trabalho (CLT)	Portaria MTP n. 672/2021	Código de Trânsito Brasileiro (CTB)	Resolução CONTRAN n. 923/2022
O que, quando e de quem se exige			*a 70 (setenta) anos serão submetidos a novo exame a cada período de 2 (dois) anos e 6 (seis) meses, a partir da obtenção* ou renovação da Carteira Nacional de Habilitação, independentemente da validade dos demais exames de que trata o inciso I do *caput* do art. 147 deste Código.	§ 4º *Para fins de fiscalização, a realização do exame periódico é caracterizada pela coleta da amostra, nos termos do § 3º.*
Requisitos para a realização, validade e uso do exame toxicológico	Art. 168. (...). § 7º Para os fins do disposto no § 6º, será obrigatório exame toxicológico com *janela de detecção mínima de 90 (noventa) dias, específico para substâncias psicoativas que causem dependência ou, comprovadamente, comprometam a capacidade de direção*, podendo ser utilizado para essa finalidade o exame toxicológico previsto na Lei n. 9.503, de 23 de setembro de 1997 — Código de Trânsito Brasileiro, desde que realizado nos últimos 60 (sessenta) dias.	Art. 60. A realização dos *exames toxicológicos* previstos nos §§ 6º e 7º do art. 168 da Consolidação das Leis do Trabalho — CLT, aprovada pelo Decreto-lei n. 5.452, de 1943, por *motoristas profissionais do transporte rodoviário coletivo de passageiros e do transporte rodoviário de cargas* é regulamentada por esta Seção. Art. 61. (...). § 1º Os exames toxicológicos devem: *I – ter janela de detecção para consumo de substâncias psicoativas,* com análise retrospectiva *mínima de noventa dias,* para *substâncias que causem dependência ou, comprovadamente, comprometam a capacidade de direção*, podendo ser utilizado, para essa finalidade, o exame toxicológico previsto na Lei n. 9.503, de 23 de setembro de 1997 — Código de Trânsito Brasileiro, *desde que realizado nos últimos sessenta dias*; e II – ser realizados e avaliados em conformidade com os parâmetros estabelecidos pelo Conselho Nacional de Trânsito, em especial a Resolução CONTRAN n. 691, de 27 de setembro de 2017, ou norma posterior que a venha substituir. § 2º Os exames toxicológicos não devem: *I* – ser parte *integrante* do Programa de Controle Médico de Saúde Ocupacional – *PCMSO;* *II – constar de atestados de saúde ocupacional; e* *III – estar vinculados à definição de aptidão do trabalhador.* Art. 62. *A validade do exame toxicológico será de sessenta dias, a partir da data da coleta da amostra,* podendo seu resultado ser utilizado	Art. 148-A. (...). § 1º *O exame* de que trata este artigo *buscará aferir o consumo de substâncias psicoativas que, comprovadamente, comprometam a capacidade de direção e deverá ter janela de detecção mínima de 90 (noventa) dias,* nos termos das normas do Contran.	Art. 2º *O exame toxicológico de larga janela de detecção*, em amostra queratínica, para a habilitação, renovação ou mudança para as categorias C, D e E, destinado à verificação do consumo, ativo ou não, de substâncias psicoativas, com análise retrospectiva mínima de 90 (noventa) dias, decorrente da Lei n. 13.103, de 2015, *deverá ser realizado de acordo com as diretrizes estabelecidas nesta Resolução e seus Anexos.* Art. 3º O exame toxicológico *deve possuir todas as suas etapas, pré-analíticas, analíticas e pósanalíticas, protegidas por cadeia de custódia com validade forense*, incluindo desde o procedimento de coleta do material biológico até o *registro na base de dados do Registro Nacional de Condutores Habilitados (RENACH)* e a entrega do laudo do exame ao condutor, *garantindo a rastreabilidade operacional, contábil e fiscal de todo o processo,* aí compreendidas todas as etapas analíticas (descontaminação, extração, triagem e confirmação). Art. 4º *O exame toxicológico somente poderá ser realizado por laboratórios credenciados pelo órgão máximo executivo de trânsito da União.* Art. 10. (...). § 1º A validade do exame toxicológico será de 90 (noventa) dias, contados a partir da data da coleta da amostra, podendo seu resultado ser utilizado nesse período para todos os fins previstos no *caput.* § 2º O prazo de validade previsto no § 1º também se aplica ao exame de que trata o § 2º do art. 148-A do CTB. Art. 12. (...). § 3º *Para a realização do exame toxicológico* de larga janela de detecção, definido nesta Resolução, *somente serão permitidas coletas nos endereços dos laboratórios credenciados* pelo órgão máximo executivo de trânsito da União *ou nos endereços dos PCL que forem formalmente contratados por laboratório credenciado* pelo órgão máximo executivo de trânsito da União, *não cabendo outros tipos de coleta, tais como* coleta laboratorial em unidade móvel, domiciliar, *em empresa* ou qualquer outra que venha a ser criada.

	Consolidação das Leis do Trabalho (CLT)	Portaria MTP n. 672/2021	Código de Trânsito Brasileiro (CTB)	Resolução CONTRAN n. 923/2022
Requisitos para a realização, validade e uso do exame toxicológico		neste período para todos os fins de que trata o *caput* do art. 61. Parágrafo único. *O exame toxicológico previsto* pela Lei n. 9.503, de 1997 — *Código de Trânsito Brasileiro, desde que realizado nos últimos sessenta dias, poderá ser utilizado para os fins do caput do art. 61.*		
A quem se destina o exame	Art. 168. (...). § 6º Serão exigidos exames toxicológicos, previamente à admissão e por ocasião do desligamento, quando se tratar de motorista profissional, assegurados o direito à contraprova em caso de resultado positivo e a confidencialidade dos resultados dos respectivos exames.	Art. 63. (...). Parágrafo único. *Os laboratórios devem entregar ao trabalhador* laudo laboratorial detalhado em que conste a relação de substâncias testadas, bem como seus respectivos resultados. Art. 64. (...) § 6º *O trabalhador deve entregar ao empregador o relatório médico emitido pelo médico revisor em até quinze dias corridos após o recebimento.*	Art. 148-A. (...). § 6º *O resultado do exame somente será divulgado para o interessado e não poderá ser utilizado para fins estranhos ao disposto neste artigo ou no § 6º do art. 168 da Consolidação das Leis do Trabalho — CLT*, aprovada pelo Decreto-lei n. 5.452, de 1º de maio de 1943.	Art. 9º *Os laboratórios devem entregar ao condutor, no prazo máximo de 15 (quinze) dias, contados a partir da data da coleta, laudo laboratorial detalhado*, em meio físico ou digital, em que conste a relação de substâncias testadas, seus respectivos resultados, *bem como inserir o resultado do exame no sistema RENACH.* Art. 11. (...). § 3º *Para garantir segurança, fidedignidade e precisão ao exame toxicológico, bem como a necessária eficiência e higidez da cadeia de custódia, o laboratório credenciado, sob sua única, exclusiva e indelegável responsabilidade, deverá realizar a comercialização direta com os condutores a serem testados*, sem intermediários ou delegação a terceiros a qualquer título, definindo de forma pública, transparente e clara o preço total do exame, que deverá incluir o serviço de análise das amostras de queratina, o serviço de coleta das amostras biológicas, o kit de coleta, o transporte das amostras, o envio do laudo do exame toxicológico ao consumidor final e qualquer outra despesa acessória. Art. 15. O laboratório credenciado deverá *inserir a informação contendo o resultado da análise do material coletado (se negativo ou positivo para cada uma das substâncias testadas) no prontuário do condutor por meio do RENACH,* no prazo máximo de 15 (quinze) dias contados a partir da coleta. Art. 18. Independentemente do resultado apurado, todos os exames toxicológicos de larga janela de detecção realizados com base nesta Resolução serão utilizados, de forma anônima e com fins estatísticos, para a formação de banco de dados para análise da saúde dos condutores, com vistas à implementação de políticas públicas de saúde.
Condutas em caso de resultado positivo ou de negativa a realização do exame	Art. 235-B. (...). VII – submeter-se a exames toxicológicos com janela de detecção mínima de 90 (noventa)		Art. 148-A. (...). § 5º *O resultado positivo* no exame previsto no § 2º deste artigo acarretará ao condutor: I – (VETADO); e	Art. 16. A hipótese de o exame previsto no § 2º do art. 148-A do CTB acusar o consumo pelo condutor de qualquer uma das substâncias constantes do Anexo I, em níveis que configurem o uso da substância

	Consolidação das Leis do Trabalho (CLT)	Portaria MTP n. 672/2021	Código de Trânsito Brasileiro (CTB)	Resolução CONTRAN n. 923/2022
Condutas em caso de resultado positivo ou de negativa a realização do exame	dias e a *programa de controle de uso de droga e de bebida alcoólica, instituído pelo empregador, com sua ampla ciência,* pelo menos uma vez a cada 2 (dois) anos e 6 (seis) meses, podendo ser utilizado para esse fim o exame obrigatório previsto na Lei n. 9.503, de 23 de setembro de 1997 — Código de Trânsito Brasileiro, *desde que realizado nos últimos 60 (sessenta) dias.* (...). Parágrafo único. *A recusa do empregado em submeter-se ao teste ou ao programa de controle de uso de droga e de bebida alcoólica* previstos no inciso VII *será considerada infração disciplinar, passível de penalização* nos termos da lei.		II – *a suspensão do direito de dirigir pelo período de 3 (três) meses, condicionado o levantamento da suspensão à inclusão no Renach de resultado negativo em novo exame, vedada a aplicação de outras penalidades, ainda que acessórias.* (...) § 8º *A não realização do exame* previsto neste artigo *acarretará* ao condutor: I – nos casos de que trata o *caput* deste artigo, o *impedimento de obter ou de renovar a Carteira Nacional de Habilitação até que seja realizado o exame com resultado negativo* e a *aplicação das sanções previstas no art. 165-B* deste Código; II – no caso do § 2º, a aplicação das sanções previstas no § 5º deste artigo e nos arts. 165-B e 165-D deste Código, conforme a irregularidade verificada.	detectada, acarretará a suspensão do direito de dirigir pelo período de 3 (três) meses, condicionado o levantamento da suspensão à inclusão, no RENACH, de resultado negativo em novo exame ou ao cumprimento da penalidade, sendo vedada a aplicação de outras penalidades, ainda que acessórias.
Direitos assegurados	Art. 235-B. São deveres do motorista profissional empregado: (...). VII – submeter-se a exames toxicológicos com janela de detecção mínima de 90 (noventa) dias e a *programa de controle de uso de droga e de bebida alcoólica, instituído pelo empregador, com sua ampla ciência,* pelo menos uma vez a cada 2 (dois) anos e 6 (seis) meses, podendo ser utilizado para esse fim o exame obrigatório previsto na Lei n. 9.503, de 23 de setembro de 1997 — Código de Trânsito Brasileiro, *desde que realizado nos últimos 60 (sessenta) dias.*	Art. 63. É assegurado ao trabalhador que realiza exame toxicológico o direito à contraprova e à confidencialidade dos resultados dos exames.	Art. 148-A. (...). § 4º *É garantido o direito de contraprova e de recurso administrativo, sem efeito suspensivo,* no caso de resultado positivo para os exames de que trata este artigo, nos termos das normas do Contran. (...) § 9º *Compete ao órgão máximo executivo de trânsito da Uniãocomunicar aos condutores, por meio do sistema de notificação eletrônica* de que trata o art. 282-A deste Código, *o vencimento do prazo para a realização do exame com 30 (trinta) dias de antecedência, bem como as penalidades decorrentes da sua não realização.*	Art. 12. (...). § 7º A coleta das duas amostras será feita conforme procedimentos de custódia indicados pelo laboratório credenciado, observando-se os seguintes requisitos: (...) II – deverá ser armazenada no laboratório, por no mínimo 05 (cinco) anos, para fim de realização da contraprova, por meio de solicitação formal do condutor ao laboratório credenciado pelo órgão máximo executivo de trânsito da União; (...) IV – a contraprova deverá ser analisada pelo mesmo laboratório que promoveu a análise da amostra original e deverá ser emitido laudo positivo ou negativo. Art. 15. (...). § 1º *O condutor deverá autorizar, por escrito e previamente à realização do exame toxicológico, a inclusão da informação do resultado no RENACH.* Se não houver esta autorização, o exame não terá validade para os fins desta Resolução e não poderá ser utilizado para qualquer outra finalidade junto ao Sistema Nacional de Trânsito (SNT). § 2º A informação de que trata o *caput* deverá ser considerada confidencial no RENACH, sendo de responsabilidade dos laboratórios credenciados, dos órgãos executivos de trânsito dos Estados e do Distrito

	Consolidação das Leis do Trabalho (CLT)	Portaria MTP n. 672/2021	Código de Trânsito Brasileiro (CTB)	Resolução CONTRAN n. 923/2022
Direitos assegurados				Federal e do órgão máximo executivo de trânsito da União manter essa confidencialidade. Art. 17. No caso de o condutor ser reprovado no exame toxicológico, fica-lhe garantido o direito de contraprova e de recurso administrativo, sem efeito suspensivo, nos termos do § 4º do art. 148-A do CTB.
Quem pode realizar o exame			Art. 148-A. (...). § 7º *O exame será realizado, em regime de livre concorrência, pelos laboratórios credenciados* pelo órgão máximo executivo de trânsito da União, nos termos das normas do Contran, *vedado aos entes públicos*: I – *fixar preços* para os exames; II – *limitar o número de empresas ou o número de locais* em que a atividade pode ser exercida; e III – *estabelecer regras de exclusividade territorial.*	Art. 4º *O exame toxicológico somente poderá ser realizado por laboratórios credenciados* pelo órgão máximo executivo de trânsito da União. (...) Art. 5º (...). § 1º *Os laboratórios deverão estar acreditados junto ao Instituto Nacional de Metrologia, Qualidade e Tecnologia (INMETRO) ou entidade internacional com a qual o INMETRO possua acordo de reconhecimento mútuo, de acordo com a norma ISO/IEC 17025*, com atendimento dos requisitos que incluam integralmente as "Diretrizes sobre o exame de substâncias psicoativas em cabelos e pelos: Coleta e Análise" da Sociedade Brasileira de Toxicologia (SBTOX), (versão publicada oficialmente em dezembro de 2015), *ou junto ao Colégio Americano de Patologistas (CAP-FDT)*, (acreditação forense para exames toxicológicos de larga janela de detecção do Colégio Americano de Patologistas), *e requisitos forenses específicos para exames toxicológicos de larga janela de detecção contidos nesta Resolução.*
Quem pode coletar o material				Art. 6º *A coleta* de material biológico destinado ao exame toxicológico de larga janela de detecção *deverá ser realizada pelo próprio laboratório credenciado* junto ao órgão máximo executivo de trânsito da União *ou por Posto de Coleta Laboratorial (PCL) por ele contratado*, de forma exclusiva, e atendendo às exigências estabelecidas nesta Resolução e seus Anexos.
A exigência de médico revisor		Art. 64. Os laboratórios devem disponibilizar médico revisor para proceder à interpretação do laudo laboratorial e emissão do relatório médico, sendo facultado ao empregador optar por outro médico revisor de sua escolha. § 1º Cabe ao médico revisor emitir relatório médico, concluindo pelo uso indevido, ou não, de substância psicoativa. § 2º O médico revisor deve considerar, dentre outras situações, além dos níveis da substância detectada no exame, o uso de medicamento prescrito, devidamente comprovado. § 3º O médico revisor deve possuir conhecimentos para interpretação dos resultados laboratoriais.		Art. 8º *Os laboratórios credenciados deverão disponibilizar Médico Revisor (MR)* com capacidade técnica para atender às exigências contidas nesta Resolução e seus Anexos. Art. 20. *Os laboratórios credenciados* pelo órgão máximo executivo de trânsito da União *devem disponibilizar MR com capacidade técnica para interpretar os laudos toxicológicos positivos*, relacionando ou não o *uso de determinada substância com condição ou tratamento médico.* § 1º Cabe ao MR a interpretação do exame toxicológico e emissão de relatório médico, *concluindo pelo uso indevido ou não de substância psicoativa, considerando o comprometimento da capacidade do condutor.* § 2º *O MR deve considerar*, dentre outras situações, além dos níveis da substância detectada no exame, o *uso de medicamento prescrito, devidamente comprovado.*

	Consolidação das Leis do Trabalho (CLT)	Portaria MTP n. 672/2021	Código de Trânsito Brasileiro (CTB)	Resolução CONTRAN n. 923/2022
A exigência de médico revisor		(...) § 5º O relatório médico deve concluir pelo uso indevido, ou não, de substância psicoativa, sem indicação de níveis ou tipo de substância.		
O que é testado	Art. 168. (...). § 7º ara os fins do disposto no § 6º, será obrigatório exame toxicológico com janela de detecção mínima de 90 (noventa) dias, específico para *substâncias psicoativas que causem dependência ou, comprovadamente, comprometam a capacidade de direção*, podendo ser utilizado para essa finalidade o exame toxicológico previsto na Lei n. 9.503, de 23 de setembro de 1997 — Código de Trânsito Brasileiro, desde que realizado nos últimos 60 (sessenta) dias.	Art. 61. (...). I – ter janela de detecção para *consumo de substâncias psicoativas*, com análise retrospectiva mínima de noventa dias, para substâncias *que causem dependência ou, comprovadamente, comprometam a capacidade de direção*, podendo ser utilizado, para essa finalidade, o exame toxicológico previsto na Lei n. 9.503, de 23 de setembro de 1997 — Código de Trânsito Brasileiro, desde que realizado nos últimos sessenta dias; e (...)	Art. 148-A. (...). § 1º O exame de que trata este artigo *buscará aferir o consumo de substâncias psicoativas que, comprovadamente, comprometam a capacidade de direção* e deverá ter janela de detecção mínima de 90 (noventa) dias, nos termos das normas do Contran.	Art. 14. A análise do material coletado será realizada sob a responsabilidade dos laboratórios credenciados pelo órgão máximo executivo de trânsito da União, atendendo integralmente aos requisitos previstos nesta Resolução e seus Anexos, bem como às normas de vigilância sanitária aplicáveis. § 1º Os exames toxicológicos devem testar a presença das substâncias definidas no Anexo I desta Resolução, conforme os valores (*cut off*) de triagem e confirmação estabelecidos.

4.2.2. O acesso da pessoa jurídica concessionária ou permissionária de serviço público aos pontos atribuídos em razão de infrações de trânsito aos motoristas que integram seu quadro funcional — Art. 261, § 8º, do CTB

Questão nova foi posta pela Lei n. 13.154, de 31 de julho de 2015, ao inserir o § 8º no art. 261 do Código de Trânsito Brasileiro, nos seguintes termos:

> § 8º A pessoa jurídica concessionária ou permissionária de serviço público tem o direito de ser informada dos pontos atribuídos, na forma do art. 259, aos motoristas que integrem seu quadro funcional, exercendo atividade remunerada ao volante, na forma que dispuser o Contran.

Referida previsão normativa veio possibilitar que concessionárias e permissionárias de serviços públicos tenham acesso a informações relativas às pontuações correspondentes às infrações de trânsito praticadas por motoristas profissionais a seu serviço.

A primeira questão a suscitar controvérsia se refere à interpretação ampliativa ou restritiva que será conferida a esse preceito, ou seja, se ele será aplicado apenas aos empregados da concessionária/permissionária de serviços públicos, ou abrangerá todos os motoristas contratados, independentemente da natureza jurídica do vínculo contratual mantido.

A questão explicita evidente conflito entre o direito à intimidade e privacidade do trabalhador e o dever patronal de implementar normas de saúde e segurança no meio ambiente de trabalho.

Alguns doutrinadores consideram que como a matéria está afeta à segurança no trânsito, visando preservar a saúde e a integridade física e mental do próprio motorista e de terceiros, imperioso conferir interpretação ampliativa ao preceito para que se revista de eficácia.

Outros entendem que o referido dispositivo legal deve ser aplicado restritivamente, conforme a literalidade da disposição legal, apenas aos motoristas profissionais empregados de concessionárias ou permissionárias de serviço público. Ademais, consideram que referidas informações não podem ter finalidade punitiva, devendo ser utilizadas apenas para fins pedagógicos, como parâmetros para que sejam organizados treinamentos, ou análises sobre as condições que estão levando à situação verificada (*e.g.*, excesso ou pressão no trabalho).

A título de exemplo, tem-se o inciso VII do art. 252 do CTB, inserido pela mesma Lei n. 13.154/2015, que caracteriza como infração média de trânsito "a cobrança de tarifa com o veículo em movimento". Nos termos do art. 259 do CTB, referida infração é considerada como de grau médio, e enseja um total de quatro pontos ao motorista.

Logo, em sendo a hipótese de motorista profissional que, atuando em acúmulo de funções, é autuado por realizar a cobrança de passagens com o veículo em movimento, inevitável a conclusão de que a concessionária ou permissionária do serviço público de transporte deverá atuar a fim de perquirir se referido profissional foi multado porque, inadvertidamente, cometeu a irregularidade, ou se a falta decorreu das exigências da prestação do serviço, como exíguos horários para cumprimento de percursos, excesso de passageiros, dentre outras questões relacionados à organização do trabalho.

O acesso a essa pontuação, portanto, confere ao empregador/concessionário/permissionário do serviço público o dever de verificar por que isso está ocorrendo, por se tratar de um indicativo de que a organização do serviço não é compatível com as capacidades do motorista, o que pode levá-lo a cometer a infração ante o receio de descumprir prévia orientação patronal, de sorte que tais dados não podem ser utilizados simplesmente para punir o empregado.

4.2.3. A utilização de informações de bancos de dados de proteção ao crédito como mecanismo de obstaculização de acesso ao trabalho por parte de motoristas empregados e transportadores autônomos de carga

A Lei n. 13.103/2015 traz novidade interessante no que se refere às informações constantes de banco de dados de proteção ao crédito de motoristas transportadores autônomos, ao inserir o art. 13-A na Lei n. 11.442/2007:

> Art. 13-A. É vedada a utilização de informações de bancos de dados de proteção ao crédito como mecanismo de vedação de contrato com o TAC e a ETC devidamente regulares para o exercício da atividade do Transporte Rodoviário de Cargas.

A questão traz à tona discussão complexa, na medida em que, de um lado, envolve a proteção à intimidade e vida privada do trabalhador e, de outro lado, o interesse de o contratante proceder à mensuração dos riscos da atividade e os custos daí decorrentes, considerando o transporte, principalmente, de cargas valiosas.

O debate acerca do cumprimento dessa previsão legal parece repristinar antiga discussão acerca do já revogado art. 508 da CLT, que considerava a falta contumaz do pagamento de dívidas legalmente exigíveis para a configuração da "rescisão do contrato de trabalho do empregado bancário [por justa causa]".

À vista de tais considerações, inafastável concluir que neste caso a lei claramente optou por priorizar a proteção do direito à privacidade do motorista, por reconhecer que tais dados não obstam a celebração e a execução dos serviços de transporte, diretriz que por seus próprios fundamentos não pode ficar restrita apenas às relações de trabalho autônomo, assim devendo ser observada também quando conflitos da mesma natureza surgirem em uma relação de emprego.

Nesse contexto, a utilização de referidas informações como forma de obstaculizar o acesso ou a manutenção a emprego pode ser caracterizada como conduta discriminatória, a atrair a aplicação da Lei n. 9.029/1995, que em seu art. 1º proíbe "a adoção de qualquer prática discriminatória e limitativa para efeito de acesso à relação de trabalho, ou de sua manutenção (...).", e que, em seus arts. 3º e 4º, estabelece as seguintes consequências:

> Art. 3º Sem prejuízo do prescrito no art. 2º desta Lei e nos dispositivos legais que tipificam os crimes resultantes de preconceito de etnia, raça, cor ou deficiência, as infrações ao disposto nesta Lei são passíveis das seguintes cominações:
>
> I – multa administrativa de dez vezes o valor do maior salário pago pelo empregador, elevado em cinqüenta por cento em caso de reincidência;
>
> II – proibição de obter empréstimo ou financiamento junto a instituições financeiras oficiais.
>
> Art. 4º O rompimento da relação de trabalho por ato discriminatório, nos moldes desta Lei, além do direito à reparação pelo dano moral, faculta ao empregado optar entre:
>
> I – a reintegração com ressarcimento integral de todo o período de afastamento, mediante pagamento das remunerações devidas, corrigidas monetariamente e acrescidas de juros legais;
>
> II – a percepção, em dobro, da remuneração do período de afastamento, corrigida monetariamente e acrescida dos juros legais.

Por fim, faz-se ver que a caracterização de referida prática como discriminatória também encontra respaldo nas razões que fundamentam a tese n. 1 de Recursos de Revista Repetitivos, notadamente ao conferir legitimidade à disposição legal restritiva:

> Tese Firmada: I) *não é legítima e caracteriza lesão moral a exigência de Certidão de Antecedentes Criminais de candidato a emprego* quando traduzir tratamento discriminatório ou não se justificar *em razão de previsão de lei*, da natureza do ofício ou do grau especial de fidúcia exigido. Vencidos parcialmente os Exmos. Ministros João Oreste Dalazen, Emmanoel Pereira e Guilherme Augusto Caputo Bastos;
>
> II) *a exigência de Certidão de Antecedentes Criminais de candidato a emprego é legítima e não caracteriza lesão moral quando amparada em expressa previsão legal* ou justificar-se em razão da natureza do ofício ou do grau especial de fidúcia exigido, a exemplo de empregados domésticos, cuidadores de menores, idosos ou deficientes (em creches, asilos ou intuições afins), *motoristas rodoviários de carga*, empregados que laboram no setor da agroindústria no manejo de ferramentas de trabalho perfurocortantes, bancários e afins, trabalhadores que atuam com substâncias tóxicas, entorpecentes e armas, trabalhadores que atuam com informações sigilosas. Vencidos parcialmente os Exmos. Ministros Augusto César de Carvalho, relator, Aloysio Corrêa da Veiga, Walmir Oliveira da Costa e Cláudio Mascarenhas Brandão, que não exemplificavam;
>
> III) a exigência de Certidão de Antecedentes Criminais, quando ausente alguma das justificativas de que trata o item II, supra, caracteriza dano moral *in re ipsa*, passível de indenização, independentemente de o candidato ao emprego ter ou não sido admitido. Vencidos, parcialmente, os Exmos. Ministros João Oreste Dalazen, Emmanoel Pereira e Guilherme Augusto Caputo Bastos e, totalmente, os Exmos. Ministros Aloysio Corrêa da Veiga, Renato de Lacerda Paiva e Ives Gandra Martins Filho.
>
> (...)
>
> Referência Legislativa: Arts. 1º, III e IV; 3º, II, III e IV; 4º, I; 5º, *caput*, I, II, III, V, X e LVII; 6º, *caput*, 7º, *caput* e inciso XXX e art. 170, VIII, da CF; art. 1º da Lei n. 9.029/95; art. 93 do CP e arts. 1º, 2º e 3º da Convenção n. 111 da OIT. (Grifo nosso)

Portanto, tem-se opção legislativa legítima, e que por sua natureza pode ser estendida para os motoristas profissionais empregados, para assegurar ampla proteção à intimidade e vida privada.

4.2.4. A adoção de sistemas de gerenciamento da fadiga humana

No momento atual, marcado por acentuado desenvolvimento tecnológico, vem se intensificando a instalação de dispositivos de monitoramento no segmento do transporte de cargas e de passageiros, não só na parte externa dos veículos, mas também na parte interna.

Tal sistemática de atuação suscita, por certo, questionamentos quanto à possibilidade de ocorrer invasão da intimidade e da vida privada do motorista profissional, uma vez que o monitoramento pode ser feito não só quando se está exercendo a atividade ao volante, mas também nos períodos de descanso, notadamente por ser fato público e notório que, no setor de transporte de carga, um número expressivo de motoristas usufrui seu intervalo interjornadas dormindo na "boleia" do caminhão.

Por outro lado, a alocação de dispositivos de monitoramento no interior da cabine pode se constituir em meio importante para aferir sinais de fadiga, sonolência, exaustão, *déficit* de atenção, além de ocorrências mais sérias de mal súbito, assim possibilitando que sejam tomadas providências em tempo hábil para evitar ou, se for o caso, minimizar as consequências dessas ocorrências.

Com efeito, é preciso reconhecer que a atividade do motorista, principalmente daqueles que atuam no transporte de longa distância, tanto de passageiros quanto de cargas, pode implicar jornadas irregulares, com diferentes horários para alimentação e repouso, provocando alterações relevantes no ciclo circadiano, que podem aumentar a fadiga e a sonolência, acarretando consequências não só para o motorista, mas também para terceiros, assim justificando as exigências contidas na Resolução CONTRAN n. 927/2022,(204) que dispõe em seu art. 4º:

> DO EXAME DE APTIDÃO FÍSICA E MENTAL E DA AVALIAÇÃO PSICOLÓGICA
>
> Art. 4º No exame de aptidão física e mental são exigidos os seguintes procedimentos médicos:
>
> I - anamnese:
>
> a) questionário (Anexo I);
>
> b) interrogatório complementar;
>
> II – exame físico geral, no qual o médico perito examinador deverá observar:
>
> a) tipo morfológico;
>
> *b) comportamento e atitude frente ao examinador, humor, aparência, fala, contactuação e compreensão, perturbações da percepção e atenção, orientação, memória e concentração, controle de impulsos e indícios do uso de substâncias psicoativas; e*
>
> *c) estado geral, fácies, trofismo, nutrição, hidratação, coloração da pele e mucosas, deformidades e cicatrizes, visando à detecção de enfermidades que possam constituir risco para a direção veicular;*
>
> III – exames específicos:
>
> a) avaliação oftalmológica (Anexo II);
>
> b) avaliação otorrinolaringológica (Anexos III e IV);
>
> c) avaliação cardiorrespiratória (Anexos V, VI e VII);
>
> d) avaliação neurológica (Anexos VIII e IX);
>
> e) avaliação do aparelho locomotor, onde serão exploradas a integridade e funcionalidade de cada membro e coluna vertebral, buscando-se constatar a existência de malformações, agenesias ou amputações, assim como o grau de amplitude articular dos movimentos; e
>
> *f) avaliação dos distúrbios do sono, exigida quando da renovação, adição e mudança para as categorias C, D e E (Anexos X, XI e XII);*
>
> (...) (Grifo nosso)

Nesses casos, a preservação da vida e da integridade física e mental dos motoristas e de terceiros, que com ele compartilham o mesmo ambiente de trabalho, deve prevalecer sobre o direito à intimidade e vida privada, por resguardar bem de maior valor.

(204) Dispõe a Resolução n. 927/2022 "sobre o exame de aptidão física e mental, a avaliação psicológica e o credenciamento das entidades públicas e privadas de que tratam o art. 147, I e §§ 1º a 4º e o art. 148 da Lei n. 9.503, de 23 de setembro de 1997, que institui o Código de Trânsito Brasileiro".
"Art. 4º No exame de aptidão física e mental são exigidos os seguintes procedimentos médicos: (...). III – exames específicos: (...). *f)* avaliação dos distúrbios do sono, exigida quando da renovação, adição e mudança para as categorias C, D e E (Anexos X, XI e XII)".

Destarte, a mera adoção de um sistema de monitoramento das condições de trabalho do motorista profissional, por si só, não configura violação do ordenamento jurídico, uma vez que, para o motorista profissional, há que se considerar as especificidades e o risco acentuado da atividade exercida.

Nesse aspecto, interessa registrar que diversos Tribunais Regionais do Trabalho, e o próprio Tribunal Superior do Trabalho reconhecem a atividade de transporte como de risco, aplicando, em razão disso, o disposto no art. 927, parágrafo único, do Código Civil, e a tese de repercussão geral n. 932,(205) a fim de reconhecer a responsabilidade objetiva do empregador. Nesse sentido, tem-se a Súmula n. 10 do Tribunal Regional do Trabalho da 13ª Região,(206) Súmula n. 44 do Tribunal Regional do Trabalho da 18ª Região,(207) Súmula deste C. TRT da 9ª Região:(208)

> AGRAVO INTERNO. RECURSO DE EMBARGOS REGIDO PELAS LEIS NS. 13.015/2014 E 13.105/2015. INDENIZAÇÃO POR DANOS MATERIAIS E MORAL. MOTORISTA DE CAMINHÃO. ACIDENTE DE TRÂNSITO DURANTE O TRABALHO. MORTE DO TRABALHADOR. ATIVIDADE DE RISCO. RESPONSABILIDADE OBJETIVA. (...) 2. A SBDI-1 firmou jurisprudência no sentido de que, dada a sua função exclusivamente uniformizadora, não é possível conhecer do recurso de embargos por contrariedade a súmula de natureza processual, salvo se a afirmação dissonante da compreensão fixada no verbete apontado for aferível na própria decisão embargada. No caso, não há contrariedade à Súmula n. 126/TST, uma vez que, embora, tal como o Regional, a Turma tenha examinado a culpa da reclamada, concluiu pela aplicação da teoria da responsabilidade civil objetiva, diante do desempenho de atividade de risco pelo *"de cujus"*. A adoção de tal teoria torna despiciendo o exame da culpa da ré, sendo as considerações nesse sentido feitas pelo Colegiado *"obiter dictum". Efetivamente, é incontroverso que o empregado falecido desempenhava, na empresa, a atividade de motorista de caminhão em rodovia, o que, conforme jurisprudência desta Corte, configura atividade de risco a atrair a aplicação da teoria da responsabilidade objetiva.* Trata-se de matéria de direito, cumprindo a esta Corte Superior, que tem função uniformizadora, o reenquadramento jurídico dos fatos. Sequer se fez necessária a revaloração da prova. Ademais, nada foi constatado pelo TRT acerca da contribuição do *"de cujus"* para o sinistro, o que afasta a alegação de culpa exclusiva da vítima. (...). (Ag-ED-E-ED-RR – 1220- 34.2012.5.12.0008, relator Ministro: Alberto Luiz Bresciani de Fontan Pereira, Data de Julgamento: 13.12.2018, Subseção I Especializada em Dissídios Individuais, Data de Publicação: *DEJT* 19.12.2018) (Marcas nossas)

Interessante pontuar que esse tipo de monitoramento já ocorre em relação aos aeronautas, conforme art. 19 da Lei n. 13.475/2017, ao prever a implantação de um "sistema de gerenciamento de risco de fadiga humana" que, guardadas as respectivas peculiaridades, pode trazer subsídios relevantes para a análise da matéria em relação aos motoristas profissionais, ao dispor:

> *Seção III*
>
> *Do Sistema de Gerenciamento de Risco de Fadiga Humana*
>
> Art. 19. As limitações operacionais estabelecidas nesta Lei poderão ser alteradas pela autoridade de aviação civil brasileira com base nos preceitos do Sistema de Gerenciamento de Risco de Fadiga Humana.
>
> § 1º As limitações operacionais referidas no *caput* deste artigo compreendem quaisquer prescrições temporais relativas aos tripulantes de voo e de cabine no que tange a limites de voo, de pouso, de jornada de trabalho, de sobreaviso, de reserva e de períodos de repouso, bem como a outros fatores que possam reduzir o estado de alerta da tripulação ou comprometer o seu desempenho operacional.

(205) Tese de repercussão geral n. 932: "O art. 927, parágrafo único, do Código Civil é compatível com o art. 7º, XXVIII, da Constituição Federal, sendo constitucional a responsabilização objetiva do empregador por danos decorrentes de acidentes de trabalho, nos casos especificados em lei, ou *quando a atividade normalmente desenvolvida, por sua natureza, apresentar exposição habitual a risco especial, com potencialidade lesiva e implicar ao trabalhador ônus maior do que aos demais membros da coletividade*." (Grifo nosso).

(206) "I – É objetiva a responsabilidade de empresa que exerça atividade de risco diferenciado, nos casos de acidente de trabalho; II – A atividade de motorista rodoviário é de risco diferenciado e atrai, portanto, a incidência da responsabilidade objetiva; III – A culpa exclusiva da vítima constitui excludente do nexo causal na aplicação da responsabilidade objetiva".

(207) "O motorista do transporte rodoviário executa atividade de risco acentuado, incidindo a responsabilidade objetiva do empregador, em caso de acidente de trabalho".

(208) "É considerada de risco a atividade de motorista profissional, atraindo a responsabilidade objetiva da empresa para fins indenizatórios".

> § 2º O Sistema de Gerenciamento de Risco de Fadiga Humana será regulamentado pela autoridade de aviação civil brasileira com base nas normas e recomendações internacionais de aviação civil.
>
> § 3º *A implantação e a atualização do Sistema de Gerenciamento de Risco de Fadiga Humana serão acompanhadas pelo sindicato da categoria profissional.*
>
> § 4º Nos casos em que o Sistema de Gerenciamento de Risco de Fadiga Humana autorizar a superação das 12 (doze) horas de jornada de trabalho e a diminuição do período de 12 (doze) horas de repouso, em tripulação simples, tais alterações deverão ser implementadas por meio de convenção ou acordo coletivo de trabalho entre o operador da aeronave e o sindicato da categoria profissional. (Grifo nosso)

A matéria, ainda, é tratada no Regulamento Brasileiro da Aviação Civil (RBAC) n. 117, aprovado pela Resolução ANAC n. 507, de 13 de março de 2019, que trata dos "Requisitos para Gerenciamento de Risco de Fadiga Humana", e do qual se extraem os seguintes conceitos e prescrições, a título exemplificativo:

> 117.3 Definições
>
> As seguintes definições aplicam-se a este Regulamento:
>
> (...)
>
> (c) *aptidão para o trabalho significa que uma pessoa se encontra fisiológica e mentalmente preparada e capaz de executar as tarefas a ela designadas com segurança;*
>
> (...)
>
> (f) *fadiga significa um estado fisiológico de redução de capacidade de desempenho físico e/ou mental* resultante do débito de sono, vigília estendida, desajustes dos ritmos circadianos, alterações do ciclo vigília-sono e/ou carga de trabalho (mental e/ou física) *que podem prejudicar o nível de alerta e a habilidade de uma pessoa executar atividades relacionadas à segurança operacional;*
>
> (...)
>
> (i) GAGEF (Grupo de Ação de Gerenciamento da Fadiga) significa o grupo, *composto de representantes de todos os envolvidos nas ações de gerenciamento da fadiga,* que é responsável por coordenar as atividades de gerenciamento da fadiga na organização. A implantação e a atualização do Sistema de Gerenciamento de Risco de Fadiga Humana *devem ser acompanhadas pelo sindicato da categoria profissional.*
>
> (...)
>
> 117.19 Obrigações de todos os operadores aéreos
>
> (a) Aptidão para o trabalho. *Nenhum operador pode requerer que um tripulante opere uma aeronave se, considerando as circunstâncias do voo a ser realizado, o operador tiver razões para acreditar que aquele tripulante esteja, ou provavelmente venha a estar, sob o efeito de fadiga* que possa prejudicar o desempenho do tripulante de modo a afetar a segurança da operação. (Grifo nosso)

Destarte, o monitoramento do trabalhador para fins de controle das questões laborambientais, por si só, não pode ser tido como ilegal ou inconstitucional, pois não há elementos para tal configuração *de per si,* notadamente por envolver questões complexas que podem caracterizar a colisão entre princípios constitucionais.

Como bem pondera Robert Alexy,(209) em caso de colisão, um dos princípios deve ceder. Porém, isto não significa "nem que o princípio cedente deva ser declarado inválido, nem que nele deverá ser introduzida uma cláusula de exceção. Na verdade, o que ocorre é que um dos princípios tem precedência em face de outro sob determinadas condições. Sob outras condições a questão da precedência pode ser resolvida de forma oposta". Por isso, a natureza dos princípios exige a aplicação da proporcionalidade, o que implica considerar a "adequação, necessidade (mandamento do meio menos gravoso) e a proporcionalidade em sentido estrito (mandamento do sopesamento propriamente dito)". Assim, quanto "maior for o grau de não-satisfação ou de afetação de um princípio, tanto maior terá que ser a importância da satisfação do outro".

(209) ALEXY, Robert. *Teoria dos Direitos Fundamentais.* 2. ed., 4. tir. São Paulo: Malheiros, 2015. p. 93, 116-117. Tradução Virgílio Afonso da Silva da 5ª edição alemã.

Esse norte doutrinário se reveste de nuclear importância neste momento de crescente desenvolvimento tecnológico, em que há notória elevação dos níveis de automação, possibilitando que a utilização criteriosa de novos instrumentos de monitoramento possa resultar em controles mais eficazes para garantir um meio ambiente de trabalho seguro.

Nesse contexto, quando há colisão dos princípios constitucionais que conferem proteção à vida e saúde (do motorista e de terceiros que com ele compartilham o mesmo meio ambiente de trabalho, nos termos dos arts. 5º e 6º da CF/88), que asseguram proteção em face da automação e redução dos riscos inerentes ao trabalho (inc. XXVII e XXII do art. 7º da CF/88) e que preservam o direito à privacidade e intimidade (inc. X do art. 5º da CF/88), a solução deve ser obtida pelo sopesamento, mediante a adoção de critérios pautados pela proporcionalidade e ponderação, na busca da melhor resposta para resolver o caso concreto, visando à pacificação com justiça.

Como não há preceito infraconstitucional regrando a matéria em relação aos motoristas profissionais, a negociação coletiva, também referida no § 4º do art. 19 da Lei n. 13.475/2017 (aeronautas), se revela um dos caminhos viáveis na obtenção de solução para os conflitos, ante a inequívoca valorização desse instituto pelo novo modelo implementado pela Lei n. 13.467/2017, que encontra respaldo no inciso XXVI do art. 7º da CF/88.

Assim, a negociação coletiva implementada com a amplitude que lhe conferiu o *caput* do art. 611-A da CLT[(210)] pode estabelecer alguns limites a esse monitoramento como, por exemplo, que haja sistemática de aferição do desligamento dos sistemas de controle da fadiga das cabines durante os períodos em que os motores do veículo estão desligados, assim preservando o direito do motorista à intimidade e privacidade nos momentos de lazer e descanso usufruídos nesse local.

O exercício da autonomia da vontade coletiva, nesses casos, se mostra como instrumento adequado ao aperfeiçoamento de novas medidas instituídas pelo empregador/tomador dos serviços, a fim de que eventuais abusos possam ser adequadamente tratados.

Contudo, a mera instituição desses sistemas de controle, voltados à redução dos riscos inerentes ao trabalho, e pertinentes à forma como o serviço é prestado, não pode ser tida, *de per si*, como ilegal e inconstitucional.

4.3. Da responsabilização do trabalhador por prejuízo patrimonial — O princípio da intangibilidade salarial — Art. 2º, inciso V, alínea *"a"*, da Lei n. 13.103/2015

Questão que certamente dará ensejo a muitas controvérsias quanto à responsabilidade dos motoristas profissionais está disciplinada no inciso V, alínea *a*, do art. 2º da Lei n. 13.103/2015 — que reproduz disposição idêntica contida no art. 2º, inciso III, da Lei n. 12.619/2012. Ao densificar, especificamente para a atividade do motorista profissional empregado, o princípio da intangibilidade salarial, estabelece como direitos do empregado:

> Art. 2º São direitos dos motoristas profissionais de que trata esta Lei, sem prejuízo de outros previstos em leis específicas:
>
> (...)
>
> V – se empregados:
>
> a) não responder perante o empregador por prejuízo patrimonial decorrente da ação de terceiro, *ressalvado o dolo ou a desídia do motorista, nesses casos mediante comprovação, no cumprimento de suas funções*; (Grifo nosso)

(210) "Art. 611-A. A convenção coletiva e o acordo coletivo de trabalho têm prevalência sobre a lei quando, *entre outros*, dispuserem sobre:" (Grifo nosso).

No que se refere à configuração do dolo e da desídia, tal preceito deve ser interpretado em conjunto com o dever prescrito pelos incisos I e II do art. 235-B, inserido na CLT pela Lei n. 12.619/2012, que não foi alterado pela Lei n. 13.103/2015, permanecendo em vigor nos seguintes termos:

> Art. 235-B. São deveres do motorista profissional:
>
> I – estar atento às condições de segurança do veículo;
>
> II – conduzir o veículo com perícia, prudência, zelo e com observância aos princípios de direção defensiva.

Esse dispositivo legal atribui ao motorista profissional responsabilidade patrimonial mais ampla do que a prevista na regra geral estabelecida no art. 462 da CLT,(211) na medida em que prevê a desídia entre as causas justificadoras da responsabilidade do trabalhador de arcar, perante o empregador, com a reparação de prejuízos patrimoniais decorrentes não apenas de atos dolosos, mas também culposos.

A previsão elastecida das hipóteses de desconto tem respaldo na Convenção n. 95(212) da OIT, que em seu art. 8º assim dispõe:

> Art. 8º
>
> 1. Descontos em salários não serão autorizados, senão *sob condições e limites prescritos pela legislação nacional* ou fixados por convenção coletiva ou sentença arbitral.
>
> 2. Os trabalhadores deverão ser informados, de maneira que a autoridade competente considerar mais apropriada, sobre condições e limites nos quais tais descontos puderem ser efetuados. (marcas nossas)

Destarte, inafastável a conclusão de que a Lei n. 13.103/2015 manteve a sistemática, inaugurada com a Lei n. 12.619/2012, quanto à imputação de responsabilidade ao motorista por prejuízo patrimonial decorrente, inclusive, da ação de terceiros, não só quando agir de forma dolosa, mas também culposa – por desídia.

Entre as controvérsias que serão suscitadas nas lides judiciais certamente estará a discussão quanto à aplicabilidade deste preceito aos contratos de trabalho em curso.

Por um lado, a argumentação residirá na impossibilidade de alteração contratual lesiva ao trabalhador (art. 468 da CLT) e na inaplicabilidade do disposto no art. 2.035 do Código Civil, sob a tese de que não se está a tratar de efeitos do negócio jurídico sob a égide de novos preceitos de ordem pública, mas sim, de alteração contratual.

Por outro lado, argumenta-se que não se está a falar de ato jurídico perfeito, de direito adquirido, tampouco coisa julgada, sendo o contrato laboral de trato sucessivo e não um ato jurídico acabado, de modo que nos termos do art. 6º da Lei de Introdução às Normas de Direito Brasileiro — LINDB, alterada pelas Leis ns. 12.376/2010 e 13.655/2018 – antiga Lei de Introdução ao Código Civil — LICC (Decreto-lei n.4.657/1942), será plenamente sustentável a aplicação imediata da nova lei, notadamente por se tratar de norma especial, que passa a prevalecer sobre a regra geral.

Ainda, imperioso considerar ser impossível manter em regimes protetivos distintos trabalhadores que exercem a mesma função, quando a alteração decorre da própria lei, e não do contrato de trabalho ou regulamento de empresa, o que torna inaplicável o art. 468 da CLT (como

(211) *"Art. 462 da CLT – Ao empregador é vedado efetuar qualquer desconto nos salários do empregado, salvo quando este resultar de adiantamentos, de dispositivos de lei ou de contrato coletivo. § 1º Em caso de dano causado pelo empregado, o desconto será lícito, desde que esta possibilidade tenha sido acordada ou na ocorrência de dolo do empregado."*

(212) A Convenção n. 95 da OIT foi aprovada pelo Decreto-Legislativo n. 24/1956 e promulgada pelo Decreto n. *41.721*/1957, atualmente revogado pelo Decreto n. 10.088/2019, que teve por objetivo consolidar os "atos normativos editados pelo Poder Executivo Federal que dispõem sobre a promulgação de convenções e recomendações da Organização Internacional do Trabalho — OIT ratificadas pela República Federativa do Brasil".

indica, inclusive, a Súmula n. 51/TST). Com efeito, como justificar, judicialmente, que determinado motorista estaria imune ao preceito estabelecido pela alínea *a* do inciso V do art. 2º da Lei n. 13.103/2015, enquanto seu colega de trabalho deveria submeter-se à obrigação legal? Haveria motorista de primeira e de segunda categoria?

Por nós, entendemos ser a previsão legal de aplicabilidade imediata aos contratos de trabalho em curso, em relação aos fatos ocorridos após a vigência da Lei n. 12.919/2012. Nesse caso, o desconto, a título de reparação, deve ser precedido de comprovação, pelo empregador, de que o ato danoso decorreu de dolo ou culpa, por desídia do empregado, no cumprimento de suas funções. O direito de regresso assegurado ao transportador, no art. 8º, da Lei n. 11.442/2007, portanto, deve ser interpretado em conjunto com o art. 2º, inciso V, alínea *a*, da Lei n. 13.103/2015.

Por derradeiro, pontua-se que tal preceito pode ser objeto de diferente deliberação por acordo entre as partes, ou negociação coletiva, desde que não implique conferir ao motorista situação ainda mais gravosa. Já para o motorista profissional autônomo, referida disposição legal encerra conteúdo apenas orientador, na medida em que, contratualmente, pode-se estabelecer entre o tomador de serviços e o profissional a distribuição de responsabilidades de forma diferente, considerando os parâmetros estabelecidos nos arts. 7º, 12, 13 e 14 na Lei n. 11.442/2007, pois o mencionado preceito visa disciplinar as relações empregatícias.

4.4. O reconhecimento da criminalidade como fator de risco no trabalho. Discutindo a responsabilidade subjetiva e objetiva — Art. 2º, inciso III, da Lei n. 13.103/2015

O inciso III do art. 2º da Lei n. 13.103/2015, mantendo a redação do antigo inciso IV do art. 2º da Lei n. 12.619/2012, traz à tona problema hoje constante na atividade dos motoristas profissionais – verificado, cumpre registrar, também em outras atividades, como é o caso dos vigilantes, expostos que estão à violência.[213] A novel disposição estabelece como um dos direitos do motorista profissional "receber proteção do Estado contra ações criminosas que lhes sejam dirigidas no efetivo exercício da profissão".

No que tange ao motorista empregado, a disposição vem ao encontro do disciplinado pelo art. 21, inciso II, alínea *a*, da Lei n. 8.213/1991, que assim dispõe:

> Art. 21. Equiparam-se também ao acidente do trabalho, para efeitos desta Lei:
>
> II – o acidente sofrido pelo segurado no local e no horário do trabalho, em consequência de:
>
> *a)* ato de agressão, sabotagem ou terrorismo praticado por terceiro ou companheiro de trabalho;

A ocorrência de fatos assim classificados torna necessária a emissão de Comunicação de Acidente do Trabalho (CAT)[214] por parte do empregador, ante o enquadramento das situações de criminalidade como acidente do trabalho, notadamente porque essas agressões trazem consequências para o trabalhador, sejam diferidas no tempo, como é o caso de transtornos mentais variados — estudados no campo da Saúde Mental Relacionada ao Trabalho (SMRT), com o

(213) Aqui vale o registro da recente alteração ocorrida no art. 193, inciso II, da CLT, com respectiva regulamentação por meio da Portaria MTE n. 1.885, de 2 de dezembro de 2013, que trata das "atividades e operações perigosas com exposição a roubos ou outras espécies de violência física nas atividades profissionais de segurança pessoal ou patrimonial", ainda que as discussões advindas dessa modificação — e que são muitas —, sejam alheias aos objetivos deste livro.

(214) A Comunicação também deve se dar ao Ministério do Trabalho e Emprego, nos termos do art. 169 da CLT, o qual vem densificado pelo item 1.7., alínea *"a"* da Norma Regulamentadora n. 1/MTE c/c com a Portaria n. 589/2014. Referida comunicação tem como uma de suas finalidades instrumentalizar a realização de análises de acidente do trabalho por parte da Inspeção do Trabalho, nos termos do art. 18, inciso XIV do Regulamento da Inspeção do Trabalho — RIT, Decreto n. 4.552/2002.

desenvolvimento de quadros depressivos ou síndromes as mais diversas —, seja com a real possibilidade de lesões e incapacidades decorrentes dos atos de violência eventualmente praticados durante a ação criminosa.

Diferentemente do que sustentam alguns, a emissão da Comunicação de Acidente do Trabalho (CAT), por si só, não induz à responsabilização trabalhista do empregador por eventuais danos sofridos pelo trabalhador, uma vez que se trata de *comunicação*(215) destinada ao registro dos fatos ocorridos,(216) sendo que para a caracterização da responsabilidade trabalhista, em casos de agressões de terceiros — como é o caso da criminalidade —, outros elementos também devem ser apreciados, como a conduta do empregador/contratante dos serviços, o nexo causal e o dano.

Ademais, importante registrar ter o art. 2º, inciso V, alínea "*c*", da Lei n. 13.103/2015 assegurado ao empregado o seguro obrigatório como benefício custeado pelo empregador. Contudo, diferentemente do previsto na Lei n. 12.619/2012, a nova redação legal amplia o objeto de referido seguro para além da cobertura de riscos pessoais inerentes à atividade, a fim de abarcar, também, "cobertura de morte natural, morte por acidente, invalidez total ou parcial decorrente de acidente, traslado e auxílio para funeral referentes às suas atividades", em valor mínimo correspondente a 10 vezes o piso salarial de sua categoria, ou em valor superior fixado em convenção ou acordo coletivo de trabalho.(217)

Entretanto, para a imputação da obrigação de indenizar, é necessário que outros elementos estejam presentes, entre eles a configuração da culpa patronal, exceto nos casos em que o risco da atividade possibilita a responsabilização objetiva, nos termos do art. 7º, inciso XXVIII, da Constituição Federal, e art. 927, parágrafo único, do Código Civil.

Explica Gustavo Tepedino(218) que "há obrigação de reparar, independentemente de culpa, quando a atividade normalmente desenvolvida pelo autor do dano implicar, por sua natureza, risco para os direitos de outrem", concluindo que nosso ordenamento jurídico adotou a teoria do risco criado, bastando que para tanto seja considerado o "particular perigo representado pela atividade", em razão de sua natureza ou em função dos meios empregados "a justificar, deste modo, o regime mais rigoroso de responsabilização".

A doutrina trabalhista vem gizando essa configuração pelo critério do que se convencionou denominar de "homem médio", assim considerando aquela atividade que expõe o trabalhador a um grau de risco superior ao suportado pelo homem comum, em sua vida cotidiana.

Embora se trate de conceito sujeito a críticas, por permitir certo subjetivismo em sua aferição, a baixa densidade do dispositivo legal não permite maior objetivização, haja vista a necessária adequação das disposições legais às conjunturas fáticas.

(215) Registre-se que a CAT pode ser emitida por um amplo rol de autorizados, dentre eles, inclusive, o próprio trabalhador. Assim, nos termos do art. 22, § 2º da Lei n. 8.213/1991, podem as seguintes pessoas, entidades ou órgão emitir a Comunicação de Acidente do Trabalho (CAT): "§ 2º Na falta de comunicação por parte da empresa, podem formalizá-la o próprio acidentado, seus dependentes, a entidade sindical competente, o médico que o assistiu ou qualquer autoridade pública, não prevalecendo nestes casos o prazo previsto neste artigo". De outra banda, a falta de Comunicação de Acidente do Trabalho por parte da empresa não a eximirá de eventual caracterização de responsabilidade trabalhista.

(216) Nos termos do Decreto n. 3.048/1999, art. 336, que assim prescreve: "Para fins estatísticos e epidemiológicos, a empresa deverá comunicar à previdência social o acidente de que tratam os arts. 19, 20, 21 e 23 da Lei n. 8.213, de 1991, ocorrido com o segurado empregado, exceto o doméstico, e o trabalhador avulso, até o primeiro dia útil seguinte ao da ocorrência e, em caso de morte, de imediato, à autoridade competente, sob pena de multa aplicada e cobrada na forma do art. 286.".

(217) Nesses casos, tem-se uma hipótese dos "riscos inerentes" ao qual faz menção o parágrafo único do art. 2º da Lei n. 12.619/2012, ao tratar da contratação de seguro obrigatório.

(218) TEPEDINO, Gustavo. *Comentários ao novo Código Civil*. vol. X. Coordenador Sálvio de Figueiredo Teixeira: Rio de Janeiro: Forense, 2008. p. 504 e seguintes.

Nessa perspectiva, o transporte de determinados produtos que despertam maior interesse comercial ou contenham alto valor agregado, como material de informática, computadores, telefones celulares e medicamentos, expõem o motorista profissional a um grau de risco maior de abordagens criminosas, tornando necessária a contratação dos serviços de escolta, assim atraindo a responsabilização objetiva do empregador nos termos do parágrafo único do art. 927 do Código Civil, aplicável por ser compatível com o direito trabalhista, com supedâneo no inciso XXII do art. 7º da Constituição Federal de 1988 que instituiu, como direito fundamental do trabalhador, a redução dos riscos inerentes ao trabalho.

Entretanto, a responsabilidade objetiva não pode ser aplicada de forma indiscriminada, sob pena de provocar consequências contrárias ao escopo da nova lei. Com efeito, afastar a responsabilidade subjetiva e a exigência de conduta culposa/dolosa, como elemento necessário para imputar a obrigação de reparar, implica desestimular o empregador, contratante e tomador de serviços para a adoção das necessárias condutas de precaução e de prevenção por ocasião da organização de viagens, rotas, indicação de horários e pontos de parada adequados, o que pode minimizar a possibilidade de ocorrência das ações criminosas.

Nesse contexto, a adoção com exclusividade do critério de responsabilidade objetiva, que independe da aferição de dolo/culpa, pode tornar o empregador, contratante ou tomador de serviços, refratário e pouco colaborativo à implementação de melhores condições de trabalho, o que redundará em um número maior de acidentes e doenças profissionais, frustrando o objetivo da lei.

Ademais, importante considerar que a *monetização* dos riscos, até então adotada pelo marco normativo como adequada para oferecer respostas, deixou de ser satisfatória. Nesse contexto, o novo estatuto profissional do motorista teve o mérito de desnudar os efeitos perversos que provocava ao priorizar a reparação monetária, abrindo uma nova perspectiva voltada para o estímulo às condutas de prevenção e precaução, visando evitar a própria ocorrência do dano.

Ainda assim, importante registrar que vem se firmando na jurisprudência interpretação no sentido de que a atividade de transportes é de risco, podendo-se mencionar os entendimentos sumulados em diversos Tribunais Regionais do Trabalho e do Tribunal Superior do Trabalho, conforme Súmula n. 10 do Tribunal Regional do Trabalho da 13ª Região,[(219)] Súmula n. 44 do Tribunal Regional do Trabalho da 18ª Região,[(220)] Súmula deste C. TRT da 9ª Região[(221)] e, recentemente, decisão proferida pelo Tribunal Superior do Trabalho em julgamento de sua SBDI-1[(222)], conforme exposto nos capítulos 1 e 4.2.4 deste livro.

4.5. Controle dos tempos de trabalho

4.5.1. Mudança de paradigmas — Exclusão dos motoristas profissionais empregados da exceção prevista no inciso I do art. 62 da CLT

Tema central refere-se à obrigatoriedade de controle da jornada dos motoristas profissionais, conforme preceituava o art. 2º, inciso V, da Lei n. 12.619/2012 (substituído por diversos outros, dentre os quais se destacam os arts. 2º, inciso V, alínea *"b"*, da Lei n. 13.103/2015 e 67-E, que por ela foi acrescentado ao CTB).

(219) "I – É objetiva a responsabilidade de empresa que exerça atividade de risco diferenciado, nos casos de acidente de trabalho; II – A atividade de motorista rodoviário é de risco diferenciado e atrai, portanto, a incidência da responsabilidade objetiva; III – A culpa exclusiva da vítima constitui excludente do nexo causal na aplicação da responsabilidade objetiva.".

(220) "O motorista do transporte rodoviário executa atividade de risco acentuado, incidindo a responsabilidade objetiva do empregador, em caso de acidente de trabalho.".

(221) "É considerada de risco a atividade de motorista profissional, atraindo a responsabilidade objetiva da empresa para fins indenizatórios.".

(222) Ag-ED-E-ED-RR – 1220- 34.2012.5.12.0008, relator Ministro: Alberto Luiz Bresciani de Fontan Pereira, Data de Julgamento: 13.12.2018, Subseção I Especializada em Dissídios Individuais, Data de Publicação: *DEJT* 19.12.2018.

Mencionados dispositivos, a partir de sua vigência, vieram disciplinar de forma diferente e especial a matéria, com a retirada dos motoristas profissionais da regra geral prevista no Título II, Capítulo II da CLT, que trata da duração do trabalho, fixando a obrigatoriedade de controle da jornada desses profissionais em conformidade com os recursos tecnológicos disponibilizados pelos novos meios telemáticos e informatizados de comando e supervisão. Seguiu, assim, na trilha aberta pela Lei n. 12.551/2011, que inseriu parágrafo único ao art. 6º da CLT, atribuindo ao controle a distância o mesmo valor, que outrora era conferido apenas à aferição presencial.

Ao inserir o art. 235-A e respectiva seção na CLT, a Lei n. 12.619/2012, como norma especial, passou a prevalecer sobre a regra geral anteriormente consolidada, conforme prevê nosso sistema jurídico (art. 2º, § 2º, da LINDB). Nessa senda também seguiu a Lei n. 13.103/2015, embora alguns dispositivos tenham sofrido alteração substancial quanto à configuração e duração dos tempos de descanso, pausas e direção do motorista profissional, não atingindo, entretanto, a essência das modificações iniciadas com a Lei n. 12.619/2012, de sorte que vem se consolidando como pacífico o entendimento de que, a partir desse regramento especial o motorista profissional não pode exercer sua atividade sem controle de horário, estando vinculado às regras estabelecidas em seu estatuto próprio.

Nesse sentido tem se consolidado a jurisprudência sumulada dos Tribunais Regionais do Trabalho da 8ª Região(223) e da 23ª Região.(224)

4.5.1.1. A inaplicabilidade do art. 74, § 2º, da CLT aos motoristas profissionais

Desde a publicação da Lei n. 12.619/2012, norma especial que expressamente estabeleceu a compatibilidade do exercício da profissão de motorista com a fixação e o controle da jornada de trabalho, tem-se assentado o entendimento pela inaplicabilidade do art. 62, inciso I, da CLT aos motoristas profissionais, ante a positivação do direito à "jornada de trabalho e tempo de direção controlados de maneira fidedigna pelo empregador (...)".

A Lei n. 13.103/2015 não alterou essa sistemática, mantendo referida previsão no art. 2º, inciso V, alínea *b*, nos seguintes termos:

> Art. 2º São *direitos dos motoristas profissionais* de que trata esta Lei, sem prejuízo de outros previstos em leis específicas:
>
> (...)
>
> *V – se empregados:*
>
> (...)
>
> *b) ter jornada de trabalho controlada e registrada de maneira fidedigna* mediante anotação em diário de bordo, papeleta ou ficha de trabalho externo, ou sistema e meios eletrônicos instalados nos veículos, a critério do empregador; (Marcas nossas)

Nessa senda seguiram os arts. 235-B, inciso III, 235-C, §§ 14 e 15, inseridos na CLT, e o art. 67-E, inserido no CTB, que assim devem ser observados, sob pena de responsabilidade administrativa em matéria de trânsito, e trabalhista ante o *jus variandi* patronal.

(223) "Súmula n. 29. *I – É ônus do empregador manter o controle fidedigno da jornada de trabalho do motorista profissional, que pode ser feito através de meios eletrônicos idôneos instalados no veículo, diários de bordo, papeleta ou ficha de trabalho externo e outros passíveis de identificar a jornada de trabalho efetivamente cumprida pelo motorista.* II – A não apresentação injustificada dos controles de frequência gera presunção relativa de veracidade da jornada de trabalho declarada pelo reclamante, a qual pode ser elidida por prova em contrário." (Marcas nossas).

(224) "Súmula n. 42. I – Após a edição da Lei n. 12.619/2012, passou a ser do empregado o dever de obedecer aos limites de jornada legalmente impostos, devendo usufruir e anotar corretamente todas as pausas determinadas em Lei. *II – É dever do empregador fiscalizar se o empregado está obedecendo os limites de jornada supracitados, cabendo-lhe, se necessário, aplicar as sanções para correção da conduta, na esteira do que preconiza o parágrafo único do art. 158 da CLT. III – A omissão do empregado quanto à anotação dos intervalos em referência não desonera o empregador de pagar os respectivos direitos quando reclamados e regularmente comprovados em juízo.*" (Marcas nossas).

Posto isso, necessário abordar questão que vem suscitando controvérsia na esfera judicial, referente à aplicação do critério estabelecido no § 2º do art. 74 da CLT, que dispõe:

> § 2º Para os estabelecimentos de mais de dez trabalhadores será obrigatória a anotação da hora de entrada e de saída, em registro manual, mecânico ou eletrônico, conforme instruções a serem expedidas pelo Ministério do Trabalho, devendo haver pré-assinalação do período de repouso.

Assim, seria obrigatório o controle de jornada apenas no caso de o empregador/tomador/contratante ter mais de 10 motoristas em seu estabelecimento, ou o direito dos motoristas profissionais, de terem sua jornada controlada, se aplicaria independentemente do número de empregados?

Tanto a Lei n. 13.103/2015, quanto a Lei n. 12.619/2012, normas especiais que formataram um estatuto próprio para a profissão de motorista, em nenhum momento adotaram a restrição acima referida.

Portanto, seja porque lei especial afasta a aplicação da lei geral, seja porque a legislação que regulamenta a atividade do motorista profissional não estabeleceu essa exceção, resta inevitável a conclusão de que o § 2º do art. 74 da CLT não é aplicável aos motoristas profissionais, sendo sempre exigível o controle de jornada, independentemente do número de motoristas profissionais empregados no estabelecimento. Destarte todo empregador, seja qual for o número de motoristas, está obrigado por lei a utilizar meios efetivos de controle da jornada do motorista profissional.

4.5.2. Os meios de controle

Os meios de controle de jornada sempre foram objeto de constantes debates em processos judiciais trabalhistas, o que tende a intensificar-se ante as novas ferramentas digitais disponibilizadas pela inovação tecnológica.

Como a utilização dessas novas tecnologias implica custo, nem todos terão condições de adotá-las de imediato, de sorte que por um bom tempo ainda conviveremos com novas e antigas ferramentas de controle. Entre essas, a que vem suscitando expressiva controvérsia se refere à credibilidade do tacógrafo, como meio de controle do tempo trabalhado.

Atento aos recursos que tal instrumento possibilita, o TST não o considera suficiente para aferição da jornada, contudo, não afasta sua validade como meio de prova, desde que em conjunto com outros elementos, conforme entendimento assente na Orientação Jurisprudencial n. 332 da SBDI-1, *in verbis*:

> MOTORISTA. HORAS EXTRAS. ATIVIDADE EXTERNA. CONTROLE DE JORNADA POR TACÓGRAFO. RESOLUÇÃO N. 816/86 DO CONTRAN (*DJ* 09.12.2003) O tacógrafo, por si só, sem a existência de outros elementos, não serve para controlar a jornada de trabalho de empregado que exerce atividade externa.

A Lei n. 13.103/2015, ao inserir o art. 67-E, § 2º, ao CTB, reconhece a validade do tacógrafo para controlar o tempo de direção do motorista profissional autônomo, admitindo, portanto, que esse controle seja feito por outros meios (diário de bordo, papeleta ou ficha de trabalho externo) quando o veículo não possuir este equipamento:

> Art. 67-E. § 2º O tempo de direção será controlado mediante registrador instantâneo inalterável de velocidade e tempo e, ou por meio de anotação em diário de bordo, ou papeleta ou ficha de trabalho externo, ou por meios eletrônicos instalados no veículo, conforme norma do CONTRAN.

O CONTRAN, órgão federal competente para "estabelecer as normas regulamentares referidas [no] Código de Trânsito Brasileiro e as diretrizes da Política Nacional de Trânsito", nos termos do art. 12, inciso I, da Lei n. 9.503/1997, prevê que para a inspeção rodoviária "a fiscalização do tempo de direção e do intervalo de descanso do motorista profissional dar-se-á por meio d[a] análise do disco ou fita diagrama do registrador instantâneo e inalterável de velocidade e tempo ou de outros meios eletrônicos idôneos instalados no veículo".

Apresenta, ainda, como elementos cumulativos de controle, o diário de bordo,[(225)] a ficha/papeleta de trabalho externo, ou a ficha do trabalhador autônomo, nos termos do art. 2º, incisos I, II e III da Resolução n. 525/2015,[(226)] preceito que também se aplica ao "TAC auxiliar", nos termos do § 3º do art. 4º da Lei n. 11.442/2007, alterado pela Lei n. 13.103/2015.

Entretanto, em relação ao controle da jornada de trabalho do motorista profissional empregado, o art. 2º, inciso V, alínea *"b"*, da Lei n.13.103/2015 estabelece como seu direito:

> *b)* ter jornada de trabalho controlada e registrada de maneira fidedigna mediante anotação em diário de bordo, papeleta ou ficha de trabalho externo, ou sistema e meios eletrônicos instalados nos veículos, a critério do empregador.

Portanto, se em relação ao motorista autônomo (inclusive TAC auxiliar), os dados do registrador instantâneo de velocidade e tempo são suficientes para controlar o tempo de direção, para o motorista empregado é preciso que esse tipo de controle possa ser cotejado e ratificado por outros documentos, como o diário de bordo, papeleta/ficha de trabalho externo, ou meios eletrônicos instalados no veículo, de sorte que permanece atual a diretriz apontada pela OJ n. 332 da SBDI-1 do TST.

Essa diferença de tratamento, entre o motorista profissional empregado e o autônomo, se justifica pelos traços mais restritivos de uma relação subordinada, da qual decorrem, portanto, maiores obrigações e maior encargo probatório ao empregador.

Entretanto, e a despeito das diferenças no tratamento, faculta a legislação, tanto ao empregador quanto ao contratante/tomador de serviços, a escolha de diferentes ferramentas de controle, exigindo, em contrapartida, que esse controle seja feito de maneira fidedigna, a fim de preservar a credibilidade dessa aferição, cabendo ao agente estatal — fiscal ou judicial — o confronto de dados, em caso de dúvidas.

Críticas podem ser feitas, no entanto, com relação à possibilidade de escolha dos meios de controle. Contudo, a opção legislativa parece ser a melhor, principalmente quando se verifica o que ocorre nas mais diversas atividades econômicas encontradas país afora.

Com efeito, há enormes diferenças técnicas e econômicas entre transportadores. O uso de equipamentos sofisticados de controle eletrônico, ferramentas de rastreamento e controle patrimonial exige porte econômico de quem os detém.

Por outro lado, empresas com menor capacidade econômica podem utilizar instrumentos mais simples e menos custosos, que não exigem grandes dispêndios para o correto adimplemento das exigências legais, desde que possibilitem aferição fidedigna de dados.

Ao abrir um leque de possibilidades, sensível à capacidade econômica e às diferentes estruturas do empregador/contratante/tomador de serviços do motorista profissional, a lei procurou estimular o cumprimento da obrigação. Entretanto, com isso também ampliou as possibilidades de fraude.

(225) Com exceção do Sistema de Registro Eletrônico de Ponto (SREP), inexiste, para as demais formas de controle de jornada, modelo fixado no âmbito trabalhista, sendo, contudo, encontrado na Resolução n. 405/2012, do Conselho Nacional de Trânsito — CONTRAN, modelo de "ficha de trabalho autônomo", a qual, segundo informações da própria resolução, pode ser utilizada pelo motorista empregado. Tal observação, no entanto, não se mostra vinculante para o motorista profissional empregado, mas meramente indicativa/sugestiva. Os modelos expedidos pelo CONTRAN encontram, agora, respaldo na parte final do § 2º do art. 67-E do CTB, inserido pela Lei n. 13.103/2015.

(226) Referida previsão já constava do art. 2º da Resolução CONTRAN n. 405/2012, a qual foi revogada pela Resolução CONTRAN n. 525/2015.

Tal como acontece com o controle por livro ou cartões de ponto (manuais e mecânicos), é possível lançar anotação fictícia na papeleta de controle ou diário de bordo. Já os pontos eletrônicos também são passíveis de fraude, como a marcação de pausas e descansos por exigência do empregador, ainda que permaneça o trabalhador laborando.

Essas situações não são nem serão elididas com a exigência legal de um ou outro meio de controle, pois nenhum é infalível. O combate à fraude se dá pelo incremento da fiscalização, forma por excelência de flagrar irregularidades. Nesse contexto, o confronto de informações e de outros meios de prova se faz imprescindível e indispensável.

Analisando todos os preceitos citados, podemos apresentar as seguintes conclusões:

(i) O registrador instantâneo inalterável de velocidade e tempo é meio hábil e idôneo de controle do tempo de direção do motorista autônomo.

(ii) Entretanto, para o motorista profissional contratado como empregado, submetido ao *jus variandi* patronal, é necessária a ratificação dos dados constantes do registrador instantâneo de velocidade e tempo pelo cotejo com outros elementos de prova como o diário de bordo, a papeleta/ficha de trabalho externo, ou demais meios eletrônicos instalados no veículo, para que seja aferida a real jornada de trabalho cumprida pelo motorista.

4.5.3. O controle de ponto. O Sistema de Registro Eletrônico

No que se refere aos meios de controle de jornada, na esteira da diretriz estabelecida pelas Leis ns. 12.619/2012 e 13.103/2015 e sucessivas regulamentações tanto pelo MTE, quanto pelo MTP, permanece a exigência de que as marcações sejam feitas pelo próprio trabalhador, ainda que sob a supervisão do empregador, resguardando-se o controle bilateral dos registros. Logo, tem-se a sistemática na qual o trabalhador apõe seu horário e, ao empregador, faculta-se consignar eventuais correções ou observações ao largo, sem apagar ou inutilizar o campo assinalado pelo motorista. Não se admite, portanto, ocorrências que possam elidir a idoneidade da marcação ou presumir que essas tenham ocorrido.[227]

---

(227) A utilização do denominado *"ponto por exceção"*, há tempos não admitida pela jurisprudência trabalhista, parece retornar com a reforma trabalhista. No caso, cita-se julgado proferido pela 4ª Turma do TST com a seguinte ementa: "(...). *RECURSO DE REVISTA. SISTEMA DE CONTROLE ALTERNATIVO DE JORNADA. PREVISÃO EM NORMA COLETIVA. VALIDADE. PROVIMENTO.*

A teor do preceito insculpido no art. 7º, XXVI, da Constituição Federal, é dever desta Justiça Especializada incentivar e garantir o cumprimento das decisões tomadas a partir da autocomposição coletiva, desde que formalizadas nos limites da lei.

A negociação coletiva, nessa perspectiva, é um instrumento valioso que nosso ordenamento jurídico coloca à disposição dos sujeitos trabalhistas para regulamentar as respectivas relações de trabalho, atendendo às particularidades e especificidades de cada caso.

É inequívoco que, no âmbito da negociação coletiva, os entes coletivos atuam em igualdade de condições, o que torna legítimas as condições de trabalho por eles ajustadas, na medida em que afasta a hipossuficiência ínsita ao trabalhador nos acordos individuais de trabalho.

Assim, as normas autônomas oriundas de negociação coletiva, desde que resguardados os direitos indisponíveis, devem prevalecer sobre o padrão heterônomo justrabalhista, já que a transação realizada em autocomposição privada resulta de uma ampla discussão havida em um ambiente paritário, no qual as perdas e ganhos recíprocos têm presunção de comutatividade.

Na hipótese, a Corte Regional reputou inválida a norma coletiva em que autorizada a marcação somente das horas extraordinárias realizadas, sob o fundamento de que contrariava previsão expressa em lei. Isso porque, em razão de o art. 74, § 2º, da CLT determinar, obrigatoriamente, a anotação, pelo empregador, dos horários de entrada e de saída dos empregados, essa exigência não poderia ser afastada por meio de negociação coletiva.

Conforme acima aduzido, a Constituição Federal reconhece a validade e a eficácia dos instrumentos de negociação coletiva, desde que respeitados os direitos indisponíveis dos trabalhadores.

Ocorre que a forma de marcação da jornada de trabalho não se insere no rol de direitos indisponíveis, de modo que não há qualquer óbice na negociação para afastar a incidência do dispositivo que regula a matéria, com o fim de atender aos interesses das partes contratantes.

No que concerne ao meio eletrônico de ponto, tanto a Portaria n. 1.510/2009, quanto a Portaria 373/2011 do Ministério do Trabalho (MTE) regulamentaram o denominado Sistema de Registro Eletrônico de Ponto (SREP) e o Registro Eletrônico de Ponto Móvel (REP Móvel),(228) modalidades referendadas pelas Leis ns. 12.619/2012 e 13.103/2015, ao dispor no §15 do art. 235-C da CLT, que:

> § 15. Os dados referidos no § 14 poderão ser enviados a distância, a critério do empregador, facultando-se a anexação do documento original posteriormente.

A fim de possibilitar eventuais adequações que se mostraram necessárias, o ordenamento jurídico permitiu a adoção do denominado *sistema alternativo ao SREP*, nos termos da Portaria n. 373/2011 do Ministério do Trabalho, pois estabeleceu requisitos mínimos de validade, para se garantir a idoneidade das marcações.

Referidas previsões normativas justificam-se em razão da velocidade com que inovações surgem e a facilidade com que atualizações podem ser feitas, tendo como foco evitar a sonegação de direitos trabalhistas e a subtração de deveres exacionais decorrentes dessa subtração — obrigações previdenciárias e fundiárias —, além da redução ou prevenção de litígios, pois a adoção de meios idôneos, e adequados, de controle possibilita que o empregador/tomador dos serviços cumpra sua obrigação legal, assim como permite que o empregado/prestador de serviços verifique se sua jornada de trabalho está sendo regularmente aferida. Tudo isso possibilita o combate às fraudes que reduzem o custo da organização produtiva de forma ilícita, prejudicando a lisura da livre concorrência.

Pontue-se que a Portaria n. 1.510/2009 fez referência a três arquivos digitais fundamentais que, juntos, propiciavam a fiscalização do registro eletrônico de ponto de forma efetiva, assegurando a idoneidade dos dados obtidos.(229) Portanto, "para que o registrador eletrônico de ponto (REP) fosse considerado 'local neutro', fez-se necessária a adoção de vários dispositivos de segurança no equipamento, dentre os quais a impossibilidade de alterar ou excluir dados da memória e a impressão instantânea do comprovante em papel".(230)

Impende destacar, inclusive, que o art. 611-A, X, da CLT, inserido pela Lei n. 13.467/2017, autoriza a prevalência das normas coletivas que disciplinam a modalidade de registro de jornada de trabalho em relação às disposições da lei.

É bem verdade que o aludido preceito, por ser de direito material, não pode ser invocado para disciplinar as relações jurídicas já consolidadas. Não se pode olvidar, entretanto, que referido dispositivo não trouxe qualquer inovação no mundo jurídico, apenas declarou o fato de que essa matéria não se insere no rol das garantias inegociáveis.

Ante o exposto, mostra-se flagrante a afronta ao art. 7º, XXVI, da Constituição Federal.

Recurso de revista de que se conhece e a que se dá provimento". Processo: RR – 2016-02.2011.5.03.0011 Data de Julgamento: 9.10.2018, relator Ministro: Guilherme Augusto Caputo Bastos, 4ª Turma, Data de Publicação: *DEJT* 11.10.2018. (Marcas nossas)

(228) Observação importante a ser feita é a distinção entre o denominado REP Móvel, admitido pela regulamentação expedida pelo MTE, e o REP Portátil, absolutamente vedado. A distinção entre ambos é a forma como o REP é disponibilizado, sendo que para o REP Móvel, ainda que o aparelho possa se movimentar, deve estar acessível, sem pessoa interposta ou qualquer barreira entre o aparelho e o trabalhador. Já o REP Portátil remete ao aparelho sob a guarda do empregador, por meio de um apontador, fato que restringe a bilateralidade própria da lógica de marcação do ponto. Assim, nos termos da Nota Técnica n. 304/2010/SIT, fica clara a vedação ao uso do REP Portátil, na medida em que configura, em âmbito eletrônico, as mesmas limitações à marcação de ponto pelo trabalhador.

(229) Tanto o Programa de Tratamento de Dados quanto o equipamento do REP em si devem ser objeto de "Termo de Responsabilidade e Atestado Técnico" emitido pelo fabricante do Programa de Tratamento de Registro de Ponto utilizado pelo empregador, nos termos do art. 18, *caput*, e seus parágrafos, da Portaria n. 1.510, de 2009; e, "Termo de Responsabilidade e Atestado Técnico" emitido pelo fabricante do REP, nos termos do art. 17, *caput*, e seus parágrafos, da Portaria n. 1.510, de 2009, sob pena de serem descaracterizados como meio idôneo de controle, haja vista a possibilidade de manipulação dos dados lá contidos.

(230) Nota Técnica n. 174/2011/SIT, que trata da "ineficiência de certificação de sistemas alternativos ao SREP — Sistema de Registro Eletrônico de Ponto".

Os mencionados três arquivos são: (i) o AFD, Arquivo Fonte de Dados, com informações brutas de todas as batidas ocorridas naquele equipamento REP especificamente. Esse arquivo é obtido diretamente no equipamento, por meio da inserção de *pen drive*, pelo auditor-fiscal do trabalho, na denominada *porta fiscal* do aparelho. Assim, tantos quantos forem os REPs nas empresas, tantas serão as necessárias inserções da *pen drive* para obtenção dos arquivos brutos; e (ii) os arquivos AFDT e ACJEF, respectivamente, Arquivo Fonte de Dados Tratados e Arquivo de Controle de Jornada para Efeitos Fiscais,(231) sendo que esses arquivos apresentam o tratamento dos dados brutos, bem como as parametrizações utilizadas pelo empregador, como correções e observações realizadas, a devida qualificação de uma batida, dentre outros aspectos próprios da administração e devida caracterização das variadas situações que podem ocorrer durante a jornada de trabalho. O tratamento dos arquivos pelo empregador, contudo, não *apaga* as marcações realizadas pelo trabalhador.

Mantém-se, assim, a bilateralidade das marcações e a idoneidade das informações, na medida em que se permite não só distinguir as *batidas* feitas pelo trabalhador diretamente, das aposições feitas pelo empregador, como também o acesso, pela fiscalização, das marcações brutas, antes de qualquer interferência patronal.(232)

Observa-se, ainda, explicando a concepção do sistema eletrônico, a Nota Técnica n. 174/2011/SIT, que tratava da "ineficiência de certificação de sistemas alternativos ao SREP — Sistema de Registro Eletrônico de Ponto". Consigna referida Nota Técnica que "todos os itens de segurança, porém, não poderiam inviabilizar o cálculo da jornada do trabalhador por parte do empregador. Em função disso, o modelo foi dividido em duas partes. A primeira, já explicada, consiste no REP, *hardware*, que visa preservar a informação original da marcação do trabalhador; a segunda, de um *software*, denominado Programa de Tratamento de Registro de Ponto, que recebe as informações do REP e permite efetuar correções necessárias (devidamente motivadas) como, por exemplo, falta de marcação ou anotação em duplicidade" — assim constituindo o Sistema de Registro Eletrônico de Ponto adotado pela Portaria n. 1.510/2009.

Após a coleta de todas essas informações, pode-se proceder ao cruzamento de dados, a fim de se verificar a regularidade dos registros de jornada com relação às marcações brutas e tratadas.

Nessa toada é que se pode compreender os requisitos previstos na Portaria n. 373/2011, ao disciplinar os *sistemas alternativos ao SREP*.

Registra-se que a adoção de *sistema alternativo ao SREP* exigia a atuação sindical, sendo a negociação coletiva pressuposto para a adoção de meio alternativo àquele previsto na Portaria n. 1.510/2009. Destarte, observando-se as exigências anteriormente previstas na Portaria n. 373/2011, era possível a adoção de um determinado sistema, mediante estipulação em acordo/convenção coletiva, em que as partes podiam, de comum acordo, estabelecer a solução mais adequada às peculiaridades das condições de trabalho.

(231) Arquivo Fonte de Dados Tratados (AFDT), gerado pelo Programa de Tratamento de Registro de Ponto, nos termos do art. 12 da Portaria n. 1.510, de 2009, com o leiaute determinado no Anexo I, item 3, de todo o período registrado no Registro Eletrônico de Ponto (REP); e Arquivo de Controle de Jornada para Efeitos Fiscais (ACJEF), gerado pelo Programa de Tratamento de Registro de Ponto, nos termos do art. 12 da Portaria n. 1.510, de 2009, com o leiaute determinado no Anexo I, item 3, de todo o período registrado no Registro Eletrônico de Ponto (REP).

(232) Nos termos da Nota Técnica n. 174/2011/SIT, que trata da "ineficiência de certificação de sistemas alternativos ao SREP — Sistema de Registro Eletrônico de Ponto", "Para a eficácia do sistema, portanto, os seguintes requisitos deveriam ser obrigatoriamente contemplados: (i) Guardar a informação original e verdadeira das marcações do trabalhador em local neutro, ou seja, sem possibilidade de alteração por empregador ou empregado; (ii) Disponibilidade da informação ao empregador, para efeito de geração de pagamento e comprovação em caso de reclamação indevida do trabalhador; ao empregado, para controle de seu horário e eventual denúncia ou reclamação em caso de falta de pagamento; e ao Estado, para a fiscalização e constatação de irregularidade trabalhista".

Ainda, conclui-se ser exigência para a adoção de *sistema alternativo ao SREP*, a possibilidade da fiscalização ter acesso aos arquivos brutos, diretamente nos marcadores inseridos dentro dos veículos.

A opção pelo acesso aos dados remotamente — sendo que, nesses casos, poder-se-ia cogitar haver alguma forma de certificação digital de que o arquivo bruto não foi modificado, assegurando, pois, a idoneidade e a bilateralidade das marcações — é questão já descartada pela Inspeção do Trabalho, ante o trabalho prévio à elaboração da Portaria n. 1.510/2009 de identificação das hipóteses de fraudes, sendo, pois, essa possibilidade, ainda que certificada, vulnerável. Para tanto, dispunha a Nota Técnica n. 174/2011/SIT:

> Um futuro aperfeiçoamento do SREP é possível, desde que sejam respeitadas as condições tecnológicas da época e que a segurança seja mantida ou aumentada. Algumas soluções, por outro lado, são perenemente inviáveis. A utilização de certificação digital e carimbos do tempo para a marcação de ponto através dos controles eletrônicos de ponto anteriores à Portaria n. 1.510/2009 revela-se inócua, já que, por exemplo, seria possível configurar 'marcações automáticas'.

Portanto, no caso do motorista profissional, esse acesso deve ser feito diretamente em cada veículo – tal como ocorre nas fiscalizações do SREP nas empresas, em que os dados são buscados em cada aparelho encontrado no estabelecimento – de modo que se permita o acesso aos dados brutos e, posteriormente, de forma conjunta e por meio de notificação ao empregador, o acesso aos arquivos tratados.

Por fim, cumpre o registro dos seguintes esclarecimentos, ainda com base na Nota Técnica n. 174/2011/SIT:

> Os sistemas alternativos eletrônicos de controle de jornada de trabalho não representam um sistema único, ou seja, podem conter diferentes dispositivos e requisitos. Além das funcionalidades e vedações previstas no art. 3º da Portaria n. 373/2011, cada sistema alternativo deve obedecer ao disposto no ACT [convenção ou acordo coletivo de trabalho]. Somando-se a isso, acordos coletivos são instrumentos que contêm obrigatoriamente prazo de vigência. Uma simples renovação de ACT pode conter novos requisitos para o controle eletrônico alternativo, caracterizando novo sistema.
>
> A grande heterogeneidade dos sistemas alternativos eletrônicos de controle de jornada de trabalho impede a análise da documentação desses sistemas por parte do MTE. Por conseguinte, não é possível a alteração da Portaria n. 373/2011 para exigir a certificação de sistemas alternativos eletrônicos.
>
> Outrossim, ao editar a Portaria n. 373/2011, o MTE apenas apontou os princípios que fundamentaram o seu estudo, compreendendo que, na liberdade de negociação, empregadores e sindicatos de empregados teriam a liberdade de desenvolver sistema alternativo que pudesse ter igual ou maior segurança que a alcançada pelo MTE e os órgãos técnicos por ele credenciados.
>
> O entendimento de que o modelo da Portaria n. 1.510/2009 pode não ser o único para se alcançar o nível de segurança almejado se mostra bastante razoável. Entretanto, o MTE não pode aceitar sistemas que contenham dispositivos que reconhecidamente, com *a expertise* acumulada, permitam fraudes.
>
> Os estudos do MTE, auxiliados pelos órgãos técnicos credenciados, estão em constante evolução. Não há como prever qual conhecimento o Auditor-Fiscal do Trabalho terá acumulado sobre fraudes no momento do primeiro contato com o sistema alternativo previsto pela Portaria n. 373/2011. A única possibilidade para o sistema ser considerado válido é o Auditor-Fiscal do Trabalho não encontrar dispositivos que firam os princípios ali descritos. Para isso, o Auditor-Fiscal, por força da sua missão legal, terá que fazer análise detalhada do sistema no caso concreto.

Importante pontuar que os sistemas de registro eletrônico de ponto também foram disciplinados nos regulamentos posteriores pelo MTP (Portarias ns. 671/2021 e 1.486/2022).

Destarte, passa-se a analisar as consequências do descumprimento, por parte do empregador, de quaisquer das obrigações envolvendo o ponto eletrônico.

Com base em tudo o que foi até o momento exposto — o que se aplica tanto ao SREP regulamentado pelo MTE, quanto aos demais meios alternativos de marcação de ponto disciplinados pelo MTP (diferentes modalidades de REP) – tem-se que a marcação inidônea enseja, num primeiro momento, e de forma geral, a lavratura de Auto de Infração[233] e a condenação ao respectivo pagamento da jornada extraordinária, além de outras cominações quanto à possibilidade de indenização por dano moral e existencial, se for o caso.

A inidoneidade do registro eletrônico, ainda, abre a possibilidade de confrontação dos elementos de convicção disponíveis, podendo-se cruzar as diversas fontes de informação a fim de aferir a real jornada trabalhada.

Em âmbito judicial tem-se, também, que a falta de idoneidade das marcações, do sistema ou do próprio aparelho, gera presunção favorável ao empregado quanto aos horários alegados na inicial.

Por derradeiro, importante registrar que a Resolução CONTRAN n. 525/2015 veio estabelecer regras para a fiscalização do tempo de direção do motorista profissional, prevendo não só a imputação de penalidades previstas no art. 230, inciso XXIII, do CTB, mas também a retenção do veículo.

A possibilidade de instalação, para controle de jornada, de novos sistemas e meios eletrônicos nos veículos, mediante a via negocial coletiva, agora está respaldada também pelo disposto no inciso X do art. 611-A da CLT,[234] abrindo um caminho importante, no momento em que a intensificação do avanço tecnológico vem provocando rápida obsolescência de muitos modelos anteriormente adotados.

Nesse contexto, novos temas vão conferir maior amplitude aos debates, notadamente para evitar que a sofisticação do equipamento possa dificultar o trabalho de aferição de dados pelos órgãos encarregados da fiscalização, ou que sejam aumentadas as possibilidades de ocorrer fraude de difícil detecção. Para tanto, necessário que os equipamentos sejam dotados de dispositivos de segurança, para evitar a alteração ou exclusão dos dados da memória, a fim de preservar a credibilidade dos lançamentos de registro da jornada.

Portanto, os sistemas eletrônicos alternativos instituídos por acordo/convenção coletiva, para controle da jornada de trabalho, devem estar revestidos da necessária fidedignidade, o que detém importância significativa não só para o empregado, mas também para o empregador, que assim evita a retenção do veículo nos casos previstos em lei e a formação de passivo trabalhista, além de preservar a lisura da livre concorrência, evitando que alguns sejam indevidamente beneficiados pela redução ilícita do custo da organização produtiva.

(233) Nos termos da Nota Informativa n. 19/2011/SIT, versão 1.1., tem-se as p. 5/6, com o mesmo texto, itens 1.2.10. e 2.2., *in fine*: "É importante ressaltar que a descaracterização do sistema de registro eletrônico de ponto não afasta a possibilidade de o AFT analisar os relatórios e arquivos produzidos por esse sistema, pois os mesmos serão considerados como declaração unilateral do empregador. Se dessa análise restarem constatadas irregularidades trabalhistas (extrapolação de jornada, não concessão de intervalos intrajornada e interjornada, não concessão de repouso semanal remunerado, etc.), o AFT poderá lavrar o correspondente Auto de Infração".

(234) Art. 611-A. A convenção coletiva e o acordo coletivo de trabalho têm prevalência sobre a lei quando, entre outros, dispuserem sobre:

X – modalidade de registro de jornada de trabalho;

5

A Duração da Jornada de Trabalho

A Lei n. 13.103/2015 alterou a redação do art. 235-C, anteriormente inserido na CLT pela Lei n. 12.619/2012, disciplinando a duração da jornada de trabalho do motorista e a possibilidade de sua prorrogação nos seguintes termos:

Lei n. 12.619/2012 — Art. 235-C	Leis ns. 13.103/2015 e 13.154/2015 — Art. 235-C
A jornada diária de trabalho do motorista profissional será a estabelecida na Constituição Federal ou mediante instrumentos de acordos ou convenção coletiva de trabalho. § 1º Admite-se a prorrogação da jornada de trabalho por até 2 (duas) horas extraordinárias.	A jornada diária de trabalho do motorista profissional será de 8 (oito) horas, **admitindo-se a sua prorrogação por até 2 (duas) horas extraordinárias ou, mediante previsão em convenção ou acordo coletivo, por até 4 (quatro) horas extraordinárias**
§ 6º O excesso de horas de trabalho realizado em um dia poderá ser compensado, pela correspondente diminuição em outro dia, se houver previsão em instrumentos de natureza coletiva, observadas as disposições previstas nesta Consolidação.	§ 5º As horas consideradas extraordinárias serão pagas com o acréscimo estabelecido na Constituição Federal ou compensadas na forma do § 2º do art. 59 desta Consolidação. § 17. O disposto no *caput* deste artigo aplica-se também aos operadores de automotores destinados a puxar ou a arrastar maquinaria de qualquer natureza ou a executar trabalhos de construção ou pavimentação e aos operadores de tratores, colheitadeiras, autopropelidos e demais aparelhos automotores destinados a puxar ou a arrastar maquinaria agrícola ou a executar trabalhos agrícolas.

5.1. A jornada móvel

Preliminarmente à análise das alterações trazidas pela Lei n.13.103/2015, quanto à jornada do motorista profissional, mostra-se oportuno trazer para o debate a novidade veiculada pelo § 13 do art. 235-C da CLT, que assim prescreve:

> § 13. Salvo previsão contratual, a jornada de trabalho do motorista empregado não tem horário fixo de início, de final ou de intervalos.

Tal preceito demonstra que a Lei n. 13.103/2015 veio admitir uma *jornada móvel*, justificável por parte da doutrina pelas condições especiais em que o trabalho do motorista profissional é prestado, mas questionada por outra parte da doutrina, por alegadamente possibilitar a transferência, ao trabalhador, do ônus inerente às peculiaridades da atividade econômica explorada, que deveria ser suportado apenas pelo empregador, que organiza a atividade e, portanto, detém os meios de controle respectivos.

A atividade do motorista profissional é marcada pela fluidez e dinamicidade, mormente quando se trata de viagens de longa distância. Tal fato, contudo, não pode repristinar pressupostos próprios do período pré-Lei n. 12.619/2012, em que se considerava a impossibilidade de controle da jornada do motorista profissional, o que justificava sua inserção na excludente prevista no inciso I do art. 62 da CLT, de sorte que tais requisitos devem ser considerados para a interpretação sistemática deste parágrafo 13 do art. 235-C da CLT, sob pena de tornar letra morta todo o novo arcabouço legal que veio conferir um estatuto próprio para a categoria do motorista profissional.

Com efeito, o divisor de águas estabelecido pela Lei n. 12.619/2012 foi a fixação, *ope legis*, de que a atividade do motorista profissional é passível de controle, devendo, por isso, ser devidamente programada e planejada pelo empregador, para que sejam observados os necessários limites de duração de jornada e descanso, imprescindíveis para preservar a higidez física e mental do condutor, assim contribuindo para evitar o adoecimento profissional e a ocorrência de acidentes.

Conforme destacamos em vários pontos deste livro, o corpo humano tem seus ritmos próprios, sendo imperioso reconhecer que jornadas irregulares, com contínuas mudanças em diferentes horários para alimentação e repouso, provocam alterações relevantes no ciclo circadiano, que podem aumentar a fadiga e a sonolência, aumentando os riscos de acidentes, como reconhece o CONTRAN ao traçar exigências para a renovação da CNH.(235)

Assim, o § 13 do art. 235-C da CLT deve ser analisado sob o crivo da hermenêutica sistemática e teleológica, visando à sua harmonização com os demais preceitos do regramento especial, que trouxe um estatuto próprio para disciplinar as condições de trabalho do motorista profissional.

Destarte, mesmo nos casos de instituição da *jornada móvel* deve ser feito o controle da jornada, assim como observados os tempos de parada e intervalos de descanso do motorista profissional, em conformidade com os critérios estabelecidos pelas Leis ns. 12.619/2012 e 13.103/2015, nos respectivos períodos de vigência, que assim deverão balizar a interpretação sistemática desse preceito, em conformidade com os escopos do novo estatuto profissional e balizas traçadas pelo Capítulo II do Título II da Constituição Federal de 1988, que garantiu os direitos trabalhistas como fundamentais.

Importante registrar que o STF reconheceu a constitucionalidade desse preceito legal, quando analisou a ADI 5.322.

Ao julgar recurso ordinário pleiteando o reconhecimento da ocorrência de turnos ininterruptos de revezamento, para a jornada móvel constantemente alterada e exigida em diferentes horários no período da manhã, tarde e noite, como relatora, a coautora considerou que o disposto no § 13 do art. 235-C da CLT, quanto à possibilidade da jornada de trabalho do motorista não ter horário fixo para o início e o final, não autoriza o empregador a estabelecer o cumprimento da jornada de trabalho em diferentes horários, que se revezam nos períodos da manhã, tarde e noite, sem cumprir o limite de 6 horas diárias. Nesse contexto, procedeu à interpretação dessa regra legal pela perspectiva constitucional dos direitos fundamentais, traçada expressamente pelo inciso XIV do art. 7º da CF/88.(236)

5.2. Duração e prorrogação da jornada

A Lei n. 13.103/2015 disciplinou a matéria nos seguintes termos:

> Art. 235-C. A jornada diária de trabalho do motorista profissional será de 8 (oito) horas, admitindo-se a sua prorrogação por até 2 (duas) horas extraordinárias *ou, mediante previsão em convenção ou acordo coletivo, por até 4 (quatro) horas extraordinárias.*
>
> (...)

---

(235) Resolução CONTRAN n. 425/2012: "Art. 4º No exame de aptidão física e mental são exigidos os seguintes procedimentos médicos: III – exames específicos: (...). *f)* avaliação dos distúrbios do sono, exigida quando da renovação, adição e mudança para as categorias C, D e E (Anexos X, XI e XII)".

(236) Julgamento do RO interposto no P. 0011269-94.2021.5.15.0151 (1ª Camara. TRT 15. Relatora Tereza Aparecida Asta Gemignani.

§ 17. *O disposto no* caput *deste artigo aplica-se também* aos operadores de automotores destinados a puxar ou a arrastar maquinaria de qualquer natureza ou a executar trabalhos de construção ou pavimentação e aos operadores de tratores, colheitadeiras, autopropelidos e demais aparelhos automotores destinados a puxar ou a arrastar maquinaria agrícola ou a executar trabalhos agrícolas. (Marcas nossas)

O texto legal deixou claro que a jornada de trabalho do motorista profissional tem a duração de 8 horas diárias, sendo imperioso acrescentar também o limite de 44 semanais em cumprimento ao inciso XIII do art. 7º da CF/88.

No que se refere à prorrogação, necessário distinguir duas situações diferentes, que passam a ser analisadas em separado.

5.2.1. A prorrogação da jornada em 2 horas diárias

Na 1ª edição deste livro mencionamos que, quanto à possibilidade de prorrogação da jornada por 2 horas extraordinárias, alguns doutrinadores(237) vislumbravam a inconstitucionalidade do antigo art. 235-C, nos termos em que inserido na CLT pela Lei n. 12.619/2012, por entenderem que a previsão legal abriria as portas à pré-contratação de horas extras com a prorrogação reiterada e habitual da jornada, assim afrontando o disposto no art. 7º, incisos XIII e XVI, da Constituição Federal de 1988.

Entretanto, discordamos desse raciocínio por entender que o referido preceito apenas indicava a possibilidade de o motorista profissional também fazer horas extraordinárias, na esteira do art. 59 da CLT, o que não implica, por si só, permitir a prévia contratação dessas horas de forma continuada.

Na 2ª e 3ª edições mantivemos o entendimento, que ora ratificamos nesta 4. edição, no sentido de não comungar com a alegada existência de inconstitucionalidade do preceito previsto na Lei n. 12.619/2012, e repetido na Lei n. 13.103/2015, que possibilita a prorrogação extraordinária da jornada em até 2 horas diárias, por considerar ter a própria Constituição Federal admitido essa ocorrência quando estabeleceu a remuneração diferenciada dessas horas no inciso XVI de seu art. 7º.

5.2.2. A prorrogação da jornada em 4 horas diárias

A previsão legal contida na Lei n. 13.103/2015, que estabeleceu a possibilidade de prorrogação da jornada em até 4 horas diárias, vem dando ensejo a muitas controvérsias, ante a desmesurada amplitude que abriu a possibilidade de estipulação de uma jornada com duração de 12 (doze) horas, para uma atividade que exige atenção intensa e constante, para evitar acidentes.

O corpo humano tem limites e não é preciso nenhum laudo pericial para constatar ser impossível manter o nível de atenção por um longo período de 12 horas. Some-se a isso o trânsito intenso e caótico, o mau estado de conservação de muitas rodovias, o estresse gerado pelo sempre presente risco de assalto e teremos um quadro desfavorável para sustentar prorrogação tão dilatada da jornada, que certamente virá a frustrar o almejado escopo legal de preservar a higidez física e mental do condutor.

A discussão acerca da matéria abre a possibilidade de a doutrina amadurecer o debate acerca da conceituação do que significa a prestação de horas "extraordinárias".

---

(237) SILVA, José Antonio Ribeiro de Oliveira. Lei do motorista profissional: tempo de trabalho, tempos de descanso e tempo de direção. *Revista do Tribunal Regional do Trabalho da 15ª Região*, v. 41, 2012, p. 109: "Exatamente neste ponto surge a primeira inconstitucionalidade da lei, pois a regra do § 1º do art. 235-C admite a prorrogação a jornada de trabalho em até duas horas extraordinárias. É certo que o *caput* e o § 1º do art. 59 da CLT também disciplinam a contratação de até 2 horas suplementares, as quais devem ser pagas com, pelo menos, 50% a mais do que o valor da hora normal (art. 7º, inciso XVI, da CR). No entanto, essa regra não foi recepcionada pela Constituição da República, como adverte a boa doutrina (...)". Os argumentos, ainda, são complementados por aqueles acima transcritos, contidos na p. 114.

Infelizmente, nas últimas décadas, nos acostumamos a traduzir "extraordinário" por "frequente", admitindo a dilação da jornada como habitual. Entretanto, recentes estudos e pesquisas têm reconhecido as graves repercussões provocadas por longas e extenuantes jornadas na saúde humana.

Com efeito, se num primeiro momento parece proporcionar um "ganho extra", almejado por muitos trabalhadores, a médio e longo prazo a prestação contínua de longas horas de trabalho traz sério risco para a saúde, atuando como fator desencadeante de inúmeras doenças, cujo custo será suportado não só pelo trabalhador e sua família, mas também por toda a sociedade, com a concessão de reiterados períodos de afastamento por auxílio-doença e aposentadorias por invalidez de trabalhadores ainda jovens. Essa situação também tem um custo social elevado, porque o baixo valor dos benefícios obriga a retirada precoce dos filhos da escola para ajudar no "sustento da casa", assim perpetuando um círculo vicioso que agrava as condições de pobreza.

Além disso, pela falta de perspectiva de vida que a incapacidade provoca, são esses trabalhadores adoecidos levados a situações extremas, como a dependência do álcool e de substâncias químicas, possíveis casos de violência doméstica e desestruturação familiar, aumentando, com isso, ainda mais a gravidade do caso.

Toda essa situação, que por muitos anos passou camuflada, começa a ser desvelada, colocando em xeque toda uma estrutura moldada pela ideia de aceitação da monetização dos riscos, que nada mais faz do que privatizar os benefícios e socializar os malefícios, muitos deles irreversíveis, cujos efeitos atingem mais do que uma geração.

Necessário, portanto, repensar a facilidade com que uma jornada "extraordinária" passa a ser considerada "ordinária" e, assim, reiterada por longos períodos.

Portanto, a via que se abre para a discussão está voltada para o repensar de todo esse sistema, com a necessária priorização das condições de saúde e segurança, levando a uma interpretação restritiva para admitir a prorrogação da jornada para além das 8 horas diárias, dentro de um limite razoável e extraordinário de, no máximo, 2 horas, admitindo a prorrogação para 4 horas só em situações verdadeiramente excepcionais, que assim devem ser justificadas em relação a um determinado e curtíssimo período, necessário apenas para que haja a volta à normalidade de uma situação passageira.

Por todos esses fundamentos, e considerando tratar-se de uma atividade que deve ser previamente planejada quanto a rotas de percurso, paradas, prazos de entregas, etc., não há justificação jurídica que possa respaldar a validade da fixação, em convenção ou acordo coletivo, de uma prorrogação reiterada da jornada normal de trabalho para mais 4 horas diárias.

Ademais, insustentável o argumento dos que vislumbram nesse preceito uma via de solução para situações inesperadas e imprevistos que podem surgir no decorrer da viagem, pela simples e boa razão de que se são "imprevistos inesperados" não poderiam ter sido previamente estipulados em negociação coletiva.

Tal conclusão se revela ainda mais robusta, porque para as situações inesperadas e inusitadas, que poderão surgir no decorrer da viagem, a própria Lei n. 13.103/2015 previu solução específica nos termos do § 6º do art. 235-D, inserido na CLT, nos seguintes termos:

> § 6º Em situações excepcionais de inobservância justificada do limite de jornada de que trata o art. 235-C, devidamente registradas, e desde que não se comprometa a segurança rodoviária, a duração da jornada de trabalho do motorista profissional empregado poderá ser elevada pelo tempo necessário até o veículo chegar a um local seguro ou ao seu destino.

Destarte, a análise sistemática e contextualizada da questão vem demonstrar que a possibilidade de prorrogação da jornada de trabalho normal para mais 4 horas extraordinárias, admitindo, por via transversa, uma jornada com duração de 12 horas diárias, transfere para o trabalhador os riscos do empreendimento, aumentando de forma significativa as situações de risco de acidentes e doenças, de sorte que essa previsão legal deve ser interpretada de forma restritiva.

A alteração promovida pela Lei n. 13.467/2017 na CLT reitera essa diretriz, ao prever no inciso I, do art. 611-A, a possibilidade de negociação coletiva quanto à duração da jornada de trabalho mas, para tanto, exigir que sejam "observados os limites constitucionais", de sorte que, por qualquer ângulo que se examine a questão, a prorrogação da jornada em 4 horas diárias deve ser admitida apenas em situações excepcionais e episódicas, ante a decisão proferida pelo STF na ADI 5.322, que não reconheceu a inconstitucionalidade desse preceito legal.

Com efeito, além de a realização de jornadas extenuantes e excessivas ser fator mais do que conhecido como causa de doenças e acidentes do trabalho, quando se está a tratar da atividade do motorista profissional tal consequência se reveste de maior gravidade, por também envolver riscos à saúde e segurança de terceiros, que com ele compartilham das vias públicas e rodovias.

Nessa toada, interessante é a conclusão exarada pela Nota Técnica n. 67/2014/DSST/SIT, expedida pela Secretaria de Inspeção do Trabalho que, a despeito de tratar das atividades relacionadas à jornada dos trabalhadores que se ativam em cruzeiros marítimos, também pode ser aplicada, por analogia, à atividade dos motoristas profissionais.

Por tal razão, consideramos oportuno transcrever parte dessa Nota Técnica, que muito pode contribuir para aprofundar a discussão e enriquecer o debate, bem explicitando a relevância do tema tratado neste capítulo:

> 17. De acordo com a agência do Reino Unido para segurança e saúde no trabalho (*Health and Safety Executive* — HSE), o trabalho em turnos pode resultar nos seguintes problemas de saúde: desregulação do "relógio biológico"; fadiga; dificuldades no ritmo de sono-vigília; distúrbios digestivos e de apetite; utilização indevida de sedativos e/ou estimulantes; problemas domésticos e sociais.
>
> 18. Por natureza, o ser humano tem sua melhor atividade e desempenho durante o dia e necessita dormir à noite quando seu desempenho físico geralmente é reduzido. Isso se deve ao chamado ritmo circadiano, ou seja, de 'cerca de um dia', em que é regulada sua capacidade de andar, dormir, alimentar-se, secretar adrenalina, manter a temperatura corporal, pressão sanguínea, pulso e vários outros aspectos relativos ao funcionamento do corpo e ao seu comportamento.
>
> 19. A maioria das pessoas é resistente a mudanças abruptas do ciclo sono-vigília exigido pelo trabalho em turnos e geralmente precisa de 2-3 dias para ajustar suas funções corporais. São muitos os fatores que podem contribuir para melhorar ou dificultar tal ajuste, mas o guia do HSE citado considera que mesmo trabalhadores que atuam somente em turnos noturnos podem jamais adequar seu relógio biológico, porque durante o dia não conseguem estabelecer a rotina que teriam para as noites caso fossem trabalhadores diurnos. Em regra, o sono durante o dia é mais superficial, curto e menos restaurador que o sono noturno.
>
> 20. É consenso entre os cientistas que estudam a performance humana em relação à segurança e saúde no trabalho (SST) que o sono é uma poderosa e vital necessidade biológica e que a presença de sono insuficiente ou irregular, insônia e prolongados períodos de vigília, fazem aumentar o risco de erros e acidentes. Tal situação se aplica em particular para atividades que relacionadas à vigilância e monitoramento, tomada de decisões, nível elevado de consciência, orientação espacial, reação rápida e memória.
>
> 21. *O risco de erros, acidentes e lesões pode ser maior no turno noturno, na extensão de jornada além de oito horas* e no trabalho em turnos sucessivos, especialmente à noite. Segundo o HSE, fadiga, trabalho noturno e trabalho em turnos foram referidos como fatores relevantes em numerosos e bem documentados acidentes e incidentes, citando-se *Three Mile Islands* (1979), Bhopal (1984), a explosão do ônibus espacial *Challenger* (1986), Chemobyl (1986), o acidente ferroviário de Clapham Junction, (1988) e da Exxon Valdez (1989).
>
> 22. Segundo o manual 'Doenças relacionadas ao trabalho: manual de procedimentos para os serviços de saúde', a fadiga 'é referida pelo paciente como sendo constante, como acordar cansado, simultaneamente física e mentalmente, caracterizando uma fadiga geral'. Outras manifestações importantes são a má qualidade do sono, dificuldade de aprofundar o sono, despertar frequente durante a noite, especificamente insônia inicial, dificuldade para adormecer ou 'a cabeça não consegue desligar', irritabilidade ou falta de paciência e desânimo. Outros sintomas que podem lazer parte da síndrome são: dores de cabeça, dores musculares (geralmente nos músculos mais utilizados no trabalho), perda do apetite e mal-estar geral.

23. O mesmo manual destaca como fatores de risco de natureza ocupacional para o surgimento de um quadro de fadiga: ritmos de trabalho acelerados, sem pausas ou com pausas sem as devidas condições para repousar e relaxar; jornadas de trabalho prolongadas e jornada de trabalho em turnos alternados.

24. Os principais efeitos à saúde da fadiga crônica e da exposição prolongada ao trabalho em turnos são os seguintes:

— problemas gastrointestinais: indigestão, dor abdominal, constipação, gastrite e úlcera péptica;

— problemas cardiovasculares: hipertensão e doença coronariana;

— aumento de suscetibilidade a agravos como gripe, resfriado e gastroenterites; – problemas reprodutivos nas mulheres;

— agravamento de problemas de saúde existentes, tais como diabetes, asma, epilepsia ou doenças psiquiátricas. Ademais, a efetividade e o potencial tóxico de algumas drogas podem variar à medida que se altere o ritmo circadiano;

— fatores sociais ou comportamentos individuais relacionados ao trabalho em turnos podem desencadear ou agravar problemas de saúde, com destaque para o fato que uma vida social e doméstica bem estruturada é um fundamento importante para a saúde e o bem-estar.

25. Em estudo sobre a relação entre câncer e trabalho em turnos, a Agência Internacional de Pesquisa do Câncer — IARC incluiu o trabalho em turnos no Grupo 2A, ou seja, 'provavelmente carcinogênico para humano', tendo se baseado principalmente na verificação do maior risco de câncer de mama entre mulheres expostas ao trabalho noturno, especialmente enfermeiras e comissárias de voo.

26. Em estudo sobre fadiga em trabalhadores marítimos, pesquisadores suecos compararam as jornadas chamadas 'dois relógios' (6 horas de trabalho alternadas permanentemente com 6 horas de descanso) e 'três relógios' (4 horas de trabalho alternadas permanentemente com 8 horas de descanso) e concluíram que os trabalhadores expostos ao primeiro padrão apresentam grau de sonolência muito maior do que os do padrão com escala 4x8, mas em ambos os casos a qualidade do sono foi identificada como baixa.

27. Quando se busca minimizar os efeitos danosos à saúde dos trabalhadores, uma das primeiras indicações orienta que os turnos devam ser organizados no sentido do relógio, com turnos 'para adiante' e não 'para trás'. Desta forma, o indivíduo deve trabalhar primeiro em turnos matutinos, depois vespertinos e finalmente noturnos, pois desta forma são mais bem controlados alguns fatores de risco coronariano (ex. elevação de triglicerideos, glicose e excreção urinária de catecolaminas). Esse modelo de 'rotação para frente' ê considerado favorável ao controle da perda de sono e da fadiga.

28. Particular atenção deve ser dada às mulheres gestantes ou com filhos pequenos. De acordo com o art. 7º da Convenção n. 171 da OIT (promulgada pelo Decreto n. 5.005, de 8 de março de 2004), deverão ser adotadas 'medidas para assegurar que existe uma alternativa do trabalho noturno para as trabalhadoras que, à falta dessa alternativa, teriam que realizar esse trabalho',

29. O HSE faz as seguintes recomendações com relação ao trabalho noturno e em turnos:

a) O trabalho noturno permanente deve ser evitado sempre que possível.

b) Evitar sempre que possível o início do trabalho antes das 7:00 da manhã;

c) Os que trabalham todas as noites ou em turnos matutinos que se iniciam muito cedo devem estar conscientes dos riscos através de treinamentos e informação regular;

d) A rotação de turnos em 2 a 3 dias ('rotação rápida') é a mais recomendada se o trabalho em turnos é inevitável. Essa rotação permitiria que o organismo se recuperasse mais rapidamente e fosse reduzido o risco de fadiga e doença;

e) Em segundo lugar, se a 'rotação rápida' não é possível, a melhor opção é a chamada 'rotação lenta', feita de três e três semanas. Esta opção maximizaria a adaptação do relógio biológico, ainda que o risco de fadiga e insônia fique aumentado;

f) A rotação semanal ou quinzenal, frequente nas plataformas marítimas, deve ser evitada, pois rompe com a adaptação quando o relógio biológico começa a se adaptar deixando o trabalhador ainda mais vulnerável;

g) O trabalho noturno deve ser sempre acompanhado de medidas especiais de proteção à SST (treinamento, informação, acesso a serviços de saúde, suporte familiar, iluminação e temperatura adequadas etc.);

h) Embora existam poucas diferenças entre os turnos de 8 e de 12 horas, a natureza do trabalho deve ser considerada, preferindo-se as jornadas de 8 horas quando o trabalho for monótono, exigir concentração ou vigilância, for isolado, perigoso ou tenha exposição a riscos físicos ou químicos;

i) Os turnos nunca devem ter duração maior que 12 horas e devem ser desencorajados os prolongamentos ou dobras de turno;

j) Os trabalhadores de turnos de 12 horas devem ser fortemente desencorajados a ter um segundo emprego;

k) Os trabalhadores de turno devem ser sempre encorajados a informar ao médico do trabalho sobre suas condições de saúde e sono-vigília;

l) Os trabalhadores que trabalham à noite, especialmente os que trabalham sozinhos ou são pouco socializados, devem ter apoio para prevenir sua vulnerabilidade a situações de violência. (Marcas nossas)

Portanto, a possibilidade de prorrogação da jornada para mais 4 horas diárias deve ser admitida apenas em caráter excepcional, inclusive no que se refere aos "operadores de tratores, colheitadeiras, autopropelidos e demais aparelhos automotores destinados a puxar ou a arrastar maquinaria agrícola ou a executar trabalhos agrícolas".

A posição adotada pelo Supremo Tribunal Federal no julgamento da ADI 5.322

No julgamento da ADI 5.322 o STF não acolheu a inconstitucionalidade alegada em relação ao referido preceito legal, assim constando do item 4 da respectiva EMENTA:

"4. A Constituição Federal não determinou um limite máximo de prestação em serviço extraordinário, de modo que compete à negociação coletiva de trabalho examinar a possibilidade de prorrogação da jornada da categoria por até quatro horas, em sintonia com a previsão constitucional disciplinada no art. 7º, XXVI, da CF."[(238)]

5.3. Aplicação do art. 384 da CLT às relações anteriores à Lei n. 13.467/2017 (Reforma Trabalhista)

Questão adjacente, pois não específica da categoria ora em estudo, mas que não pode deixar de ser analisada, especialmente no que se refere aos fatos ocorridos antes da entrada em vigor da Lei n. 13.467/2017, que revogou referida disposição legal, é a da aplicação do art. 384 da CLT, constante do "Capítulo III", que trata "da proteção do trabalho da mulher", e assim dispõe:

Art. 384. Em caso de prorrogação do horário normal, será obrigatório um descanso de 15 (quinze) minutos no mínimo, antes do início do período extraordinário do trabalho.

Referida disposição, conforme mencionado, foi revogada pela *reforma trabalhista*. Contudo, conquanto não seja aplicada aos fatos ocorridos a partir de 11 de novembro de 2017, há que se considerar sua relevância para os fatos anteriores, aos quais, por certo, ainda se aplica.

Com efeito, foi o art. 384 da CLT objeto dos mais diversos posicionamentos, seja no que se refere ao questionamento quanto à sua recepção pela Constituição Federal de 1988, seja pela extensão de sua aplicação.

De início, há que se registrar posição administrativa acerca do tema.

Pronunciou-se a Secretaria de Inspeção do Trabalho (SIT), por meio da Nota Técnica n. 71/2012/MGB/DEFIT/SIT, pela não recepção do art. 384 da CLT, sendo, pois, em âmbito administrativo, inviável sua exigência.

Entretanto, em âmbito judicial, o Tribunal Superior do Trabalho vinha reconhecendo que o art. 384 da CLT fora recepcionado pela CF/88, permanecendo plenamente válido, conforme entendimento adotado no julgamento do Incidente de Inconstitucionalidade n. IIN-RR-1540/2005-046-12.00.5. A posição fixada no âmbito do TST, contudo, restringia-se à recepção do art. 384 da CLT como benefício concedido apenas às mulheres.

(238) Disponível em: www.stf.jus.br.

Nessa mesma toada, manifestou-se o Supremo Tribunal Federal, em julgamento de recurso extraordinário com repercussão geral — Recurso Extraordinário n. 658.312/SC,[(239)] de relatoria do ministro Dias Toffoli — fixando tese pela recepção do art. 384 da CLT, nos exatos termos em que outrora explicitado no Capítulo III da CLT, ou seja, como benefício protetivo do trabalho feminino, adotando como argumento justificador do *discrimén* legal, a distinção física entre trabalhador e trabalhadora, nos seguintes termos:

> O fato é que tanto as disposições constitucionais, convencionais como as infraconstitucionais não impedem que ocorram tratamentos diferenciados, desde que existentes elementos legítimos para o discrímen e que as garantias sejam proporcionais às diferenças existentes entre os gêneros, ou ainda, definidas por algumas conjunturas sociais. (fl. 8 do voto do Ministro relator)
>
> Aliás, não há como negar que há diferenças quanto à capacidade física das mulheres em relação aos homens — inclusive com levantamentos científicos. (fl. 5 do voto do Ministro relator)

Em suas razões de decidir, o voto do ministro relator fixa, ainda, posição contrária à possibilidade de extensão do intervalo de 15 minutos também para os homens:

> Por sua vez, diante desses argumentos jurídicos, não há espaço para uma interpretação que amplie, sob a tese genérica da isonomia, a concessão da mesma proteção ao trabalhador do sexo masculino, pois além de os declinados raciocínios lógico e jurídico impedirem que se aplique a norma ao trabalhador homem, sob o prisma teleológico da norma, não haveria sentido em se resguardar a discriminação positiva diante das condicionantes constitucionais mencionadas. Adotar a tese ampliativa acabaria por mitigar a conquista obtida pelas mulheres. (fl. 7 do voto do Ministro relator)

Por outro lado, e em que pesem as posições acima indicadas – e o fato de o julgamento ter sido anulado –, tem-se a possibilidade de se adotar posição diversa, a qual vem sendo defendida por certa parte da doutrina, que propugna não só pela recepção do art. 384 da CLT, mas também por sua aplicação extensiva a todos os trabalhadores, não se restringindo apenas às mulheres. Referida posição assenta-se em argumento diverso daquele adotado pelo acórdão do Supremo Tribunal Federal, ao fundamentar tal entendimento na necessidade de reduzir o risco de acidente de trabalho, que comprovadamente se intensifica nos períodos de sobrejornada.

Assim, em vez de adotar como razão de *discrímen* questão relacionada ao sexo — que leva à inevitável conclusão da impossibilidade de extensão do direito aos homens — o foco da análise da matéria é direcionado para a necessidade de redução do elevado índice de acidentes do trabalho no Brasil.

Essa posição foi acolhida pela I Jornada de Direito Material e Processual na Justiça do Trabalho, oportunidade na qual se editou o Enunciado n. 22, assim redigido:

> ART. 384 DA CLT. NORMA DE ORDEM PÚBLICA. RECEPÇÃO PELA CF DE 1988. Constitui norma de ordem pública que prestigia a prevenção de acidentes de trabalho (CF, 7º, XXII) e foi recepcionada pela Constituição Federal, em interpretação conforme (arts. 5º, I, e 7º, XXX), para os trabalhadores de ambos os sexos.

---

(239) O *julgamento aqui relatado foi anulado*, em 5.8.2015, em razão da não intimação dos advogados para comparecer à sessão de julgamento, conforme decisão proferida em razão de embargos de declaração opostos: "Decisão: O Tribunal, por unanimidade e nos termos do voto do Relator, acolheu os embargos de declaração com efeitos modificativos para, em razão do equívoco apontado, anular o acórdão proferido pelo Tribunal Pleno neste recurso extraordinário, determinando, ainda, sua inclusão em pauta para futuro julgamento, com a devida notificação e intimação das partes representantes que atuem no feito. Impedido o Ministro Roberto Barroso. Presidiu o julgamento o Ministro Ricardo Lewandowski. Plenário, 5.8.2015".

Em novo julgamento, iniciado em 14/6/2016, o Ministro Dias Toffoli, relator, manteve seu voto, entendendo pela recepção do art. 384 da CLT, bem como sua não extensão aos homens, não havendo que se falar em discriminação. Na mesma sessão houve pedido de vista do ministro Gilmar Mendes, não havendo, então, o retorno dos Autos para prosseguimento do julgamento.

"O ministro Dias Toffoli (relator) esclareceu tratar-se do segundo julgamento do recurso. Tal situação ocorreu devido ao acolhimento de embargos declaratórios (RE 658.312 ED/SC, *DJe* de 3.9.2015) para anular o acórdão proferido pelo Tribunal na primeira apreciação do recurso (*DJe* de 10.2.2015). Naquela ocasião, verificara-se que os advogados devidamente constituídos não haviam sido intimados para comparecer à sessão de julgamento."

A concessão da pausa é, comprovadamente, um verdadeiro instrumento para a redução dos riscos e proteção à saúde e segurança no trabalho,[240] direito que a Constituição Federal de 1988 elevou à condição de fundamental no inciso XXII do seu art. 7º.

Por outro lado, importante pontuar que a Lei n. 13.467/2017 revogou o art. 384 da CLT, cuja validade fica restrita ao período anterior a 11/11/2017.

Assim sendo, ante as razões expostas, consideramos que em relação ao período anterior à entrada em vigor da Lei n. 13.467/2017 é aplicável o disposto no art. 384 da CLT, por se tratar de medida voltada à promoção de melhores condições de saúde e segurança do trabalho.

Registre-se que, ao reafirmar sua jurisprudência e instituir a Consolidação do Sistema de Precedentes Obrigatórios na Justiça do Trabalho, com efeito vinculante, o TST estabeleceu o Tema n. 63 nos seguintes termos:

> O descumprimento do intervalo previsto no art. 384 da CLT, no período anterior à vigência da Lei n. 13.467/2017, enseja o pagamento de 15 minutos como labor extraordinário, **não se exigindo tempo mínimo de sobrejornada como condição** para concessão do intervalo à mulher. (Marcas nossas)

5.4. Compensação da jornada

No que se refere à compensação de jornada, dispõe o § 5º do art. 235-C da CLT, inserido pela Lei n. 13.103/2015:

> Art. 235-C.
>
> (...)
>
> § 5º As horas consideradas extraordinárias serão pagas com o acréscimo estabelecido na Constituição Federal ou compensadas na forma do § 2º do art. 59 desta Consolidação.

Como a norma especial, que criou um estatuto próprio para disciplinar a atividade do motorista profissional, fez remissão expressa à regra geral, necessário trazer à colação o disposto no § 2º do art. 59 da CLT, que disciplina o *banco de horas* nos seguintes termos:

> Art. 59. A duração diária do trabalho poderá ser acrescida de horas extras, *em número não excedente de duas*, por acordo individual, convenção coletiva ou acordo coletivo de trabalho.
>
> § 2º Poderá ser dispensado o acréscimo de salário se, *por força de acordo ou convenção coletiva de trabalho, o excesso de horas em um dia for compensado pela correspondente diminuição em outro dia, de maneira que não exceda, no período máximo de um ano*, à soma das jornadas semanais de trabalho previstas, *nem seja ultrapassado o limite máximo de dez horas diárias*; (Marcas nossas)

Tal preceito está calcado nas balizas postas pelo inciso XIII do art. 7º da CF/88, que assim disciplina a matéria:

> XIII – duração do trabalho normal não superior a oito horas diárias e quarenta e quatro semanais, *facultada a compensação de horários e a redução da jornada, mediante acordo ou convenção coletiva de trabalho.* (Marcas nossas)

(240) GEMIGNANI, Daniel. Pausas como instrumento de saúde e segurança do trabalho – As pausas no meio rural, em empresas de abate e processamento de carnes e derivados e de mecanografistas, digitadores, telefonistas e operadores de telemarketing. In: GEMIGNANI, Daniel; GEMIGNANI, Tereza Aparecida Asta. *Direito constitucional do trabalho:* da análise dogmática à concretização de questões polêmicas. São Paulo: LTr, 2014. p. 14: "Assim, a análise das questões atinentes à jornada de trabalho encerra conteúdos variados, inter-relacionando a saúde e a segurança no trabalho com temas tradicionalmente trabalhistas. Em razão disso, deve-se, pois, ter-se em perspectiva que a correta administração do tempo em que o trabalhador permanece à disposição do empregador, nisso se inserindo a instituição de pausas no trabalho, reflete tanto em questões acidentárias (logo, sob uma perspectiva de proteção ao trabalhador), como de saúde no ambiente laboral (que tem por pressuposto o bem estar no meio ambiente laboral), quanto em questões atinentes à produtividade do empregado, haja vista a maior disposição, disponibilidade e comprometimento para com o trabalho".

Destarte, a compensação pelo sistema conhecido como "banco de horas", previsto no § 2º do art. 59 da CLT, só poderá ser instituída mediante negociação coletiva, sendo que a jurisprudência também já pacificou entendimento nesse sentido, conforme prevê o inciso V da Súmula n. 85/TST, ao fixar que "as disposições contidas nesta súmula não se aplicam ao regime compensatório na modalidade 'banco de horas', que somente pode ser instituído por negociação coletiva".

Como o ordenamento legal, geral ou especial, deve ser interpretado em conformidade com os parâmetros fixados pela Lei Maior, bem como de forma sistemática com as demais normas regentes da matéria, imperioso chegar às seguintes conclusões:

i) A jornada do motorista profissional deve observar o limite de 8 horas diárias/44 semanais.

ii) Só é admitida a prorrogação da jornada em até 2 horas diárias em conformidade com os critérios previstos no *caput* do art. 59 da CLT.

iii) Nos termos do inciso XXVI do art. 7º da CF/88, em negociação coletiva é possível fixar o adicional de horas extras em percentual superior ao legal, quando remuneradas nos termos do § 5º do art. 235-C da CLT.

iv) A possibilidade de estipular em acordo/convenção coletiva a prorrogação da jornada para 4 horas diárias deve ser admitida apenas em caráter excepcional e episódico, não podendo ser adotada com habitualidade.

v) A compensação só é cabível quando a jornada for elastecida em no máximo 2 horas diárias e deve ser estabelecida mediante negociação coletiva, inclusive na hipótese do *banco de horas*, haja vista a remissão expressa que o § 5º do art. 235-C fez ao § 2º do art. 59.

Portanto, ante as balizas constitucionalmente fixadas e toda a sistemática que estrutura o direito do trabalho, não há como sustentar a aplicação apenas do § 2º do art. 59 da CLT, sem atentar para seu *caput*, ou desconsiderar a lógica do art. 7º, inciso XIII, de sorte que a interpretação do art. 235-C da CLT deve se pautar pela adequação desse dispositivo à Constituição e aos princípios fundantes do ordenamento jurídico trabalhista.

Nessa mesma senda, devem ser interpretados os novos §§ 5º e 6º do art. 59 da CLT, que assim prescrevem:

> § 5º O banco de horas de que trata o § 2º deste artigo poderá ser pactuado por acordo individual escrito, desde que a compensação ocorra no período máximo de seis meses.
>
> § 6º É lícito o regime de compensação de jornada estabelecido por acordo individual, tácito ou escrito, para a compensação no mesmo mês.

As novas disposições suscitam controvérsia acerca das exigências para a instituição de *banco de horas* para os motoristas profissionais, podendo-se vislumbrar, ao menos, duas teses a respeito.

A – Primeira tese

A primeira tese sustenta-se a inaplicabilidade dos §§ 5º e 6º do art. 59 da CLT ao motorista profissional.

Para tanto considera que o art. 235-C, § 5º, da CLT, faz remissão expressa e direta apenas ao § 2º do art. 59, que já foi objeto de interpretação restritiva pelo inciso V da Sumula n. 85/TST.

Sublinha que as normas relativas à atividade do motorista profissional são especiais, assim prevalecendo sobre o regramento geral inserido pela Lei n. 13.467/2017 no art. 59 da CLT. Ainda, ratifica a tese restritiva sob o argumento de que, para os motoristas profissionais, deve-se evitar flexibilizações por se tratar de atividade de risco.

B – Segunda tese

A segunda tese sustenta a aplicabilidade dos §§ 5º e 6º do art. 59 da CLT ao motorista profissional, sob o argumento de que, por se tratar de previsão legislativa incorporada apenas em 2017, jamais poderia ter sido prevista pelo art. 235-C, § 5º, que foi inserido em 2015, pela Lei n. 13.103.

Ainda, sustenta que as regras previstas nos §§ 5º e 6º do art. 59 da CLT não afastam, por completo, a previsão do § 2º, cuja interpretação fora dada pelo inciso V da Súmula n. 85/TST, mas apenas criam regras diversas, mais adequadas à dinâmica do trabalho contemporâneo e próprias para períodos mais curtos de compensação – mensal e semestral.

Vê-se, pois, que a questão certamente suscitará debates, e será objeto de acentuadas discussões, não havendo, portanto, como analisá-las de forma singela, descontextualizada do momento de grandes mudanças pelas quais passa o direito trabalhista e das peculiaridades inerentes à atividade do motorista profissional.

A posição adotada pelo Supremo Tribunal Federal no julgamento da ADI 5.322

Necessário registrar que, ao analisar o regime de compensação de jornada do motorista profissional no julgamento da ADI 5.322, constou expressamente da EMENTA:

> "6. O SUPREMO TRIBUNAL FEDERAL fixou orientação no sentido da constitucionalidade da adoção da jornada especial de 12 x 36, em regime de compensação de horários (art. 7º, XIII, da CF)."

5.5. Força maior

Inicialmente, importante fixar a comparação entre os arts. 235-E, § 9º, da Lei n. 12.619/2012 e 235-D, § 6º, da Lei n. 13.103/2015.

Lei n. 12.619/2012	Lei n. 13.103/2015
Art. 235-E. Ao transporte rodoviário de cargas em longa distância, além do previsto no art. 235-D, serão aplicadas regras conforme a especificidade da operação de transporte realizada. **§ 9º Em caso de força maior, devidamente comprovado, a duração da jornada de trabalho do motorista profissional *poderá ser elevada pelo tempo necessário* para sair da situação extraordinária e chegar a um local seguro ou ao seu destino. (Marcas nossas)**	Art. 235-D. § 6º Em situações excepcionais de inobservância justificada do limite de jornada de que trata o art. 235-C, devidamente registradas, e desde que não se comprometa a segurança rodoviária, a duração da jornada de trabalho do motorista profissional empregado poderá ser elevada pelo tempo necessário até o veículo chegar a um local seguro ou ao seu destino.

A peculiaridade da atividade afeta ao transporte de bens e pessoas implica o reconhecimento da ocorrência de força maior. Não obstante ter a Lei n. 13.103/2015 revogado o § 9º do art. 235-E, que continha menção expressa a "força maior" nos termos que lhe foi conferido pela Lei n. 12.619/2012, a nova lei não deixou de disciplinar a questão no § 6º do art. 235-D.

Tal disposição legislativa traz à baila a questão da força maior, há tempos disciplinada no art. 501 da Consolidação das Leis do Trabalho nos seguintes termos:

> Art. 501. Entende-se como força maior todo acontecimento inevitável, em relação à vontade do empregador, e para a realização do qual este não concorreu, direta ou indiretamente.
>
> § 1º *A imprevidência do empregador exclui a razão de força maior.* (Marcas nossas)

Nesse mesmo sentido seguiu o Código Civil, ao dispor:

> Art. 393. O devedor não responde pelos prejuízos resultantes de caso fortuito ou força maior, se expressamente não se houver por eles responsabilizado.
>
> Parágrafo único. O caso fortuito ou de força maior verifica-se no fato necessário, cujos efeitos não era possível evitar ou impedir.

Tais preceitos também são aplicáveis ao motorista profissional, haja vista o paralelo que se pode fazer entre o disposto no art. 235-D, § 6º, e a disposição contida no art. 61 da CLT:

> Art. 61. Ocorrendo necessidade imperiosa, poderá a duração do trabalho exceder do limite legal ou convencionado, seja para fazer face *a motivo de força maior*, seja para atender à realização ou conclusão de serviços inadiáveis *ou cuja inexecução possa acarretar prejuízo manifesto.*
>
> § 1º O excesso, nos casos deste artigo, pode ser exigido independentemente de convenção coletiva ou acordo coletivo de trabalho. *(Redação dada pela Lei n. 13.467, de 2017)*
>
> § 2º Nos casos de excesso de horário *por motivo de força maior*, a remuneração da hora excedente não será inferior à da hora normal. Nos demais casos de excesso previstos neste artigo, a remuneração será, pelo menos, 25% (vinte e cinco por cento) superior à da hora normal, *e o trabalho não poderá exceder de 12 (doze) horas, desde que a lei não fixe expressamente outro limite.*
>
> § 3º Sempre que ocorrer interrupção do trabalho, resultante de causas acidentais, *ou de força maior*, que determinem a impossibilidade de sua realização, a duração do trabalho poderá ser prorrogada pelo tempo necessário até o máximo de 2 (duas) horas, durante o número de dias indispensáveis à recuperação do tempo perdido, desde que não exceda de 10 (dez) horas diárias, em período não superior a 45 (quarenta e cinco) dias por ano, sujeita essa recuperação à prévia autorização da autoridade competente. (Marcas nossas)

Destarte, conforme já defendemos na primeira edição desta obra, tanto a Lei n. 12.619/2012, quanto a Lei n. 13.103/2015, atentas às peculiaridades do trabalho do motorista profissional e à necessidade de garantir segurança em situações de risco, vieram possibilitar que em condições excepcionais haja a extrapolação da jornada pelo tempo necessário para que o veículo possa chegar a um local seguro ou ao seu destino.

Entretanto, essa solução apenas pode ser admitida quando se tratar de acontecimento inevitável ou imprevisível pelo empregador, para a realização do qual não concorreu direta, nem indiretamente, nem poderia evitar ou impedir, não podendo ser assim admitido quando resultar da imprevidência patronal, pois lhe cabe o encargo legal e contratual de organizar a viagem com observância das normas protetivas à saúde e segurança do motorista.

5.6. A jornada 12 x 36. Alterações trazidas pela Lei n. 13.103/2015. A Reforma Trabalhista e o art. 59-A da CLT

O art. 235-F, inserido na CLT pela Lei n. 12.619/2012, trouxe a possibilidade de estipulação da jornada 12 x 36 em convenção e acordo coletivo "em razão da especificidade do transporte, de sazonalidade ou de característica que o justifique".

A Lei n. 13.103/2015 alterou o preceito ao manter essa possibilidade em cláusula convencionada, mas excluiu a exigência de observância dos requisitos anteriormente previstos, como é possível constatar pelo seguinte cotejo:

Lei n. 12.619/2012 — Art. 235-F	Lei n. 13.103/2015 — Art. 235-F
Convenção e acordo coletivo poderão prever jornada especial de 12 (doze) horas de trabalho por 36 (trinta e seis) horas de descanso para o trabalho do motorista, *em razão da especificidade do transporte, de sazonalidade* ou *de característica que o justifique*.	**Convenção e acordo coletivo** poderão prever jornada especial de 12 (doze) horas de trabalho por 36 (trinta e seis) horas de descanso para o trabalho do motorista profissional empregado em regime de compensação.

Embora louvável a manutenção da exigência de negociação(241) coletiva para a estipulação desse novo modelo de jornada, que já encontra previsão legal em outras profissões regulamentadas,(242) a alteração trazida pela Lei n. 13.103/2015 deve ser interpretada com cautela, pela excessiva elasticidade que conferiu a essa possibilidade em cláusula aberta, excluindo os critérios de balizamento anteriormente constantes do art. 235-F da CLT quanto à observância da "[a] especificidade do transporte, [sua] sazonalidade ou característica que o justifique".

Sobre o tema, o Precedente Administrativo n. 81 do Ministério do Trabalho assim dispõe em relação à matéria:

> REGIME DE COMPENSAÇÃO. JORNADA DE TRABALHO 12 X 36 HORAS. ADMISSIBILIDADE.
>
> Não obstante a limitação do art. 59, *caput*, da CLT, admite-se o regime de compensação 12 x 36, quando previsto em convenção coletiva e *praticado em atividade que não exige esforço constante e intenso*, devido às vantagens que proporciona ao trabalhador: *descanso de 36 horas entre as jornadas, menor número de deslocamentos residência – trabalho – residência*, duração do trabalho semanal inferior a 44 horas. Referência normativa: art. 7º, XIII da Constituição Federal. (Marcas nossas)

Ora, no caso do motorista profissional é preciso atentar para o fato de que nas viagens de longa distância, após as 12 horas não há o retorno para a residência nas 36 horas intercalares. Além disso, é inquestionável que a atividade de dirigir exige atenção constante, sendo impossível manter, durante 12 horas contínuas de trabalho, o mesmo nível de concentração necessário para exercer a função de motorista profissional, o que pode comprometer a higidez física e mental do condutor, trazendo sérias consequências para a segurança das estradas, em prejuízo de todos que compartilham do mesmo ambiente de trabalho.

Destarte, a supressão do texto anterior que, para permitir a estipulação de tal jornada exigia a "especificidade do transporte", "sazonalidade" e "característica que o justifique", não pode ser interpretada como salvo-conduto para adoção, de forma indiscriminada e irrestrita, do regime 12 x 36.

Pelo contrário.

O silêncio do novo texto legal, quanto à fixação de requisitos balizadores, deve ser interpretado no sentido de ampliar o leque das exigências necessárias para a validade de uma estipulação que notoriamente precariza as condições de segurança no trânsito, além de dar ensejo ao nefasto uso de drogas para tentar evitar a fadiga e cumprir exaustivas jornadas com duração de 12 horas.

Assim, tendo como norte a interpretação conforme a Constituição, inafastável a conclusão de que essa estipulação negociada só poderá ocorrer em situações excepcionais.

(241) No que se refere à negociação coletiva como requisito de validade na fixação da jornada 12 x 36, vale a transcrição de excerto da Nota Técnica n. 107/2015/DEFIT/SIT/MTE que, na fl. 2, assim aduz: "E caso se argumente que em determinados setores submetidos a condições desfavoráveis (de risco à saúde e segurança, por exemplo) se vislumbraria danos ao trabalhador pelo fato de trabalhar não 8 (oito), mas sim 12 (doze) horas diárias, há que se ter em mente, como visto, que essas particularidades porventura incidentes em determinadas categorias deverão ser avaliadas setorialmente pelos entes sindicais envolvidos. E, caso efetivamente verificado o prejuízo à categoria profissional, caberá ao ente sindical profissional abster-se de firmar norma coletiva autorizativa da jornada dita maléfica". O mesmo posicionamento é adotado pela Nota Técnica n. 354/2012/DMSC/SIT que, na fl 4, assim se posiciona: "Assim, parece-nos acertado o entendimento do TST ao afirmar a excepcional idade de tal jornada, cuja validade resta condicionada ao cumprimento cumulativo de duas condições: a) sua adoção em decorrência de lei ou de negociação coletiva, formalizada em acordo coletivo de trabalho ou em convenção coletiva de trabalho; b) que sua adoção não exclua a remuneração em dobro dos feriados trabalhados". Por fim, tem-se que a negociação coletiva prévia é também adotada como requisito para análise da possibilidade de deferimento da prorrogação de jornada em atividade insalubre, nos termos da Portaria n. 702/2015.

(242) Na legislação já se encontra previsão para a jornada 12x36 para os bombeiros civis, conforme Lei n. 11.901/2009, que aduz: "Art. 5º A jornada do Bombeiro Civil é de 12 (doze) horas de trabalho por 36 (trinta e seis) horas de descanso, num total de 36 (trinta e seis) horas semanais". Referido art. 5º da lei foi tido por constitucional, conforme Acórdão proferido na Ação Direta de Inconstitucionalidade n. 4.842.

Sob o mesmo fundamento, agregado à especificidade do exercício da profissão de motorista e priorização da preservação da saúde e segurança no trânsito, inaplicável ao motorista profissional a alteração promovida pela Lei n. 13.467/2017 que, ao implementar a reforma trabalhista, passou a admitir a estipulação da jornada 12 x 36 por acordo individual, *in verbis*:

> Art. 59-A. Em exceção ao disposto no art. 59 desta Consolidação, é facultado às partes, mediante acordo individual escrito, convenção coletiva ou acordo coletivo de trabalho, estabelecer horário de trabalho de doze horas seguidas por trinta e seis horas ininterruptas de descanso, observados ou indenizados os intervalos para repouso e alimentação.

A interpretação sistemática deste preceito corrobora tal conclusão, notadamente quando se considera, também, o disposto no § 8º do art. 235-D, que a Lei n. 13.103/2015 inseriu na CLT, nos seguintes termos:

> § 8º Para o transporte de cargas vivas, perecíveis e especiais em longa distância ou em território estrangeiro *poderão ser aplicadas regras conforme a especificidade da operação de transporte realizada*, cujas condições de trabalho serão fixadas em convenção ou acordo coletivo *de modo a assegurar as adequadas condições de viagem e entrega ao destino final*. (Marcas nossas)

Portanto, reconhece a lei que mesmo no caso de cargas vivas e perecíveis, que poderiam respaldar a estipulação de jornada diferenciada para atender às especificidades desta operação de transporte, as regras devem ser fixadas em acordo ou convenção coletiva.

Nesse sentido, imperiosa a conclusão de que *a cláusula coletiva deve ser circunstanciada*, para tanto discriminando a excepcionalidade da situação que justifique a adoção da jornada 12 x 36, descrevendo as características especiais do tipo de transporte e/ou produto transportado e delimitando esta concessão a um determinado período.

Necessário registrar, no entanto, que a matéria se reveste de notória controvérsia, que tem suscitado diferentes posicionamentos:

A – Primeira posição

Considera inconstitucional a possibilidade de dilação da jornada do motorista para 12 horas, por violar o preceituado no inciso XXII do art. 7º da CF/88, ante o inequívoco gravame que causa à saúde e integridade física e mental do motorista, precarizando também as condições de segurança em um meio ambiente de trabalho que é, ao fim e ao cabo, compartilhado com terceiros.(243)

Registre-se que a Ação Direta de Inconstitucionalidade (ADI) n. 5994, ajuizada pela Confederação Nacional dos Trabalhadores na Saúde (CNTS), alegando a inconstitucionalidade do art. 59-A da Consolidação das Leis do Trabalho (CLT), com a redação dada pela Reforma Trabalhista (Lei n. 13.467/2017), por afrontar os incisos XXII e XXIII do art. 7º da CF/88, foi julgada improcedente pelo STF.

B – Segunda posição

Já a segunda posição considera que não restou configurada violação a preceito constitucional, ante o disposto nos incisos XIII e XXVI do art. 7º da CF/88, constituindo-se num instrumento legal válido para oferecer solução a determinadas situações de impasse, desde que observados os requisitos legais e a limitação a um período determinado, haja vista a excepcionalidade da medida, como já ocorre com a previsão contida no art. 29 da Lei n. 7.183/1984 em relação aos aeronautas.

(243) Posição defendida por MORAES, Paulo Douglas Almeida de. Abordagem holística sobre nova regulamentação da profissão do motorista (Lei n. 12.619/2012). *Jus Navigandi*, Teresina, ano 17, n. 3.331, 14 ago. 2012. Disponível em: http://jus.com.br/revista/texto/22405. Que entende tratar-se de dispositivo inconstitucional, ao afirmar que "destarte, é flagrante a inconstitucionalidade da previsão inserta no art. 235-F da CLT".

Nesse sentido a posição adotada pela Súmula n. 444 do TST, *in verbis:*

> JORNADA DE TRABALHO. NORMA COLETIVA. LEI. ESCALA DE 12 POR 36. VALIDADE. - Res. n. 185/2012, *DEJT* divulgado em 25, 26 e 27.9.2012 — republicada em decorrência do despacho proferido no processo TST--PA-504.280/2012.2 - *DEJT* divulgado em 26.11.2012.
>
> É valida, *em caráter excepcional*, a jornada de doze horas de trabalho por trinta e seis de descanso, prevista em lei ou ajustada exclusivamente mediante acordo coletivo de trabalho ou convenção coletiva de trabalho, assegurada a remuneração em dobro dos feriados trabalhados. O empregado não tem direito ao pagamento de adicional referente ao labor prestado na décima primeira e décima segunda horas. (Marcas nossas)

Ainda, importante ressaltar que a negociação coletiva para a instituição da jornada 12 x 36 não pode excluir do motorista o direito ao gozo dos intervalos para descanso e refeição, estabelecidos no estatuto profissional dessa categoria diferenciada, que não podem ser simplesmente substituídos por indenização como sugere o art. 59-A, *in fine,* da CLT, alterado pela Lei n. 13.467/2017, estando também afastada a possibilidade da aplicação cumulativa da jornada 12 x 36, com o fracionamento/redução intervalar constante do § 5º do art. 71 da CLT.

Acrescente-se que, ao julgar a ADI 5.322 o STF reputou constitucional o regime de compensação da jornada do motorista profissional, constando expressamente da EMENTA:

> "6. O SUPREMO TRIBUNAL FEDERAL fixou orientação no sentido da constitucionalidade da adoção da jornada especial de 12 x 36, em regime de compensação de horários (art. 7º, XIII, da CF)."

6

A Prestação Laboral do Motorista Profissional Dividida em "Tempos"

A Lei n. 12.619/2012 trouxe como uma de suas maiores novidades a divisão da jornada de trabalho do motorista profissional em diferentes "tempos", conforme as novas disposições inseridas na CLT e no CTB. Embora essa sistemática tenha sido mantida em seus aspectos gerais, trouxe a Lei n. 13.103/2015 alterações importantes, como procuraremos demonstrar comparativamente:

(i) "Tempo de direção ou de condução":

Lei n. 12.619/2012	Lei n. 13.103/2015
Art. 67-A, § 4º do CTB	Art. 67-C, § 4º CTB
§ 4º Entende-se como tempo de direção ou de condução de veículo apenas o período em que o condutor estiver efetivamente ao volante de um veículo em curso entre a origem e o seu destino, respeitado o disposto no § 1º, sendo-lhe facultado descansar no interior do próprio veículo, desde que este seja dotado de locais apropriados para a natureza e a duração do descanso exigido.	§ 4º Entende-se como **tempo de direção** ou de condução **apenas o período em que o condutor estiver efetivamente ao volante, em curso entre a origem e o destino.**

(ii) Tempo em que se dá o "início de viagem":

Lei n. 12.619/2012	Lei n. 13.103/2015
Art. 67-A, § 6º do CTB	Art. 67-C, § 5º do CTB
§ 6º Entende-se como início de viagem, para os fins do disposto no § 5º, a partida do condutor logo após o carregamento do veículo, considerando-se como continuação da viagem as partidas nos dias subsequentes até o destino.	§ 5º Entende-se como início de viagem a partida do veículo na ida ou no retorno, com ou sem carga, considerando-se como sua continuação as partidas nos dias subsequentes até o destino.

(iii) "Tempo de espera":

Lei n. 12.619/2012	Lei n. 13.103/2015
Art. 235-C, § 8º da CLT	Art. 235-C, § 8º da CLT
Art. 235-C. § 8º São consideradas tempo de espera as horas que excederem à jornada normal de trabalho do motorista de transporte rodoviário de cargas que ficar aguardando para carga ou descarga do veículo no embarcador ou destinatário ou para fiscalização da mercadoria transportada em barreiras fiscais ou alfandegárias, não sendo computadas como horas extraordinárias.	Art. 235-C. § 8º São considerados tempo de espera as horas em que o motorista profissional empregado ficar aguardando carga ou descarga do veículo nas dependências do embarcador ou do destinatário e o período gasto com a fiscalização da mercadoria transportada em barreiras fiscais ou alfandegárias, [***não sendo computados como jornada de trabalho e nem como horas extraordinárias.***] ***Expressão reputada inconstitucional pelo STF, no julgamento da ADI 5.322 — aplicação válida até 12.7.2023, conforme modulação estabelecida no julgamento de embargos declaratórios***

(iv) "Tempo de reserva":

Lei n. 12.619/2012	Lei n. 13.103/2015
Art. 235-E, § 6º da CLT.	**Art. 235-E, III da CLT.**
§ 6º Nos casos em que o empregador adotar revezamento de motoristas trabalhando em dupla no mesmo veículo, o tempo que exceder a jornada normal de trabalho em que o motorista estiver em repouso no veículo em movimento será considerado tempo de reserva e será remunerado na razão de 30% (trinta por cento) da hora normal.	III – nos casos em que o empregador adotar 2 (dois) motoristas no curso da mesma viagem, o descanso poderá ser feito com o veículo em movimento, respeitando-se os horários de jornada de trabalho, assegurado, após 72 (setenta e duas) horas, o repouso em alojamento externo ou, se em poltrona correspondente ao serviço de leito, com o veículo estacionado. ***Preceito considerado inconstitucional pelo STF, no julgamento da ADI 5.322 — aplicação válida até 12.7.2023, conforme modulação estabelecida no julgamento de embargos declaratórios***

Revestidos de conceituação própria, o "tempo de direção", "tempo de espera" e "tempo de reserva" foram instituídos de forma peculiar pelas Leis 12.619/2012 e 13.103/2015. Porém, decotados pelo STF no julgamento da ADI 5.322, que priorizou a aplicação da nova perspectiva desvendada pela Lei n. 12.551/2011 ao alterar o art. 6º da CLT, conferindo ao controle a distância a mesma validade do controle presencial.

Logo, os "tempos do motorista profissional" devem ser analisados sob essa nova ótica, em que a disponibilidade para com o empregador pode ocorrer de várias formas e em diversos graus de abrangência.

6.1. Tempo de direção ou de condução

A Lei n. 12.619/2012 procurou distinguir os períodos em que o motorista profissional atua na direção, sua atividade principal, das demais tarefas que executa, mas de maneira correlata, diretriz seguida pela Lei n. 13.103/2015 quando disciplinou o tempo de direção no §4º do art. 67-C do CTB, norma que atinge tanto os empregados quanto os autônomos, nos seguintes termos:

> § 4º Entende-se como tempo de direção ou de condução *apenas o período em que o condutor estiver efetivamente ao volante, em curso entre a origem e o destino.* (Marcas nossas)

Em relação ao limite estabelecido para a duração do tempo de "direção ou de condução", a Lei n. 12.619/2012 fixava o período máximo de 4 horas tanto para o motorista que atuava no transporte de cargas, quanto de passageiros.

Entretanto, a Lei n. 13.103/2015 veio dispor de forma diversa no art. 67-C do CTB, aplicável aos motoristas empregados e autônomos, fixando dois critérios distintos:

(i) Para os **motoristas profissionais** que se ativam no **transporte de cargas e no transporte *coletivo* de passageiros,** o tempo máximo de permanência ao volante será de **5 (cinco) horas e 30 (trinta) minutos,** nos termos do art. 67-C, *caput*, do CTB;

(ii) Para os **motoristas profissionais** que se ativam no **transporte de passageiros,** o tempo máximo de permanência ao volante será **de 4 (quatro) horas,** nos termos do art. 67-C, § 1º-A, do CTB;

Ademais, a Lei n. 13.103/2015 passou a permitir o fracionamento desse intervalo em situações de preocupante precarização, notadamente em se tratando de transporte de passageiros, ao dispor sobre a matéria no art. 235-E, introduzido na CLT:

> Art. 235-E. Para o transporte de passageiros, serão observados os seguintes dispositivos:
>
> I – é facultado o fracionamento do intervalo de condução do veículo previsto na Lei n. 9.503, de 23 de setembro de 1997 — Código de Trânsito Brasileiro, em períodos de no mínimo 5 (cinco) minutos;

Ao estabelecer um limite para o tempo de direção, a Lei n. 12.619/2012 teve o escopo de fixar uma baliza para a duração do tempo em que o motorista fica na direção do veículo, impedindo a exigência contínua de período mais dilatado, em que a possibilidade de dispersão da atenção, decorrente do cansaço, compromete a higidez física e mental do condutor e pode provocar acidentes graves não só em seu prejuízo, mas também de terceiros, que trafegam pelas mesmas vias públicas.

Por tais razões, preocupante a mudança introduzida pela Lei n. 13.103/2015 pois, ao dilatar o interregno para 5 horas e 30 minutos em relação aos motoristas profissionais que se ativam no transporte de cargas e transporte coletivo de passageiros, além de facultar, de forma ampla e genérica, o fracionamento do período de descanso de 30 minutos, que no caso do transporte de passageiros pode ser reduzido a 5 minutos, tende a frustrar o escopo legal de garantir patamares mínimos de segurança. Conforme ressaltamos em vários tópicos deste livro, a pessoa humana não é uma máquina. Manter a concentração e o mesmo nível de atenção durante 5 horas e 30 minutos em período contínuo é fisiologicamente impossível, o que certamente aumentará o risco de acidentes, com prejuízo para todos.

Noutro giro, embora se possa considerar que a manutenção do tempo máximo de direção em 4 horas, para o motorista que atua no transporte de passageiros, visa conferir melhores condições para resguardar a vida das pessoas que está transportando, se revela altamente questionável o gravame ora imputado ao motorista de carga e de transporte *coletivo* de passageiros, em relação ao qual dilatou esse período para 5h30min, visto que não há razões fáticas, nem jurídicas, para respaldar essa desigualdade.

Com efeito, em ambos os casos são nítidas as similitudes, não só no que se refere ao risco à segurança de todos, mas também porque um veículo de carga ou coletivo de passageiros, dirigido nessas condições, pode provocar acidentes de grandes proporções, causando lesões graves e, muitas vezes, o risco de morte para os demais cidadãos que, trafegando pelas mesmas rodovias e vias públicas, partilham do mesmo meio ambiente de trabalho dos motoristas profissionais, de sorte que não há fator de *discrímen*(244) que possa sustentar essa diferenciação.

Necessário, nesse contexto, ressaltar alteração empreendida na regulamentação da atividade do motorista profissional, da possibilidade de prorrogação do tempo de direção ante a ocorrência de situações excepcionais. Para tanto, tem-se a comparação entre o art. 67-A, § 2º, da Lei n. 12.619/2012 e o art. 67-C, § 2º, introduzido pela Lei n. 13.103/2015, ambos do CTB, que assim prescrevem:

Lei n. 12.619/2012	**Lei n. 13.103/2015**
Art. 67-A, § 2º	Art. 67-C, § 2º
Em situações excepcionais de inobservância justificada do tempo de direção estabelecido no *caput* e desde que não comprometa a segurança rodoviária, **o tempo de direção poderá ser prorrogado por até 1 (uma) hora**, de modo a permitir que o condutor, o veículo e sua carga cheguem a lugar que ofereça a segurança e o atendimento demandados.	Em situações excepcionais de inobservância justificada do tempo de direção, devidamente registradas, **o tempo de direção poderá ser elevado pelo período necessário** para que o condutor, o veículo e a carga cheguem a um lugar que ofereça a segurança e o atendimento demandados, desde que não haja comprometimento da segurança rodoviária.

(244) MELLO, Celso Antonio Bandeira de. *O conteúdo jurídico do princípio da igualdade*. 3. ed., 21. tir. São Paulo: Malheiros, 2012. p. 37: "30. O ponto nodular para exame da correção de uma regra em face do princípio isonômico reside na existência ou não de correlação lógica entre o fator erigido em critério de *discrímen* e a discriminação legal decidida em função dele", e continua, na p. 38, "32. Então, no que atina ao ponto central da matéria abordada procede afirmar: é agredida a igualdade quando o fator diferencial adotado para qualificar os atingidos pela regra não guarda relação de pertinência lógica com a inclusão ou exclusão no benefício deferido ou com a inserção ou arredamento do gravame imposto", e, na p. 39, "34. Por derradeiro cumpre fazer uma importante averbação. A correlação lógica a que se aludiu, nem sempre é absoluta, 'pura', a dizer, isenta da penetração de ingredientes próprios das concepções da época, absorvidos na intelecção da época". Por fim, na p. 46, tem-se importante observação: "41. Por último, registre-se que o respeito ao princípio da igualdade reclama do exegeta uma vigilante cautela, a saber: Não se podem interpretar como desigualdades legalmente certas situações, quando a lei não haja 'assumido' o fato tido como desequiparador. Isto é, circunstâncias ocasionais, que proponham fortuitas, acidentais, cerebrinas ou sutis distinções entre categorias de pessoas não são de considerar".

Como se trata de regra inserida no Código de Trânsito Brasileiro, aplicável a todos os motoristas, imperioso concluir que esse permissivo legal abrange tanto motoristas autônomos quanto empregados, de modo que em situações excepcionais, quando necessário que o veículo e sua carga cheguem a um local seguro, o tempo de direção poderá ser prorrogado. Entretanto, enquanto a Lei n. 12.619/2012 previa o limite de 1 hora para essa prorrogação, a Lei n. 13.103/2015 deixou de estabelecer um limite, substituindo-o pelo conceito vago e impreciso de "tempo necessário", o que causa inequívoca preocupação, e certamente desencadeará muitos embates jurídicos.

A interpretação sistemática do preceito deve levar apenas à constatação de que legislador procurou abrir caminhos de solução para situações excepcionais. Por isso, não pode respaldar a possibilidade do empregador/tomador dos serviços desvencilhar-se da obrigação de traçar rotas adequadas, com o necessário cuidado. Nessa senda, motivos meramente econômicos (como, por exemplo, o pagamento de pedágio etc.), são insustentáveis para obrigar o motorista a trafegar por locais que não oferecem condições necessárias para usufruir a devida parada e descanso nos termos da lei.

Assim, imperioso proceder a uma interpretação sistemática e não literal desse novo dispositivo, analisando-o em conjunto com o preceituado no art. 235-C, *caput,* quanto ao limite ali fixado para prorrogação de jornada, para concluir que a partir da vigência da Lei n. 13.103/2015, mesmo para as situações excepcionais, o motorista não poderá prorrogar o tempo na direção do veículo por mais de 2 horas, a fim de se atender ao comando legal para que "não haja comprometimento da segurança rodoviária".

Nessa senda, faz-se o registro da Resolução CONTRAN n. 525/2015, que dispõe sobre a fiscalização do tempo de direção, prevendo, além das penalidades previstas no art. 230, inciso XXIII, do CTB, a possibilidade de retenção do veículo, a demonstrar a importância da observância dos limites estabelecidos quanto ao tempo de direção ou condução.

6.1.1. A possibilidade de fracionamento do tempo de direção

Em relação ao tempo de direção do motorista profissional, traz a Lei n. 13.103/2015 regramento específico, nos seguintes termos:

> Art. 67-C.'É vedado ao motorista profissional dirigir por mais de 5 (cinco) horas e meia ininterruptas *veículos de transporte rodoviário coletivo de passageiros ou de transporte rodoviário de cargas.*
>
> § 1º Serão observados 30 (trinta) minutos para descanso *dentro de cada* 6 (seis) horas na condução de *veículo de transporte de carga, sendo facultado o seu fracionamento e o do tempo de direção* desde que não ultrapassadas 5 (cinco) horas e meia contínuas no exercício da condução.
>
> § 1º-A. Serão observados 30 (trinta) minutos *para descanso a cada* 4 (quatro) horas na condução de *veículo rodoviário de passageiros, sendo facultado o seu fracionamento e o do tempo de direção.* (Marcas nossas)

Portanto, em se tratando de motorista profissional, empregado ou autônomo, a lei prevê a possibilidade de fracionamento do tempo de direção.

A sistemática posta pelo art. 67-C do CTB traz algumas complexidades, haja vista o texto truncado da lei. Contudo, assim podemos sistematizar a questão:

(i) O tempo máximo de direção para o **motorista profissional de transporte de passageiros** é de 4 (quatro) horas. Os 30 (trinta) minutos de descanso podem ser gozados integralmente ao final dessas 4 (quatro) horas ou, de forma fracionada, desde que o motorista não permaneça mais do que 4 (quatro) horas ininterruptas ao volante;

(ii) O **motorista profissional do transporte de carga e <u>coletivo</u> de passageiros** não poderá permanecer mais do que 5 (cinco) horas e 30 (minutos) em tempo de direção. O período de descanso de 30 minutos não precisa ser gozado integralmente apenas ao final deste período, podendo ser usufruído de forma fracionada, desde que no interstício máximo de 6 (seis) horas.

Tais critérios aplicam-se tanto aos motoristas empregados, quanto aos motoristas autônomos.

6.2. O início da viagem

O § 6º do art. 67-A, inserido pela Lei n. 12.619/2012 no CTB, veio dirimir questão importante para todo motorista profissional, empregado ou não, que até então dava ensejo a disputas judiciais por envolver a quantificação de jornada.

Referido dispositivo foi modificado pela Lei n. 13.103/2015 para fixar o mesmo critério de aferição "na ida e no retorno" sem, contudo, haver modificações substanciais como se pode constatar pelo cotejo dos dois textos:

Lei n. 12.619/2012	Lei n. 13.103/2015
Art. 67-A, § 6º do CTB	Art. 67-C, § 5º do CTB
§ 6º Entende-se como início de viagem, para os fins do disposto no § 5º, a partida do condutor logo após o carregamento do veículo, considerando-se como continuação da viagem as partidas nos dias subsequentes até o destino.	§ 5º Entende-se como início de viagem a partida do veículo na ida ou no retorno, com **ou sem carga**, considerando-se como sua continuação as partidas nos dias subsequentes até o destino.

Destarte, fixou a lei que o conceito de viagem se refere ao percurso "origem-destino", tanto na ida quanto na volta, explicitando, ainda, que pode ocorrer com e sem carga, fato que terá relevância quando formos analisar a questão dos motoristas profissionais que se ativam em viagens de longa distância.

Nesse contexto, importante ressaltar que a simples falta de menção ao § 5º, anteriormente constante do art. 67-A do CTB, na redação que lhe conferia a Lei n. 12.619/2012, revogado pela Lei n. 13.103/2015, não pode levar à conclusão de que deixou de existir a exigência de prévio cumprimento integral do intervalo de descanso, para que outra viagem possa ter início, ante a necessária interpretação sistemática, que deve ser feita em relação ao disposto no art. 67-C, § 1º e 67-E, § 1º do CTB, que manteve essa mesma diretriz para motoristas profissionais empregados e autônomos.

6.3. Tempo de espera

Um dos temas mais controvertidos das duas leis que regulamentaram a atividade do motorista profissional é o denominado *tempo de espera*. Tanto a Lei n. 12.619/2012 quanto a Lei n. 13.103/2015 trouxeram mudanças e repercussões no trato da matéria. Tendo em vista sua complexidade, procuraremos abordar a questão de forma didática, iniciando pelo cotejo dos textos legais:

Lei n. 12.619/2012	Lei n. 13.103/2015
Art. 235-C. § 8º São consideradas tempo de espera as horas que excederem à jornada normal de trabalho do motorista de transporte rodoviário de cargas que ficar aguardando para carga ou descarga do veículo no embarcador ou destinatário ou para fiscalização da mercadoria transportada em barreiras fiscais ou alfandegárias, não sendo computadas como horas extraordinárias.	Art. 235-C. § 8º São considerados tempo de espera as horas em que o motorista profissional empregado ficar aguardando carga ou descarga do veículo nas dependências do embarcador ou do destinatário e o período gasto com a fiscalização da mercadoria transportada em barreiras fiscais ou alfandegárias, não sendo computados como jornada de trabalho e nem como horas extraordinárias.
§ 9º As horas relativas ao período do tempo de espera serão indenizadas com base no salário-hora normal acrescido de 30% (trinta por cento)	§ 9º As horas relativas ao tempo de espera serão **indenizadas na proporção de 30% (trinta por cento) do salário-hora normal.**

Lei n. 12.619/2012	Lei n. 13.103/2015
	§ 10. Em nenhuma hipótese, o tempo de espera do motorista empregado prejudicará o direito ao recebimento da **remuneração correspondente ao salário-base diário**.
	§ 11. Quando a espera de que trata o § 8º for superior a 2 (duas) horas ininterruptas e for exigida a permanência do motorista empregado junto ao veículo, caso o local ofereça condições adequadas, o tempo será considerado como de repouso para os fins do intervalo de que tratam os §§ 2º e 3º, **sem prejuízo do disposto no § 9º.**
Art. 235-E. § 4º O motorista fora da base da empresa que ficar com o veículo parado por tempo superior à jornada normal de trabalho fica dispensado do serviço, exceto se for exigida permanência junto ao veículo, hipótese em que o tempo excedente à jornada será considerado de espera.	Art. 235-D. § 3º O motorista empregado, em **viagem de longa distância**, que ficar com o veículo parado após o cumprimento da jornada normal ou das horas extraordinárias fica dispensado do serviço, **exceto se for expressamente autorizada a sua permanência junto ao veículo pelo empregador,** hipótese em que o tempo será considerado de espera.
§ 5º Nas viagens de longa distância e duração, nas operações de carga ou descarga e nas fiscalizações em barreiras fiscais ou aduaneira de fronteira, o tempo parado que exceder a jornada normal será computado como tempo de espera e será indenizado na forma do § 9º do art. 235-C.	
	§ 12. Durante o tempo de espera, o motorista poderá realizar movimentações necessárias do veículo, as quais não serão consideradas como parte da jornada de trabalho, ficando garantido, porém, o gozo do descanso de 8 (oito) horas ininterruptas aludido no § 3º.

O Decreto n. 8.433/2015[(245)] veio tratar das condições de segurança, sanitárias e de conforto nos locais de espera em seus arts. 4º e 5º nos seguintes termos:

> Art. 4º Compete ao Ministério do Trabalho e Emprego regulamentar as condições de segurança, sanitárias e de conforto nos locais de espera, de repouso e de descanso dos motoristas profissionais de transporte rodoviário de passageiros e de cargas, conforme disposto no art. 9º da Lei n. 13.103, de 2 de março de 2015;
>
> Parágrafo único. Para os procedimentos de reconhecimento como ponto de parada e descanso, os órgãos de que trata o § 3º do art. 11 da Lei n. 13.103, de 2015, observarão o cumprimento da regulamentação de que trata o *caput*.
>
> Art. 5º Compete ao Conselho Nacional de Trânsito – CONTRAN regulamentar:
>
> I – os modelos de sinalização, de orientação e de identificação dos locais de espera, de repouso e de descanso dos motoristas profissionais de transporte rodoviário de passageiros e de cargas, observadas as disposições do § 3º do art. 11 da Lei n. 13.103, de 2015;

O tempo de espera surgiu como mais uma, entre as várias novidades trazidas pela Lei n. 12.619/2012, estatuto que passou a reger a atividade dos motoristas, suscitando muitas dúvidas, que a Lei n. 13.103/2015 não só deixou de esclarecer, como agravou, apresentando grandes desafios ao intérprete.

Não se desconhece a realidade fática peculiar dessa atividade que, independentemente da interferência direta do empregador, muitas vezes exige que o motorista fique longas horas em uma fila aguardando carga/descarga ou a fiscalização em barreiras alfandegárias.

(245) Decreto n. 8.433/2015 dispõe sobre a regulamentação dos arts. 9º a 12, 17 e 22 da Lei n. 13.103, de 2 de março de 2015. Disponível em: www.planalto.gov.br. Acesso em: 30 mar. 2019.

A deficiência da malha rodoviária e da infraestrutura necessária para o escoamento de produtos é fato público e notório, sobre o qual não precisamos tecer maiores considerações.

Porém, sejam quais forem as deficiências provocadas pela fragilidade das políticas públicas nessa questão, o custo que elas provocam não pode ser transferido ao trabalhador, como a Lei n. 13.103/2015 evidenciou direcionar.

6.3.1. Natureza jurídica do "tempo de espera". Critérios fixados para o pagamento do respectivo período

As peculiaridades do serviço prestado pelo motorista profissional exigem, além da atividade de direção em si, que o trabalhador permaneça junto ao veículo quando ficar aguardando para carregar/descarregar e para atuação da fiscalização da mercadoria transportada ou dos passageiros, inclusive em barreira fiscal ou aduaneira de fronteira, situações que foram caracterizadas pelas Leis ns. 12.619/2012 e 13.103/2015 como "tempo de espera".

A especificidade dessas situações peculiares já é reconhecida em relação a outras profissões, como os ferroviários, em relação aos quais a lei prevê o regime de *sobreaviso* (24 horas) *e* de *prontidão* (12 horas), nos termos dos §§ 2º e 3º do art. 244 da CLT, aos empregados que atuam no transporte de petróleo por meio de dutos, em que há o *sobreaviso* de 24 horas (limitadas a 12 horas efetivamente trabalhadas) mediante o pagamento do salário mais 20%, conforme arts. 5º e 6º da Lei n. 5.811/1972, e ao aeronauta, em que o regime de *sobreaviso* pode abranger o período 3 a 12 horas, com a remuneração de 1/3 do valor da hora do voo, como prevê o art. 43 da Lei n. 13.475/2017, que revogou a Lei n. 7.183/1984.

Relevante ressaltar que, tendo sido considerado como tempo fora da jornada de trabalho, o pagamento das horas referentes ao tempo de espera, estipulado com adicional de 30% pela Lei n. 12.619/2012, sofreu alteração significativa nas novas regras postas pela Lei n. 13.103/2015, que restringiu o respectivo valor, pago a título "indenização", a apenas "30% (trinta por cento) do salário-hora normal", nos termos do § 9º do art. 235-C da CLT, com o intuito de expungir qualquer conotação de natureza salarial.

Estabeleceu a Lei n. 13.103/2015 dois tipos de pagamento, de natureza distinta, nos seguintes termos:

> (i) Em relação ao período dedicado ao ***trabalho** efetivo*, assim consideradas as horas normais e extraordinárias "na direção", ***haveria o pagamento de salário.***
>
> (ii) Em relação ao período de ***serviço** efetivo* — assim considerado aquele em que o empregado não desempenha um ***trabalho** efetivo* na direção do veículo como motorista, permanecendo em espera aguardando carga/descarga e fiscalização, ***haveria apenas o pagamento de uma indenização***, correspondente a 30% do valor da hora-normal.

Com a supressão da alusão a um "adicional", fixado pela Lei n. 12.619/2012 em 30%, pretendeu o legislador, com a alteração do preceito pela Lei n. 13.103/2015, afastar o questionamento anterior, quanto à inconstitucionalidade da estipulação do percentual inferior a 50%, previsto na Constituição Federal (art. 7º, XVI).

Entretanto, as arestas da controvérsia só aumentaram, incluindo questionamentos quanto à alteração legislativa que, além de reduzir drasticamente o valor, atribuiu natureza meramente indenizatória a um pagamento efetuado a título de contraprestação[246] pelo período em que o trabalhador está à disposição do seu empregador, ensejando diferentes posicionamentos doutrinários:

(246) "No exame do recurso de revista interposto pela empresa, o relator, ministro Walmir Oliveira da Costa, explicou que é considerado tempo de trabalho efetivo o período em que o motorista está à disposição do empregador, excluídos os intervalos para refeição, repouso, espera e descanso (art. 235-C, § 2º, da CLT). O tempo de espera compreende as horas em

A — Primeira posição

Como se refere a um tempo em que o motorista está à disposição do empregador, nos termos do art. 4º da CLT, o pagamento respectivo é uma contraprestação e, portanto, se reveste de inequívoca natureza salarial. Assim, o pagamento deve ser efetuado com base no salário-hora efetivamente recebido, com adicional de 50%. Destarte, entendeu certa parte da doutrina que o referido preceito está eivado de *dupla constitucionalidade*, ou seja, tanto na pretensão de atribuir ao tempo de espera a conotação de indenização, quanto na estipulação do adicional de 30% (Lei n. 12.619/2012) ou do pagamento apenas parcial, de 30% do salário-hora "normal" (Lei n. 13.103/2015), que, ao revés, é devido em sua integralidade, com base no salário efetivamente recebido, acrescido do adicional mínimo de 50%, quando ultrapassar o limite legal de duração da jornada.

Essa posição não faz distinção entre *trabalho efetivo* e *serviço efetivo*, considerando que nos termos do art. 4º da CLT todo o período à disposição deve ser considerado trabalhado e, nessa condição, remunerado.

Argumenta que a própria Lei n. 13.103/2015 assim reconheceu ao estipular no art. 235-C, § 12:

> § 12. Durante o tempo de espera, o motorista poderá realizar movimentações necessárias do veículo, as quais não serão consideradas como parte da jornada de trabalho, ficando garantido, porém, o gozo do descanso de 8 (oito) horas ininterruptas aludido no § 3º.

Dessa forma concluiu que, *ao estabelecer uma indenização com base em 30% do salário-hora normal, o § 9º do art. 235–C da CLT padece de flagrante inconstitucionalidade*, por colidir com o disposto nos incisos VI, X e XVI do art. 7º da CF/88. Se o trabalhador está à disposição do empregador, inclusive realizando atividades como a movimentação do veículo, quando necessária para possibilitar a carga/descarga e a fiscalização, atuando em benefício da atividade econômica, o pagamento corresponde a uma contraprestação desse tempo à disposição e, portanto, ostenta natureza salarial, o que torna devido o pagamento integral do salário contratado e, se exceder o limite legal, remunerado com adicional mínimo de 50%, afastando-se a aplicação do disposto no § 9º do art. 235-C, por inconstitucional.

B — Segunda posição

Como o tempo de espera é período trabalhado em atividades correlatas ao exercício da função de motorista, o pagamento respectivo tem natureza salarial, mas tanto o adicional de 30% previsto na Lei n. 12.619/2012, quanto a redução ao *quantum* de 30% (trinta por cento) do salário-hora normal estipulado pela Lei n. 13.103/2015, são estipulações válidas, por se tratar de período em que o motorista não está atuando ao volante, tendo a Lei n. 13.103/2015 assim estabelecido como "disposição especial expressamente consignada", conforme permite a parte final do art. 4º da CLT. Esta parte da doutrina interpreta a alocução "salário-hora normal" como o salário-hora efetivamente recebido pelo motorista, aduzindo que só há uma inconstitucionalidade, ou seja, apenas quanto à atribuição de natureza indenizatória a tal pagamento, pois se trata de verba contraprestativa, de caráter salarial.

---

que o motorista aguarda carga ou descarga do veículo nas dependências do embarcador ou do destinatário e o período gasto com a fiscalização em barreiras fiscais ou alfandegárias, período que não é computado como jornada de trabalho nem como horas extraordinárias, conforme o § 8º do art. 235-C. *Por unanimidade, a Primeira Turma afastou o pagamento do tempo de espera como hora extra.* O voto do relator considerou a redação dada pela Lei n. 12.619/2012 a esses dispositivos da CLT, vigente à época da relação de emprego." RR – 1042-43.2015.5.21.0004. Data de Julgamento: 23.5.2018, relator Ministro: Walmir Oliveira da Costa, 1ª Turma, Data de Publicação: *DEJT* 25.5.2018 (Marcas nossas).

Os defensores dessa tese aduzem que esse pagamento se dá como contraprestação pelo tempo em que o trabalhador permanece, ainda que sem trabalho efetivo, à disposição do empregador, em benefício dos interesses econômicos e organizacionais do empreendimento e, portanto, deve ser considerado salário.

Entretanto, no que se refere ao valor da remuneração, diferentemente da posição anterior, fazem distinção entre *trabalho efetivo* na direção e *período em disponibilidade em atividades correlatas à função de motorista*, procedendo à interpretação conjunta do art. 235-C com a parte final do art. 4º da CLT, que preceitua:

> Art. 4º Considera-se como de *serviço efetivo* o período em que o empregado esteja à disposição do empregador, aguardando ou executando ordens, *salvo disposição especial expressamente consignada.* (Marcas nossas)

Neste contexto, entendem que a diferenciação dos critérios de pagamento se justifica, pois, em um remunera-se o labor efetivamente prestado como motorista e, no outro, a disponibilidade, o que é diferente, assim validando o pagamento em valores distintos.

Alegam que essa diferenciação já existe em relação a outras profissões como o ferroviário, que percebe 1/3 do salário normal para as horas de sobreaviso e 2/3 para as de prontidão, nos termos dos §§ 2º e 3º do art. 244 da CLT, *in verbis:*

> § 2º Considera-se de 'sobreaviso' o empregado efetivo, que permanecer em sua própria casa, aguardando a qualquer momento o chamado para o serviço. Cada escala de 'sobreaviso' será, no máximo, de vinte e quatro horas. *As horas de 'sobreaviso', para todos os efeitos, serão contadas à razão de 1/3 (um terço) do salário normal.*
>
> § 3º Considera-se de 'prontidão' o empregado que ficar nas dependências da estrada, aguardando ordens. A escala de prontidão será, no máximo, de doze horas. *As horas de prontidão serão, para todos os efeitos, contadas à razão de 2/3 (dois terços) do salário-hora normal.* (Marcas nossas)

Em relação ao aeronauta, a Lei n. 13.475/2017, que revogou a Lei n. 7.183/1984, estabeleceu o *sobreaviso* nas seguintes condições:

> Art. 43. Sobreaviso é o período não inferior a 3 (três) horas e não excedente a 12 (doze) horas em que o tripulante permanece em local de sua escolha à disposição do empregador, devendo apresentar-se no aeroporto ou em outro local determinado, no prazo de até 90 (noventa) minutos, após receber comunicação para o início de nova tarefa.
>
> (...)
>
> § 2º As horas de sobreaviso serão pagas à base de 1/3 (um terço) do valor da hora de voo.

Para os trabalhadores que atuam nas "atividades de exploração, perfuração, produção e refinação de petróleo, industrialização do xisto, indústria petroquímica e transporte de petróleo e seus derivados por meio de dutos", a Lei n. 5.811/1972 estabeleceu a concessão de sobreaviso nos seguintes termos:

> Art. 5º Sempre que for imprescindível à continuidade operacional durante as 24 (vinte e quatro) horas do dia, o empregado com responsabilidade de supervisão das operações previstas no art. 1º, ou engajado em trabalhos de geologia de poço, ou, ainda, em trabalhos de apoio operacional às atividades enumeradas nas alíneas *a* e *b* do § 1º do art. 2º, poderá ser mantido no regime de sobreaviso.
>
> § 1º Entende-se por regime de sobreaviso aquele que o empregado permanece à disposição do empregador por um período de 24 (vinte e quatro) horas para prestar assistência aos trabalhos normais ou atender as necessidades ocasionais de operação.
>
> § 2º Em cada jornada de sobreaviso, o trabalho efetivo não excederá de 12 (doze) horas.
>
> Art. 6º Durante o período em que permanecer no regime de sobreaviso, serão assegurados ao empregado, além dos já previstos nos itens III e IV do art. 3º e I do art. 4º, os seguintes direitos:

I – Repouso de 24 (vinte e quatro) horas consecutivas para cada período de 24 (vinte e quatro) horas em que permanecer de sobreaviso;

II – Remuneração adicional correspondente a, no mínimo, 20% (vinte por cento) do respectivo salário-básico, para compensar a eventualidade de trabalho noturno ou a variação de horário para repouso e alimentação.

Assim, consideram que o legislador pretendeu adicionar, às figuras já existentes do sobreaviso/prontidão do ferroviário, sobreaviso do aeronauta e do trabalhador em "atividades de exploração, perfuração, produção e refinação de petróleo, industrialização do xisto, indústria petroquímica e transporte de petróleo e seus derivados por meio de dutos", o *tempo de espera* do motorista profissional, por se tratar de período em que permanece aguardando o "chamado para o serviço", ou seja, para carregar/descarregar, ou submeter-se à fiscalização, o que justifica a estipulação de critério específico e diferenciado para o valor do pagamento referente a essas horas, por não se referir a período trabalhado na direção do veículo.

Como adendo a essa argumentação, essa corrente ressalta, ainda, que a Lei n. 13.103/2015 claramente vedou a possibilidade de o tempo de espera invadir o período referente à jornada regular e também a extraordinária, pois nos §§ 10 e 11 do art. 235-C da CLT fixou seu limite de duração em 2 horas, estabelecendo expressamente que "em nenhuma hipótese" poderá prejudicar "o direito ao recebimento da remuneração correspondente ao salário-base diário".

Entretanto, essa corrente reputa flagrante a inconstitucionalidade do preceito, ao estipular o pagamento como indenização, pois referida verba ostenta inequívoca natureza salarial, como acabou por reconhecer a própria Lei n. 13.103/2015, ao dispor expressamente no § 10 do art. 235-C, inserido na CLT:

§10. *Em nenhuma hipótese, o tempo de espera* do motorista empregado *prejudicará o direito ao recebimento da remuneração* correspondente ao salário-base diário. (Marcas nossas)

Portanto, considera que *só há uma inconstitucionalidade* no tempo de espera, restrita à atribuição de natureza jurídica indenizatória a uma verba de inequívoca natureza salarial, mas não vê nenhuma inconstitucionalidade no valor diferenciado do pagamento, que reputa válido por não se referir ao trabalho efetivo na direção do veículo.

C — Terceira Posição

Pelas mesmas razões e fundamentos já explicitados na segunda posição, essa terceira corrente doutrinária também faz distinção entre *trabalho efetivo* e *serviço efetivo* (período em disponibilidade), ponderando que durante o tempo de espera o motorista não está na direção do veículo, mas desempenha serviço correlato a sua função. Assim, e considerando também os preceitos diferenciados quanto ao sobreaviso e à prontidão do ferroviário, ao sobreaviso do aeronauta e do trabalhador em "atividades de exploração, perfuração, produção e refinação de petróleo, industrialização do xisto, indústria petroquímica e transporte de petróleo e seus derivados por meio de dutos", conforme anteriormente ressaltado na segunda posição, reputa válida a estipulação de valor correspondente a hora mais adicional de 30% (Lei n. 12.619/2012), tendo como base de cálculo o salário-hora efetivamente recebido.

Entretanto, diferentemente da posição anterior, vislumbra inconstitucionalidade mais ampla, assim incluindo também a redução prevista na Lei n. 13.103/2015 a apenas 30% do salário-hora normal, por trazer prejuízo ao motorista que, além de cumprir a jornada normal de trabalho, ainda permanece à disposição do empregador, atuando em benefício da atividade econômica por ele explorada.

Portanto, argumenta que só *há uma inconstitucionalidade na Lei n. 12.619/2012*, referente à atribuição de natureza indenizatória a tal pagamento, que se reveste de inequívoca conotação salarial, mas *dupla inconstitucionalidade na Lei n. 13.103/2015*, ou seja, a insustentável atribuição indenizatória a uma verba de natureza salarial e também quanto à redução do valor do pagamento a 30% do salário-hora normal.

Conforme já ressaltamos nas edições anteriores deste livro, os argumentos apresentados são ponderáveis porque, diferentemente do que ocorre com o *sobreaviso* do ferroviário, o motorista profissional que aguarda na fila para carregar/descarregar, ou permanece à espera da fiscalização, por óbvio não está no conforto de sua residência aguardando o chamado para o serviço, tampouco tem condições de se afastar do posto de trabalho depois de uma jornada de 12 ou 24 horas.

Ademais, a dificuldade de escoamento dos produtos pelas estradas e portos brasileiros é fato público e notório, não sendo incomum o motorista ter de ficar não só horas, mas dias, até mesmo semanas, em filas para carregar/descarregar o veículo ou em barreiras alfandegárias e fiscais, período em que permanece responsável pela guarda do veículo e da carga, *conectado ao trabalho*, de sorte que o tempo de espera do motorista profissional também se reveste de notória diferença com o regime de prontidão/sobreaviso dos ferroviários e de sobreaviso/reserva dos aeronautas, o que milita em desfavor de sua conotação como verba indenizatória e a drástica redução a 30% do salário-hora, estabelecida pela Lei n. 13.103/2015.

D — Quarta posição

Não vislumbra nenhuma inconstitucionalidade, entendendo que o tempo de espera tem natureza indenizatória, sendo válido o pagamento da hora mais adicional de 30% previsto na Lei n. 12.619/2012 e também sua redução à fração de 30% do salário-hora normal, como estabelece a Lei n. 13.103/2015, concluindo pela inexistência de qualquer inconstitucionalidade.

Ao contrário das demais posições doutrinárias, sustenta a interpretação literal dos preceitos legais, não perquirindo sua finalidade, nem considerando a forma como o instituto se insere no sistema trabalhista em vigor.

Tal posicionamento encontrou eco na norma infralegal editada pelo Ministério do Trabalho, orientadora da atuação fiscal no que se refere à fiscalização do Fundo de Garantia do Tempo de Serviço. Com efeito, a Instrução Normativa n. 99/2012,[(247)] assim como a Instrução Normativa n. 144/2018,[(248)] que a revogou, ao estabelecer os procedimentos para apuração de débito de FGTS, fixaram entendimento no sentido de que o tempo de espera não tem natureza salarial, logo, não é base de cálculo para fins de FGTS nos termos de seu art. 9º, inciso XXXVI.[(249)]

Como o escopo deste livro é contribuir para a maturidade do debate, optamos por registrar os argumentos apresentados pelas correntes doutrinárias principais, assim possibilitando as devidas reflexões ao estudioso do direito.

Entretanto, não podemos deixar de ponderar que no direito trabalhista brasileiro o valor da contraprestação pecuniária deve manter equivalência com o esforço efetivamente despendido, tendo a coautora adotado tal diretriz ao proferir julgamento reconhecendo a natureza salarial do

(247) "Art. 5º O AFT deve verificar o recolhimento do FGTS e da CS incidentes sobre a remuneração paga ou devida aos trabalhadores, nos seguintes percentuais, estabelecidos em lei: (...). Art. 9º Não integram a remuneração, para fins do disposto no art. 5º: (...). XXXVI – o valor do tempo de espera, nos termos do § 9º do art. 235-C da CLT."

(248) "Art. 6º O Auditor-Fiscal do Trabalho deve verificar o recolhimento do FGTS e das contribuições sociais incidentes sobre a remuneração paga ou devida aos trabalhadores, nos seguintes percentuais, estabelecidos em lei: (...). Art. 10. Não integram a remuneração, para fins do disposto no art. 6º: (...). XL – o valor do tempo de espera, nos termos do §9º do art. 235-C da CLT; e, (...). Art. 80. Fica revogada a Instrução Normativa n. 99, de 23 de agosto de 2012".

(249) Posição essa confirmada pela Nota Técnica n. 82/2013/DMSC/SIT.

pagamento efetuado a título de tempo de espera,(250) assim como o pagamento do referido período em valor correspondente ao salário-hora, mais adicional de 30%.(251)

A posição adotada pelo Supremo Tribunal Federal no julgamento da ADI 5.322 em relação ao *"tempo de espera"*

Na Ação Direta de Inconstitucionalidade (ADI) n. 5.322, em relação ao *tempo de espera*, a Confederação Nacional dos Trabalhadores em Transportes Terrestres (CNTTT) alegou a inconstitucionalidade de três parágrafos do art. 235-C, inserido na CLT pela Lei n. 13.103/2015, por provocar lesão à saúde e violar o princípio da irredutibilidade salarial, afrontando o disposto nos incisos VI, XIII e XXII do art. 7º da CF/88.

— parte final do § 8º do art. 235-C da CLT, ao determinar que o período referente ao tempo de espera não seria computado "como jornada de trabalho e nem como horas extraordinárias".

— § 9º ao estabelecer que as horas referentes ao tempo de espera seriam "indenizadas na proporção de 30% (trinta por cento) do salário-hora normal".

— § 12 ao reiterar que "não serão consideradas como parte da jornada de trabalho".

Ao julgar a ADI 5.322, o STF acolheu esses pedidos, incluindo também, por arrastamento, a parte final do § 1º do mesmo art. 235-C da CLT, conforme consta dos itens 10 e 12 da EMENTA:

"10. Inconstitucionalidade na exclusão do tempo de trabalho efetivo do **motorista** profissional, quando está à disposição do empregador durante o carregamento/descarregamento de mercadorias, ou ainda durante fiscalização em barreiras fiscais ou alfandegárias, conhecido como "tempo de espera". Impossibilidade de decote da jornada normal de trabalho e nem da jornada extraordinária, sob pena de desvirtuar a própria relação jurídica trabalhista reconhecida.

12. PARCIAL CONHECIMENTO DA AÇÃO DIRETA COM PARCIAL PROCEDÊNCIA, **DECLARANDO INCONSTITUCIONAIS**:

(a) a expressão "sendo facultados o seu fracionamento e a coincidência com os períodos de parada obrigatória na condução do veículo estabelecida pela Lei n. 9.503, de 23 de setembro de 1997 - Código de Trânsito Brasileiro, garantidos o mínimo de 8 (oito) horas ininterruptas no primeiro período e o gozo do remanescente dentro das 16 (dezesseis) horas seguintes ao fim do primeiro período", prevista na parte final do § 3º do art. 235-C;

(b) a expressão "não sendo computadas como jornada de trabalho e nem como horas extraordinárias", prevista na parte final do § 8º do art. 235-C;

(c) a expressão "e o tempo de espera", disposta na parte final do § 1º do art. 235-C, por arrastamento;

(250) "MOTORISTA. CONTROLE DE JORNADA. HORA EXTRA. APLICAÇÃO RETROATIVA DA LEI N. 12.619/2012. IMPOSSIBILIDADE. 1. A Lei n. 12.619/2012, norma especial que passou a disciplinar a atuação do motorista profissional tem natureza constitutiva e não meramente declaratória. Nosso ordenamento jurídico veda a aplicação retroativa da lei aos fatos ocorridos antes de sua vigência em 17.06.2012, conforme dispõe o art. 6º da LINDB na esteira do inciso XXXVI do art. 5º da CF/88, sob pena de violação do princípio constitucional da segurança jurídica. MOTORISTA PROFISSIONAL. TEMPO DE ESPERA 2. Em conformidade com a Lei n. 12.619/2012 o tempo de espera configura período peculiar - como o sobreaviso (remunerado à razão de 1/3 do salário-hora normal) e a prontidão (2/3 do salário hora normal) do ferroviário (art. 244 da CLT, §§ 2º e 3º), situação também reconhecida ao sobreaviso do aeronauta (12 horas - arts. 25 e 26 da Lei n. 7.183/1984 e art. 43, § 2º, da Lei n. 13.475/2017 — 1/3 dos valores de hora de vôo) e sobreaviso dos que atuam na supervisão das atividades de exploração, perfuração, produção e refinação do petróleo (arts. 5º e 6º da Lei n. 5.811/72 - salário hora mais adicional de 20%). Como se refere ao período em que o empregado está à disposição do empregador, nada impede que este critério de especificidade também seja observado quanto à remuneração do tempo de espera do motorista profissional, em relação ao qual há o pagamento do salário-hora + 30%. Entretanto, ante a inequívoca natureza contraprestativa do pagamento efetuado a tal título, a interpretação conforme da lei ordinária aos princípios constitucionais impõe o reconhecimento da sua natureza salarial, com consequente pagamento dos reflexos quando comprovada a habitualidade." TRT/SP 15ª Região 0010355-14.2016.5.15.0019 RO - Ac. 1ª Câmara PJe. relª. Tereza Aparecida Asta Gemignani. *DEJT* 8 nov. 2018, p. 1980.

(251) P. 0010543-43.2014.5.15.0062. Relª. Desª. Tereza Aparecida Asta Gemignani. 1ª Câmara. TRT 15. Decisão unânime.

(d) o § 9º do art. 235-C da CLT, sem efeito repristinatório;

(e) a expressão "as quais não serão consideradas como parte da jornada de trabalho, ficando garantido, porém, o gozo do descanso de 8 (oito) horas ininterruptas aludido no § 3º do § 12 do art. 235-C";

ANÁLISE

A análise da decisão proferida pelo STF leva às seguintes conclusões:

1 – a **figura jurídica denominada "tempo de espera"**, assim considerado em relação às horas em que o motorista profissional empregado fica aguardando carga ou descarga do veículo nas dependências do embarcador ou do destinatário, bem como o período gasto com a fiscalização da mercadoria transportada em barreiras fiscais ou alfandegárias, não deixou de existir.

Isso porque permanecem íntegras, as demais partes da previsão legal contida nos §§ 8º, 11º e 12º do art. 235-C, assim como do § 3º do art. 235-D.

Confira-se:

Art. 235-C da CLT

§ 8o São considerados tempo de espera as horas em que o motorista profissional empregado ficar aguardando carga ou descarga do veículo nas dependências do embarcador ou do destinatário e o período gasto com a fiscalização da mercadoria transportada em barreiras fiscais ou alfandegárias, ~~***não sendo computados como jornada de trabalho e nem como horas extraordinárias***~~.

§ 11. Quando a espera de que trata o § 8º for superior a 2 (duas) horas ininterruptas e for exigida a permanência do motorista empregado junto ao veículo, caso o local ofereça condições adequadas, o tempo será considerado como de repouso para os fins do intervalo de que tratam os §§ 2º e 3º, ~~***sem prejuízo do disposto no § 9º***~~."

§ 12. Durante o tempo de espera, o motorista poderá realizar movimentações necessárias do veículo, ~~***as quais não serão consideradas como parte da jornada de trabalho***~~, ficando garantido, porém, o gozo do descanso de 8 (oito) horas ininterruptas aludido no § 3º.

Art. 235-D da CLT

§ 3º O motorista empregado, em viagem de longa distância, que ficar com o veículo parado após o cumprimento da jornada normal ou das horas extraordinárias fica dispensado do serviço, exceto se for expressamente autorizada a sua permanência junto ao veículo pelo empregador, **hipótese em que o tempo será considerado de espera**.

1 – O tempo de espera passa a integrar a jornada de trabalho.

2 – O pagamento referente ao tempo de espera não pode ser feito nem a título indenizatório, nem no valor de 30% da hora normal. Porém, tal não implica em efeito repristinatório ao critério anteriormente previsto pela Lei n. 12.619/2012 **(salário-hora normal acrescido de 30%) que, assim, também fica superado.**

3 – Apesar de excluir a validade da referência final *"ao disposto no § 9o"*, a decisão proferida pelo STF na ADI 5.322 em nada alterou o restante do § 11 do art. 235-C da CLT, que assim estabeleceu:

§ 11. Quando a espera de que trata o § 8o for superior a 2 (duas) horas ininterruptas e for exigida a permanência do motorista empregado junto ao veículo, caso o local ofereça condições adequadas, o tempo será considerado como de repouso para os fins do intervalo de que tratam os §§ 2o e 3o, ~~**sem prejuízo do disposto no § 9º**~~."

Importante destacar que o STF, por unanimidade, acolheu parcialmente os embargos de declaração opostos pela Confederação Nacional dos Trabalhadores em Transportes Terrestres — CNTTT, **para modular os efeitos da declaração de inconstitucionalidade, atribuindo-lhes eficácia *ex nunc*, a contar da publicação da ata do julgamento de mérito da ADI 5.322, que ocorreu em 12.7.2023.**

Apesar da inconstitucionalidade reconhecida quanto à exclusão do tempo de espera da jornada de trabalho, assim como do pagamento ao mesmo referente como indenização de 30% do valor da hora normal (Lei n. 13.103/2015) ou salário-hora normal acrescido de 30% (**Lei n. 12.619/2012**), a figura jurídica do "tempo de espera" e os critérios de sua configuração foram mantidos, o que abre uma janela de oportunidades para a busca de novas soluções pela via da negociação coletiva, respeitados os limites postos pela ADI 5.322, como reconheceu o próprio STF, por unanimidade, no julgamento dos embargos declaratórios suprarreferidos, ao reiterar, expressamente "o reconhecimento da autonomia das negociações coletivas" (art. 7º, XXVI, da CF/88).

6.3.2. *O início e a limitação temporal do* tempo de espera

Pontos que também se revestem de notória importância, quando se está a tratar do tempo de espera, são os referentes ao início e à limitação de sua duração. Tão relevantes tais questões que os acalorados debates, ocorridos durante a vigência da Lei n. 12.619/2012, encontraram eco nas novas disposições traçadas pela Lei n. 13.103/2015 e, agora, devem ser revisitados após a decisão proferida pelo STF na ADI 5.322.

6.3.2.1. O início do tempo de espera

Apesar de o STF ter reconhecido a inconstitucionalidade dos preceitos legais que excluíam o tempo de espera da duração da jornada, aferir o momento em que ocorre seu início não perdeu a importância, por se tratar de uma situação diversa do que a lei configurou como "tempo de direção".

Com efeito, a fixação de critérios para aferir o controle do início e fim do "tempo de espera", assim considerado como aquele em que o motorista profissional fica aguardando carga ou descarga do veículo nas dependências do embarcador ou do destinatário, bem como o período gasto com a fiscalização da mercadoria transportada em barreiras fiscais ou alfandegárias, se reveste de importância significativa, pois possibilitará a construção de soluções pela via da negociação coletiva que, ante a diversidade das situações fáticas, poderá ocorrer mais por acordo coletivo, nada impedindo que as convenções coletivas fixem algumas "balizas-macro" para nortear o encaminhamento das soluções.

6.3.2.2. Limitação temporal do tempo de espera

Anteriormente, quando se tinha o motorista como empregado enquadrado na exceção prevista no inciso I do art. 62 da CLT, não se cogitava da análise do período em que ficava aguardando a fiscalização ou o carregamento/descarregamento de mercadorias. Entretanto, como a Lei n. 12.619/2012 trouxe a possibilidade de controle do período efetivamente trabalhado, e instituiu o tempo de espera, surgiu a necessidade de discutir limites.

Destarte, o tempo de espera deve ser admitido apenas por um determinado período ou deve ser considerado "de espera" todo o tempo em que o motorista ficar aguardando para carga/descarga/fiscalização, sem qualquer limite de duração?

Nessa toada, o art. 235-C, § 11, da CLT, inserido pela Lei n. 13.103/2015, ao prever que "quando a espera de que trata o § 8º for superior a 2 (duas) horas ininterruptas e for exigida a permanência do motorista empregado junto ao veículo, caso o local ofereça condições adequadas, o tempo será considerado como de repouso para os fins do intervalo de que tratam os §§ 2º e 3º" resolveu a questão, ou trouxe maiores complexidades?

Em relação a tal matéria, podemos verificar as seguintes posições:

A — Primeira posição

Não há limite para o tempo de espera.

Assim, todo o período em que o motorista ficar aguardando para carga/descarga/fiscalização deve ser considerado tempo de espera.

Se nas edições anteriores deste livro ponderávamos que tal posição era insustentável, ante o prejuízo financeiro que representava o pagamento de apenas 30% do salário-hora, transferindo ao empregado os riscos econômicos do negócio explorado pelo empregador, a decisão proferida pelo

STF na ADI 5.322, com efeito *ex nunc* a partir de 12/7/2013, vedando a exclusão desse período da jornada de trabalho e o pagamento estipulado nesses termos, abre a possibilidade de rediscussão da matéria e a fixação de novos parâmetros pela negociação coletiva.

B — Segunda posição

Se, após a duração de 2 (duas) horas do tempo de espera, no local em que o veículo estiver parado existirem condições adequadas, poderá ter início o período de descanso. Se não existirem condições adequadas e a situação fática permanecer a mesma (veículo aguardando carga/descarga ou a fiscalização) o tempo continuará a ser computado como tempo de espera.

Essa tese apresenta a mesma fragilidade de sustentação da argumentação anterior, por transferir ao empregado o risco econômico do empreendimento. Ademais, decorre da interpretação equivocada do disposto no § 11 do art. 235-C, acrescido à CLT pela Lei n. 13.103/2015, por evidenciar, *contrario sensu,* ser possível manter o tempo de espera por período indefinido, caso o local não ofereça condições adequadas para repouso, o que é inadmissível, colidindo frontalmente com a primeira parte do referido preceito legal, que teve o escopo de fixar um limite.

Nesse contexto, a decisão proferida pelo STF na ADI 5.322, com efeito *ex nunc* a partir de 12.7.2013, vedando a exclusão desse período da jornada de trabalho e o pagamento estipulado em valor menor (30% do salário-hora), abre a possibilidade de rediscussão da matéria e a fixação de novos parâmetros pela negociação coletiva.

C — Terceira posição

A Lei n. 12.619/2012 nada estabeleceu quanto aos limites do *tempo de espera.* Por entendermos que deveria ser fixado um período determinado, na primeira edição deste livro consignamos que, considerando que o dia tem 24 horas, e a norma trabalhista dispõe de critérios próprios, que fixam a duração da jornada normal de trabalho em 8 (oito) horas, o intervalo para refeição em, no mínimo, 1 (uma) hora e o intervalo para repouso diário em 11 (onze) horas, concluímos que o tempo de espera deveria ter sua duração limitada a 4 (quatro) horas diárias. Findo esse período, mesmo que o motorista continuasse na fila, o tempo deveria ser remunerado como jornada de trabalho.

Entretanto, a Lei n. 13.103/2015 veio fixar a duração do tempo de espera em 2 (duas) horas, ao dispor no § 11 do art. 235-C, inserido na CLT, *in verbis:*

> § 11. Quando a espera de que trata o § 8º for superior a *2 (duas) horas ininterruptas* e for exigida a permanência do motorista empregado junto ao veículo, caso o local ofereça condições adequadas, o tempo será considerado como de repouso para os fins do intervalo de que tratam os §§ 2º e 3º, ~~sem prejuízo do disposto no § 9º.~~ (parte final reputada inconstitucional pela ADI 5.322).

A análise desse preceito legal leva às seguintes conclusões:

(1) A Lei n. 13.103/2015 expressamente estabeleceu um limite de 2 (duas) horas para a duração do tempo de espera;

(2) Após esse limite, se o local oferecer condições adequadas, tem início o intervalo para repouso nos termos dos §§ 2º e 3º do mesmo artigo (1 hora para refeição, 11 horas para descanso interjornadas);

Importante pontuar que a configuração de "condições adequadas" implica conceder ao motorista o direito de se desconectar do trabalho nesse período, para que possa efetivamente usufruir do descanso.

(3) Se o local não oferecer condições adequadas para descanso, o cômputo do período referente ao "tempo de espera" findará em 2 (duas) horas e voltará a ser computado como jornada de trabalho.

Esse é o contexto em que deve ser analisado o art. 235-C, §§ 11 e 12, ou seja, ficou mantida a disposição legal que estabeleceu limitação legal à duração do tempo de espera.

Em relação ao transportador autônomo, registre-se o constante do art. 11 da Lei n. 11.442/2007, que disciplinou a questão referente ao período para carga/descarga nos seguintes termos:

> Art. 11. O transportador informará ao expedidor ou ao destinatário, quando não pactuado no contrato ou conhecimento de transporte, o prazo previsto para a entrega da mercadoria.
>
> (...)
>
> § 5º *O prazo máximo para carga e descarga do Veículo de Transporte Rodoviário de Cargas será de 5 (cinco) horas, contadas da chegada do veículo ao endereço de destino*, após o qual será devido ao Transportador Autônomo de Carga — TAC ou à ETC a importância equivalente a R$ 1,38 (um real e trinta e oito centavos) por tonelada/hora ou fração. (Marcas nossas)

Tendo em vista que o julgamento proferido pelo STF na ADI 5.322 aumentou a complexidade da matéria, só com o tempo as discussões doutrinárias e jurisprudenciais levarão ao amadurecimento do debate, indicando a posição prevalecente.

Exatamente por isso, exsurge inequívoca a importância da negociação coletiva, como via cada vez mais necessária para a costura de soluções revestidas de efetividade, não só para as relações celetistas, pois o disposto no inciso XXVI, do art. 7º da CF/88, garantiu o reconhecimento dos acordos e convenções coletivas para os trabalhadores em sentido amplo.

6.4. Tempo de reserva — O trabalho em dupla

O tempo de reserva, instituído pela Lei n. 12.619/2012, despertou a atenção dos que se debruçam sobre a regulamentação dos motoristas profissionais, encontrando, à época, previsão no art. 235-E, § 6º, da CLT. Referido artigo foi revogado pela Lei n. 13.103/2015, que passou a tratar do trabalho do motorista profissional nas viagens de longa distância nos arts. 235-D, § 5º, e 235-E, inciso III, ambos da CLT, *in verbis*:

Lei n. 12.619/2012 Art. 235-E, § 6º	Lei n. 13.103/2015 Arts. 235-D, § 5º e 235-E, inciso III
Art. 235-E. Ao transporte rodoviário de cargas em longa distância, além do previsto no art. 235-D, serão aplicadas regras conforme a especificidade da operação de transporte realizada. **§ 6º Nos casos em que o empregador adotar revezamento de motoristas trabalhando em dupla no mesmo veículo, o tempo que exceder a jornada normal de trabalho em que o motorista estiver em repouso no veículo em movimento será considerado tempo de reserva e será remunerado na razão de 30% (trinta por cento) da hora normal.** **§ 7º É garantido ao motorista que trabalha em regime de revezamento repouso diário mínimo de 6 (seis) horas consecutivas fora do veículo em alojamento externo ou, se na cabine leito, com o veículo estacionado**	Art. 235-D. Nas **viagens de longa distância com duração superior a 7 (sete) dias**, o repouso semanal será de 24 (vinte e quatro) horas por semana ou fração trabalhada, sem prejuízo do intervalo de repouso diário de 11 (onze) horas, totalizando 35 (trinta e cinco) horas, usufruído no retorno do motorista à base (matriz ou filial) ou ao seu domicílio, salvo se a empresa oferecer condições adequadas para o efetivo gozo do referido repouso. § 5º Nos casos em que o empregador adotar 2 (dois) motoristas trabalhando no mesmo veículo, o tempo de repouso poderá ser feito com o veículo em movimento, assegurado o repouso mínimo de 6 (seis) horas consecutivas fora do veículo em alojamento externo ou, se na cabine leito, com o veículo estacionado, a cada 72 (setenta e duas) horas.

	Art. 235-E. Para o **transporte de passageiros**, serão observados os seguintes dispositivos: III – nos casos em que o empregador adotar 2 (dois) motoristas no curso da mesma viagem, o descanso poderá ser feito com o veículo em movimento, respeitando-se os horários de jornada de trabalho, assegurado, após 72 (setenta e duas) horas, o repouso em alojamento externo ou, se em poltrona correspondente ao serviço de leito, com o veículo estacionado.

A posição adotada pelo Supremo Tribunal Federal no julgamento da ADI 5.322

Na Ação Direta de Inconstitucionalidade (ADI) n. 5.322 (processo n. 0002769-67.2015.1.00.0000), a Confederação Nacional dos Trabalhadores em Transportes Terrestres (CNTTT) alegou a inconstitucionalidade do "tempo de reserva" previsto nos arts. 235-D, § 5º, e 235-E, inseridos pela Lei n. 13.103/2015 na CLT, por afrontar o disposto no inciso XXII do art. 7º da CF/88.

Ao julgar a ADI 5.322, assim decidiu o STF, conforme consta dos itens 11 e 12 da EMENTA:

11. Inconstitucionalidade de normas da Lei n. 13.103/2015 ao prever hipótese de descanso de motorista com o veículo em movimento. Prejuízo ao efetivo descanso do trabalhador.

12. Parcial conhecimento da ação direta, com parcial procedência, **declarando inconstitucionais**:

(i) o § 5º do art. 235- D;

(j) o inciso III do art. 235-E.

Destarte, a inconstitucionalidade reconhecida pelo STF na ADI 5.322 veda o descanso do motorista no veículo em movimento, mesmo quando houver dois motoristas trabalhando no mesmo veículo, tanto nas viagens de longa distância, quanto no transporte de passageiros.

Como já alertávamos nas edições anteriores deste livro, motorista profissional empregado que se ativa no transporte de passageiros e no transporte de carga de longa distância (superior a sete dias), atuando em revezamento com outro motorista, não conseguia efetivamente descansar com o veículo em movimento, o que é uma temeridade, considerando as peculiaridades de uma profissão que exige atenção constante.

A situação se revestia de ainda maior gravidade no caso de motorista profissional que atua em transporte de passageiros, em relação ao qual o inciso III do art. 235-E previa aplicação mesmo para viagens com duração inferior a 7 dias. Assim, caso realizasse viagem com duração de 3 dias, ou 72 horas, o motorista somente conseguiria usufruir de efetivo descanso quando chegasse ao seu destino, o que se revela inadmissível, considerando as vidas humanas que estavam em suas mãos.

Com efeito, não é preciso nenhum laudo pericial elaborado por *expert* para constatar que dormir em um veículo em movimento, sob trepidação constante, sobressaltado pela possibilidade iminente de ter que assumir o volante, não é descansar. Obrigar o motorista a assumir a direção de um veículo nessas condições, que podem perdurar pelo longo período de 3 dias (72 horas), configura inequívoca responsabilidade patronal pelos danos à saúde física e mental, não só dos condutores, mas também dos passageiros e terceiros, que com eles trafegam pelas vias públicas. Por isso, louvável a decisão proferida pelo STF na ADI 5.322.

Importante destacar que o STF, por unanimidade, acolheu parcialmente os embargos de declaração opostos pela Confederação Nacional dos Trabalhadores em Transportes Terrestres — CNTTT, **para modular os efeitos da declaração de inconstitucionalidade, atribuindo-lhes eficácia *ex nunc*, a contar da publicação da ata do julgamento de mérito da ADI 5.322, que ocorreu em 12.7.2023.**

6.4.1. O gozo "espontâneo" do intervalo de repouso no próprio veículo parado

O § 4º do art. 235-D da CLT, com alterações trazidas pela Lei n. 13.103/2015, previu a possibilidade do gozo *espontâneo* do intervalo de repouso no próprio veículo, nos seguintes termos:

> § 4º Não será considerado como jornada de trabalho, nem ensejará o pagamento de qualquer remuneração, o período em que o motorista empregado ou o ajudante ficarem *espontaneamente* no veículo usufruindo dos intervalos de repouso. (Marcas nossas)

Grifamos a palavra "espontaneamente" por considerar que, apesar da aparente clareza do texto, sua interpretação certamente ensejará muita discussão jurídica, principalmente em relação às situações que devem ser apreciadas com discernimento, para evitar abusos de parte a parte.

Uma delas é a condição do motorista que, não podendo tirar o caminhão da fila para carregar/descarregar, porque pode ser chamado a qualquer hora para movimentá-lo, ultrapassa o tempo de espera e também o período referente ao intervalo de 11 horas para descanso, tendo que permanecer dentro do veículo, pois não tem outra opção, o que elide o requisito da espontaneidade.

Outra situação é a do motorista que segue o roteiro de viagem traçado, ou admitido pelo empregador, mas ao procurar o local ali indicado para usufruir do intervalo não o encontra, o que também não pode levar à conclusão de que permaneceu no veículo por sua livre vontade.

Assim, a constatação da permanência "espontânea" junto ao veículo deve ser analisada considerando a realidade fática em que o serviço é efetivamente prestado. Nesse contexto, a exigência de *autorização expressa do empregador*, prevista no § 3º do art. 235-D, deve ser vista com reservas, pois a falta dessa documentação autorizativa se revela insuficiente para descaracterizar a impossibilidade de gozo efetivo de descanso, quando as condições não permitirem, caso em que a exigência de permanência junto ao veículo é presumida em favor do empregado, sendo ônus do empregador elidi-la.

Por outro lado, situação diversa será a do motorista que recebe pernoite, é orientado a parar e dormir em hotel ou alojamento, mas na hora não consegue encontrar local adequado para tanto, porque mudou a rota ou se perdeu no meio do caminho. Pode acontecer, também, que por desconhecimento, parou em lugar incorreto, diverso da indicação recebida pelo empregador.

Nessas situações, como apurar se há espontaneidade?

A análise deve ser feita de forma criteriosa e ponderada, examinando detidamente a prova dos autos para aferir se foi garantida pelo empregador a possibilidade de efetivo gozo do intervalo em local adequado, tendo a permanência no interior do veículo decorrido de opção espontânea do empregado, para justificar a aplicação do disposto no art. 235-D, § 4º, da CLT.

6.4.2. O acompanhamento de veículo transportado

Conforme já pontuamos nas edições anteriores deste livro, o exercício da atividade do motorista profissional apresenta algumas peculiaridades. Tal é o caso do motorista que precisa acompanhar o veículo transportado, situação anteriormente prevista no § 11 do art. 235-E, pela Lei n. 12.619/2012, posteriormente disciplinado, com alterações, pelo art. 235-D, § 7º da CLT, inserido pela Lei n. 13.103/2015, como pode ser observado pela seguinte comparação:

Lei n. 12.619/2012 Art. 235-E	Lei n. 13.103/2015 Art. 235-D
§ 11. Nos casos em que o motorista tenha que acompanhar o veículo transportado por qualquer meio onde ele siga embarcado, e que a embarcação disponha de alojamento para gozo do intervalo de repouso diário previsto no § 3º do art. 235-C, esse tempo não será considerado como jornada de trabalho, a não ser o tempo restante, que será considerado de espera.	§ 7º Nos casos em que o motorista tenha que acompanhar o veículo transportado por qualquer meio onde ele siga embarcado **e em que o veículo disponha de cabine leito** ou a embarcação disponha de alojamento para gozo do intervalo de repouso diário previsto no § 3º do art. 235-C, esse tempo será considerado como tempo de descanso.

Nota-se, por relevante, que houve a inclusão da possibilidade de descanso no próprio veículo, desde que disponha de "cabine leito". Portanto, tanto no caso da embarcação, em que o veículo estiver sendo transportado, disponibilizar o uso de alojamento, quanto no caso de haver condições adequadas na cabine leito do veículo, para o efetivo gozo do intervalo para repouso, é evidente que esse período não poderá ser considerado como jornada de trabalho.

Outra alteração importante consistiu na descaracterização do período posterior ao descanso como tempo de espera.

Destarte, como será considerado o "tempo restante"?

Considerando a interpretação sistemática e teleológica desses preceitos, assim como a *ratio decidendi* que norteou a decisão proferida pelo STF no julgamento da ADI 5.322, entendemos que findo o período de descanso, iniciar-se-á para o motorista profissional nova jornada de trabalho, nos termos do *caput* do art. 235-C da CLT.

6.5. A figura do ajudante — Art. 235-C, § 16, da CLT

A alteração proposta no § 16 do art. 235-C da CLT, inserido pela Lei n. 13.103/2015, ao pretender imputar tais disposições ao ajudante empregado nas operações em que acompanha o motorista, deve ser vista com cautela. Se o ajudante também for motorista profissional, por lógica deve estar atrelado ao mesmo regime jurídico. Entretanto, se for ajudante que apenas se dedica ao trabalho de carga/descarga das mercadorias transportadas, sem atuar no volante, o preceito se revela um disparate, não só porque tal empregado não precisa ter habilitação (CNH), mas principalmente porque não pertence à categoria diferenciada dos motoristas, colidindo frontalmente com as regras de aplicação constantes do art. 1º da Lei n. 13.103/2015 e 235-A da CLT.

A sujeição do ajudante às mesmas condições e regulamentos da atividade do motorista profissional, portanto, deve ser vista com ressalvas. A mesma lógica, contudo, não se aplica quando se está a tratar de questões relacionadas à saúde e segurança, nos termos abordados em capítulo específico, ao tecermos comentários ao constante do Anexo I da Norma Regulamentadora n. 24 do Ministério do Trabalho, uma vez que a questão afeta à saúde e segurança não tem por pressuposto a ideia de categoria, mas a análise das condições ambientais a que estão sujeitos os trabalhadores, sejam de que categoria forem.

7

Os Períodos de Descanso

A Lei n. 13.103/2015 trouxe significativas alterações à regulamentação dos períodos de descanso. Nesse sentido, buscará este capítulo não só apresentar as mudanças, como contextualizá-las, a fim de bem esclarecer o leitor sobre a evolução do marco normativo em relação a tais matérias.

Assim, em razão da persistente atecnia e redação confusa de vários artigos, agravada pela maneira esparsa e fragmentada com que o tema foi apresentado pelas Leis ns. 12.619/2012 e 13.103/2015, entrelaçando a inserção de novos dispositivos legais à CLT e ao CTB, sem considerar a complexidade que reveste a inter-relação dos institutos jurídicos nos referidos diplomas normativos, passaremos a tratar da questão de maneira sistematizada.

Os arts. 71, § 5º, 235-C, *caput* e §§ 2º, 3º e 4º, 235-D, *caput e* § 1º, e 235-E, incisos I e II, todos da CLT, e o art. 67-C, *caput* e §§ 1º, 1º-A, 3º, do CTB, estabelecem, basicamente, *quatro tipos diferentes de intervalos*, que a seguir serão analisados em separado.

Assim, tem-se:

(i) Intervalo de 30 minutos do tempo de direção a cada:

a. 4 (quatro) horas, caso se trate *de motorista profissional de transporte de passageiros*. Os 30 (trinta) minutos poderão ser fracionados em períodos de no mínimo 5 (cinco) minutos, para o caso do *motorista profissional empregado de transporte de passageiros*;

b. 5 (cinco) horas e 30 (trinta) minutos, caso se trate de *motorista profissional de transporte de carga e coletivo de passageiros*.

(ii) Intervalo intrajornada de 1 hora para refeição;

(iii) Repouso diário (intervalo interjornada) de 11 horas a cada 24 horas;

(iv) Descanso semanal de 24 horas. Nas viagens de longa distância, com duração total de 35 horas (24 + 11).

7.1. O intervalo de 30 (trinta) minutos do tempo de direção

A Lei n. 12.619/2012 trouxe alteração significativa, ao estabelecer um intervalo de 30 minutos do tempo de direção durante a jornada de trabalho do motorista profissional. Referido relevo deu-se, claramente, com o escopo de garantir um período seguro e apto a preservar a higidez física e mental do condutor que, pelas peculiaridades da função desempenhada, compartilha seu ambiente de trabalho com terceiros. A concessão desse intervalo de 30 minutos de descanso passou a constar tanto da CLT, quanto do CTB, nos arts. 235-D e 67-A, respectivamente.

A sistemática trazida pela Lei n. 12.619/2012 foi, contudo, profundamente alterada pela Lei n. 13.103/2015. De comum, apenas a previsão desse descanso em dois diplomas legais diferentes (CLT e CTB), o que manteve a complexidade no trato do tema, por implicar a necessária observância das regras de integração e interpretação, a fim de construir uma complementaridade normativa entre a lei especial e o princípio da isonomia, pois tanto o motorista profissional empregado, quanto o autônomo, podem se ativar lado a lado, no mesmo ambiente de trabalho.

Assim, tínhamos duas previsões, durante a vigência da Lei n. 12.619/2012:

Art. 67-A do CTB	Arts. 235-D da CLT
Art. 67-A. É vedado ao motorista profissional, no exercício de sua profissão e na condução de veículo mencionado no inciso II do art. 105 deste Código, dirigir por mais de 4 (quatro) horas ininterruptas. **§ 1º Será observado intervalo mínimo de 30 (trinta) minutos para descanso a cada 4 (quatro) horas ininterruptas na condução de veículo referido no *caput*, sendo facultado o fracionamento do tempo de direção e do intervalo de descanso, desde que não completadas 4 (quatro) horas contínuas no exercício da condução.**	Art. 235-D. Nas viagens de longa distância, assim consideradas aquelas em que o motorista profissional permanece fora da base da empresa, matriz ou filial e de sua residência por mais de 24 (vinte e quatro) horas, serão observados: I – intervalo mínimo de 30 (trinta) minutos para descanso a cada 4 (quatro) horas de tempo ininterrupto de direção, podendo ser fracionados o tempo de direção e o de intervalo de descanso, desde que não completadas as 4 (quatro) horas ininterruptas de direção;

Posteriormente, a Lei n. 13.103/2015 passou a disciplinar a matéria nos seguintes termos:

Art. 67-C do CTB	Art. 235-C da CLT	Art. 235-E da CLT
Art. 67-C. É vedado ao motorista profissional dirigir por mais de 5 (cinco) horas e meia ininterruptas veículos de transporte rodoviário coletivo de passageiros ou de transporte rodoviário de cargas.	§ 2º Será assegurado ao motorista profissional empregado intervalo mínimo de 1 (uma) hora para refeição, **podendo esse período coincidir com o tempo de parada obrigatória** na condução do veículo **estabelecido pela Lei n. 9.503, de 23 de setembro de 1997** – Código de Trânsito Brasileiro, exceto quando se tratar do motorista profissional enquadrado no § 5º do art. 71 desta Consolidação.	Art. 235-E. Para o **transporte de passageiros**, serão observados os seguintes dispositivos: I – é **facultado o fracionamento do intervalo de condução** do veículo previsto na Lei n. **9.503, de 23 de setembro de 1997** – Código de Trânsito Brasileiro, **em períodos de no mínimo 5 (cinco) minutos;**
§ 1º Serão observados 30 (trinta) minutos para descanso dentro de cada 6 (seis) horas na condução de veículo de transporte de carga, sendo facultado o seu fracionamento e o do tempo de direção desde que não ultrapassadas 5 (cinco) horas e meia contínuas no exercício da condução.	§ 3º Dentro do período de 24 (vinte e quatro) horas, **são asseguradas 11 (onze) horas de descanso, sendo facultados o seu fracionamento e a coincidência com os períodos de parada obrigatória na condução do veículo estabelecida pela Lei n. 9.503, de 23 de setembro de 1997** — Código de Trânsito Brasileiro, garantidos o mínimo de 8 (oito) horas ininterruptas no primeiro período e o gozo do remanescente dentro das 16 (dezesseis) horas seguintes ao fim do primeiro período.	II – será assegurado ao motorista intervalo mínimo de 1 (uma) hora para refeição, podendo ser fracionado em 2 (dois) períodos **e coincidir com o tempo de parada obrigatória na condução do veículo** estabelecido pela Lei n. 9.503, de 23 de setembro de 1997 — Código de Trânsito Brasileiro, exceto quando se tratar do motorista profissional enquadrado no § 5º do art. 71 desta Consolidação;
§ 1º-A. Serão observados 30 (trinta) minutos para descanso a cada 4 (quatro) horas na condução de veículo rodoviário de passageiros, sendo facultado o seu fracionamento e o do tempo de direção.		

Art. 67-C do CTB	Art. 235-C da CLT	Art. 235-E da CLT
§ 3º O condutor é obrigado, dentro do período de 24 (vinte e quatro) horas, a observar o mínimo de 11 (onze) horas de descanso, que podem ser fracionadas, usufruídas no veículo e coincidir com os intervalos mencionados no § 1º, observadas no primeiro período 8 (oito) horas ininterruptas de descanso.		

7.1.1. A sistemática para a concessão do intervalo de 30 minutos

7.1.1.1. Tempo máximo de direção, gozo do intervalo de 30 minutos para descanso do tempo de direção e seu fracionamento

A Lei n. 12.619/2012 estabeleceu no art. 235-D, inciso I, da CLT, a obrigatoriedade da concessão de um intervalo de 30 minutos para descanso a cada 4 horas do tempo de direção.

Entretanto, a Lei n. 13.103/2015 trouxe novos contornos ao intervalo de 30 minutos.

Originada no PL n. 4.246/2012, recebeu o regramento do intervalo referido proposta na Câmara dos Deputados para mudar esse preceito no sentido de tornar obrigatória a concessão do intervalo de 30 minutos apenas a cada 6 horas, tendo o Senado Federal, posteriormente, reduzido este interregno para 5 horas e 30 minutos, o que representa pouca diferença. Sancionado o texto legal, fixou-se que o intervalo de 30 minutos deveria ser concedido:

a. a cada 4 horas, caso se trate *de motorista profissional de transporte de passageiros;*

b. dentro do período máximo de 6 horas, caso se trate de *motorista profissional de transporte de carga e **coletivo** de passageiros.* O tempo de direção, contudo, não poderá extrapolar 5 horas e 30 minutos contínuos.

Referidas disposições aplicam-se, indistintamente, a motoristas empregados e autônomos.

Para o motorista profissional de transporte de passageiros, que detém vínculo empregatício, há disposição específica, contida no art. 235-E, inciso I, da CLT que, em consonância com a diretriz sinalizada no § 5º do art. 71 da CLT, assim aduz:

> Art. 235-E. Para o transporte de passageiros, serão observados os seguintes dispositivos:
>
> I – é facultado o fracionamento do intervalo de condução do veículo previsto na Lei n. 9.503, de 23 de setembro de 1997 – Código de Trânsito Brasileiro, em períodos de no mínimo 5 (cinco) minutos;

Portanto, de forma sistematizada, temos os seguintes parâmetros:

(i) Todos os motoristas profissionais, empregados ou autônomos, tem assegurado um intervalo de 30 (trinta) minutos do tempo de direção.

(ii) O intervalo de 30 (trinta) minutos deve ser gozado de modo a evitar que:

a. O *motorista profissional de transporte de passageiros* permaneça mais do que 4 (quatro) horas ininterruptas ao volante;

b. O *motorista profissional de transporte de carga e **coletivo** de passageiros* permaneça mais do que 5 (cinco) horas e 30 (trinta) minutos ininterruptas ao volante;

(iii) O intervalo de 30 (trinta) minutos *pode ser fracionado*, assim como pode ser fracionado o tempo de direção. Caso haja fracionamento dos períodos, deve-se assegurar que:

a. O *motorista profissional de transporte de passageiros* não permaneça mais de 4 (quatro) horas ininterruptas ao volante.

b. O *motorista profissional de transporte de carga e* ***coletivo*** *de passageiros* não permaneça mais de 5 (cinco) horas e 30 (trinta) minutos ininterruptas ao volante e goze a totalidade do intervalo de 30 (trinta) minutos dentro de um período máximo de 6 (seis) horas;

c. Caso se trate de *motorista empregado do transporte de passageiros*, as frações do intervalo de 30 (trinta) minutos *não poderão ser inferiores a 5 (cinco) minutos*;

Essas alterações configuraram inaceitável retrocesso, frustrando o escopo da sistemática protetiva inaugurada pela Lei n. 12.619/2012, pois o fracionamento em curtíssimos períodos deixa de possibilitar o necessário descanso, sendo fisiologicamente impossível o motorista manter atenção inalterada pelo longo período ininterrupto de 4h00/5h30, assim comprometendo a higidez física e mental necessária para garantir a segurança nas vias públicas e estradas.

7.1.1.2. O intervalo de 30 minutos — Concessão e coincidência com outros períodos de descanso

A questão da coincidência do intervalo de 30 minutos, com outros períodos de descanso, assume maior amplitude com a Lei n. 13.103/2015. Assim, trataremos da possibilidade de coincidência do descanso referido tanto com o intervalo de 1 hora para alimentação, especificamente quanto aos motoristas profissionais empregados, como com relação a possibilidade de coincidência deste intervalo de 30 minutos com o descanso de 11 horas, aplicável a todos os motoristas profissionais.

7.1.1.2.1. Coincidência com o intervalo para repouso e alimentação de 1 hora

Conforme pontuamos nas edições anteriores deste livro, a disposição contida no § 3º do art. 235-C devia ser lida em conjunto com os incisos I e II do art. 235-D, nos termos em que foram inseridos na CLT pela Lei n. 12.619/2012, do que se concluía que o descanso de 30 minutos do tempo de direção poderia coincidir com o intervalo para descanso e alimentação intrajornada.

A Lei n. 13.103/2015 passou a tratar da matéria no § 2º do art. 235-C e no inciso II do art. 235-E, e manteve a possibilidade de o intervalo de 30 minutos coincidir com o período de descanso para repouso e alimentação de 1 hora, tendo a coautora adotado esse posicionamento em seus julgamentos.(252)

Assim, possível a coincidência do descanso de 30 minutos com o intervalo de 1 hora, para os motoristas profissionais empregados. Contudo, quando se tratar de *motoristas profissionais empregados* que realizam o *transporte coletivo urbano de passageiros*, tem-se um complicador, suscitado quando da interpretação da parte final do inciso II do art. 235-E, *in verbis*:

> Art. 235-E. Para o *transporte de passageiros*, serão observados os seguintes dispositivos:
>
> II – será assegurado ao motorista intervalo mínimo de 1 (uma) hora para refeição, podendo ser *fracionado* em 2 (dois) períodos e coincidir com o tempo de parada obrigatória na condução do veículo estabelecido pela Lei n. 9.503, de 23 de setembro de 1997 – Código de Trânsito Brasileiro, *exceto quando se tratar do motorista profissional enquadrado no § 5º do art. 71 desta Consolidação;* (Marcas nossas)

---

(252) MOTORISTA. INTERVALO DO TEMPO DE DIREÇÃO E INTERVALO INTRAJORNADA. POSSIBILIDADE DE CUMULAÇÃO. Em conformidade com o art. 235-D, II, na redação conferida pela Lei n. 12.619/2012 o intervalo de 30 minutos, concedido a cada 4 (quatro) horas de direção, pode ser usufruído em conjunto com o intervalo intrajornada de 1 (uma) hora para refeição e descanso. MOTORISTA. TEMPO DE ESPERA. INÍCIO DE CONTAGEM. O tempo de espera em que o motorista fica aguardando para carregar e descarregar, só pode ter início após o término da jornada normal de trabalho, nos termos do § 8º do art. 235-C na dicção da Lei n. 12.619/2012. TRT/SP 15ª Região 0011856-61.2014.5.15.0087 RO – Ac. 1ª Câmara PJe. Relª. Tereza Aparecida Asta Gemignani. *DEJT* 20 set. 2018, p. 4.783.

Portanto, estabeleceu a Lei n. 13.103/2015 que o intervalo de 30 do tempo de direção do *motorista profissional empregado em transporte de passageiros* podia coincidir com o intervalo de 1 hora para alimentação que, por sua vez, só poderá ser dividido em dois períodos.

Contudo, caso o *motorista profissional empregado em transporte de passageiros* esteja enquadrado na hipótese prevista no § 5º do art. 71 da CLT, como ocorre com o motorista de transporte coletivo urbano, deixa de existir restrição à divisão do intervalo intrajornada de 1 hora em apenas 2 períodos, podendo ocorrer o fracionamento em períodos mínimos 5 minutos, desde que assim autorizado por norma negociada em convenção ou acordo coletivo.

Mas não é só.

A Lei n. 13.013/2015 tornou a situação ainda mais gravosa e prejudicial ao motorista, quando alterou o texto anterior do § 5º do art. 71, inserido na CLT pela Lei n. 12.619/2012, permitindo a redução e o fracionamento nos seguintes termos:

Vejamos os dois textos em comparação:

O art. 4º da Lei n. 12.619/2012 acrescenta o § 5º ao art. 71 da CLT nos seguintes termos:	O art. 4º da Lei n. 13.103/2015 altera o § 5º ao art. 71 da CLT nos seguintes termos:
"Art. 71. § 5º Os intervalos expressos no *caput* do § 1º poderão ser fracionados quando compreendidos entre o término da primeira hora trabalhada e o início da última hora trabalhada, desde que previsto em convenção ou acordo coletivo de trabalho, ante a natureza do serviço e em virtude das condições especiais do trabalho a que são submetidos estritamente os motoristas, cobradores, fiscalização de campo e afins nos serviços de operação de veículos rodoviários, empregados no setor de transporte coletivo de passageiros, mantida a mesma remuneração e concedidos intervalos para descanso menores e fracionados ao final de cada viagem, não descontados da jornada."	"Art. 71. § 5º O intervalo expresso no *caput* poderá ser **reduzido e/ou fracionado**, e aquele estabelecido no § 1º poderá ser fracionado, quando compreendidos entre o término da primeira hora trabalhada e o início da última hora trabalhada, desde que previsto em convenção ou acordo coletivo de trabalho, ante a natureza do serviço e em virtude das condições especiais de trabalho a que são submetidos estritamente os motoristas, cobradores, fiscalização de campo e afins nos serviços de operação de veículos rodoviários, empregados no setor de transporte coletivo de passageiros, mantida a remuneração e concedidos intervalos para descanso menores ao final de cada viagem."

Importante pontuar que a possibilidade de "redução" prevista no dispositivo refere-se apenas ao intervalo intrajornada de 1 hora, questão que será devidamente abordada em tópico próprio quando analisaremos essa matéria, não prevendo a lei qualquer hipótese de redução do tempo de duração do intervalo de 30 minutos do tempo de direção.

De qualquer modo, a Lei n. 13.103/2015 veio precarizar de maneira inadmissível a situação do motorista, o que se torna ainda mais insustentável quando se trata de transporte de passageiros. Com efeito, como admitir que o motorista que transporta vidas humanas, via de regra submetido a situações de contínuo estresse, agravado pelas más condições de um trânsito cada vez mais caótico, tenha que cumprir extensas jornadas, gozando apenas de intervalos com a curtíssima duração de cinco minutos (para alimentar-se e descansar?).

Trata-se de inequívoco retrocesso, que viola as regras mais comezinhas de saúde e segurança, colocando em risco não só a vida e a integridade física do condutor, mas também dos passageiros e de terceiros que trafegam pelas vias públicas, pois, como várias vezes repisamos ao longo deste livro, o ser humano não é uma máquina e o corpo tem limites físicos e mentais.

Como garantir condições de segurança se a direção do veículo está nas mãos de um motorista exaurido física e emocionalmente, por estar ao volante por longos períodos sem ter a chance de parar e gozar de um intervalo com duração adequada para descanso e alimentação?

A falaciosa alegação de que tal permissão legal foi concedida por causa da natureza do serviço e das condições especiais do trabalho a que são submetidos os motoristas que atuam no transporte coletivo de passageiros, não nos convence. Afinal, cabe à empresa, responsável por garantir condições de saúde e segurança no trabalho, contratar outros motoristas, à semelhança do que ocorre com os "folguistas", para *render* os condutores em determinados pontos e assumir a direção dos veículos durante o período de gozo do necessário intervalo intrajornada com a duração mínima *contínua* de 1 hora para descanso e alimentação.

Trata-se de garantir princípio basilar do Direito do Trabalho, que veda transferir ao trabalhador os riscos e custos econômicos do empreendimento explorado pelo empregador.

Registre-se, nesse contexto, que houve o cancelamento da OJ n. 342 da SBDI-1 do TST, passando a ser disciplinada a matéria pela Súmula n. 437 do TST que, em seu inciso II, dispõe de forma clara e inconteste:

> II – É *inválida* cláusula de acordo ou convenção coletiva de trabalho contemplando a supressão ou *redução* do intervalo intrajornada porque este constitui medida de higiene, saúde e segurança do trabalho, garantido por norma de ordem pública (art. 71 da CLT e art. 7º, XXII, da CF/1988), infenso à negociação coletiva. (Marcas nossas)

Como o intervalo de direção também foi instituído como medida de saúde e segurança no trabalho, não se pode deixar de concluir que compartilha desta mesma natureza, de sorte que sua concessão poderá coincidir com o intervalo intrajornada, mas é vedada a redução dos 30 minutos de sua duração, inclusive em relação aos motoristas inseridos no § 5º do art. 71 da CLT.

7.1.1.2.2. Coincidência com o intervalo de 11 horas de descanso interjornadas

Inicialmente, necessário pontuar que, enquanto a Lei n. 12.619/2012 estabeleceu o intervalo interjornada com a duração de 11 horas, permitindo o fracionamento apenas aos autônomos, a Lei n. 13.103/2015 ampliou essa permissão também aos motoristas empregados, questão que abordaremos de forma detalhada no capítulo próprio que examinará essa matéria, cabendo agora analisar tão somente a questão da possibilidade de coincidência do intervalo interjornada com a parada de 30 minutos do tempo de direção.

Dispôs o § 3º do art. 67-C, inserido pela Lei n. 13.103/2015 no CTB:

> § 3º O condutor é obrigado, dentro do período de 24 (vinte e quatro) horas, a observar o mínimo de 11 (onze) horas de descanso, que podem ser fracionadas, usufruídas no veículo e *coincidir com os intervalos mencionados no § 1º*, observadas no primeiro período 8 (oito) horas ininterruptas de descanso. (Marcas nossas)

Relevante registrar que foi instituído o mesmo preceito em relação aos *motoristas empregados*, conforme previsão contida no § 3º do art. 235-C, inserido na CLT, *verbis*:

> § 3º Dentro do período de 24 (vinte e quatro) horas, são asseguradas 11 (onze) horas de descanso, sendo facultados o seu fracionamento *e a coincidência com os períodos de parada obrigatória na condução do veículo* estabelecida pela Lei n. 9.503, de 23 de setembro de 1997 – Código de Trânsito Brasileiro, garantidos o mínimo de 8 (oito) horas ininterruptas no primeiro período e o gozo do remanescente dentro das 16 (dezesseis) horas seguintes ao fim do primeiro período. (Marcas nossas)

A posição adotada pelo Supremo Tribunal Federal no julgamento da ADI 5.322

Porém, ao julgar a ADI 5.322 o STF reputou inconstitucional a coincidência da concessão do intervalo de direção de 30 minutos com o intervalo de 11 horas interjornada constando da respectiva EMENTA:

> DECLARANDO INCONSTITUCIONAIS:
>
> (a) a expressão "sendo facultados o seu fracionamento e a coincidência com os períodos de parada obrigatória na condução do veículo estabelecida pela Lei n. 9.503, de 23 de setembro de 1997 — Código de

Trânsito Brasileiro, garantidos o mínimo de 8 (oito) horas ininterruptas no primeiro período e o gozo do remanescente dentro das 16 (dezesseis) horas seguintes ao fim do primeiro período", prevista na parte final do § 3º do art. 235-C da CLT.

(k) a expressão "que podem ser fracionadas, usufruídas no veículo e coincidir com os intervalos mencionados no § 1º, observadas no primeiro período 8 (oito) horas ininterruptas de descanso", na forma como prevista no § 3º do art. 67-C do CTB, com redação dada pelo art. 7º da Lei n. 13.103/2015.

Assim, tem-se que:

Serviço/Trabalhado	Direito ao gozo de intervalo de 30 minutos	Possibilidade de coincidência do intervalo de 30 minutos com o intervalo para repouso e alimentação mínimo de 1 hora	Possibilidade de coincidência do intervalo de 30 minutos com o intervalo de 11 horas	Possibilidade de fracionamento do intervalo de 30 minutos
Motoristas profissionais <u>autônomos</u> de carga e *coletivo* de passageiros	Sim Deve ser gozado no período máximo de 6 horas Não deve ultrapassar 5 horas e 30 minutos ao volante, de forma contínua	Não há previsão legal estabelecendo o intervalo de 1 hora para repouso e alimentação	~~Sim~~ NÃO	~~Sim~~ ~~Mas deve ser gozado no período máximo de 6 horas~~ NÃO
Motoristas profissionais <u>autônomos</u> de passageiros	Sim No máximo, a cada 4 horas ao volante	Não há previsão legal estabelecendo o intervalo de 1 hora para repouso e alimentação	~~Controvérsia em aberto~~ NÃO	~~Sim~~ NÃO
Motoristas profissionais empregados de carga	Sim	Sim	~~Sim~~ NÃO	~~Sim~~ NÃO
Motoristas profissionais empregados de passageiros — que atuam nos termos do art. 71, § 5º, da CLT	Sim	Sim É permitida a coincidência, Mas não é permitido o fracionamento do intervalo de 30 minutos do tempo de direção.	~~Sim~~ NÃO	~~Sim~~ ~~Necessária previsão em convenção ou acordo coletivo.~~ NÃO
Motoristas profissionais empregados de passageiros (art. 235-E, inciso II, da CLT)	Sim	Sim Para os motoristas não enquadrados no art. 71, § 5º, da CLT a coincidência pode ocorrer com o intervalo intrajornada de 1 (uma) hora, mas o fracionamento só é permitido em dois períodos	~~Sim~~ **NÃO**	Sim

Registre-se que, ao julgar a ADI 5.322 (Processo 0002769-67.2015.1.00.0000), o STF reputou inconstitucional a previsão contida na parte final do § 3º, do art. 235-C, da CLT, assim como no § 3º, do art. 67-C, da Lei n. 9.503/97 (CTB), que estabelecia o fracionamento do intervalo interjornada e a possibilidade de coincidência com os períodos de parada obrigatória, referente ao intervalo do tempo de direção.

Porém, importante destacar que o STF, por unanimidade, acolheu parcialmente os embargos de declaração opostos pela Confederação Nacional dos Trabalhadores em Transportes Terrestres — CNTTT, **para modular os efeitos da declaração de inconstitucionalidade, atribuindo-lhes eficácia *ex nunc*, a contar da publicação da ata do julgamento de mérito da ADI 5.322, que ocorreu em 12.7.2023.**

7.1.2. Motorista profissional empregado

7.1.2.1. Quem está obrigado a cumprir o intervalo de 30 minutos e a possibilidade de seu fracionamento

Quando da primeira edição desta obra, ao analisar a Lei n. 12.619/2012, apontamos controvérsia que, atualmente, parece superada pela Lei n. 13.103/2015.

Contudo, na 2ª e 3ª edições decidimos manter os comentários anteriormente consignados, o que também ratificamos nesta 4. edição, uma vez que a Lei n. 12.619/2012 deve ser observada em relação ao período de sua vigência, bem como por considerar que as discussões aqui aduzidas podem contribuir para orientar outras conclusões ao longo desta obra.

Assim, apontamos que, com relação aos empregados, o intervalo de 30 minutos a cada 4 horas de direção fora estabelecido pela Lei n. 12.619/2012 nos seguintes termos:

> Art. 235-D. Nas viagens de longa distância, assim consideradas aquelas em que o motorista profissional permanece fora da base da empresa, matriz ou filial e de sua residência por mais de 24 (vinte e quatro) horas, serão observados:
>
> I – intervalo mínimo de 30 (trinta) minutos para descanso a cada 4 (quatro) horas de tempo ininterrupto de direção, podendo ser fracionados o tempo de direção e o de intervalo de descanso, desde que não completadas as 4 (quatro) horas ininterruptas de direção;

Portanto, ante a dicção legal, questiona-se: estaria obrigado a cumprir o intervalo de 30 minutos a cada 4 horas de direção apenas o motorista empregado que se ativa em viagens de longa distância, ou o preceito deve ser cumprido por todos os motoristas profissionais empregados, mesmo quando cumprem jornadas de curta distância?

A previsão contida no art. 235-D da CLT, inserida pela Lei n. 12.619/2012, foi estabelecida como norma especial de tutela do trabalho, de modo que *obriga a todos os motoristas profissionais empregados.* Não elide essa conclusão o fato de mencionado direito estar contido especificamente no artigo que trata das viagens de longa distância, quando se procede a uma interpretação sistemática e teleológica da norma legal.

Com efeito, se o objetivo da lei consistiu em preservar as condições de atenção, além da higidez física e mental do condutor, face às peculiaridades da função desempenhada, é evidente que por tal razão se aplica, também, ao motorista empregado que se ativa em viagens de curta distância, assim considerada aquela em que o empregado permanece fora da base da empresa, matriz, filial ou de seu domicílio por menos de 24 horas. Ademais, a *extensão desse direito a todos os motoristas profissionais empregados* possui fundamento não só no art. 235-D, inciso I, da CLT, com redação dada pela Lei n. 12.619/2012, mas também na previsão contida no art. 67-A, § 1º, do CTB, de espectro mais amplo, albergando, pois, todos os motoristas profissionais.

Entretanto há uma determinada particularidade, relativa à possibilidade de fracionamento do intervalo de 30 minutos.

Em conformidade com a exceção expressamente contida no inciso I, do art. 235-D, *no período de vigência da Lei n. 12.619/2012*, somente em relação aos motoristas empregados que se ativavam em viagens de longa distância *podia ser estabelecido o fracionamento do "tempo de direção e do intervalo de descanso, desde que não completadas as 4 (quatro) horas ininterruptas de direção"*, a fim de possibilitar uma melhor distribuição dos tempos de trabalho e descanso, tendo em vista as peculiaridades em que o serviço é prestado.

A Lei n. 13.103/2015, nesse aspecto, superou a celeuma existente, ao revogar este preceito e *prever o intervalo de 30 minutos do tempo de direção apenas no art. 67-C, inserido no CTB*. Tal fato, contudo, não exclui a importância de ressaltar que referido intervalo foi instituído para preservar as condições de atenção, além da higidez física e mental do condutor, face às peculiaridades de sua função, conforme diretriz traçada pelo STF no julgamento da ADI 5.322 que vedou a possibilidade de fracionamento do intervalo referente aos tempos de direção.

7.1.2.2. Os 30 minutos de descanso do tempo de direção integram a jornada de trabalho?

No que tange ao motorista profissional empregado, o intervalo de 30 minutos do tempo de direção rege-se pelos mesmos parâmetros que disciplinam o período mínimo de 1 hora para descanso e alimentação, não integrando a jornada de trabalho(253) conforme estabeleceu a Lei n. 12.619/2012, ao inserir o § 2º no art. 235-C na CLT. Embora tenha alterado um pouco a redação do preceito, capitulando-o em outro parágrafo, a Lei n. 13.103/2015 manteve a mesma diretriz para a matéria ora em análise, ao prever no § 1º do art. 235-C:

> § 1º Será considerado como trabalho efetivo o tempo em que o motorista empregado estiver à disposição do empregador, excluídos os intervalos para refeição, repouso e descanso e o tempo de espera.

Corroboram essa interpretação diversos dispositivos, inseridos na CLT pela Lei n. 13.103/2015, que permitem a coincidência do intervalo de 30 minutos com o intervalo de 1 hora para refeição (arts. 235-C, § 2º e 235-E, inciso II).

Acrescente-se que, ao alterar o § 5º do art. 71 da CLT, a Lei n. 13.103/2015 também excluiu a possibilidade de o intervalo intrajornada não ser descontado da jornada, como estava previsto na redação anterior, o que fortalece ainda mais essa conclusão.

Por tais razões, mantém-se posicionamento exposto desde a primeira edição desta obra, no sentido de que o intervalo de 30 minutos de descanso do tempo de direção não integra a jornada de trabalho.

7.1.3. O intervalo de 30 minutos do tempo de direção e o motorista profissional autônomo

O intervalo de 30 minutos do tempo de direção foi estabelecido pela Lei n. 12.619/2012, ao inserir o art. 67-A, *caput* e § 1º, no CTB, prevendo essa concessão a cada "4 (quatro) horas ininterruptas na condução de veículo".

A Lei n. 13.103/2015 manteve o direito ao descanso de 30 minutos do tempo de direção ao motorista profissional autônomo, conforme art. 67-C, *caput* e §§ 1º e 1º-A, que inseriu no CTB, prevendo essa concessão nos seguintes termos:

(i) A cada 4 (quatro) horas, caso se trate **de motorista profissional** que atua no **transporte de passageiros**;

(253) Defendendo posição diversa, tem-se MORAES, Paulo Douglas Almeida de. Abordagem holística sobre nova regulamentação da profissão do motorista (Lei n. 12.619/2012). *Jus Navigandi*, Teresina, ano 17, n. 3331, 14 ago. 2012. Disponível em: http://jus.com.br/revista/texto/22405. Acesso em: 20 ago. 2012.

(ii) A cada 5 (cinco) horas e 30 (trinta) minutos, caso se trate de **motorista profissional** que atua no **transporte de carga ou no transporte rodoviário *coletivo* de passageiros**. Contudo, ainda que fracionados, os 30 (trinta) minutos **deverão** ser gozados dentro de um período máximo de 6 (seis) horas.

Destarte, a concessão do intervalo de 30 minutos do tempo de direção também é devida ao motorista profissional autônomo, observando-se os preceitos estabelecidos nos respectivos períodos de vigência das Leis ns. 12.619/2012 e 13.103/2015.

7.2. O intervalo intrajornada

A Lei n. 12.619/2012 estabeleceu no § 3º do art. 235-C da CLT o direito de o motorista profissional empregado gozar o intervalo intrajornada com a duração mínima de 1 hora.

A Lei n. 13.103/2015 manteve a mesma dicção da lei anterior, ao fixar o *mínimo* legal de 1 hora no § 2º do art. 235-C da CLT.

Embora nenhuma dessas leis tenha feito menção ao tempo máximo permitido para o intervalo intrajornada, como prevê a regra geral constante do *caput* do art. 71 da CLT, nada impede que esse limite seja estabelecido em convenção ou acordo coletivo, em conformidade com as especificidades próprias desse tipo de trabalho, como ocorre, por exemplo, nas hipóteses de dupla pegada e transporte de perecíveis (art. 235-D, § 8º, da CLT).

O indicativo ampara a opção legislativa de não fixar na lei um período máximo de intervalo intrajornada para os motoristas profissionais empregados, na medida em que, atenta às peculiaridades dessa profissão, reconhece a importância da negociação coletiva para tanto, de sorte que é razoável admitir essa possibilidade também para os motoristas que se ativam em viagem de longa distância. De qualquer modo, é preciso deixar claro que a organização dos itinerários, roteiros e escalas de viagem devem garantir também a preservação da saúde e segurança do motorista, não podendo ser usada como salvo-conduto para tornar mais penosas suas condições de trabalho.

Nessa toada, cumpre trazer como norte a regulamentação constante da Norma Regulamentadora n. 31 do MTE, item 31.19.1., alínea *c*, que estipula ser desejável "organizar o trabalho de forma que as atividades que exijam maior esforço físico, quando possível, sejam desenvolvidas no período da manhã ou no final da tarde". A menção a NR n. 31 se dá na medida em que, para o trabalho rural, também não há previsão de um limite máximo para o gozo do intervalo intrajornada.

Observa-se, ademais, que o disposto nesse preceito, assim como no § 13 do art. 235-C, inserido pela Lei n. 13.103/2015 na CLT, não deve ser interpretado como permissivo de que o intervalo intrajornada máximo do motorista profissional empregado seja estendido por períodos que possam comprometer a vida pessoal a que todo trabalhador tem direito.

Ainda, a alteração promovida pela Lei n. 13.103/2015, ao inserir o art. 235-E e a alterar o § 5º do art. 71 da CLT, abriu a possibilidade de fracionamento do intervalo intrajornada para o motorista profissional que atua no transporte de passageiros, mas assegurou a duração mínima de 1 hora para o intervalo intrajornada.

Referida sistemática legal, contudo, restou desafiada pela Lei n. 13.467/2017, que promoveu a *reforma trabalhista*, ao inserir o inciso III no art. 611-A da CLT, alterando de maneira significativa o regramento do intervalo intrajornada, ao permitir sua redução, "respeitado o limite mínimo de trinta minutos para jornadas superiores a seis horas;".

A questão, por sua complexidade, será objeto do capítulo 7.2.3., no qual analisamos as diversas perspectivas existentes a seu respeito.

Por fim, quanto ao intervalo intrajornada do motorista profissional autônomo, o fato de a lei não ter estabelecido sua duração mínima não significa que deixa de ser exigido o gozo desse intervalo, inclusive para o motorista estrangeiro que trafega em território nacional, tendo em vista o imperativo de ordem pública, reconhecido pela lei e pela jurisprudência, no sentido de que tais períodos se destinam a preservar a higidez física e mental do motorista e, assim, garantir as condições de segurança não só do referido trabalhador, mas também da sociedade que com ele compartilha do mesmo meio ambiente de trabalho, como bem concretizou a Emenda Constitucional n. 82, ao acrescentar o § 10 ao art. 144 da CF/88.

7.2.1. A duração do intervalo intrajornada quando a jornada for inferior a 6 horas

Debate surgido quando da edição da Lei n. 12.619/2012, e mantido sem solução expressa pela Lei n. 13.103/2015, é o relativo à duração do intervalo intrajornada quando a jornada for inferior a 6 horas.

Ao tratar de jornada com duração inferior a 6 horas, José Antonio Ribeiro de Oliveira Silva(254) afirma que, por se tratar de norma especial, não há razão jurídica para deixar de aplicar o mesmo intervalo para repouso e alimentação, com a duração de no mínimo 1 hora, também ao motorista profissional empregado que se ativar por 6 horas ou menos.

Entretanto, discordamos do ilustre autor, por considerar que a questão não é tão simples, comportando outra interpretação. Em nenhum momento o novo estatuto do motorista tratou da jornada igual ou inferior a 6 horas, de modo que, nesse particular, não há que se falar em disposição especial, contrária à regra geral estabelecida pelo § 1º do art. 71 da CLT. Ademais, a novel Lei n. 13.103/2015, a despeito de também não disciplinar explicitamente a matéria, traz disposição que, ao alterar o disposto no § 5º do art. 71 da CLT, indiretamente sugere a manutenção do critério quantitativo diferenciador adotado pelo § 1º do mesmo artigo, levando à conclusão de que, caso o motorista cumpra jornada com duração inferior a 6 horas e superior a 4 horas, prevalece a regra geral e o intervalo para refeição deve ter a duração de 15 minutos.

Contudo, somente o tempo poderá dizer qual dessas posições prevalecerá, considerando a necessária maturação que advirá dos debates doutrinários e jurisprudenciais sobre a questão.

7.2.2. O fracionamento e a redução do intervalo intrajornada

Conforme pontuamos nas edições anteriores desta obra, seguindo a trilha traçada pela OJ n. 342 da SBDI-1 do TST, a Lei n. 12.619/2012 veio acrescentar o § 5º ao art. 71 da CLT, prevendo a possibilidade de fracionamento do intervalo intrajornada em períodos "não descontados da jornada".

Ocorre que essa orientação jurisprudencial foi cancelada, e a matéria passou a ser tratada de forma diversa pela Súmula n. 437 do TST.

A Lei n. 13.103/2015 disciplinou a questão em dois dispositivos distintos que, a seguir, serão analisados em separado para propiciar uma abordagem mais didática da questão.

7.2.2.1. O intervalo intrajornada dos motoristas profissionais empregados

O inciso II do art. 235-E, inserido pela Lei n. 13.103/2015 na CLT, passou a prever que, com exceção dos que atuam no transporte coletivo de passageiros (art. 71, § 5º, da CLT), o intervalo intrajornada mínimo de 1 hora dos motoristas profissionais empregados podia ser fracionado em até dois períodos.

(254) SILVA, José Antonio Ribeiro de Oliveira. Lei do motorista profissional: tempo de trabalho, tempos de descanso e tempo de direção. *Revista do Tribunal Regional do Trabalho da 15ª Região*. Região, v. 41, 2012, p. 111: "(...). No entanto, penso que por se tratar de uma legislação especial e por falta de ressalva expressa nela, não se aplica ao motorista profissional a regra do art. 71, § 1º, da CLT, de modo que, mesmo na jornada de 6 horas, se for o caso, o motorista terá direito ao intervalo intrajornada de uma hora". Defendendo posição diversa, LEIRIA, Maria de Lourdes. Comentários sobre a Lei n. 12.619, de 30 de abril de 2012 e o exercício da profissão de motorista profissional. *Revista LTr*, v. 76, n. 07, p. 807, jul. 2012: "O intervalo intrajornada para refeição e descanso será de 1 hora, embora a lei faça referência a intervalo mínimo, não traça outro limite, entendo que não deve ser ampliado, quando o legislador permitiu a ampliação, foi expresso, conforme o art. 71 da CLT".

O preceito contido no Capítulo II, seção III, da CLT indica que a duração de 1 hora deve ser contínua, permitindo o § 3º do art. 71 da CLT a redução desse período apenas de forma excepcional, mediante autorização do Ministério do Trabalho, que para tanto deverá verificar se foram observados determinados requisitos[255] como: 1 – as exigências legais concernentes à organização de refeitórios; e, 2 – a vedação da prorrogação da jornada a horas suplementares.

Com o cancelamento da OJ n. 342 da SBDI-1 do TST, a diretriz jurisprudencial constante do inciso II da Súmula n. 437 do TST, atualmente também cancelada, fixou o entendimento contrário à validade da negociação coletiva para estabelecer a redução do período intervalar, ao dispor que:

> II – É *inválida* cláusula de acordo ou convenção coletiva de trabalho contemplando a supressão ou redução do intervalo intrajornada porque este constitui medida de higiene, saúde e segurança do trabalho, garantido por norma de ordem pública (art. 71 da CLT e art. 7º, XXII, da CF/1988), infenso à negociação coletiva. (Marcas nossas)

Nesse sentido também o Precedente Administrativo n. 63 da antiga Secretaria de Inspeção do Trabalho.

Nessa esteira, na 2ª edição deste livro consideramos que o inciso II do art. 235-E, ao permitir o fracionamento do intervalo intrajornada em dois períodos, poderia suscitar muitas controvérsias, notadamente por excluir a exigência de determinados requisitos necessários para minimizar os efeitos danosos deste fracionamento, tais como a exigência de organização dos trajetos e itinerários de viagem, de modo a possibilitar a parada em locais que pudessem oferecer serviço de refeição e a vedação da dilação habitual da jornada.

Outro flanco de discussão se referia à forma como poderia ser estabelecido esse fracionamento, se por mera estipulação individual constante de um contrato de trabalho, ou mediante convenção ou acordo coletivo.

Nesse cenário, a promulgação da Lei n. 13.467/2017, que promoveu a reforma trabalhista, trouxe alterações significativas em relação a essa matéria, como analisaremos pormenorizadamente no capítulo 7.2.3.

De todo modo, reiteramos ser imperioso fazer valer o disposto no inciso XXII do art. 7º da Constituição Federal, ao garantir como direito fundamental dos trabalhadores a redução dos riscos inerentes ao trabalho, o que abrange a observância dos limites de jornada e a concessão de intervalos para alimentação e descanso, com duração temporal adequada para garantir a manutenção das condições, física e mental do motorista, assim como a consequente segurança nas rodovias e vias públicas, em benefício de toda a sociedade.

7.2.2.2. A possibilidade de fracionamento e redução do intervalo intrajornada dos motoristas que atuam no transporte de passageiros, nos termos do § 5º do art. 71 da CLT

O art. 4º da Lei n. 12.619/2012 acrescentou o § 5º ao art. 71 da CLT, permitindo o fracionamento do intervalo intrajornada,[256] mas exigiu que o respectivo período não fosse descontado

(255) Demais questões, de natureza administrativa, são reguladas por meio da Portaria n. 1.095, de 19 de maio de 2010.

(256) Acerca da inovação legislativa, e eventuais restrições a sua aplicação, tem-se: MORAES, Paulo Douglas Almeida de. Abordagem holística sobre nova regulamentação da profissão do motorista (Lei n. 12.619/2012). *Jus Navigandi*, Teresina, ano 17, n. 3.331, 14 ago. 2012. Disponível em: http://jus.com.br/revista/texto/22405. Afirma ser: "Relevante, também, identificar em qual medida os motoristas do transporte coletivo urbano de passageiros são atingidos pela nova lei, sobretudo no que toca à nova disposição do § 5º do art. 71 da CLT, que prescreve a possibilidade de fracionamento do intervalo intrajornada. O malsinado dispositivo, que será melhor examinado à frente, induz à aparente conclusão de que os motoristas do transporte coletivo de passageiros, urbanos e interurbanos, estariam abrangidos pela norma. Contudo, não parece ser esta a melhor interpretação. Em que pese a expressa menção às condições especiais do trabalho a que são submetidos estritamente os motoristas, cobradores empregados no setor de transporte coletivo de passageiros, não há, em nenhum trecho alusão ao transporte coletivo urbano de passageiros. O silêncio é eloquente, pois a análise integral do dispositivo demonstra que ele cuida tão somente do transporte coletivo de passageiros interurbano". O autor afirma, como indicativo

da jornada. À época, a novidade apresentava, num olhar inicial, suposto paralelo com a jurisprudência então consolidada pelo Tribunal Superior do Trabalho, sendo interessante, assim, para a compreensão e crítica da matéria, analisar a mencionada diretriz jurisprudencial, a despeito de já cancelada.

Ao revogar esse preceito, e alterar substancialmente o conteúdo do § 5º ao art. 71 da CLT, a Lei n. 13.103/2015, em seu art. 4º, veio piorar a situação do motorista ao permitir não só o fracionamento, mas também a redução da duração desse intervalo, além do desconto do referido período da jornada.

A relevância do tema exige análise criteriosa e detalhada dos mencionados preceitos legais e também da diretriz anteriormente adotada pelo TST, pois, apesar de ter sido cancelada, traz subsídios importantes para o aprofundamento do debate. Por isso optamos, neste momento, por manter o histórico das análises como forma de tornar mais claro o estudo da alteração ocorrida, comparando o que dispunha a Orientação Jurisprudencial n. 342, inciso II, da SBDI-1 do TST, o texto do § 5º do art. 71 da CLT posto pela Lei n. 12.619/2012 e a nova redação que lhe conferiu a Lei n. 13.103/2015, para delimitar os principais pontos de confrontação.

Assim, tem-se:

Antiga Orientação Jurisprudencial n. 342 da SBDI I do TST	Lei n. 12.619/2012 Art. 71, § 5º, da CLT	Lei n. 13.103/2015 Art. 71, § 5º, da CLT
II - Ante a natureza do serviço e em virtude das condições especiais de trabalho a que são submetidos estritamente os condutores e cobradores de veículos rodoviários, empregados em empresas de transporte público coletivo urbano, é válida cláusula de acordo ou convenção coletiva de trabalho contemplando a redução do intervalo intrajornada, desde que garantida a redução da jornada para, no mínimo, sete horas diárias ou quarenta e duas semanais, não prorrogada, mantida a mesma remuneração e concedidos intervalos para descanso menores e fracionados ao final de cada viagem, não descontados da jornada.	Os intervalos expressos no *caput* e no § 1º **poderão ser fracionados** quando compreendidos entre o término da primeira hora trabalhada e o início da última hora trabalhada, desde que previsto em convenção ou acordo coletivo de trabalho, ante a natureza do serviço e em virtude das condições especiais do trabalho a que são submetidos estritamente os motoristas, cobradores, fiscalização de campo e afins nos serviços de operação de veículos rodoviários, empregados no setor de transporte coletivo de passageiros, mantida a mesma remuneração e concedidos intervalos para descanso menores e fracionados ao final de cada viagem, **não descontados da jornada**.	O intervalo expresso no *caput* **poderá ser reduzido e/ou fracionado**, e aquele estabelecido no § 1º poderá ser fracionado, quando compreendidos entre o término da primeira hora trabalhada e o início da última hora trabalhada, desde que previsto em convenção ou acordo coletivo de trabalho, ante a natureza do serviço e em virtude das condições especiais de trabalho a que são submetidos estritamente os motoristas, cobradores, fiscalização de campo e afins nos serviços de operação de veículos rodoviários, empregados no setor de transporte coletivo de passageiros, mantida a remuneração e concedidos intervalos para descanso menores ao final de cada viagem." (NR)

do suposto silêncio eloquente legislativo "A limitação do alcance subjetivo pode ser verificada claramente quanto o dispositivo se refere à concessão de frações de intervalo entre o final da primeira hora e o início da última hora trabalhada, condição que se mostra incompatível com as peculiaridades do transporte coletivo urbano, o qual exige micropausas a cada volta do ônibus, sejam elas durante a primeira hora ou mesmo ao longo da última hora de trabalho". (...) "Isto tudo aplicável à categoria na qual as atividades não exigem tratamento peculiar sobre a matéria, uma vez que o transporte coletivo urbano de passageiros é absolutamente diverso do interurbano, no qual a concessão do intervalo intrajornada integral se mostra totalmente compatível com a execução da atividade. Diversamente do que ocorre no transporte coletivo urbano, onde os condutores param, obrigatória e repetidamente, por alguns minutos a cada volta no percurso, o transporte interurbano de passageiros demanda horas de direção entre uma parada e outra, exigindo paradas mais longas, necessárias para permitir que os passageiros façam suas refeições e necessidades fisiológicas. Neste contexto indaga-se: onde está o fundamento para fracionar o intervalo do motorista do transporte interurbano? Como se vê, o legislador reformador transitou além dos limites impostos pela Constituição ao flexibilizar norma de ordem pública garantidora do direito fundamental à saúde do trabalhador sem ao menos prever, como fez do C. TST, contrapartidas e condições que, mesmo na exceção, pudessem resguardar a saúde desses trabalhadores".

Conforme demonstrado pelo cotejo acima referido, quando regulamentou a questão, a Lei n. 12.619/2012 acrescentou requisitos, mas excluiu algumas exigências que anteriormente constavam do inciso II da OJ n. 342 da SBDI-1 do TST, tais como:

(i) Não mencionou a possibilidade de redução, mas apenas de fracionamento;

(ii) Ampliou a possibilidade de fracionamento para abranger os motoristas, cobradores, fiscalização de campo e afins nos serviços de operação de veículos rodoviários, empregados no setor de transporte coletivo de passageiros em geral, e não apenas do transporte público coletivo urbano;

(iii) Estabeleceu que o instrumento negocial coletivo deve consignar a natureza do serviço e as condições especiais do trabalho que justifiquem o fracionamento. Portanto, *excluiu, de forma clara, a mera conveniência econômica do empregador*. Ademais, sinalizou o preceito legal que deve haver embasamento técnico, notadamente análise ergonômica do trabalho, a fim de que sejam considerados os impactos do referido fracionamento na condição psicofisiológica dos motoristas profissionais;

(iv) Não exigiu a redução da jornada para 7 horas diárias e 42 horas semanais, como previa a diretriz jurisprudencial; e,

(v) Reconheceu, implicitamente, que por configurar inequívoca precarização das condições de descanso e alimentação, quando houver fracionamento, os intervalos não seriam descontados da jornada, ou seja, deveriam ser considerados tempo de serviço para todos os efeitos legais.

Ao alterar a redação do § 5º do art. 71 da CLT, a Lei n. 13.103/2015 *manteve os requisitos previstos nos itens (ii) e (iii) e (iv) acima referidos*, mas piorou as condições em prejuízo do motorista empregado. Confira-se:

(i) O intervalo intrajornada poderá ser fracionado, tanto o previsto no *caput*, quanto o fixado no § 1º, ambos do art. 71 da CLT. Além disso, permitiu também a redução do intervalo intrajornada estabelecido no *caput*, limitando-se a exigir para tanto os mesmos requisitos da concessão do fracionamento, quais sejam, a natureza do serviço e as condições especiais de trabalh o; e,

(ii) Impossibilita que o intervalo não seja descontado da jornada.

Quando da publicação da primeira edição desta obra, ponderamos que, por se tratar de lei nova, prematuro seria concluir, de forma definitiva, sobre os efeitos que o art. 71, § 5º, da CLT, inserido pela Lei n. 12.619/2012, provocaria. Entretanto, com as alterações provocadas pela Lei n. 13.103/2015, a situação se agravou.

Ademais, a discussão quanto à aplicabilidade do dispositivo legal ao transporte urbano de passageiros já foi desencadeada judicialmente.[(257)] Em dissídio coletivo de greve julgado ainda sob a égide da Lei n. 12.619/2012, que envolveu a categoria dos motoristas de transporte coletivo urbano, foi celebrado um acordo prevendo a concessão do intervalo intrajornada fracionado entre o término da primeira hora trabalhada e o início da última hora, sob a justificativa de que a cidade não tem terminais urbanos e a maior parte de suas linhas são radiais, possuindo trajetos longos, de modo que se não fosse feito o fracionamento haveria um colapso no sistema, pois os motoristas teriam que realizar paradas com os carros lotados de passageiros.

(257) Processo 0001794-97.2012.5.15.0000. Dissídio Coletivo de Greve. Suscitante-Transporte Coletivo Grande Bauru Ltda., Baurutrans C.N. Transportes Gerais Ltda. e Transportes Coletivos Cidade sem limites Ltda. Suscitado — Sindicato dos Trabalhadores em Transportes Rodoviários, de Passageiros, Urbanos, Interurbanos, cargas secas e molhadas e transporte em geral de Bauru, Presidente Alves e Agudos — Sindtran. Julgamento realizado no dia 22.2.2013. Decisão por maioria, vencidos os desembargadores Tereza Aparecida Asta Gemignani e Flávio Nunes Campos. Interposto recurso ordinário ao TST pelo Ministério Público do Trabalho.

Ao participar do julgamento como membro da SDC, a coautora abriu a divergência para ressaltar ser insustentável o fracionamento do intervalo intrajornada, ainda mais quando estabelecida a possibilidade de prorrogação da jornada diária, num serviço sabidamente marcado por elevado nível de estresse, em que o motorista de transporte urbano tem que enfrentar o trânsito caótico das cidades, o elevado número de passageiros e a pressão pelo cumprimento de horários apertados, muitas vezes atuando em condições de insalubridade provocadas por ruído, vibração e calor excessivos, numa conjugação de fatores adversos que têm desencadeado um número preocupante não só de doenças profissionais, mas também de acidentes que vitimam motoristas, passageiros e terceiros que trafegam pelas vias públicas.(258)

Por tais razões, a coautora deste livro ponderou que nessas condições se torna imprescindível a concessão do intervalo intrajornada de uma hora, a fim de garantir meio ambiente de trabalho seguro em benefício de todos, cabendo ao empregador organizar escalas e contratar *folguistas*, para que haja substituição dos motoristas no volante dos coletivos durante esse período de descanso, que deverá ser integral e efetivamente gozado. Sustentou, ainda, que as razões invocadas não atendiam aos requisitos legais, pois se referiam a organização empresarial, vedando a lei a transferência ao trabalhador motorista dos custos econômicos e encargos gerenciais do empreendimento.

Importante registrar que, tendo cancelado a OJ n. 342 da SBDI-1, o TST explicitou a jurisprudência dominante quanto a essa matéria na Súmula n. 437 (Res. n. 185/2012), tendo seu inciso II expressamente estabelecido:

> II – É *inválida* cláusula de acordo ou convenção coletiva de trabalho contemplando a supressão ou *redução* do intervalo intrajornada porque este constitui medida de higiene, saúde e segurança do trabalho, garantido por norma de ordem pública (art. 71 da CLT e art. 7º, XXII, da CF/1988), infenso à negociação coletiva. (Marcas nossas)

A Lei n. 13.103/2015, assim, agrega, à miríade de controvérsias já existentes, a discussão relativa ao quanto poderá ser reduzido o intervalo intrajornada previsto no § 1º do art. 71 da CLT. Logo, questiona-se:

> Essa discussão deve considerar o parâmetro contido na Portaria n. 1.095/2010 do Ministério do Trabalho, que em seu art. 1º, § 3º, estabelece como limite à redução a duração em 30 minutos?

Deve considerar os itens 17.5.1 e 17.6.1 da Norma Regulamentadora n. 17/MTE, na medida em que não se mostra adequada a redução por meio de norma coletiva sem que essa considere as particularidades da atuação do motorista profissional, bem como seja embasada em estudos técnicos, como eventual análise ergonômica do trabalho, haja vista as implicações dessa redução nas condições psicofisiológicas dos motoristas profissionais?

O debate cresce de importância quando algumas vozes começam a defender a possibilidade de fracionamento e de redução desse intervalo, com a concessão de "descansos menores ao final de cada viagem", que teriam a duração de apenas 5 minutos, interpretando o art. 71, § 5º em conjunto com o preceituado no inciso I do art. 235-E, ambos da CLT.

Entretanto, tal raciocínio carece de sustentação jurídica, porque inviabiliza qualquer possibilidade de descanso e alimentação do motorista profissional, violando princípios basilares do direito do trabalho, erigidos como direitos fundamentais pelo art. 7º da Constituição Federal de 1988.

(258) Disponível em: .www.tst.jus.br. 2º Seminário Nacional de Prevenção de Acidentes de Trabalho Devido ao crescimento acentuado do número de acidentes tanto de pessoas diretamente envolvidas quanto de usuários, o setor de transporte foi escolhido pelos gestores do Programa Trabalho Seguro do TST como prioridade para atuação em prevenção em 2013. Foi constatada a ocorrência de 100.230 acidentes de trajeto em 2011, oficialmente reconhecidos pela Previdência como acidente de trabalho.

Assim, configura preocupante retrocesso institucional ao possibilitar inequívoco gravame à saúde física e mental do motorista, com o consequente comprometimento das condições de segurança de terceiros, que com ele compartilham o mesmo meio ambiente de trabalho.

Com efeito, como considerar que um motorista, tendo que enfrentar condições estressantes de trânsito, possa cumprir longas jornadas sem parar para descansar e alimentar-se, gozando apenas de míseros 5 minutos de intervalo ao final de cada viagem e, ainda assim, consiga manter o mesmo nível de atenção e reação necessárias para dirigir com segurança?

Inúmeras vezes, no decorrer deste livro, reiteramos que o corpo humano não é uma máquina, sendo que o exercício da função de motorista exige atenção constante e responsabilidade, que aumentam muito mais quando se trata do transporte de passageiros. Um pequeno descuido pode provocar acidentes de grandes proporções, com a perda irreversível de vidas.

Embora de forma tímida, a Lei n. 13.154/2015 demonstrou sensibilidade nesse sentido ao acrescentar o inciso VII ao art. 252 do CTB, proibindo o motorista de realizar a cobrança de tarifa com o veículo em movimento, sob pena de responder por ato infracional. A par de estabelecer um dever ao motorista profissional, não se pode deixar de pontuar que referido preceito também imputou ao empregador a obrigação de organizar as rotas de viagens e a duração do percurso considerando o tempo a ser despendido com o veículo parado, durante a cobrança de tarifa. Se assim não proceder, tornará insustentável eventual alegação de desídia, caso o motorista demore tempo maior nas viagens para poder atender a esse comando legal, ou caso venha a provocar algum tipo de acidente, uma vez que tais fatos terão como fator determinante não uma conduta atribuída ao trabalhador, mas sim, a forma como organizado o trabalho pelo empregador.

A posição adotada pelo Supremo Tribunal Federal no julgamento da ADI 5.322

Ao julgar a ADI 5.322, ajuizada pela Confederação Nacional dos Trabalhadores em Transportes Terrestres (CNTTT), o STF decidiu a questão referente à redução e fracionamento do intervalo intrajornada conforme EMENTA:

> "3. Reconhecimento da autonomia das negociações coletivas (art. 7º, XXVI, da CF). Constitucionalidade da redução e/ou fracionamento do intervalo intrajornada dos motoristas profissionais, desde que ajustado em acordo ou convenção coletiva de trabalho."

Assim sendo, desde que estabelecido em acordo ou convenção coletiva de trabalho, é válida a redução e/ou fracionamento do intervalo intrajornada do motorista profissional.

Importante destacar que o STF, por unanimidade, acolheu parcialmente os embargos de declaração opostos pela Confederação Nacional dos Trabalhadores em Transportes Terrestres — CNTTT, para modular os efeitos dessa decisão, atribuindo-lhe eficácia *ex nunc*, a contar da publicação da ata do julgamento de mérito da ADI 5.322, que ocorreu em 12.7.2023.

7.2.2.3. Coincidência do intervalo para refeição de 1 hora com os 30 minutos do tempo de direção

A Lei n. 12.619/2012 tratou da possibilidade de coincidência do intervalo para refeição de 1 hora com os 30 minutos do tempo de direção apenas nas viagens de longa distância, estabelecendo que:

> Art. 235-D. Nas viagens de longa distância, assim consideradas aquelas em que o motorista profissional permanece fora da base da empresa, matriz ou filial e de sua residência por mais de 24 (vinte e quatro) horas, serão observados:
>
> I – intervalo mínimo de 30 (trinta) minutos para descanso a cada 4 (quatro) horas de tempo ininterrupto de direção, podendo ser fracionados o tempo de direção e o de intervalo de descanso, desde que não completadas as 4 (quatro) horas ininterruptas de direção;

> II – intervalo mínimo de 1 (uma) hora para refeição, podendo coincidir ou não com o intervalo de descanso do inciso I;

Ao disciplinar a matéria referente ao intervalo do tempo de direção, a Lei n. 13.103/2015 revogou o anteriormente disposto pela Lei n. 12.619/2012 no art. 67-A do CTB e passou a disciplinar o intervalo do tempo de direção no art. 67-C do mesmo diploma legal *in verbis*:

> Art. 67-C. É vedado ao motorista profissional dirigir por mais de 5 (cinco) horas e meia ininterruptas veículos de transporte rodoviário coletivo de passageiros ou de transporte rodoviário de cargas.
>
> § 1º Serão observados 30 (trinta) minutos para descanso dentro de cada 6 (seis) horas na condução de veículo de transporte de carga, sendo facultado o seu fracionamento e o do tempo de direção desde que não ultrapassadas 5 (cinco) horas e meia contínuas no exercício da condução.
>
> § 1º-A. Serão observados 30 (trinta) minutos para descanso a cada 4 (quatro) horas na condução de veículo rodoviário de passageiros, sendo facultado o seu fracionamento e o do tempo de direção.

No que se refere às condições de coincidência dos intervalos, a Lei n. 13.103/2015 revogou o anteriormente disposto no art. 235-D da CLT (Lei n. 12.619/2012), assim deixando de restringir essa possibilidade apenas às viagens de longa distância, passando a permitir a coincidência dessa parada com o intervalo de 1 hora para refeição nos termos do § 2º do art. 235-C:

> § 2º Será assegurado ao motorista profissional empregado intervalo mínimo de 1 (uma) hora para refeição, podendo esse período coincidir com o tempo de parada obrigatória na condução do veículo estabelecido pela Lei n. 9.503, de 23 de setembro de 1997 — Código de Trânsito Brasileiro, exceto quando se tratar do motorista profissional enquadrado no § 5º do art. 71 desta Consolidação.

Embora nada tenha consignado no CTB, a interpretação teleológica do preceito leva à conclusão de que essa possibilidade de coincidência também deve valer para o transportador autônomo, pois desarrazoado concluir que a lei buscou garantir-lhe condições mais vantajosas de jornada e repouso em detrimento do motorista empregado.

Assim sendo, inafastável a conclusão de que a lei respalda a coincidência do intervalo intrajornada com o intervalo de direção, tanto para o motorista empregado, quanto para o transportador autônomo.

7.2.3. A Reforma Trabalhista: duração e fracionamento do intervalo intrajornada

A Lei n. 13.467/2017, que promoveu a reforma trabalhista, veio conferir maior complexidade a essa matéria.

O art. 611-A, inserido na CLT pela Lei n. 13.467/2017, estabeleceu em seu inciso III a prevalência da cláusula negociada em convenção e acordo coletivo do trabalho sobre a lei, quando fixar intervalo com a duração de trinta minutos para jornadas superiores a 6 horas.

Essa possibilidade legal seria aplicável aos motoristas profissionais?

Tema que certamente ensejará debates vem sendo objeto de três interpretações diferentes.

A — Primeira posição

Considera que as normas que disciplinam a atividade do motorista profissional tem natureza de lei especial, assim atraindo a aplicação da LINDB,[259] ou seja, não são revogadas por lei geral posterior.

Destarte, por se tratar de norma geral, o inciso III do art. 611-A da CLT deve ser objeto de interpretação restritiva, restando mantido o preceituado no § 2º do art. 235-C e também no

(259) "Art. 2º, § 2º A lei nova, que estabeleça disposições gerais ou especiais a par das já existentes, não revoga nem modifica a lei anterior."

inciso II do art. 235-E, na dicção da Lei n. 13.103/2015, em vigor quando promulgada a Lei n. 13.467/2017, quanto a determinação que assegura ao motorista profissional o *intervalo mínimo de 1 (uma) hora para refeição, não podendo este período de descanso ser reduzido por cláusula convencionada.*

Nesse sentido, o inciso II da Súmula n. 437 do C. TST (Resolução n. 185/2012):

> II – É inválida cláusula de acordo ou convenção coletiva de trabalho contemplando a supressão ou *redução do intervalo intrajornada* porque este constitui medida de higiene, saúde e segurança do trabalho, garantido por norma de ordem pública (art. 71 da CLT e art. 7º, XXII, da CF/1988), infenso à negociação coletiva. (marcas nossas)

B — Segunda posição

Argumenta que a Lei n. 13.103/2015, ao tratar do intervalo intrajornada do motorista profissional, inseriu não só o § 2º do art. 235-C, mas também o inciso II do 235-E no corpo da CLT, que devem ser interpretados em conjunto.

Assim, entende plenamente aplicável o disposto no inciso III, do art. 611-A da CLT, quanto à possibilidade de estabelecer, em convenção ou acordo coletivo, a redução da duração do intervalo intrajornada para o mínimo de 30 minutos, período que, nessas condições, pode coincidir com o tempo de parada obrigatória na condução do veículo (§ 2º do art. 235-C), e também pode ser fracionado em 2 períodos, agora com a duração de 15 minutos cada um, quando se tratar de motorista que atua no transporte de passageiros (inciso II do art. 235-E).

Ressalta, portanto, que a diretriz jurisprudencial consignada no inciso II da Súmula n. 437 foi superada pela promulgação de lei posterior em sentido contrário (*overruling*).

C — Terceira posição

Aduz que a Lei n. 13.103/2015, ao tratar do intervalo intrajornada do motorista, inseriu o art. 235-C, § 2º, no corpo da CLT.

Por consequência, plenamente aplicável o disposto no inciso III do art. 611-A da CLT, quanto à possibilidade de estabelecer, em convenção ou acordo coletivo, a redução da duração do intervalo intrajornada para o mínimo de 30 minutos, período que, nessas condições, pode coincidir com o tempo de parada obrigatória na condução do veículo (§ 2º do art. 235-C).

Porém, não admite que o intervalo reduzido, com base no inciso III do art. 611-A da CLT, possa ser fracionado na forma do inciso II do art. 235-E da CLT, sob pena de frustrar, por via transversa, o patamar mínimo de 30 minutos de intervalo intrajornada.

Destarte, considera que a diretriz consignada no inciso II da Súmula n. 437/TST foi superada pela promulgação de lei posterior em sentido contrário (*overruling)*, mas entende que o permissivo legal que admite a redução do intervalo intrajornada para 30 minutos, por norma convencionada não se compõe com a previsão legal que admite a possibilidade de seu fracionamento posterior.

Portanto, em relação ao motorista que atua no transporte de passageiros, existem três situações distintas que não podem ser cumuladas:

> (i) o intervalo intrajornada pode ter duração reduzida para 30 minutos em convenção ou acordo coletivo mas, ao ser estabelecido nesse patamar, não poderá ser fracionado, sob pena de frustrar, por via transversa, o patamar mínimo de 30 minutos de intervalo intrajornada;
>
> (ii) só quando tiver a duração de 1 (uma) hora, o intervalo intrajornada poderá ser fracionado nos termos do inciso II do art. 235-E da CLT;

(iii) o intervalo poderá ser fracionado, quando compreendidos entre o término da primeira hora trabalhada e o início da última hora trabalhada, desde que previsto em convenção ou acordo coletivo de trabalho, ante a natureza do serviço e condições especiais de trabalho a que são submetidos estritamente os motoristas, cobradores, fiscalização de campo e afins nos serviços de operação de veículos rodoviários, empregados no setor de transporte coletivo de passageiros, concedidos intervalos para descanso menores ao final de cada viagem. (art. 71, § 5º, da CLT)

Destarte, aplica-se a diretriz estabelecida pelo STF no Tema 1.046, com força vinculante, nos seguintes termos:

> São constitucionais os acordos e as convenções coletivos que, ao considerarem a adequação setorial negociada, pactuam limitações ou afastamentos de direitos trabalhistas, independentemente da explicitação especificada de vantagens compensatórias, desde que respeitados os direitos absolutamente indisponíveis.

7.2.4. As alterações promovidas pela Reforma Trabalhista quanto ao valor e a natureza jurídica do pagamento efetuado em relação ao intervalo intrajornada que não foi concedido

No que se refere ao intervalo intrajornada, a Lei n. 13.467/2017 trouxe alterações no § 4º do art. 71 da CLT nos seguintes termos:

> § 4º A *não concessão ou a concessão parcial* do intervalo *intrajornada mínimo*, para repouso e alimentação, a *empregados urbanos e rurais*, implica o *pagamento, de natureza indenizatória, apenas do período suprimido*, com acréscimo de 50% (cinquenta por cento) sobre o valor da remuneração da hora normal de trabalho. (Marcas nossas)

Portanto estabeleceu, expressamente, que o pagamento devido será realizado com o acréscimo de 50%, mas apenas em relação ao período suprimido, e com natureza jurídica indenizatória (ou seja, não gerando reflexos), superando-se, portanto, o anteriormente previsto na Súmula n. 437/TST, incisos I e III:

> I – Após a edição da Lei n. 8.923/94, *a não-concessão ou a concessão parcial do intervalo intrajornada mínimo, para repouso e alimentação, a empregados urbanos e rurais, implica o pagamento total do período correspondente, e não apenas daquele suprimido, com acréscimo de, no mínimo, 50% sobre o valor da remuneração da hora normal de trabalho (art. 71 da CLT)*, sem prejuízo do cômputo da efetiva jornada de labor para efeito de remuneração.
>
> (...)
>
> III – *Possui natureza salarial a parcela prevista no art. 71, § 4º, da CLT*, com redação introduzida pela Lei n. 8.923, de 27 de julho de 1994, *quando não concedido ou reduzido pelo empregador o intervalo mínimo intrajornada para repouso e alimentação, repercutindo, assim, no cálculo de outras parcelas salariais.* (Marcas nossas)

Essas alterações são aplicáveis aos motoristas profissionais?

Tema que certamente ensejará debates vem sendo objeto de duas interpretações distintas.

A — Primeira posição

Considera que as normas que disciplinam a atividade do motorista profissional são leis especiais, assim atraindo a aplicação da LINDB, ou seja, não são revogadas por lei posterior geral.

Ademais, entende que ante a condição especial da prestação laboral do motorista profissional, o cansaço causado pela falta de concessão do intervalo para alimentação e descanso pode provocar acidentes, que ceifam vidas e comprometem a integridade física e mental do condutor e de terceiros, de sorte que gravame maior deve ser mantido para desestimular essa prática danosa.

Destarte, o preceituado no § 2º do art. 235-C, na dicção da Lei n. 13.103/2015, mesmo após a vigência da Lei n. 13.467/2017, que alterou o disposto no § 4º do art. 71 da CLT, deve prevalecer em seus exatos termos, restando integralmente mantida a determinação que assegura ao motorista profissional o pagamento de 1 hora, com natureza salarial (e reflexos), quando o intervalo intrajornada não for concedido com a duração integral prevista em lei.

B — Segunda posição

Argumenta que a Lei n. 13.103/2015, quando tratou do intervalo intrajornada do motorista, ao inserir o art. 235-C e seu § 2º no corpo da CLT, nada dispôs em relação à natureza jurídica deste pagamento, nem quanto ao período que deveria ser pago.

Ademais, o entendimento jurisprudencial contido nos incisos I e III da Súmula n. 437/TST foi superado pela lei superveniente (*overruling*), não subsistindo mais os fundamentos normativos para que possa ser aplicado.

Assim, entende plenamente aplicável o disposto no § 4º do art. 71 da CLT, quanto à atribuição de natureza indenizatória ao pagamento, que fica restrito apenas ao tempo suprimido.

7.3. Intervalo interjornada. Possibilidade de fracionamento e coincidência com outros intervalos

7.3.1. O intervalo interjornada — Considerações gerais sobre o tema

Enquanto a Lei n. 12.619/2012 tratou dessa matéria apenas no CTB (Código de Trânsito Brasileiro), a Lei n. 13.103/2015 disciplinou a questão de maneira mais ampla, positivando a possibilidade de fracionamento e coincidência do intervalo interjornada com outros intervalos, não só em relação aos motoristas autônomos, mas também empregados.

Neste capítulo analisaremos a questão referente ao fracionamento e coincidência do intervalo interjornada, examinando a situação dos motoristas profissionais empregados e autônomos.

7.3.2. A possibilidade de fracionamento e coincidência do intervalo interjornada com outros intervalos

7.3.2.1. A sistemática de fracionamento do intervalo interjornada

No que se refere aos critérios de fracionamento do intervalo interjornada, a Lei n. 12.619/2012 foi a primeira a tratar da matéria, para tanto acrescentando o art. 67-A, § 3º, no CTB:

> § 3º O condutor é obrigado a, dentro do período de 24 (vinte e quatro) horas, observar um intervalo de, no mínimo, 11 (onze) horas de descanso, *podendo ser fracionado em 9 (nove) horas mais 2 (duas), no mesmo dia;* (Marcas nossas)

Como se tratava de preceito inserido apenas no CTB, quando da primeira edição desta obra já alertávamos que poderia suscitar dúvidas quanto à aplicação, também, aos motoristas empregados, haja vista inexistir, à época, semelhante previsão na CLT.

Registramos, assim, que havia forte movimentação no Congresso Nacional visando promover alterações pontuais na lei, entre as quais a que previa estender essa possibilidade de fracionamento, também aos motoristas profissionais empregados, mediante cláusula negociada em convenções ou acordos coletivos, nos termos referidos no atualmente revogado art. 235-H. Nesse sentido, a proposta encaminhada pelo PL n. 4.246/2012, que previa o gozo desse intervalo fracionado em dois períodos, um de 8 horas e, outro, de mais 3 horas, fixando a mesma regra tanto para o motorista empregado quanto para o autônomo.

A Lei n. 13.103/2015, quando publicada, revogou o § 3º do art. 67-A suprarreferido, mas solucionou a controvérsia quando passou a tratar da matéria mediante a inserção de artigos tanto na CLT (art. 235-C, § 3º), quanto no CTB (art. 67-C, § 3º), assim mantendo a obrigatoriedade de observância do intervalo de 11 horas interjornada, tanto pelos motoristas profissionais empregados quanto pelos autônomos, além de prever a possibilidade de fracionamento nos seguintes termos:

> Art. 235-C.
>
> (...)
>
> § 3º Dentro do período de 24 (vinte e quatro) horas, são asseguradas 11 (onze) horas de descanso, *sendo facultados o seu fracionamento e a coincidência com os períodos de parada obrigatória na condução do veículo* estabelecida pela Lei n. 9.503, de 23 de setembro de 1997 — Código de Trânsito Brasileiro, *garantidos o mínimo de 8 (oito) horas ininterruptas no primeiro período e o gozo do remanescente dentro das 16 (dezesseis) horas seguintes ao fim do primeiro período;* (marcas nossas)
>
> Art. 67-C.
>
> (...)
>
> § 3º O condutor é obrigado, dentro do período de 24 (vinte e quatro) horas, a observar o mínimo de 11 (onze) horas de descanso, *que podem ser fracionadas,* usufruídas no veículo e *coincidir com os intervalos mencionados no § 1º, observadas no primeiro período 8 (oito) horas ininterruptas de descanso.* (Marcas nossas)

Não desconhecemos que em muitos casos o próprio motorista considera excessivo o gozo, ininterrupto, do período de 11 horas, porque depois de usufruir as 8 horas iniciais, necessárias ao repouso, fica parado no local sem ter o que fazer. Entretanto, pensamos que a questão deve ser tratada com cautela, tendo em vista as consequências que podem ser desencadeadas em longo prazo, quanto às condições de saúde e segurança.

A posição adotada pelo Supremo Tribunal Federal no julgamento da ADI 5.322

Ao julgar a ADI 5.322, ajuizada pela Confederação Nacional dos Trabalhadores em Transportes Terrestres (CNTTT), o STF reputou inconstitucional o fracionamento do intervalo interjornada de 11 horas, assim vedando qualquer estipulação nesse sentido, conforme EMENTA:

> 9. É inconstitucional o dispositivo legal que permite a redução e/ou o fracionamento dos intervalos interjornadas e do descanso semanal remunerado. Normas constitucionais de proteção da saúde do trabalhador (art. 7º, XXII, da CF).

Importante destacar que o STF, por unanimidade, acolheu parcialmente os embargos de declaração opostos pela Confederação Nacional dos Trabalhadores em Transportes Terrestres — CNTTT, **para modular os efeitos desta declaração de inconstitucionalidade, atribuindo-lhe eficácia *ex nunc*, a contar da publicação da ata do julgamento de mérito da ADI 5.322, que ocorreu em 12.7.2023.**

Nesse passo, expressamente reconhecido tratar-se de norma de proteção à saúde e segurança do trabalhador, deve ser aplicada a exigência contida no art. 67-C, §§ 6º e 7º, do CTB, que veda o início de qualquer viagem caso não cumprido integralmente o período de repouso diário de 11 horas. Tal disposição se revela salutar por buscar manter, por meio de instrumento diverso da mera *monetização*, as condições de higidez do condutor, necessárias para garantir a segurança no trânsito, de modo que aplicável a todos os motoristas, empregados e autônomos.

Ademais, exsurge inequívoca a importância que a lei atribuiu ao cumprimento do preceito, para tanto vinculando e responsabilizando todos os que participam da cadeia produtiva de transporte, conforme preceitua o § 7º, interpretado em conjunto com o disposto no § 6º do art. 67-C, *in verbis*:

> (...)
>
> § 6º O condutor somente iniciará uma viagem após o cumprimento integral do intervalo de descanso previsto no §3º deste artigo.

§ 7º **Nenhum transportador de cargas ou coletivo de passageiros, embarcador, consignatário de cargas, operador de terminais de carga, operador de transporte multimodal de cargas ou agente de cargas** ordenará a qualquer motorista a seu serviço, ainda que subcontratado, que conduza veículo referido no *caput* sem a observância do disposto no § 6º. (Marcas nossas)

Logo, imperioso constatar que a lei abriu a possibilidade de atribuir responsabilidade solidária, pelo seu cumprimento, a todos os envolvidos na cadeia produtiva de transporte, preceito que encontra respaldo também no inciso III do art. 932 e art. 942, parágrafo único, do Código Civil.[(260)]

Nessa senda, e como já discorrido nesta obra, a supressão da expressão "permitir" do § 7º do art. 67-C do CTB, pela Lei n. 13.103/2015, em nada altera a responsabilidade dos atores mencionados no dispositivo legal, haja vista que foge à discricionariedade do motorista profissional decidir, solitariamente, quando e como iniciará sua viagem, ante o controle exercido, pelas mais diversas razões, por todos os atores econômicos envolvidos nessa atividade.

7.3.2.2. A coincidência do intervalo interjornada com outros intervalos

7.3.2.2.1. A coincidência do intervalo interjornada com o intervalo de direção e o intervalo intrajornada — Possibilidades e limitações da cumulação

Inicialmente, é importante registrar que a Lei n. 13.103/2015 não permitiu a coincidência do intervalo interjornada de 11 horas com o intervalo intrajornada, mas apenas com o intervalo de 30 minutos do tempo de direção.

Portanto, o intervalo interjornada de 11 horas não pode coincidir com o intervalo intrajornada de 1 hora, nem pode haver uma cumulatividade dos 3 intervalos (intrajornada, direção e interjornada) no mesmo lapso temporal, pois implicaria violar o direito aos tempos de descanso assegurados por lei.

Em relação à matéria, a Lei n. 13.103/2015 alterou o § 3º do art. 235-C da CLT, admitindo a coincidência do intervalo interjornada com o intervalo de direção, nos seguintes termos:

§ 3º *Dentro do período de 24 (vinte e quatro) horas, são asseguradas 11 (onze) horas de descanso, sendo facultados o seu fracionamento e a coincidência com os períodos de parada obrigatória na condução do veículo estabelecida pela* Lei n. 9.503, de 23 de setembro de 1997 — Código de Trânsito Brasileiro, *garantidos o mínimo de 8 (oito) horas ininterruptas no primeiro período e o gozo do remanescente dentro das 16 (dezesseis) horas seguintes ao fim do primeiro período.* (marcas nossas)

Na mesma oportunidade, também acrescentou o § 3º ao art. 67-C do CTB, *in verbis:*

§ 3º O condutor é obrigado, dentro do período de 24 (vinte e quatro) horas, a observar o mínimo de 11 (onze) horas de descanso, *que podem ser fracionadas, usufruídas no veículo e coincidir com os intervalos mencionados no § 1º, observadas no primeiro período 8 (oito) horas ininterruptas de descanso.* (Marcas nossas)

O § 1º do art. 67-C do CTB assim dispõe:

§ 1º Serão observados 30 (trinta) minutos para descanso dentro de cada 6 (seis) horas na condução de *veículo de transporte de carga*, sendo *facultado o seu fracionamento e o do tempo de direção desde que não ultrapassadas 5 (cinco) horas e meia contínuas* no exercício da condução. (Marcas nossas)

(260) Código Civil.

Art. 932. São também responsáveis pela reparação civil:

III – o empregador ou comitente, por seus empregados, serviçais e prepostos, no exercício do trabalho que lhes competir, ou em razão dele;

Art. 942. Os bens do responsável pela ofensa ou violação do direito de outrem ficam sujeitos à reparação do dano causado; e, se a ofensa tiver mais de um autor, todos responderão solidariamente pela reparação.

Parágrafo único. São solidariamente responsáveis com os autores os co-autores e as pessoas designadas no art. 932.

7.3.2.2.2. A posição adotada pelo Supremo Tribunal Federal no julgamento da ADI 5.322

Ao julgar a ADI 5.322, ajuizada pela Confederação Nacional dos Trabalhadores em Transportes Terrestres (CNTTT), o STF reputou inconstitucional o fracionamento e a possibilidade de coincidência do intervalo intrajornada com o intervalo referente aos tempos de direção conforme EMENTA:

> 12. PARCIAL CONHECIMENTO DA AÇÃO DIRETA COM PARCIAL PROCEDÊNCIA, DECLARANDO INCONSTITUCIONAIS:
>
> (a) a expressão "sendo facultados o seu fracionamento e a coincidência com os períodos de parada obrigatória na condução do veículo estabelecida pela Lei n. 9.503, de 23 de setembro de 1997 — Código de Trânsito Brasileiro, garantidos o mínimo de 8 (oito) horas ininterruptas no primeiro período e o gozo do remanescente dentro das 16 (dezesseis) horas seguintes ao fim do primeiro período", prevista na parte final do § 3º do art. 235-C;

Portanto, tanto em relação ao motorista empregado, quanto em relação ao motorista autônomo, não é mais possível admitir a coincidência do intervalo interjornada de 11 horas com qualquer outro intervalo, devendo ser gozado na sua integralidade.

Importante destacar que o STF, por unanimidade, acolheu parcialmente os embargos de declaração opostos pela Confederação Nacional dos Trabalhadores em Transportes Terrestres — CNTTT, **para modular os efeitos dessa declaração de inconstitucionalidade, atribuindo-lhe eficácia *ex nunc*, a contar da publicação da ata do julgamento de mérito da ADI 5.322, que ocorreu em 12.7.2023.**

7.4. O descanso semanal de 24 horas — Motoristas profissionais autônomos e empregados

Ao tratar do descanso semanal, a Lei n. 12.619/2012 previu um critério diferenciado que, somando o intervalo interjornadas de 11 horas, com o semanal de 24 horas, resultava na concessão total de 35 horas para os motoristas que se ativavam em viagens de curta distância, e de 36 horas para aqueles que trabalhavam em viagens de longa distância, assim consideradas aquelas com duração superior a 1 semana.

A Lei n. 13.103/2015, no entanto, traçou regramento único para o motorista profissional empregado no art. 235-D, adotando o mesmo critério para os que se ativam em viagens de curta e de longa distância (com duração superior a sete dias), *in verbis:*

> Art. 235-D. Nas viagens de longa distância com duração superior a 7 (sete) dias, o repouso semanal será de 24 (vinte e quatro) horas por semana ou fração trabalhada, sem prejuízo do intervalo de repouso diário de 11 (onze) horas, totalizando 35 (trinta e cinco) horas, usufruído no retorno do motorista à base (matriz ou filial) ou ao seu domicílio, salvo se a empresa oferecer condições adequadas para o efetivo gozo do referido repouso (no curso da viagem).
>
> § 1º É permitido o fracionamento do repouso semanal em 2 (dois) períodos, sendo um destes de, no mínimo, 30 (trinta) horas ininterruptas, a serem cumpridos na mesma semana e em continuidade a um período de repouso diário, que deverão ser usufruídos no retorno da viagem.
>
> § 2º A cumulatividade de descansos semanais em viagens de longa distância de que trata o *caput* fica *limitada ao número de 3 (três) descansos consecutivos.* (Marcas nossas)

A primeira questão a ser suscitada refere-se à abrangência desse regramento.

Por ter previsto a alteração/inserção dos dispositivos legais só na CLT, a obrigatoriedade do descanso de 24 horas se restringe apenas aos motoristas empregados, como pode sugerir uma interpretação literal e linear da lei?

Pensamos que não.

Conforme exaustivamente repisado ao longo deste livro, entre as novidades trazidas pela Lei n. 12.619/2012, mantidas pela Lei n. 13.103/2015, merece destaque a inter-relação traçada entre os intervalos de descanso com a preservação da saúde e higidez física e mental do condutor, de sorte que não se pode restringir essa aplicação apenas aos motoristas profissionais empregados.

Ademais, a efetividade da lei depende muito de sua aderência à realidade que visa regular. Todos nós temos conhecimento dos graves acidentes, que são provocados por causa da privação do sono daqueles que dirigem sem ter antes gozado do necessário descanso, colocando em risco não só sua vida, mas também a dos outros. Assim, se revela inafastável a conclusão de que a obrigatoriedade da concessão desse descanso deve abranger não só os empregados, mas todos os motoristas profissionais (incluindo os autônomos), pois em jogo está um bem maior, que é a preservação da vida e da integridade física e mental de todos os que compartilham do mesmo ambiente em que o motorista profissional exerce sua atividade, independentemente da natureza jurídica do vínculo de trabalho.

A posição aqui adotada não é de todo estranha ao direito do trabalho, uma vez que se insere na lógica por nós já delineada, no início desta obra, de expansão da proteção trabalhista para além da relação subordinada de empregado.

Ademais, referida posição está alinhada com a previsão legal contida no art. 3º da Lei n. 605/1949 que, ao tratar do repouso semanal remunerado, assim dispõe:

> Art. 3º O regime desta lei será extensivo àqueles que, sob forma autônoma, trabalhem agrupados, por intermédio de Sindicato, Caixa Portuária, ou entidade congênere. A remuneração do repouso obrigatório, nesse caso, consistirá no acréscimo de um 1/6 (um sexto) calculado sobre os salários efetivamente percebidos pelo trabalhador e paga juntamente com os mesmos.

Logo, inafastável a conclusão de que o motorista profissional autônomo também faz jus ao gozo do repouso semanal.

7.4.1. A duração do descanso semanal: 35 ou 36 horas?

Tema suscitado quando da edição da Lei n. 12.619/2012 refere-se à distinção entre descanso semanal com a duração de 35, ou 36 horas, para o motorista empregado.

Em que pese a superação do tema pelo novo regramento imposto pela Lei n. 13.103/2015, mantém-se a discussão empreendida quando da primeira edição desta obra, haja vista que os direitos previstos na lei anterior ainda são passíveis de exigibilidade no período de sua vigência.

Assegurou a Lei n. 12.619/2012 o direito a um descanso de 35 horas a cada semana de trabalho (art. 235-C, § 3º, da CLT). Além deste preceito, aplicado às jornadas de curta distância, a Lei n. 12.619/2012 preceituou também a jornada de longa distância, fazendo distinção entre dois tipos: quando o motorista profissional permanece fora da base da empresa, matriz ou filial e de sua residência por tempo superior a 24 horas e inferior a uma semana, o intervalo intersemanal terá a duração de 35 horas (art. 235-D).

Entretanto, se o motorista se ativar em viagens de longa distância, assim consideradas as que tiverem duração superior a uma semana, o descanso semanal deve ter duração maior, de 36 horas (art. 235-E, § 1º, da CLT). Nesse caso, o gozo do intervalo ocorreria por ocasião do retorno do motorista à base (matriz ou filial) ou em seu domicílio, salvo se a empresa oferecesse condições adequadas para o efetivo gozo do referido descanso.

Assim se encontravam os dispositivos legais nos termos da Lei n. 12.619/2012:

Art. 235-C, *caput* e § 3º, da CLT	Art. 235-E, *caput* e §§ 1º e 3º, da CLT
Art. 235-C. A jornada diária de trabalho do motorista profissional será a estabelecida na Constituição Federal ou mediante instrumentos de acordos ou convenção coletiva de trabalho. **§ 3º Será assegurado ao motorista profissional intervalo mínimo de 1 (uma) hora para refeição, além de intervalo de repouso diário de 11 (onze) horas a cada 24 (vinte e quatro) horas e descanso semanal de 35 (trinta e cinco) horas.**	Art. 235-E. Ao transporte rodoviário de cargas em longa distância, além do previsto no art. 235-D, serão aplicadas regras conforme a especificidade da operação de transporte realizada. § 1º Nas viagens com duração superior a 1 (uma) semana, o descanso semanal será de 36 (trinta e seis) horas por semana trabalhada ou fração semanal trabalhada, e seu gozo ocorrerá no retorno do motorista à base (matriz ou filial) ou em seu domicílio, salvo se a empresa oferecer condições adequadas para o efetivo gozo do referido descanso. § 3º É permitido o fracionamento do descanso semanal em 30 (trinta) horas mais 6 (seis) horas a serem cumpridas na mesma semana e em continuidade de um período de repouso diário.

A redação confusa da Lei n. 12.619/2012 deu ensejo a muita controvérsia durante seu período de vigência, notadamente quanto à duração do intervalo em 35/36 horas, estabelecidas para o descanso semanal, entre as quais o questionamento quanto à inclusão, ou não, do período de 24 horas previsto na norma geral,(261) mais 11 horas do intervalo interjornadas.(262)

Maria de Lourdes Leiria(263) considerava que, por se tratar de norma especial, a exemplo dos ferroviários (arts. 239, § 1º, 243 e 245, todos da CLT) e mineiros (art. 298 da CLT), os preceitos legais vieram criar mais um intervalo para beneficiar os motoristas profissionais em razão das particularidades do serviço prestado, de modo que no intervalo intersemanal de 35/36 horas não estariam incluídos os períodos de 24 e 11 horas, ponderando que:

> Na primeira leitura pode parecer que nesse descanso semanal de 35 (trinta e cinco) horas já tenha sido somado o intervalo interjornada. Isso ocorre com o repouso semanal do trabalhador regido pelos arts 66 e 67 da CLT. Entretanto, em razão da especificidade da profissão do motorista profissional, o legislador ampliou o repouso semanal remunerado. (...). No mesmo dispositivo o legislador assegurou intervalo de uma hora para refeição além do intervalo para repouso diário de 11 (onze) horas e descanso semanal de 35 (trinta e cinco) horas exceto em se tratando das viagens previstas no art. 235-E, transporte rodoviário de cargas em longa distância, com viagens de duração superior a uma semana, quando o descanso semanal será de 36 (trinta e seis) horas por semana ou fração semanal trabalhada. Em ambos os dispositivos o legislador fixou o descanso semanal sem qualquer referência ao intervalo interjornada, devido a cada 24 horas, não havendo porque o intérprete entender que essa não era a intenção do legislador. Procurou o legislador compensar esse trabalhador que fica longe de sua família por toda a semana ou por mais que uma semana, nas viagens denominadas de longa duração, com um descanso semanal mais prolongado, a fim de

(261) Lei n. 605/1949: "Art. 1º Todo empregado tem direito ao repouso semanal remunerado de vinte e quatro horas consecutivas, preferentemente aos domingos e, nos limites das exigências técnicas das empresas, nos feriados civis e religiosos, de acordo com a tradição local".

(262) Precedente Administrativo n. 84 do MTE: "JORNADA. INTERVALO INTERJORNADAS DE 11 HORAS E DESCANSO SEMANAL DE 24 HORAS. O intervalo interjornada corresponde ao lapso temporal de 11 horas consecutivas que deve separar uma jornada e outra de trabalho. Tal intervalo não se confunde ou se compensa com o descanso semanal remunerado, de 24 horas consecutivas. Entre módulos semanais somam-se os dois intervalos: 11 horas (entre dias) e 24 horas (entre semanas), totalizando, pois[, 35 horas. Referência normativa: art. 66 e art. 67 da CLT".

(263) LEIRIA, Maria de Lourdes. Comentários sobre a Lei n. 12.619, de 30 de abril de 2012 e o exercício da profissão de motorista profissional. *Revista LTr*, v. 76, n. 9, 07, p. 810-811, jul. 2012.

> lhe proporcionar o convívio familiar e social que lhe é sonegado durante a semana, em razão das peculiaridades de sua atividade. Essa interpretação adquire força quando se analisa o descanso previsto no art. 235-E, § 1º, ao qual não pode ser dada outra interpretação senão a de que o descanso semanal do motorista não tem similitude com o do trabalhador comum, e em se tratando de transporte rodoviário de cargas em longa distância, cuja viagem supere uma semana, o descanso semanal devido é 36 horas, além do intervalo interjornada. O repouso diário é mencionado § 3º do art. 235-E, exigindo o legislador que sendo fracionado o descanso semanal de 36 horas, deverá ser cumprido na mesma semana, em continuidade ao repouso diário, não restando dúvidas quanto a *mens legis*, proporcionar ao motorista profissional um repouso semana! mais longo e reparador. Ao contrário do descanso semanal remunerado previsto na Lei n. 605/49, ainda que não tenha trabalhado toda a semana o motorista terá direito ao descanso semanal de 36 horas. Esse descanso poderá ser fracionado dentro da mesma semana em 30 horas mais 6 horas, usufruídas em continuidade ao intervalo de 11 horas. Do que se conclui que o repouso semanal do motorista que trabalhar com transporte de cargas em longa distância, cuja viagem supere uma semana, será fracionado a critério do empregador, sendo que o empregado subordinado não poderá optar por usufruir o descanso semanal em uma única vez.

Tal argumentação, ainda que respeitável, se revelava contrária à lógica de todo o ordenamento trabalhista e não encontrava respaldo na interpretação sistemática dos dispositivos que regem a matéria.

Com efeito, seguindo os parâmetros traçados pela Lei n. 12.619/2012, durante seu período de vigência, imperiosa a conclusão que tanto nas 36, quanto nas 35 horas, está incluído o descanso semanal remunerado (24 horas) mais o intervalo interjornadas (11 horas).

7.4.2. A possibilidade de fracionamento do descanso semanal de 24 horas

O fracionamento do intervalo referente ao descanso semanal remunerado foi expressamente permitido tanto pela Lei n. 12.619/2012 quanto pela Lei n. 13.103/2015, matéria que se reveste de inequívoca complexidade, considerando as condições peculiares e específicas da atividade do motorista profissional.

A doutrina contemporânea vem ressaltando a importância de propiciar o convívio social e familiar para preservar a saúde do trabalhador, notadamente quando se trata de motorista submetido ao regime de trabalho imposto pelas viagens de longa duração. Em alentado estudo sobre o tema, Edith Seligmann Silva[(264)] ressalta a necessidade do "convívio cuja duração seja suficiente para a constituição dos laços da confiança que nasce na experiência compartilhada".

Por isso, concordamos com a corrente doutrinária que considera insustentável a determinação patronal para realização de sucessivas viagens de longa distância, que afastam o motorista por longos períodos do convívio familiar. Com efeito, nos casos em que o motorista cumpre viagens de longa distância, notadamente as que têm duração superior a uma semana, não se pode admitir a designação sucessiva de novos trajetos, além do inicialmente planejado, haja vista o direito constitucional que o trabalhador tem ao convívio em família.[(265)]

(264) SELIGMANN SILVA, Edith. *Trabalho e desgaste mental* — o direito de ser dono de si mesmo. São Paulo: Cortez, 2011. p. 390 e seguintes.

(265) Nesse sentido, interessantes as ponderações constantes do artigo de NASSAR, Rosita de Nazaré Sidrim. A visita à família e o direito à saúde do empregado. *Revista LTr*, v. 78, n. 04, abril de 2014, que assim assenta ao tratar de questões diversas, na p. 398: "As considerações acima expostas são suficientes para demonstrar que perante o ordenamento positivo nacional, nosso direito escrito na Carta Maior,é totalmente nula, destituída de qualquer eficácia, a cláusula do acordo coletivo que disponha sobre a concessão de folgas para a visita a família, depois de cento oitenta dias de trabalho, de empregados alojados em local isolado, sem contato com a família, nos canteiros de obra da construção da usina hidrelétrica de Belo Monte, a 90 km do Município de Altamira, no estado do Pará.

Com fundamento em tais argumentos, também se revela importante pontuar que os critérios legais, estabelecidos para o fracionamento do intervalo referente ao descanso semanal remunerado, trouxe benefícios ao motorista que se ativa em viagens de longa distância, por propiciar um período maior de descanso por ocasião do retorno à base ou ao domicílio, sendo obrigação patronal oferecer condições adequadas para que o descanso integral seja efetivamente usufruído, ou seja, não basta a mera concessão formal para que seja reconhecido o cumprimento do §1º do art. 235-E, com a redação que lhe conferiu a Lei n. 12.619/2012, sendo necessário que o descanso seja concedido em sua integralidade, em relação ao período remanescente, por ocasião do retorno do motorista.

Por outro lado, a lei também manifestou preocupação com a possibilidade de o motorista ficar completamente sem intervalo intersemanal, o que poderia redundar em cansaço excessivo, que viria comprometer sua higidez física e mental.

Por isso, nesses casos, a redação que a Lei n. 12.619/2012 imprimiu ao § 3º do art. 235-E veio permitir o fracionamento do intervalo de 36 horas semanais nas seguintes condições: 6 horas a serem usufruídas na mesma semana e em continuidade a um período de repouso diário de 11 horas, totalizando uma parada de 17 horas, período razoável para propiciar o necessário descanso, e o gozo das 30 horas restantes por ocasião do retorno do motorista profissional à base ou ao seu domicílio, com a vedação para realizar viagens de longa distância seguidas, sem o prévio gozo do período acumulado.

Assim sendo, para facilitar a compreensão da forma como possibilitava o fracionamento, necessário atentar para as duas teses existentes, quando se tratava de aferir os períodos de descanso remunerado.

1) Primeira tese

A primeira tese considerava as semanas como módulos separados.

Portanto, hipoteticamente, o empregador poderia conceder ao trabalhador repouso semanal no primeiro dia de uma semana de trabalho (primeiro módulo) e, em outra semana (segundo módulo), o descanso se daria apenas no último dia, o que implicava admitir que o motorista poderia permanecer em atividade por 12 dias seguidos, sem qualquer folga.

Se não, vejamos:

Primeiro módulo							**Segundo módulo**						
Seg	Ter	Qua	Qui	Sex	Sab	Dom	Seg	Ter	Qua	Qui	Sex	Sab	Dom
X													X

2) Segunda tese

A segunda tese altera essa lógica, adotando como parâmetro a ideia de que o descanso semanal deve ser concedido dentro de um ciclo nunca superior a 7 dias seguidos de trabalho.(266)

A analogia mais próxima que temos em nosso direito é a do regime de trabalho do empregado em plataformas de petróleo, disciplinado pela Lei n. 5.811, de 10 de outubro de 1972, que dispõe sobre o regime de trabalho dos empregados nas atividades de exploração, perfuração, produção e refinação de petróleo, industrialização do xisto, indústria petroquímica e transporte de petróleo e seus derivados por meio de dutos. Esta lei prevê em seu art. 8º que o empregado não poderá permanecer em serviço, no regime de revezamento, mesmo em situações especiais, por período superior a 15 (quinze) dias consecutivos.

Ainda que se possa cogitar que o trabalho em alto-mar seja mais penoso do que o executado na construção de hidrelétrica afastado da vida urbana e, por isso, exija um menor tempo de permanência na plataforma, forçoso reconhecer que o tempo de confinamento dos operários no local da construção era demasiadamente longo".

(266) Essa última tese é a atualmente adotada tanto pelo Poder Judiciário, nos termos da Orientação Jurisprudencial n. 410 da SBDI-1/TST, quanto pela Inspeção do Trabalho, com o cancelamento do Precedente Administrativo n 46 do Ministério do Trabalho.

Assim, independentemente da divisão semanal em módulos, tem-se que, no período máximo de 7 dias, um deve ser destinado ao gozo do repouso semanal remunerado.

Pois bem.

Para os motoristas profissionais que fazem viagens com duração inferior a 7 dias, sujeitos ao regime de descanso semanal de 35 horas (24 horas de descanso semanal + 11 horas de descanso diário), maiores celeumas parecem não subsistir, uma vez que esses jamais permanecerão fora de sua base por mais de uma semana.(267) Ou seja, para esses profissionais não há óbice algum para que haja a concessão do descanso semanal dentro do período de 7 dias.

A matéria referente ao gozo do intervalo semanal do motorista profissional empregado, que se ativa em viagens com duração inferior a 7 dias, não foi objeto de nenhum regramento especial pelas Leis ns. 12.619/2012 e 13.103/2015, devendo reger-se pela norma geral constante do art. 67 da CLT, nos seguintes termos:

> Art. 67. Será assegurado a todo empregado um descanso semanal de 24 (vinte e quatro) horas consecutivas, o qual, salvo motivo de conveniência pública ou necessidade imperiosa do serviço, deverá coincidir com o domingo, no todo ou em parte.
>
> Parágrafo único. Nos serviços que exijam trabalho aos domingos, com exceção quanto aos elencos teatrais, será estabelecida escala de revezamento, mensalmente organizada e constando de quadro sujeito à fiscalização.

No entanto, em relação aos motoristas que atuam em viagens com duração superior a 7 dias, a questão referente ao gozo do descanso semanal adquiriu relevância quando a Lei n. 13.103/2015 passou a possibilitar a acumulação de 30 horas, referentes a 3 descansos semanais consecutivos.

Para melhor compreensão, passaremos a analisar detalhadamente a matéria.

7.4.2.1. O fracionamento do descanso semanal do motorista profissional empregado que se ativa em viagens com duração superior a 7 dias

A Lei n. 605/1949 assegurou aos trabalhadores o descanso semanal remunerado aos domingos.

A Constituição Federal de 1988, em seu art. 7º, inciso XV, garantiu a todos os trabalhadores o gozo de um descanso semanal remunerado "preferencialmente aos domingos".

Em relação às empresas autorizadas a funcionar aos domingos, a lei exige a elaboração de uma escala de revezamento nos termos do art. 2º, alínea "*b*", da Portaria n. 417/1966, que assim aduz:

> b) das empresas legalmente autorizadas a funcionar nesses dias, a organização de escala de revezamento ou folga, como estatuído no parágrafo único do mesmo artigo, a fim de que, *em um período máximo de sete semanas de trabalho, cada empregado usufrua pelo menos um domingo de folga. (Redação a esta alínea dada pela Portaria n. 509, de 15 de junho de 1967)* (Marcas nossas)

Entretanto, referida disposição deixou de ser aplicável, de forma abrangente, quando entrou em vigor a Lei n. 10.101/2000(268) que, no parágrafo único de seu art. 6º, posteriormente complementado

(267) Registre-se que não se poderá acrescer a uma viagem planejada para ser inferior a uma semana, outras viagens, de modo a que, na prática, se torne uma viagem de longa distância, superior a uma semana, sem que o trabalhador retorne a base ou ao seu domicílio. As hipóteses de viagem são diversas, com especificidades próprias. O encadeamento de viagens seguidas, sem a observância desta exigência, não é permitido pela *mens legis*. Portanto, a cumulação de viagens curtas, de modo a que, na prática, se tornem uma viagem de longa distância, não é permitida, haja vista as consequências nocivas que acarreta ao trabalhador.

(268) Além do "comércio em geral", a autorização permanente para o trabalho aos domingos encontra previsão no Decreto n. 27.048/1949, que regula a Lei n. 605/1949. Fora dessas hipóteses, o trabalho aos domingos deverá ser autorizado administrativamente pelo Ministério do Trabalho.

pela Lei n. 11.603/2007, estabeleceu um novo regramento para as atividades do *comércio em geral*, nos seguintes termos:

> Art. 6º Fica autorizado o trabalho aos domingos nas atividades do comércio em geral, observada a legislação municipal, nos termos do art. 30, inciso I, da Constituição.
>
> Parágrafo único. O repouso semanal remunerado deverá coincidir, pelo menos uma vez *no período máximo de três semanas, com o domingo,* respeitadas as demais normas de proteção ao trabalho e outras a serem estipuladas em negociação coletiva. (Marcas nossas)

Embora fixado em lei que disciplinou o trabalho no comércio em geral, esse critério passou a ser aplicado também a outras atividades,[269][270], inclusive a dos motoristas profissionais, como sinalizou a Lei n. 13.103/2015 no § 2º do art. 235-D, como veremos a seguir.

---

(269) DELGADO, Mauricio Godinho. *Curso de Direito do Trabalho*, 17. ed. São Paulo: LTr, 2018, p. 1.142: Nota de rodapé 18 "O critério especificado no art. 2º da antiga Portaria n. 417, de 1966, do Ministério do Trabalho — uma folga dominical a cada sete semanas laboradas — *não se harmoniza a regra da Constituição de 1988*, pois não atende a ordem de *coincidência preferencial com os domingos*, uma vez que mitiga, em excesso, a coincidência constitucionalmente determinada. De fato, essa antiga diretriz da autoridade administrativa trabalhista consagrava uma coincidência apenas residual, ao invés de realmente *preferencial*, não sendo, pois, harmônica ao disposto na nova Constituição da República." (Marcas do original).

(270) A tese, contudo, não é pacífica, conquanto seja prevalecente: "Mérito. Discute-se a validade da periodicidade da folga aos domingos a cada sete semanas de trabalho na adoção da jornada sob o regime 5X1, em que a cada cinco dias de trabalho o empregado usufrui um dia de folga. Atualmente, neste Tribunal há duas correntes de entendimento jurisprudencial. De um lado, sustenta-se o direito ao pagamento em dobro quando não concedido o descanso semanal remunerado aos domingos pelo menos uma vez a cada três semanas, e, de outro lado, entende-se que para se ter direito ao recebimento da respectiva dobra é imprescindível a inexistência da compensação do trabalho realizado no domingo. Para essa segunda corrente, a circunstância de o descanso não recair aos domingos pode constituir fator determinante de imposição de sanção administrativa, de multa, pela inobservância da legislação, mas não é fundamento jurídico a assegurar a dobra do pagamento tão-somente pelo fato de o descanso semanal não recair no domingo a cada três semanas. Ambas as teses jurídicas interpretam o disposto nos arts. 7º, XV, da Constituição Federal, 6º da Lei n. 10.101/2000, 1º e 2º da Lei n. 605/49, 67 da CLT e o Decreto n. 27.048/49, sob o prisma do caráter protetivo. *Sobre o tema entendo que o art. 6º da Lei n. 10.101/2000, que trata da regra dos comerciários, não se aplica às demais atividades, as quais, por força do art. 2º, alínea "b", da Portaria n. 417, de 10 de junho de 1966 do Ministério do Trabalho, prevê a periodicidade da folga no domingo, estabelecendo que a cada período de sete semanas de trabalho, a folga semanal deve coincidir com o dia de domingo. A meu ver, isso não implicaria violação do art. 7º, XV, da CF/88, dispositivo que se refere à folga preferencialmente aos domingos, até porque essa preferência estaria contemplada nesses limites que correspondem àquilo que já previa a Lei n. 605/69, e que tem sido rigorosamente observado pelas empresas quanto à folga semanal. Ocorre que, em precedentes recentes desta Subseção, (E-ED-ED-RR-90300-68.2008.5.09.0093, rel. Min. Cláudio Mascarenhas Brandão, julgado, sem que este relator estivesse presente, em 22.9.2016), reconheceu-se o direito do pagamento em dobro, nos termos da Súmula n. 146 do TST, quando a concessão do descanso semanal remunerado ao empregado submetido ao regime de trabalho 5x1 não coincide com o domingo pelo menos uma vez no período máximo de três semanas. In verbis*: 'AGRAVO REGIMENTAL EM EMBARGOS EM RECURSO DE REVISTA. INTERPOSIÇÃO NA VIGÊNCIA DA LEI N. 13.015/2014. (...). *DESCANSO SEMANAL REMUNERADO. REGIME DE TRABALHO 5X1. COINCIDÊNCIA DA FOLGA SEMANAL NO DOMINGO APENAS A CADA SETE SEMANAS. PAGAMENTO EM DOBRO.* Agravo regimental a que se dá provimento para determinar o processamento do recurso de embargos, uma vez que foi demonstrado dissenso pretoriano, na forma do art. 894, II, da CLT e da Súmula n. 296, I, do Tribunal Superior do Trabalho. RECURSO DE EMBARGOS EM RECURSO DE REVISTA REGIDO PELA LEI N. 13.015/2014. DESCANSO SEMANAL REMUNERADO. REGIME DE TRABALHO 5X1. *COINCIDÊNCIA DA FOLGA SEMANAL NO DOMINGO APENAS A CADA SETE SEMANAS. PAGAMENTO EM DOBRO. O repouso semanal remunerado, inserido no rol dos direitos sociais dos trabalhadores, no art. 7º, XV, da Constituição Federal, corresponde ao período de folga a que tem direito o empregado, a cada sete dias, com o fim de proporcionar-lhe descanso físico, mental, social e recreativo. A conjugação das normas insculpidas nos arts. 67 da CLT e 1º da Lei n. 605/49 indica que a correspondência do repouso semanal com o domingo, em que pese não obrigatória, deve ser perseguida pelo empregador e, apenas excepcionalmente, deverá recair em outro dia da semana. De outra parte, o art. 6º da Lei n. 10.101/2000, aqui aplicado analogicamente, permite o labor aos domingos nas atividades de comércio, contudo, o parágrafo único assevera que o repouso semanal deverá coincidir com o domingo ao menos uma vez no período de três semanas. Nesse contexto, observadas tais diretrizes, conclui-se que possui o autor o direito a que o seu descanso semanal coincida com o domingo pelo menos uma vez no período máximo de três semanas. A não concessão do descanso dominical na periodicidade descrita equivalerá à ausência de compensação do labor nele prestado, motivo pelo qual deverá ser pago em dobro, nos termos da Súmula n. 146 do TST.* Precedentes de Turmas. Recurso de embargos de que se conhece e a que se nega provimento. (...)' (E-RR-49700-68.2009.5.09.0093, relator Ministro: Cláudio Mascarenhas Brandão. Data de Julgamento: 1º.9.2016, Subseção I Especializada em Dissídios Individuais, Data de Publicação: *DEJT* 9.9.2016, decisão unânime). *Assim, com ressalva de entendimento do Relator, aplica-se ao caso a mais recente jurisprudência desta Subseção, no sentido de que o descanso semanal deve coincidir com o domingo pelo menos uma vez no período máximo de três semanas, sob pena de a não concessão equivaler à ausência de compensação, ocasionando o pagamento em dobro, nos termos da Súmula n. 146 do TST.*". Processo: E-RR — 131300-48.2008.5.09.0093 Data de Julgamento: 13.10.2016, relator Ministro: Augusto César Leite de Carvalho, Subseção I Especializada em Dissídios Individuais, Data de Publicação: *DEJT* 21.10.2016, fls. 36-38. (Marcas nossas)

7.4.2.2. As alterações trazidas pela Lei n. 13.103/2015 — O fracionamento do período de descanso de 35 horas — *descanso semanal e descanso diário*

Ao tratar do intervalo semanal, a Lei n. 12.619/2012 estabeleceu uma distinção entre os motoristas profissionais que se ativavam em viagens inferiores e superiores a 1 semana. Para aqueles, concedeu 35 horas (§ 3º do art. 235-C), para estes, 36 horas (§ 1º do art. 235-E) de descanso.

Ao disciplinar o descanso semanal dos motoristas profissionais que se ativam em viagens de longa distância, assim consideradas as que possuem duração superior a 7 dias, a Lei n. 13.103/2015 alterou este critério, unificando a duração do intervalo semanal para 35 horas em ambos os casos.

Mas não foi só isso.

O estudo dos §§ 2º e 3º do art. 235-D, inserido na CLT pela Lei n. 13.103/2015, demonstra que, eu relação ao motorista que se ativa em viagens de longa distância, com duração superior a 7 dias, o legislador reconheceu ser muito mais proveitoso para o empregado gozar a maior parte do intervalo no retorno à base ou ao seu domicílio, onde estão seus interesses pessoais e familiares, do que ficar longo tempo parado em cidades distantes.

Para regulamentar essa situação, dispôs o texto legal, *in verbis:*

> Art. 235-D. Nas viagens de longa distância com duração superior a 7 (sete) dias, o repouso semanal será de 24 (vinte e quatro) horas por semana ou fração trabalhada, sem prejuízo do intervalo de repouso diário de 11 (onze) horas, totalizando 35 (trinta e cinco) horas, usufruído no retorno do motorista à base (matriz ou filial) ou ao seu domicílio, salvo se a empresa oferecer condições adequadas para o efetivo gozo do referido repouso.
>
> § 1º É *permitido o fracionamento* do repouso semanal em 2 (dois) períodos, *sendo um destes de, no mínimo, 30 (trinta) horas ininterruptas*, a serem cumpridos na mesma semana e em continuidade a um período de repouso diário, *que deverão ser usufruídos no retorno da viagem.*
>
> § 2º A *cumulatividade* de descansos semanais em viagens de longa distância de que trata o *caput fica limitada ao número de 3 (três) descansos consecutivos.* (Marcas nossas)

Portanto, a lei veio possibilitar a cumulação de até 3 descansos semanais consecutivos, para além do módulo de 7 dias, mas desde que integralmente concedido na quarta semana, ou seja, dentro do mesmo mês, exatamente para atender à finalidade do instituto, em benefício do motorista, exigindo a observância dos seguintes parâmetros:

(i) O *descanso semanal* é de 24 (vinte e quatro) horas, e será devido "por semana ou fração trabalhada";

(ii) O *descanso semanal* será cumulado com o descanso diário, que é de 11 (onze) horas, perfazendo, assim, um total de 35 (trinta e cinco) horas;

(iii) O descanso de 35 (trinta e cinco) horas pode ser fracionado. Esse fracionamento, contudo, deve se dar no máximo em dois períodos, sendo um deles de 30 (trinta) horas;

(iv) As 30 (trinta) horas só poderão ser cumuladas em até 3 (três) períodos, num total de 90 (noventa) horas, que deverão ser gozadas imediatamente quando o motorista retornar da viagem à base (matriz/filial) ou ao seu domicílio.

(v) As 5 (cinco) horas remanescentes deverão ser concedidas dentro do módulo semanal de 7 (sete) dias, somadas ao descanso interjornadas de 11 (onze) horas do dia anterior.

(vi) Em caso de fracionamento do descanso de 11 horas em dois períodos, em cumprimento ao permissivo legal, as 8 (oito) horas contínuas serão gozadas após a jornada do dia anterior, e as 3 (três) horas remanescentes deste intervalo serão somadas com as 5 (cinco) horas remanescentes do fracionamento do descanso semanal, assim possibilitando o descanso de outro período contínuo de 8 (oito) horas.

(vii) Portanto, o intervalo interjornadas seria respeitado em todos os dias da semana e, ainda, sobraria um período remanescente de descanso de 30 (trinta) horas, a ser gozado quando do retorno do motorista profissional empregado à base ou ao seu domicílio.

Logo, as 30 horas seriam gozadas quando do retorno, enquanto as 5 horas restantes são concedidas dentro do módulo semanal de 7 dias, em acúmulo ao remanescente do repouso diário do dia anterior fracionado, de 3 horas.

Com isso, o motorista goza efetivamente todos os intervalos interjornadas, sendo que no último dia do módulo semanal, em que está fora de seu domicílio, consegue descansar tempo razoável — 8 horas —, assim garantindo sua higidez física e mental para continuar a viagem, ao mesmo tempo em que poderá gozar um período maior de descanso quando de seu retorno, em benefício de sua vida pessoal e do convívio familiar, valores importantes para quem ganha a vida na estrada.

7.4.2.3. O acúmulo dos períodos de descanso e a limitação das viagens de longa distância com duração superior a 7 dias

Outra controvérsia dizia respeito à possibilidade de cumulação dos intervalos semanais não gozados, isto é, das frações de 30 horas. O tema, por nós tratado na primeira edição desta obra, sofreu sensíveis alterações com a edição da Lei n. 13.103/2015. A cumulação dos intervalos semanais, claramente, tem estreita relação com a discussão envolvendo a limitação de duração das viagens do motorista profissional.

Não se pode deixar de reconhecer a necessidade de estabelecer um limite ao número de semanas em que o motorista profissional permanece em viagem, tendo por consequência a postergação do retorno e do gozo do intervalo cumulado por longo tempo, o que certamente trará danos a sua vida pessoal, além de levar à precarização de sua saúde física e mental.

O § 2º do art. 235-E da Lei n. 12.619/2012 chegou a fixar o limite de 108 horas para cumulação dos intervalos semanais não usufruídos.

Entretanto, esse preceito foi vetado, sob o fundamento de que o "acúmulo de descanso proposto viola o previsto no art. 7º, inciso XV da CF/88",[271] o que se revela sustentável porque a proposta apresentada abria a possibilidade de o motorista profissional deixar de usufruir do período de descanso, acumulando o intervalo não só semanal, mas também o interjornada do último dia em sua integralidade, por 3 semanas (36[272] x 3 = 108),[273] em inequívoca afronta ao texto constitucional.

A Lei n. 13.103/2015 alterou o antigo critério, ao estabelecer o gozo imediato de parte do descanso intervalar – 5 horas – dentro do próprio módulo semanal, permitindo o acúmulo apenas de 3 descansos semanais de 30 horas cada um, integralizando o total de 90 horas.

Portanto, inequívoca a constatação de que a viagem de longa distância, com duração superior a 7 dias, não poderá ultrapassar 4 semanas, devendo observar os seguintes parâmetros:

(i) Cada semana dá ensejo ao descanso semanal total de 35 horas, resultante da soma do intervalo semanal de 24 (vinte e quatro) horas, mais o intervalo interjornadas se 11 (onze) horas, nos termos do art. 235-D, *caput*, da CLT, inserido pela Lei n. 13.103/2015;

(271) Vale aqui relembrar que o texto do § 2º do art. 235-E da CLT "É permitido o acúmulo de descanso semanal, desde que não ultrapasse 108 (cento e oito) horas, devendo, pelo menos uma vez ao mês, coincidir com o domingo" foi vetado sob o fundamento de que "O acúmulo de descanso proposto viola o previsto no art. 7º, XV, da Constituição." O novo texto, constante do § 2º do art. 235-D da Lei n. 13.103/2015, não foi vetado.

(272) Nesse cálculo, nota-se, tem-se por incluído no período de descanso relegado para ser gozado ao final da viagem não só o *descanso semanal de 24 horas*, como o a totalidade do *descanso diário de 11 horas*. Essa interpretação é por nós rechaçada neste livro, e isto é o que se depreende da análise do art. 235-D, § 1º da CLT.

(273) Conforme expusemos em capítulo anterior, o descanso semanal dos motoristas profissionais que se ativam em viagens de longa distância superior a uma semana, sob a Lei n. 12.619/2012, era de 36 (trinta e seis) horas.

(ii) Nos termos do § 5º do art. 67-C do CTB, a viagem tem início com "(...) a partida do veículo na ida ou no retorno, com ou sem carga, considerando-se como sua continuação as partidas nos dias subsequentes até o destino";

(iii) Nas 1ª, 2ª e 3ª semanas, entre a sexta-feira e o sábado, o motorista profissional gozará intervalo entrejornada com a duração de 8 (oito) horas, remanescendo 3 (três) horas a serem usufruídas;

(iv) Entre o sábado e o domingo, *dentro das 16 (dezesseis) horas seguintes*, terá o motorista profissional o gozo de 8 (oito) horas de intervalo – soma das 3 (três) horas remanescentes com as 5 (cinco) horas decorrentes do fracionamento do descanso de 35 (trinta e cinco) horas.

(v) Tem-se, assim, o acúmulo de *30 (trinta) horas de descanso por semana;*

(vi) Portanto, ao final de 3 (três) semans, tem-se o acúmulo de 90 (noventa) horas, observando-se o critério estabelecido no art. 235-D, § 2º, da CLT,que permite o acúmulo de, no máximo, 3 (três) descansos (30 x 3 = 90 horas);

(vii) Na 4ª, e última, semana de viagem:

a. Entre o antepenúltimo dia de viagem e o penúltimo dia de viagem, o motorista profissional gozará de um intervalo de 8 (oito) horas;

b. Entre o penúltimo dia de viagem e o último dia de viagem, *dentro das 16 (dezesseis) horas seguintes*, o motorista profissional gozará 8 (oito) horas de intervalo interjornadas — soma das 3 (três) horas remanescentes que deixaram de ser gozadas do intervalo interjornadas do dia anterior, acrescido das 5 (cinco) horas decorrentes do fracionamento do descanso de 35 (trinta e cinco) horas, num total de 8 (oito) horas;

c. Restarão, ainda, 30 (trinta) horas de descanso, que serão gozadas logo quando do encerramento da viagem, a qual se somará às 90 (noventa) horas acumuladas.

Observa-se, aqui, que o descanso de 35 horas é devido mesmo na quarta semana, e ainda que a viagem se encerre no curso desse período, uma vez que o art. 235-D, *caput,* da CLT, aduz ser esse período intervalar devido "por semana ou fração trabalhada".

Assim, quando do fim da viagem, além de descansar 8 horas entre o antepenúltimo e o penúltimo dia de viagem, e 8 horas entre o penúltimo dia de viagem e o último dia de viagem, ao retornar à matriz/filial ou ao seu domicílio, o motorista profissional terá o direito de gozar um total de 5 dias de folga seguidos, decorrentes do acúmulo de 3 descansos de 30 horas cada, ou seja, 90 horas, mais 30 horas de descanso referentes à quarta, e última, semana, cujo gozo não pode ser acumulado, devendo ser concedido de imediato, resultando no total de 120 horas / 24 horas = 5 dias.

Registra-se, contudo, que este período de 5 dias deve ser gozado, efetivamente, como folga, pois a lei não permite cumular no mesmo período o tempo de espera com o descanso semanal, ou seja, *o empregador não pode aproveitar esse período para exigir que o motorista profissional fique "olhando" o caminhão, acompanhando a carga/descarga ou a fiscalização.*

Com efeito, o § 3º do art. 235-D não trata de descanso semanal gozado após o término da viagem, situação fático-jurídica que a lei expressamente considerou bem diferente do "cumprimento da jornada normal ou das horas extraordinárias", como claramente evidencia o § 5º do art. 67-C do CTB, ao estabelecer que a viagem tem início com "(...) a partida do veículo na ida ou no retorno, com ou sem carga, considerando-se como sua continuação as partidas nos dias subsequentes até o destino". Além disso, o § 11 do art. 235-C da CLT só faz remissão aos §§ 2º e 3º, os quais, por sua vez, se referem apenas aos intervalos intrajornada e interjornadas.

Outras peculiaridades do trabalho prestado pelo motorista, que se ativa em viagens com duração superior a 7 dias, poderão ser tratadas em convenção ou acordo coletivo, com a devida assistência sindical, nos termos do inciso XXVI do art. 7º e VI do art. 8º, ambos da CF/88, com observância dos parâmetros previstos nos arts. 67, parágrafo único, 386[(274)] e 235-D, §8º, todos da CLT, considerando a natureza da atividade e a especificidade do trabalho executado (tipo de carga, trajeto, condições das estradas), sendo vedada a atribuição de condição mais gravosa em prejuízo do empregado.

7.4.3. A posição adotada pelo Supremo Tribunal Federal no julgamento da ADI 5.322

Ao julgar a ADI 5.322, ajuizada pela Confederação Nacional dos Trabalhadores em Transportes Terrestres (CNTTT), o STF reputou inconstitucional a possibilidade de coincidência de fracionamento do intervalo referente ao descanso semanal remunerado, conforme

> EMENTA:
>
> (...)
>
> 9. É inconstitucional o dispositivo legal que permite a redução e/ou o fracionamento dos intervalos interjornadas e do descanso semanal remunerado. Normas constitucionais de proteção da saúde do trabalhador (art. 7º, XXII, da CF).
>
> (...)
>
> 12. PARCIAL CONHECIMENTO DA AÇÃO DIRETA COM PARCIAL PROCEDÊNCIA, DECLARANDO INCONSTITUCIONAIS:
>
> (a) a expressão "sendo facultados o seu fracionamento e a coincidência com os períodos de parada obrigatória na condução do veículo estabelecida pela Lei n. 9.503, de 23 de setembro de 1997 — Código de Trânsito Brasileiro, garantidos o mínimo de 8 (oito) horas ininterruptas no primeiro período e o gozo do remanescente dentro das 16 (dezesseis) horas seguintes ao fim do primeiro período", prevista na parte final do § 3º do art. 235-C.
>
> (...)
>
> (e) a expressão "*as quais não serão consideradas como parte da jornada de trabalho, ficando garantido, porém, o gozo do descanso de 8 (oito) horas ininterruptas aludido no § 3º do § 12 do art. 235-C;*
>
> (f) a expressão "*usufruído no retorno do motorista à base (matriz ou filial) ou ao seu domicílio, salvo se a empresa oferecer condições adequadas para o efetivo gozo do referido repouso*", constante do *caput* do art. 235-D;
>
> (g) o § 1º do art. 235-D;
>
> (h) o § 2º do art. 235-D;
>
> todos da CLT, com a redação dada pelo art. 6º da Lei n. 13.103/2015;"

Assim sendo, em conformidade com a decisão proferida pelo STF, é **inconstitucional** o fracionamento do intervalo referente ao descanso semanal remunerado nos termos estabelecidos pelas Leis ns. 12.619/2012 e 13.103/2015.

Importante destacar que o STF, por unanimidade, acolheu parcialmente os embargos de declaração opostos pela Confederação Nacional dos Trabalhadores em Transportes Terrestres — CNTTT, **para modular os efeitos desta declaração de inconstitucionalidade, atribuindo-lhe eficácia *ex nunc*, a contar da publicação da ata do julgamento de mérito da ADI 5.322, que ocorreu em 12.7.2023.**

(274) Em se tratando de motorista do sexo feminino, aplicável o disposto no art. 386 da CLT, que se encontra inserido no Capítulo III, Seção III, e que tratam, respectivamente, "da proteção do trabalho da mulher" e "dos períodos de descanso". Referido dispositivo assim estabelece: "Art. 386. Havendo trabalho aos domingos, será organizada uma escala de revezamento quinzenal, que favoreça o repouso dominical".

7.4.4. A relevância da negociação coletiva

Não obstante o importante reconhecimento da relação entre o gozo do descanso semanal remunerado e preservação da saúde e segurança do motorista e, precisamente por isso, não se pode desconsiderar que as condições peculiares da atividade desenvolvida pelo motorista profissional, notadamente os que se ativam em viagens de longa distância, devem ser consideradas.

Destarte, imperioso trazer à colação o disposto no inciso XXVI do art. 7º da CF/88 quanto ao reconhecimento constitucional das convenções e acordos coletivos de trabalho como direito fundamental do trabalhador e, neste passo, a permissão legal expressa no inciso II do art. 611-A da CLT, de sorte que nada impede que a matéria seja objeto de negociação coletiva, desde que não seja nos moldes estabelecidos nas Leis ns. 12.619/2012 e 13.103/2015, reputados inconstitucionais pelo STF, nem ocorra redução ou supressão do direito ao DSR, conforme preceitua o inciso IX do art. 611-B.

Nesse contexto, a negociação coletiva deve ocorrer nos moldes estabelecidos pelo STF no Tema 1.046, dotado de repercussão geral e efeito vinculante nos seguintes termos:

> "São constitucionais os acordos e as convenções coletivos que, ao considerarem a adequação setorial negociada, pactuam limitações ou afastamentos de direitos trabalhistas, independentemente da explicitação especificada de vantagens compensatórias, desde que respeitados os direitos absolutamente indisponíveis."

7.5. Consequências da falta de concessão dos períodos de descanso — A interdição do serviço e a retenção do veículo

Questão importante, afeta à modificação da perspectiva *monetizante* do direito, diz respeito às possíveis repercussões da falta de concessão dos períodos de descanso.

Com efeito, traz a questão maiores repercussões do que o seu texto parece dispor. Em interpretação conjunta entre os dispositivos que regram os tempos de descanso e o que consta do art. 230, inciso XXIII, do CTB, *tem-se que a falta de cumprimento desses períodos de descanso, estipulados pela lei, justificam a retenção do veículo.*

Assim dispõe o art. 230, inciso XXIII, do CTB, com alterações da Lei n. 13.103/2015:

> Art. 230. Conduzir o veículo:
>
> XXIII – em desacordo com as condições estabelecidas no art. 67-C, relativamente ao tempo de permanência do condutor ao volante e aos intervalos para descanso, quando se tratar de veículo de transporte de carga ou de passageiros:
>
> Infração - média[275];
>
> Penalidade - multa;
>
> Medida administrativa - retenção do veículo para cumprimento do tempo de descanso aplicável;
>
> § 1º Se o condutor cometeu infração igual nos últimos 12 (doze) meses, será convertida, automaticamente, a penalidade disposta no inciso XXIII em infração grave.
>
> § 2º Em se tratando de condutor estrangeiro, a liberação do veículo fica condicionada ao pagamento ou ao depósito, judicial ou administrativo, da multa.

Nesse contexto, a retenção do veículo não se qualifica como penalidade, mas medida administrativa preventiva, adotada com o objetivo de evitar a ocorrência de dano — aplicação dos princípios da prevenção e da precaução — e, no caso do motorista estrangeiro, evitar a saída do território nacional sem a quitação do pagamento da multa pela infração cometida, ou efetivado o depósito em garantia.

---

(275) A Lei n. 13.103/2015 reduziu a gravidade da infração, de grave para média.

Ainda, na esfera trabalhista, é possível justificar a adoção de medidas como a interdição do serviço prestado pelo motorista profissional, ante a presunção legal de risco grave e iminente,[(276)] caracterizado pela falta de repouso do condutor que não goza os intervalos de descanso, haja vista ser a interdição, também, medida administrativa de natureza preventiva, e não punitiva.

Assim, embora a legislação se refira às autoridades de trânsito, quando se trata de interromper a viagem de um motorista que se ativa sem o "cumprimento do tempo de descanso aplicável", a importância do cumprimento desta exigência legal para garantir a segurança nas estradas e demais vias públicas abre a possibilidade de atuação das autoridades fiscais trabalhistas para determinar a interdição do serviço, até que sejam cumpridas as exigências legais de repouso.[(277)]

Ademais, cumpre observar que, com base no art. 230, inciso XIII, do CTB, aplicável às autoridades de trânsito, bem como o disposto no art. 13, da Convenção n. 81/OIT, no art. 18, inciso XIII, do Regulamento da Inspeção do Trabalho e na Norma Regulamentadora n. 3 do Ministério do Trabalho, aplicável aos Auditores-Fiscais do Trabalho — que tem a atribuição legal de fiscalizar as condições em que é prestado o trabalho dos motoristas profissionais empregados[(278)] —,

(276) GEMIGNANI, Daniel; GEMIGNANI. Tereza Aparecida Asta. Meio ambiente de trabalho. Precaução e prevenção. Princípios norteadores de um novo padrão normativo. *Revista do Tribunal Regional do Trabalho da Décima Quinta Região*, v. 40, 2012, p. 153: "Também os institutos do embargo e da interdição, colocados à disposição da Inspeção do Trabalho pelo art. 161 da CLT, voltam-se para a proteção da saúde e segurança dos trabalhadores. Nos termos do item 1º da Norma Regulamentadora n. 3, com redação dada pela Portaria SIT n. 199/2011, são o 'embargo e [a] interdição (...) medidas de urgência, adotadas a partir da constatação de situação de trabalho que caracterize risco grave e iminente ao trabalhador". Por risco grave e iminente entende-se, com fulcro no art. 2º, §1º da mesma Portaria MTE n. 40/2011, tratar-se de "toda condição ou situação de trabalho que possa causar acidente ou doença relacionada ao trabalho com lesão grave à integridade física do trabalhador.' Após longo embate acerca da natureza dos institutos do embargo e da interdição, o Ministério do Trabalho fixou o entendimento, sedimentado no art. 21 da Portaria MTE n. 40/2011, de que não se trata de medidas sancionatórias, mas sim, acautelatórias, adotadas em caso de grave e iminente risco ao trabalhador. Tanto assim é que o referido artigo não impede sejam lavradas autuações por infrações constatadas, inocorrendo, portanto, qualquer forma de bis in idem, bem como não há qualquer necessidade de ao embargo ou à interdição corresponder, necessariamente, uma infração a legislação trabalhista. O critério é, assim, o grave e iminente risco, o fundamento, a imprescindível prevenção/precaução de acidentes ou doenças do trabalho e, o mote, a saúde e segurança do trabalhador. O Decreto n. 7.602 de 7 de novembro de 2011, que dispõe sobre Política Nacional de Segurança e Saúde no Trabalho — PNSST, prioriza as ações de promoção, proteção e prevenção sobre as de assistência, reabilitação e reparação, apontando para a necessidade de eliminação ou redução dos riscos nos ambientes de trabalho".

Faz-se, aqui, a observação de que a Portaria n. 40/2011 foi substituída pela Portaria n. 1.719/2014 — a qual tem sido objeto de críticas e discussões, conforme se extrai da Nota Técnica n. 55/2018/DSST/SIT/MTb — , em razão da Ação Civil Pública n. 0010450-12.2013.5.14.0008, proposta pelo Ministério Público do Trabalho, em que se discute a não recepção do art. 161 da CLT, de modo a adequá-lo ao que preceitua a Convenção 81 da OIT, no sentido de que aos Auditores-Fiscais do Trabalho é assegurado a competência para interditar e embargar, bem como para suspender referidas medidas, sem que para isso sujeitem seus atos ao controle político do Superintendente Regional do Trabalho, haja vista que não só é essa autoridade alheia ao Sistema Federal de Inspeção do Trabalho, como a medida preventiva de embargo e interdição encerram contornos de urgência incompatível com a sua burocratização e politização.

(277) Vale menção, aqui, à Ação Civil Pública n. 0010450-12.2013.5.14.0008, proposta pelo Ministério Público do Trabalho (MPT) visando a assegurar aos Auditores Fiscais do Trabalho a competência para determinar, diretamente, o embargo e a interdição, sem que se trate de delegação de competência, haja vista a revogação parcial do art. 161 da CLT pela Convenção n. 81 da OIT. Referida posição é sustentada, também, pela Secretaria de Inspeção do Trabalho (SIT) por meio das Notas Técnicas n. 36/2014/DSST/SIT e 104/2014/DSST/SIT. A questão encontra-se, atualmente, em julgamento perante o Tribunal Superior do Trabalho, conforme notícia divulgada em 28.3.2019: "ST busca conciliação em processo sobre competência dos auditores-fiscais do trabalho". Disponível em: http://tst.jus.br/web/guest/noticias/-/asset_publisher/89Dk/content/tst-busca-conciliacao-em-processo-sobre-competencia-dos-auditores-fiscais-do-trabalho?inheritRedirect=false&redirect=http%3A%2F%2Ftst.jus.br%2Fweb%2Fguest%2Fnoticias%3Fp_p_id%3D101_INSTANCE_89Dk%26p_p_lifecycle%3D0%26p_p_state%3Dnormal%26p_p_mode%3Dview%26p_p_col_id%3Dcolumn-1%26p_p_col_pos%3D2%26p_p_col_count%3D5. Consulta realizada em: 30 mar. 2019.

(278) Nos termos com que tratada inicialmente a questão da aplicação das normas de saúde e segurança para além das relações de trabalho subordinado, começa a ser debatida a possibilidade de atuação da Inspeção do Trabalho sobre as demais relações de trabalho não subordinadas. A questão é extremamente polêmica, seja por envolver discussões atinentes à fundamentação legal para tanto — o que, particularmente, nos parece não deva ensejar maiores discussões, haja vista a miríade de diplomas normativos albergando essa possibilidade —, seja pelas dificuldades na operacionalização dessas medidas, como a que órgão jurisdicional eventuais medidas sancionatórias (*e.g.* autos de infração) e preventivas (*e.g.* embargos e interdições) poderão ser objeto de revisão – qual órgão seria o competente para julgar eventual mandado de

qualquer outra situação de descumprimento dos períodos de repouso pode justificar a retenção do veículo ou a interdição do serviço, bastando para tanto que estejam presentes os requisitos legais exigidos. Neste caso não se fala em presunção legal, mas em ato administrativo devidamente motivado pelo agente público, com a descrição da situação que ensejou a adoção da medida, tendo em vista a importância do bem jurídico a ser tutelado, qual seja, a integridade física e mental de todos os que trafegam pelas vias públicas.

Nessa senda, registra-se que a Resolução CONTRAN n. 525/2015 veio disciplinar a medida administrativa de retenção do veículo e de imposição de penalidades previstas no inciso XXIII do art. 230 do CTB.

Necessário registrar, ainda, que a imposição de medidas preventivas, por determinação judicial, vem ganhando cada vez mais importância nos debates jurídicos da atualidade que tratam da concessão de tutelas inibitórias, tendo-se em vista a insuficiência da mera *monetização* das violações, visto que, em se tratando de questões relacionadas à saúde e segurança do trabalho, dá-se prioridade à tutela específica, apta a resguardar o direito previsto, em detrimento da conversão da lesão em seu equivalente pecuniário.

Nesse contexto, seria sustentável decisão judicial que determinasse a interdição de um serviço ou a retenção do veículo com o escopo de prevenir um dano que poderá ocorrer?

Trataremos dessa questão no capítulo 9, em que analisaremos as tutelas inibitórias.

segurança impetrado contra a interdição do serviço de um motorista profissional autônomo?, passando pela identificação do responsável administrativo para suportar o ônus de medidas sancionatórias e, por fim, a possibilidade e intensidade da intervenção estatal nas relações não subordinadas, nas quais o traço da assimetria de forças não se mostra tão claro quanto nas relações de emprego. A questão, por óbvio, é extremamente complexa e controvertida, razão pela qual, não se furtando a mencioná-la, evita-se a assunção de posições definitivas.

8

Repercussões Extrapatrimoniais do Descumprimento das Normas Protetivas da Atividade do Motorista Profissional

8.1. Dano extrapatrimonial

A intimidade, a vida privada, a honra e a imagem das pessoas foram expressamente garantidas como direito fundamental pela Constituição Federal de 1988, que, para tanto, assegurou o direito à indenização por dano material ou moral decorrente dessa violação.(279)

Não se desconhecem as peculiaridades da profissão do motorista, sujeita a vários percalços como as péssimas condições das rodovias, que dificultam e alongam a duração da viagem, e os imprevistos no trânsito a demandar dilação da jornada. Muitos desses fatores são de conhecimento não só dos embarcadores, mas também de empregadores, que traçam as rotas de percurso e estabelecem horários e demais exigências do serviço, de sorte que não há como deixar de reconhecer a responsabilidade desses pela logística econômica do empreendimento, cujo custo não pode ser repassado, nem dividido, com o motorista empregado.

A imputação de uma indenização por dano extrapatrimonial, da qual o dano existencial é espécie, de há muito permeia as condenações nas reclamações trabalhistas, quando a prova dos autos demonstra o cumprimento reiterado de jornadas com duração excessiva, sem a concessão de descanso e folgas legais.(280)

Porém, até a publicação da Lei n. 13.467/2017, não havia parâmetros objetivos para a aferição da ocorrência do ilícito, nem para a fixação do valor da indenização devida pelo dano extrapatrimonial, que inclui o dano existencial.

8.1.1. Critérios para a configuração do ato ilícito

A *reforma trabalhista*, promovida pela Lei n. 13.467/2017, inseriu o Título II-A na CLT, estabelecendo que a reparação dos danos de natureza extrapatrimonial, decorrentes da relação de trabalho, deve observar o novo regramento previsto nos arts. 223-A a 223-G da CLT:

> Art. 223-A. Aplicam-se à reparação de danos de natureza extrapatrimonial decorrentes da relação de trabalho apenas os dispositivos deste Título.

Importante destacar, nesse contexto, que os novos preceitos só têm força normativa a partir da vigência da Lei n. 13.467, em 11 de novembro de 2017, de sorte que só podem ser aplicados aos fatos ocorridos a partir desta data, pois nosso sistema não permite a aplicação retroativa da lei.(281)

(279) "Art. 5º da Constituição Federal de 1988: (...). X – são invioláveis a intimidade, a vida privada, a honra e a imagem das pessoas, assegurado o direito a indenização pelo dano material ou moral decorrente de sua violação."

(280) Processo 0011215-83.2014.5.15.0019 – Relatora Desembargadora Tereza Aparecida Asta Gemignani – 1ª Câmara. 1ª Turma. TRT 15 – Julgado em 11.12.2015. Publicado em: 29.1.2016.

(281) Conforme razões expostas no capítulo 2. Deste livro.

O novo regramento legal definiu que a ação ou omissão, que ofenda a *esfera moral ou existencial* da pessoa física ou jurídica, causando dano de natureza extrapatrimonial, confere direito à reparação.

Para tanto, considerou que os bens da pessoa física juridicamente tutelados são a honra, imagem, intimidade, liberdade de ação, autoestima, sexualidade, saúde, lazer e a integridade física.

Em relação à pessoa jurídica, devem ser objeto de tutela a imagem, a marca, o nome, o segredo empresarial e o sigilo da correspondência.

O art. 223-E expressamente reconheceu como responsáveis pelo ressarcimento do dano extrapatrimonial todos os que tenham colaborado para a ofensa ao bem jurídico tutelado, inclusive com eventual conduta omissiva, na proporção da ação ou da omissão. Assim, em relação ao motorista de transporte de cargas, dependendo da prova dos autos, poderá responder pelo pagamento da indenização não só o empregador, mas também o embarcador, o consignatário de cargas, o operador de terminais de carga, o operador intermodal de cargas ou o agente de cargas, aduanas, portos marítimos, fluviais e secos. Em relação ao motorista de passageiros, o empregador e também os que atuam nos pontos de parada, de apoio, alojamento e refeitório, poderão ser responsabilizados a recompor eventuais danos extrapatrimoniais causados ao trabalhador.

Destarte, conquanto o art. 223-E, parte final, fixe a reparação "na proporção da ação ou da omissão", é preciso proceder à interpretação sistemática desse preceito em conjunto com o disposto no art. 944 do Código Civil,[282] para tanto considerando também a extensão do dano causado. Ademais, pelo novo regramento celetista, nada impede que, em havendo coordenação na conduta comissiva ou omissiva, haja a imputação de responsabilidade solidária a todos os envolvidos.

Constata-se, assim, que a Lei n. 13.467/2017 trouxe elementos mínimos para subsidiar a caracterização do dano extrapatrimonial no direito trabalhista, do qual o dano moral e o dano existencial são espécies, indicando, ainda que de forma exemplificativa, os bens jurídicos que, quando violados, ensejam a necessária reparação. Identificou os titulares de direitos, incluindo expressamente a pessoa jurídica, abrindo caminhos para a aplicação do preceito, por analogia, aos transportadores autônomos. Ademais, traçou um amplo espectro de possíveis infratores aos direitos extrapatrimoniais, bem como a possibilidade de que venham a responder, conjuntamente, pela conduta praticada, o que pode contribuir para a eficácia da medida.

Assim, estabelece o art. 223-G da CLT que, ao apreciar o pedido, o juiz deverá considerar:

I – a natureza do bem jurídico tutelado;

II – a intensidade do sofrimento ou da humilhação;

III – a possibilidade de superação física ou psicológica;

IV – os reflexos pessoais e sociais da ação ou da omissão;

V – a extensão e a duração dos efeitos da ofensa;

VI – as condições em que ocorreu a ofensa ou o prejuízo moral;

VII – o grau de dolo ou culpa;

VIII – a ocorrência de retratação espontânea;

IX – o esforço efetivo para minimizar a ofensa;

X – o perdão, tácito ou expresso;

(282) Código Civil.

Art. 944. A indenização mede-se pela extensão do dano.

Parágrafo único. Se houver excessiva desproporção entre a gravidade da culpa e o dano, poderá o juiz reduzir, equitativamente, a indenização.

XI – a situação social e econômica das partes envolvidas;

XII – o grau de publicidade da ofensa.

De início, observa-se que não se trata de requisitos cumulativos à caracterização do ato ilícito, mas indicativos para a suficiente caracterização e mensuração do valor destinado à compensação. Assim, não é necessário que todos estejam presentes para a configuração do dano extrapatrimonial, mas sua adequada descrição na causa de pedir se mostrará determinante para tanto.

Destarte, tais parâmetros servirão como norte para análise da causa de pedir e sopesamento da prova dos autos, visando à aferição da ocorrência do ilícito, sua caracterização, amplitude, extensão e complexidade, na esteira do que preceitua o art. 489 do CPC.

8.1.2. A configuração de ato ilícito pelo transporte de valores por motorista não especializado. Tema 61 do TST

Questão recorrente na seara trabalhista, suscitada em muitos processos, se refere à configuração do dano moral causado ao motorista que, embora não especializado, recebe a incumbência de transportar valores sem ter as condições adequadas para tanto, ficando exposto a alto grau de risco, que provoca abalo emocional.

Ao reafirmar sua jurisprudência e instituir a Consolidação do Sistema de Precedentes Obrigatórios na Justiça do Trabalho, com fundamento no Art. 5º, X, da CF/88 e arts. 186 e 927 do Código Civil, o TST estabeleceu o **Tema n. 61** nos seguintes termos:

> O transporte de valores por trabalhador não especializado configura situação de risco a ensejar reparação civil por dano moral *in re ipsa*, independentemente da atividade econômica do empregador. (Marcas nossas)

Por ser dotado de efeito vinculante, nos termos dos artigos 926 e 927 do Código de Processo Civil, deve ser obrigatoriamente aplicado nos termos em que instituído, com observância dos requisitos fixados.

8.1.3. Critérios para a fixação do valor da indenização

A Lei n. 13.467/2017 também traçou regras para a quantificação do valor da indenização, estabelecendo o § 1º do art. 223-G da CLT que, ao julgar procedente o pedido, o juízo fixará a indenização a ser paga a cada um dos ofendidos, observando os seguintes parâmetros:

I – ofensa de natureza leve, até três vezes o último salário contratual do ofendido;

II – ofensa de natureza média, até cinco vezes o último salário contratual do ofendido;

III – ofensa de natureza grave, até vinte vezes o último salário contratual do ofendido;

IV – ofensa de natureza gravíssima, até cinquenta vezes o último salário contratual do ofendido.

No § 2º do mesmo artigo prevê que, se o ofendido for pessoa jurídica, a indenização será fixada com observância dos mesmos parâmetros estabelecidos no § 1º desse artigo, mas em relação ao salário contratual do ofensor.

O § 3º do art. 223-G da CLT estabelece que o juízo poderá elevar o valor da indenização ao dobro, quando houver reincidência "entre partes idênticas". A interpretação teleológica desse preceito respalda a aplicação extensiva a todos os casos de reincidência, mesmo que não ocorra entre partes idênticas, porque o escopo da lei consistiu em coibir a prática reiterada do ofensor, de sorte que a existência de diferentes ofendidos não desnatura, mas aumenta, o grau ofensivo da conduta ilícita que, assim, deve ser reprimida.

A tarifação dos valores referentes à indenização por dano extrapatrimonial tem sido objeto de muitos questionamentos.

Alguns consideram válida essa fixação, por impedir que a subjetividade do julgador leve à disparidade expressiva de valores para trabalhadores que, embora trabalhem lado a lado e tenham sofrido o mesmo dano, recebem indenizações em valores bem diferentes, violando o princípio da isonomia que deve ser aplicado aos que estão na mesma situação, além de provocar indesejável efeito de loteria, que compromete a credibilidade do Poder Judiciário.

Outros alegavam que essa tarifação padeceria de inconstitucionalidade, precisamente por violar o princípio da isonomia e a reparação integral dos danos causados pelo ato ilícito. O STF julgou parcialmente procedente a ADI 6.050, que suscitava tais questionamentos.(283)

8.1.4. Critérios para fixação da correção monetária

Nas lides trabalhistas, determinava-se que a correção monetária da indenização por danos extrapatrimoniais devia ser apurada a partir da decisão que fixou o respectivo valor, em cumprimento à diretriz fixada pela Súmula n. 439 do TST, *in verbis:*

> Súmula n. 439 do TST
>
> DANOS MORAIS. JUROS DE MORA E ATUALIZAÇÃO MONETÁRIA. TERMO INICIAL - Res. n. 185/2012, *DEJT* divulgado em 25, 26 e 27.9.2012
>
> Nas condenações por dano moral, a atualização monetária é devida a partir da data da decisão de arbitramento ou de alteração do valor. Os juros incidem desde o ajuizamento da ação, nos termos do art. 883 da CLT.

Porém, a partir do momento em que a indenização passa a ser tarifada, nos casos em que o beneficiário não trabalha mais para aquele empregador/empresa, é sustentável fixar que o último salário contratual do ofendido deve ser corrigido monetariamente para, em seguida, ser considerado como base de cálculo para a fixação do valor líquido, referente à indenização devida.

Quanto à atualização (correção monetária e juros), os critérios previstos na suprarreferida Súmula do TST foram superados pelo STF que, na ADC 58, decidiu:

> julgar parcialmente procedente a ação, para conferir interpretação conforme à Constituição ao art. 879, § 7º, e ao art. 899, § 4º, da CLT, na redação dada pela Lei n. 13.467 de 2017, no sentido de considerar que à atualização dos créditos decorrentes de condenação judicial e à correção dos depósitos recursais em contas judiciais na Justiça do Trabalho deverão ser aplicados, até que sobrevenha solução legislativa, os mesmos índices de correção monetária e de juros que vigentes para as condenações cíveis em geral, quais sejam a incidência do IPCA-E na fase pré-judicial e, a partir da citação, a incidência da taxa SELIC (art. 406 do Código Civil), nos termos do voto do relator.

Referido entendimento, inclusive, foi consolidado na Tese de Repercussão Geral n. 1.191.(284)

---

(283) Ação Direta de Inconstitucionalidade (ADI) n. 6050, — julgamento: — por maioria de votos, conhecer das ADIs 6.050, 6.069 e 6.082 e julgar parcialmente procedentes os pedidos para conferir interpretação conforme a Constituição, de modo a estabelecer que: 1) As redações conferidas aos arts. 223-A e 223-B, da CLT, não excluem o direito à reparação por dano moral indireto ou dano em ricochete no âmbito das relações de trabalho, a ser apreciado nos termos da legislação civil; 2) Os critérios de quantificação de reparação por dano extrapatrimonial previstos no art. 223-G, *caput* e § 1º, da CLT deverão ser observados pelo julgador como critérios orientativos de fundamentação da decisão judicial. É constitucional, porém, o arbitramento judicial do dano em valores superiores aos limites máximos dispostos nos incisos I a IV do § 1º do art. 223-G, quando consideradas as circunstâncias do caso concreto e os princípios da razoabilidade, da proporcionalidade e da igualdade. Tudo nos termos do voto do relator (Min. Gilmar Mendes).

(284) "I - É inconstitucional a utilização da Taxa Referencial - TR como índice de atualização dos **débitos trabalhistas**, devendo ser **aplicados**, até que sobrevenha solução legislativa, **os mesmos índices de correção monetária e de juros vigentes para as condenações cíveis em geral, quais sejam a incidência do IPCA-E na fase pré-judicial e, a partir do ajuizamento da ação, a incidência da taxa SELIC** (art. 406 do Código Civil), à exceção das dívidas da Fazenda Pública, que possuem regramento específico. A incidência de juros moratórios com base na variação da taxa SELIC não pode ser cumulada com a aplicação de outros índices de atualização monetária, cumulação que representaria *bis in idem*. II - A fim de garantir segurança jurídica e isonomia na aplicação desta tese, **devem ser observados os marcos para modulação dos efeitos da decisão fixados no julgamento conjunto da ADI 5.867, ADI 6.021, ADC 58 e ADC 59**, como segue:

Por fim, oportuno registrar que Tribunal Superior do Trabalho, à vista das recorrentes controvérsias advindas da tentativa de harmonização da Súmula n. 439 com o entendimento fixado pelo Supremo Tribunal Federal, alterou referida orientação jurisprudencial, conforme E-RR-202-65.2011.5.04.0030:

> RECURSO DE EMBARGOS EM RECURSO DE REVISTA. RECURSO DE EMBARGOS INTERPOSTO SOB A ÉGIDE DA LEI N. 13.015/2014. EXECUÇÃO. **ÍNDICE DE CORREÇÃO MONETÁRIA DOS DÉBITOS TRABALHISTAS**. CONHECIMENTO DO RECURSO DE REVISTA POR VIOLAÇÃO DO ART. 5º, II, DA CONSTITUIÇÃO. POSSIBILIDADE. Encontra-se pacificado, na SBDI-1, o entendimento de que a pretensão de correção do índice de correção monetária e conformação dos termos do acórdão regional à tese vinculante do STF sobre a matéria viabiliza o conhecimento do recurso de revista por violação do art. 5º, II, da Constituição Federal, violação que se dá de forma direta e literal, no termos do que preceitua o art. 896, § 2º, da CLT. Precedentes. **ÍNDICE DE CORREÇÃO MONETÁRIA DOS DÉBITOS TRABALHISTAS E JUROS DE MORA. DANO MORAL** E MATERIAL. **INDENIZAÇÃO**. PARCELA ÚNICA. **DECISÃO PROFERIDA PELO SUPREMO TRIBUNAL FEDERAL NA ADC 58.** Trata-se de condenação em indenização por danos morais e materiais, em parcela única. Para o caso em exame, esta Corte superior havia fixado o entendimento de que os juros de mora das condenações em danos morais e materiais deveriam ser contados da data do ajuizamento da ação, nos termos da Súmula n. 439 do TST, e a atualização monetária se daria a partir da decisão de arbitramento ou alteração de valores das referidas condenações, momento em que há o reconhecimento do direito à verba indenizatória. O Supremo Tribunal Federal, em Sessão Plenária realizada em 18 de dezembro de 2020, ao julgar o mérito das Ações Diretas de Inconstitucionalidade ns. 5.867 e 6.021, em conjunto com as Ações Diretas de Constitucionalidade ns. 58 e 59, julgou parcialmente procedentes as ações, a fim de, emprestando interpretação conforme à Constituição aos arts. 879, § 7º, e 899, § 4º, da CLT, na redação dada pela Lei n. 13.467 de 2017, definir, com efeito vinculante, a tese de que "à atualização dos créditos decorrentes de condenação judicial e à correção dos depósitos recursais em contas judiciais na Justiça do Trabalho deverão ser aplicados, até que sobrevenha solução legislativa, os mesmos índices de correção monetária e de juros que vigentes para as condenações cíveis em geral, quais sejam a incidência do IPCA-E na fase pré-judicial e, a partir do ajuizamento da ação, a incidência da taxa SELIC (art. 406 do Código Civil)" (redação dada após acolhidos embargos de declaração a fim de sanar erro material). Ao julgar os primeiros embargos declaratórios esclareceu que: "Em relação à fase extrajudicial, ou seja, a que antecede o ajuizamento das ações trabalhistas, deverá ser utilizado como indexador o IPCA-E acumulado no período de janeiro a dezembro de 2000. A partir de janeiro de 2001, deverá ser utilizado o IPCA-E mensal (IPCA-15/IBGE), em razão da extinção da UFIR como indexador, nos termos do art. 29, § 3º, da MP n. 1.973-67/2000. Além da indexação, serão aplicados os juros legais (art. 39, *caput*, da Lei n. 8.177, de 1991)". Houve modulação dos efeitos da decisão principal, fixando-se o entendimento segundo o qual todos os pagamentos realizados a tempo e modo, quaisquer que tenham sido os índices aplicados no momento do ato jurídico perfeito, assim como os processos alcançados pelo manto da coisa julgada, devem ter os seus efeitos mantidos, ao passo que **os processos sobrestados, em fase de conhecimento, independentemente de haver sido proferida sentença, devem ser enquadrados no novo entendimento jurídico conferido pelo precedente vinculante, sob pena de inexigibilidade do título executivo exarado em desconformidade com o precedente em questão. Quanto aos processos em fase de execução, com débitos pendentes de quitação, e que não tenham definido o índice de correção no título executivo, também devem seguir a nova orientação inaugurada pelo precedente**. Diante do decidido, é possível concluir, sucintamente, que, para todos os processos com débitos trabalhistas quitados até a data do referido julgado (18.12.2020), torna-se inviável o reexame da matéria, seja como pretensão executória residual, seja como incidente de execução, seja como pretensão arguível em ação autônoma, ainda que de natureza rescisória. Já para os processos em fase de execução que possuem débitos não quitados, há que se verificar o alcance da coisa julgada. Se o índice de correção monetária aplicável aos débitos trabalhistas foi fixado no título executivo, transitando em julgado, não há espaço para a rediscussão da matéria, nos termos acima referidos. Ao contrário, **se não tiver havido tal fixação no**

(i) são reputados válidos e não ensejarão qualquer rediscussão, em ação em curso ou em nova demanda, incluindo ação rescisória, todos os pagamentos realizados utilizando a TR (IPCA-E ou qualquer outro índice), no tempo e modo oportunos (de forma extrajudicial ou judicial, inclusive depósitos judiciais) e os juros de mora de 1% ao mês, assim como devem ser mantidas e executadas as sentenças transitadas em julgado que expressamente adotaram, na sua fundamentação ou no dispositivo, a TR (ou o IPCA-E) e os juros de mora de 1% ao mês; **(ii) os processos em curso** que estejam sobrestados na fase de conhecimento, independentemente de estarem com ou sem sentença, inclusive na fase recursal, **devem ter aplicação, de forma retroativa, da taxa Selic** (juros e correção monetária), sob pena de alegação futura de inexigibilidade de título judicial fundado em interpretação contrária ao posicionamento do STF (art. 525, §§ 12 e 14, ou art. 535, §§ 5º e 7º, do CPC e **(iii) os parâmetros fixados neste julgamento aplicam-se aos processos, ainda que transitados em julgado, em que a sentença não tenha consignado manifestação expressa quanto aos índices de correção monetária e taxa de juros (omissão expressa ou simples consideração de seguir os critérios legais)."** (Grifo nosso).

título executivo, aplica-se de forma irrestrita o precedente do Supremo Tribunal Federal, incidindo o IPCA-E até a data imediatamente anterior ao ajuizamento da ação, e desde então, a taxa SELIC. Com a fixação do precedente vinculante exarado pelo Supremo Tribunal Federal nos autos da ADC nº 58, que afastou o critério previsto no art. 883 da CLT como base jurídica para o cômputo de juros de mora na Justiça do Trabalho, tem-se que **incidirá a taxa SELIC — que engloba juros e correção monetária, desde a data do ajuizamento da ação nesta Justiça Especializada, e não mais pelo critério cindido a que faz alusão a Súmula n. 439 do TST**, se amoldando, assim, ao precedente vinculante do STF. Tal conclusão decorre da própria unificação havida entre a disciplina dos juros moratórios e da atualização monetária dos débitos trabalhistas, cuja taxa SELIC passou a ser utilizada de forma geral para ambos os aspectos (correção e juros de mora), tornando impraticável a dissociação de momentos para a incidência do índice no processo trabalhista. Ainda, **o STF não fez distinção quanto à natureza dos créditos deferidos para aplicação da decisão vinculante proferida na ADC nº 58.** Em recentes reclamações, a Suprema Corte tem definido não haver "diferenciação quanto à atualização monetária de créditos oriundos de condenação ao pagamento de indenização por dano moral e daqueles oriundos de condenação por dívidas trabalhistas comuns". (Reclamação n. 46.721, rel. Ministro Gilmar Mendes, decisão monocrática publicada no *Dje* em 27.07.2021). Ainda, nesse sentido: Rcl 55.640/PI, relator Ministro Edson Fachin, *Dje* de 1º.6.2023; Rcl 56.478/ES, relator Ministro Nunes Marques, *Dje* de 19.6.2023; Rcl 61.322/SP, relator Ministro Gilmar Mendes, *Dje* de 4.8.2023; Rcl 61.903/AM, relator Ministro Alexandre de Moraes, *Dje* de 30.8.2023; Rcl 62.698/SP, relator Ministro Gilmar Mendes, *DJe* de 29.2.2024. Recurso de embargos conhecido e parcialmente provido. (E-RR-202-65.2011.5.04.0030, Subseção I Especializada em Dissídios Individuais, relator Ministro Breno Medeiros, *DEJT* 28.6.2024.

Portanto, atualmente, **deverá incidir o IPCA-E na fase pré-judicial e, a partir do ajuizamento da demanda, a taxa SELIC.**

8.1.5. *Possibilidade de cumulação da reparação por danos materiais e extrapatrimoniais decorrentes do mesmo ato lesivo*

Por derradeiro, interessante ressaltar ter a lei consignado que a reparação por danos extrapatrimoniais pode ser pedida cumulativamente com a indenização por danos materiais, decorrentes do mesmo ato lesivo.

Nesse caso, ao proferir a decisão, o Juízo discriminará os valores das indenizações devidas a título de danos patrimoniais e as reparações por danos de natureza extrapatrimonial. A composição das perdas e danos, assim compreendidos os lucros cessantes, danos emergentes e pensão, não interfere na avaliação dos danos extrapatrimoniais.

8.2. O dano existencial e a extrapolação dos limites de jornada e descanso

O exercício da atividade de motorista profissional, por si só, implica afastamento do trabalhador de seu entorno social, comprometendo o diuturno convívio familiar. Não são poucos os relatos de distúrbios psicológicos e sociais provocados quando esta situação se prolonga por muito tempo de forma contínua, o que pode causar danos à higidez mental do condutor, desencadeando consequências para sua atuação ao volante, que pode colocar em risco a vida e a integridade física também de terceiros, que com ele compartilham o trânsito das rodovias e vias públicas.[285]

(285) "O dano existencial é um conceito jurídico oriundo do Direito civil italiano e relativamente recente, que se apresenta como aprimoramento da teoria da responsabilidade civil, vislumbrando uma forma de proteção à pessoa que transcende os limites classicamente colocados para a noção de dano moral. Diante da insuficiência da classificação binária dano moral/dano existencial, a doutrina civilista italiana vislumbrou uma lacuna legal na proteção da pessoa contra danos que limitavam ou impediam definitivamente a prática das atividades humanas cotidianas. Como resposta a essa lacuna do direito, a doutrina italiana cunhou uma nova espécie de dano injusto causado à pessoa, chamado de "dano à vida de relações" (ALMEIDA NETO, Amaro Alves de. Dano existencial: a tutela da dignidade da pessoa humana. *Revista dos Tribunais*, São Paulo, v. 6, n. 24, p. 35, out./dez. 2005). Flaviana Rampazzo Soares *define o dano existencial, em seu aspecto objetivo, como a lesão ao complexo de relações que auxiliam no desenvolvimento normal da personalidade do sujeito, abrangendo tanto a ordem pessoal, como a ordem social. Seria, portanto, uma afetação negativa de atividade ou conjunto de atividades que a vítima realizava em seu cotidiano e que, em razão do efeito lesivo, precisou modificar ou mesmo suprimir de sua rotina* (SOARES, Flaviana Rampazzo. *Responsabilidade civil por dano existencial.* Porto Alegre: Livraria do Advogado, 2009. p. 44). *O conceito, portanto, se aperfeiçoou como uma resposta do ordenamento jurídico àqueles danos aos direitos da personalidade que produzem reflexos não apenas na conformação moral e física do sujeito lesado, mas que comprometem também suas*

Daí a necessidade de obedecer limites quanto à duração da jornada, assegurar o gozo dos intervalos para alimentação e repouso, pois são essas providências que minimizam os efeitos nefastos.

A Lei n. 12.619, da forma como promulgada em 2012, teve o mérito de tornar clara a inter-relação entre limites de jornada/concessão de intervalos com a preservação da saúde do condutor e da segurança nas rodovias, com a consequente redução do número de acidentes de trânsito.

A derrogação de alguns dispositivos da Lei n. 12.619/2012, com as alterações propostas pela Lei n. 13.103/2015, possibilitando a prorrogação da jornada por até 4 horas extraordinárias, mediante previsão em convenção ou acordo coletivo, admitindo o cumprimento de jornadas com 12 horas de duração — sob as condições por nós já delineadas alhures —, a fragmentação dos intervalos para descanso e refeição em períodos com duração de 5 minutos, a condução de veículo por 5 horas e 30 minutos ininterruptos ao volante, a falta de concessão de intervalos semanais por longos períodos, representa um preocupante retrocesso de quase um século, pois faz lembrar as lutas coletivas do início do século XX pela conquista da jornada com a duração 8 horas.

Acrescente-se que tudo isso se dá em uma atividade reconhecidamente exaustiva e de risco, predominantemente prestada em situação de estresse contínuo, em locais distantes do domicílio

---

relações com terceiros. Mais adiante, a doutrina se sofisticou para compreender também a possibilidade de tutela do sujeito não apenas quanto às relações concretas que foram comprometidas pelas limitações decorrentes da lesão, como também quanto às relações que potencialmente poderiam ter sido construídas, mas que foram suprimidas da esfera social e do horizonte de alternativas de que o sujeito dispõe. Nesse sentido, *o conceito de projeto de vida e a concepção de lesões que atingem o projeto de vida passa a fazer parte da noção de dano existencial.* A jurisprudência da *Corte Interamericana de Direitos Humanos contribui para o aperfeiçoamento do conceito na medida em que tem reconhecido a incidência de dano ao projeto de vida quando ocorre violação aos direitos humanos consagrados na Convenção Americana de Direitos Humanos* (SCHÄFER Gilberto; MACHADO, Carlos Eduardo Martins. A reparação do dano ao projeto de vida na Corte Interamericana de Direitos Humanos. *Revista de Direitos Fundamentais e Democracia*, v. 13, n. 13, jan./jun. 2013). O conceito foi aos poucos sendo absorvido pelos Tribunais Brasileiros, especificamente na seara civil, e, mais recentemente, tem sido pautado no âmbito da Justiça do Trabalho. No âmbito da doutrina justrabalhista o conceito tem sido absorvido e ressignificado para o contexto das relações de trabalho, como representativo das violações de direitos e limites inerentes ao contrato de trabalho que implicam, além de danos materiais ou porventura danos morais ao trabalhador, igualmente, danos ao seu projeto de vida ou à chamada "vida de relações".

Embora exista no âmbito doutrinário razoável divergência a respeito da classificação do dano existencial como espécie de dano moral ou como dano de natureza extrapatrimonial estranho aos contornos gerais da ofensa à personalidade, o que se tem é que dano moral e dano existencial não se confundem, seja quanto aos seus pressupostos, seja quanto à sua comprovação. Isto é, embora uma mesma situação de fato possa ter por consequência as duas formas de lesão, seus pressupostos e demonstração probatória se fazem de forma peculiar e independente. Nesse sentido, por exemplo, é verdade que construções jurídicas relevantes e fiéis aos propósitos e requisitos do instituto permitem concluir que situações em que houve comprovação de rotinas de trabalho tão intensas e desprovidas de pausas implicaram a derruição das relações sociais e familiares dos trabalhadores, em prejuízo da "vida de relações" e dos projetos de futuro dos envolvidos em relações de trabalho abusivas, restando caracterizado o dano existencial [e, aqui, acrescentamos que a prova seria, então, *in re ipsa*, assim como a prova do dano moral]. Entretanto, tais construções complexas, pautadas em aferições minuciosas de quadros fáticos não podem dar azo à banalização do instituto, mediante simplificação excessiva do seu conceito, para acabar por compreendê-lo como mera decorrência da prestação de sobrejornada. Tal espécie de alargamento conceitual, longe de ampliar a esfera de proteção da pessoa humana, a esvazia, tornando-a vulnerável e passível de não consolidação no ordenamento jurídico.

No caso concreto, a Corte regional entendeu que o reclamante se desincumbiu do ônus de comprovar o dano existencial tão somente em razão de o trabalhador ter demonstrado a prática habitual de sobrejornada. Entendeu que o corolário lógico dessa prova seria a compreensão de que houve prejuízo às relações sociais do sujeito, dispensando o reclamante do ônus de comprovar o efetivo prejuízo à sua vida de relações ou ao seu projeto de vida. Portanto, extrai-se que o dano existencial foi reconhecido e a responsabilidade do empregador foi declarada à míngua de prova específica do dano existencial, cujo ônus competiria ao reclamante. Nesse sentido, a decisão viola o disposto nos arts. 818 da CLT e 333 do CPC. É importante esclarecer: não se trata, em absoluto, de negar a possibilidade de a jornada efetivamente praticada pelo reclamante na situação dos autos (ilicitamente fixada em 70 horas semanais) ter por consequência a deterioração de suas relações pessoais ou de eventual projeto de vida: trata-se da impossibilidade de presumir que esse dano efetivamente aconteceu no caso concreto, em face da ausência de prova nesse sentido. Embora a possibilidade, abstratamente, exista é necessário que ela seja constatada no caso concreto para sobre o indivíduo recaia a reparação almejada. *Demonstrado concretamente o prejuízo às relações sociais e a ruína do projeto de vida do trabalhador, tem-se como comprovado,* in re ipsa, *a dor e o dano a sua personalidade.* O que não se pode admitir é que, comprovada a prestação em horas extraordinárias, extraia-se daí automaticamente a consequência de que as relações sociais do trabalhador foram rompidas ou que seu projeto de vida foi suprimido do seu horizonte." (Processo: RR – 523-56.2012.5.04.0292. Data de Julgamento: 26.08.2015, relator Ministro: Luiz Philippe Vieira de Mello Filho, 7ª Turma, Data de Publicação: *DEJT* 28.08.2015, fls. 17-19)

do condutor. Assim, a exigência de reiterado cumprimento de jornadas exaustivas, que impossibilitam a vida social e comprometem a convivência familiar, frustrando a possibilidade de o motorista profissional ter qualquer outro projeto em sua vida pessoal, configura o dano existencial.

Nesse contexto, a elaboração de escalas exaustivas, ou listas sobrecarregadas que devem ser cumpridas para as atividades de transporte, carga/descarga de mercadorias, estabelecendo um rol extenso de tarefas que devem ser cumpridas em curto espaço de tempo, assim exigindo longas jornadas, sem a possibilidade de gozo do descanso reparador, justificam a imputação de responsabilidade por dano existencial provocado pela flagrante gestão por assédio, que retira a humanidade do indivíduo, acaba com sua vida pessoal, social e familiar, transformando-o numa "máquina" de trabalhar. Tais argumentos foram sustentados pela coautora[(286)] no julgamento do processo n. 0174000-02.2007.5.15.0095 que contou com a seguinte ementa:

> GESTÃO POR INJÚRIA. ABUSO DO PODER PATRONAL DIRETIVO. DIREITOS INDIVIDUAIS HOMOGÊNEOS. AÇÃO CIVIL PÚBLICA. INTERESSE DE AGIR. MINISTÉRIO PÚBLICO DO TRABALHO.
>
> Patente o interesse de agir do Ministério Público do Trabalho que, na defesa dos direitos individuais homogêneos, ajuíza ação civil pública propugnando pelo comando inibitório da gestão por injúria e preservação do direito do trabalhador atuar como sujeito e não como objeto de uma relação contratual, visando preservar sua integridade física e moral contra o abuso do poder patronal diretivo, a fim de conferir efetividade aos direitos fundamentais assegurados pela Constituição da República. Inteligência do preceituado nos incisos III, IV, do art. 1º, V e X do art. 5º; XXII do art. 7º e arts. 127, 129 e 170 da CF/88.
>
> DESTINAÇÃO DE VALOR DAS MULTAS E INDENIZAÇÃO AO FAT. INADEQUAÇÃO. NECESSIDADE DE CONFERIR EFETIVIDADE AO ESCOPO COMPENSATÓRIO DA LESÃO PROVOCADA AO BEM JURÍDICO AFETADO E ASSEGURAR A FINALIDADE PEDAGÓGICA DA MEDIDA.
>
> O FAT — Fundo de Amparo ao Trabalhador — foi instituído pela Lei n. 7.998/90 com a finalidade de custear o programa de seguro-desemprego, pagamento de abono salarial e financiamento de programas de desenvolvimento econômico, de sorte que *in casu* se revela inadequado para atender à finalidade traçada pelo art. 13 da Lei n. 7.347/85. Enquanto não for criado Fundo nos termos estabelecidos, caberá à jurisprudência construir a solução que possa conferir efetividade ao escopo compensatório da lesão provocada ao bem jurídico afetado e assegurar a finalidade pedagógica da medida, sob a perspectiva dos princípios fundamentais, estabelecidos pela Constituição Federal de 1988 para a edificação de uma sociedade justa e solidária.

Logo, conclui-se que, com o reconhecimento expresso, pelo art. 223-B da CLT, inserido pela Lei n. 13.467/2017, da possibilidade de recomposição do dano existencial, deve-se voltar a atenção para a sua configuração, sendo a atividade do motorista profissional propicia para que referida forma de lesão extrapatrimonial ocorra, mormente em razão das diversas falhas ainda verificadas na forma como o trabalho é organizado.

Logo, conclui-se que, com o reconhecimento expresso pelo art. 223-B da CLT, inserido pela Lei n. 13.467/2017, quanto à imputação de indenização para a compensação do dano existencial, há respaldo legal para esta cominação em relação à atividade do motorista profissional, quando ocorre lesão extrapatrimonial, em razão de diversas falhas na forma como o trabalho é organizado.

---

(286) Acórdão relatado pela Desembargadora Tereza Aparecida Asta Gemignani, julgado pela 1ª Câmara do Tribunal Regional do Trabalho da 15ª Região, por unanimidade.

9

Tutela Inibitória — A Prevenção Reconhecida como Bem Jurídico

A tutela inibitória passa a ganhar espaço cada vez maior em nosso ordenamento, dada sua relevância para oferecer respostas aos desafios da sociedade contemporânea, que vem clamando por um novo modelo de proteção, em que a prevenção passa a ser reconhecida como bem jurídico.

Ponto central e de destaque, que vimos apresentando ao longo desta obra, é o referente às novas tutelas que a legislação protetiva laboral vem reconhecendo, notadamente depois que os direitos trabalhistas foram alçados à condição de fundamentais pelo art. 7º da Constituição Federal de 1988.

Com efeito, é chegado o momento de superar o paradigma *monetizante*, que até hoje pautou a configuração de uma tutela de natureza apenas reparatória, e abrir espaço para outra perspectiva, que reconheça o valor da prevenção, não como princípio teórico, mas como bem jurídico concreto, passível de ser judicialmente exigido, notadamente em questões afetas ao meio ambiente de trabalho.(287)

O modelo gestado na primeira metade do século XX vem se revelando cada vez mais insuficiente para oferecer resposta às novas demandas do século XXI. O trilhar de um novo caminho foi impulsionado pela Constituição Federal de 1988, ao estabelecer em seu art. 5º, inciso XXXV, que não só a lesão consumada, mas também *a ameaça* deve ser rechaçada pelo ordenamento, assim contribuindo de maneira significativa para formatar um novo conceito de ato ilícito, não mais exigindo a ocorrência de dano para sua configuração.

Com efeito, institutos como as cautelares disciplinadas pelos arts. 796 a 889, a antecipação de tutela prevista pelo art. 273 e a tutela específica contida nos arts. 461 e 461-A, todos do já revogado Código de Processo Civil de 1973 (CPC/1973), são exemplos da abertura desse leque protetivo. Tanto é assim que o § 1º do art. 461 do CPC/1973 estabelecia uma escala de prioridade, ao expressamente preceituar que somente se o autor requerer, ou for impossível a tutela específica ou a obtenção do resultado prático correspondente, é que a obrigação se converterá em perdas e danos, com o pagamento da indenização substitutiva.

Obviamente, trata-se de alteração substancial na forma de atuação do Poder Judiciário, trazendo para sua órbita procedimentos anteriormente afetos apenas à área administrativa.(288)

Os novos desafios da sociedade contemporânea vêm conferindo ao tema cada vez maior relevância e têm levado, paulatinamente, à superação do conceito clássico de que só o evento danoso seria passível de tutela, reduzida à indenização pelo equivalente pecuniário.

---

(287) A questão foi tratada no artigo "Meio ambiente de trabalho. Precaução e prevenção. Princípios norteadores de um novo padrão normativo". In: GEMIGNANI, Tereza Aparecida Asta; GEMIGNANI, Daniel. *Direito Constitucional do Trabalho*. Da análise dogmática à concretização de questões polêmicas. São Paulo: LTr, 2014. p. 54-68.

(288) Em âmbito administrativo há os institutos da interdição e do embargo de obra, utilizados pelos Auditores-Fiscais do Trabalho, que não têm cunho sancionatório e visam evitar a ocorrência do dano, sob o pálio dos princípios da prevenção e da precaução.

Esse modelo centrado na tutela ressarcitória pelo equivalente, pautado pela visão patrimonialista do bem da vida, reduziu a configuração do ilícito ao dano, transformando a prática do ato ofensivo num direito de crédito da vítima contra o agressor. Esse arquétipo se revela particularmente ineficaz quando se trata de acidente de trabalho e doença profissional, em que o maior interesse (não só da vítima, mas também da sociedade, tendo-se em vista as diversas repercussões do evento) consiste em evitar a própria ocorrência da lesão e não propiciar o recebimento de uma indenização pelo dano já provocado, até porque raras vezes é possível reparar um ilícito dessa natureza, dada a magnitude das consequências que pode provocar por toda a vida.

Como explica Marinoni,[(289)] o sistema tradicional da tutela de direitos pela via do ressarcimento se revela insuficiente para oferecer resposta "às novas situações jurídicas, frequentemente de conteúdo não patrimonial, ou prevalentemente não patrimonial, em que se concretizam os direitos fundamentais do cidadão". Por isso, a tutela preventiva é a "única capaz de impedir que os direitos não patrimoniais sejam transformados em pecúnia, através de uma inconcebível expropriação de direitos fundamentais para a vida humana".

Nesse contexto, a tutela inibitória cresce de importância, pois visa "prevenir o ilícito", ou seja, tem por fim impedir sua prática, "a continuação ou a repetição do ilícito, e não uma tutela dirigida à reparação do dano", de sorte que se apresenta "anterior a sua prática", diferentemente da tutela ressarcitória, voltada a "saber quem deve suportar o custo do dano" já ocorrido no passado.

Assim, a efetiva implementação da tutela inibitória no ordenamento vai exigir a "quebra de um dogma — de origem romana" que reconhecia como única e verdadeira tutela contra o ilícito "a reparação do dano, ou a tutela ressarcitória", resultado de uma visão "mercificante" dos direitos, esclarecendo com percuciência:

> A confusão entre ilícito e dano é o reflexo de um árduo processo de evolução histórica, que culminou por fazer pensar — através da suposição de que o bem juridicamente protegido é a mercadoria, isto é, a *res* dotada de valor de troca — que a tutela privada do bem é o ressarcimento do equivalente ao valor econômico da lesão. A identificação de ilícito e dano não deixa luz para a doutrina enxergar outras formas de tutela contra o ilícito; não é por outra razão, aliás, que o grande exemplo de tutela inibitória no direito brasileiro está no interdito proibitório, a refletir valores liberais clássicos e privatísticos.

Portanto, se a preservação dos marcos civilizatórios da vida em sociedade não pode ficar restrita apenas à reparação do dano já ocorrido, é possível construir juridicamente um outro tipo de tutela, a tutela inibitória que objetiva conservar a "integridade do direito em si", porque é melhor "prevenir do que ressarcir".

Tal se dá porque o "dano não é uma consequência necessária do ato ilícito. O dano é requisito indispensável para respaldar a obrigação de ressarcir, mas não para a constituição do ilícito", explicando que:[(290)]

> (...) se o dano é uma consequência meramente eventual e não necessária do ilícito, a tutela inibitória não deve ser compreendida como uma tutela contra a probabilidade do dano, mas sim como uma tutela contra o perigo da prática, da repetição ou da continuação do ilícito, compreendido como ato contrário ao direito, que prescinde da configuração do dano (...) [permitindo] a configuração de uma tutela genuinamente

(289) MARINONI, Luiz Guilherme. *Tutela Inibitória:* individual e coletiva. 5. ed., rev. São Paulo: Revista dos Tribunais, 2012. p. 20 e 32.

(290) MARINONI, *ibidem*, p. 39-41, 54-55, 57-58 e 68-69.

preventiva, que nada tem a ver com a probabilidade do dano, mas apenas com a probabilidade do ato contrário ao direito (ilícito).

A abertura dessa nova perspectiva se torna ainda mais necessária quando se trata da proteção ao meio ambiente laboral, em que as normas de saúde e segurança do trabalho têm valor em si, o que enseja a necessidade de se resguardar a observância do comando legal, e "não com o efeito concreto de sua violação", restando evidente que, dada a importância deste bem da vida, a tutela não pode ficar restrita apenas à reparação do dano, devendo ter um efeito mais abrangente para proteger a efetividade da própria norma *in re ipsa*, ou seja, para reconhecer a validade e a eficácia do próprio ordenamento jurídico.

Desse modo, a imputação da responsabilidade civil não pode ocorrer apenas nos casos de reparação do dano, mas também quando houver a prática de um ato contrário ao direito, mesmo que este ato não tenha produzido dano, pois é preciso implementar a efetividade da norma quando estabelece parâmetros de conduta necessários para possibilitar a vida em sociedade.

Por isso, ressalta Marinoni, a possibilidade de "requerer uma tutela independentemente da existência de dano tem relação com o próprio conceito de norma jurídica, uma vez que se a única sanção contra o ilícito fosse a obrigação de ressarcir em virtude do dano, a própria razão de ser da norma estaria comprometida".

Trata-se, portanto, de uma nova concepção de direito.

Com efeito, explica o citado processualista que, enquanto para o Estado Liberal o ilícito civil (diferente do ilícito penal) só era objeto de sanção quando causava dano, o modelo de Estado constitucional tem o dever de *tutelar a norma*, porque foi edificado para garantir a efetividade dos direitos fundamentais.

Assim, o arcabouço processual deve estar preparado para inibir o ato contrário ao direito, pouco importando se produziu dano, ou não. Por isso, a tutela inibitória deve impedir a prática de um ato que estiver em desacordo com a norma, pouco importando que tenha provocado dano, ou não. Tal se dá porque o "princípio geral de prevenção é imanente a qualquer ordenamento jurídico que se empenhe em garantir e não apenas em proclamar os direitos".

O inciso XXXV do art. 5º da Constituição Federal de 1988 respalda esse raciocínio quando se refere à "ameaça a direito" e garante o acesso à Justiça, que deve ser entendido como "direito à tutela jurisdicional adequada, porque o Estado, ao proibir a autotutela privada, assumiu o gravíssimo compromisso de tutelar de forma efetiva as diversas situações de direito material".

Enfatiza Marinoni, ademais, que a "importância que se dá ao direito de acesso à justiça decorre do fato de que a ausência de tutela jurisdicional efetiva implica a transformação dos direitos garantidos constitucionalmente em meras declarações políticas, de conteúdo e função mistificadores", de sorte que é preciso "abandonar a ideia de que o direito de acesso à justiça, ou o direito de ação, significa apenas direito à sentença de mérito".

Portanto o processo deve estar atento ao plano do direito material se deseja realmente "fornecer tutela adequada às diversas situações concretas", de modo que na sociedade contemporânea o "direito à prevenção não pode ser considerado um acessório do direito à reparação do dano", sendo a ação inibitória um corolário do "princípio geral de prevenção", cuja importância deriva "sobretudo da inadequação da tutela do tipo repressivo para algumas situações de direito material", notadamente em relação aos direitos fundamentais como a saúde e a integridade física no meio ambiente de trabalho.

Destarte, ante a importância do direito fundamental a ser tutelado, Marinoni[291] aduz ser insuficiente a mera indenização "pelo equivalente ao valor do dano ou ao valor da prestação", exigindo um outro tipo de tutela "que não se conforma com a transformação do direito em pecúnia", por objetivar a inibição da ocorrência do ilícito.

Por isso, adverte o festejado processualista,[292] o processo tem que se adequar "às necessidades de tutela evidenciadas pelas especificidades do direito material afirmado em juízo. É tarefa do legislador na concepção legal do procedimento e do juiz na condução do processo responder a essa necessidade de adequação da tutela jurisdicional. Ao desempenhá-la, a técnica processual deve ser evidentemente pensada na perspectiva *da tutela dos direitos* "sob pena de correr o risco de converter-se "em um procedimento desorientado e indiferente aos seus fins, em que sua finalidade é esfumaçada pela ausência de sua efetiva percepção".

Nesse contexto, a tutela inibitória se torna um "corolário do direito fundamental à tutela adequada definitiva", assim fazendo cumprir o disposto no inciso XXXV do art. 5º da CF/88, revelando-se como "absolutamente necessária para a proteção dos chamados novos direitos" e "imprescindível dentro da sociedade contemporânea, em que se multiplicam os exemplos de direitos que não podem ser adequadamente tutelados pela velha fórmula do equivalente pecuniário".

O CPC em vigor (Lei n. 13.105/2015) ampliou ainda mais a abrangência da tutela inibitória, ao tratar da matéria em seus arts. 497 a 500, reiterando essa diretriz nos arts. 536 e 537 quando dispõe sobre o cumprimento da sentença que reconhece a exigibilidade da obrigação de fazer/não fazer.[293]

Referidas disposições do Código de Processo Civil são acompanhadas, ainda, dos arts. 11, da Lei n. 7.347/1985 (Lei da Ação Civil Pública) e 84, da Lei n. 8.038/1990 (CDC), que, juntamente com

(291) MARINONI, Luiz Guilherme; ARENHART, Sérgio Cruz. *Processo Cautelar* — Curso de Processo Civil, vol. 4, 6. ed., rev. e atual. São Paulo: Revista dos Tribunais, 2014. p. 76-77.

(292) MARINONI, Luiz Guilherme; ARENHART, Sérgio Cruz; MITIDIERO, Daniel. *Novo Curso de processo Civil:* Tutela dos direitos mediante procedimento comum. vol. II. São Paulo: Revista dos Tribunais, 2015. p. 42 e 478-480.

(293) "Art. 497. Na ação que tenha por objeto a prestação de fazer ou de não fazer, o juiz, se procedente o pedido, concederá a tutela específica ou determinará providências que assegurem a obtenção de tutela pelo resultado prático equivalente. Parágrafo único. *Para a concessão da tutela específica destinada a inibir a prática, a reiteração ou a continuação de um ilícito, ou a sua remoção, é irrelevante a demonstração da ocorrência de dano ou da existência de culpa ou dolo.*

Art. 498. Na ação que tenha por objeto a entrega de coisa, o juiz, ao conceder a tutela específica, fixará o prazo para o cumprimento da obrigação. Parágrafo único. Tratando-se de entrega de coisa determinada pelo gênero e pela quantidade, o autor individualizá-la-á na petição inicial, se lhe couber a escolha, ou, se a escolha couber ao réu, este a entregará individualizada, no prazo fixado pelo juiz.

Art. 499. A obrigação somente será convertida em perdas e danos se o autor o requerer ou se impossível a tutela específica ou a obtenção de tutela pelo resultado prático equivalente.

Art. 500. A indenização por perdas e danos dar-se-á sem prejuízo da multa fixada periodicamente para compelir o réu ao cumprimento específico da obrigação.

Art. 536. No cumprimento de sentença que reconheça a exigibilidade de obrigação de fazer ou de não fazer, o juiz poderá, de ofício ou a requerimento, para a efetivação da tutela específica ou a obtenção de tutela pelo resultado prático equivalente, determinar as medidas necessárias à satisfação do exequente.

§ 1º Para atender ao disposto no *caput*, o juiz poderá determinar, entre outras medidas, a imposição de multa, a busca e apreensão, a remoção de pessoas e coisas, o desfazimento de obras e o impedimento de atividade nociva, podendo, caso necessário, requisitar o auxílio de força policial. § 2º O mandado de busca e apreensão de pessoas e coisas será cumprido por 2 (dois) oficiais de justiça, observando-se o disposto no art. 846, §§ 1º a 4º, se houver necessidade de arrombamento. § 3º O executado incidirá nas penas de litigância de má-fé quando injustificadamente descumprir a ordem judicial, sem prejuízo de sua responsabilização por crime de desobediência. § 4º No cumprimento de sentença que reconheça a exigibilidade de obrigação de fazer ou de não fazer, aplica-se o art. 525, no que couber. § 5º O disposto neste artigo aplica-se, no que couber, ao cumprimento de sentença que reconheça deveres de fazer e de não fazer de natureza não obrigacional.

Art. 537. A multa independe de requerimento da parte e poderá ser aplicada na fase de conhecimento, em tutela provisória ou na sentença, ou na fase de execução, desde que seja suficiente e compatível com a obrigação e que se determine prazo razoável para cumprimento do preceito." (Marcas nossas).

as demais normas que compõem o denominado *microssistema de tutela coletiva*,(294) são aplicáveis transversalmente, alcançando todas as searas jurídicas, inclusive o direito processual do trabalho, nos termos do que dispõem os arts. 15 do CPC, 769 da CLT e 3º, inciso XI, da Instrução Normativa n. 39/2016 do C. Tribunal Superior do Trabalho.

Em relação à atividade dos motoristas profissionais, essa questão se reveste de peculiar interesse, porque a tutela da prevenção não se faz apenas para beneficiar o trabalhador, mas também toda a sociedade que com ele compartilha as vias públicas e rodovias, que é seu ambiente de trabalho.

Apesar de idas e vindas, avanços e retrocessos, as Leis ns. 12.619/2012 e 13.103/2015, que instituíram um estatuto próprio para disciplinar a atuação do motorista profissional, tiveram o *mérito de chamar* atenção para a importância de preservar a higidez física e mental do condutor, não só como um bem individual em seu benefício, mas também para garantir a segurança no trânsito, direito fundamental de toda a sociedade.

Nesse contexto, imputar ao ofensor (seja o empregador, o tomador ou demais participantes da cadeia econômica de prestação dos serviços de transporte) a obrigação de pagar pelos danos que sua negligência provocou não é suficiente.

É preciso conceder tutela que possa inibir a própria prática do ato infrator, estimulando, assim, o cumprimento da lei.

Essa, inclusive, a tônica do entendimento firmado pelo TST na Tese n. 124, que assim estabelece:

> A cessação da conduta ilícita após a propositura da ação civil pública não impede, por si só, o deferimento da tutela inibitória, que visa prevenir práticas ilícitas futuras.

Entre as tutelas específicas possíveis, podemos mencionar, de forma exemplificativa:

(i) Imputar ao empregador a obrigação de organizar escalas de trabalho e rotas de viagem que prevejam parada segura, para que o motorista usufrua os intervalos para descanso *(obrigação de fazer)*, o que pode contribuir de maneira decisiva para evitar a ocorrência de acidentes por cansaço do condutor.

(ii) Imputar ao transportador, embarcador, consignatário de cargas e demais nominados pelo art. **9º da Lei n. 13.103/2015**, a obrigação de observar os preceitos estabelecidos nas NRs (Normas Regulamentadoras) do Ministério do Trabalho em relação à manutenção das condições de segurança, sanitárias e de conforto nos locais de espera, de repouso e de descanso dos motoristas profissionais (*obrigação de fazer)* preserva as condições de saúde do condutor e de segurança no trânsito.

(iii) Imputar ao empregador, transportador, embarcador, consignatário de cargas e demais nominados pelo art. *9º da Lei n. 13.103/2015*, a obrigação de não ordenar,(295) nem permitir, que o motorista inicie uma viagem sem ter cumprido integralmente o intervalo de 11 (onze) horas de descanso, em *violação ao preceituado nos §§ 3º e 6º* do art. 67-C da Lei n. 13.103/2015 (*obrigação de não fazer*) preserva os níveis de atenção do condutor e a segurança no trânsito.

A concessão de tais tutelas inibitórias é destinada a coibir a conduta ilícita, independentemente da ocorrência do dano.

(294) Como exemplos, pode-se citar o art. 83 do Estatuto do Idoso, Lei n. 10.741/2003 e art. 213 da Lei n. 8.069/1990 (Estatuto da Criança e do Adolescente — ECA).

(295) Quanto à interpretação do termo "ordenar", remete-se as razões apresentadas no capítulo 3.2.2.1

Basta, para tanto, a violação da norma em si, ato ilícito cuja prática pode ser inibida com a imputação de multa, interdição do serviço e/ou retenção do veículo, medidas que poderão ser determinadas judicialmente visando impedir a prática ou compelir o ofensor a deixar de continuar a praticar o descumprimento da norma posta pelo ordenamento, a fim de evitar o retrocesso social causado pelo apequenamento de um padrão normativo que se apresenta aquém do novo traçado constitucional, que elegeu os direitos fundamentais como seu núcleo essencial, reduzindo a importância normativa da Carta Política de 1988 em um texto simbólico, como alerta Canotilho.[296]

Nesse contexto, oportunas as reflexões de Gustavo Zagrebelsky[297] ao discorrer sobre a importância de uma "dogmática jurídica líquida ou fluida" que possa abarcar as variáveis de nossa época, ao alertar que a Constituição de um país não é uma obra pronta e acabada, mas um projeto em constante reformulação, para que possa manter a atualidade de sua força normativa.

(296) CANOTILHO, José Joaquim Gomes. Os métodos do achamento político. In: CANOTILHO, J. J. Gomes; MENDES, Gilmar F.; SARLET, Ingo W.; STRECK, Lenio L. (Coords.). *Comentários à Constituição do Brasil*. São Paulo: Saraiva/Almedina, 2013. p. 45-51.

(297) ZAGREBELSKY, Gustavo. *Il diritto mite*. Turim: Einaudi, 1992. p. 15-17.

10

Remuneração: Limites a Estipulação de Pagamento Variável e por Comissão

A remuneração proporcional à quantidade e qualidade do trabalho prestado é, há tempos, reconhecida como um dos melhores incentivos ao aumento de produtividade e presteza na prestação laboral.

Porém, em relação aos motoristas profissionais, essa sistemática tem produzido consequências nefastas. A exigência de mais rapidez no cumprimento dos percursos e no atendimento de metas tem levado o trabalhador a descuidar-se dos períodos de repouso, muitas vezes ingerindo substâncias para "driblar o sono", o que provoca aumento expressivo de acidentes nas estradas, vitimando também terceiros.

Aquilo que se apresenta como *"ato falho"* do motorista profissional, muitas vezes é apenas a consequência de uma cadeia de "incentivos" e pressões provocadas pelo tipo de remuneração adotado. A vinculação da remuneração ao aumento da produtividade, em muitos casos, é fator subjacente aos acidentes causados por motoristas sonolentos e afoitos, que ultrapassam seus limites físicos para cumprir "metas" que exigem velocidade e rapidez.

A utilização do termo "falho", cumpre registrar, remete ao conhecido, e corrente, conceito do "ato inseguro", que por nós é questionado nesta obra, haja vista que imputar culpa ao trabalhador sem, no entanto, perquirir acerca dos *fatores imediatos*, *subjacentes* e *latentes*[(298)] que levaram ao sinistro, é compreender apenas parcialmente o acidente ou a doença profissional, descuidando dos motivos reais que levaram à sua ocorrência. Nesse contexto, oportunas as reflexões exaradas no *Guia de Análise de Acidentes* do Ministério do Trabalho, nos seguintes termos:

> *O importante não é identificar os erros do trabalhador, mas conhecer as razões que tornaram os erros possíveis.* Investigações que concluem que 'falhas humanas' causaram eventos adversos, além de óbvias, são frágeis tecnicamente, inadequadas e superficiais. *Paralelamente à falha humana, há fatores subjacentes e latentes que criam um ambiente no qual 'erros humanos' são inevitáveis.*[(299)] (Marcas nossas)

E complementa:

> O paradigma cultural predominante no Brasil em relação à SST baseia-se na visão de que o sistema técnico é confiável e o ser humano constitui o elo frágil da corrente. As falhas humanas são consideradas decorrentes de fatores individuas e do desrespeito às normas prescritas, fruto de decisões 'conscientes' dos trabalhadores. Nesse contexto, as medidas adotadas quase sempre se resumem a punições ou 'treinamento'.[(300)]

(298) "Os fatores latentes geradores de eventos adversos são quase invariavelmente falhas de gestão, organizacionais ou de planejamento". *Guia de Análise de Acidentes*. Ministério do Trabalho e Emprego, Secretaria de Inspeção do Trabalho, 2010. p. 19.

(299) *Guia de Análise de Acidentes*. Ministério do Trabalho e Emprego, Secretaria de Inspeção do Trabalho, 2010. p. 19.

(300) *Guia de Análise de Acidentes*. Ministério do Trabalho e Emprego, Secretaria de Inspeção do Trabalho, 2010. p. 7.

Sob essa perspectiva, a Lei n. 12.619/2012 em boa hora inseriu o art. 235-G na CLT. Entretanto, referido dispositivo sofreu modificações importantes pela Lei n. 13.103/2015. Vejamos a comparação:

Lei n. 12.619/2012 Art. 235-G na CLT	Lei n. 13.103/2015 Art. 235-G na CLT
É proibida a remuneração do motorista em função da distância percorrida, do tempo de viagem e/ou da natureza e quantidade de produtos transportados, inclusive mediante oferta de comissão ou qualquer outro tipo de vantagem, se essa remuneração ou comissionamento comprometer a segurança rodoviária ou da coletividade ou possibilitar violação das normas da presente legislação.	É **permitida** a remuneração do motorista em função da distância percorrida, do tempo de viagem ou da natureza e quantidade de produtos transportados, inclusive mediante oferta de comissão ou qualquer outro tipo de vantagem, **desde que** essa remuneração ou comissionamento não comprometa a segurança da rodovia e da coletividade ou possibilite a violação das normas previstas nesta Lei.

Portanto, verifica-se um retrocesso quando o novo texto legal permite a manutenção da lógica de vinculação da remuneração a fatores que sujeitam trabalhadores a riscos adicionais, notadamente porque podem atuar como estímulo à redução do tempo de viagem, causando efeitos ainda mais nefastos quando combinados com o percurso ininterrupto de grandes distâncias.

Nesse contexto, cabe à hermenêutica minimizar a possibilidade de ocorrência desses efeitos danosos, submetendo a interpretação desse permissivo legal à perspectiva protetiva ínsita ao ordenamento jurídico laboral.

Assim, admissível a fixação do pagamento de remuneração variável como estímulo para que o motorista tenha cuidado com o veículo, observe as regras de uma boa manutenção, limpeza e o uso eficiente de combustível, cumpra as leis trabalhistas e não cometa atos infracionais das normas de trânsito.

Destarte, veda-se o incentivo remuneratório ao risco, fixando-se na lei a sobrevalorização da saúde e segurança, em detrimento da produtividade inconsequente, o que está em consonância com o parâmetro fixado por outras normas de nosso ordenamento.

Com efeito, ainda que implique vedação *contrario sensu*, o item 17.6.3., alínea *"a"*, da Norma Regulamentadora n. 17, segue nessa trilha ao dispor:

> 17.6.3. Nas atividades que exijam sobrecarga muscular estática ou dinâmica do pescoço, ombros, dorso e membros superiores e inferiores, e a partir da análise ergonômica do trabalho, deve ser observado o seguinte:
>
> *a) todo e qualquer sistema de avaliação de desempenho para efeito de remuneração e vantagens de qualquer espécie deve levar em consideração as repercussões sobre a saúde dos trabalhadores;* (Marcas nossas)

Tal diretriz encontra-se em conformidade também com outros preceitos legais, como a Lei n. 12.436/2011, quando trata dos motociclistas profissionais em seu art. 1º, ao prescrever que:

> Art. 1º É vedado às empresas e pessoas físicas empregadoras ou tomadoras de serviços prestados por motociclistas estabelecer práticas que estimulem o aumento de velocidade, tais como:
>
> I – oferecer prêmios por cumprimento de metas por números de entregas ou prestação de serviço;
>
> II – prometer dispensa de pagamento ao consumidor, no caso de fornecimento de produto ou prestação de serviço fora do prazo ofertado para a sua entrega ou realização;
>
> III – estabelecer competição entre motociclistas, com o objetivo de elevar o número de entregas ou de prestação de serviço.

Acrescente-se o disposto na Lei n. 10.101/2000, alterada pela Lei n. 12.832/2013, que em seu art. 2º, § 4º, inciso II, veda a adoção do instituto da participação nos lucros ou resultados quando exigir o cumprimento de metas que possam afetar a saúde e a segurança do trabalho, preceito que deve ser interpretado de forma abrangente, inclusive para vedara estipulação transversa e indireta, que produz efeitos diversos do aparentemente proposto.[301]

Assim, toda a sistemática remuneratória dos motoristas profissionais deve considerar não apenas a justa retribuição pelo serviço prestado, mas também o incentivo a condições sempre melhores para a preservação da saúde e segurança no trabalho. A instituição individual, regulamentar ou coletiva de mecanismos de remuneração variável que destoem dessa diretriz apresenta-se ilegal, podendo, inclusive, contribuir para a caracterização da culpa patronal em caso de acidente.

Por derradeiro, importante pontuar que a concessão de prêmios em valores expressivos, muitas vezes superiores até ao salário fixo, pagos mensalmente e com habitualidade, atrai a aplicação dos critérios estipulados no art. 457 da CLT.

A posição adotada pelo Supremo Tribunal Federal no julgamento da ADI 5.322

Na Ação Direta de Inconstitucionalidade (ADI) n. 5.322, a autora Confederação Nacional dos Trabalhadores em Transportes Terrestres (CNTTT) alegou a inconstitucionalidade da remuneração variável prevista no art. 235-G da CLT, por afrontar o inciso XXII do art. 7º e § 10 do art. 144 da CF/88.

Entretanto, ao julgar a ADI 5.322 o STF não reconheceu a inconstitucionalidade alegada, conforme respectiva EMENTA:

> 7. Não há inconstitucionalidade da norma que prevê o pagamento do motorista profissional por meio de remuneração variável, que, inclusive, possui assento constitucional, conforme disposto no inciso VII do art. 7º da Constituição Federal.

(301) LEIRIA, Maria de Lourdes. Riscos da insegurança no meio ambiente do trabalho e custos decorrentes. *Revista LTr*, v. 78, n. 04, p. 406, abr. 2014: "Após a alteração mencionada não poderão ser estipuladas cláusulas coletivas que de forma transversa atinjam a saúde ou segurança do trabalhador, a exemplo daquelas que garantem percentual integral da PLR desde que não haja acidentes do trabalho no período. De início, a cláusula parece favorável, mas conduz a omissão dos acidentes por pressão dos colegas de trabalho, a fim de que não sejam prejudicados quanto ao pagamento integral da verba".

11

A Negociação Coletiva

11.1. Alterações promovidas pela Lei n. 12.619/2012 – Incentivo à negociação coletiva

Quando das edições anteriores deste livro, pontuamos que os debates acerca dos limites da negociação coletiva desencadeavam consequências não só quanto às discussões teórico-jurídicas, mas também para a prática da gestão organizacional do dia a dia das relações de trabalho. Como exemplo, citamos o pronunciamento da Secretaria de Inspeção do Trabalho (SIT/MTE) contrário à possibilidade de abertura à negociação coletiva para estabelecer meios alternativos de controle de jornada, conforme expresso na Nota Técnica n. 316/2010/DMSC/SIT. Entretanto, tal posicionamento não foi acolhido pela Portaria n. 373/2011, editada em sentido contrário, por considerar ser possível a negociação coletiva para fins de fixação de sistema de controle de ponto eletrônico alternativo ao SREP, pois amparada em previsão legal e constitucional, considerando as particularidades das condições em que o motorista profissional se ativa, isto é, fora de um ambiente fixo de trabalho, que muitas vezes se estende não só ao longo de todo o território nacional, mas também em rotas internacionais.

Em relação às condições peculiares do trabalho prestado pelo motorista profissional, o art. 1º da Portaria n. 373/2011, do então Ministério do Trabalho (MTe), estabelecia que "os empregadores poderão adotar sistemas alternativos de controle da jornada de trabalho, desde que autorizados por convenção ou acordo coletivo de trabalho.". Essa cláusula de abertura passou a permitir a adoção de sistemas amoldados à natureza peculiar e às características próprias de determinados tipos de prestação laboral,[(302)] em consonância com a diretriz estabelecida pelo 7º, inciso XXVI, da Constituição Federal de 1988.

Destacamos que a Lei n. 12.619/2012 trouxe, à época, novidade interessante, até então abordada de forma acanhada pela legislação infraconstitucional. Tratava-se da contundente abertura à negociação coletiva, prevista e incentivada pelo legislador, conforme constou do art. 235-H, inserido na CLT, nos seguintes termos:

> Art. 235-H. Outras condições específicas de trabalho do motorista profissional, desde que não prejudiciais à saúde e à segurança do trabalhador, incluindo jornadas especiais, remuneração, benefícios, atividades acessórias e demais elementos integrantes da relação de emprego, poderão ser previstas em convenções e acordos coletivos de trabalho, observadas as demais disposições desta Consolidação.

Observamos que a possibilidade de a negociação coletiva ocorrer de forma mais ampla causava apreensão naquele primeiro momento, principalmente pela costumeira timidez legislativa e jurisprudencial ao reconhecimento da eficácia normativa das regras provenientes das fontes autônomas do direito.

(302) A adoção de sistema alternativo só será válida quando o novo sistema atender, essencialmente, aos requisitos do art. 3º da Portaria n. 373/2011. Caso contrário, sorte outra não restará que a configuração da inidoneidade do meio de controle.

O embate então vislumbrado colocava, de um lado, os defensores de possibilidades mais restritivas da negociação coletiva, restringindo-as apenas às hipóteses previstas no art. 7º, incisos VI, XIII e XIV, da CF/88, e de outro lado, os que entendiam ser imanente ao atual texto constitucional, republicano e pluralista, uma maior abertura aos instrumentos negociais coletivos, nos termos do mesmo art. 7º, inciso XXVI, da CF/1988, tendo o agora revogado art. 235-H da Lei n. 12.619/2012 expressamente seguido essa linha ampliativa.

Naquele contexto se revelou importante registrar que essa diretriz estava afinada com parâmetros postos por normativa internacional, como o item 2, alínea *a*,[303] da Declaração sobre os Princípios e Direitos Fundamentais no Trabalho da Organização Internacional do Trabalho (OIT). Ademais, tanto a Convenção da OIT n. 98,[304] em seu art. 4º, quanto a Convenção da OIT n. 154,[305] em seus arts. 1º, 2º, 5º, alínea *"e"*, e 8º, acompanhadas pelo art. 9º da Recomendação n. 198 da Organização Internacional do Trabalho, trazem importante contribuição para o necessário fortalecimento dos instrumentos negociais.

Tal se dá porque a nova realidade fática, que o mundo do trabalho vem explicitando na era contemporânea, demonstra que o modelo pautado pela estrutura kelseniana, hierárquica e vertical das fontes normativas, que admite a edificação de regras negociadas apenas *secundum legem* e *praeter legem*, tem se revelado insuficiente para oferecer resposta aos novos desafios, que apontam para a necessidade de abrir outras perspectivas, com a consequente valorização das normas negociadas.

Explica Cláudia de Lima Marques[306] que a "incompletude do sistema legitima a adoção de soluções que completem o direito a partir de outras fontes normativas", escopo que pode ser obtido com um constante "diálogo das fontes", para possibilitar a "colmatação das lacunas" existentes.

Interessante notar como esse novo modelo quebra a compartimentalização estanque, anteriormente existente entre os sistemas do *civil law* e do *common law*, abrindo vasos comunicantes num constante movimento dialógico entre normas autônomas e heterônomas, que vai possibilitar a obtenção de respostas mais eficazes para resolver os novos conflitos.

Conforme já havia diagnosticado Norberto Bobbio,[307] com maestria, a efetividade do Direito na sociedade contemporânea não é só uma questão de estrutura (saber como o direito é feito), mas também de função (saber para que serve o direito), não só em seu aspecto repressivo, mas também distributivo e promocional, como meio de condicionar comportamentos, o que se reveste de importância significativa para o direito do trabalho.

Em tese de doutorado aprovada pela Universidade de São Paulo em 2002,[308] a coautora deste livro já defendia a ampliação da negociação coletiva e sua importância para oferecer soluções

(303) "2. Declara que todos os Membros, ainda que não tenham ratificado as convenções aludidas, têm um compromisso derivado do fato de pertencer à Organização de respeitar, promover e tornar realidade, de boa-fé e de conformidade com a Constituição, os princípios relativos aos direitos fundamentais que são objeto dessas convenções, isto é: a) a liberdade sindical e o reconhecimento efetivo do direito de negociação coletiva".

(304) Aprovada pelo Decreto Legislativo n. 49, de 27.8.1952 – *DOU* 28.8.1952; retif. *DOU* 30.8.1952; retif. *DOU* 2.10.1952 e promulgada pelo Decreto n. 33.196, de 19.6.1953, *DOU* 4.7.1953. Trata da aplicação dos princípios do direito de organização e de negociação coletiva.

(305) Aprovada pelo Decreto Legislativo n. 22, de 22.5.1992 – *DOU* 13.5.1992 e promulgada pelo Decreto n. 1.256, de 29.9.1994 – *DOU* 30.9.1994. Trata do incentivo à negociação coletiva

(306) MARQUES, Cláudia Lima. *Diálogo das fontes* — do conflito à coordenação de normas do direito brasileiro. São Paulo: Revista dos Tribunais, 2012. p. 82-83 e seguintes.

(307) BOBBIO, Norberto. *Da estrutura à função:* novos estudos da teoria do direito. Barueri: Manole, 2007. p. 53 e seguintes. Tradução de Daniela Beccaccia Versiaani; revisão técnica de Orlando Seixas Bechara, Renata Nagamine.

(308) GEMIGNANI, Tereza Aparecida Asta. *A contratação coletiva de trabalho no Brasil:* delineamentos de um novo perfil — tese de doutorado defendida e aprovada em 2002. Faculdade de Direito do Largo São Francisco – Universidade de São Paulo – USP.

mais adequadas e efetivas aos desafios apresentados pelo mundo do trabalho na sociedade contemporânea, ao asseverar:

> A contratação coletiva representa um momento de mediação de interesses contrapostos e, por isso, passa a se constituir num importante instrumento jurídico de gestão de problemas e questões condicionantes desses interesses, principalmente os que têm reflexos macroeconômicos como os referentes à regulação do mercado de trabalho, a formação da mão de obra (...).

Portanto, em vez de esperar do Poder Público, pela via heterônoma, a regulamentação pormenorizada, setorizada e detalhada de todas as contingências que podem surgir nas relações trabalhistas do motorista profissional, o sistema será mais eficaz se ampliar espaços para atuação das fontes autônomas, em conformidade com o modelo delineado pelos arts. 7º e 8º da Constituição Federal de 1988.

Apesar de suas imperfeições, a Lei n. 12.619/2012 deu um passo importante nesse sentido, ao reconhecer que, em relação à atividade do motorista profissional, a funcionalidade do sistema tem que ser garantida não só pelas normas legais postas pelo Estado, mas também pelo exercício ampliado da negociação coletiva entre os atores sociais, que passam a ter, além de maior espaço de atuação, maior parcela de responsabilidade, a fim de evitar que esse importante instrumento de formação de novos marcos normativos seja mal utilizado e desvirtuado para a precarização das condições de trabalho.

11.2. A extensão e os limites da negociação coletiva

11.2.1. O alcance da negociação coletiva e a categoria diferenciada

Fiel à concepção que tem a negociação coletiva como produto da autonomia privada coletiva, o TST fixou em relação à categoria diferenciada a seguinte diretriz:

> Súmula n. 374 do TST
>
> *NORMA COLETIVA. CATEGORIA DIFERENCIADA. ABRANGÊNCIA (conversão da Orientação Jurisprudencial n. 55 da SBDI-1) – Res. n. 129/2005, DJ 20, 22 e 25.4.2005*
>
> Empregado integrante de categoria profissional diferenciada não tem o direito de haver de seu empregador vantagens previstas em instrumento coletivo no qual a empresa não foi representada por órgão de classe de sua categoria. (ex-OJ n. 55 da SBDI-1 – inserida em 25.11.1996) (Marcas do original)

Destarte, mesmo sendo membro integrante de categoria diferenciada, o motorista profissional não pode pleitear a aplicação de acordo e convenção coletiva firmados pela entidade profissional que o representa, se desse acordo não participou seu empregador, nem a entidade econômica que o representa, no caso da convenção coletiva. Nesse caso, inexistindo contratação coletiva com a categoria diferenciada, aplicam-se as normas convencionadas pela categoria profissional preponderante.

11.2.2. O alcance da negociação coletiva e a base territorial

A atividade do motorista profissional, que muitas vezes implica percorrer grandes distâncias, por sua própria natureza não ocorre apenas em uma base territorial determinada, em que está localizada a empresa. Entretanto, tal fato em nada interfere na sua representação pelo sindicato profissional, cuja base territorial abrange o local em que está sediado o empregador, e à qual está vinculado o trabalhador.

Eventuais questionamentos podem surgir quando há a transferência provisória do motorista, por exemplo, da matriz para a filial, situada em outra base territorial. Todavia, por se tratar apenas de transferência provisória, doutrina e jurisprudência majoritárias mantêm a mesma conclusão, ou seja, a representação do trabalhador continua a ocorrer pelo sindicato profissional cuja base territorial abrange o local em que está situado o estabelecimento com o qual o contrato de trabalho está vinculado, mesmo que, provisoriamente, o motorista tenha sido transferido para outro.

Por outro lado, se a transferência for definitiva, haverá alteração na representação, cuja legitimidade passará a ser do sindicato profissional que tem base territorial onde está o novo estabelecimento.

Tal se dá porque o critério legal de enquadramento sindical profissional está atrelado ao conceito de base territorial em que está localizada a empresa empregadora, conforme dispõem o art. 8º, inciso II, da CF/88 e os capítulos I e II do Título V da CLT.

Como não há incidência de diferentes instrumentos *normativos na mesma base territorial*, revelam-se incabíveis eventuais questionamentos quanto à escolha da norma mais benéfica, neste particular.

11.3. Alterações empreendidas pela Lei n. 13.103/2015

Por ocasião da 2ª edição deste livro, lamentamos que a Lei n. 13.103/2015 tivesse revogado o art. 235-H, anteriormente acrescentado na CLT pela Lei n. 12.619/2012, *substituindo-o* pelo novel § 8º, inserido no art. 235-D da CLT, que se limitou a tangenciar de forma tímida a questão da negociação coletiva, nos seguintes termos:

> § 8º Para o transporte de cargas vivas, perecíveis e especiais em longa distância ou em território estrangeiro poderão ser aplicadas regras conforme a especificidade da operação de transporte realizada, cujas condições de trabalho serão fixadas em convenção ou acordo coletivo de modo a assegurar as adequadas condições de viagem e entrega ao destino final.

Ante a mudança legislativa, a rediscussão da questão se reveste de importância significativa quanto às consequências que tem provocado nas relações de trabalho.(309) Essa matéria, aliás, foi por nós abordada em evento internacional que tratou do tema, com apresentação de painel,(310) no qual ressaltamos que:

> (...) as relações entre os atores sociais econômicos e profissionais sempre foram marcadas por rusgas de parte a parte, muitas vezes camufladas por uma providencial calmaria, que pouco disfarça frequentes episódios de mal-estar ou uma beligerância reprimida e latente. A situação presente, assim, não é de equilíbrio, mas de tolerância, na qual trabalhadores e empregadores promovem a manutenção do *status quo* que, a despeito de não ser o melhor, é aquilo que se pode obter sem maiores traumas.

---

(309) Interessante interpretação sobre o tema foi dada por GOMES, Ana Virginia e PRADO, Mariana Mota. Flawed freedom of association in Brazil: how unions can become an obstacle to meaningful reforms in the labor Law system. *Comparative Labor Law & Policy Journal*, v. 32:843, p. 876/877: "What would explain this silence (or perhaps lack of interest) in a reform of the trade unions system? As it had happened during the short democratic period between the New State and the military dictatorship, employers` trade unions, workers` trade unions, and the government each had their own interests in keeping the system in place. From the government`s perspective, the system makes labor conflicts more manageable, given that workers are not really empowered by the process of collective bargaining. Indeed, every two years new collective agreements are reached without major social or political disruptions. Employers share the government`s interests. From the perspective of worker`s trade unions, the corporatist law guarantees economic resources and the right to negociate. This problem is the these guarantees with no incentives for trade unions to effectively connect with or represent workers".

(310) GEMIGNANI, Daniel; GEMIGNANI. Tereza Aparecida Asta. *Fair play on the negotiate table*: heading to a self-regulated model. In: 7th ILERA Regional Congress of the Americas; 5th Brazilian Conference of Labor and Employment Relations, 2011, São Paulo. O trabalho também foi apresentado sob a forma de GEMIGNANI, Daniel; GEMIGNANI. Tereza Aparecida Asta. Fair play *nas negociações coletivas:* rumo a um sistema normativo mais republicano. 2011. O texto completo apresenta-se sob o título: *Fair play* nas negociações coletivas: rumo a um sistema normativo mais republicano, e está disponível em: http://www.ibret.org.br/ui/evento/anais/cdirca/trabalhos/2919.pdf.

Nada obstante, a procura constante por métodos heterônomos de solução de conflitos dificulta a formação de consensos, pois retira os ônus de sucessos e fracassos das mãos dos interessados, que vão se tornando cada vez mais descompromissados com a busca de melhores resultados nas negociações.

Nossa posição em prol da amplitude da negociação coletiva, assentada quando da primeira edição desta obra, revestiu-se de características mais acentuadas por ocasião da 2ª edição, uma vez que, quando da promulgação da Lei n. 12.619/2012, supúnhamos avanço importante a ser destacado. Entretanto, as alterações promovidas pela Lei n. 13.103/2015 causaram preocupante retrocesso, no que se refere ao necessário aprimoramento do relacionamento entre os atores sociais trabalhistas.

Com efeito, a posição de relativo conforto, em que se tem o Estado como grande intermediário na solução dos conflitos trabalhistas, deve ser revista, e não incentivada. Desde sua gênese o sistema normativo trabalhista sempre reservou um espaço institucional importante para a composição dos interesses em conflito pela conciliação direta das partes envolvidas. No momento em que escrita a 2ª edição, em 2015, registramos que essa diretriz foi acolhida por outros ramos do direito, tendo assim constado expressamente do novo Código de Processo Civil (Lei n. 13.105/2015), de sorte que não fazia sentido manter o direito trabalhista à margem deste movimento evolutivo no campo dos direitos coletivos, deixando de estimular a negociação coletiva que, se bem implementada, também poderá evitar o ajuizamento futuro de inúmeras demandas repetitivas, assim atuando em consonância com o escopo traçado pela Lei n. 13.015/2014.

Na oportunidade, destacamos ter chegado o momento para a implementação de um novo modelo, há tempos discutido e debatido, que pudesse abrir mais espaço à negociação coletiva, o que implicaria atribuir maiores responsabilidades às entidades sindicais, não só quanto aos fins, mas também no que se refere aos meios utilizados para tanto, conforme observamos no mesmo trabalho mencionado, ao destacar que:

> O exercício da autocomposição é difícil porque quando as partes se envolvem na negociação pautam seu comportamento pela busca de uma determinada finalidade. A estratégia dominante que norteará cada uma das partes na autocomposição será importante para o resultado e o sucesso da negociação. Para uma melhor estruturação das variáveis envolvidas, as teorias econômicas que estudam o comportamento dos atores sociais em negociações podem ser uma valiosa ferramenta, notadamente a chamada teoria dos jogos, que permite entender qual comportamento estratégico os atores sociais envolvidos adotarão em uma determinada negociação. Interessante notar que os modelos econômicos da teoria dos jogos não estabelecem o fim a ser perseguido por um determinado agente social na negociação, mas sim como deverá ser a interação desses atores na negociação para a defesa da sua estratégia dominante. Por isso, modelos empíricos e rudimentares até hoje praticados no Brasil, baseados muitas vezes na experiência pessoal dos envolvidos, têm dado sinais de exaustão, demandando uma melhor estruturação. Neste contexto surge a importância de aprimorar as técnicas de negociação, com o uso das ferramentas disponibilizadas pela teoria dos jogos.

Nesse aspecto, a interpretação da Lei n. 13.103/2015 não pode retroceder e, assim, comprometer a necessária evolução do direito coletivo trabalhista.

Sob essa perspectiva, deve ser considerado o disposto no art. 235-D, § 8º, da CLT, ao preceituar que em relação ao "transporte de cargas vivas, perecíveis e especiais em longa distância ou em território estrangeiro" podem ser fixadas condições especiais, por meio de "convenção ou acordo coletivo de modo a assegurar as adequadas condições de viagem e entrega ao destino final" — acrescentamos, sem descuidar da promoção de condições adequadas de saúde e segurança do trabalho.

Portanto, o movimento iniciado pela Lei n. 12.619/2012 não pode ser interrompido pela revogação do 235-H pela Lei n. 13.103/2015, nem interpretado como restritivo da via negocial coletiva, ante o caminho indicado pelo inciso XXVI do art. 7º da Constituição Federal e pelas normas internacionais da OIT, bem como a diretriz estabelecida pelo STF no Tema 1.046, com repercussão geral e força vinculante, assim incluindo os conflitos que surgem nas relações de trabalho do motorista profissional.

11.4. Matérias que podem ser objeto de negociação coletiva

Ademais, imperioso ressaltar que não só nas questões explicitamente referidas pelas Leis ns. 12.619/2012 e 13.103/2015 é cabível a negociação coletiva, mas também outros temas de relevo, que se revestem de inequívoco interesse para os motoristas profissionais no exercício de suas funções, conforme exemplificaremos a seguir.

11.4.1. O valor do seguro obrigatório

A fixação do seguro obrigatório, em valor superior ao legalmente fixado, pode ser objeto de negociação coletiva, como se infere do inciso V, alínea *"c"* do art. 2º da Lei n. 13.103/2015, que assim aduz:

> Art. 2º São direitos dos motoristas profissionais de que trata esta Lei, sem prejuízo de outros previstos em leis específicas:
>
> *c)* ter benefício de seguro de contratação obrigatória assegurado e custeado pelo empregador, destinado à cobertura de morte natural, morte por acidente, invalidez total ou parcial decorrente de acidente, traslado e auxílio para funeral referentes às suas atividades, no valor mínimo correspondente a 10 (dez) vezes o piso salarial de sua categoria **ou valor superior fixado em convenção ou acordo coletivo de trabalho**. (Marcas nossas)

Assim, abriu a legislação, de forma explícita, as portas da negociação, mas estabeleceu expressamente que esta só pode ocorrer *in melius,* ou seja, para aumentar o valor do seguro em benefício do empregado.

11.4.2. Testes para detecção do uso de bebida alcoólica e drogas

Uma das matérias que bem evidencia a estreita inter-relação entre a higidez física e mental do motorista e a segurança no trânsito é a exigência de exames toxicológicos, em relação ao qual, questionamentos anteriormente suscitados acerca de eventual violação ao direito à intimidade pessoal do condutor já estão superados.

Importante ressaltar que a obrigação patronal não pode ser substituída pelo atendimento das exigências estabelecidas pelos órgãos administrativos (Resoluções CONTRAN ns. 691/2017 e 843/2021), uma vez que a responsabilidade pelo cumprimento do art. 235-B, inciso VII, inserido pela Lei n. 13.103/2015 na CLT, recai sobre o empregador.

Portanto, e conforme já detalhado em capítulo específico, tem-se, acerca a existência de dois tipos de controle no que se refere ao uso de drogas e bebida alcoólica: um a ser feito pelo empregador, que arcará com os custos desta operação, outro pelos órgãos estatais, em conformidade com as resoluções editadas pelo CONTRAN, a ser cumprido pessoalmente pelo motorista, podendo haver transferência desse custo ao empregador, se assim ficar estabelecido em negociação coletiva.

Com efeito, em cláusula negociada, é possível atribuir ao empregador a responsabilidade pelo custeio dos exames toxicológicos, que devem ser realizados pelo trabalhador para habilitação, renovação e *mudança* da CNH nos termos do art. 148-A do CTB, mormente quando esses exames também forem utilizados para o programa de controle do uso de drogas e bebida alcoólica, como determina o inciso VII do art. 235-B da CLT.

Atentos aos novos preceitos, empregadores e sindicatos já começam a incluir em convenções e acordos coletivos cláusulas dispondo sobre a maneira de realização desses testes, com o objetivo de detectar o uso de bebida alcoólica e drogas.(311)

A posição adotada pelo Supremo Tribunal Federal no julgamento da ADI 5.322

Ao julgar a ADI 5.322, ajuizada pela Confederação Nacional dos Trabalhadores em Transportes Terrestres (CNTTT), o STF reputou constitucional o exame toxicológico conforme EMENTA:(312)

> 2. São legítimas e razoáveis as restrições ao exercício da profissão de motorista em previsões de normas visando à segurança viária em defesa da vida e da sociedade, não violando o texto constitucional a previsão em lei da exigência de exame toxicológico.

11.5. As modificações implementadas pela Lei n. 13.467/2017 (Reforma Trabalhista) no instituto da negociação coletiva

A Lei n. 13.467/2017 veio promover uma alteração estrutural no instituto da negociação coletiva trabalhista, em relação ao qual inúmeras digressões e discussões jurídicas estão apenas começando, dada a amplitude da modificação promovida com a inserção dos arts. 611-A(313) e 611-B na CLT.

Como este livro tem por escopo a análise das condições de trabalho do motorista profissional, a análise da matéria referente à negociação coletiva será focada nas questões que suscitam maior controvérsia no âmbito dessa categoria.

11.5.1. Negociação quanto à jornada de trabalho, observados os limites constitucionais

Ao disciplinar as matérias que, estabelecidas em convenção e acordo coletivo, passam a ter prevalência sobre a lei, o art. 611-A da CLT, inserido pela Lei n. 13.467/2017, incluiu, logo no inciso I, o *pactuado quanto à jornada de trabalho*, mas expressamente determinou que fossem *observados os limites constitucionais.*

(311) Em Sessão de Julgamento realizada no dia 10.7.2013, do qual a coautora tomou parte, a Seção de Dissídios Coletivos do TRT de Campinas homologou cláusula nesse sentido, inserida no acordo celebrado nos autos do processo n. 0000938-36.2012.5.15.0000.

(312) Disponível em: www.stf.jus.br.

(313) "Art. 611-A. A convenção coletiva e o acordo coletivo de trabalho têm prevalência sobre a lei quando, entre outros, dispuserem sobre: I – pacto quanto à jornada de trabalho, observados os limites constitucionais; II – banco de horas anual; III – intervalo intrajornada, respeitado o limite mínimo de trinta minutos para jornadas superiores a seis horas; IV – adesão ao Programa Seguro-Emprego (PSE), de que trata a Lei n. 13.189, de 19 de novembro de 2015; V – plano de cargos, salários e funções compatíveis com a condição pessoal do empregado, bem como identificação dos cargos que se enquadram como funções de confiança; VI – regulamento empresarial; VII – representante dos trabalhadores no local de trabalho; VIII – teletrabalho, regime de sobreaviso, e trabalho intermitente; IX – remuneração por produtividade, incluídas as gorjetas percebidas pelo empregado, e remuneração por desempenho individual; X – modalidade de registro de jornada de trabalho; XI – troca do dia de feriado; XII – enquadramento do grau de insalubridade; XIII – prorrogação de jornada em ambientes insalubres, sem licença prévia das autoridades competentes do Ministério do Trabalho; XIV – prêmios de incentivo em bens ou serviços, eventualmente concedidos em programas de incentivo; XV – participação nos lucros ou resultados da empresa. § 1º No exame da convenção coletiva ou do acordo coletivo de trabalho, a Justiça do Trabalho observará o disposto no § 3º do art. 8º desta Consolidação. § 2º A inexistência de expressa indicação de contrapartidas recíprocas em convenção coletiva ou acordo coletivo de trabalho não ensejará sua nulidade por não caracterizar um vício do negócio jurídico. § 3º Se for pactuada cláusula que reduza o salário ou a jornada, a convenção coletiva ou o acordo coletivo de trabalho deverão prever a proteção dos empregados contra dispensa imotivada durante o prazo de vigência do instrumento coletivo. § 4º Na hipótese de procedência de ação anulatória de cláusula de convenção coletiva ou de acordo coletivo de trabalho, quando houver a cláusula compensatória, esta deverá ser igualmente anulada, sem repetição do indébito. § 5º Os sindicatos subscritores de convenção coletiva ou de acordo coletivo de trabalho deverão participar, como litisconsortes necessários, em ação individual ou coletiva, que tenha como objeto a anulação de cláusulas desses instrumentos".

Assim, imperioso trazer à colação o debate sobre os limites dessa previsão legal, ante as diferentes redações que as Leis ns. 12.619/2012 e 13.103/2015 estabeleceram no art. 235-C da CLT.

Na 1ª edição deste livro mencionamos que, quanto à possibilidade de prorrogação da jornada por 2 horas extras, alguns doutrinadores(314) vislumbravam a inconstitucionalidade do antigo art. 235-C, nos termos em que inserido na CLT pela Lei n. 12.619/2012, por entenderem que abriria as portas à pré-contratação de horas extras, com a possibilidade de prorrogação reiterada e habitual da jornada, assim afrontando o disposto no art. 7º, inciso XIII, da Constituição Federal de 1988.

Entretanto, já à época, discordamos desse raciocínio por entender que o referido preceito apenas indicava a possibilidade de o motorista profissional também fazer horas extraordinárias, na esteira do art. 59 da CLT, o que não implicava, por si só, permitir a prévia contratação dessas horas como prestação continuada e dilação fixa.

Nas 2ª e 3ª edições mantivemos o mesmo entendimento, no sentido de não comungar com a alegada existência de inconstitucionalidade do preceito estabelecido pela Lei n. 12.619/2012, que possibilita a prorrogação extraordinária da jornada em até 2 horas diárias, por considerar ter a própria Constituição Federal admitido essa ocorrência quando estabeleceu a remuneração diferenciada dessas horas no inciso XVI do art. 7º.

Porém, a Lei n. 13.103/2015 alterou o art. 235-C, *caput*, e passou a prever a possibilidade de ser pactuada, em convenção ou acordo coletivo, a prorrogação em 4 horas diárias, assim admitindo uma jornada com a duração de 12 horas, para uma atividade que exige atenção redobrada e constante.

Por isso, reiteramos as ponderações lançadas no sentido de que o corpo humano tem limites, e não é preciso nenhum laudo pericial para constatar ser impossível manter o mesmo nível de atenção por um longo período de 12 horas, o que aumenta as situações de risco de acidentes e doenças profissionais, além de comprometer de forma severa a segurança do motorista e de terceiros, que com ele trafegam nas rodovias e vias públicas, violando o disposto nos incisos XIII, XXII e XXVI do art. 7º da CF/88.

A alteração promovida pela Lei n. 13.467/2017, ao inserir na CLT o inciso I, ao art. 611-A, estabeleceu a possibilidade de negociação coletiva quanto à duração da jornada de trabalho mas, para tanto, exigiu expressamente que fossem "observados os limites constitucionais", de sorte que por qualquer ângulo que se examine a questão a prorrogação em 4 (quatro) horas diárias só pode ser admitida em caráter excepcional.

A situação peculiar do motorista admite a estipulação da jornada 12 x 36?

A posição adotada pelo Supremo Tribunal Federal no julgamento da ADI 5.322

Ao apreciar a questão suscitada pela Confederação Nacional dos Trabalhadores em Transportes Terrestres — CNTTT na ADI 5.322, o STF considerou constitucional a estipulação da jornada 12 x 36, desde que estabelecida por acordo ou convenção coletiva, conforme dispôs expressamente na EMENTA:

> 6. O SUPREMO TRIBUNAL FEDERAL fixou orientação no sentido da constitucionalidade da adoção da jornada especial de 12 x 36, **em regime de compensação** de horários (**art. 7º, XIII, da CF**) (Marcas nossas)

(314) SILVA, José Antonio Ribeiro de Oliveira. Lei do motorista profissional: tempo de trabalho, tempos de descanso e tempo de direção. *Revista do Tribunal Regional do Trabalho da 15ª Região*, v. 41, 2012, p. 109: "Exatamente neste ponto surge a primeira inconstitucionalidade da lei, pois a regra do § 1º do art. 235-C admite a prorrogação a jornada de trabalho em até duas horas extraordinárias. É certo que o *caput* e o § 1º do art. 59 da CLT também disciplinam a contratação de até 2 horas suplementares, as quais devem ser pagas com, pelo menos, 50% a mais do que o valor da hora normal (art. 7º, inciso XVI, da CR). No entanto, essa regra não foi recepcionada pela Constituição da República, como adverte a boa doutrina (...)". Os argumentos, ainda, são complementados por aqueles acima transcritos, contidos na p. 114.

Assim sendo, admitiu a jornada 12 x 36 apenas quando houver compensação e, ao fazer remissão expressa ao inciso XIII do art. 7º da CF/88, afastou a possibilidade de sua instituição ocorrer por acordo individual escrito, de sorte que a previsão contida na regra geral do art. 59-A, inserido na CLT pela Lei n. 13.467/2017, não se aplica ao motorista profissional, ante a restrição de admissibilidade desse regime especial apenas por acordo ou convenção coletiva.

11.5.2. A redução do intervalo intrajornada para 30 minutos

O art. 611-A, inserido na CLT pela Lei n. 13.467/2017, estabeleceu em seu inciso III a prevalência da cláusula negociada em convenção ou acordo coletivo de trabalho sobre a lei, quando fixar a redução do intervalo intrajornada para trinta minutos, em jornadas superiores a seis horas.

Conforme já pontuamos no capítulo deste livro, que tratou a matéria de forma específica, a aplicação desse preceito aos motoristas profissionais suscitou vários questionamentos, com 3 interpretações distintas, tendo o STF decidido, no julgamento da ADI 5.322, pelo "reconhecimento da autonomia das negociações coletivas (art. 7º,XXVI, da CF). Constitucionalidade da redução e/ou fracionamento do intervalo intrajornada dos motoristas profissionais, desde que ajustado em acordo ou convenção coletiva de trabalho" (item 3 da respectiva Ementa).

A abertura à negociação coletiva, conquanto deva ser incentivada, não pode desconsiderar o caráter tuitivo do direito do trabalho, nem a importância de preservar as condições de saúde e segurança durante a atividade desenvolvida pelo motorista profissional, devendo ser utilizada como instrumento apto à adequação do ordenamento jurídico as especificidades de determinadas situações fáticas.

11.5.3. A fixação da modalidade do registro de jornada por negociação coletiva

Como já ressaltamos neste livro, os meios de controle de jornada sempre foram objeto de inúmeros debates em processos judiciais trabalhistas.

O art. 67-E, § 2º, inserido no CTB pela Lei n. 13.103/2015, estabeleceu que o tempo de direção deve ser controlado mediante registrador instantâneo inalterável de velocidade e tempo. Mas também admitiu o controle por diário de bordo,[315] ficha/papeleta de trabalho externo e ficha do trabalhador autônomo, nos termos do art. 2º, incisos I, II e III, da Resolução n. 525/2015, preceito que também se aplica ao "TAC auxiliar" nos termos do § 3º do art. 4º da Lei n. 11.442/2007.

Em relação ao motorista profissional empregado, o art. 2º, inciso V, alínea *b*, da Lei n. 13.103/2015 determinou o controle da jornada de trabalho, registrada mediante anotação em diário de bordo, papeleta ou ficha de trabalho externo, podendo para tanto ser adotados sistemas e meios eletrônicos instalados nos veículos, a critério do empregador, desde que observada a necessária fidedignidade.

Questão que se coloca, contudo, diz respeito ao constante do inciso X do art. 611-A da CLT, que prevê a possibilidade de negociação quanto à "modalidade de registro de jornada de trabalho".

Em relação à matéria, o Tribunal Superior do Trabalho assim decidiu:

> (...). *RECURSO DE REVISTA. SISTEMA DE CONTROLE ALTERNATIVO DE JORNADA. PREVISÃO EM NORMA COLETIVA. VALIDADE. PROVIMENTO.*

---

(315) Com exceção do Sistema de Registro Eletrônico de Ponto (SREP), inexiste para as demais formas de controle de jornada modelo fixado no âmbito trabalhista, sendo, contudo, encontrado na Resolução n. 405/2012, do Conselho Nacional de Trânsito — CONTRAN, modelo de "ficha de trabalho autônomo", a qual, segundo informações da própria resolução, pode ser utilizada pelo motorista empregado. Tal observação, no entanto, não se mostra vinculante para o motorista profissional empregado, mas meramente indicativa/sugestiva. Os modelos expedidos pelo CONTRAN encontram, agora, respaldo na parte final do § 2º do art. 67-E do CTB, inserido pela Lei n. 13.103/2015.

A teor do preceito insculpido no art. 7º, XXVI, da Constituição Federal, é dever desta Justiça Especializada incentivar e garantir o cumprimento das decisões tomadas a partir da autocomposição coletiva, desde que formalizadas nos limites da lei.

A negociação coletiva, nessa perspectiva, é um instrumento valioso que nosso ordenamento jurídico coloca à disposição dos sujeitos trabalhistas para regulamentar as respectivas relações de trabalho, atendendo às particularidades e especificidades de cada caso.

É inequívoco que, no âmbito da negociação coletiva, os entes coletivos atuam em igualdade de condições, o que torna legítimas as condições de trabalho por eles ajustadas, na medida em que afasta a hipossuficiência ínsita ao trabalhador nos acordos individuais de trabalho.

Assim, as normas autônomas oriundas de negociação coletiva, desde que resguardados os direitos indisponíveis, devem prevalecer sobre o padrão heterônomo *justrabalhista,* já que a transação realizada em autocomposição privada resulta de uma ampla discussão havida em um ambiente paritário, no qual as perdas e ganhos recíprocos têm presunção de comutatividade.

Na hipótese, a Corte Regional reputou inválida a norma coletiva em que autorizada a marcação somente das horas extraordinárias realizadas, sob o fundamento de que contrariava previsão expressa em lei. Isso porque, em razão de o art. 74, § 2º, da CLT determinar, obrigatoriamente, a anotação, pelo empregador, dos horários de entrada e de saída dos empregados, essa exigência não poderia ser afastada por meio de negociação coletiva.

Conforme acima aduzido, a Constituição Federal reconhece a validade e a eficácia dos instrumentos de negociação coletiva, desde que respeitados os direitos indisponíveis dos trabalhadores.

Ocorre que a forma de marcação da jornada de trabalho não se insere no rol de direitos indisponíveis, de modo que não há qualquer óbice na negociação para afastar a incidência do dispositivo que regula a matéria, com o fim de atender aos interesses das partes contratantes.

Impende destacar, inclusive, que o art. 611-A, X, da CLT, inserido pela Lei n. 13.467/2017, autoriza a prevalência das normas coletivas que disciplinam a modalidade de registro de jornada de trabalho em relação às disposições da lei.

É bem verdade que o aludido preceito, por ser de direito material, não pode ser invocado para disciplinar as relações jurídicas já consolidadas. Não se pode olvidar, entretanto, que referido dispositivo não trouxe qualquer inovação no mundo jurídico, apenas declarou o fato de que essa matéria não se insere no rol das garantias inegociáveis.

Ante o exposto, mostra-se flagrante a afronta ao art. 7º, XXVI, da Constituição Federal.

Recurso de revista de que se conhece e a que se dá provimento.[316] (Marcas nossas)

Destarte, a interpretação sistemática do referido preceito indica que a possibilidade, constante do inciso X do art. 611-A da CLT, visa permitir a adequação da sistemática de registro de ponto às especificidades da função exercida.

Logo, há que se buscar clareza na forma de atuar a autonomia da vontade coletiva, de modo que, conquanto seja desejável sua ampliação, não se perca de vista a exigência de que o controle da jornada de trabalho se desenvolva com respeito aos requisitos mínimos de validade, garantindo-se a idoneidade das marcações.

11.6. A interpretação da "prevalência da convenção e do acordo coletivo sobre a lei"

Imperioso destacar que a prevalência do estipulado em convenção ou acordo coletivo sobre a lei, consignada no *caput* do art. 611-A da CLT, deve ser lida sob a perspectiva da valorização da busca de soluções aos conflitos pela via da negociação coletiva, e não como um salvo-conduto para afastar a atuação estatal.

Com efeito, em nosso sistema jurídico, o "acesso à jurisdição" foi erigido como direito fundamental (art. 5º, inciso XXXV, da CF/88) de sorte que é esse o parâmetro que deve balizar a

(316) Processo: RR – 2016-02.2011.5.03.0011 Data de Julgamento: 9.10.2018, relator Ministro: Guilherme Augusto Caputo Bastos, 4ª Turma, Data de Publicação: *DEJT* 11.10.2018.

norma infraconstitucional, notadamente quanto à interpretação do disposto no § 1º do art. 611-A e § 3º do art. 8º da CLT:

> Art. 611-A.
>
> (...)
>
> § 1º No exame da convenção coletiva ou do acordo coletivo de trabalho, a Justiça do Trabalho observará o disposto no § 3º do art. 8º desta Consolidação.
>
> Art. 8º
>
> (...)
>
> § 3º No exame de convenção coletiva ou acordo coletivo de trabalho, a Justiça do Trabalho analisará exclusivamente a conformidade dos elementos essenciais do negócio jurídico, respeitado o disposto no art. 104 da Lei n. 10.406, de 10 de janeiro de 2002 (Código Civil), e balizará sua atuação pelo princípio da intervenção mínima na autonomia da vontade coletiva.

Assim sendo, conforme a precisa dicção legal, o *princípio da intervenção mínima* se refere especificamente à formação e expressão da vontade coletiva. Mas, ante o que prevê a diretriz constitucional, não pode ser interpretado como vedação à jurisdição, por configurar violação do direito fundamental de acesso à justiça.

A índole protetiva de todo Direito justifica o aparato estatal, que detém o monopólio da força em situações limite. Defender o afastamento total da jurisdição é negar o Estado Democrático de Direito, erigido expressamente no art. 1º da CF/88 como base de sustentação de nosso modelo republicano.

Nesse contexto, a referência ao art. 104 do Código Civil demonstra que houve a valorização da natureza contratual da negociação coletiva, mas também, *ipso facto*, preserva a atuação da jurisdição como ocorre em qualquer contrato. Nesse cenário, não há amparo legal para sustentar que em um contrato de natureza civil a jurisdição possa ser amplamente exercida, enquanto a via estatal estaria afastada para a solução de conflitos coletivos, abrindo caminho para a anarquia em caso de esgotamento da negociação sem a obtenção de resultado conciliatório.

Nesse contexto, a novidade trazida pela Lei n. 13.467/2017 consistiu em reforçar a natureza contratual dos acordos e convenções coletivas, como demonstra a referência expressa ao art. 104, que abre o Capítulo I do Título I do Livro III do Código Civil, disciplinando o negócio jurídico.

Portanto, além das regras protetoras ínsitas ao Direito do Trabalho, a lei expressamente passou a ampliar o leque das ferramentas jurídicas que podem ser manejadas para garantir a lisura da convenção e do acordo coletivo. Nesse contexto, a referência ao art. 104 não significa a aplicação isolada e singela de apenas um preceito legal, mas *sinaliza que deve ser aplicado todo o regramento constante do Código Civil que disciplina o negócio jurídico, naquilo em que for compatível com o direito do trabalho.*

Destarte, quando traz à colação o art. 104 do Código Civil, o novo modelo expressamente abre novas portas para a atuação estatal quanto à verificação dos requisitos exigidos para a validade do negócio jurídico, a forma de interpretar as declarações de vontade, conferindo validade "mais à intenção nelas consubstanciada do que ao sentido literal da linguagem" (art. 112), conforme "a boa-fé e os usos do lugar de sua celebração" (art. 113).

11.7. A nova configuração da autonomia privada coletiva

A análise contextualizada das Leis ns. 12.619/2012 e 13.103/2015 com a Lei n. 13.467/2017, sob a perspectiva definida no julgamento da ADI 5.322 pelo STF e a diretriz fixada no Tema 1.046, com repercussão geral e efeito vinculante, vem demonstrar de forma inequívoca uma nova configuração da autonomia privada no direito coletivo do trabalho.

Ao possibilitar a agregação do princípio da solidariedade com o princípio da proteção, desafiando-os a, juntos, alçar novos patamares, essa nova configuração da autonomia privada coletiva visa conferir maior efetividade aos direitos fundamentais, ultrapassando o contorno meramente individual para alcançar o entorno social que lhe é subjacente, enfoque que se revela imprescindível na sociedade contemporânea, em que a organização produtiva atua em rede, cada vez mais interconectada.

Nesse passo, importante pontuar que o movimento neoconstitucionalista, desencadeado entre nós pela Carta de 1988, veio desmistificar a rigidez dogmática da norma legal, mostrando a importância de focar no cotidiano de um cidadão concreto e situado, submetido a determinadas condicionantes históricas, sociais e econômicas que, em decorrência da revolução digital, tem mudado com incrível rapidez na sociedade contemporânea, reconhecendo expressamente a força normativa da negociação coletiva, conforme explicitado em vários incisos do art. 7º da Lei Maior.

Desse novo desenho institucional vem derivando a necessidade de reconhecer a importância da atuação mais assertiva dos corpos intermediários e do exercício da autonomia privada coletiva, na formatação da normatividade coletiva trabalhista, notadamente para a nova realidade que marca o mundo do trabalho atual, cada vez mais complexo e multifacetário, que apresenta crescentes desafios à concretização dos direitos fundamentais, sob o espírito republicano que caracteriza um Estado Democrático de Direito, o que vem exigindo a edificação de um microssistema de direito coletivo de trabalho.

Ademais, ante as inovações tecnológicas, que vêm alterando de maneira significativa as formas de trabalhar e organizar a atividade produtiva, os efeitos da revolução digital impactam o direito coletivo do trabalho, demandando a ampliação do leque de abrangência da negociação coletiva, como defendeu a coautora em tese de pós-doutorado, aprovada pela Faculdade de Direito da Universidade de Coimbra.[317]

11.7.1. O microssistema de direito coletivo do trabalho

A valorização da autonomia privada coletiva abre caminhos para a ampliação do microssistema de direito coletivo do trabalho, material e processual, possibilitando a inclusão de novas matérias passíveis de negociação coletiva, a fim de construir soluções para as questões controversas, que envolvem a especificidade da atividade desenvolvida pelo motorista profissional.

Assim sendo, excluídos os critérios reputados inconstitucionais no julgamento da ADI 5.322, a negociação coletiva poderá construir outros parâmetros, para oferecer respostas às peculiaridades das atividades desenvolvidas pelos motoristas profissionais, em conformidade com a diretriz estabelecida pelo STF no Tema 1.046, com repercussão geral e efeito vinculante, nos seguintes termos:

> São constitucionais os acordos e as convenções coletivos que, ao considerarem a adequação setorial negociada, pactuam limitações ou afastamentos de direitos trabalhistas, independentemente da explicitação especificada de vantagens compensatórias, desde que respeitados os direitos absolutamente indisponíveis.

11.7.1.1. O microssistema de direito coletivo *material* do trabalho

Assim sendo, além do reconhecimento da autonomia das negociações coletivas quanto à prorrogação da jornada, instituição do regime 12 x 36, redução do intervalo intrajornada, a negociação coletiva pode abranger outras matérias neste momento em que o direito do trabalho passa por profundas alterações provocadas pela revolução digital, que vem mudando rapidamente a forma de trabalhar e de organizar a atividade produtiva, como defendeu a coautora em tese de

(317) GEMIGNANI, Tereza Aparecida Asta. *Os efeitos da revolução digital no direito coletivo do trabalho.* São Paulo: LTr. 2024. p. 124-138.

pós-doutorado apresentada na Faculdade de Direito da Universidade de Coimbra, entre as quais podem ser destacadas:

1 — AS REGRAS DE *COMPLIANCE* E A RELAÇÃO DE TRABALHO

A compreensão da importância da valorização das regras de *compliance* vem crescendo de forma acelerada, em decorrência da implementação de uma nova cultura empresarial que reconhece a autorregulação como instrumento valioso para implementar regras de transparência operacional, necessárias à boa gestão.

Nesse contexto, ampliar essa perspectiva de transparência operacional e boa gestão para inserir, entre as regras de *compliance*, normas negociadas com as entidades sindicais, contribui para reduzir os níveis de conflitualidade no local de trabalho e construir soluções mais eficazes.

Interessante pontuar que as regras de *compliance* vêm adquirindo cada vez mais relevância ante a implementação de novos sistemas organizacionais digitais, que estão promovendo uma alteração nos critérios de responsabilização não só individual, mas também das pessoas jurídicas, assim abrangendo os trabalhadores que atuam mediante contratos diversos do empregatício celetista, cuja representação deve ser integrada ao sistema sindical.

A empresa que adota um regulamento interno moldado pela ética e transparência, com a construção de critérios consensuais para fixar esses parâmetros pela negociação coletiva nas relações de trabalho, apresenta um diferencial importante para preservar a saúde e segurança dos trabalhadores, o que também contribuirá para alavancar sua atuação e, assim, aumentar o valor de seu empreendimento econômico.

2 — AS POLÍTICAS DE ESG PARA ABARCAR AS RELAÇÕES DE TRABALHO COMO PARTE INTEGRANTE DO SETOR S (SOCIAL)

A sigla ESG (Environmental, Social, Governance) trouxe uma nova mentalidade para a governança empresarial, demonstrando como a ampliação do foco, para abranger também questões sociais e ambientais, contribui para a sustentabilidade e melhoria da gestão dos empreendimentos econômicos.

Porém, não adianta a empresa atuar só em causas sociais e beneméritas da comunidade em que está inserida se, dentro de seus muros, as condições de saúde e segurança daqueles que lhe prestam serviços deixam a desejar.

Nesse contexto, a negociação coletiva pode atuar para que o Social (S) integre as relações de trabalho em seu nicho, visando à manutenção de um bom ambiente de trabalho, notadamente quanto às condições de saúde e segurança, não só para seus empregados, mas também para abranger os trabalhadores, de modo geral, que lhe prestam serviços sob os mais variados tipos contratuais.

A atuação da negociação coletiva para inserir essas questões dentro do S (Social), das práticas empresariais monitoradas pelo sistema ESG, pode fazer toda a diferença, pois contribui para conferir nova perspectiva na formação de uma cultura de sustentabilidade, que inclua o trabalhador como seu beneficiário.

3 - FIXAÇÃO DE REGRAS MAIS EFETIVAS PARA A ATUALIZAÇÃO E REQUALIFICAÇÃO PROFISSIONAL

Em decorrência da automação, provocada pela revolução tecnológica, as formas de trabalhar vêm sofrendo um acelerado processo de mudança.

Via de regra, os trabalhadores não dispõem de recursos próprios para acompanhar essas alterações, inclusive quanto aos novos modelos de caminhões dotados de sofisticados sistemas informatizados, o que vem provocando uma escassez de motoristas, empregados e autônomos, habilitados para operar esses novos instrumentos de navegação veicular.

Nesse contexto, a utilização da negociação coletiva para construir regras mais efetivas e operacionais, destinadas à atualização e requalificação profissional, abarcando orientações que ressaltam a importância da segurança viária, beneficia não só trabalhadores e empreendedores que exploram a atividade econômica do transporte, mas também toda a sociedade, notadamente terceiros que compartilham do mesmo ambiente de trabalho em rodovias e vias públicas.

11.7.1.2. O microssistema de direito coletivo processual do trabalho

Até agora, a formação de um microssistema de direito coletivo processual, na seara trabalhista, tem sido impulsionada preponderantemente pela jurisprudência, mediante a aplicação supletiva da Lei que disciplina a Ação Civil Pública (Lei n. 7.347/85), Código de Defesa do Consumidor (Lei n. 8.078/90) e Lei Complementar 75/93.

A amplitude que vem sendo reconhecida à autonomia privada coletiva, somada à valorização da cooperação e a busca pela obtenção mais rápida de solução para os conflitos, além da conscientização de que a prevenção reduz os níveis de conflitualidade, o que proporciona bem-estar e saúde, além de segurança e estabilidade, tem descortinado um novo horizonte, em que a negociação coletiva pode contribuir de maneira significativa para ampliar e fortalecer o microssistema de direito coletivo processual do trabalho.

1 — A FIXAÇÃO DAS REGRAS PROCEDIMENTAIS PARA A OPERACIONALIZAÇÃO DO "COMUM ACORDO"

A ampliação da atuação da negociação coletiva possibilita sua utilização para construir regras procedimentais, visando operacionalizar o "comum acordo" previsto no § 2º do art. 114 da CF/88, cuja constitucionalidade foi reconhecida pelo STF, ao julgar improcedente a ADI 3.432.(318)

Nesse passo, necessário pontuar que, ao traçar as normas fundamentais do processo, o CPC de 2015 reconheceu a importância da participação mais efetiva das partes, inclusive na formulação consensual de procedimentos, conforme dispôs o art. 190:

> Art. 190. Versando o processo sobre direitos que admitam autocomposição, é lícito às partes plenamente capazes estipular mudanças no procedimento para ajustá-lo às especificidades da causa e convencionar sobre os seus ônus, poderes, faculdades e deveres processuais, antes ou durante o processo.
>
> Parágrafo único. De ofício ou a requerimento, o juiz controlará a validade das convenções previstas neste artigo, recusando-lhes aplicação somente nos casos de nulidade ou de inserção abusiva em contrato de adesão ou em que alguma parte se encontre em manifesta situação de vulnerabilidade.

Embora a cultura do consensualismo esteja na gênese do direito material do trabalho, a doutrina e a jurisprudência trabalhistas receberam com reservas essa possibilidade na seara processual.

Porém, a matéria está merecendo uma nova análise em relação ao processo coletivo do trabalho, notadamente no que se refere ao "comum acordo" estabelecido no § 2º do art. 114 da CF/88, nos seguintes termos:

> Art. 114
>
> (...),
>
> § 2º Recusando-se qualquer das partes à negociação coletiva ou à arbitragem, <u>é facultado às mesmas, de comum acordo</u>, ajuizar dissídio coletivo de natureza econômica, podendo a Justiça do Trabalho decidir o conflito, respeitadas as disposições mínimas legais de proteção ao trabalho, bem como as convencionadas anteriormente.

Cessado o acirrado questionamento quanto à exigência do "comum acordo", estabelecido no § 2º do art. 114 da CF/88, com a decisão proferida pelo STF, que julgou improcedente a ADI 3.432 e reconheceu a constitucionalidade do preceito, abre-se a possibilidade de reestudar a matéria

(318) Disponível em: www.stf.jus.br.

sob a perspectiva específica de atuação dos corpos intermediários também na seara processual trabalhista.

Na esteira das diretrizes traçadas pelo art. 190 do CPC, aplicadas por compatíveis com o processo coletivo do trabalho, a fixação de regras procedimentais, visando à operacionalização do comum acordo, com o objetivo de resolver conflitos coletivos, podem ser objeto de negociação coletiva para estabelecer regras consensuais quanto às especificidades da causa e convencionar sobre os seus ônus, poderes, faculdades e deveres processuais, a serem observados antes, durante e depois do processo, considerando que as relações de trabalho têm natureza continuativa.

Essa cooperação na fixação de regras procedimentais/processuais possibilitará a obtenção de decisão de mérito justa e efetiva em tempo razoável, em cumprimento ao direito fundamental previsto no inciso LXXVIII do art. 5º da CF/88, que preceitua:

> LXXVIII – a todos, no âmbito judicial e administrativo, são assegurados a razoável duração do processo e os meios que garantam a celeridade de sua tramitação.

Destarte, a negociação coletiva pode contribuir, de maneira significativa, para o fortalecimento de um microssistema de direito coletivo em sua totalidade, material e processual.

2 — A VALORIZAÇÃO DA IMPLEMENTAÇÃO DAS COMISSÕES DE CONCILIAÇÃO PRÉVIA

A Lei n. 9.958/2000 inseriu o Título VI-A na CLT para estimular a conciliação e evitar o ajuizamento de ações trabalhistas desnecessárias,(319) estabelecendo nos arts. 625-A a 625-H a possibilidade de empresas e sindicatos, assim como grupo intersindical e de empresas instituírem Comissão de Conciliação Prévia, a qual poderia ser submetida qualquer demanda de natureza trabalhista, se na localidade da prestação de serviços tivesse sido instituída no âmbito da empresa ou do sindicato da categoria, observados os princípios da paridade, assim como as normas de constituição e funcionamento que deveriam ser definidas em convenção ou acordo coletivo.

A referida Comissão deveria ser formada por composição paritária, integrada por representantes dos empregados e empregadores, em quantitativo mínimo de dois e, máximo, de dez membros, sendo a metade indicada pelo empregador e outra metade eleita pelos empregados, em escrutínio secreto fiscalizado pelo sindicato de categoria profissional, com mandato de um ano (permitida uma recondução) e garantia de estabilidade de até um ano após o final do mandato, salvo caso de falta grave.

O representante dos empregados desenvolve seu trabalho normal na empresa, afastando-se de suas atividades apenas quando convocado para atuar como conciliador, período que deve ser computado como tempo de trabalho efetivo.

A partir do momento em que a controvérsia é submetida à Comissão de Conciliação Prévia o prazo prescricional será suspenso, recomeçando a fluir, pelo que lhe resta, a partir da tentativa frustrada de conciliação ou do esgotamento do prazo de 10 dias previsto no art. 625-F.

Não prosperando a conciliação, a declaração da tentativa conciliatória frustrada, com a descrição de seu objeto, firmada pelos membros da Comissão, deve ser fornecida ao empregado e ao empregador para ser juntada à eventual reclamação trabalhista.

(319) A respeito do tema, citam-se as Ações Diretas de Inconstitucionalidade (ADIs) n. 2139, 2160 e 2237, julgadas definitivamente em 1º.8.2018, em que se entendeu, em interpretação conforme à Constituição, não ser exigida a submissão de controvérsias trabalhistas previamente à Comissão de Conciliação Prévia como pressuposto a propositura de reclamatórias trabalhistas.

Aceita a conciliação, será lavrado termo assinado pelo empregado, empregador ou seu preposto e membros da Comissão, com eficácia liberatória geral,[(320)] exceto quanto às parcelas expressamente ressalvadas, constituindo-se em título executivo extrajudicial.

À época de implementação da Comissão de Conciliação Prévia (CCP) pela Lei n. 9.958/2000, o instituto foi mal compreendido e pior aplicado, cercado por muitas denúncias de fraude, que levaram ao seu descrédito.

Porém, ante a valorização da negociação coletiva e a importância de reduzir a litigiosidade, a instituição das Comissões de Conciliação Prévia passa a ser vista com novos olhos, notadamente por considerar que, se for implementada de forma correta e criteriosa, muito poderá contribuir para pacificar os conflitos e evitar o ajuizamento de demandas desnecessárias.

Ainda, se tiverem atuação pautada pela lisura e boa-fé, poderão contribuir não só para a solução efetiva dos conflitos que lhe são submetidos, mas também como importante fonte de informação para alteração de rotinas e regras organizacionais que causem prejuízo aos motoristas e, portanto, formam passivo para os empregadores, além de atrair e fomentar maior participação dos trabalhadores junto às entidades sindicais.

Ademais, ante a alteração promovida pela Lei n. 13.467/2017, que excluiu a exigência de homologação anteriormente prevista no § 1º do art. 477 da CLT, o momento se apresenta propício para reabilitar a atuação das Comissões de Conciliação Prévia, não só porque a assistência no momento da rescisão contratual é muito importante para o trabalhador, pois permite um acertamento correto das verbas devidas, mas também para o empregador, pois contribui para evitar a formação de um passivo trabalhista. Além disso, constitui um excelente caminho para aproximar o sindicato da base dos trabalhadores.

Conforme estabeleceu o art. 625-C da CLT, a Comissão de Conciliação Prévia deve ter "sua constituição e normas de funcionamento definidas em convenção ou acordo coletivo", de sorte que a negociação coletiva pode avançar na elaboração dessas normas de funcionamento, abrindo espaços para uma atuação mais proativa dos sindicatos em prol da valorização da autonomia privada coletiva.

(320) A "eficácia liberatória geral" do acordo celebrado pela CCP foi entendida como constitucional pelo Supremo Tribunal Federal, quando do julgamento da ADI n. 2237. Referido dispositivo, ademais, é aceito pela jurisprudência do Tribunal Superior do Trabalho: "EMBARGOS REGIDOS PELA LEI N. 11.496/2007. TERMO DE CONCILIAÇÃO FIRMADO PERANTE COMISSÃO DE CONCILIAÇÃO PRÉVIA. EFICÁCIA LIBERATÓRIA GERAL. A jurisprudência que vem sendo sedimentada nesta Corte superior, com ressalva do ponto de vista pessoal deste Relator, é de que o art. 625-E da CLT é expresso ao determinar que o termo de conciliação firmado perante a Comissão de Conciliação Prévia tem eficácia liberatória geral do extinto contrato de trabalho, exceto quanto às parcelas expressamente ressalvadas. Esse foi o entendimento que prevaleceu no âmbito da SbDI-1 desta Corte, em sessão completa realizada em 08.11.2012, por ocasião do julgamento do Processo n. E-RR – 17400.73-2006.05.01.0073, em que, após o resultado de 7x7, houve o desempate mediante voto de qualidade da Presidência, à época o Exmo. Sr. Ministro João Orestes Dalazen. Embargos não conhecidos." (Processo: E-ED-RR – 2800-32.2011.5.02.0067. Data de Julgamento: 19.04.2018, relator Ministro: José Roberto Freire Pimenta, Subseção I Especializada em Dissídios Individuais, Data de Publicação: *DEJT* 27.04.2018). Registra-se, contudo, limitações à "eficácia liberatória geral", nos seguintes termos: "RECURSO DE EMBARGOS – INTERPOSIÇÃO SOB A REGÊNCIA DA LEI N. 13.015/2014 – DIFERENÇAS DE COMPLEMENTAÇÃO DE APOSENTADORIA – COMISSÃO DE CONCILIAÇÃO PRÉVIA – EFICÁCIA LIBERATÓRIA. Esta Corte firmou o entendimento de que os reflexos das parcelas quitadas na comissão de conciliação prévia sobre a complementação de aposentadoria não são abrangidos pela eficácia liberatória do acordo firmado, na medida em que referida complementação não configura parcela trabalhista, embora decorra do contrato de trabalho." (Processo: E-RR – 145500-65.2009.5.17.0008 Data de Julgamento: 18.10.2018, relatora Ministra: Maria Cristina Irigoyen Peduzzi, Subseção I Especializada em Dissídios Individuais, Data de Publicação: *DEJT* 26.10.2018). Por fim, registra-se a existência de divergências em alguns Tribunais Regionais do Trabalho, como o da 4ª Região, que possui a seguinte tese firmada em julgamento de Incidente de Uniformização de Jurisprudência (IUJ): "EFICÁCIA LIBERATÓRIA GERAL. ACORDO EXTRAJUDICIAL. COMISSÃO DE CONCILIAÇÃO PRÉVIA. PARÁGRAFO ÚNICO DO ART. 625-E DA CLT. VALIDADE. Súmula n. 69 do TRT 4ª Região, de 03, 05 e 08.06.2015. TERMO DE CONCILIAÇÃO LAVRADO EM COMISSÃO DE CONCILIAÇÃO PRÉVIA. EFICÁCIA. EFEITOS. O termo de conciliação lavrado em comissão de conciliação prévia tem eficácia liberatória restrita aos valores das parcelas expressamente nele discriminadas, não constituindo óbice à postulação, em juízo, de diferenças dessas mesmas parcelas. Disponibilizada no *DEJT* dias 2, 3 e 5 de junho de 2015, considerada publicada dias 3, 5 e 8 de junho de 2015".

11.7.2. O microssistema de direito coletivo trabalhista e a formatação de novos modelos de hermenêutica

A valorização da autonomia privada coletiva ampliou o leque das matérias que podiam ser objeto de regulação por normas negociadas, colocando em xeque a primazia regulatória da norma estatal.

Esse movimento, que viria provocar a ressignificação dos métodos de interpretação, teve início com o que ficou conhecido na doutrina como "giro hermenêutico", sinalizado por Ludwig Wittgenstein.

Com efeito, se o conceito de dogma marcou a conotação estática da norma jurídica estatal, a conjuntura social, cultural e econômica, que permeia o momento em que a norma negociada é construída, passa a exigir novas formas de interpretação para garantir a funcionalidade do Direito, chamando a atenção do intérprete para a importância de atentar para a realidade concreta dos fatos sociais e econômicos que estão no seu entorno, formatando os interesses em jogo naquele dado momento, o que exige a construção de novos parâmetros de interpretação, mais dinâmicos e fluidos.

Porém, até agora a interpretação das normas negociadas tem sido feita com as mesmas ferramentas utilizadas para a norma estatal, o que vem se revelando insuficiente, demandando a construção de novos modelos pautados pela interdisciplinariedade, que caracteriza o perfil das normas negociadas, exigindo a conjugação dos critérios sociológico, axiológico e teleológico, sob a perspectiva traçada pelo art. 5º da LINDB, quanto à exigência de atendimento dos fins sociais e exigências do bem comum.

Esse norte foi ampliado pela Lei n. 13.655/2018, ao inserir os artigos 20, 21, 23 e 24 na LINDB, assim como pelo Decreto n. 9.830/2019. Nesse contexto, a interpretação deve considerar também as seguintes perspectivas:

a) as circunstâncias e a contextualização fática existente no momento em que a norma é negociada.

b) as consequências concretas e práticas visadas pela norma negociada.

Ademais, como o § 3º do art. 8º da CLT estabeleceu a priorização da natureza contratual dos acordos e convenções coletivas, assim como a intervenção mínima na autonomia da vontade coletiva, é aplicável o disposto no Capítulo IV, do Título I, do Livro III do Código Civil, a fim de pautar a interpretação das normas negociadas pela aplicação dos princípios da função social dos contratos e da boa-fé objetiva.

Esse movimento, que provocou a ressignificação do modelo hermenêutico, teve início com o que ficou conhecido na doutrina como "giro hermenêutico", sinalizado desde o início do século XX por Ludwig Wittgenstein.

Com efeito, se no século XX o conceito de dogma foi marcado pela conotação estática na configuração da norma jurídica estatal, a conjuntura social, cultural e econômica que permeia o momento em que a norma negociada é construída, passa a exigir novas formas de interpretação para garantir a funcionalidade do Direito, chamando a atenção do intérprete para a realidade concreta dos fatos sociais e econômicos que estão no seu entorno, formatando os interesses em jogo naquele dado momento, o que exige a construção de novos parâmetros de interpretação, mais dinâmicos e fluidos.

Nesse passo, torna-se imperioso construir novas formas de hermenêutica que, agregando também a perspectiva sociocultural, passe a conferir peso maior às condicionantes sociais, culturais e econômicas prevalecentes no momento determinado em que as normas negociadas são construídas e aplicadas, a fim de assegurar estabilidade e segurança jurídica, pela maior aderência da norma à realidade fática que visa regular.

Assim o desafio consiste em construir um novo modelo hermenêutico que, diante de uma cambiante realidade fática, que se apresenta em constante processo de mutação na era contemporânea, possibilite a interpretação apta a conferir estabilidade temporal durante o período de vigência da norma negociada, enquanto permanecerem as mesmas condicionantes sociais e econômicas (*ceteris paribus*).

11.8. A anulação dos acordos e convenções coletivas de trabalho

A nova configuração da contratação coletiva conferiu inequívoca valorização à boa-fé, de modo que essa perspectiva deve nortear a análise das possibilidades de anulação de cláusulas fixadas em convenção e acordo coletivo de trabalho, para tanto considerando as normas trabalhistas e, agora, também, as regras previstas no Código Civil, em decorrência da inter-relação expressamente fixada no § 3º do art. 8º da CLT, quando ocorrer:

A — Conflito de interesses entre o representante e o representado

Quando houver conflito entre os interesses do representante (sindicatos profissionais e patronais) e os interesses do representado (empregados ou empresas), e tal fato era ou devia ser do conhecimento daquele que com ele contratou, o negócio jurídico é anulável, conforme dispõe o art. 119 do Código Civil.

B — Erro ou Ignorância

Quando as declarações de vontade emanarem de erro substancial, que poderia ser percebido por pessoa de diligência normal, o negócio jurídico pode ser anulado. Em conformidade com os arts. 138 e 139 do Código Civil, aplicáveis por compatíveis com o Direito do Trabalho, o erro é considerado substancial quando:

(i) interessar à natureza do negócio, ao objeto principal da declaração, ou a alguma das qualidades a ele essenciais;

(ii) for concernente com a identidade ou qualidade essencial da pessoa a quem se refira a declaração de vontade, desde que tenha influído nesta de modo relevante;

(iii) sendo de direito e não implicando recusa à aplicação da lei, for o motivo único ou principal da celebração da convenção ou acordo coletivo.

Porém, o falso motivo só vicia a declaração de vontade quando expresso como razão determinante. Assim, o erro a que se refere a declaração de vontade não viciará a convenção ou acordo coletivo quando, por seu contexto e pelas circunstâncias, for possível identificar o que foi acordado.

Ademais, o erro não prejudicará a validade do negócio jurídico quando a pessoa, a quem a manifestação de vontade se dirige, oferecer-se para executá-lo em conformidade com a vontade real do manifestante.

C — Dolo

Os arts. 145 a 150 do Código Civil, aplicáveis por compatíveis com o Direito do Trabalho, estabelecem que são anuláveis os negócios jurídicos por dolo, quando este for a sua causa. Ademais, o silêncio intencional de uma das partes, a respeito de fato ou qualidade que a outra parte haja ignorado, constitui omissão dolosa, provando-se que se houvesse este conhecimento a cláusula não seria convencionada.

Porém, em caso de dolo acidental, assim considerado aquele que, a despeito de sua ocorrência o negócio seria realizado, só haverá a satisfação das perdas e danos.

A cláusula convencionada também pode ser anulada por dolo de terceiro se, a parte a quem aproveite, tivesse ou devesse ter conhecimento; em caso contrário, ainda que afastada a nulidade, o terceiro responderá por todas as perdas e danos da parte a quem ludibriou.

Interessante o preceito ao estipular que o dolo do representante legal de uma das partes só obriga o representado a responder até a importância do proveito que teve; porém, se o dolo for do representante convencional, o representado responderá solidariamente com ele por perdas e danos.

Entretanto, se ambas as partes procederem com dolo, nenhuma delas pode alegá-lo para anular o negócio, ou reclamar indenização.

D — Coação

Conforme previsto nos arts. 151 a 155 do Código Civil, para viciar a declaração da vontade, a coação há de ser tal que incuta fundado temor de dano iminente e considerável à outra parte, sendo que a apreciação de tal ocorrência deve levar em conta todas as circunstâncias que cercaram o fato.

Porém, não se considera coação a ameaça do exercício normal de um direito (como a greve), nem o simples temor reverencial.

A coação exercida por terceiro pode viciar a cláusula convencionada, se dela tivesse ou devesse ter conhecimento a parte a quem aproveite, que responderá solidariamente com aquele por perdas e danos. Entretanto, subsistirá sua validade se a coação decorrer de terceiro, sem que a parte a que aproveite dela tivesse ou devesse ter conhecimento; mas o autor da coação responderá por todas as perdas e danos que houver causado.

E — A onerosidade excessiva

Colhendo dos subsídios do art. 156 do Código Civil, configura-se o estado de perigo quando alguém, premido pela necessidade de resguardar-se de grave dano, conhecido pela outra parte (como a premência de entregar um pedido/encomenda por parte do empregador), ou momento de elevados índices de desemprego naquela atividade (no caso dos empregados), assume obrigação excessivamente onerosa em seu desfavor.

F — A Lesão

Ocorre a lesão quando uma das partes, por premente necessidade ou inexperiência, se obriga a prestação manifestamente desproporcional ao valor da prestação oposta.

Nesse sentido, o contido na Lei n. 10.101/2000, alterada pela Lei n. 12.832/2013, que em seu art. 2º, § 4º, inciso II, veda a adoção do instituto da participação nos lucros ou resultados, quando exigir o cumprimento de metas que possam afetar a saúde e a segurança do trabalho, preceito que deve ser interpretado de forma abrangente, inclusive para impedir a estipulação transversa e indireta, em que a parte se obriga a prestação manifestamente desproporcional, que lhe causará gravame muito maior do que o proveito econômico oferecido.

Para tanto, a avaliação da desproporção deve ser efetuada em conformidade com os valores vigentes, ao tempo em que celebrada a convenção coletiva e/ou acordo coletivo.

Porém, não será decretada a anulação se a parte, anteriormente favorecida, concordar com a redução do proveito que foi estipulado em seu benefício.

G — Quando a cláusula convencionada fraudar lei imperativa

A alteração prevista pela Reforma Trabalhista (Lei n. 13.467/2017), ao estabelecer no *caput* do art. 611-A que a convenção coletiva e o acordo coletivo de trabalho têm prevalência sobre a lei, certamente desencadeará muitas controvérsias, entre as quais pode ser destacada a interpretação sistemática desse preceito com o disposto nos arts. 9º da CLT e inciso VI do art. 166 do Código

Civil, subsidiariamente aplicável por compatível com o direito do trabalho, em decorrência do diálogo das fontes sinalizado de forma expressa pelo § 3º do art. 8º, também inserido pela Lei n. 13.467/2017, na CLT.

Em relação à matéria, dispõem os referidos preceitos legais, *in verbis:*

> Art. 9º Serão nulos de pleno direito os atos praticados com o objetivo de desvirtuar, impedir ou fraudar a aplicação dos preceitos contidos na presente Consolidação;
>
> Art. 166. É nulo o negócio jurídico quando:
>
> (...)
>
> VI – tiver por objetivo fraudar lei imperativa;

Assim, não se olvida que a questão se reveste de notória complexidade, não só ante a necessidade de provar o objetivo de desvirtuar, impedir e fraudar a norma celetista, mas também de definir o que é uma "lei imperativa", matérias que certamente serão objeto de digressão doutrinária e jurisprudencial, notadamente quanto ao alcance e interpretação da *ratio decidendi* estabelecida pelo STF no Tema 1046.

Por isso, optamos, neste momento, por apenas registrar a matéria, pontuando o que pode ser considerado para configurar a nulidade de cláusula convencionada.

11.9. As formas de impugnação de convenções e de acordos coletivos celebrados e de responsabilização por abusos cometidos no exercício da autonomia privada coletiva

A aplicação das regras estabelecidas no Código Civil para respaldar as possibilidades de anulação de cláusulas convencionadas abre uma nova vertente de debates, pois amplia o questionamento à estipulação material nelas contido.

Ademais, vislumbra a possibilidade de atribuir a quem cometeu o ato ilícito, seja parte ou terceiro, a responsabilidade por perdas e danos, trazendo para a arena de discussão a ampliação do alcance das ações anulatórias para, além do escopo declaratório, conceder também provimento ressarcitório, a fim de garantir a efetividade da tutela.

Nesse contexto, começam a surgir novas teses acerca das possibilidades de responsabilização, inclusive pessoal do negociador que, ao atuar, extrapola o mandato a ele conferido, causando lesão à categoria profissional/econômica representada. Trata-se da aplicação, por analogia, do art. 158[(321)] da Lei n. 6.404/1976, e da denominada teoria *ultra vires*,[(322)] como prevista no art. 1.015 do Código Civil, em complemento às previsões contidas na CLT.

---

(321) "Art. 158. O administrador não é pessoalmente responsável pelas obrigações que contrair em nome da sociedade e em virtude de ato regular de gestão; responde, porém, civilmente, pelos prejuízos que causar, quando proceder: I – dentro de suas atribuições ou poderes, com culpa ou dolo; II – com violação da lei ou do estatuto. § 1º O administrador não é responsável por atos ilícitos de outros administradores, salvo se com eles for conivente, se negligenciar em descobri-los ou se, deles tendo conhecimento, deixar de agir para impedir a sua prática. Exime-se de responsabilidade o administrador dissidente que faça consignar sua divergência em ata de reunião do órgão de administração ou, não sendo possível, dela dê ciência imediata e por escrito ao órgão da administração, no conselho fiscal, se em funcionamento, ou à assembleia-geral. § 2º Os administradores são solidariamente responsáveis pelos prejuízos causados em virtude do não cumprimento dos deveres impostos por lei para assegurar o funcionamento normal da companhia, ainda que, pelo estatuto, tais deveres não caibam a todos eles. § 3º Nas companhias abertas, a responsabilidade de que trata o § 2º ficará restrita, ressalvado o disposto no § 4º, aos administradores que, por disposição do estatuto, tenham atribuição específica de dar cumprimento àqueles deveres. § 4º O administrador que, tendo conhecimento do não cumprimento desses deveres por seu predecessor, ou pelo administrador competente nos termos do § 3º, deixar de comunicar o fato a assembleia-geral, tornar-se-á por ele solidariamente responsável. § 5º Responderá solidariamente com o administrador quem, com o fim de obter vantagem para si ou para outrem, concorrer para a prática de ato com violação da lei ou do estatuto."

(322) Segundo o enunciado n. 219, aprovado na III Jornada de Direito Civil do Conselho da Justiça Federal: "219 – Art. 1.015: Está positivada a teoria *ultra vires* no Direito brasileiro, com as seguintes ressalvas: (a) o ato *ultra vires* não produz efeito

A questão se reveste de complexidade ante as especificidades da negociação coletiva trabalhista, por haver submissão das propostas negociadas à deliberação da Assembleia da categoria. Porém, não há como deixar de reconhecer que há forte respaldo na doutrina para imputação de responsabilidade ao negociador que, ao atuar, age com dolo ou culpa, causando lesão à categoria profissional/econômica.

As formas de impugnação aos instrumentos negociais coletivos celebrados, e de responsabilização por eventuais excessos e abusos cometidos, serão a tônica dos próximos anos, visto se tratarem de temas que assumem centralidade, notadamente em decorrência da decisão proferida pelo STF no julgamento da ADI 5.322 e na diretriz estabelecida no Tema 1046, com repercussão geral e eficácia vinculante.

11.9.1. A ação anulatória

Conforme reflexões consignadas em artigo elaborado pela coautora sobre o tema,(323) o Ministério Público do Trabalho tem legitimidade ativa para propor ação anulatória de cláusulas constantes de convenções e acordo coletivos, nos termos do inciso IV do art. 83 da Lei Complementar n. 75/1993.

As empresas signatárias e os sindicatos representantes das categorias econômica e profissional também podem ajuizar ação anulatória, quando demonstrado vício de vontade,(324) a prática de atos ilícitos relacionados no art. 611-B da CLT ou alguma das hipóteses referidas pelo art. 166 do Código Civil.

De qualquer modo, a participação dos sindicatos como litisconsortes passou a ser obrigatória, em conformidade com o § 5º do art. 611-A da CLT, ao estabelecer:

> § 5º Os sindicatos subscritores de convenção coletiva ou de acordo coletivo de trabalho deverão participar, como litisconsortes necessários, em ação individual ou coletiva, que tenha como objeto a anulação de cláusulas desses instrumentos.

A *reforma trabalhista* implementada pela Lei n. 13.467/2017 ampliou as possibilidades de ajuizamento das ações anulatórias ao incluir, no art. 611-B(325) na CLT, um rol de atos reputados

---

apenas em relação à sociedade; (b) sem embargo, a sociedade poderá, por meio de seu órgão deliberativo, ratificá-lo; (c) o Código Civil amenizou o rigor da teoria *ultra vires*, admitindo os poderes implícitos dos administradores para realizar negócios acessórios ou conexos ao objeto social, os quais não constituem operações evidentemente estranhas aos negócios da sociedade; (d) não se aplica o art. 1.015 às sociedades por ações, em virtude da existência de regra especial de responsabilidade dos administradores (art. 158, II, Lei n. 6.404/76)." (Disponível em: https://www.cjf.jus.br/cjf/CEJ-Coedi/jornadas-cej/enunciados-aprovados-da-i-iii-iv-e-v-jornada-de-direito-civil/compilacaoenunciadosaprovados1-3-4jornadadircivilnum.pdf/view. Acesso em: 31 mar. 2019).

(323) GEMIGNANI, Tereza Aparecida Asta. As ações anulatórias e a reforma trabalhista: uma leitura constitucional. In: MARTINEZ, Luciano *et al* (Orgs.). *Curso de Direito Processual do Trabalho*. São Paulo: LTr, 2019.

(324) Processo: RO – 621-91.2013.5.01.0000. Data de Julgamento: 23.02.2015, relatora Ministra: Dora Maria da Costa, Seção Especializada em Dissídios Coletivos, Data de Publicação: *DEJT* 6.3.2015.

(325) "Art. 611-B. Constituem objeto ilícito de convenção coletiva ou de acordo coletivo de trabalho, exclusivamente, a supressão ou a redução dos seguintes direitos: I – normas de identificação profissional, inclusive as anotações na Carteira de Trabalho e Previdência Social; II – seguro-desemprego, em caso de desemprego involuntário; III – valor dos depósitos mensais e da indenização rescisória do Fundo de Garantia do Tempo de Serviço (FGTS); IV – salário mínimo; V – valor nominal do décimo terceiro salário; VI – remuneração do trabalho noturno superior à do diurno; VII – proteção do salário na forma da lei, constituindo crime sua retenção dolosa; VIII – salário-família;IX – repouso semanal remunerado; X – remuneração do serviço extraordinário superior, no mínimo, em 50% (cinquenta por cento) à do normal; XI – número de dias de férias devidas ao empregado; XII – gozo de férias anuais remuneradas com, pelo menos, um terço a mais do que o salário normal; XIII – licença-maternidade com a duração mínima de cento e vinte dias; XIV – licença-paternidade nos termos fixados em lei; XV – proteção do mercado de trabalho da mulher, mediante incentivos específicos, nos termos da lei; XVI – aviso prévio proporcional ao tempo de serviço, sendo no mínimo de trinta dias, nos termos da lei; XVII – normas de saúde, higiene e segurança do trabalho previstas em lei ou em normas regulamentadoras do Ministério do Trabalho; XVIII – adicional de remuneração para as atividades penosas, insalubres ou perigosas; XIX – aposentadoria; XX – seguro contra acidentes de trabalho, a cargo do empregador; XXI – ação, quanto aos créditos resultantes das relações de trabalho,

ilícitos a justificar o decreto anulatório e estabelecer novos critérios para a configuração de nulidades das cláusulas convencionadas.

Além disso, o novo modelo implementado pela reforma trabalhista (Lei n. 13.467/2017) veio fortalecer a diretriz doutrinária que, além do efeito declaratório, reconhece natureza ressarcitória e cominatória às ações anulatórias. Com efeito, a ampliação da negociação coletiva pode redundar em aumento de violações constitucionais/legais, levando ao necessário ajuizamento de ações anulatórias que agreguem, ao pleito anulatório, a imputação de reparação do dano já causado e também das obrigações de fazer/não fazer, a fim de impedir o agravamento da lesão e o perecimento de direitos, o que redundará em considerável alteração na forma como até então eram manejadas as ações anulatórias no processo trabalhista.

Ademais, é preciso atentar para os novos preceitos estabelecidos nos §§ 2º, 3º,4º e 5º do art. 611-A da CLT.

Destarte, no que se refere à caracterização da "onerosidade excessiva/estado de perigo" e "lesão", necessário considerar as peculiaridades do direito trabalhista, explicitadas no § 2º do art. 611-A, ao dispor:

> § 2º A inexistência de expressa indicação de contrapartidas recíprocas em convenção coletiva ou acordo coletivo de trabalho não ensejará sua nulidade por não caracterizar um vício do negócio jurídico.

O referido preceito há que ser interpretado de forma sistêmica, contexto em que a referência à "expressa indicação" se caracteriza como critério diferenciador importante, notadamente ante as especificidades da negociação coletiva trabalhista, em que as contrapartidas nem sempre são estabelecidas de forma correlata, em linha direta.

Com efeito, imperioso considerar o princípio do conglobamento, especialmente quando se sabe que, para compor os interesses em conflito, nem sempre as concessões são *costuradas em linha reta* e correspondente às demandas colocadas em uma mesa de negociação. Isso porque, muitas vezes, dependem das condicionantes econômicas e sociais do momento, aferidas por critérios de conveniência e oportunidade pelos sindicatos convenentes, que podem prever a concessão de um benefício, de natureza diversa do título em relação ao qual foi aceita a imposição de uma restrição.

Nesse contexto, ainda que se trate de ampliar a imputação de responsabilidade com a aplicação da teoria *ultra vires* prevista no art. 1.015 do Código Civil, é necessário considerar que as cláusulas convencionadas devem ser interpretadas conforme a boa-fé e os usos do lugar de sua celebração.

Por outro lado, quando houver "expressa indicação" de cláusula compensatória de uma concessão anulada, deve ser observado o constante do § 4º do art. 611-A, ao estabelecer que:

> § 4º Na hipótese de procedência de ação anulatória de cláusula de convenção coletiva ou de acordo coletivo de trabalho, quando houver a cláusula compensatória, esta deverá ser igualmente anulada, sem repetição do indébito.

---

com prazo prescricional de cinco anos para os trabalhadores urbanos e rurais, até o limite de dois anos após a extinção do contrato de trabalho; XXII – proibição de qualquer discriminação no tocante a salário e critérios de admissão do trabalhador com deficiência; XXIII – proibição de trabalho noturno, perigoso ou insalubre a menores de dezoito anos e de qualquer trabalho a menores de dezesseis anos, salvo na condição de aprendiz, a partir de quatorze anos; XXIV – medidas de proteção legal de crianças e adolescentes; XXV – igualdade de direitos entre o trabalhador com vínculo empregatício permanente e o trabalhador avulso; XXVI – liberdade de associação profissional ou sindical do trabalhador, inclusive o direito de não sofrer, sem sua expressa e prévia anuência, qualquer cobrança ou desconto salarial estabelecidos em convenção coletiva ou acordo coletivo de trabalho; XXVII – direito de greve, competindo aos trabalhadores decidir sobre a oportunidade de exercê-lo e sobre os interesses que devam por meio dele defender; XXVIII – definição legal sobre os serviços ou atividades essenciais e disposições legais sobre o atendimento das necessidades inadiáveis da comunidade em caso de greve; XXIX – tributos e outros créditos de terceiros; XXX – as disposições previstas nos arts. 373-A, 390, 392, 392-A, 394, 394-A, 395, 396 e 400 desta Consolidação; Parágrafo único. Regras sobre duração do trabalho e intervalos não são consideradas como normas de saúde, higiene e segurança do trabalho para os fins do disposto neste artigo."

Além disso, como o direito trabalhista passou a valorizar, ainda com maior ênfase, as convenções e os acordos coletivos, no que se refere à aferição da nulidade das cláusulas convencionadas, restou inequívoca a compatibilidade da aplicação do preceituado no § 2º do art. 157 do Código Civil.(326)

Destarte, não se decretará a nulidade se for oferecido suplemento suficiente, ou se a parte favorecida concordar com a redução do proveito, o que pode ser obtido com a participação dos sindicatos como litisconsortes necessários, nos termos do § 5º do art. 611-A da CLT, anteriormente referido. A aplicação deste preceito abre caminhos para a celebração de acordos nas ações anulatórias, questão que certamente dará ensejo a amplo debate doutrinário e jurisprudencial.

A Lei n. 13.467/2017 promoveu alterações significativas no ordenamento trabalhista, ao ampliar a atuação da negociação coletiva (art. 611-A da CLT), diretriz referendada pelo STF no Tema 1046, dotado de repercussão geral e efeito vinculante.

Ainda é cedo para aquilatar os efeitos dessas mudanças, mas podem redundar em aumento das possibilidades de ajuizamento de ações anulatórias, quando as cláusulas estabelecidas violarem direitos fundamentais dos trabalhadores e os limites traçados pelo art. 611-B da CLT.

Nesse contexto, é necessária a aplicação subsidiária dos preceitos estabelecidos pelo CPC/2015 para disciplinar as ações anulatórias e, também, o regramento posto pelo Código Civil para a configuração dos defeitos do negócio jurídico, que deverão ser interpretados em articulação dialógica com os institutos peculiares que distinguem o processo trabalhista, ante a necessária observância da compatibilidade exigida pelo art. 769 da CLT.

Esse novo desafio exige um ordenamento jurídico multifuncional, pautado pelo diálogo das fontes, a fim de possibilitar a pacificação dos conflitos sociais com justiça.

Para tanto, a edificação do novo perfil da ação anulatória deve ter como norte o aprimoramento da segurança jurídica e a efetividade do provimento judicial, inclusive cominatório e ressarcitório, assim conferindo eficácia à principiologia constitucional.

(326) Código Civil. Art. 157, § 2º Não se decretará a anulação do negócio, se for oferecido suplemento suficiente, ou se a parte favorecida concordar com a redução do proveito.

12

O Transportador Autônomo

Embora este livro não tenha o propósito de analisar todos os aspectos que envolvem a atividade do transportador autônomo, consideramos importante tecer algumas considerações a respeito das matérias afetas à seara trabalhista.

12.1. Competência para julgar ações que envolvem TAC

A competência para julgar ações que tratam das relações de trabalho do transportador autônomo (TAC independente e TAC agregado) sempre suscitou aceso debate.

De um lado, os que entendiam ser da Justiça Comum Estadual a competência para conhecer e julgar as ações que envolvem a aplicação da Lei n. 11.442/2007 em relação ao TAC (independente e agregado), tendo em vista o disposto em seus arts. 4º e 5º, com as alterações da Lei n. 13.103/2015, *in verbis*:

> **Art. 4º** *O contrato a ser celebrado* entre a ETC e o TAC ou entre o dono ou embarcador da carga e o TAC *definirá a forma de prestação de serviço desse último, como agregado ou independente.*
>
> § 1º Denomina-se TAC-agregado aquele que coloca veículo de sua propriedade ou de sua posse, a ser dirigido por ele próprio ou por preposto seu, a serviço do contratante, *com exclusividade, mediante remuneração certa.*
>
> § 2º Denomina-se TAC-independente aquele que presta os serviços de transporte de carga de que trata esta Lei em caráter eventual e sem exclusividade, mediante frete ajustado a cada viagem.
>
> § 3º Sem prejuízo dos demais requisitos de controle estabelecidos em regulamento, é facultada ao TAC a cessão de seu veículo em regime de colaboração a outro profissional, assim denominado TAC — Auxiliar, não implicando tal cessão a caracterização de vínculo de emprego.
>
> § 4º O Transportador Autônomo de Cargas Auxiliar deverá contribuir para a previdência social de forma idêntica à dos Transportadores Autônomos.
>
> § 5º As relações decorrentes do contrato estabelecido entre o Transportador Autônomo de Cargas e seu Auxiliar ou entre o transportador autônomo e o embarcador não caracterizarão vínculo de emprego.
>
> **Art. 5º** *As relações decorrentes do contrato de transporte de cargas* de que trata o art. 4º desta Lei *são sempre de natureza comercial, não ensejando, em nenhuma hipótese, a caracterização de vínculo de emprego.*
>
> Parágrafo único. *Compete à Justiça Comum o julgamento de ações oriundas dos contratos de transporte de cargas.* (Marcas nossas)

Consideravam que, como a lei expressamente atribuiu natureza comercial a essas relações jurídicas, a Justiça do Trabalho não teria competência para julgar tais ações,(327) até mesmo quando os serviços do transportador autônomo (TAC independente e agregado) fossem prestados a uma empresa de transporte rodoviário de cargas.(328) Logo, independentemente da matéria tratada,

(327) Processo: RR – 182-84.2014.5.03.0034. Data de Julgamento: 15.8.2018, relator Ministro: Breno Medeiros, 5ª Turma, Data de Publicação: *DEJT* 17.8.2018; Conflito de competência n. 153.678-PR 2017/0193564-9; relª. Ministra Nancy Andrighi; e, Conflito de competência n. 136.567 – SP 2014/0266672-1, relª. Ministra Maria Isabel Gallotti.

(328) Processo: AIRR – 3612140-05.2008.5.09.0003. Data de Julgamento: 2.2.2011, relator Ministro: Lelio Bentes Corrêa, 1ª Turma, Data de Publicação: *DEJT* 11.2.2011.

inclusive quando a controvérsia suscitada se referisse à existência da relação de emprego entre o TAC-agregado e a empresa transportadora, a questão sempre seria de competência da Justiça Comum.

Por outro lado, os que procediam a uma interpretação restritiva desse dispositivo legal, entendendo que quando o questionamento se referia à alegação da existência de vínculo empregatício, notadamente entre o TAC-agregado e a empresa transportadora,(329) a competência seria da Justiça do Trabalho, em cumprimento ao disposto no art. 114 da CF/88.

Outros propugnavam pelo reconhecimento da inconstitucionalidade total desses preceitos, sustentando que os serviços prestados pelo transportador autônomo, tanto o TAC-agregado, quanto o TAC-independente, mesmo não havendo vínculo empregatício, caracterizavam uma relação de trabalho, assim atraindo o disposto no inciso IX do art. 114 da Constituição Federal de 1988, que tem supremacia sobre a lei ordinária, ao estabelecer que essa competência cabe à Justiça do Trabalho.(330)

Ao julgar a Ação Declaratória de Constitucionalidade (ADC) n. 48, o STF reconheceu a constitucionalidade da Lei n. 11.442/2007, firmando a seguinte tese:

> 1 – A Lei n. 11.442/2007 é constitucional, uma vez que a Constituição não veda a terceirização, de atividade-meio ou fim.
>
> 2 – O prazo prescricional estabelecido no art. 18 da Lei n. 11.442/2007 é válido porque não se trata de créditos resultantes de relação de trabalho, mas de relação comercial, não incidindo na hipótese o art. 7º, XXIX, CF.
>
> 3 – Uma vez preenchidos os requisitos dispostos na Lei n. 11.442/2007, estará configurada a relação comercial de natureza civil e afastada a configuração de vínculo trabalhista.

Destarte, a partir desse julgamento, ficou afastada a competência da Justiça do Trabalho para conhecer e julgar ações envolvendo o Transportador Autônomo de Carga (TAC) autônomo, auxiliar e agregado.

Necessário pontuar que essa perspectiva gera reflexos também na caracterização da terceirização, sendo que, ao reafirmar sua jurisprudência e instituir a Consolidação do Sistema de Precedentes Obrigatórios na Justiça do Trabalho, com efeito vinculante, o TST estabeleceu o Tema n. 59, nos seguintes termos:

> A contratação dos serviços de transporte de mercadorias, por ostentar natureza comercial, não se enquadra na configuração jurídica de terceirização prevista na Súmula n. 331, IV, do TST e, por conseguinte, não enseja a responsabilização subsidiária das empresas tomadoras de serviços.

12.2. O conceito de transportador autônomo de carga

A Lei n. 11.442/2007 define o Transportador Autônomo de Cargas (TAC) como a pessoa física que explora o transporte rodoviário de cargas como atividade profissional de natureza comercial, que para tanto deverá comprovar ser proprietário, coproprietário ou arrendatário de, pelo menos, um veículo automotor de carga, registrado em seu nome no órgão de trânsito, como veículo de aluguel.

Caracterizou, ainda, o TAC-agregado como aquele que coloca veículo de sua propriedade ou de sua posse, a ser dirigido por ele próprio ou seu preposto, a serviço do contratante, com exclusividade,

(329) Processo n. 0101740-12.2017.5.01.0047 – Relª. Carina Rodrigues Bicalho – TRT 1ª Região.

(330) Constituição Federal de 1988. Art. 114. Compete à Justiça do Trabalho processar e julgar:
I – as ações oriundas da relação de trabalho, abrangidos os entes de direito público externo e da administração pública direta e indireta da União, dos Estados, do Distrito Federal e dos Municípios.

mediante remuneração certa, enquanto o TAC-independente atua em caráter eventual e sem exclusividade, mediante frete ajustado a cada viagem.

Nesse contexto, estabeleceu que a forma de prestação de serviço, como agregado ou independente, deverá ser definida no contrato celebrado entre a Empresa de Transporte Rodoviário de Cargas e o Transportador Autônomo, ou entre o dono/embarcador da carga e o TAC.[331]

A Lei n. 13.103/2015, que trata do motorista profissional, acrescentou os §§ 3º, 4º e 5º ao art. 4º desta lei, prevendo que o TAC poderá ceder seu veículo em regime de colaboração a outro profissional, que denominou de TAC — Auxiliar, estabelecendo que tanto essa cessão, quanto as relações decorrentes do contrato estabelecido entre o transportador autônomo e o embarcador não caracterizarão vínculo de emprego, assim reiterando a diretriz anteriormente prevista no art. 5º ao imputar a natureza comercial a esse contrato.

Também inseriu o art. 13-A na referida lei, garantindo o direito à intimidade e a proteção da vida privada do TAC, ao vedar a utilização das informações de bancos de dados e de proteção ao crédito para impedir a celebração de contrato entre o TAC e a ETC, quando estiver com situação devidamente regular para o exercício da atividade do Transporte Rodoviário de Cargas.

A Lei n. 11.442/2007 também estabeleceu que o pagamento do frete ao Transportador Autônomo de Cargas (TAC) deverá ser efetuado por meio de crédito em conta mantida em instituição integrante do sistema financeiro nacional, inclusive poupança, ou por outro meio regulamentado pela Agência Nacional de Transportes Terrestres (ANTT), a critério do prestador do serviço. Para tanto, equiparou o TAC à Empresa de Transporte Rodoviário de Cargas (ETC) que possuir em sua frota até 3 veículos registrados no Registro Nacional de Transportadores Rodoviários de Cargas (RNTRC).

Por fim, imputou ao contratante e ao subcontratante dos serviços de transporte rodoviário de cargas, assim como ao cossignatário e ao proprietário da carga, a responsabilidade solidária por tal obrigação, resguardado o direito de regresso.

12.3. Registro e controle dos tempos de trabalho do TAC

A Lei n. 12.619/2012 imputou ao motorista profissional, na condição de condutor, a responsabilidade por controlar o tempo de condução, visando à sua estrita observância, ficando sujeito às penalidades daí decorrentes conforme prevê o art. 67-C que inseriu no CTB.

A Lei n. 13.103/2015 manteve essa cominação no art. 67-E, *caput* e § 1º, do CTB, mas ampliou o nível de exigência, ao estabelecer nos §§ 2º, 3º e 4º desse mesmo artigo, que o tempo de direção será controlado mediante registrador instantâneo inalterável de velocidade e tempo e/ou por meio de anotação em diário de bordo, ou papeleta ou ficha de trabalho externo, ou por meios eletrônicos instalados no veículo, conforme norma do CONTRAN. Estabeleceu, também, que o equipamento eletrônico ou registrador deverá funcionar de forma independente de qualquer interferência do condutor, quanto aos dados registrados, assim como que a guarda, preservação e exatidão das informações contidas no equipamento registrador instantâneo inalterável de velocidade e de tempo são de responsabilidade do condutor, conforme detalhado no capítulo 4.5.2. deste livro.

Portanto, previu a possibilidade de adoção de várias formas de controle, mas exigiu que todas fossem revestidas de fidedignidade, sob pena de frustrar os escopos da lei.

12.4. O tempo de espera do TAC

No que se refere ao tempo de espera do TAC, a Lei n. 13.103/2015 inseriu os §§ 5º e 9º ao art. 11 da Lei n. 11.442/2007, estabelecendo que o prazo máximo para carga e descarga do

(331) *Vide* Resoluções ns. 3.056/2009 e 3.658/2011 da ANTT.

Veículo de Transporte Rodoviário de Cargas será de 5 horas, contadas da chegada ao endereço do destino, após a qual será devido ao Transportador Autônomo de Carga (TAC) ou à Empresa de Transporte Rodoviário de Cargas (ETC) a importância equivalente a R$ 1,38 (um real e trinta e oito centavos) por tonelada/hora ou fração, para tanto considerada a capacidade total de transporte do veículo.

Esse valor será atualizado anualmente, de acordo com a variação do Índice Nacional de Preços ao Consumidor (INPC), calculado pela Fundação Instituto Brasileiro de Geografia e Estatística (IBGE) ou, na hipótese de sua extinção, pelo índice que o suceder, definido em regulamento.

O pagamento referente ao tempo de espera será calculado a partir da hora de chegada à procedência/destino. Para tanto, o embarcador e o destinatário da carga são obrigados a fornecer ao transportador documento hábil a comprovar o horário de chegada do caminhão às dependências dos respectivos estabelecimentos, sob pena de serem punidos com multa a ser aplicada pela Agência Nacional de Transportes Terrestres (ANTT), que não excederá a 5% do valor da carga.

12.5. O intervalo do tempo de direção do TAC

A exigência quanto ao tempo do intervalo de direção abrange também o transportador autônomo.

Com efeito, durante seu período de vigência, a Lei n. 12.619/2012 disciplinou a matéria por meio do art. 67-A, *caput* e §§ 1º, 2º e 4º, do CTB (Lei n. 9.503/1997). Considerou como tempo de direção/condução de veículo apenas o período em que o condutor estiver efetivamente ao volante de um veículo em curso entre a origem e o seu destino. Nessas condições, vedou ao motorista profissional dirigir por mais de 4 horas ininterruptas, determinando, à época, a observância do intervalo mínimo de 30 minutos para descanso a cada 4 horas, com a possibilidade de o motorista descansar no interior do próprio veículo, desde que este seja dotado de locais apropriados para a natureza e a duração do descanso exigido. Também facultou o fracionamento do tempo de direção e do intervalo de descanso, desde que não completadas 4 horas contínuas no exercício da condução.

Porém, admitiu que em situações excepcionais, desde que não comprometida a segurança rodoviária, o tempo de direção poderia ser prorrogado por até 1 hora, para permitir que o condutor, o veículo e sua carga chegassem a lugar que oferecesse segurança e atendimento adequado.

Embora tenha revogado os §§ 1º ao 7º do art. 67-A do CTB, a Lei n. 13.103/2015 veio tratar da matéria no art. 67-C, §§ 1º, 1º-A e 2º. Manteve a nova disciplina legal o intervalo de descanso em 30 minutos a cada 4 horas na condução de veículo rodoviário de passageiros, mas mudou a duração do tempo de direção em veículo rodoviário de transporte de carga e *coletivo* de passageiros, em relação aos quais determinou a concessão do descanso dentro de cada 6 horas, desde que não ultrapassadas 5 horas e 30 minutos contínuos no exercício da condução, possibilitando, em ambos os casos, o fracionamento do intervalo e o do tempo de direção, dentro dos limites estabelecidos.

No que se refere às situações excepcionais, ampliou a possibilidade de elevação do tempo de direção, ao deixar de fazer referência ao período de 1 hora, como constava do texto anterior, admitindo, no § 2º do art. 67-C, que o tempo de direção poderá ser elevado pelo período necessário para que o condutor, o veículo e a carga cheguem a um lugar que ofereça a segurança e o atendimento demandados, desde que não haja comprometimento da segurança rodoviária.

Ademais, ao inserir o § 9º ao art. 11 da Lei n. 11.442/2007, a Lei n. 13.103/2015 atribuiu ao embarcador e ao destinatário da carga a obrigação de fornecer ao transportador documento hábil a comprovar o horário de chegada do caminhão às dependências dos respectivos estabelecimentos, sob pena de serem punidos com multa a ser aplicada pela Agência Nacional de Transportes Terrestres (ANTT), que não excederá a 5% do valor da carga.

12.6. O intervalo interjornada do TAC

Em relação ao transportador autônomo (TAC), a Lei n. 12.619/2012 inseriu o art. 67-A e os §§ 3º, 5º, 6º e 7º no CTB, atribuindo ao condutor a obrigação de, dentro do período de 24 horas, observar um intervalo de 11 horas de descanso, podendo este ser fracionado em dois períodos, um de 9 horas e, outro, de 2 horas, no mesmo dia.

No parágrafo único do art. 67-A, a referida lei atribuiu ao motorista profissional autônomo a responsabilidade por controlar a observância dos períodos de descanso estabelecidos, ficando, em razão disso, sujeito às penalidades daí decorrentes, previstas no Código de Trânsito Brasileiro.

Entretanto, tais parágrafos foram revogados pela Lei n. 13.103/2015, que passou a tratar da matéria no § 3º do art. 67-C do CTB nos seguintes termos:

> O condutor é obrigado, dentro do período de 24 (vinte e quatro) horas, a observar o mínimo de 11 (onze) horas de descanso, que podem ser fracionadas, usufruídas no veículo e coincidir com os intervalos mencionados no § 1º, observadas no primeiro período 8 (oito) horas ininterruptas de descanso.

A posição adotada pelo Supremo Tribunal Federal no julgamento da ADI 5.322

Ao julgar a ADI 5.322, ajuizada pela Confederação Nacional dos Trabalhadores em Transportes Terrestres (CNTTT), o STF reputou inconstitucional o fracionamento e a possibilidade de coincidência do intervalo interjornada com os demais intervalos, conforme EMENTA:

> 9. É inconstitucional o dispositivo legal que permite a redução e/ou o fracionamento dos intervalos interjornadas e do descanso semanal remunerado. Normas constitucionais de proteção da saúde do trabalhador. *(art. 7º, XXII, da CF)*
>
> DISPOSITIVO
>
> 12. PARCIAL CONHECIMENTO DA AÇÃO DIRETA COM
>
> PARCIAL PROCEDÊNCIA, DECLARANDO INCONSTITUCIONAIS:
>
> (k) a expressão *"que podem ser fracionadas, usufruídas no veículo e coincidir com os intervalos mencionados no § 1º, observadas no primeiro período 8 (oito) horas ininterruptas de descanso"*, na forma como prevista no § 3º do art. 67-C do CTB, com redação dada pelo art. 7º da Lei n. 13.103/2015.

Importante destacar que o STF, por unanimidade, acolheu parcialmente os embargos de declaração opostos pela Confederação Nacional dos Trabalhadores em Transportes Terrestres – CNTTT, **para modular os efeitos desta declaração de inconstitucionalidade, atribuindo-lhe eficácia *ex nunc*, a contar da publicação da ata do julgamento de mérito da ADI 5.322, que ocorreu em 12.7.2023.**

Portanto, tal como foi estabelecido em relação ao motorista empregado, também para o motorista autônomo não é mais possível admitir a coincidência do intervalo interjornada de 11 horas com os demais intervalos, devendo ser gozado na sua integralidade.

Destarte, o condutor só poderá iniciar viagem com duração maior que 1 dia / 24 horas após o cumprimento integral do intervalo interjornada de 11 horas, devendo para tanto ser considerada a partida do condutor, como início de viagem e, como continuação da viagem, as partidas nos dias subsequentes até o destino.

Ademais, é preciso ressaltar que a lei atribuiu natureza bifronte a tal obrigação, pois também imputou ao transportador de cargas/passageiros, embarcador, consignatário de cargas, operador de terminais de carga, operador de transporte multimodal de cargas ou agente de cargas, o encargo de *não ordenar* a qualquer motorista a seu serviço, ainda que subcontratado, que conduza veículo sem a observância do intervalo interjornada, assim devendo considerar o gozo integral do descanso de 11 horas dentro do período de 24 horas ao estabelecer as cláusulas contratuais, traçar itinerários e rotas, assim como fixar a data de chegada do produto ao destino.

12.7. O intervalo intrajornada e intersemanal do TAC

Tanto a Lei n. 11.442/2007, que disciplina a atuação do motorista autônomo, quanto a Lei n. 9.503/1997 (CTB), em nenhum momento tratam da concessão do intervalo de 1 hora para refeição, ou do intervalo intersemanal (35 horas) do motorista autônomo, desencadeando, em razão isso, controvérsia quanto a exigibilidade da observância destes intervalos de descanso em relação ao TAC.

Parte majoritária da doutrina entende que, ante a lacuna da lei que rege o trabalho do TAC, por analogia devem ser aplicados os preceitos estabelecidos nas Leis ns. 12.619/2012 e 13.103/2015, durante seus respectivos períodos de vigência, com observância da diretriz fixada pelo STF no julgamento da ADI 5.322.

Portanto, entende ser devida a concessão de 1 hora de intervalo intrajornada para refeição e intervalo intersemanal de 35 horas, por se tratarem de exigências que não podem ficar restritas às relações de emprego, uma vez que relacionadas com a saúde e segurança não só do motorista, mas também de terceiros, que compartilham do mesmo meio ambiente de trabalho, tanto com motoristas empregados, quanto motoristas autônomos.

12.8. O transportador autônomo e o pagamento do frete

A questão referente ao pagamento do frete sempre foi cercada de muita controvérsia, não só quanto aos valores, mas também no que se refere à forma como era efetuado o pagamento.

A Lei n. 13.103/2015 procurou traçar um norte para a solução de algumas dessas questões, inserindo o art. 5º-A, *caput* e § 7º, na Lei n. 11.442/2007, que vieram complementar o arcabouço anteriormente disposto nos §§ 1º ao 6º, inseridos, a seu turno, pela Lei n. 12.249/2010.

A MP 1.051/2021 promoveu outras alterações e a Lei n. 14.206/2021 definiu a regulamentação da matéria nos seguintes termos:

> Art. 5º-A. O pagamento do frete do transporte rodoviário de cargas ao TAC será efetuado em conta de depósito ou em conta de pagamento pré-paga mantida em instituição autorizada a funcionar pelo Banco Central do Brasil, de livre escolha do TAC prestador do serviço, e informado no Documento Eletrônico de Transporte (DT-e).
>
> (...)
>
> *§ 7º As custas com a geração e a emissão de DT-e, as tarifas bancárias e as demais custas decorrentes da operação de pagamento do frete contratado correrão à conta do responsável pelo pagamento, sem ônus ao TAC.*

Assim, estabelece que o pagamento do frete ao Transportador Autônomo de Cargas (TAC) deverá ser efetuado por meio de crédito em conta mantida em instituição autorizada a funcionar pelo Banco Central do Brasil, de livre escolha do TAC prestador do serviço, e informado no Documento Eletrônico de Transporte (DT-e), vedando que o pagamento do frete pudesse ser realizado por qualquer outro meio ou forma diversa, a fim de terminar com problemas que de longa data criam conflitos nessa seara.

Para tanto, a conta de depósitos ou o outro meio de pagamento deverá ser de titularidade do TAC e identificados no conhecimento de transporte, sendo que as custas com a geração e a emissão de DT-e, as tarifas bancárias e demais custas decorrentes da operação de pagamento do frete contratado correrão à conta do responsável pelo pagamento, sem ônus para o Transportador Autônomo de Cargas (TAC).

Com o objetivo de conferir maiores garantias de pagamento do frete, equiparou o TAC à Empresa de Transporte Rodoviário de Cargas — ETC, que possuir em sua frota até 3 veículos registrados no Registro Nacional de Transportadores Rodoviários de Cargas (RNTRC) e, também, às Cooperativas de Transporte de Cargas (incumbidas de repassar o pagamento aos seus cooperados), para tanto estabelecendo que o contratante e o subcontratante dos serviços de transporte rodoviário de cargas, assim como o cossignatário e o proprietário da carga, são solidariamente responsáveis por esse pagamento, resguardado o direito de regresso do proprietário da carga.

Em paralisação de grandes proporções, desencadeada em maio de 2018, com notórias consequências para o país inteiro, transportadores autônomos apresentaram como principal reivindicação a fixação de valores mínimos para pagamento do frete.

O movimento começou a ceder com a promulgação da Medida Provisória n. 832, de 27.5.2018, convertida na Lei n. 13.703, de 8.8.2018, que instituiu a Política Nacional de Pisos Mínimos do Transporte Rodoviário de Cargas, com o objetivo de promover condições para a realização de fretes no território nacional, de forma a proporcionar adequada retribuição ao serviço prestado.

Para tanto, fez as seguintes distinções entre os diferentes tipos de carga:

> I – carga geral: a carga embarcada e transportada com acondicionamento, marca de identificação e contagem de unidades;
>
> II – carga a granel: a carga líquida ou seca embarcada e transportada sem acondicionamento, sem marca de identificação e sem contagem de unidades;
>
> III – carga frigorificada: a carga que necessita ser refrigerada ou congelada para conservar as qualidades essenciais do produto transportado;
>
> IV – carga perigosa: a carga ou produto que seja perigoso ou represente risco para a saúde de pessoas, para a segurança pública ou para o meio ambiente;
>
> V – carga neogranel: a carga formada por conglomerados homogêneos de mercadorias, de carga geral, sem acondicionamento específico cujo volume ou quantidade possibilite o transporte em lotes, em um único embarque.

Determinou, ademais, que, em âmbito nacional, o transporte rodoviário de cargas deverá ter seu frete remunerado em patamar igual ou superior aos pisos mínimos de frete, que refletirão os custos operacionais totais do transporte, definidos e divulgados nos termos de regulamentação da Agência Nacional de Transportes Terrestres (ANTT), com priorização dos custos referentes ao óleo diesel e aos pedágios.

A fim de conferir efetividade a essa determinação, vedou a celebração de qualquer acordo ou convenção, individual ou coletiva, por qualquer entidade ou representação de qualquer natureza, em condições que representem a prática de fretes em valores inferiores aos pisos mínimos estabelecidos na forma desta Lei.

Para a execução dessa política nacional, fixou-se que a ANTT publicará norma com os pisos mínimos referentes ao quilômetro rodado na realização de fretes, por eixo carregado, consideradas as distâncias e as especificidades das cargas definidas no art. 3º desta Lei, bem como planilha de cálculos utilizada para a obtenção dos respectivos dados. A norma poderá fixar, ainda, pisos mínimos de frete diferenciados para o transporte de contêineres e de veículos de frotas específicas, dedicados ou fidelizados por razões sanitárias ou por outras razões consideradas pertinentes pela ANTT, consideradas as características e especificidades do transporte. O processo de fixação dos pisos mínimos deverá ser técnico, ter ampla publicidade e contar com a participação dos representantes dos embarcadores, contratantes dos fretes, cooperativas de transporte de cargas, sindicatos de empresas de transportes e de transportadores autônomos de cargas. ANTT, ademais, regulamentará a participação das diversas partes interessadas no processo de fixação dos pisos mínimos, garantida a participação igualitária de transportadores autônomos e demais setores.

A publicação dos pisos e da planilha ocorrerá até os dias 20 de janeiro e 20 de julho de cada ano, e os valores serão válidos para o semestre em que a norma for editada. Os pisos mínimos definidos na norma têm natureza vinculativa. Por isso, se não forem observadas, sujeitará o infrator a indenizar o transportador em valor equivalente a 2 vezes a diferença entre o valor pago e o que seria devido. Os responsáveis por anúncios de ofertas de frete em valores inferiores aos pisos mínimos estabelecidos respondem subsidiariamente pelo pagamento da indenização.

Caso não ocorra essa publicação, os valores anteriores permanecerão válidos, atualizados pelo Índice Nacional de Preços ao Consumidor Amplo (IPCA), ou por outro que o substitua, no período acumulado.

Sempre que ocorrer oscilação no preço do óleo diesel no mercado nacional superior a 10%, para mais ou para menos, em relação ao preço considerado na planilha de cálculos, a ANTT deverá publicar nova norma com pisos mínimos, considerando a variação no preço do combustível.

Toda operação de transporte rodoviário de cargas deverá ser acompanhada de documento referente ao contrato de frete, com informações do contratante, do contratado e do subcontratado, quando houver, e também da carga, origem e destino, forma de pagamento do frete e indicação expressa do valor do frete pago ao contratado e ao subcontratado e do piso mínimo de frete aplicável. Esse documento, com o devido registro realizado perante a ANTT, será de porte obrigatório pelo motorista do veículo durante o transporte.

As previsões contidas na Lei n. 13.703/2018, em muito parecem estar relacionadas com a previsão contida no art. 187, inciso II, da Constituição, ao estabelecer:

> Art. 187. *A política agrícola será planejada e executada na forma da lei, com a participação efetiva do setor de produção, envolvendo* produtores e trabalhadores rurais, bem como dos setores de comercialização, de armazenamento e de *transportes*, levando em conta, especialmente:
>
> (...)
>
> II – os *preços compatíveis com os custos de produção e a garantia de comercialização*; (Marcas nossas)

Vê-se, assim, que a criação de uma "Política Nacional de Pisos Mínimos do Transporte Rodoviário de Cargas" é tema que atinge diversos elos da cadeia produtiva, decorrendo disso sua enorme complexidade. Nesse contexto, o controle de preço do óleo diesel é colocado como um dos mais importantes eixos do debate, tendo surgido algumas iniciativas para evitar oscilações sucessivas, como o lançamento do "cartão caminhoneiro" que garante a compra do combustível em melhores condições, cujos desdobramentos ainda é cedo para avaliar.

Ação Direta de Inconstitucionalidade proposta no STF[332] questiona preceitos da Lei n. 13.703/2018, notadamente em relação ao tabelamento do valor do frete, matéria que continua a

---

(332) Em 18.06.2018, foi proferida decisão, sustando "o andamento de ações judiciais em curso nas instâncias inferiores, as quais podem gerar comandos conflitantes sobre a controvérsia posta na presente Ação Direta": "*Ex positis*, determino a suspensão dos processos judiciais, individuais ou coletivos, em curso nas instâncias inferiores e cujo pedido ou causa de pedir envolva a inconstitucionalidade ou suspensão de eficácia da Medida Provisória n. 832/2018 ou da Resolução n. 5820, de 30 de maio de 2018, da Agência Nacional de Transportes Terrestres (ANTT). Determino, ainda, a reunião deste processo à Ação Direta de Inconstitucionalidade n. 5.959 para tramitação conjunta, na forma do art. 55, §§ 1º e 3º, do NCPC e dos arts. 126 e 127 do Regimento Interno do STF". Em 06.12.2018, foi deferida "a medida cautelar para suspender a aplicação das medidas administrativas, coercitivas e punitivas previstas no § 6º do art. 5º da Lei n. 13.703/2018, por consequência, os efeitos da Resolução da Agência Nacional de Transporte Terrestre (ANTT) n. 5.833/2018 (*DOU* 09.11.2018), que estabelece a aplicação de multas em caso de inobservância da tabela vinculativa instituída pela Resolução ANTT n. 5.820/2018, bem como das indenizações respectivas. Determino, por consequência, que a ANTT e outros órgãos federais se abstenham de aplicar penalidades aos embarcadores, até o exame do mérito da presente Ação Direta pelo Plenário". *No entanto, em razão das diversas manifestações contrárias que começaram a surgir, em 13.12.2018 foi a liminar deferida revogada.* Por fim, em 08.02.2019, determinou-se, em complementação a decisão proferida em 18.06.2018, "a suspensão de todos os processos judiciais em curso no território nacional, em todas as instâncias, que envolvam a aplicação da Lei n. 13.703/2018, da Medida Provisória n. 832/2018, da Resolução n. 5.820/2018 da ANTT ou de outros atos normativos editados em decorrência dessas normas, até o julgamento definitivo do mérito, respeitada a decisão monocrática proferida nestes autos em 12 de dezembro de 2018". Registra-se, ademais, o ajuizamento da ADI 5.964, também acerca do tema.

ser objeto de acirradas controvérsias, notadamente quanto ao risco que a fixação de preços mínimos possa redundar em uniformização de preços pelos agentes econômicos e, assim, levar a indesejável cartelização.

Ademais, há manifestações de descontentamento de parte a parte, inclusive quanto à questão do frete de retorno.

Pelo embarcador, ao alegar que de repente passou a arcar com custos mais elevados de logística, que encarecem o preço final do produto e dificultam sua comercialização, assim violando o disposto no art. 187, *caput* e inciso I, da CF/88,(333) exigindo a adoção de novas possibilidades de transporte de suas mercadorias como a compra de transportadoras e utilização de outros modais (ferrovias, hidrovias, cabotagem), além da aquisição de frota própria que, entretanto, nesse caso acarretaria novos custos com a manutenção dos veículos e pessoal para operar a frota.

Pelo transportador autônomo, que afirma receber pouco pelo serviço, em valores insuficientes para cobrir os gastos operacionais com combustível e pedágios, além de ter que arcar com custosas externalidades como as péssimas condições das estradas, que causam o prolongamento das viagens além do tempo planejado e aumentam o custo com a manutenção dos caminhões. Tais razões também constam do Parecer apresentado pela Procuradoria-Geral da República nos autos da ADI n. 5.322, ao ponderar que o "frete rodoviário brasileiro é um dos menores do mundo (pesquisa CNT/COPPEAD), compromete a saúde do setor e dificulta o crescimento de outros modelos de transporte, jornadas de trabalho excessivas são uma das causas do baixo valor do frete".

Nesse contexto, o descontentamento se volta também contra a atuação de terceiros, que se ativam na intermediação entre uns e outros, fazendo surgir algumas iniciativas para excluir essa modalidade e incentivar o contato direto entre embarcadores e motoristas autônomos, mediante a utilização de aplicativos semelhantes ao "*uber*".

Também editada a Medida Provisória n. 833 em 27.5.2018, convertida na Lei n. 13.711/2018, prevendo que em todo o território nacional, os veículos de transporte de cargas que circulem vazios nas vias terrestres federais, estaduais, distritais e municipais ficam isentos da cobrança de pedágio sobre os eixos que mantiverem suspensos, assim diminuindo os custos dos transportadores autônomos, mas abrindo um novo flanco de discussão com as concessionárias de serviço público, que deixaram de contar com esta receita, por certo, *socializaram* os custos desta medida, conforme tratado no capítulo 2.2. deste livro.

São questões complexas, que ainda demandarão muitos debates e análises de propostas sob novas perspectivas, para que se possa chegar a soluções viáveis.

(333) "Art. 187. A política agrícola será planejada e executada na forma da lei, com a participação efetiva do setor de produção, envolvendo produtores e trabalhadores rurais, bem como dos setores de comercialização, de armazenamento e de transportes, levando em conta, especialmente: (...). II – os preços compatíveis com os custos de produção e a garantia de comercialização".

13

Aprendizagem Profissional e Inclusão das Pessoas com Deficiência (PCD) no Mercado de Trabalho — Principais Aspectos e Controvérsias

Há no ordenamento jurídico trabalhista, como reflexo da função social desempenhada pela empresa, diversas disposições tendentes a propiciar a inclusão de trabalhadores no mercado de trabalho, seja em razão da necessidade de formação de mão de obra, como ocorre com a aprendizagem profissional, seja com a finalidade de impedir a permanência de situações e condições sociais discriminatórias, como na fixação de cotas mínimas de contratação de pessoas com deficiência.

O presente capítulo, portanto, terá por foco a análise das principais questões e controvérsias relacionadas ao instituto da aprendizagem profissional e a cota mínima de contratação de pessoas com deficiência.

13.1. Aprendizagem — Questões principais

A aprendizagem profissional, tratada pelo art. 428 da CLT, insere-se no amplo espectro aberto pelo art. 6º da CF/88, que garante a todos o direito ao trabalho. Com efeito, como consequência do direito ao trabalho, tem-se o direito à profissionalização, que quando aplicável a adolescentes e jovens, submete-se às diretrizes traçadas pelo art. 227 da Constituição Federal de 1988, que assim dispõe:

> Art. 227. *É dever* da família, *da sociedade* e do Estado *assegurar* à criança, ao adolescente e ao jovem, com absoluta prioridade, o direito à vida, à saúde, à alimentação, à educação, ao lazer, à profissionalização, à cultura, à dignidade, ao respeito, à liberdade e à convivência familiar e comunitária, *além de colocá-los a salvo de toda forma de negligência, discriminação, exploração, violência, crueldade e opressão.* (Marcas nossas)

A partir desse fundamento é que se pode compreender a miríade de disposições legais voltadas a assegurar a profissionalização de adolescentes e jovens, como é o caso da Lei de Diretrizes e Bases da Educação (Lei n. 9.394/1996), ao preceituar, em seu art. 2º, que a educação "tem por finalidade [a] qualificação para o trabalho", tônica essa adotada como mote de diversas outras disposições legais desse diploma normativo, como, por exemplo, os arts. 1º, 3º, inciso XI, 27, inciso III, 28, inciso III, 35, inciso II, 36-A, parágrafo único, 36-D, parágrafo único.

Nessa mesma toada segue a Lei n. 12.852/2013[(334)] que, ao instituir o denominado Estatuto da Juventude, aduz, expressamente, em seu art. 14, ser direito do jovem a profissionalização e o trabalho. Já o Estatuto da Criança e do Adolescente (ECA), Lei n. 8.069/1990, prevê em seus arts. 4º e

(334) Esse é o campo de aplicação da referida lei, nos termos de seu art. 1º: "Art. 1º Esta Lei institui o Estatuto da Juventude e dispõe sobre os direitos dos jovens, os princípios e diretrizes das políticas públicas de juventude e o Sistema Nacional de Juventude — SINAJUVE. § 1º Para os efeitos desta Lei, são consideradas jovens as pessoas com idade entre 15 (quinze) e 29 (vinte e nove) anos de idade. § 2º Aos adolescentes com idade entre 15 (quinze) e 18 (dezoito) anos aplica-se a Lei n. 8.069, de 13 de julho de 1990 — Estatuto da Criança e do Adolescente, e, excepcionalmente, este Estatuto, quando não conflitar com as normas de proteção integral do adolescente".

69, ser direito do adolescente a preparação para o trabalho por meio da profissionalização. Todos esses dispositivos, portanto, convergem para a promoção do norte constitucional, sendo *a aprendizagem apenas mais um elemento concretizador do direito de adolescentes e jovens à profissionalização.*

Contudo, vale a observação que todos os diplomas legais mencionados, inclusive a Constituição, prescrevem o direito ao trabalho e à profissionalização de adolescentes e jovens *sempre sob uma perspectiva protegida* — no caso dos adolescentes, protegida com base nos princípios da *proteção integral* e do *respeito a sua condição peculiar de pessoa em desenvolvimento.*(335)

Logo, todas as disposições e interpretações acerca do trabalho profissionalizante — no qual se insere a aprendizagem — devem considerar o pressuposto de que a preparação de adolescentes e jovens intenciona prepará-los para alcançar, no futuro, melhores posições no mercado de trabalho, devendo as atividades desenvolvidas, em razão disso, respeitar as condições especiais desse público, evitando-se, portanto, encará-lo como força de trabalho barata, passível de desenvolver as mesmas atividades atribuídas aos empregados regulares, ou como simples encargo social.

13.1.1. As diversas formas de se contratar aprendizes

Feitas essas ponderações iniciais, passemos a analisar os arts. 428 e 429 da CLT, que trazem os contornos básicos da aprendizagem:

> Art. 428. *Contrato de aprendizagem é o contrato de trabalho especial, ajustado por escrito e por prazo determinado*, em que o empregador se compromete a assegurar *ao maior de 14 (quatorze) e menor de 24 (vinte e quatro) anos inscrito em programa de aprendizagem formação técnico-profissional metódica, compatível com o seu desenvolvimento físico, moral e psicológico*, e o aprendiz, a executar com zelo e diligência as tarefas necessárias a essa formação.
>
> (...)
>
> Art. 429. Os estabelecimentos de qualquer natureza são obrigados a empregar e matricular nos cursos dos Serviços Nacionais de Aprendizagem número de aprendizes equivalente a cinco por cento, no mínimo, e quinze por cento, no máximo, dos trabalhadores existentes em cada estabelecimento, cujas funções demandem formação profissional. (Marcas nossas)

Nota-se, do regramento básico da aprendizagem que, independentemente da atividade econômica desenvolvida, tem o empregador o dever de contratar aprendizes em número equivalente a cinco por cento, no mínimo, e quinze por cento, no máximo, dos trabalhadores existentes em cada um de seus estabelecimentos, cujas funções demandem formação profissional.

A contratação de aprendizes, contudo, pode se dar de diversas formas.

Com efeito, estabelecem os arts. 429 e 431 da CLT, bem como o Decreto n. 9.579/2018,(336) a possibilidade (i) de contratação direta de aprendizes, (ii) a contratação por meio de entidade sem fins lucrativos ou por entidades de prática desportiva(337) e (iii) a contratação por meio da denominada

(335) Trata-se, pois, do art. 69 do ECA e do art. 49, parágrafo único, do Decreto n. 9.579/2018, que assim prescreve: "Art. 49. (...). Parágrafo único. *Ao aprendiz com idade inferior a dezoito anos é assegurado o respeito à sua condição peculiar de pessoa em desenvolvimento.*" (Marcas nossas)

(336) Referido Decreto revogou o Decreto n. 5.598/2005.

(337) "Art. 430. *Na hipótese de os Serviços Nacionais de Aprendizagem não oferecerem cursos ou vagas suficientes para atender à demanda dos estabelecimentos, esta poderá ser suprida por outras entidades qualificadas em formação técnico-profissional metódica*, a saber: I – Escolas Técnicas de Educação; II – entidades sem fins lucrativos, que tenham por objetivo a assistência ao adolescente e à educação profissional, registradas no Conselho Municipal dos Direitos da Criança e do Adolescente; III – entidades de prática desportiva das diversas modalidades filiadas ao Sistema Nacional do Desporto e aos Sistemas de Desporto dos Estados, do Distrito Federal e dos Municípios. § 1º As entidades mencionadas neste artigo deverão contar com estrutura adequada ao desenvolvimento dos programas de aprendizagem, de forma a manter a qualidade do processo de ensino, bem como acompanhar e avaliar os resultados. § 2º Aos aprendizes que concluírem os cursos de aprendizagem, com aproveitamento, será concedido certificado de qualificação profissional. § 3º O Ministério do Trabalho fixará normas para avaliação da competência das entidades mencionadas nos incisos II e III deste artigo. § 4º As entidades mencionadas nos incisos II e III deste artigo deverão cadastrar seus cursos, turmas e aprendizes matriculados no Ministério

cota social, a qual encontra regulamentação na Portaria n. 3.872/2023 do Ministério do Trabalho e Emprego, e da qual se extrai previsão específica para o setor de transportes.(338)

Com efeito, insta sublinhar que, ao longo dos anos, diversas modificações foram sendo estabelecidas na forma de contratação de aprendizes a fim de possibilitar a inserção preferencial de adolescentes, ainda que o empregador desenvolva atividades a eles vedadas, conforme preceituam os arts. 3º, alínea d, e 4º da Convenção n. 182(339) da Organização Internacional do Trabalho (OIT), o art. 67 do Estatuto da Criança e do Adolescente (ECA), os arts. 403, 404 e 405 da CLT e o Decreto n. 6.481/2008, que institui a denominada Lista TIP, *i.e*, lista das piores formas de trabalho infantil.

Nesse sentido é que se autoriza a realização de atividades em locais outros que não o local de trabalho, como, *e.g.*, em ambientes simulados ou por meio da contratação de aprendizes pela cota social.(340)

De forma subsidiária, e na impossibilidade de se efetivar a contratação, preferencialmente, de aprendizes adolescentes, admite-se a contratação de jovens entre 18 e 24 anos de idade, *mas não a dispensa no cumprimento da cota.*(341)

---

do Trabalho. § 5º As entidades mencionadas neste artigo poderão firmar parcerias entre si para o desenvolvimento dos programas de aprendizagem, conforme regulamento.

Art. 431. *A contratação do aprendiz poderá ser efetivada pela empresa onde se realizará a aprendizagem ou pelas entidades mencionadas nos incisos II e III do art. 430, caso em que não gera vínculo de emprego com a empresa tomadora dos serviços.* (...) Parágrafo único. Aos candidatos rejeitados pela seleção profissional deverá ser dada, tanto quanto possível, orientação profissional para ingresso em atividade mais adequada às qualidades e aptidões que tiverem demonstrado." (Marcas nossas)

(338) "CAPÍTULO III. DA MODALIDADE ALTERNATIVA DE CUMPRIMENTO DE COTA. Art. 65. O estabelecimento contratante, cujas peculiaridades da atividade ou do local de trabalho constituam embaraço à realização das atividades práticas, poderá requerer junto ao Ministério do Trabalho e Emprego a assinatura de Termo de Compromisso para o cumprimento da cota em entidade concedente da experiência prática do aprendiz, nos termos do disposto no art. 66 do Decreto n. 9.579, de 2018. § 1º Os estabelecimentos mencionados no *caput* são aqueles que desenvolvem atividades relacionadas aos seguintes setores econômicos: I – asseio e conservação; II – segurança privada; *III – transporte de carga; IV – transporte de valores; V – transporte coletivo, urbano, intermunicipal, interestadual*; VI – construção pesada; VII – limpeza urbana; VIII – transporte aquaviário e marítimo; IX – atividades agropecuárias; X – empresas de terceirização de serviços; XI – atividades de telemarketing; XII – comercialização de combustíveis; e XIII – empresas cujas atividades desenvolvidas preponderantemente estejam previstas na Lista das Piores Formas de Trabalho Infantil – Lista TIP, aprovada pelo Decreto n. 6.481, de 12 de junho de 2008." (Marcas nossas).

(339) Ratificada pelo Decreto Legislativo n. 178, de 14 de dezembro de 1999, e promulgada pelo Decreto n. 3.597/2000.

(340) Orientação n. 22 da Coordenadoria Nacional de Combate à Exploração do Trabalho da Criança e do Adolescente – COORDINFÂNCIA, do Ministério Público do Trabalho: "APRENDIZAGEM. CUMPRIMENTO ALTERNATIVO DA COTA. ART. 66 DO DECRETO N. 9.579/2018. APLICABILIDADE. Quando comprovadamente não for possível às empresas contratantes proporcionarem ao aprendiz a parte prática em suas dependências, não serão as mesmas eximidas do cumprimento da cota aprendizagem ou terão suas cotas reduzidas, pois deverão atender o disposto no art. 66 do Decreto n. 9.579/2018, que trata do cumprimento alternativo da cota. Nesta hipótese, o aprendiz será contratado pela própria empresa, mas desenvolverá as atividades práticas em unidade concedente para a prática do aprendiz".

(341) O Decreto n. 9.579/2018 assim prescreve em seu art. 53: "Art. 53. A contratação de aprendizes deverá atender, prioritariamente, aos adolescentes com idade entre quatorze e dezoito anos, exceto quando: I – as atividades ocorrerem no interior do estabelecimento e sujeitarem os aprendizes à insalubridade ou à periculosidade sem que se possa elidir o risco ou realizá-las integralmente em ambiente simulado; II – a lei exigir, para o desempenho das atividades práticas, licença ou autorização vedada para pessoa com idade inferior a dezoito anos; e III – a natureza das atividades práticas for incompatível com o desenvolvimento físico, psicológico ou moral dos adolescentes aprendizes. § 1º As atividades práticas da aprendizagem a que se refere o *caput* poderão ser atribuídas, quando for o caso, a jovens aprendizes com idade entre dezoito e vinte e quatro anos. § 2º A seleção de aprendizes deverá priorizar a inclusão de jovens e adolescentes em situação de vulnerabilidade ou risco social, tais como: I – adolescentes egressos do sistema socioeducativo ou em cumprimento de medidas socioeducativas; II – jovens em cumprimento de pena no sistema prisional; III – jovens e adolescentes cujas famílias sejam beneficiárias de programas de transferência de renda; IV – jovens e adolescentes em situação de acolhimento institucional; V – jovens e adolescentes egressos do trabalho infantil; VI – jovens e adolescentes com deficiência; VII – jovens e adolescentes matriculados em instituição de ensino da rede pública, em nível fundamental, médio regular ou médio técnico, incluída a modalidade de educação de jovens e adultos; e VIII – jovens desempregados e com ensino fundamental ou médio concluído em instituição de ensino da rede pública".

Vê-se, assim, que a legislação encerra diversas possibilidades, todas voltadas a facilitar o cumprimento da cota de aprendizes, permitindo-se, com isso, o cumprimento da determinação constitucional que prevê o direito de adolescentes e jovens à profissionalização.

13.1.2. A natureza jurídica do contrato de aprendizagem

Tema de grande relevância refere-se à natureza jurídica do contrato de aprendizagem.

A *primeira posição* acerca da natureza jurídica do contrato de aprendizagem, defendida por parte considerável da doutrina e pela jurisprudência, entende que a *aprendizagem é um contrato especial de emprego.*(342) Ao assim considerar, diversas disposições protetivas relacionadas ao contrato de emprego se impõem,(343) como a garantia de estabilidade assegurada à gestante(344) e ao acidentado,(345) a extensão do piso normativo fixado em negociação coletiva aos aprendizes,(346) entre

(342) Nesse sentido, GARCIA, Gustavo Filipe Barbosa. *Curso de Direito do Trabalho*, 6. ed. Rio de Janeiro: Forense, 2012. p. 251: "O aprendiz é o empregado vinculado ao empregador pelo respectivo contrato de trabalho de aprendizagem (...). Já na p. 253, afirma: "Por ser empregado, o aprendiz faz jus aos diversos direitos trabalhistas, ainda que presentes certas peculiaridade". Por fim, na p. 256, ao tratar da contratação de aprendizes por entidades sem fins lucrativos, assim afirma: "(...) De acordo com o art. 431 da CLT, na redação determinada pela Lei n. 10.097/2000, tal contratação 'não gera vínculo de emprego com a empresa tomadora dos serviços'. Referida previsão precisa ser devidamente interpretada. Embora exista corrente de entendimento, no sentido de que tal norma estaria prevendo modalidade de aprendizagem sem vínculo de emprego, esta não parece ser a orientação mais adequada. Primeiro, porque o contrato de aprendizagem, por ser um contrato de trabalho, exige, naturalmente, a presença do vínculo de emprego (...)".

(343) Desde a publicação da Lei n. 13.467/2017, não mais subsiste o dever do empregador de homologar a rescisão contratual do aprendiz cujo contrato tenha se estendido por mais de 1 ano. Logo, não mais se aplica a previsão do Manual da Aprendizagem, 2014, elaborado e divulgado pelo Ministério do Trabalho, que orienta na p. 33: "55) A rescisão do contrato de trabalho do aprendiz deve ser assistida (homologada)? Sim, desde que os contratos tenham duração superior a um ano (art. 477, § 1º, da CLT). Caso seja menor de 18 anos, a quitação das verbas rescisórias pelo aprendiz deverá ser assistida pelo seu representante legal (art. 439 da CLT) (...)".

(344) Decisão proferida pelo Tribunal Superior do Trabalho, nos autos do processo TST-RR-911-64.2013.5.23.0107, 8ª Turma, fl. 11, publicado no *DJE* em 30.10.2014 considerou que por ser o contrato de aprendizagem é "modalidade de contrato por prazo determinado, a ele também se aplica a estabilidade da gestante, nos termos do verbete sumular transcrito". O acórdão que também cita diversas outras decisões nesse mesmo sentido, quais sejam: RR – 1009-26.2013.5.04.0027, 5ª Turma; RR – 163-35.2011.5.02.0059, 1ª Turma; e, AIRR – 508-35.2012.5.03.0092, 8ª Turma, pode ser consultado em: http://www.tst.jus.br/. Validador sob o código 1000C6D434935D948A.

(345) A questão é assim tratada, em âmbito administrativo, pelo Manual da Aprendizagem Profissional editado pelo Ministério do Trabalho e Emprego: "130) Como fica o contrato de aprendizagem em casos de afastamento em razão de licença maternidade, acidente do trabalho ou gozo do benefício de auxílio-doença? Esses afastamentos também não constituem, por si só, causa para rescisão do contrato, produzindo os mesmos efeitos gerados nos contratos de prazo determinado. Frisa-se que, durante o período de afastamento em razão da licença maternidade e do acidente de trabalho, deverá ser recolhido o FGTS do aprendiz. No período de afastamento em razão da licença maternidade, acidente do trabalho ou gozo do benefício de auxílio-doença, o (a) aprendiz se afastará de suas atividades, sendo-lhe garantido o retorno ao mesmo curso de aprendizagem, caso ainda esteja em curso, devendo a entidade formadora certificar o (a) aprendiz pelos módulos que concluir com aproveitamento." (Edição de 2024, disponível em: https://www.gov.br/trabalho-e-emprego/pt-br/assuntos/inspecao-do-trabalho/areas-de-atuacao/manual_da_aprendizagem_2024.pdf, p. 54. Acesso em 26 jun. 2025)

(346) A questão envolvendo a extensão do piso normativo da categoria aos aprendizes encerra discussão, conforme se nota das posições adotadas pela Fiscalização do Trabalho e pelo Tribunal Superior do Trabalho. Pela Fiscalização do Trabalho tem-se, conforme Manual da Aprendizagem Profissional editado pelo Ministério do Trabalho e Emprego: "101) Qual deve ser o salário do aprendiz? A lei garante ao aprendiz o direito ao salário-mínimo-hora, observando-se, caso exista, melhor condição salarial, podendo esta ser o salário-mínimo regional ou o piso da categoria estabelecido em instrumento coletivo, quando houver previsão expressa de aplicabilidade ao aprendiz. Além das horas destinadas às atividades práticas, deverão ser computadas no salário também as horas destinadas às atividades teóricas." (Edição de 2024, disponível em: https://www.gov.br/trabalho-e-emprego/pt-br/assuntos/inspecao-do-trabalho/areas-de-atuacao/manual_da_aprendizagem_2024.pdf, p. 45. Acesso em: 26 jun. 2025). Já o Tribunal Superior do Trabalho vem entendendo como ilícita a diferenciação na fixação do piso normativo entre aprendizes e empregados, conforme se depreende da OJ n. 26 da SDC e do julgado no RO-20700-05.2016.5.04.0000: "RECURSO ORDINÁRIO. DISSÍDIO COLETIVO DE NATUREZA ECONÔMICA. ACORDO HOMOLOGADO EM JUÍZO. APELO INTERPOSTO PELO MINISTÉRIO PÚBLICO DO TRABALHO DA 4ª REGIÃO. PISO NORMATIVO. MENOR APRENDIZ. DISCRIMINAÇÃO. A norma coletiva fixou pisos diferenciados para as funções de servente, servente-aprendiz, meio-oficial e oficial e, por fim, estabeleceu o valor relativamente aos menores aprendizes. Criou-se ali, portanto, uma faixa de piso levando-se em conta puramente o critério de idade, o que contraria, a toda evidência, o verbete jurisprudencial n. 26 da SDC e o princípio da isonomia (art. 7º, XXX, CF), no qual se funda. Caso em que deve ser excluída a parte da norma que fixa referido piso, uma vez que, à míngua de regra específica, ao menor

outros preceitos que se aplicam à relação de emprego, relegando a um segundo plano as razões que ensejaram a celebração do contrato de aprendizagem, ou seja, a sua finalidade profissionalizante.

Referida posição, portanto, não se aprofunda nas características específicas da aprendizagem, focando mais na figura pessoal do trabalhador para aplicar, *e.g.*, as Súmulas n. 244,[(347)] inciso III, e 378, inciso III, do TST, e os arts. 391 e seguintes da CLT.

Já a *segunda posição* afasta a natureza empregatícia do contrato de aprendizagem e atribui ao vínculo a natureza de um *contrato de trabalho especial.* Referida diretriz chegou a ser adotada pela Secretaria de Inspeção do Trabalho do Ministério do Trabalho,[(348)] expressa nas seguintes orientações à fiscalização trabalhista:

> 3. Embora os contratos de aprendizagem sejam classificados como contratos a prazo determinado, em virtude de a lei estabelecer um lapso temporal máximo de 2 anos para a execução do mesmo, verifica-se que a natureza e o objetivo desta modalidade de contrato diferem dos demais. (...).
>
> *4. Nos contratos de aprendizagem, contudo, o objetivo do dispositivo legal é de propiciar formação profissional a adolescentes e jovens com idades entre 14 e 24 anos. E o prazo máximo de duração do contrato legalmente estabelecido se dá em virtude de um aspecto objetivo, que é a duração razoável de um curso de aprendizagem.*[(349)] (Marcas nossas)

E assim continua

> Embora possamos classificar a aprendizagem como contrato por prazo determinado, no sentido de que dele deve constar um prazo e para ele existe um lapso de duração máximo estabelecido legalmente (2 anos, conforme § 3º do art. 428 da CLT), é fato que essa limitação temporal se dá considerando, não a proteção do trabalhador ou do empregador, mas em virtude de um aspecto objetivo que é a duração razoável de um programa de aprendizagem.[(350)] (Marcas nossas)

---

aprendiz deve ser aplicado o mesmo piso estabelecido aos demais empregados, em conformidade com as atividades exercidas na empresa.". Processo: RO – 20700-05.2016.5.04.0000 Data de Julgamento: 14.8.2017, relatora Ministra: Maria de Assis Calsing, Seção Especializada em Dissídios Coletivos, Data de Publicação: *DEJT* 8.9.2017.

(347) A Súmula n. 244/TST, especialmente seu inciso III, assim aduz: "Súmula n. 244 do TST. GESTANTE. ESTABILIDADE PROVISÓRIA (redação do item III alterada na sessão do Tribunal Pleno realizada em 14.9.2012) – Res. 185/2012 – DEJT divulgado em 25, 26 e 27.9.2012. I – O desconhecimento do estado gravídico pelo empregador não afasta o direito ao pagamento da indenização decorrente da estabilidade (art. 10, II, *"b"* do ADCT). II – A garantia de emprego à gestante só autoriza a reintegração se esta se der durante o período de estabilidade. Do contrário, a garantia restringe-se aos salários e demais direitos correspondentes ao período de estabilidade. III – A empregada gestante tem direito à estabilidade provisória prevista no art. 10, inciso II, alínea *b*, do Ato das Disposições Constitucionais Transitórias, mesmo na hipótese de admissão mediante contrato por tempo determinado.". A questão da estabilidade da trabalhadora gestante, em especial, da ciência do estado gravídico pelo empregador quando da dispensa, foi objeto de apreciação pelo Supremo Tribunal Federal, por meio do Recurso Extraordinário (RE) n. 629.053, Tema de repercussão geral n. 497, com a fixação da seguinte tese: "A incidência da estabilidade prevista no art. 10, inc. II, do ADCT, somente exige a anterioridade da gravidez à dispensa sem justa causa.". Já a questão referente ao regime jurídico a que submetido o trabalhador, por outro lado, foi objeto do Tema de repercussão geral n. 542, com a fixação da seguinte tese: "A trabalhadora gestante tem direito ao gozo de licença-maternidade e à estabilidade provisória, independentemente do regime jurídico aplicável, se contratual ou administrativo, ainda que ocupe cargo em comissão ou seja contratada por tempo determinado".

(348) A Secretaria de Inspeção do Trabalho do Ministério do Trabalho (SIT/MTb) chegou a fixar entendimento no sentido de ser a aprendizagem contrato especial de trabalho e não de emprego. A posição referida, contudo, veio a ser parcialmente alterada com a edição da Instrução Normativa SIT n. 146, de 25.07.2018, em especial no que se refere à estabilidade da aprendiz gestante (art. 22).

(349) Nota Técnica n. 98/2014/DEFIT/SIT, p. 2, e art. 6º da Instrução Normativa SIT n. 146, de 25.7.2018: "Art. 6º O contrato de trabalho de aprendizagem possui natureza especial e tem por principal característica, segundo o art. 428 da CLT, o compromisso do empregador de assegurar ao maior de quatorze e menor de vinte e quatro anos, inscrito em programa de aprendizagem, formação técnico-profissional metódica, compatível com o seu desenvolvimento físico, moral e psicológico, e do aprendiz de executar com zelo e diligência as tarefas necessárias a essa formação".

(350) Nota Técnica n. 70/2013/DMSC/SIT, p. 3. A nota técnica conclui que "a estabilidade da gestante (...) não se aplica à empregada aprendiz (...)".

Concluindo:

> 8. Em razão do exposto, o entendimento desta Secretaria é de que a estabilidade prevista no art. 118 da Lei n. 8.213, de 1991, não se aplica aos contratos de aprendizagem, podendo ser realizada, portanto, a rescisão do respectivo contrato quando este tiver atingido seu termo final, nos termos do art. 433, da CLT.[351]

A tese administrativa faz, assim, crítica ao pressuposto de que "o contrato cuja execução se pretende continuar por força da estabilidade seja substancialmente o mesmo contrato em execução quando da aquisição do direito à estabilidade". Isso porque, durante o período de estabilidade, pode ocorrer o encerramento do programa de aprendizagem, subsistindo, então, hipótese de aprendiz contratado, mas que não estará matriculado em programa de aprendizagem. Ter-se-ia, nessa hipótese, alteração no contrato de aprendizagem, desnaturando a sua finalidade.[352]

O tema, claramente controvertido, certamente suscitará maiores debates na doutrina e na jurisprudência, mormente no que se refere à possibilidade de se aplicar, ao contrato de aprendizagem, os demais preceitos que disciplinam uma relação de emprego, o que se reveste de importância significativa quando se trata da categoria do motorista profissional.

13.1.3. A aferição da base de cálculo da aprendizagem — Consideração da atividade dos motoristas profissionais

Cumpre, neste item, apresentar os temas mais controvertidos relacionados à aprendizagem e ao exercício da profissão de motorista.

Questão que desperta muita celeuma está relacionada à base de cálculo sobre a qual incidirá a cota de contratação de aprendizes e a aferição numérica dos limites mínimo (5%) e máximo (15%) de aprendizes por estabelecimento da empresa.

Considera a lei que a base de cálculo da cota de aprendizagem deve se dar apenas com relação aos *empregados* que exercem *funções que demandam formação profissional*, nos seguintes termos:

> Art. 429. Os estabelecimentos de qualquer natureza são obrigados a empregar e matricular nos cursos dos Serviços Nacionais de Aprendizagem número de aprendizes equivalente a cinco por cento, no mínimo, e quinze por cento, no máximo, dos trabalhadores existentes em cada estabelecimento, cujas funções demandem formação profissional.
>
> § 1º-A. O limite fixado neste artigo não se aplica quando o empregador for entidade sem fins lucrativos, que tenha por objetivo a educação profissional.
>
> § 1º-B. Os estabelecimentos a que se refere o *caput* poderão destinar o equivalente a até 10% (dez por cento) de sua cota de aprendizes à formação técnico-profissional metódica em áreas relacionadas a práticas de atividades desportivas, à prestação de serviços relacionados à infraestrutura, incluindo as atividades de construção, ampliação, recuperação e manutenção de instalações esportivas e à organização e promoção de eventos esportivos.
>
> § 1º As frações de unidade, no cálculo da percentagem de que trata o *caput*, darão lugar à admissão de um aprendiz. (Marcas nossas)

(351) Nota Técnica n. 98/2014/DEFIT/SIT, p. 3. Vale observar, contudo, que referida posição administrativa foi revista, por meio da Nota Técnica n. 79/2015/DEFIT/SIT/MTE, que concluiu, na fl. 8, "que em evolução ao seu posicionamento inicial, esta Secretaria altera seu entendimento expresso na Nota Técnica n. 70/2013, garantindo assim o direito a estabilidade à aprendiz gestante.". Subsiste, contudo, discussão no sentido de se saber se a estabilidade permite a prorrogação do contrato de aprendizagem para além de seu termo pré-estabelecido ou, se com o fim do contrato de aprendizagem, a estabilidade ensejaria a sua transformação em contrato de emprego. Análise de referida Nota Técnica parece indicar a prorrogação do contrato de aprendizagem, a despeito de haver forte tendência interna à assunção da tese que o contrato de aprendizagem se encerraria em seu termo, transformando-se, pelo tempo restante, em contrato de emprego, tendo-se as particularidades do contrato de aprendizagem.

(352) A tese sustentada na Nota Técnica n. 70/2013/DMSC/SIT, p. 2-3.

Vê-se, portanto, que a base de cálculo é formada por empregados, o que exclui, portanto, trabalhadores que se ativam sob outras conformações jurídicas ou que partilham o mesmo meio ambiente laboral.(353) Ainda, excluem-se da base de cálculo os aprendizes já contratados.

Surge, então, o questionamento acerca de como aferir a base de cálculo a que se refere o art. 429 da CLT, isto é, como saber, em cada estabelecimento, quais *funções demandam formação profissional*. Como critério objetivo para essa aferição, tem-se utilizado da Classificação Brasileira de Ocupações (CBO),(354) considerando-se, ainda, a *atividade efetivamente realizada pelo empregado*, e não a nomenclatura atribuída pelo empregador(355) ao *cargo* ocupado pelo trabalhador, conforme preceitua o art. 52, *caput*, e § 1º, do Decreto n. 9.579/2018:

> Art. 52. Deverão ser incluídas no cálculo da porcentagem do número de aprendizes a que se refere o *caput* do art. 51 todas as funções que demandem formação profissional, independentemente de serem proibidas para menores de dezoito anos, *considerada a Classificação Brasileira de Ocupações do Ministério do Trabalho e Emprego.*
>
> Parágrafo único. Ficam excluídas do cálculo as funções que:
>
> I – demandem, para o seu exercício, habilitação profissional de nível técnico ou superior;
>
> II – estejam caracterizadas como cargos de direção, de gerência ou de confiança, nos termos do disposto no inciso II do *caput* e no parágrafo único do art. 62 e no § 2º do art. 224 da Consolidação das Leis do Trabalho, aprovada pelo Decreto-lei n. 5.452, de 1943. (Marcas nossas)

Tem-se, portanto, que para a aferição da base de cálculo da aprendizagem devem ser considerados:

(i) Apenas os empregados de cada estabelecimento, haja vista que a cota é calculada por estabelecimento – e não por empresa ou grupo econômico;

(ii) Apenas empregados cujas funções demandem formação profissional;

(iii) Que os elementos para análise das funções devem ser aferidos com base na atividade efetivamente exercida pelos trabalhadores, tendo por norte a descrição contida na Classificação Brasileira de Ocupações (CBO);

(iv) Que as funções cujo exercício exigem habilitação de nível técnico ou superior ou, ainda, as que estejam caracterizadas como cargos de direção, gerência ou confiança, nos termos do inciso II e do parágrafo único do art. 62 e do § 2º do art. 224 da CLT não estão incluídas entre as que demandam formação profissional, assim devendo ser excluídas da base de cálculo.

Contudo, em que pese a existência desse critério objetivo, dúvidas são suscitadas a todo momento, seja pelo desconhecimento da legislação,(356) seja em razão de argumentos que visam

(353) No que se refere aos prestadores de serviços terceirizados e ao trabalho temporário, tem-se o que dispõe o art. 54 do Decreto n. 9.579/2018: "Art. 54. Ficam excluídos do cálculo da porcentagem do número de aprendizes a que se refere o *caput* do art. 51: I – os empregados que executem os serviços prestados sob o regime de trabalho temporário instituído pela Lei n. 6.019, de 3 de janeiro de 1974; e II – os aprendizes já contratados. Parágrafo único. Na hipótese de empresas que prestem serviços especializados para terceiros, independentemente do local onde sejam executados, os empregados serão considerados exclusivamente para o cálculo da porcentagem da empresa prestadora".

(354) No sítio eletrônico do Ministério do Trabalho, pode-se consultar a CBO, sendo que, para cada uma, pode-se, ao analisar a descrição das atividades relacionadas, verificar se há a indicação expressa de sua inclusão na base de cálculo. A análise, portanto, se dá com referência na descrição objetiva indicada na CBO, e não por meio de impressões subjetivas sobre a ocupação do trabalhador.

(355) Ainda questões outras, como eventual periculosidade ínsita a determinadas atividades de transporte, não se mostram aptas a inviabilizar a aprendizagem, haja vista a possibilidade de que os aprendizes exerçam suas atividades em ambiente simulado (isto é, a realização de atividades práticas na própria entidade qualificada em formação técnico-profissional metódica), ante o que dispõem os arts. 64, 65 e 66 do Decreto n. 9.579/2018.

(356) Sendo exemplo, principalmente, a alegação de que o empregador não pode cumprir a cota pois não tem como

sustentar uma pretensa inviabilidade prática de se promover a aprendizagem em determinadas atividades, como é o caso dos motoristas profissionais.[(357)]

Após longo período de discussão judicial, o Tribunal Superior do Trabalho consolidou posição no sentido de que a atividade dos motoristas profissionais pode ser considerada para fins de cálculo da cota de aprendizagem, conforme demonstra o seguinte excerto:

> Registre-se que, muito embora se trate de um pacto empregatício, no contrato de aprendizagem a atividade laboral deve estar subordinada à dinâmica e aos fins pedagógicos, integrando-se a um processo educativo mais abrangente e, sem dúvida, predominante.
>
> Na hipótese dos autos, a controvérsia reside no critério, a ser utilizado para o enquadramento de certas funções dentro do conceito legal de ocupações que demandem a formação técnico-profissional metódica, para fins de estipulação da base de cálculo sobre a qual incidirá o percentual mínimo legal de trabalhadores aprendizes que a empresa está obrigada a contratar.
>
> (...)
>
> *No caso dos autos, a dúvida paira sobre a necessidade ou não da formação técnico-profissional metódica para o exercício da profissão de motorista de ônibus metropolitano e urbano, ao ponto de legitimar a contratação de aprendizes.*
>
> (...)
>
> Por tais razões, dou parcial provimento ao recurso de revista, no aspecto, para determinar que a contratação de aprendizes motoristas que atuam no transporte rodoviário de passageiros se restrinja aos maiores de 21 anos, em observância à legislação pertinente.[(358)] (Marcas nossas)

---

admitir "menores" aprendizes, desconhecendo, pois, que a aprendizagem pode ser desenvolvida até os 24 anos de idade, salvo se o trabalhador for pessoa com deficiência, hipótese em que esse limite inexiste. Observa-se, contudo, que a própria legislação ainda se utiliza, em alguns momentos, da tacanha expressão "menor" aprendiz. Diz-se tacanha, pois, não só a aprendizagem pode ser realizada por maiores de 18 anos, como, também, há tempos foi substituída a denominada *doutrina da situação irregular* do já revogado Código de *Menores*, que via o *menor* como objeto a ser tutelado, pela *doutrina da proteção integração*, trazida pela Constituição Federal de 1988 e pelo Estatuto da Criança e do Adolescente, Lei n. 8.069/1990, em que se tem a criança e o adolescente como sujeitos de proteção.

(357) A título de exemplo, tem-se análise para a ocupação "Motorista de veículos de cargas em geral" a seguinte descrição no que se refere à "formação e experiência": "Essas ocupações são exercidas por trabalhadores com formação de ensino fundamental e requer em cursos básicos de qualificação. O exercício pleno da atividade profissional se dá após o período de um a dois anos de experiência; para a atuação é requerida supervisão permanente, exceto aos caminhoneiros autônomos. A(s) ocupação(ões) elencada(s) nesta família ocupacional, demandam formação profissional para efeitos do cálculo do número de aprendizes a serem contratados pelos estabelecimentos, nos termos do art. 429 da Consolidação das Leis do Trabalho – CLT, exceto os casos previstos no art. 10 do decreto 5.598/2005.". Referida ocupação é classificada na "família 7825" da Classificação Brasileira de Ocupações (CBO).

(358) RR-128000-96.2008.5.07.0008, fls. 09, 11 e 18. Nesse mesmo sentido, diversos outros acórdãos: RR – 1176-65.2011.5.04.0010 Data de Julgamento: 26.3.2014, relator Ministro: José Roberto Freire Pimenta, 2ª Turma, Data de Publicação: *DEJT* 4.4.2014; RR – 1841-08.2011.5.03.0011 Data de Julgamento: 19.3.2014, relator Ministro: Fernando Eizo Ono, 4ª Turma, Data de Publicação: *DEJT* 04.04.2014; RR – 281-73.2012.5.04.0009, relatora Ministra: Maria de Assis Calsing, Data de julgamento: 23.10.2013, 4ª Turma, data de publicação: 25.10.2013; RR – 1024-11.2011.5.04.0012, relator Ministro: Aloysio Corrêa da Veiga, Data de julgamento: 23.10.2013, 6ª Turma, Data de publicação: 25.10.2013. Em Recurso de Embargos, pacificou a SBDI-1 a discussão, nos termos: "EMBARGOS REGIDOS PELA LEI N. 13.015/2014. MANDADO DE SEGURANÇA PREVENTIVO. BASE DE CÁLCULO PARA AFERIÇÃO DO NÚMERO DE APRENDIZES A SEREM CONTRATADOS. INCLUSÃO DOS MOTORISTAS. CONTRATO DE APRENDIZAGEM. POSSIBILIDADE. O art. 10, § 2º, do Decreto n. 5.598/2005 é expresso ao estabelecer que a base de cálculo para definição do número de aprendizes é composta por todas as funções existentes na empresa, sendo irrelevante se só podem ser exercidas pelos maiores de 18 anos. Confira-se: "Art. 10. Para a definição das funções que demandem formação profissional, deverá ser considerada a Classificação Brasileira de Ocupações (CBO), elaborada pelo Ministério do Trabalho e Emprego. (...) § 2º Deverão ser incluídas na base de cálculo todas as funções que demandem formação profissional, independentemente de serem proibidas para menores de 18 anos". Registra-se que não se inserem na base de cálculo para contratação de aprendizes os cargos que exigem habilitação técnica de nível superior, assim como os cargos de direção, nos termos do § 1º do citado art. 10 do Decreto n. 5.598/2005, que assim dispõe, *in verbis*: "Ficam excluídas da definição do *caput* deste artigo as funções que demandem, para o seu exercício, habilitação profissional de nível técnico ou superior, ou, ainda, as funções que estejam caracterizadas como cargos de direção, de gerência ou de confiança, nos termos do inciso II e do parágrafo único do art. 62 e do § 2º do art. 224 da CLT". Desse modo, as funções de motorista e cobrador de ônibus devem integrar a base de cálculo do número de aprendizes a serem contratados, conforme decidiu a Turma. Ademais, é importante salientar que a via do mandado de segurança, restrita à proteção de direito líquido e certo, o qual deve ser evidenciado à luz de prova documental de maneira translúcida, é por

Portanto, na esteira da regulamentação legal, o TST reconhece as peculiaridades da contratação de aprendizes em relação à função de motorista profissional, tendo em vista a necessidade de conformação da legislação trabalhista às disposições específicas da legislação de trânsito. Porém, não exclui a atividade dos motoristas profissionais da base de cálculo da aprendizagem, posto que não há justificativa legal para tanto.

Interessante pontuar que, ao reafirmar sua jurisprudência e instituir a Consolidação do Sistema de Precedentes Obrigatórios na Justiça do Trabalho, com efeito vinculante, o TST estabeleceu o Tema n. 66 nos seguintes termos:

> O número de trabalhadores que exercem as atividades de motorista e de cobrador de empresa de transporte coletivo deve integrar a base de cálculo a ser utilizada na apuração do cumprimento da cota de aprendizagem prevista no art. 429 da CLT.

13.1.4. A contratação de aprendizes por microempresas (ME) e empresas de pequeno porte (EPP)

Outra discussão importante se refere à contratação de aprendizes por microempresas (ME) e empresas de pequeno porte (EPP). A discussão pode ser dividida em três temas:

(i) A obrigatoriedade das ME e EPP contratarem aprendizes;

(ii) Caso não sejam obrigadas, se podem, ainda assim, contratar aprendizes; e,

(iii) A submissão das ME e EPP ao limite máximo de 15% de aprendizes em relação ao total de empregados cujas funções demandam formação profissional (art. 429 da CLT).

A organização das questões na ordem acima indicada tem por razão o fato de que as conclusões alcançadas quanto ao primeiro tema repercutirão nas discussões com relação ao segundo e terceiro temas, como se verá. Assim, passemos ao primeiro tema.

O art. 51, inciso III, da Lei Complementar n. 123/2006[359] excepciona o disposto no art. 429, *caput*, da CLT, dispensando as microempresas e empresas de pequeno porte da obrigatoriedade de empregar aprendizes, nos seguintes termos:

> Art. 51. As microempresas e as empresas de pequeno porte são dispensadas:
>
> (...)
>
> III – de empregar e matricular seus aprendizes nos cursos dos Serviços Nacionais de Aprendizagem;

Tem-se, assim, na esteira do preconizado pelos arts. 170, inciso IX e 179, ambos da Constituição Federal,[360] previsão legal no sentido de que, para as microempresas (ME) e empresas de pequeno porte (EPP), não se aplica a obrigatoriedade da contratação de aprendizes.

Afastada a exigência de obrigatoriedade, a análise se desloca para a questão seguinte: as microempresas (ME) e empresas de pequeno porte (EPP), que tenham empregados em funções que demandam formação profissional, assim classificadas pela CBO, podem contratar aprendizes?

---

demais estreita para a discussão acerca da matéria tão controvertida nesta Corte. Embargos conhecidos e desprovidos. E-ED-RR – 2220-02.2013.5.03.0003 Data de Julgamento: 1º.9.2016, relator Ministro: José Roberto Freire Pimenta, Subseção I Especializada em Dissídios Individuais, Data de Publicação: *DEJT* 21.10.2016.

(359) Referida lei tem por ementa: "institui o Estatuto Nacional da Microempresa e da Empresa de Pequeno Porte (...)".

(360) Nessa toada, pois, foi editada a, atualmente jpá revogada, Instrução Normativa n. 118/2015, pela Secretaria de Inspeção do Trabalho, visando regulamentar aspectos do "(...) tratamento privilegiado e diferenciado" às micro e pequenas empresas, no que se refere à contratação de aprendizes. As alterações promovidas por referida Instrução Normativa tratam de aspectos relacionados ao Programa Nacional de Acesso ao Ensino Técnico e Emprego (PRONATEC), e atualmente são regulamentadas pela Portaria n. 3.872/2023.

A discussão se intensifica ainda mais quando se insere a exigência do limite máximo de 15% para contratação de aprendizes.

Com efeito, questiona-se: se as microempresas e empresas de pequeno porte não estão obrigadas a contratar aprendizes, mas, ainda assim, o fazem, subsiste razão para que se lhes aplique o limite máximo de 15%?

Assim, tem-se situação na qual lei especial afasta a aplicação de parte de lei geral, sem, contudo, tratar *in totum* da matéria.

Com efeito, o art. 429 da CLT preceitua que os "estabelecimentos de qualquer natureza são obrigados a empregar e matricular nos cursos dos Serviços Nacionais de Aprendizagem (...) aprendizes" para, em seguida, fixar a exigência de percentuais mínimo e máximo. Já a Lei Complementar n. 123/2006, em seu art. 51, inciso III, aduz, apenas, estarem as "microempresas e as empresas de pequeno porte (...) dispensadas (...) de empregar e matricular seus aprendizes nos cursos dos Serviços Nacionais de Aprendizagem". Conclui-se, assim, com base no texto legal, que não há óbice a que ME e EPP contratem aprendizes, caso assim desejem fazê-lo.

A conclusão acerca da possibilidade de que ME e EPP contratem aprendizes não esclarece, contudo, sobre a obrigatoriedade do respeito aos limites de contratação, em especial, do limite máximo de 15%, que visa, justamente, evitar a substituição de empregados por aprendizes.

Logo, discute-se: caso as microempresas e as empresas de pequeno porte contratem aprendizes, ainda assim subsiste o limite máximo do art. 429 da CLT ou, porque o art. 51, inciso III, Lei Complementar n. 123/2006 é norma especial, todo o art. 429 da CLT restaria inaplicável?

A discussão foi objeto de longo debate na seara administrativa, confrontando-se, nesse período, duas posições. Vejamos.

Uma primeira tese, propugnada pela Secretaria da Micro e Pequena Empresa (SMPE), sustentava que a dispensa da obrigatoriedade de as microempresas (ME) e das empresas de pequeno porte (EPP) contratarem aprendizes também configuraria dispensa da observância dos limites mínimo e máximo contidos no art. 429 da CLT. Para tanto, aduzia, nos termos da Nota SMPE/AJ n. 002/2014, que "no tocante às micro e pequenas empresas, não há obrigatoriedade legal de contratação. Há faculdade. Logo, não há que cogitar, para elas, o máximo e o mínimo legais que surgem a partir da obrigatoriedade, precisamente porque não há, para elas, obrigatoriedade. Em outras palavras, há faculdade sem restrições quantitativas".

Outra tese foi adotada pela então Secretaria de Inspeção do Trabalho do Ministério do Trabalho, sustentando posição diametralmente oposta. Inicialmente, a Secretaria de Inspeção do Trabalho (SIT) adotou a posição firmada na Nota Técnica n. 336/2013/DMSC/SIT, a qual tinha por base o parágrafo único do art. 3º da Instrução Normativa n. 97/2012, que assim dispunha:

> Parágrafo único. As microempresas e empresas de pequeno porte que contratem aprendizes devem observar o limite máximo de quinze por cento estabelecido no art. 429 da CLT.

Portanto, em termos numéricos, nenhum estabelecimento que tenha menos de 7 empregados, cujas funções demandem formação profissional, pode contratar aprendizes, nos termos do art. 429 da CLT, sob pena de se extrapolar o limite máximo de 15%.

O confronto de posições administrativas foi objeto de questionamentos, o que suscitou a necessidade de uniformização de entendimentos. Disso resultou que o referido parágrafo único do art. 3º da Instrução Normativa n. 97/2012 foi revogado[361] após a discussão administrativa ter

(361) O parágrafo único do art. 3º da Instrução Normativa n. 97/2012 foi revogado pela Instrução Normativa n. 108, de 2014.

sido encerrada com a adoção da diretriz consignada no Parecer n. 18/2014/DECOR/CGU/AGU que firmou posicionamento no seguinte sentido:

> 21. Diante do exposto, considera-se juridicamente viável a contratação de um aprendiz para trabalhar no estabelecimento que tenha entre um e seis empregados, cujas funções demandem formação profissional, aplicando-se nesses casos a legislação inerente à aprendizagem.

Assim, à época, foi adotada posição administrativa no sentido de ser possível a contratação de aprendiz por microempresas (ME) e empresas de pequeno porte (EPP), mesmo que tenham menos de 7 empregados considerados na base de cálculo, sob o argumento de que a Lei Complementar n. 123/2006 constitui norma especial. Administrativamente, portanto, prevalecia a primeira tese apresentada.

Entretanto, diferentemente do que possa parecer, essa interpretação não favorecia a aprendizagem.

Com efeito, ao desconsiderar o limite máximo de 15% para as microempresas (ME) e as empresas de pequeno porte (EPP), abriu-se a possibilidade de se fraudar o escopo da aprendizagem, pois, ao invés de se propiciar a profissionalização, estar-se-ia, na realidade, abrindo-se a possibilidade de substituição de mão de obra mais onerosa — empregatícia —, por outra, mais barata — aprendizagem.

Configurou-se, legislativamente, a aprendizagem como *mão de obra mais barata* justamente como meio de compensar a atribuição da responsabilidade pela profissionalização de adolescentes e jovens ao empregador. Contudo, a contratação de aprendiz em estabelecimento com menos de 7 empregados dificilmente permitirá que esse jovem trabalhador atue em um ambiente no qual poderá aprimorar sua formação, seja porque seu contato com a atividade prática será precária, seja porque seu relacionamento com os demais colegas de trabalho será reduzido, haja vista a inexistência de limites à contratação de aprendizes – podendo-se chegar, inclusive, ao extremo de se ter diversos aprendizes ativando-se juntamente com um único empregado efetivo.

A tese administrativa outrora fixada restou superada com a publicação da Instrução Normativa SIT n. 146, de 25.7.2018 que, ao regular a questão em seu art. 3º, assim estabeleceu:

> Art. 3º *Estão legalmente dispensadas do cumprimento da cota de aprendizagem:*
>
> I – *as microempresas e as empresas de pequeno porte, optantes ou não pelo Regime Especial Unificado de Arrecadação de Tributos e Contribuições devidos pelas Microempresas e Empresas de Pequeno Porte — Simples Nacional.*
>
> II – as entidades sem fins lucrativos que tenham por objetivo a educação profissional na modalidade aprendizagem, inscritas no Cadastro Nacional de Aprendizagem com curso validado.
>
> § 1º Para comprovação do enquadramento como microempresa ou empresa de pequeno porte, o Auditor-Fiscal do Trabalho deverá solicitar que o estabelecimento comprove o cumprimento dos dois requisitos previstos no art. 3 da Lei Complementar n. 123 de 14 de dezembro de 2006, quais sejam, registro no órgão competente e faturamento anual dentro dos limites legais.
>
> § 2º *Os estabelecimentos que, embora dispensados da obrigação de contratar aprendizes, decidam pela contratação, devem observar todas as normas do instituto, inclusive o percentual máximo previsto no art. 429 da CLT, não estando obrigados, no entanto, ao cumprimento do percentual mínimo.* (Marcas nossas)

Referida regulamentação, portanto, reiterou não serem as ME e EPP obrigadas a contratar aprendizes, em atenção ao quanto determinado no art. 51, inciso III, Lei Complementar n. 123/2006. No entanto, fixou, de forma clara, que, caso contratem aprendizes, deverão se submeter às exigências do referido instituto jurídico, com exceção, apenas, da exigência de contratação do limite mínimo de 5% de aprendizes, o que vem sendo seguido nas demais normas infralegais editadas, como é exemplo o atual art. 67 da Portaria MTE n. 3.872/2023, que assim estabelece:

> Art. 67. É facultativa a contratação de aprendizes para:
>
> I – as microempresas e as empresas de pequeno porte, optantes ou não pelo Regime Especial Unificado de Arrecadação de Tributos e Contribuições devidos pelas Microempresas e Empresas de Pequeno Porte — Simples Nacional; e
>
> II – as entidades sem fins lucrativos que tenham por objetivo a educação profissional nos termos do disposto no art. 430 da CLT, inscritas no CNAP com curso cadastrado.
>
> § 1º Para comprovação do enquadramento como microempresa ou empresa de pequeno porte, o Auditor-Fiscal do Trabalho solicitará que o estabelecimento comprove o cumprimento dos requisitos previstos nos incisos do *caput* do art. 3º da Lei Complementar n. 123, de 14 de dezembro de 2006, por meio de apresentação de documentos que atestem:
>
> I – registro no órgão competente; e
>
> II – faturamento anual dentro dos limites legais.
>
> § 2º Os estabelecimentos que, embora dispensados da obrigação de contratar aprendizes, decidam pela contratação, observarão todas as normas da aprendizagem profissional, inclusive o percentual máximo previsto no art. 429 da CLT.
>
> *§ 3º Os estabelecimentos de que tratam o §2º estão desobrigados do cumprimento do percentual mínimo previsto no art. 429 da CLT.* (Marcas nossas)

A solução administrativa, portanto, adota posição razoável, juridicamente adequada, na medida em que, obstando o desvirtuamento da aprendizagem, com a contratação de percentual superior ao limite de 15%, não obsta a que se contrate quantitativo inferior ao limite mínimo de 5%, de modo a se incentivar a participação das microempresas (ME) e das empresas de pequeno porte (EPP) na profissionalização de adolescentes e jovens.

Logo, em que pese a celeuma administrativa ocorrida, imperioso concluir que, para garantir a efetividade da aprendizagem, e compreendê-la dentro da lógica civilizatória do direito do trabalho, é inadequado se permitir que deixe de ser observado o limite máximo de 15% para contratação de aprendizes pelas microempresas (ME) e as empresas de pequeno porte (EPP), pois referida interpretação, conquanto baseada em critérios técnicos, choca-se frontalmente com os fins previstos para a aprendizagem e com toda a sistemática do ordenamento jurídico trabalhista. Assim, defendemos a interpretação de que, ainda que se trate de microempresas (ME) e de empresas de pequeno porte (EPP), as quais não estão obrigadas à contratação de aprendizes, deve ser observado limite máximo de contratação de aprendizes com relação à base de cálculo de empregados cujas funções demandem formação profissional, sob pena de, transversalmente, incentivar-se a substituição de mão de obra empregatícia por pretensos aprendizes.

13.2. A inclusão das Pessoas com Deficiência (PCD) no mercado de trabalho — Quebrando preconceitos e superando barreiras

A Constituição Federal estabelece como fundamentos do Estado Democrático de Direito a cidadania, a dignidade da pessoa e os valores sociais do trabalho em correlação com a livre-iniciativa (art. 1º, incisos II a IV), fixando a redução das desigualdades sociais e o combate a todas as formas de discriminação como objetivos da República (art. 3º, incisos III e IV).

Lastreado nessa matriz principiológica, o inciso XXXI do art. 7º da Constituição Federal vedou expressamente "qualquer discriminação no tocante a salário e critérios de admissão do trabalhador portador de deficiência".

Na seara internacional, a Declaração dos Direitos das Pessoas Deficientes(362) (ONU – 1975) chamou atenção para a importância da proteção. Em relação a esse tema, merecem destaque, também, as normas da Organização Internacional do Trabalho (OIT), especialmente a Convenção n. 159, aprovada pelo Brasil por meio do Decreto Legislativo n. 51/1989, e promulgada por meio do Decreto n. 129/1991, assim como a Recomendação n. 168, que vieram assegurar às pessoas com deficiência o direito de não sofrer discriminação, abrindo caminhos para a inclusão.

A União Europeia seguiu essa senda em seus atos normativos, tendo a Diretiva n. 2000/78 estabelecido expressamente a igualdade no que se refere ao trabalho e o combate à discriminação por idade, sexo, religião e deficiência, em questões que envolvem formação e educação profissional, assim como no acesso, manutenção e proteção ao emprego.(363)

Importante acrescentar que, pelo Decreto Legislativo n. 186/2008, o Brasil aprovou, com quórum qualificado, a Convenção Internacional sobre os Direitos das Pessoas com Deficiência (CDPD), assinada em Nova Iorque, em 30 de março de 2007, assim conferindo-lhe *status* de Emenda Constitucional nos termos do art. 5º, § 3º, da Constituição Federal. Referida Convenção foi promulgada pelo Decreto n. 6.949/2009.

Entre suas disposições, releva-se a contida no art. 4º, item 4, que fixa de forma clara a necessária progressividade dos direitos sociais:

Art. 4

Obrigações gerais

> 1. Os Estados Partes se comprometem a assegurar e promover o pleno exercício de todos os direitos humanos e liberdades fundamentais por todas as pessoas com deficiência, sem qualquer tipo de discriminação por causa de sua deficiência. Para tanto, os Estados Partes se comprometem a:
>
> *4. Nenhum dispositivo da presente Convenção afetará quaisquer disposições mais propícias à realização dos direitos das pessoas com deficiência, as quais possam estar contidas na legislação do Estado Parte ou no direito internacional em vigor para esse Estado. Não haverá nenhuma restrição ou derrogação de qualquer dos direitos humanos e liberdades fundamentais reconhecidos ou vigentes em qualquer Estado Parte da presente Convenção, em conformidade com leis, convenções, regulamentos ou costumes, sob a alegação de que a presente Convenção não reconhece tais direitos e liberdades ou que os reconhece em menor grau.* (A INCLUSÃO DAS PESSOAS COM DEFICIÊNCIA). (Marcas nossas)

Referida disposição vem ao encontro do quanto disposto no art. 19, item 8, da Constituição da Organização Internacional do Trabalho (OIT), bem como com o contido no item 2, alínea "d", de sua Declaração de Princípios e Direitos Fundamentais no Trabalho:

> 8. *Em caso algum, a adoção, pela Conferência, de uma convenção ou recomendação, ou a ratificação, por um Estado-Membro, de uma convenção, deverão ser consideradas como afetando qualquer lei, sentença, costumes ou acordos que assegurem aos trabalhadores interessados condições mais favoráveis que as previstas pela convenção ou recomendação.* (Marcas nossas)
>
> 2. Declara que todos os Membros, ainda que não tenham ratificado as convenções aludidas, têm um compromisso derivado do fato de pertencer à Organização de respeitar, promover e tornar realidade, de boa fé e de conformidade com a Constituição, os princípios relativos aos direitos fundamentais que são objeto dessas convenções, isto é:
>
> (...)
>
> d) *a eliminação da discriminação em matéria de emprego e ocupação.* (Marcas nossas)

(362) Disponível em: www.un.org/fr/rights/overview/themes/handicap.shtml.

(363) UNIÃO EUROPEIA. Manual sobre a legislação europeia antidiscriminação. Luxemburgo: Serviço das publicações da União Europeia, 2011, p. 28-29. Disponível em: http://fra.europa.eu/sites/default/files/fra_uploads/1510-FRA_CASE_LAW_HANDBOOK_PT.pdf. Acesso em: 20 jul. 2018.

Vê-se, assim, que existe, em nosso ordenamento jurídico, amplo estuário normativo a sustentar a adequada proteção das pessoas com deficiência, não havendo, portanto, questionamentos com relação a essa orientação.

Dúvidas, contudo, começam a surgir quando passamos a analisar como deve ser identificada a pessoa com deficiência e como deve se dar essa proteção, especialmente quando se está a tratar de atividades de risco, como é a dos transportes de passageiros e de cargas.

13.2.1. A caracterização da deficiência: a adoção do critério biopsicossocial

No que se refere à caracterização de pessoa com deficiência, a Convenção Internacional sobre os Direitos das Pessoas com Deficiência (CDPD) estabelece:

> **Art. 1º**
>
> **Propósito**
>
> O propósito da presente Convenção é promover, proteger e assegurar o exercício pleno e equitativo de todos os direitos humanos e liberdades fundamentais por todas as pessoas com deficiência e promover o respeito pela sua dignidade inerente.
>
> *Pessoas com deficiência são aquelas que têm impedimentos de longo prazo de natureza física, mental, intelectual ou sensorial, os quais, em interação com diversas barreiras, podem obstruir sua participação plena e efetiva na sociedade em igualdades de condições com as demais pessoas.* (Marcas nossas)

Explica Ricardo Tadeu Marques da Fonseca[364] que o direito ao trabalho das pessoas com deficiência está disciplinado no art. 27 desta Convenção, o qual assegura:

> a liberdade de escolha de trabalho, adaptação física e atitudinal dos locais de trabalho, formação profissional, justo salário em condição de igualdade com qualquer outro cidadão, condições seguras e saudáveis de trabalho, sindicalização, garantia de livre-iniciativa no trabalho autônomo, empresarial ou cooperativado, ações afirmativas de promoção de acesso ao emprego privado ou público, garantia de progressão profissional e preservação do emprego, habilitação e reabilitação profissional.

Com efeito, as normas postas pela referida Convenção Internacional, que integram, como emenda constitucional, a Constituição Federal, abriram nova perspectiva ao considerar que as supostas *limitações* da pessoa com deficiência devem, na verdade, ser avaliadas em interação com o meio ambiente em que atua, superando, assim, o entendimento anterior de que a deficiência seria um fator pessoal, *portado* pela pessoa, e que, por isso, poderia lhe conferir a qualificação de incapaz.

Assim, formatou a nova diretriz constitucional o conceito de que na pessoa com deficiência inexiste incapacidade ou limitação *de per si*, intrínseca, mas pessoa que sofre restrições à plenitude de sua vida quando exposta às limitações de um meio ambiente hostil e inadaptado, que dificulta sua interação social e seu acesso ao trabalho, os quais são necessários para garantir não só a subsistência física, mas também a atuação como cidadão da pessoa com deficiência.

Em um regime republicano, o exercício da cidadania está atrelado ao princípio da igualdade, o que implica assegurar ampla inclusão social da pessoa com deficiência, levando à superação do entendimento daqueles[365] que circunscreviam o princípio da igualdade apenas à 2ª geração/dimensão dos direitos humanos, para reconhecer que integra, na realidade, a espinha dorsal dos direitos fundamentais e, assim, permeia todas as dimensões dos direitos humanos.

(364) FONSECA, Ricardo Tadeu Marques. Os efeitos da 8ª Convenção Internacional da ONU e o acesso ao mercado de trabalho para as pessoas com deficiência. *Revista de Direito do Trabalho*, São Paulo, v. 128/2007, out./dez. 2007, p. 390-396.

(365) BONAVIDES, Paulo. *Curso de Direito Constitucional*, 8. ed. São Paulo: Malheiros, 1999. p. 525.

Como bem pondera Dworkin,(366) em uma "comunidade verdadeiramente democrática, cada cidadão é um parceiro em igualdade de condições, o que vai muito além de seu voto valer o mesmo que os outros. Significa que ele tem a mesma voz e igual interesse nos resultados".

Nessa esteira, Carmen Lúcia Antunes Rocha(367) chama atenção para a conotação substantiva conferida pela Constituição ao princípio da igualdade, ao asseverar que "deixou de ser diretriz exclusiva destinada ao legislador, deixou de ser limite negativo de atuação do poder público; antes tornou-se uma obrigação positiva do governante em face do indivíduo (...) uma obrigação que vincula (...) no sentido de igualar, por uma ficção jurídica, as condições de vida para que cada qual possa buscar o seu desenvolvimento pessoal em consonância com suas peculiaridades, a sua forma singular, única e distinta de ser".

Por isso, ressalta Robert Alexy,(368) o modelo de solução deve levar "em consideração tanto a igualdade jurídica quanto a fática", deixando espaço "para um amplo espectro de distintas concepções".

Assim, sob o pressuposto da igualdade, teve-se a necessária mudança na forma de caracterização da pessoa com deficiência encetada pela Convenção de Nova Iorque, a qual ampara a substituição do denominado *critério médico*, que vislumbrava, de forma estática, a deficiência como uma limitação do indivíduo, pelo *critério biopsicossocial*, que propõe uma caracterização funcional da deficiência, a qual se dá quando as limitações decorrem de barreiras ambientais.

Com essa nova perspectiva, têm respaldo as políticas públicas destinadas a garantir igualdade de oportunidades às pessoas com deficiência, por considerarem que o respeito à sua dignidade e à sua igualdade implica, e pressupõe, garantir seu direito à autonomia, ou seja, sem depender dos "favores" de outrem.

De outra banda, a existência de uma política pública inclusiva não se restringe apenas à pessoa com deficiência, uma vez que a verdadeira inclusão envolve a participação de todos aqueles que com ela interagem. Tal perspectiva — isto é, daqueles que irão interagir com as pessoas com deficiência —, traz consigo a oportunidade de um convívio com as diferenças, próprio de uma sociedade plural.

Sob tal perspectiva, foi o "critério biopsicossocial" incorporado pelo ordenamento infraconstitucional, passando a ser adotado pela Lei Brasileira de Inclusão da Pessoa com Deficiência, Lei n. 13.146/2015 (Estatuto da Pessoa com Deficiência), ao estabelecer em seu art. 2º:

> Art. 2º *Considera-se pessoa com deficiência aquela que tem impedimento de longo prazo de natureza física, mental, intelectual ou sensorial, o qual, em interação com uma ou mais barreiras, pode obstruir sua participação plena e efetiva na sociedade em igualdade de condições com as demais pessoas.*
>
> § 1º *A avaliação da deficiência, quando necessária, será biopsicossocial, realizada por equipe multiprofissional e interdisciplinar* e considerará:
>
> I – os impedimentos nas funções e nas estruturas do corpo;
>
> II – os fatores socioambientais, psicológicos e pessoais;
>
> III – a limitação no desempenho de atividades; e
>
> IV – a restrição de participação.
>
> § 2º O Poder Executivo criará instrumentos para avaliação da deficiência. (Marcas nossas)

(366) DWORKIN, Ronald. *A raposa e o porco-espinho:* justiça e valor. São Paulo: WMF Martins Fontes, 2014. p. 9. Tradução Marcelo Brandão Cipolla.

(367) ROCHA, Carmen Lúcia Antunes. *Ação afirmativa:* o conteúdo democrático do princípio da igualdade jurídica. São Paulo: Malheiros, 1996. p. 13-14.

(368) ALEXY, Robert. *Teoria dos Direitos Fundamentais*. 2. ed., 4. tir. São Paulo: Malheiros Editores. p. 421. Tradução Virgílio Afonso da Silva.

Importante ressaltar que esta lei também alterou o Código Civil, ao excluir a pessoa com deficiência do rol constante do seu art. 3º, restringindo a incapacidade absoluta apenas aos menores de 16 anos, além de alterar o art. 1.767 do mesmo Código que, ao tratar da curatela, passou a reconhecer que a deficiência, por si só, não configura incapacidade e, portanto, não tira a autonomia da pessoa dirigir sua própria vida.

Ocorre, contudo, que passados anos desde a sanção da Lei Brasileira de Inclusão da Pessoa com Deficiência, não foi editado pelo Poder Executivo nenhum regramento específico e consistente para a avaliação da deficiência sob o *critério biopsicossocial*,[(369)] em claro descumprimento ao disposto nos arts. 2º, § 2º, e 124,[(370)] de referida Lei.

Assim, ainda remanesce em nosso ordenamento jurídico as disposições do Decreto n. 3.298/1999, que não disciplina a caracterização da deficiência com base no critério biopsicossocial, mas sim, no critério médico, fixando disposições não só restritivas, mas contrárias ao atual regime jurídico.

Exemplo dessa situação são as discussões envolvendo a caracterização de pessoas com visão monocular como deficientes, conforme se denota da Súmula n. 377 do Superior Tribunal de Justiça (STJ)[(371)], que dispõe:

> Súmula n. 377 – O portador de visão monocular tem direito de concorrer, em concurso público, às vagas reservadas aos deficientes. (Súmula n. 377, TERCEIRA SEÇÃO, julgado em 22.04.2009, DJe 05.05.2009)

A insegurança decorrente da existência, concomitante, de um regime jurídico que prescreve determinado critério para a caracterização da pessoa como deficiente (critério biopsicossocial), e de um decreto regulamentador que prescreve critério diverso (critério médico), não pode significar a possibilidade de aceitar solução restritiva e, até mesmo, discriminatória, pois nosso ordenamento jurídico estabelece, de forma clara e expressa, o dever de inclusão das pessoas com deficiência.

Assim, a caracterização da pessoa com deficiência é matéria que deve ser vislumbrada sob uma tônica inclusiva, a qual se encontra pautada por critérios constitucionais e legais que assim determinam, de modo a que não se pode admitir interpretações em sentido oposto, sejam advindas dos órgãos de fiscalização do Poder Executivo, de decisões proferidas pelo Poder Judiciário ou, até mesmo, por acordos e convenções coletivas, celebrados com fundamento na autonomia da vontade coletiva.

---

(369) Importantes, pois, as observações de GUGEL, Maria Aparecida. O mundo do trabalho e as pessoas com deficiência. In: RAMOS, André de Carvalho; GONZAGA, Eugênia Augusta; MEDEIROS, Jorge Luiz Ribeiro de (Orgs.). *Ministério público, sociedade e a lei brasileira de inclusão da pessoa com deficiência.* Brasília: ESMPU, 2018, p. 288-289: "*Para a composição da reserva de cargos concorrem todas as naturezas de deficiência já conhecidas* como a física, a sensorial (cegos e surdos) e a intelectual (relacionada ao déficit cognitivo), acrescida da deficiência mental, associada à saúde mental. *A avaliação da deficiência, necessária para a reserva de cargos, para não gerar desigualdade entre as pessoas com deficiência, será biopsicossocial e feita por equipe multiprofissional. A avaliação será baseada em instrumento de avaliação nos moldes e parâmetros da Classificação Internacional de Funcionalidade, Incapacidade e Saúde (CIF)* conforme a classificação indicada nos itens I-IV, § 1º, do art. 2º da LBI, isto é, os impedimentos nas funções e nas estruturas do corpo; os fatores socioambientais, psicológicos e pessoais; a limitação no desempenho de atividades e a restrição de participação. Para tanto, deverão ser criados instrumentos específicos que, espera-se, sejam uniformes para todas áreas que necessitem adotá-los como a previdência, a assistência social, a saúde e a reabilitação, o trabalho, entre outros. *Daí por que afirmar-se que a designação das deficiências, baseada no padrão médico dos Decretos ns. 3.298/1999 e 5.296/2004, está revogada. No entanto, até a edição do instrumento de avaliação a que se refere o art. 2º, § 2º, da LBI e diante da lacuna legal, entende-se que as designações dos referidos decretos servem somente como balizas* para identificar as naturezas das deficiências a serem aplicadas em conjunto com os parâmetros de avaliação levados a efeito pelo Ministério do Desenvolvimento Social e Combate à Fome para a concessão do benefício da prestação continuada e que resultou na Avaliação Médico-Pericial e Social da Incapacidade para Vida Independente e para o Trabalho (AMES/BPC), além daqueles concernentes à concessão da aposentadoria especial da Previdência Social previstos no Decreto n. 8.145/2013, visto que ambos foram concebidos seguindo o conceito de pessoa com deficiência da CDPD e algumas das regras da Classificação Internacional de Funcionalidade (CIF)" (Marcas nossas).

(370) "Art. 124. O § 1º do art. 2º desta Lei deverá entrar em vigor em até 2 (dois) anos, contados da entrada em vigor desta Lei.".

(371) Referidas discussões resultaram, inclusive, na Lei n. 14.126/2021, que "Classifica a visão monocular como deficiência sensorial, do tipo visual".

Nesta senda, diversamente da conclusão que admite, na esteira da euforia criada pelo art. 611-A da CLT, a possibilidade de ampla negociação coletiva trabalhista, há que se recordar que existem no ordenamento jurídico laboral determinações que, conquanto se refiram a relação laboral, não se submetem à autonomia da vontade coletiva, vez que constituem verdadeira política de Estado.

As limitações à negociação coletiva envolvendo a contratação de pessoas com deficiência será, contudo, objeto de análise pormenorizada nos capítulos seguintes.

Logo, sob a perspectiva traçada, tem-se que a caracterização das pessoas com deficiência, conquanto demande maior densificação por parte do Poder Executivo, de modo a esclarecer a aplicação do critério *biopsicossocial*, se submete a uma lógica inclusiva, infensa, portanto, a restrições, seja a título for.

13.2.2. A cota de contratação de pessoas com deficiência e reabilitados pelo INSS

Aspecto central na identificação do quanto desenvolvida é uma sociedade encontra-se na maneira como ela reconhece e protege a dignidade daqueles que integram grupos sociais mais vulneráveis, sob as perspectivas histórica, cultural, social e econômica.

A partir desse pressuposto é que vamos analisar o caso das pessoas com deficiência, que são desafiadas, diuturnamente, pelas limitações biopsicossociais que encontram em seu caminho.

Como bem ressalta Luiz Alberto David Araújo,[(372)] nesse caso as limitações "formam um conjunto de dificuldades, que desafiam toda a sociedade, exigindo, de toda a comunidade, uma postura de inclusão, colaborando, nos termos do artigo terceiro da Constituição Federal, para sua integração social. Um portador de deficiência não integrado socialmente é a constatação da existência de baixo grau de democracia de um país".

Tal constatação enseja a necessidade de políticas públicas permanentes, além da implementação de instrumentos legais concretos e efetivos de inclusão, pois configuram conquistas civilizatórias em relação às quais a Constituição Federal não só estabeleceu a vedação de retrocesso (ou proibição de proteção insuficiente), como abriu caminhos para ampliar a inclusão das pessoas com deficiência, assim garantindo o direito das minorias, naquilo que se pode ter como uma progressiva proteção.

A importância dessas conquistas se torna patente quando se constata que as pessoas com deficiência enfrentam todos os dias, e por toda a sua vida, reiterados desestímulos à inclusão social e laboral, sob o falso argumento de que as adaptações exigidas implicam custos, ou que as atividades nas quais poderiam ser incluídas se mostram incompatíveis *com uma pessoa com deficiência.*

Trata-se de afirmação baseada em falsas premissas, pois os valores despendidos para as adaptações, na realidade, constituem-se em investimento inerente não só ao cumprimento da função social da propriedade, mas também necessário para impulsionar o desenvolvimento sustentável do país, ao possibilitar que pessoas com deficiência atuem como cidadãos produtivos e participativos. Ademais, a prática da exclusão *a priori* das pessoas com deficiência de determinadas atividades revela-se, se não um absoluto desprezo pelas potencialidades humanas, conduta discriminatória, incompatível com os contornos inclusivos do ordenamento jurídico.

Nesse sentido as percucientes reflexões de Amartya Sen, ao ressaltar que o respeito à diversidade possibilita a expansão da liberdade, como o principal fim e o principal meio de assegurar o desenvolvimento de uma sociedade:[(373)]

> O desenvolvimento consiste na eliminação de privações de liberdade que limitam as escolhas e as oportunidades das pessoas de exercer preponderantemente sua condição

(372) ARAÚJO, Luiz Alberto David. *Temas relevantes de direito material e processual do trabalho:* estudos em homenagem ao Professor Pedro Paulo Teixeira Manus. São Paulo: LTr, 2000. p. 82.

(373) SEN, Amartya. *Desenvolvimento como liberdade.* São Paulo: Companhia das Letras, 2010. p. 10. Tradução Laura Teixeira Motta. Rev. Tec. Ricardo Doninelli Mendes.

de agente (...). Indivíduos concebidos como agentes ativos das mudanças e não meros recebedores passivos de benefícios.

Portanto, o verdadeiro desafio consiste em promover mudanças culturais e de mentalidade para fazer valer o direito fundamental à não discriminação, conforme disposto nos arts. 3º, inciso IV, 5º, *caput* e incisos XIII e XLI, e 7º, inciso XXXI, todos da Constituição Federal, ao disporem que:

> Art. 3º Constituem objetivos fundamentais da República Federativa do Brasil:
>
> *IV – promover o bem de todos, sem preconceitos* de origem, raça, sexo, cor, idade e *quaisquer outras formas de discriminação.*
>
> Art. 5º *Todos são iguais perante a lei, sem distinção de qualquer natureza,* garantindo-se aos brasileiros e aos estrangeiros residentes no País a inviolabilidade do direito à vida, à liberdade, à igualdade, à segurança e à propriedade, nos termos seguintes:
>
> XIII – é livre o exercício de qualquer trabalho, ofício ou profissão, atendidas as qualificações profissionais que a lei estabelecer;
>
> XLI – *a lei punirá qualquer discriminação atentatória dos direitos e liberdades fundamentais;*
>
> Art. 7º São direitos dos trabalhadores urbanos e rurais, além de outros que visem à melhoria de sua condição social:
>
> XXXI – *proibição de qualquer discriminação no tocante a* salário e *critérios de admissão do trabalhador portador de deficiência;* (Marcas nossas)

Assim, essas diretrizes devem nortear as políticas públicas e a aplicação da lei que, no interesse de toda a sociedade, veda condutas (inclusive aquelas praticadas no exercício da autonomia privada coletiva) que impossibilitem a inclusão das pessoas com deficiência, as quais, como acima mencionado, podem vir a ser consideradas como discriminatórias.

Nesse contexto, a exigência de cota mínima de contratação de pessoas com deficiência é tema que, conquanto antigo, haja vista sua previsão legal desde 1991, ainda desperta muita incompreensão, ignorância e preconceito, apesar do quanto prescrito pelo inciso XXXI do art. 7º da Constituição de 1988.

Com efeito, anteriormente à fixação de cotas objetivas de contratação, a Lei n. 7.853/1989 já dispunha sobre a inclusão social de pessoas com deficiência e o Decreto n. 3.298/1999, que a regulamentou depois de muito tempo, pretendeu delinear uma "Política Nacional para a Integração da Pessoa Portadora de Deficiência", a fim de assegurar o pleno exercício dos seus direitos individuais e sociais.

Entretanto, somente com a promulgação da Lei n. 8.213/1991,(374) foi estabelecida expressamente a exigência legal de observância das cotas de contratação de pessoas com deficiência no mercado de trabalho, nos seguintes termos:

(374) A alteração do *caput*, incisos e § 4º do art. 93 da Lei n. 8.213/1991, pela Lei n. 13.146/2015, foi vetada, por razões políticas, conforme a seguinte motivação constante da "Mensagem n. 246, de 6 de julho de 2015": "O Ministério do Desenvolvimento, Indústria e Comércio Exterior solicitou veto aos dispositivos a seguir transcritos: *Caput*, incisos e § 4º do art. 93 da Lei n. 8.213, de 24 de julho de 1991, alterados pelo art. 101 do projeto de lei. 'Art. 93. As empresas com 50 (cinquenta) ou mais empregados são obrigadas a preencher seus cargos com pessoas com deficiência e com beneficiários reabilitados da Previdência Social, na seguinte proporção: I – de 50 (cinquenta) a 99 (noventa e nove) empregados, 1 (um) empregado; II – de 100 (cem) a 200 (duzentos) empregados, 2% (dois por cento) do total de empregados; III – de 201 (duzentos e um) a 500 (quinhentos) empregados, 3% (três por cento) do total de empregados; IV – de 501 (quinhentos e um) a 1.000 (mil) empregados, 4% (quatro por cento) do total de empregados; V – mais de 1.000 (mil) empregados, 5% (cinco por cento) do total de empregados.' § 4º O cumprimento da reserva de cargos nas empresas entre 50 (cinquenta) e 99 (noventa e nove) empregados passará a ser fiscalizado no prazo de 3 (três) anos.'. Razões dos vetos. *'Apesar do mérito da proposta, a medida poderia gerar impacto relevante no setor produtivo, especialmente para empresas de mão de obra intensiva de pequeno e médio porte, acarretando dificuldades no seu cumprimento e aplicação de multas que podem inviabilizar empreendimentos de ampla relevância social.'"* (Marcas nossas)

Art. 93. A empresa com 100 (cem) ou mais empregados está obrigada a preencher de 2% (dois por cento) a 5% (cinco por cento) dos seus cargos com beneficiários reabilitados ou pessoas portadoras de deficiência, habilitadas, na seguinte proporção:

I – até 200 empregados 2%;

II – de 201 a 500 .... 3%;

III – de 501 a 1.000 .... 4%;

IV – de 1.001 em diante .... 5%.

V – (VETADO).

§ 1º A dispensa de pessoa com deficiência ou de beneficiário reabilitado da Previdência Social ao final de contrato por prazo determinado de mais de 90 (noventa) dias e a dispensa imotivada em contrato por prazo indeterminado somente poderão ocorrer após a contratação de outro trabalhador com deficiência ou beneficiário reabilitado da Previdência Social.

§ 2º Ao Ministério do Trabalho e Emprego incumbe estabelecer a sistemática de fiscalização, bem como gerar dados e estatísticas sobre o total de empregados e as vagas preenchidas por pessoas com deficiência e por beneficiários reabilitados da Previdência Social, fornecendo-os, quando solicitados, aos sindicatos, às entidades representativas dos empregados ou aos cidadãos interessados.

§ 3º Para a reserva de cargos será considerada somente a contratação direta de pessoa com deficiência, excluído o aprendiz com deficiência de que trata a Consolidação das Leis do Trabalho (CLT), aprovada pelo Decreto-lei n. 5.452, de 1º de maio de 1943.

No que se refere à conformação da base de cálculo da cota de contratação de pessoas com deficiência, interessante a exposição da Orientação n. 14 da Coordenadoria Nacional de Promoção de Igualdade de Oportunidades (COORDIGUALDADE) do Ministério Público do Trabalho:

ORIENTAÇÃO N. 14. Base de cálculo do art. 93 da Lei n. 8.213/91. 1. O 'aprendiz com deficiência' não será computado como 'pessoa com deficiência contratada', conforme Lei n. 13.146/2015 (Lei Brasileira de Inclusão da Pessoa com Deficiência), que acrescentou o § 3º ao art. 93 da Lei n. 8.213/1991. 2. Serão computados na 'base de cálculo' para incidência dos percentuais previstos no art. 93 da Lei n. 8.213/1991: (a) as demais pessoas com deficiência e (b) os empregados com contratos de trabalho suspensos, salvo os contratos suspensos por motivo de aposentadoria por invalidez. 3. Não serão computados na 'base de cálculo' para incidência dos percentuais previstos no art. 93 da Lei n. 8.213/1991 os aprendizes, independentemente se pessoa com deficiência; 4. Os empregados que estão com contratos suspensos por motivo de aposentadoria por invalidez não serão computados na 'base de cálculo' para incidência dos percentuais previstos no art. 93 da Lei n. 8.213/1991, assim como não serão computados como 'pessoa com deficiência contratada' (Aprovada na XXV Reunião Nacional da Coordigualdade, dias 10 e 11 de dezembro de 2016 e alterada na XVI Reunião Nacional da Coordigualdade, dia 26 de abril de 2017).

Logo, verifica-se serem claros os elementos que compõem a cota de contratação de pessoas com deficiência, sendo de se ressaltar não só a delimitação da base de cálculo, como a definição, apenas, de um limite mínimo, de modo que não há, na perspectiva inclusiva acima exposta, limites máximos para a contratação de pessoas com deficiência.

Contudo, em que pese a fixação de cota para a inclusão de pessoas com deficiência e reabilitados desde 1991, controvérsias sobre a questão ressurgiram com a ratificação, pelo Brasil, da Convenção sobre Direitos das Pessoas com Deficiência da ONU (Decreto Legislativo n. 186/2008), internalizada em nosso ordenamento como Emenda Constitucional, aprovada conforme procedimento previsto no art. 5º, § 3º da Constituição Federal e promulgada em 2009 (Decreto n. 6.949/2009), como tratado no capítulo acima.

A norma internacional, como já asseverado, alterou o conceito de pessoa com deficiência ao adotar o critério *biopsicossocial*, fixando a concepção de que inexiste pessoa com deficiência, por si só, mas pessoas que, em interação com um meio ambiente inadaptado, têm restrições à plenitude de sua vida social (conceito que inclui a atividade laboral). *Assim, não há mais que se falar em deficiente, mas sim em deficiente frente a limitações do meio ambiente no qual se insere.*

Essa mudança se reveste de importância significativa porque abre uma janela de oportunidades ao deslocar o foco da deficiência para o meio ambiente, que deve ser adequado e adaptado para possibilitar a inserção desses cidadãos. Ademais, o critério *biopsicossocial* está lastreado nos princípios da adequação razoável e do desenho universal, isto é, os ambientes de trabalho — e demais fatores da vida social — devem ser planejados e pensados de forma a possibilitar a inclusão do maior número possível de pessoas. Assim, é o meio ambiente, inclusive o laboral, que deve se adaptar às pessoas, e não estas àquele, evitando que por isso sejam excluídas do convívio social ou da oportunidade de trabalhar.

A controvérsia reside, portanto, na aferição do critério *biopsicossocial*, uma vez que a legislação infraconstitucional ainda está restrita ao critério psicofisiológico (ou, critério médico) para a caracterização da pessoa com deficiência (Lei n. 7.853/1989 e seu Decreto n. 3.298/1999). Contudo, em que pese ainda estar em construção a alteração de parâmetros para a adoção do critério *biopsicofisiológico*, na esteira da aprovação da Lei n. 13.146/2015,[375] já houve mudança na maneira de encarar a questão da pessoa com deficiência, não se admitindo mais argumentos superficiais e simplórios, baseados na exclusão por razões econômicas ou conceitos preconcebidos, que deixaram de ter sustentabilidade.

Com efeito, essa era a posição da então Secretaria de Inspeção do Trabalho do Ministério do Trabalho que, focada em não permitir a exclusão, *a priori*, de determinadas atividades da base de cálculo da cota de pessoas com deficiência, fixou posição inclusiva, como evidenciam as seguintes Notas Técnicas:

> (i) Nota Técnica n. 20/2016/DEFIT/SIT/MTPS – Impossibilidade legal de suspensão da fiscalização de empresas com cem ou mais empregados, ou exclusão de cargos, atividades ou funções da base de cálculo;
>
> (ii) Nota Técnica n. 27/2014/FMPC/DEFIT/SIT – Impossibilidade de excluir da base de cálculo da cota de contratação de pessoas com deficiência ou reabilitados pelo INSS de *trabalhadores aquaviários*;
>
> (iii) Nota Técnica n. 18/2014/FMPC/DEFIT/SIT – Impossibilidade de excluir da base de cálculo da cota de contratação de pessoas com deficiência ou reabilitados pelo INSS de trabalhadores que se ativam em *empresas de serviço de bordo*;
>
> (iv) Nota Técnica n.65/2011/DSST/SIT – Impossibilidade de excluir da base de cálculo da cota de contratação de pessoas com deficiência ou reabilitados pelo INSS trabalhadores que se ativam como *vigilantes*;
>
> (v) Nota Técnica n. 270/2010/DSST/SIT – Impossibilidade de excluir da base de cálculo da cota de contratação de pessoas com deficiência ou reabilitados pelo INSS *trabalhadores em atividades insalubres, perigosas ou supostamente inadequadas*;
>
> (vi) Nota Técnica n. 42/2009/RR/DEFIT/SIT – Impossibilidade de excluir da base de cálculo da cota de contratação de pessoas com deficiência ou reabilitados pelo INSS de trabalhadores que se ativam como *bombeiros civis*;

Essa diretriz, pautada pela inclusão, vem sendo trilhada, também, pelo Ministério Público do Trabalho que, por meio de sua Coordenadoria Nacional de Promoção de Igualdade de Oportunidades (COORDIGUALDADE), fixou a seguinte tese:

> *ORIENTAÇÃO N. 06. Elaboração dos termos de ajuste de conduta, acordos judiciais e ações civis públicas. Art. 93 da Lei n. 8.213/91.1.* Na elaboração dos termos de ajuste de conduta, acordos judiciais e ações civis públicas

(375) Referida lei institui a Lei Brasileira de Inclusão da Pessoa com Deficiência (Estatuto da Pessoa com Deficiência) e traz diversas e profundas mudanças no trato da pessoa com deficiência.

que versem sobre o cumprimento do art. 93 da Lei n. 8.213/91, deverá ser considerado o número total de empregados da empresa, não devendo ser inserida cláusula que excepcione qualquer função ou atividade. 2. Os casos de impossibilidade de inclusão de pessoas com deficiência e reabilitadas devem ser analisados quando da verificação do cumprimento dos acordos e das decisões judiciais'. (Aprovada na III Reunião Nacional da Coordigualdade, dias 26 e 27.04.04. Atualizada na XXIV Reunião Nacional da Coordigualdade, dias 15 e 16 de junho de 2016). (Marcas do original)

A mesma tônica vem sendo adotada pelo Poder Judiciário, conforme revela o julgamento da ADI n. 5.760/DF, que afastou qualquer justificativa discriminatória para o não cumprimento da cota de contratação de pessoas com deficiência, no que se inclui a tentativa de exclusão de determinadas funções ou atividades, ainda que por lei, e a edição, em 2024, pelo C. Tribunal Superior do Trabalho (TST), do Protocolo para Atuação e Julgamento com Perspectiva Antidiscriminatória, Interseccional e Inclusiva,[376] que já vem sendo aplicado, conforme Decisão Monocrática proferida em Recurso de Revista interposto na ACPCiv n. 1000669-68.2017.5.02.0710.

---

(376) Disponível em: https://www.csjt.jus.br/documents/955023/0/Protocolos+de+Atua%C3%A7%C3%A3o+e+Julgamento+da+Justi%C3%A7a+do+Trabalho+%281%29.pdf/3a7256a6-2c97-22d7-a74e-bf607baf22ce?t=1724100057072. Destaca-se, das p. 153-156: "a) As cotas das pessoas com deficiência e os argumentos capacitistas a enfrentar. Mostra-se sempre relevante pontuar que *a chamada "Lei de Cotas" foi publicada em 1991 como ação afirmativa* (portanto, não se trata de reserva de vaga assegurada em privilégio, e sim discriminação positiva) para as pessoas com deficiência e beneficiários(as) da Previdência Social reabilitados(as) *para corrigir a desigualdade histórico-social dessas pessoas no acesso ao trabalho decente,* situação que se faz presente atualmente. *Não se trata de medida assistencialista, portanto, mas de ascender essas pessoas ao trabalho produtivo para desenvolvimento pessoal e profissional, como se proporciona a qualquer pessoa em igualdade material de condições.* O art. 390-C da CLT estabelece que a empresa "deverá" (imposição – norma cogente), e não "poderá", manter programas especiais de incentivos e aperfeiçoamento profissional de mão de obra, o que inclui, por óbvio, a PcD. *O entendimento preconcebido de que existe incapacidade para o trabalho – capacitismo, improdutividade desses(as) trabalhadores(as), implica a ocorrência da conhecida barreira atitudinal, que é a mais severa das barreiras, evidenciada pelo fato de a empresa não se adaptar para receber as pessoas com deficiência e não apresentar qualquer solução para, eventualmente, viabilizar a contratação de trabalhadores(as) com deficiência, caracterizada por vagas acessíveis para as pessoas com deficiência.* Necessário que a empregadora otimize os procedimentos para tais contratações, remova barreiras, com diligências eficazes, garantindo ambientes de trabalho acessíveis e inclusivos, no sentido de contratar pessoas com deficiência. *Eventuais dificuldades nessa contratação não afastam a obrigação da empresa de dar efetivo cumprimento à determinação legal, por se tratar de norma de ordem pública. Habitualmente, alega-se, como matéria de defesa, que determinados municípios ou regiões não contam com pessoas com deficiência suficientes para cumprir as obrigações das empresas, fato que, no entanto, é desmentido pela pesquisa PNAD Contínua de 2022,* segundo a qual *o Brasil tem 18,6 milhões de pessoas com deficiência.* O Ministério do Trabalho e Emprego (MTE) desenvolveu uma metodologia que cruza dados do Censo, do BPC e Cotas PcD/Reabilitados, cuja observância foi determinada no Processo n. 0001443-50.2012.5.09.0014 (AP) – Seção Especializada do Tribunal Regional do Trabalho da 9ª Região: Em estudo realizado pelo Ministério do Trabalho e Emprego, elaborado pela Auditora Fiscal Ana Maria Machado da Costa, que cruzou dados do Censo, BPC e Cota PcD/Reabilitados para Brasil, Paraná e Curitiba, concluiu-se de maneira objetiva "que o número de pessoas com deficiência que não recebem o BPC é significativamente superior ao de beneficiários.", o que afasta por completo eventual entendimento de que PCDs preferem receber benefício previdenciário a ocupar uma vaga de trabalho. Ela apontou, ainda: "apenas 23,93 % das pessoas com deficiências severas na faixa etária de 15 a 64 anos, recebem o BPC no estado do Paraná e 18,72 % na cidade de Curitiba. Cabe lembrar também que, no total de beneficiários citado, encontram-se crianças de 1 a 14 anos e que não foram excluídas em razão de ausência de estatísticas por faixa etária. Pode-se afirmar, por conseguinte, que o número de beneficiários em idade ativa é então significativamente menor do que o apontado." No mais, como bem revelou a Auditora em questão: "as regras do Benefício de Prestação Continuada (BPC) foram alteradas pela Lei n. 12.470, de 31.8.2011, e Decreto n. 7.617, de 17.11.2011. Essas mudanças tiveram por propósito favorecer o ingresso no mercado de trabalho formal da PcD que recebe o BPC e estimular sua qualificação profissional. De acordo com a nova legislação o BPC é suspenso (não mais cancelado) quando a PcD passa a trabalhar. Ao deixar o trabalho, qualquer que for o tipo de desligamento, o Benefício voltará a ser pago bastando para tal o requerimento do beneficiário junto ao INSS. Cabe destacar ainda que a PcD que recebe o BPC e que passe a exercer atividade remunerada terá direto ao Auxílio-Inclusão de meio salário mínimo, conforme estabelecem os art. 94 da Lei n. 13.146, de 6 de julho de 2015, e art. 26 da Lei n. 14.176, de 2021, o que certamente se configura num incentivo ao acesso ao mercado de trabalho para esse segmento amparado pelo benefício assistencial. Por último, como ainda se observa na tabela acima, *existe um contingente extremamente significativo de pessoas com deficiência aptas a cumprir, por várias vezes, a cota estipulada pela Lei n. 8.213/1991, razão pela qual não encontram amparo as alegações de que não existem pessoas com deficiência e reabilitados para ocuparem os cargos oferecidos para cumprimento da cota ou que essas não queiram trabalhar devido a estarem recebendo o BPC.* É importante destacar, igualmente, como apontado alhures, que *a exclusão de determinadas funções como potencialmente ocupáveis por pessoas com deficiência, além de discriminatória e violadora do princípio da aptidão universal das pessoas com deficiência, é argumento que não se sustenta.* Desse modo, é possível saber com exatidão o número de pessoas hábeis ao cumprimento da cota em questão. Recomenda-se, assim, que, em caso de dúvida sobre a real população de pessoas com deficiência na localidade, seja determinada essa apresentação de cruzamento de dados pelo MTE, uma vez que se trata de questão de ordem pública, frise-se." (Marcas nossas)

A impossibilidade de exclusão *a priori* de pessoas com deficiência de determinadas atividades também tem fundamento de ordem axiológica, isto é, o entendimento de que as pessoas com deficiência, como todas as demais, têm potencialidades e possibilidades que podem ser desenvolvidas e aproveitadas, *bastando que barreiras comportamentais e ambientais sejam retiradas ou minimizadas para que isso ocorra.*

Assim, vem sendo superada a antiga perspectiva meramente *integracionista*,(377) passando-se a considerar o tema sob uma tônica realmente *inclusiva*,(378) em que *não basta a mera contratação formal das pessoas com deficiência, devendo ser feitas as adequações necessárias no local de trabalho para que o trabalhador com deficiência possa desempenhar adequadamente suas funções.*

Nessa toada, vale fazer o registro do imperativo da *adequação razoável* e do *desenho universal*, que reforçam a perspectiva inclusiva, e que devem ser considerados, também, quando da adoção de medidas de saúde e segurança do trabalho — conforme será mais detalhadamente analisado a seguir.

Portanto, não basta contratar trabalhadores com deficiência ou reabilitados pelo INSS, é preciso considerar essas pessoas em suas particularidades, organizando a gestão empresarial em saúde e segurança do trabalho no sentido de propiciar a sua efetiva integração, de sorte que a lei não restará cumprida se houver apenas e tão somente uma contratação formal para "cumprir tabela", sem que lhes sejam garantidas as condições para a efetiva inclusão.

Destarte, ainda que se trate de atividades especiais, considerando o disposto nas notas técnicas anteriormente referidas, razão não há para pretender a exclusão da atividade do motorista profissional da base de cálculo da cota de pessoas com deficiência, não só ante a inexistência de qualquer determinação legal nesse sentido, mas também pela necessidade de cumprir o marco axiológico que exige a efetiva integração do empregado deficiente na dinâmica empresarial, nos precisos termos da Convenção n. 159 da OIT, ratificada pelo Brasil.

Assim, pode-se concluir que, por se tratar de política pública, com fundamento constitucional, não só a caracterização da pessoa com deficiência, como a existência de cota para a sua contratação, e efetiva inclusão nas atividades empresariais, não se mostra sujeita a restrições ou interpretações discriminatórias, mesmo que realizadas com fundamento na autonomia da vontade coletiva.

13.2.3. A inclusão da pessoa com deficiência no local de trabalho: do dever ativo de verdadeiramente incluir

A contraface da vedação da adoção de critérios limitativos e, até mesmo, discriminatórios para a contratação de pessoas com deficiência é o dever de se promover medidas voltadas à sua inclusão.(379)

(377) Nesse sentido, o trabalho de GUIGER, Rafael. Análise de programas de gestão de saúde e segurança do trabalhador adaptados às pessoas com deficiência, apresentado como trabalho de conclusão no curso de Especialização em Gestão em Saúde e Segurança do Trabalhador da Universidade Federal do Rio Grande do Sul. Porto Alegre: 2014, p. 5.

(378) Nesse sentido é a Orientação n. 13 da Coordenadoria Nacional de Promoção de Igualdade de Oportunidades (COORDIGUALDADE) do Ministério Público do Trabalho: "*ORIENTAÇÃO N. 13. Atuação do Ministério Público do Trabalho e acessibilidade.* A atuação do Ministério Público do Trabalho deve buscar não apenas o cumprimento da quota prevista no art. 93 da Lei n. 8.213/91, mas também a plena acessibilidade (Aprovada na V Reunião Nacional da Coordigualdade, dias 24 e 25.04.06. Alterada a redação na XXIV Reunião Nacional da Coordigualdade, dias 15 e 16 de junho de 2016)." (Marcas do original).

(379) A despeito de toda a sistemática legal inclusiva, vale o registro do veto a dispositivo do Estatuto da Pessoa com Deficiência (Lei n. 13.146/2015), que assim previa, conforme Mensagem de Veto n 246: "O Ministério das Cidades manifestou-se pelo veto aos seguintes dispositivos: Inciso II do art. 32. "II – definição de projetos e adoção de tipologias construtivas que considerem os princípios do desenho universal;". Razões do veto. 'Da forma ampla como prevista, *a medida poderia resultar em aumento significativo dos custos de unidades habitacionais do Programa Minha Casa, Minha Vida, além de inviabilizar alguns empreendimentos, sem levar em conta as reais necessidades da população beneficiada pelo Programa.* Além disso, no âmbito do próprio Minha Casa, Minha Vida, é previsto mecanismo para garantia da acessibilidade das unidades habitacionais, inclusive com as devidas adaptações ao uso por pessoas com deficiência.'" (Marcas nossas)

É o que se almeja com a concretização da Convenção Internacional sobre os Direitos das Pessoas com Deficiência e seu Protocolo Facultativo — assim como com o Estatuto da Pessoa com Deficiência (Lei n. 13.146/2015) e diversos Decretos regulamentadores —, ao se buscar eliminar qualquer barreira, entrave, "obstáculo, atitude ou comportamento que limite ou impeça a participação social da pessoa, bem como o gozo, a fruição e o exercício de seus direitos à acessibilidade, à liberdade de movimento e de expressão, à comunicação, ao acesso à informação e compreensão às novas tecnologias, à circulação com segurança", "(...) a fim de assegurar que a pessoa com deficiência possa gozar ou exercer, em igualdade de condições e oportunidades com as demais pessoas, todos os direitos e liberdades fundamentais".

Nesse contexto, cabe registrar o Decreto n. 9.405/2018 que, ao regulamentar o art. 122 da Lei n. 13.146/2015, consigna que para transpor obstáculos e barreiras, à pessoa com deficiência devem ser asseguradas condições de acessibilidade, adaptação razoável e tecnologia assistiva no local de trabalho, nos seguintes termos:

> — acessibilidade — possibilidade e condição de alcance para utilização, com segurança e autonomia, de espaços, mobiliários, equipamentos urbanos, edificações, transportes, informação e comunicação, inclusive seus sistemas e tecnologias, e outros serviços e instalações abertos ao público, de uso público ou privado de uso coletivo, tanto na zona urbana como na rural, por pessoa com deficiência ou com mobilidade reduzida;
>
> — adaptações razoáveis — adaptações, modificações e ajustes necessários e adequados que não acarretem ônus desproporcional e indevido, quando requeridos em cada caso, a fim de assegurar que a pessoa com deficiência possa gozar ou exercer, em igualdade de condições e oportunidades com as demais pessoas, todos os direitos e liberdades fundamentais.
>
> — tecnologia assistiva — produtos, equipamentos, dispositivos, recursos, metodologias, estratégias, práticas e serviços que objetivem promover a funcionalidade, relacionada à atividade e à participação da pessoa com deficiência ou com mobilidade reduzida, visando à autonomia, à independência, à qualidade de vida e à inclusão social.

Nessa senda, registre-se, de forma ilustrativa, o inciso I do art. 433 da CLT, que prevê a impossibilidade de rescisão antecipada do contrato de aprendizagem quando a pessoa com deficiência estiver desprovida "de recursos de acessibilidade, de tecnologias assistivas e de apoio necessário ao desempenho de suas atividades".

Ainda, vale menção ao disposto no Capítulo 10 do Anexo II da Norma Regulamentadora n. 17[380] do Ministério do Trabalho, que trata de ergonomia:

> 10. Pessoas com Deficiência
>
> 10.1 *Para as pessoas com deficiência* e aquelas cujas medidas antropométricas não sejam atendidas pelas especificações deste Anexo, *o mobiliário dos postos de trabalho deve ser adaptado para atender às suas necessidades, e devem estar disponíveis ajudas técnicas necessárias em seu respectivo posto de trabalho para facilitar sua integração ao trabalho, levando em consideração as repercussões sobre a saúde desses trabalhadores.*
>
> 10.2 *As condições de trabalho*, incluindo o acesso às instalações, mobiliário, equipamentos, condições ambientais, organização do trabalho, capacitação, condições sanitárias, programas de prevenção e cuidados para segurança pessoal *devem levar em conta as necessidades dos trabalhadores com deficiência.* (Marcas nossas)

Tais critérios de proteção constituem preceitos de ordem pública, que visam evitar a supressão ou a redução dos direitos das pessoas com deficiência e que o ordenamento jurídico trabalhista reconhece como fundamentais. Alegações, portanto, fundadas em uma suposta *incompatibilidade*

(380) Redação conferida pela Portaria MTP n. 4.219, de 20/12/2022.

prévia de se incluir pessoas com deficiência na atividade econômica, como se vê no setor de transportes, não se justificam.

13.2.4. A pessoa com deficiência e a aprendizagem

Outra política de inclusão de pessoas com deficiência no mercado de trabalho pode ser identificada nas especificidades do aprendiz com deficiência.

Ao tratar da aprendizagem, o art. 428 da CLT veio caracterizá-la como:

> Art. 428. Contrato de trabalho especial, ajustado por escrito e por prazo determinado, em que o empregador se compromete a assegurar ao maior de 14 (quatorze) e menor de 24 (vinte e quatro) anos inscrito em programa de aprendizagem formação técnico-profissional metódica, compatível com o seu desenvolvimento físico, moral e psicológico, e o aprendiz, a executar com zelo e diligência as tarefas necessárias a essa formação.
>
> [...]
>
> *§ 5º A idade máxima prevista no* caput *deste artigo não se aplica a aprendizes portadores de deficiência.*
>
> *§ 6º Para os fins do contrato de aprendizagem, a comprovação da escolaridade de aprendiz com deficiência deve considerar, sobretudo, as habilidades e competências relacionadas com a profissionalização.*(381) (Marcas nossas)

Importante ressaltar que, ao assegurar trabalho protegido ao adolescente com deficiência, o art. 66 do ECA (Lei n. 8.069/1990) "o faz com acerto, posto que duplas são as peculiaridades do adolescente portador de deficiência, as quais suscitam necessidade mais intensa de proteção, para que se lhes possibilite a integração adequada na sociedade, afastando-o da política de caridade meramente assistencial, que o impelirá inexoravelmente à marginalidade", como observou com maestria Ricardo Tadeu Marques da Fonseca,(382) tendo a Lei n. 11.180/2005 ampliado a proteção ao alterar o § 5º do art. 428 da CLT, para estabelecer que a idade máxima prevista no *caput* não se aplica aos aprendizes com deficiência.

A Lei n. 13.146/2015 também conferiu nova redação ao § 6º do art. 428 da CLT, prevendo que "para os fins do contrato de aprendizagem, a comprovação da escolaridade do aprendiz com deficiência deve considerar, sobretudo, as habilidades e competências relacionadas com a profissionalização".(383) Ou seja, não se deve exigir, singelamente, comprovação de escolaridade do aprendiz com deficiência, mas sim, aferir se ele possui disposição para a atividade que irá desenvolver.

(381) Diversas são as possibilidades para o cumprimento da cota de aprendizes. Pode-se, pois, empregar e matricular o aprendiz, seja em programas oferecidos pelo Sistema "S", seja em Escolas Técnicas de Educação ou em entidades sem fins lucrativos, que tenham por objetivo a assistência ao adolescente e à educação profissional, registradas no Conselho Municipal dos Direitos da Criança e do Adolescente, ou em entidades de prática desportiva das diversas modalidades filiadas ao Sistema Nacional do Desporto e aos Sistemas de Desporto dos Estados, do Distrito Federal e dos Municípios.

Pode, ademais, realizar as aulas práticas exclusivamente nas entidades qualificadas em formação técnico profissional (ambiente simulado) ou cumprir a cota em entidade concedente da experiência prática do aprendiz — como órgãos públicos, organizações da sociedade civil, nos termos do art. 2º da Lei n. 13.019, de 31 de julho de 2014 e unidades do Sistema Nacional de Atendimento Socioeducativo — Sinase (cota social).

Por fim, pode-se cumprir a cota através das entidades mencionadas nos incisos II e III do art. 430, ou seja, por meio de entidades sem fins lucrativos, que tenham por objetivo a assistência ao adolescente e à educação profissional, registradas no Conselho Municipal dos Direitos da Criança e do Adolescente ou de entidades de prática desportiva das diversas modalidades filiadas ao Sistema Nacional do Desporto e aos Sistemas de Desporto dos Estados, do Distrito Federal e dos Municípios.

(382) FONSECA, Ricardo Tadeu Marques da. O trabalho protegido do portador de deficiência. *Revista da Faculdade de Direito de São Bernardo do Campo*, São Bernardo do Campo, vol. 7, 2001, p. 267-275.

(383) Nesse sentido, é o novel art. 46, parágrafo único, do Decreto n. 9.579/2018, que estabelece: "Art. 46. A validade do contrato de aprendizagem profissional pressupõe: [...]. Parágrafo único. *A comprovação da escolaridade de aprendiz com deficiência psicossocial considerará, sobretudo, as habilidades e as competências relacionadas com a profissionalização*". (Marcas nossas)

Isso porque é notório que as pessoas com deficiência enfrentam diversas dificuldades para sua formação, especialmente no que se refere ao acesso à escola[(384)(385)] — existência de transporte adequado, salas de aula inclusiva, material didático adaptado, compreensão e aptidão do corpo docente e técnico para lidar com uma pessoa com deficiência, a reiterada subestimação das capacidades e prática constante de desestímulo aos deficientes. Assim, desde de tenra idade, é o deficiente desestimulado à inserção social. Não pode, pois, ser essa prática reproduzida como mais um fator a impedir o acesso do deficiente, desta feita, à aprendizagem e, por consequência, ao mercado de trabalho.

Basta, portanto, que o aprendiz com deficiência demonstre potencial, isto é, interesse no desempenho da atividade, para que desenvolva de forma adequada suas habilidades e competências, a fim de que possa ser tratado com igualdade em sociedade.

Essa postura inclusiva, ainda, encontra outros delineamentos no ordenamento jurídico. Cabe ressaltar, nesse contexto, que o § 2º do art. 21-A, da Lei n. 8.742/1993 (LOAS — Lei Orgânica da Assistência Social), inserido pela Lei n. 12.470/2011, dispõe que a contratação de aprendiz com deficiência não ensejará, de imediato, a interrupção ou suspensão no pagamento do Benefício de Prestação Continuada (BPC):[(386)]

> A contratação de pessoa com deficiência como aprendiz não acarreta a suspensão do benefício de prestação continuada, limitado a 2 (dois) anos o recebimento concomitante da remuneração e do benefício.

---

(384) Como bem observa Ricardo Tadeu Marques da Fonseca, "a escola que não aceita as crianças e os jovens surdos, cegos ou com deficiências mentais nega cidadania não só a eles, mas a todos os seus alunos, que perdem assim, a oportunidade de aprender com as diferenças". FONSECA, Ricardo Tadeu Marques da. *Lapidação dos direitos humanos:* o direito do trabalho, uma ação afirmativa. São Paulo: LTr, 2007. p. 154.

(385) MENDES, Rodrigo Hübner. Ciladas da dicotomia entre inclusão e aprendizagem. In: RAMOS, André de Carvalho; GONZAGA, Eugênia Augusta; MEDEIROS, Jorge Luiz Ribeiro de (Orgs.). *Ministério público, sociedade e a lei brasileira de inclusão da pessoa com deficiência.* Brasília: ESMPU, 2018. p. 231: "Não há dúvida de que a construção de redes de ensino inclusivas é extremamente desafiadora. Entre outras coisas, demanda comprometimento e disposição para mudanças estruturais. Contudo, escolas como a *Clarisse Fecury* e a *Henderson School* transcendem a teoria e oferecem respostas objetivas ao cômodo discurso do despreparo. É bom lembrar que a exclusão das pessoas com deficiência do mercado de trabalho é, quase sempre, fruto de uma baixa escolaridade e da inexperiência de convívio da maioria da população com esse segmento.

Não bastasse ser um direito, a educação inclusiva é uma resposta mais inteligente às demandas do mundo contemporâneo. Incentiva uma pedagogia não homogeneizadora e desenvolve competências interpessoais. A sala de aula deveria espelhar a diversidade humana, não escondê-la. Claro que isso gera novas tensões e conflitos, mas também estimula as habilidades morais para a convivência democrática. O resultado final é uma educação melhor para todos".

(386) Outros incentivos também constam do ordenamento jurídico, conforme GUGEL, Maria Aparecida. O mundo do trabalho e as pessoas com deficiência. In: RAMOS, André de Carvalho; GONZAGA, Eugênia Augusta; MEDEIROS, Jorge Luiz Ribeiro de (Orgs.). *Ministério público, sociedade e a lei brasileira de inclusão da pessoa com deficiência.* Brasília: ESMPU, 2018. p. 292-293: "O art. 40 da LBI assegura à pessoa com deficiência que não possua meios para prover sua subsistência nem de tê-la provida por sua família o benefício mensal de um salário-mínimo, nos termos da Lei n. 8.742/1993 (LOAS), o que significa afirmar que não mais prevalecem as concepções de incapacidade para o trabalho para o recebimento do benefício assistencial. Essa nova proposição está mais consentânea com as alterações ocorridas na LOAS por força da Lei n. 12.470/2011, ou seja, a possibilidade de o jovem aprendiz acumular o benefício da prestação continuada (BPC) com a remuneração do contrato de aprendizagem pelo período de dois anos (arts. 20, § 9º, e 21-A, § 2º). Igualmente quanto à possibilidade de a pessoa com deficiência ter seu benefício suspenso se exercer atividade remunerada, inclusive na condição de microempreendedor individual (art. 21-A), e poder retornar à condição de beneficiário da assistência social. (...). Outro critério inovador trazido pela LBI no art. 94 é o direito ao auxílio-inclusão para pessoas com deficiência moderada ou grave que recebem o BPC, ou o tenham recebido nos últimos cinco anos, e escolhem passar a exercer uma atividade remunerada, em qualquer modalidade (contrato de trabalho, microempreendedor, trabalhador autônomo, por exemplo), e desde que sejam enquadradas como segurados obrigatórios do Regime Geral da Previdência Social. Nesse caso, segue-se a regra da suspensão do BPC. Enquanto a pessoa com deficiência "moderada ou grave" permanecer na atividade remunerada, poderá acumular o salário com o auxílio-inclusão (salário + auxílio-inclusão). Essa acumulação, em vista dos atributos dos regimes assistenciais e do celetista, só é possível se o auxílio-inclusão não for considerado benefício assistencial. A natureza desse auxílio-inclusão é retributiva e pretende-se que funcione como um incentivo, um estímulo, um prêmio pago à pessoa com deficiência que ingresse no mundo do trabalho. Espera-se a regulamentação do auxílio-inclusão da pessoa com deficiência o mais breve possível, visto que seu objetivo principal é incentivar a pessoa com deficiência moderada ou grave a se lançar no mundo do trabalho, mantendo o recebimento do valor do auxílio-inclusão para as despesas decorrentes de manutenção e necessidades da natureza da deficiência. Com isso, o receio (justo) de perda do BPC é compensado pelo auxílio-inclusão, acrescido da remuneração decorrente do contrato de trabalho, o que irá contribuir para a sua plena participação da vida em sociedade".

Tal disposição legislativa visa evitar que o aprendiz com deficiência carente — que percebe, pois, benefício assistencial —, tenha o pagamento do Benefício de Prestação Continuada (BPC) interrompido ou suspenso caso inicie atividade remunerada, de modo a incentivar sua inserção social e econômica.

Com efeito, não raro são os aprendizes com deficiência carentes verdadeiros provedores de sua família, sendo o Benefício de Prestação Continuada (BPC) responsável por assegurar um mínimo de renda para essas pessoas.

A emancipação que se busca com a inserção das pessoas com deficiência carentes no mercado de trabalho, portanto, encontra incentivo na manutenção desse benefício, buscando estimular a formação profissional, como, também, desatrelar o conceito de deficiência da ideia de incapacidade, assim possibilitando que a pessoa com deficiência atue na sociedade como cidadão produtivo, capaz de prover sua subsistência com a realização de um trabalho digno e decente.

Ao discorrer sobre o tema, Romeu Kazumi Sassaki(387) ressalta a importância dessa nova mentalidade, que conceitua a inclusão social como um "processo pelo qual a sociedade se adapta para poder incluir, em seus sistemas sociais gerais, pessoas com necessidades especiais e, simultaneamente, estas se preparam para assumir seus papéis na sociedade".

Não é incomum a constatação de que a inclusão da pessoa com deficiência melhora muito o relacionamento no ambiente de trabalho, por demonstrar que o convívio com o diferente é enriquecedor e estimula maior empenho e comprometimento de todos.

Ademais, importante pontuar que não pode haver sobreposição de cotas, pois as situações jurídicas são distintas.

Com efeito, enquanto a aprendizagem tem por objetivo a profissionalização para o trabalho, a fixação de cota para a pessoa com deficiência tem por escopo vedar a discriminação e assegurar a inclusão desses trabalhadores, tendo sido expressamente fixado pelo § 3º do art. 93 da Lei n. 8.213/1991 que:

> Para a reserva de cargos será considerada somente a contratação direta de pessoa com deficiência, excluído o aprendiz com deficiência de que trata a Consolidação das Leis do Trabalho (CLT), aprovada pelo Decreto-lei n. 5.452, de 1º de maio de 1943.

Conclui-se, portanto, pela impossibilidade de se confundirem as cotas de contratação de pessoas com deficiência e de aprendizes, não obstante se reconheça a importância da aprendizagem como instrumento de profissionalização de pessoas com deficiência, visando à sua inclusão no mercado de trabalho.

13.2.5. A vedação da adoção de critérios discriminatórios à contratação de pessoas com deficiência

A Convenção n. 111 da OIT,(388) que trata da discriminação em matéria de emprego e profissão, ratificada pelo Brasil por meio do Decreto Legislativo n. 104/1964 e promulgada pelo Decreto n. 62.150/1968, estabeleceu em seus arts. 1º, item 3, 2º e 3º, alínea *"a"*, que:

> ART. 1º
>
> 3. Para os fins da presente convenção as palavras 'emprego' e 'profissão' *incluem o acesso à formação profissional, ao emprego e às diferentes profissões, bem como as condições de emprego.*

(387) SASSAKI, Romeu Kazumi. *Inclusão*: construindo uma sociedade para todos. Rio de Janeiro: WVA, 1997, p. 39.

(388) A Convenção n. 111 da OIT trata de "discriminação em matéria de emprego e profissão" e foi aprovada pelo Decreto Legislativo n. 104/1964 e promulgada pelo Decreto n. 62.150/1968, atualmente revogado pelo Decreto n. 10.088/2019, que teve por objetivo consolidar os "atos normativos editados pelo Poder Executivo Federal que dispõem sobre a promulgação de convenções e recomendações da Organização Internacional do Trabalho – OIT ratificadas pela República Federativa do Brasil.

ART. 2º

Qualquer Membro para o qual a presente convenção se encontre em vigor compromete-se a formular e aplicar uma política nacional que tenha por fim promover, por métodos adequados às circunstâncias e aos usos nacionais, *a igualdade de oportunidade e de tratamento em matéria de emprego e profissão, com objetivo de eliminar toda discriminação nessa matéria.*

ART. 3º

Qualquer Membro para o qual a presente convenção se encontre em vigor deve, por métodos adequados às circunstâncias e os usos nacionais:

a) Esforçar-se por obter a colaboração das organizações de empregadores e trabalhadores e de outros organismos apropriados, com o fim de favorecer a aceitação e aplicação desta política; (Marcas nossas)

A Convenção Internacional sobre os Direitos das Pessoas com Deficiência e seu Protocolo Facultativo, assinados em Nova Iorque em 30 de março de 2007, e internalizados pelo Brasil como emenda constitucional, ampliaram essa proteção ao preconizar em seus arts. 5º e 27 que:

Art. 5º Igualdade e não-discriminação.

1. Os Estados Partes reconhecem que todas as pessoas são iguais perante e sob a lei e que fazem jus, sem qualquer discriminação, a igual proteção e igual benefício da lei.

2. Os Estados Partes *proibirão qualquer discriminação baseada na deficiência e garantirão às pessoas com deficiência igual e efetiva proteção legal contra a discriminação por qualquer motivo. (...)*

Art. 27. Trabalho e emprego

1. Os Estados Parte *reconhecem o direito das pessoas com deficiência ao trabalho, em igualdade de oportunidades com as demais pessoas.* Esse direito abrange o direito à *oportunidade de se manter com um trabalho de sua livre escolha ou aceitação no mercado laboral, em ambiente de trabalho que seja aberto, inclusivo e acessível a pessoas com deficiência.* Os Estados Partes salvaguardarão e promoverão a realização do direito ao trabalho, inclusive daqueles que tiverem adquirido uma deficiência no emprego, adotando medidas apropriadas, *incluídas na legislação*, com o fim de, entre outros:

h) *Promover o emprego de pessoas com deficiência no setor privado, mediante políticas e medidas apropriadas, que poderão incluir programas de ação afirmativa, incentivos e outras medidas.* (Marcas nossas)

As disposições acima transcritas, que ingressaram no ordenamento jurídico, respectivamente, com *status* supralegal, conforme o paradigmático Acórdão proferido pelo Supremo Tribunal Federal (STF) quando do julgamento do Recurso Extraordinário (RE) n. 466.343,[(389)] e como emenda constitucional, em conformidade com o disposto no § 3º do art. 5º da Constituição Federal, devem ser interpretadas conjuntamente com outros preceitos, *visto que há um verdadeiro sistema normativo constitucional estabelecendo uma rede de proteção às pessoas com deficiência.*

Nesse sentido, tem-se o inciso XIV do art. 24, o inciso IV do art. 203, o inciso III do art. 208 e o art. 227 da Constituição Federal, *in verbis*:

Art. 24. Compete à União, aos Estados e ao Distrito Federal legislar concorrentemente sobre:

XIV – proteção e integração social das pessoas portadoras de deficiência;

---

(389) Referida posição vem sendo reafirmada pelo E. STF, conforme se nota da seguinte decisão: "*Esse caráter supralegal do tratado devidamente ratificado e internalizado na ordem jurídica brasileira — porém não submetido ao processo legislativo estipulado pelo art. 5º, § 3º, da Constituição Federal* — foi reafirmado pela edição da Súmula Vinculante 25, segundo a qual 'é ilícita a prisão civil de depositário infiel, qualquer que seja a modalidade do depósito'. Tal verbete sumular consolidou o entendimento deste tribunal de que o art. 7º, item 7, da Convenção Americana de Direitos Humanos teria ingressado no sistema jurídico nacional com status supralegal, inferior à Constituição Federal, mas superior à legislação interna, a qual não mais produziria qualquer efeito naquilo que conflitasse com a sua disposição de vedar a prisão civil do depositário infiel. *Tratados e convenções internacionais com conteúdo de direitos humanos, uma vez ratificados e internalizados, ao mesmo passo em que criam diretamente direitos para os indivíduos, operam a supressão de efeitos de outros atos estatais infraconstitucionais que se contrapõem à sua plena efetivação.* (ADI 5240, relator Ministro Luiz Fux, Tribunal Pleno, julgamento em 20.8.2015, *DJe* de 1.2.2016)" (Marcas nossas). Disponível em: http://www.stf.jus.br/portal/jurisprudencia/menuSumario.asp?sumula=1268. Consulta realizada em: 12 jul. 2018.

Art. 203. A assistência social será prestada a quem dela necessitar, independentemente de contribuição à seguridade social, e tem por objetivos:

IV – *a habilitação e reabilitação das pessoas portadoras de deficiência e a promoção de sua integração à vida comunitária;*

Art. 208. O dever do Estado com a educação será efetivado mediante a garantia de:

III – atendimento educacional especializado aos portadores de deficiência, preferencialmente na rede regular de ensino;

Art. 227. É dever da família, da sociedade e do Estado assegurar à criança, ao adolescente e ao jovem, com absoluta prioridade, o direito à vida, à saúde, à alimentação, à educação, ao lazer, à profissionalização, à cultura, à dignidade, ao respeito, à liberdade e à convivência familiar e comunitária, além de colocá-los a salvo de toda forma de negligência, discriminação, exploração, violência, crueldade e opressão.

II – criação de programas de prevenção e atendimento especializado para as pessoas portadoras de deficiência física, sensorial ou mental, bem como de integração social do adolescente e do jovem portador de deficiência, mediante o treinamento para o trabalho e a convivência, e a facilitação do acesso aos bens e serviços coletivos, com a eliminação de obstáculos arquitetônicos e de todas as formas de discriminação. (Marcas nossas)

Em consonância com esse sistema protetivo, o inciso XXXI do art. 7º da Constituição Federal prevê que:

Art. 7º São direitos dos trabalhadores urbanos e rurais, além de outros que visem à melhoria de sua condição social:

XXXI – *proibição de qualquer discriminação no tocante a salário e critérios de admissão do trabalhador portador de deficiência;* (Marcas nossas)

Nesse contexto, oportuno trazer à colação o disposto no art. 170 da Constituição Federal, ao prever que a "ordem econômica, fundada na valorização do trabalho humano e na livre-iniciativa, tem por fim assegurar a todos existência digna, conforme os ditames da justiça social".

Destarte, tem-se mandamento constitucional a indicar vedação à proteção insuficiente, com determinação clara para que os particulares não só não busquem meios para deixar de cumprir o dever de inclusão das pessoas com deficiência, como adotem postura ativa no sentido de se promover essa inclusão.

Assim, acrescente-se ter a Lei n. 13.146/2015 alterado o art. 1º da Lei n. 9.029/1995 para constar, expressamente, a proibição de "adoção de qualquer prática discriminatória e limitativa" por motivo de deficiência não só para acesso, mas também para efeito de manutenção da relação de trabalho.

Ademais, a Lei n. 13.146/2015 prescreve de forma clara, em seus arts. 34, § 3º, e 35 que:

Art. 34. *A pessoa com deficiência tem direito ao trabalho de sua livre escolha e aceitação, em ambiente acessível e inclusivo, em igualdade de oportunidades com as demais pessoas.*

§ 1º As pessoas jurídicas de direito público, privado ou de qualquer natureza são obrigadas a garantir ambientes de trabalho acessíveis e inclusivos.

§ 2º A pessoa com deficiência tem direito, em igualdade de oportunidades com as demais pessoas, a condições justas e favoráveis de trabalho, incluindo igual remuneração por trabalho de igual valor.

§ 3º É vedada restrição ao trabalho da pessoa com deficiência e qualquer discriminação em razão de sua condição, inclusive nas etapas de recrutamento, seleção, contratação, admissão, exames admissional e periódico, permanência no emprego, ascensão profissional e reabilitação profissional, bem como exigência de aptidão plena.

§ 4º A pessoa com deficiência tem direito à participação e ao acesso a cursos, treinamentos, educação continuada, planos de carreira, promoções, bonificações e incentivos profissionais oferecidos pelo empregador, em igualdade de oportunidades com os demais empregados.

§ 5º É garantida aos trabalhadores com deficiência acessibilidade em cursos de formação e de capacitação.

Art. 35. *É finalidade primordial das políticas públicas de trabalho e emprego promover e garantir condições de acesso e de permanência da pessoa com deficiência no campo de trabalho.*

Parágrafo único. Os programas de estímulo ao empreendedorismo e ao trabalho autônomo, incluídos o cooperativismo e o associativismo, devem prever a participação da pessoa com deficiência e a disponibilização de linhas de crédito, quando necessárias. (Marcas nossas)

Isso porque não se trata de conceder um favor, mas de respeitar o direito fundamental da pessoa com deficiência a ter a possibilidade de garantir sua subsistência pelo trabalho.

Tem-se, portanto, de forma bem delineada, a fixação de que a adoção de critérios diversos, não inclusivos, poderá ensejar a caracterização da conduta como discriminatória, a atrair, dessa forma, as cominações legais respectivas.

Com efeito, entre essas condutas que podem ser tidas como discriminatórias, encontram-se aquelas praticadas no exercício da autonomia da vontade coletiva, em que os entes coletivos econômico e profissional buscam, sob o suposto permissivo do art. 611-A da CLT, fragilizar a inserção das pessoas com deficiência no mercado de trabalho, como será analisado com mais vagar a seguir.

Portanto, a negociação de critérios excludentes, sem amparo em fator de *discrímen*(390) legítimo e legalmente admitido, caracteriza-se em discriminação ilícita, já que amparada em razões ilegais — mera exclusão de deficientes do mercado de trabalho —, o que enseja, por isso, a aplicação das sanções previstas no ordenamento jurídico.

13.2.5.1. As sanções previstas em lei

Como bem pondera José Afonso da Silva,(391) os "valores sociais do trabalho estão precisamente na função de criar riquezas, de prover a sociedade de bens e serviços e, enquanto atividade social, fornecer à pessoa humana bases de sua autonomia e condições de vida digna".

A fim de conferir efetividade a esse sistema protetivo, de matriz constitucional, a Lei n. 13.146, de 2015, alterou a Lei n. 9.029/1995, proibindo expressamente a prática de atos discriminatórios, assim considerados nos seguintes termos:

Art. 1º É proibida a adoção de qualquer prática discriminatória e limitativa para efeito de acesso à relação de trabalho, ou de sua manutenção, por motivo de sexo, origem, raça, cor, estado civil, situação familiar, *deficiência*, reabilitação profissional, idade, entre outros, ressalvadas, nesse caso, as hipóteses de proteção à criança e ao adolescente previstas no inciso XXXIII do art. 7º da Constituição Federal. (Marcas nossas)

Nesse passo, alterou também o art. 3º para constar que, além da tipificação criminal das condutas lesivas, "resultantes de preconceito de etnia, raça, cor ou deficiência", as infrações ao disposto na referida lei acarretarão:

II – *proibição de obter empréstimo ou financiamento junto a instituições financeiras oficiais.* (Marcas nossas)

(390) MELLO, Celso Antônio Bandeira de. *O conteúdo jurídico do princípio da igualdade*, 3. ed., 21. tir. São Paulo: Malheiros Editores, 2012. p. 37: "30. *O ponto nodular para exame da correção de uma regra em face do princípio isonômico reside na existência ou não de correlação lógica entre o fator erigido em critério de discrímen e a discriminação legal decidida em função dele.*", e continua, na p. 38, "32. Então, no que atina ao ponto central da matéria abordada procede afirmar: é agredida a igualdade quando o fator diferencial adotado para qualificar os atingidos pela regra não guarda relação de pertinência lógica com a inclusão ou exclusão no benefício deferido ou com a inserção ou arredamento do gravame imposto.", e, na p. 39, "34. Por derradeiro cumpre fazer uma importante averbação. A correlação lógica a que se aludiu, nem sempre é absoluta, 'pura', a dizer, isenta da penetração de ingredientes próprios das concepções da época, absorvidos na intelecção da época.". Por fim, na p. 46, tem-se importante observação: "41. Por último, registre-se que o respeito ao princípio da igualdade reclama do exegeta uma vigilante cautela, a saber: Não se podem interpretar como desigualdades legalmente certas situações, quando a lei não haja 'assumido' o fato tido como desequiparador. Isto é, circunstâncias ocasionais, que proponham fortuitas, acidentais, cerebrinas ou sutis distinções entre categorias de pessoas não são de considerar." (Marcas nossas).

(391) SILVA, José Afonso da. *Comentário contextual à Constituição*. São Paulo: Malheiros, 2005. p. 39.

Trata-se de sanção louvável, destinada a compelir o empregador a cumprir o mandamento constitucional que lhe atribui o cumprimento de função social, bem como de punir aqueles que, utilizando-se de um suposto permissivo legal conferido pelo art. 611-A da CLT, buscam fragilizar política pública de inclusão de pessoas com deficiência no mercado de trabalho.

Assim, para além da punição que pode ser impingida ao empregador que atua de forma discriminatória, tem-se a possibilidade de que os entes sindicais também possam responder por sua conduta, ainda que no exercício de sua autonomia da vontade coletiva, quando essa se mostrar discriminatória.

Nesses termos, abre-se a possibilidade da imputação de sanção aos entes sindicais que, atuando de forma discriminatória, negociam para excluir determinada categoria econômica do cumprimento da responsabilidade legal de inclusão.

13.2.6. A negociação coletiva sobre questões envolvendo pessoas com deficiência: vedação constitucional e limites legais

Ao proceder a Reforma Trabalhista, a Lei n. 13.467/2017 inseriu o art. 611-A na CLT, que estabelece a prevalência das cláusulas convencionadas sobre a lei. Nesse contexto, questiona-se: o rol exemplificativo, que elencou em seus incisos diversos temas passíveis de acordo coletivo ou convenção coletiva, permitiria a negociação em relação às normas protetivas e critérios legais previstos no sistema de cotas da pessoa com deficiência?

A questão se reveste de preocupante gravidade, porque o interesse demonstrado por alguns entes privados — sindicatos e empregadores — em negociar a redução da base de cálculo ou a restrição dos critérios caracterizadores das pessoas com deficiência, na verdade, traz consigo a assunção de que a autonomia privada coletiva pode afastar política pública fundamental, submetendo o interesse público primário existente na matéria aos interesses privados dos entes negociantes.

Restringir o acesso ao trabalho da pessoa com deficiência viola, por certo, todo o ordenamento jurídico que assegura uma série de proteções, assim como a própria Lei n. 13.467/2017 que, ao tratar do tema, reproduziu previsão constitucional estabelecendo expressamente que:

> Art. 611-B. *Constituem objeto ilícito* de convenção coletiva ou de acordo coletivo de trabalho, exclusivamente, *a supressão ou a redução dos seguintes direitos:*
>
> XXII – *proibição de qualquer discriminação no tocante a salário e critérios de admissão do trabalhador com deficiência*; (Marcas nossas)

Tal preceito indica que aos participantes de uma negociação coletiva não é dado restringir a inclusão das pessoas com deficiência no mercado de trabalho, cabendo-lhes, na realidade, função diametralmente oposta, consubstanciada em conferir efetividade ao dever constitucional de inclusão, uma vez que erigido como direito fundamental a ser oposto não só de forma vertical em face do Estado, mas também entre particulares, assim traçando limites ao exercício da autonomia privada coletiva (eficácia horizontal dos direitos fundamentais).

Nesse sentido, oportuno transcrever excerto do voto proferido pelo Ministro André Mendonça quando do julgamento da ARE n. 1.121.633/GO, que excluiu a questão, de forma clara, do âmbito de atuação da autonomia privada coletiva:

> 30. Sob tal perspectiva, com as devidas vênias à compreensão em sentido contrário, *penso ser evidente o reconhecimento de que, enquanto instrumento de concretização do conjunto de políticas públicas destinadas à proteção do menor, as cotas legais de aprendizagem estão umbilicalmente relacionadas a "direitos absolutamente indisponíveis, constitucionalmente assegurados", não podendo, portanto, ser objeto de flexibilização por acordo ou convenção coletiva.* (Marcas nossas)

Ao discorrer sobre a eficácia dos direitos fundamentais nas relações entre particulares, Daniel Sarmento e Fábio Rodrigues Gomes(392) ressaltam que nossa "Constituição consagra um modelo de Estado Social, voltado para a promoção da igualdade substantiva" e, por isso, "a eficácia dos direitos fundamentais na esfera privada é direta e imediata". Nesse contexto, a "incidência dos direitos fundamentais nas relações de trabalho é essencial para tornar essas relações mais humanizadas e justas, considerando o cenário de desigualdade e assimetria que as caracteriza".

Vê-se, portanto, que qualquer cláusula que vise suprimir ou reduzir os direitos que impedem a discriminação e a exclusão da pessoa deficiente está eivada de nulidade, já que ilegal e inconstitucional, assim ensejando, também em âmbito coletivo, o ajuizamento de ações anulatórias e ações civis públicas, por afronta ao inciso XXXI do art. 7º da Constituição Federal.(393)

Destarte, inafastável a conclusão de que em nosso ordenamento jurídico o exercício da autonomia privada coletiva não pode violar os direitos fundamentais da pessoa com deficiência, garantidos expressamente pela Constituição Federal não só em face do Estado, mas também nas relações entre particulares, entre as quais estão incluídos os acordos coletivos e as convenções coletivas de trabalho.

13.2.6.1. As possibilidades de impugnação de acordos coletivos e convenções coletivas: Ação Civil Pública e Ação Anulatória. Mudanças na doutrina e na jurisprudência

As mudanças profundas empreendidas pela Reforma Trabalhista vêm suscitando discussões as mais diversas quanto ao cabimento da ação anulatória e da ação civil pública em relação à matéria ora em estudo.

A CLT não disciplina a ação anulatória no processo trabalhista, o que atrai a aplicação subsidiária do regramento previsto no § 4º do art. 966 do Código de Processo Civil (CPC/2015), *in verbis*:

> § 4º Os atos de disposição de direitos, praticados pelas partes ou por outros participantes do processo e homologados pelo juízo, bem como os atos homologatórios praticados no curso da execução, estão sujeitos à anulação, nos termos da lei.

As ações anulatórias, que visam desconstituir cláusulas previstas em acordos coletivos e convenções coletivas, são dotadas de natureza coletiva, por provocarem efeitos que atingem todos os integrantes da categoria. Por tal razão, tem-se entendido que o julgamento das ações anulatórias é de competência dos Tribunais Regionais do Trabalho ou do Tribunal Superior do Trabalho.

Entretanto, se o pleito se referir ao afastamento da aplicação de determinada cláusula convencionada a um contrato individual de trabalho específico, a matéria pode ser apreciada de forma incidental em uma reclamação trabalhista. Com efeito, se o Juízo de 1º grau pode, em controle difuso, afastar a aplicação de lei que repute inconstitucional, nada impede que, de forma incidental, proceda ao controle da legalidade/convencionalidade/constitucionalidade da cláusula negociada, para afastar sua aplicação àquele contrato de trabalho, notadamente quando configurada violação aos direitos fundamentais trabalhistas, expressamente albergados no art. 7º da Constituição Federal, que em seu inciso XXXI proíbe qualquer discriminação ao trabalhador com deficiência.

(392) SARMENTO, Daniel; GOMES, Fábio Rodrigues. A eficácia dos direitos fundamentais nas relações entre particulares: o caso das relações de trabalho. *Revista TST*, São Paulo: Lex Magister, v. 77, n. 4, p. 82, 84 e 101, out./dez. 2011.

(393) TRT/SP- SDC 0297200500002001 – Ação anulatória. Art. 93 da Lei n. 8.213/1991.

A mesma lógica, pois, aplica-se às ações civis públicas, nas quais são admitidas pretensões que se lastreiam no reconhecimento incidental da inconstitucionalidade de leis e atos normativos.

Tradicionalmente, admite-se, com fundamento no inciso IV do art. 83 da Lei Complementar n. 75/1993, que o Ministério Público do Trabalho(394) tem legitimidade ativa e interesse processual para propor ação anulatória de cláusulas negociadas em acordos coletivos e convenções coletivas de trabalho, quando violarem normas que estabelecem a inclusão de pessoas com deficiência, podendo pleitear, também,(395) em ação civil pública, a imposição das penalidades previstas na Lei n. 9.029/1995, além de eventual condenação em danos morais coletivos.

A possibilidade de o Ministério Público ajuizar tanto ação anulatória, quanto ação civil pública, em relação a tal matéria, até então era admitida pela doutrina que, embora distinguisse seus diferentes objetos e efeitos, procedia à interpretação ampliativa:

> O entendimento de que apenas a ação anulatória é cabível na hipótese, e não a ação civil pública, é extremamente restritivo, pois não reflete os princípios constitucionais de proteção ao trabalho, tampouco a lógica das ações coletivas, estabelecida no art. 83 da Lei n. 8.078/1990, no sentido de que para a defesa dos interesses e direitos coletivos são admitidas todas as ações que propiciem sua adequada e efetiva tutela.
>
> Como será visto em item próprio, a opção por uma ou outra possui reflexos na prática. Em termos de efetividade da decisão, a ação civil pública é bem mais apropriada. No tocante à amplitude da matéria a ser devolvida por ocasião da interposição de recurso para o Tribunal Superior do Trabalho, a ação anulatória se apresenta mais conveniente. Assim, é o Procurador que deverá avaliar, diante do caso concreto, qual e a ação mais adequada para impedir os efeitos da violação ao ordenamento jurídico trabalhista.(396)

A questão, nesses termos, já estava superada por Acórdão do próprio Supremo Tribunal Federal:

> *Ministério Público do Trabalho – Atribuições – Legitimação Ativa – Declaração de Nulidade de Contrato, Acordo Coletivo ou Convenção Coletiva – LC n. 75, de 20.5.1993, Art. 83, IV – CF, Arts. 128, § 5º, e 129, IX.* I – A atribuição conferida ao Ministério Público do Trabalho, no art. 83, IV, da LC 75/93 – propor as ações coletivas para a declaração de nulidade de cláusula de contrato, acordo coletivo ou convenção coletiva que viole as liberdades individuais ou coletivas ou os direitos individuais indisponíveis dos trabalhadores – compatibiliza-se com o que dispõe a CF no art. 128, § 5º, e art. 129, IX. II – Constitucionalidade do art. 83, IV, da LC n. 75, de 1993. ADIn julgada improcedente. STF – ADIn 1.852-1 – DF – TP – Rel. Min. Carlos Velloso – *DJU* 21.11.2003. ADIn 1.852-1 – DF – Rel. Min. Carlos Velloso – *DJU* 21.11.2003.

Entretanto, em recente alteração de entendimento, vem o Tribunal Superior do Trabalho (TST) ensaiando mudança em sua jurisprudência, ao entender pela rejeição da possibilidade de o Ministério Público ajuizar ação civil pública em relação à matéria. Nesse sentido, a decisão proferida pela Seção de Dissídios Individuais (SDI) do Tribunal Superior do Trabalho, ao julgar

(394) A legitimidade ativa e o interesse processual do *Parquet* constam, ainda, dos arts. 3º e 7º da Lei n. 7.853/1989.

(395) Como será exposto mais à frente, neste capítulo, sustenta-se tese no sentido da possibilidade de serem admitidas, em ação anulatória, pretensões formuladas em ação civil pública, como é o caso da imposição de penalidades e da condenação em dano moral coletivo.

(396) PEREIRA, Ricardo José Macedo de Britto. *Ação Civil Pública no Processo do Trabalho*. Salvador: JusPodivm, 2015. p. 200.

embargos opostos em decorrência do não conhecimento de recurso de revista, tendo o Acórdão ressaltado as seguintes razões:

> *O Ministério Público sustenta que, ao contrário do entendimento do acórdão embargado, é a ação civil pública a apropriada para obter condenação de entes Sindicais de se absterem (obrigação de não fazer) de inserir determinadas cláusulas em futuros acordos e/ou convenções coletivas que vierem a celebrar, sob pena de multa.*
>
> *Salienta que a competência para o exame da ação está diretamente vinculada ao ajuizamento de uma ou outra (ação civil pública ou ação anulatória). O pedido do MPT, portanto, é o de que os Sindicatos Réus se abstenham de inserir em acordos e/ou convenções coletivos que, no futuro, celebrem, cláusulas que contemplem excesso de jornada e que diluam ou reduzam o intervalo intrajornada.*
>
> *Entende que a via estreita da Ação Anulatória, de caráter declaratório, não admite a tutela pretendida. Lembra que não pediu nulidade de cláusula já vigente, mas a condenação dos Réus a não mais inserirem cláusulas com o conteúdo discriminado na ACP em futuros instrumentos coletivos.*
>
> Pugna pela reforma do acórdão com base em dissenso de julgados. Transcreve arestos para o confronto de teses.
>
> O aresto oriundo da 1ª Turma deste Tribunal, às fls. 417/418, que impulsionou o processamento do presente recurso carece de especificidade. Senão vejamos:
>
> RECURSO DE REVISTA. AÇÃO CIVIL PÚBLICA. COMPETÊNCIA FUNCIONAL. LOCAL DO DANO. VARA DO TRABALHO. DECLARAÇÃO INCIDENTAL DE NULIDADE DE CLÁUSULA DE CONVENÇÃO COLETIVA DE TRABALHO. CONTRIBUIÇÃO ASSISTENCIAL DE FILIADOS E NÃO FILIADOS AO SINDICATO. OBRIGAÇÃO DE FAZER E NÃO FAZER. ADEQUAÇÃO. I – A ação civil pública poderá ter por objeto a condenação em dinheiro ou o cumprimento de obrigação de fazer ou não fazer, e será proposta no foro do local onde ocorrer o dano, cujo juízo terá competência funcional para processar e julgar a causa (n. 7.347/1985, arts. 2º e 3º; CDC, art. 93). Na Justiça do Trabalho, a delimitação da competência territorial da Vara do Trabalho é disciplinada pela Orientação Jurisprudencial n. 130 da SBDI-2 deste Tribunal, cuja ratio decidendi deixou de ser aplicada, na espécie. II – É firme a jurisprudência no sentido de que a ilegalidade de determinada lei (formal ou material, caso da norma coletiva autônoma peculiar ao Direito Coletivo do Trabalho) pode ser alegada em ação civil pública, desde que a título de causa de pedir e, nesta hipótese, o controle de legalidade terá caráter incidental, sem efeito erga omnes (art. 16 da Lei n. 7.347/1985). III – Na ação anulatória de cláusula coletiva não é possível cumulação do pedido de condenação em dinheiro e o de cumprimento de obrigação de fazer ou não fazer (tutela inibitória), dada a sua natureza jurídica declaratória. Recurso de revista conhecido e provido. (RR-800385-67.2005.5.12.0037, relator Ministro Walmir Oliveira da Costa, 1ª Turma, *DEJT* de 29.05.2015)
>
> Com efeito, como se pode observar da transcrição acima, o referido paradigma oriundo da 1ª Turma deste Tribunal, às fls. 417/418, acima transcrito, revela-se inespecífico, nos moldes da Súmula n. 296, I, desta Corte, pois não trata da hipótese destes autos, *em que a egrégia Turma considerou que o pedido formulado em ação civil pública — de que os requeridos se abstenham de fazer constar nos instrumentos coletivos futuros que celebrarem um com o outro, ou com quaisquer outras entidades sindicais e empregadores, cláusulas que exorbitem o limite máximo de labor* de dez horas diárias, conforme preconiza o art. 59, § 2º, da CLT ou que dilua ou reduza o intervalo intrajornada abaixo do mínimo fixado no art. 71 da CLT, exceto se houver prévia autorização do Ministério do Trabalho e Emprego — *equivale, de forma oblíqua, à declaração de nulidade das cláusulas coletivas que amparam as condutas da empresa em detrimento da legislação vigente, que desafia o ajuizamento de ação anulatória perante o Tribunal Regional.*
>
> Incide, portanto, na espécie o óbice contido na Súmula n. 296, I, deste Tribunal.
>
> Os outros dois arestos, transcritos às fls. 419/423, não se prestam ao fim pretendido, porque oriundo da SDC, órgão cujas decisões não está elencado no art. 894, II, da CLT, como capaz de propiciar o confronto de teses para estabelecer o dissenso jurisprudencial."
>
> (Processo: E-RR – 198000-54.2009.5.03.0152. Data de Julgamento: 22.02.2018, relator Ministro: Cláudio Mascarenhas Brandão, Subseção I Especializada em Dissídios Individuais, Data de Publicação: *DEJT* 2.3.2018)[397] (Marcas nossas)

---

(397) No mesmo sentido, pode-se citar: "*AGRAVO. RECURSO DE EMBARGOS. INTERPOSIÇÃO SOB A ÉGIDE DA LEI N. 13.015/2014. AÇÃO CIVIL PÚBLICA. NULIDADE DE CLÁUSULA DE CONVENÇÃO COLETIVA. NÃO CABIMENTO.* Ante a demonstração de divergência jurisprudencial, merece ser admitido o recurso de embargos.

Porém, ao abrir um amplo leque de novas possibilidades de negociação coletiva no art. 611-A da CLT, conferindo-lhe prevalência sobre a norma estatal, a Lei n. 13.467/2017 certamente provocará mudanças, não só quanto à ampliação das hipóteses de cabimento da ação civil pública, mas também no que se refere à necessidade de conferir maior abrangência à ação anulatória, cada qual com seus efeitos próprios, que passam a revestir-se de notória relevância.

Nesse novo cenário, a proteção dos interesses e direitos coletivos deveria implicar ampliação dos meios disponíveis de acesso à justiça, admitindo-se, ao invés da restrição, maiores possibilidades de impugnação de acordos coletivos e convenções coletivas que se mostrarem contrários ao ordenamento jurídico.

Nesse sentido, deve-se admitir o manejo da ação civil pública quando a impugnação à cláusula vigente está restrita apenas à causa de pedir, não se constituindo, portanto, em pedido, o qual, a seu turno, estará voltado à concessão de tutela inibitória (obrigação de fazer/não fazer) cujo escopo será o de evitar que em futuros acordos coletivos ou convenções coletivas sejam inseridas cláusulas que violem direitos fundamentais da pessoa com deficiência. A pretensão veiculada, portanto, busca garantir a integridade do ordenamento jurídico, ao impedir que o ilícito se repita, muitas vezes com efeitos irreversíveis.

Por outro lado, a valorização da negociação coletiva vai exigir também nova configuração da ação anulatória que busca impugnar, no pedido, cláusula coletiva existente no momento presente, com o reconhecimento de que, além de declaratória, agora passa a ter também natureza cominatória, ante a previsão contida nos §§ 4º e 5º do art. 611-A da CLT, abrindo a possibilidade da imposição da obrigação de fazer/não fazer (tutela inibitória) em relação a determinada cláusula que está em vigor, tendo por escopo impedir a violação ao ordenamento jurídico trabalhista, assim garantindo a atividade satisfativa da jurisdição, com a solução efetiva do conflito.

Essa vertente ampliativa da ação anulatória já fora sinalizada por Carreira Alvim,[398] ao prever a possibilidade de o autor pleitear, com espeque no art. 303 do CPC, a concessão de "tutela antecipada em caráter antecedente, para invocar em seu favor uma tutela liminar, quando a urgência for contemporânea ao exercício da ação", questão que se reveste de notória importância na seara trabalhista, quando se tornar imperioso fazer cessar de imediato os efeitos nefastos, provocados por cláusula negociada ilegal, que viole direitos fundamentais.

Assim, inequívoco que a Lei n. 13.467/2017 (Reforma Trabalhista) abriu novos debates nessa seara, o que certamente provocará a revisitação de conceitos, tanto no que se refere à ação civil pública ajuizada com o escopo de inibir a inserção de cláusulas ilegais em negociações futuras, quanto à ampliação do objeto e efeitos da ação anulatória de cláusulas inseridas em acordos coletivos e convenções coletivas de trabalho, a fim de evitar que a valorização da negociação coletiva seja utilizada de forma abusiva, em afronta à ordem jurídica justa e efetiva, posta pelo ordenamento constitucional, cenário em

---

Agravo conhecido e provido.

RECURSO DE EMBARGOS. INTERPOSIÇÃO SOB A ÉGIDE DA Lei n. 13.015/2014. AÇÃO CIVIL PÚBLICA. NULIDADE DE CLÁUSULA DE CONVENÇÃO COLETIVA. EFICÁCIA ULTRA PARTES. *NÃO CABIMENTO.* 1. Hipótese em que a e. Turma entendeu pelo cabimento da ação civil pública, ao fundamento de que "quando o pedido de anulação de cláusula coletiva detiver caráter incidental, com a cumulação de pedido de condenação, é cabível a ação civil pública". 2. Entretanto, a teor do que prescreve o art. 3º da Lei n. 7.347/85, a Ação Civil Pública ostenta natureza eminentemente cominatória — ou seja, visa à imposição de condenação pecuniária ou ao cumprimento de uma obrigação de fazer ou de não-fazer. Assim, na esteira de precedentes desta Corte, A Ação Civil Pública, *com eficácia ultra partes*, não constitui meio adequado para veicular a pretensão do *Parquet* de ver declarada a nulidade de cláusula de norma coletiva, que desafia o ajuizamento de ação própria perante o juízo competente. Precedentes." (marcas nossas). Processo: E-RR — 281-80.2014.5.01.0302. Data de Julgamento: 23.11.2017, relator Ministro: Hugo Carlos Scheuermann, Subseção I Especializada em Dissídios Individuais, Data de Publicação: *DEJT* 1º.12.2017." (Marcas nossas).

(398) ALVIM, J. E. Carreira. Desvendando uma incógnita: a tutela antecipada antecedente e sua estabilização no novo Código de Processo Civil. *Revista de Processo MP/SP*, São Paulo, n. 41, v. 259, p. 177-207, set. 2016.

que a atuação investigatória do Ministério Público se reveste de significativa importância,[399] notadamente quando se trata de questão afeta à inclusão das pessoas com deficiência.

(399) Sustentando posição ampliativa das pretensões deduzidas em Ação Civil Pública, cita-se OLIVEIRA NETO, Alberto Emiliano de. Ação civil pública trabalhista com pedido constitutivo negativo (declaração de nulidade). *Boletim Científico ESMPU*, Brasília, ano 12, n. 40, p. 11-30 - jan./jun. 2013, p. 26: "Em regra, não se presta a ação anulatória à obtenção de tutela inibitória destinada a impedir a repetição da conduta contrária ao ordenamento jurídico. Quer dizer, a procedência da ação anulatória materializada mediante a supressão dos efeitos de cláusulas ilícitas inseridas em acordos e convenções coletivas de trabalho não impede que as entidades sindicais e empregadores signatários repitam redação idêntica em instrumentos normativos futuros. Para essa hipótese, tão somente a ação civil pública, cujo objeto é a obrigação de fazer ou não fazer, poderá obstar efetivamente a conduta contrária à ordem jurídica.

A ação civil pública representa o instrumento processual mais efetivo no combate a cláusulas inseridas em acordos e convenções coletivas de trabalho, cuja redação contrarie direitos fundamentais sociais dos trabalhadores. Somente a tutela inibitória concedida pela autoridade judicial será capaz de efetivamente preservar os interesses dos trabalhadores em face da conduta sindical que, inexplicavelmente, segue em rumo oposto. (...).

Buscando-se a efetiva tutela do bem jurídico violado, defende-se a possibilidade de cumulação da tutela inibitória (decisão condenatória) acrescida de provimento jurisdicional constitutivo negativo, com fundamento na amplitude de objeto da ação civil pública (Lei n. 8.078/1990, art. 83), para fins de supressão do mundo jurídico da cláusula inserida em acordo ou convenção coletiva de trabalho que seja atentatória aos direitos fundamentais sociais dos trabalhadores.

Propõe-se, portanto, a cumulação de pedido condenatório, veiculado mediante tutela inibitória destinada a impedir a repetição da cláusula impugnada em instrumentos normativos coletivos futuros, com pedido constitutivo negativo, próprio das ações anulatórias, para fins de afastar do mundo jurídico os efeitos jurídicos da cláusula normativa impugnada.".

14

Saúde e Segurança do Trabalho — Aspectos Relevantes

14.1. Densificação da regulamentação por meio de norma regulamentadora

Tema que há muito vem suscitando discussões é o da necessidade de regulamentação de questões de saúde e segurança do trabalho dos motoristas profissionais.[400] As peculiaridades e a relevância da atividade são, por si sós, fatores que justificam a elaboração de Norma Regulamentadora específica para tanto.

Nos termos da Lei n. 10.593/2002 e do Decreto n. 4.552/2002 (Regulamento da Inspeção do Trabalho — RIT), cumpre à Inspeção do Trabalho o desempenho dessa atividade, com observância dos parâmetros estabelecidos pela Convenção n. 144 da Organização Internacional do Trabalho (OIT), com atenção ao tripartismo — empregados, empregadores e governo.

Nessa toada, noticiamos em edições anteriores a publicação da Portaria SIT/MTE n. 458 com proposta de minuta de "Anexo I da NR-24", denominado "texto técnico básico", para tratar de "condições sanitárias e de conforto aplicáveis a trabalhadores do transporte rodoviário em atividade externa". Referida minuta foi, então, submetida à consulta pública. A Norma Regulamentadora n. 24 (NR-24) tem por objeto "Condições Sanitárias e de Conforto nos Locais de Trabalho".

Assim, a publicação de minuta, e respectiva disponibilização para consulta pública, demonstram que, deveras, a atividade do motorista profissional reveste-se de importância significativa não só para os profissionais que se ativam nessa área, mas também para todos que com ele compartilham o mesmo meio ambiente de trabalho, transitando pelas vias públicas e rodovias, revestindo-se a regulamentação de aspectos atinentes à saúde e segurança do trabalho de inequívoco interesse público.

No entanto, passados anos desde a publicação da minuta, não houve maiores avanços nas discussões, não tendo sido publicada, até a presente data, norma regulamentadora específica para a atividade do motorista profissional.

Exceção, contudo, refere-se à edição da Portaria n. 510, de 17 de abril de 2015, posteriormente substituída pelas Portarias n. 944, de 8 de julho de 2015, SEPRT n. 1343, de 2 de dezembro de 2019, e MTP n. 672, de 8 de novembro de 2021, cujo conteúdo pouco reflete aquele objeto de discussões, uma vez que se apresenta alheia aos temas mais importantes — conforme abaixo analisado, tendo por base a minuta de Anexo I da NR-24.

Assim, a despeito das alterações voltadas ao atendimento de questões prementes, trouxeram as Portarias n. 944/ 2015, 1.343/2019 e 672/2021 pequenas mudanças em questões já veiculadas pela Portaria n. 510/2015.

(400) A questão já foi por nós abordada em trabalho pretérito, GEMIGNANI, Daniel; GEMIGNANI, Tereza Aparecida Asta. A nova Lei n. 12.619/2012 que disciplina a profissão de motorista: questões controversas. *Revista do Tribunal Regional do Trabalho da 15ª Região*, v. 41, p. 123, 2012, nota de rodapé 2.

Todas essas mudanças, a despeito de importantes, não atacam questões outras, próprias e específicas dos motoristas profissionais, fato que, por isso, justifica a manutenção da análise de aspectos da minuta de Anexo I da NR-24, a seguir realizada.

Dessa forma, ainda que editadas referidas Portarias, cumpre-nos, em atenção à diretriz constitucional traçada pelo art. 7º, inciso XXII, abordar questões interessantes, e de repercussão, apresentadas pelo anexo disponibilizado para consulta pública, mormente agora em que se tem a necessidade da busca da melhoria contínua do ambiente de trabalho do motorista profissional, superando, pois, a frustração causada pela edição das Portarias ns. 510/2015 e 944/ 2015, 1.343/2019 e 672/2021.

Importante registrar que a Portaria n. 1.419/2024 do Ministério do Trabalho e Emprego (MTE) alterou a Norma Regulamentadora n. 1 (NR-1), que trata das "Disposições Gerais e Gerenciamento de Riscos Ocupacionais", conferindo nova redação ao Capítulo 1.5, que dispõe sobre o "Gerenciamento de Riscos Ocupacionais" e ao Anexo I – "Termos e Definições".

A nova regulamentação passou a incluir a responsabilidade do empregador também pela gestão dos riscos psicossociais, visando aprimorar o gerenciamento de riscos ocupacionais para garantir ambiente de trabalho seguro e saudável, escopo que abarca também o motorista profissional. No aspecto, oportuno registrar que, ainda que suspensa a eficácia da mudança até 2026, obstáculo algum há para que se reconheça referido risco e lhe seja dada a atenção necessária.

14.1.1. Extensão da proteção — Todos os trabalhadores envolvidos diretamente na prestação do serviço

Primeiro ponto de relevância nessa matéria diz respeito à abrangência das medidas protetivas. Conforme item 1.1., *in fine*, da minuta do "Anexo I da NR-24", aplicam-se as disposições regulamentares que disciplinam o trabalho dos motoristas "(...) aos demais profissionais que os acompanham em serviço externo". Já o item subsequente 1.1.1. assevera que "para efeito do presente anexo, todos esses profissionais passam a ser coletivamente tratados como trabalhadores do transporte em atividade externa".

O objetivo consiste em alcançar os profissionais diretamente envolvidos na atividade do motorista profissional e busca proteger todos os trabalhadores que se encontram submetidos às mesmas condições de trabalho, sob a perspectiva da saúde e segurança, assim concretizando o preceito contido no inciso XXII do art. 7º da CF/88, que caracteriza como direito fundamental a "redução dos riscos inerentes ao trabalho, por meio de normas de saúde, higiene e segurança".

Porém, embora trate de regulamentação voltada tão somente à preservação da saúde e segurança do trabalho, não se pode deixar de pontuar que poderá suscitar controvérsias na área sindical em relação aos ajudantes de motoristas e demais trabalhadores que atuam na movimentação de mercadorias.

14.1.2. A fixação da responsabilidade solidária de todos os envolvidos na prestação do serviço quando se tratar de saúde e segurança do trabalho

— Exegese do art. 9º da Lei n. 13.103/2015

— Proposta de Anexo I da NR-24

O alargamento de imputação da responsabilidade solidária foi claramente sinalizado pelo art. 9º da Lei n. 12.619/2012, no que, como defendemos em capítulo próprio, foi acompanhado pela Lei n. 13.103/2015. Trata-se de inovação relevante, cuja análise deve ser estimulada, uma vez que até agora tem ocorrido de maneira tímida, aquém da sua importância. Por isso, louvável a iniciativa de construir o Anexo I à Norma Regulamentadora n. 24 para tratar do tema.

Nesse contexto, vale a comparação entre o que dispõe o art. 9º, tanto da Lei n. 12.619/2012, quanto da Lei n. 13.103/2015, e os itens 1.2. e 8.1. da minuta do Anexo I da NR-24:

Art. 9º da Lei n. 12.619/2012	Art. 9º da Lei n. 13.103/2015	Itens 1.2. e 8.1. da minuta de Anexo I da NR-24
Art. 9º As condições sanitárias e de conforto nos locais de espera dos motoristas de transporte de cargas em pátios do transportador de carga, embarcador, consignatário de cargas, operador de terminais de carga, operador intermodal de cargas ou agente de cargas, aduanas, portos marítimos, fluviais e secos e locais para repouso e descanso, para os motoristas de transporte de passageiros em rodoviárias, pontos de parada, de apoio, alojamentos, refeitórios das empresas ou de terceiros terão que obedecer ao disposto nas Normas Regulamentadoras do Ministério do Trabalho, dentre outras.	Art. 9º As condições de segurança, sanitárias e de conforto nos locais de espera, de repouso e de descanso dos motoristas profissionais de transporte rodoviário de passageiros e rodoviário de cargas terão que obedecer ao disposto em normas regulamentadoras pelo ente competente. § 1º É vedada a cobrança ao motorista ou ao seu empregador pelo uso ou permanência em locais de espera sob a responsabilidade de: I – transportador, embarcador ou consignatário de cargas; II – operador de terminais de cargas; III – aduanas; IV – portos marítimos, lacustres, fluviais e secos; V – terminais ferroviários, hidroviários e aeroportuários.	1.2. **As disposições deste anexo aplicam-se aos empregadores desses profissionais independentemente de sua atividade econômica**, aos embarcadores e desembarcadores de mercadorias, consignatários de cargas, operadores de terminais de carga, operadores intermodais de cargas ou agentes de cargas, aduanas, portos marítimos, fluviais e secos, aos terminais aduaneiros e de fiscalização, aos terminais de carga e descarga, aos terminais de passageiros, bem como aos locais onde os trabalhadores do transporte em atividade externa gozem os períodos de descanso, alimentação, higiene pessoal e pernoite, públicos ou não.
	§ 2º Os locais de repouso e descanso dos motoristas profissionais serão, entre outros, em: I – estações rodoviárias; II – pontos de parada e de apoio; III – alojamentos, hotéis ou pousadas; IV – refeitórios das empresas ou de terceiros; V – postos de combustíveis. § 3º Será de livre iniciativa a implantação de locais de repouso e descanso de que trata este artigo. § 4º A estrita observância às Normas Regulamentadoras do Ministério do Trabalho e Emprego, no que se refere aos incisos II, III, IV e V do § 2º, será considerada apenas quando o local for de propriedade do transportador, do embarcador ou do consignatário de cargas, bem como nos casos em que esses mantiverem com os proprietários destes locais contratos que os obriguem a disponibilizar locais de espera e repouso aos motoristas profissionais.	8.1. O cumprimento desta norma é responsabilidade do empregador, do transportador de carga, do consignatário de cargas, do operador de terminais de carga e passageiros, do operador intermodal de cargas ou agente de cargas, das aduanas, dos portos marítimos, fluviais e secos.

Análise conjunta do art. 9º da Lei n. 12.619/2012, revogado pelo art. 21 da nova Lei n. 13.103/2015, que passou a regulamentar essa matéria de forma parcialmente diversa, também em seu art. 9º, vem revelar que a imputação de responsabilidade foi direcionada para dois focos principais, que deverão ser necessariamente observados pela Norma Regulamentadora, quais sejam:

(i) Condições de segurança, sanitárias e de conforto nos locais de espera, repouso e descanso destinados aos motoristas profissionais em pátios do transportador, embarcador, consignatário de cargas, operador de terminais de carga, aduanas, portos marítimos, lacustres, fluviais e secos, além de terminais ferroviários, hidroviários e aeroportuários, operador intermodal de cargas ou agente de cargas;

(ii) Condições sanitárias e de conforto nos locais de espera, repouso e descanso aplicável aos motoristas em estações rodoviárias, pontos de parada e apoio, alojamentos, refeitórios das empresas ou de terceiros;

O preceito, por sua abertura, marca posição de vanguarda na esteira das modificações que propõe para melhorar as condições de saúde e segurança do motorista e de todos que trafegam pelas vias públicas e rodovias, compartilhando o mesmo meio ambiente.

Por isso, primeiramente, cumpre assentar a inexistência de qualquer distinção quando do trato das condições sanitárias e de conforto entre motoristas de transporte de cargas e de transporte de passageiros, haja vista inexistir fator de *discrímen* legítimo para tanto. Qualquer diferenciação de tratamento entre esses profissionais deverá ser considerada restritivamente, no contexto em que prevista, analisando-se de forma específica o *fator de discrímen* utilizado para tanto.

Nessa direção segue o art. 9º, ao ampliar o arco protetivo da saúde e segurança do trabalho, na medida em que, para tanto, responsabiliza todos aqueles que, direta ou indiretamente, se beneficiam da atividade dos motoristas profissionais. Assim, se outrora houve, pela via legislativa, a extensão da proteção em saúde e segurança do trabalho a trabalhadores não subordinados, como é o caso do estagiário, do avulso e do cooperado, agora, por outra banda, verifica-se a responsabilização de terceiro que, conquanto não seja parte no contrato de trabalho celebrado com o motorista, dele se beneficia por estar inserido na cadeia produtiva que cerca essa prestação laboral.

Referida posição está calcada no parágrafo único do art. 942 do Código Civil e no art. 17 da Convenção n. 155 da OIT quando, em relação às questões de saúde e segurança do trabalho, fixou o conceito de responsabilidade direta e solidária de todos os envolvidos e beneficiados pela prestação do serviço, diretriz que vem sendo sedimentada pela doutrina e jurisprudência laboral.

Contudo, necessário ponderar que essa temática, por sua natureza, não se confunde com aquela tratada pela Súmula n. 331 do Tribunal Superior do Trabalho, nem pela Orientação Jurisprudencial n. 191 da SBDI-1/TST,[401] pois referidos entendimentos jurisprudenciais não são aplicáveis às questões afetas à responsabilidade em saúde e segurança laboral, que tem fundamento diverso, conforme explicita o novo comando legal.

A distinção se mostra plausível e salutar ao positivar o preceito de que todos os partícipes são responsáveis por garantir eficácia às medidas protetivas de saúde e segurança, independentemente da natureza jurídica do vínculo contratual existente entre eles. Ademais, segue a tônica das outras normas regulamentadoras e da legislação que em relação a tal escopo não se aplica apenas às relações de emprego, abrangendo todas as relações de trabalho de maneira geral, conforme discussão anteriormente suscitada no capítulo 3.2., e subitens, desta obra.

O texto proposto como Anexo I a ser acrescentado à NR n. 24, disponibilizado para consulta pública, explicita essa aplicação extensiva. Entretanto, carece de alguns ajustes no sentido de

(401) Nesse sentido, e de forma exemplificativa, Processo: E-RR – 240-03.2012.5.04.0011. Data de Julgamento: 19.11.2015, relator Ministro: João Oreste Dalazen, Subseção I Especializada em Dissídios Individuais, Data de Publicação: *DEJT* 27.11.2015.

compatibilizar o disposto no item 1.2. com a relação dos responsabilizáveis constante do item 8.1 que, da forma como apresentada, não pode ser tida por *numerus clausus*, ante a dinâmica própria que caracteriza a organização empresarial desse segmento, como bem evidenciou a referida regulamentação quando estabeleceu sua aplicação "aos empregadores desses profissionais *independentemente de sua atividade econômica*".

Assim, por exemplo, a referência ao operador do terminal de cargas e de passageiros deve ser aplicada extensivamente, para incluir o administrador de rodoviárias, postos de parada em rodovias, etc., ou seja, todos os que têm poder decisório para implementar referidas medidas no local indicado, para que se revista de eficácia a exigência de observância das condições mínimas de saúde e segurança.

São debates que certamente permearão as discussões das Comissões Tripartites — temática e permanente —, a fim de evitar que a minuta de Anexo I da NR-24 nessa questão se apresente acanhada e insuficiente para implementar o avançado escopo proposto pelo novo texto legal.

Por derradeiro, e pelos mesmos fundamentos, não se pode encerrar essa análise do art. 9º da Lei n. 13.103/2015 sem examinar seu § 4º e concluir ser insustentável a restrição que pretende estipular quanto à exigência de cumprimento das Normas Regulamentadoras do Ministério do Trabalho, no que se refere aos incisos II, III, IV e V do § 2º, "apenas quando o local for de propriedade do transportador, do embarcador ou do consignatário de cargas" e, nos casos em que "esses mantiverem com os proprietários destes locais contratos que os obriguem a disponibilizar locais de espera e repouso aos motoristas profissionais".

Com efeito, as normas que garantem condições de saúde e segurança não têm nada a ver com direito de propriedade e, por sua própria natureza, podem e devem obrigar ao cumprimento todos os que têm controle sobre os locais e as instalações referidas nos incisos II, III, IV e V do § 2º, independentemente de terem, ou não, título de propriedade.

Ademais, pelas mesmas razões, inafastável a conclusão de que o transportador, embarcador ou consignatário de cargas tem o dever legal de observar e cumprir o preceituado nas Normas Regulamentares sobre saúde e segurança nos locais de espera, repouso e descanso dos motoristas profissionais, independentemente de estipulação contratual para tanto.

14.1.3. Outros aspectos da minuta de Anexo I da Norma Regulamentadora n. 24 do Ministério do Trabalho

Oportuno analisar outros aspectos da proposta de regulamentação, que se revestem de interesse para a categoria dos motoristas profissionais.

O primeiro a ressaltar é o referente às cabines dos cavalos (cabine do motorista) que, como parte do ambiente de trabalho, devem integrar o Programa de Prevenção de Riscos Ambientais (PPRA), nos termos da Norma Regulamentadora n. 9/MTE, conforme dispõe o item 8.4 da minuta. Tal estipulação se mostra importante na medida em que obriga o empregador ao monitoramento constante também desse local, a fim de fazer cumprir as regras legais que garantem as condições de saúde e segurança.[402]

Destarte, os riscos existentes devem ser objeto de controle para fins de prevenção nos termos do item 9.3.5.1., alíneas "a", "b" e "d", da NR n. 9/MTE. Por consequência, há situações em que análises meramente quantitativas se mostram inservíveis para direcionar a implementação efetiva das medidas de controle, uma vez que só qualitativamente é possível apurar a existência do fator de

(402) Análise anual, a que se refere o item 9.2.1.1. da NR-9, prevista para fins de avaliação das medidas adotadas ao longo do período respectivo. Como decorrência lógica da sistemática de um "programa", devem ser implementadas como medidas de controle e avaliação, em atendimento à análise global indicada no referido item para propiciar os "ajustes necessários e estabelecimento de novas metas e prioridades".

risco, pois o objetivo principal do PPRA é a identificação, controle e prevenção não só dos riscos evidentes, mas também do risco potencial, o que se reveste de maior complexidade.

Assim, devem ser previstas medidas que impeçam a exposição a diversos riscos físicos (como vibrações e ruídos), químicos (como poeiras), e que priorizem a manutenção das boas condições ergonômicas e o planejamento organizacional adequado, a fim de evitar a sobrecarga física e mental causada por rotas e trajetos traçados sem considerar as condições das estradas e as dificuldades do trânsito.[(403)]

Nesse aspecto, é preciso especial atenção para o que dispõe o item 9.1.3. da NR n. 9/MTE, ao estabelecer que o PPRA "é parte integrante do conjunto mais amplo das iniciativas da empresa no campo da preservação da saúde e da integridade dos trabalhadores", para tanto exigindo a coordenação entre o Programa de Prevenção de Riscos Ambientais e o Programa de Controle Médico de Saúde Ocupacional (PCMSO regulamentado pela NR-7/MTE), para que haja a obtenção de resultados efetivos.

Outro ponto de destaque é considerar os locais de parada como relevantes para fins de veiculação de informações de interesse dos motoristas profissionais, como as indicadas no item 8.8.[(404)] da minuta, e medidas de proteção "quando houver possibilidade de exposição a substâncias tóxicas, irritantes, infectantes, alergizantes, poeiras, ou substâncias que provoquem sujidade, tanto durante as viagens quanto nos procedimentos de carga, descarga e limpeza dos veículos em uso" (item 8.7. da minuta).

Por fim, vale salientar a criação de dois documentos:

1 – "plano de trânsito", a ser mantido no ponto de parada, que deve conter "informação sobre as dimensões e localização das áreas destinadas ao estacionamento de veículos, pátio de manobra, áreas de vivência e as regras de movimentação de veículos" (item 8.5. da minuta).

Visa operacionalizar as regras necessárias para garantir condições de saúde e segurança, que deverão ser observadas nos locais discriminados, valendo registrar que para o atendimento adequado dos trabalhadores abrangidos pela referida regulamentação foi fixado como critério base, para dimensionamento das áreas destinadas a assegurar condições sanitárias e de conforto, a aferição em metros quadrados, da área "efetivamente destinada ao estacionamento de veículos de transporte de carga ou passageiros".

Assim, por exemplo, é o que dispõe o item 2.1., alínea "c", da referida minuta:

> 2.1. As instalações sanitárias dos locais de parada de veículo de transporte de carga ou passageiros para fins de alimentação, descanso, higiene pessoal, gozo de intervalos interjornada e intrajornada, abastecimento, carregamento, descarregamento, embarque ou desembarque terminal de passageiros e trâmites aduaneiros ou fiscais, que adiante serão tratados como locais de parada, além de obedecerem às demais exigências da parte geral da NR-24 para todos os estabelecimentos, devem:
>
> c) ser constituídas por bacias sanitárias, mictórios e lavatórios, na proporção mínima de um conjunto para cada 1600m^2 (mil e seiscentos metros quadrados) de área efetivamente destinada ao estacionamento de

---

(403) Nota Técnica n. 250/2012/DSST/SIT, que assim conclui: "Face ao exposto, destacamos que não existe impedimento legal para realizar a identificação e a avaliação dos riscos de acidentes gerados por fatores mecânicos, por fatores ergonômicos e por choque elétrico nos ambientes de trabalho, além da análise dos riscos físicos, químicos e biológicos, fazendo constar essas análises e as formas de controle dessas situações de risco no documento base do PPRA. Ressalte-se, porém, que apesar de ser recomendável, essa prática não é obrigatória, nos termos do Precedente Administrativo n. 95".

De outra banda, e conquanto se possa questionar a obrigatoriedade da inserção da análise de questões ergonômicas no PPRA, aplicável à espécie são os itens 17.1.2., 17.4.1., 17.5.1. e 17.6.1. da NR-17/MTE, os quais são operacionalizados, em regra, por meio da análise ergonômica do trabalho.

(404) "Medidas especiais de prevenção devem ser adotadas para evitar a exposição de trabalhadores do transporte em atividade externa aos agentes e vetores de doenças endêmicas e epidêmicas próprias de algumas regiões do país, bem como aos de eventuais epidemias."

veículos de transporte de carga ou passageiros, ou fração, observada em todos os casos a quantidade mínima de um conjunto em instalação sanitária masculina e um conjunto em instalação sanitária feminina;

2 – "*plano*" contendo "a rota e os pontos de parada planejados e autorizados" (item 8.2 da minuta). Exigido apenas nos casos de motoristas que se ativam em viagens superiores a 24 horas, registra a "rota e os pontos de parada planejados e autorizados", indicando como a viagem foi planejada.

Conquanto não seja explícito, entendemos que referido documento deva permanecer também(405) junto ao motorista, durante as viagens, a fim de que possa ser analisado "in loco", caso necessário.

Os documentos explicitados visam operacionalizar e documentar a implementação das condições mínimas de saúde e segurança, concretizando metodologia nova na aferição das condições em que o serviço é prestado.

Contudo, imperioso registrar que quando tais questões ainda estavam sendo objeto de análise tripartite, envolvendo a minuta do Anexo I da NR-24, houve a edição da Portaria MTE n. 510/2015, posteriormente revogada pela Portaria MTe n. 944/2015, cujo conteúdo pouco reflete dos debates que estavam sendo suscitados em relação à matéria ora tratada.

Por isso, em cumprimento à diretriz constitucional traçada pelo inciso XXII do art. 7º da CF/88, decidimos manter as reflexões acerca das discussões ocorridas, pois reconhecemos a importância de implementar a melhoria contínua do ambiente de trabalho do motorista profissional.

Por ora, são esses os comentários tidos por pertinentes e relevantes. A discussão da matéria, contudo, deverá continuar, a despeito da não evolução das discussões, dada a necessidade ainda existente de formação de outros parâmetros regulamentares, que deverão passar pelo debate tripartite.

14.2. Acúmulo de funções do motorista profissional

Tema que há tempos suscita controvérsia refere-se à possibilidade da acumulação de funções pelo motorista profissional. Entre as situações mais recorrentes, podemos citar, por exemplo: o motorista que se vê obrigado a acumular sua atuação com a atividade de cobrança (motorista-cobrador), o motorista que realiza a atividade de carregamento/descarregamento do veículo, o motorista que faz o abastecimento de combustíveis em caminhões tanque (motorista-carregador), o motorista que realiza o denominado "apeamento" da carga, isto é, a fixação do objeto transportado, seja durante a carga ou a descarga, entre diversas outras atividades correlatas.

Questiona-se, nesse contexto, a possibilidade de cumulação não só em face da exigência de compatibilidade, prevista no parágrafo único do art. 456 da CLT, mas também da adequação dessas novas atribuições à atividade desempenhada pelo motorista profissional.

Assim, passaremos à análise dos dois principais focos de análise da questão do acúmulo funcional.

14.2.1. O conceito de monetização *do acúmulo funcional*

Em relação ao acúmulo funcional, dispõe o parágrafo único do art. 456 da CLT:

> Art. 456. A prova do contrato individual do trabalho será feita pelas anotações constantes da carteira profissional ou por instrumento escrito e suprida por todos os meios permitidos em direito.
>
> Parágrafo único. A falta de prova ou inexistindo cláusula expressa e tal respeito, *entender-se-á que o empregado se obrigou a todo e qualquer serviço compatível* com a sua condição pessoal. (marcas nossas)

(405) Diz-se, também, pois o item 8.2.1., prevê que: "8.2.1. O plano deve ser acessível à fiscalização trabalhista no estabelecimento do empregador e conter ciência dos motoristas que realizam as respectivas rotas".

Com base nesta dicção legal surgiram duas teses distintas, no que se refere à remuneração dessa acumulação:

A — Primeira posição

A primeira tese sustenta que não é devido aumento salarial,[406] sob os seguintes argumentos:

> Dentro do *ius variandi* insere-se a mobilidade funcional do empregado, ou seja, a possibilidade de alterar as suas funções ao longo do contrato de trabalho. Em tal caso, parte da jurisprudência entende ser indevida a fixação de novo salário quando houver aumento das funções a serem atribuídas aos empregados. Isso porque, segundo a diretriz do art. 456, parágrafo único, da CLT, salvo disposição expressa em sentido contrário, a contratação do funcionário pressupõe que ele se compromete a realizar todas as atividades compatíveis com as suas condições pessoais.

Essa tese é a adotada pela SBDI-1 do Tribunal Superior do Trabalho, que vem reconhecendo a possibilidade de acumulação nos seguintes termos:

> Ementa: Motorista e cobrador. Acúmulo de funções. Possibilidade. Atividades compatíveis com a condição pessoal do empregado. Art. 456, parágrafo único, da CLT.
>
> O parágrafo único do art. 456 da CLT permite ao empregador exigir do empregado qualquer atividade compatível com sua condição pessoal, desde que lícita e dentro da jornada de trabalho. *Assim, tendo em conta que a atividade de cobrador é, em regra, compatível com a atividade de motorista, não existe justificativa para a percepção de acréscimo salarial em decorrência do exercício concomitante das duas funções na mesma jornada.* Sob esse fundamento, a SBDI-I, por unanimidade, conheceu dos embargos da reclamada, por divergência jurisprudencial, e, no mérito, deu-lhes provimento para excluir da condenação as diferenças salariais pelo acúmulo de funções. TST-E-RR-67-15.2012.5.01.0511, SBDI-I, rel. Min. Alexandre Agra Belmonte, 14.4.2016. (Marcas nossas)

Observa-se, contudo, que referida decisão, em suas razões, fixa como pressupostos da inexistência de direito à complementação salarial a (i) existência de compatibilidade entre as funções de cobrador e motorista; (ii) a realização dessas atividades durante a jornada de trabalho; (iii) a inexistência de previsão, em convenção ou acordo coletivo, de direito à complementação salarial.

O entendimento adotado pela SBDI-1 veio a ser consolidade na Tese n. 128, que assim prescreve:

> Tese: O exercício concomitante da função de cobrador pelo motorista de ônibus urbano não gera direito à percepção de acréscimo salarial.

O entendimento consubstanciado na Tese n. 128, contudo, não afasta as condicionantes que vinham orientando o entendimento da SBDI-1, razão pela qual se entende que referida acumulação não pode se dar sem restrições.

B — Segunda posição

A segunda tese sustenta que deve ser deferido aumento salarial (quebra da comutatividade contratual),[407] pelas seguintes razões:

> 12. A interpretação do art. 456, parágrafo único, da CLT, de acordo com a constitucionalização e com os novos princípios contratuais, é a de que ele permite que ao empregado sejam atribuídas funções diversas da inicialmente pactuadas, desde que compatíveis com a

(406) CARVALHO FILHO, R. S. O acúmulo de funções e o direito ao aumento salarial. *In*: CORREIA, Henrique; MIESSA, Élisson (Orgs.). *Estudos aprofundados magistratura do trabalho*. Salvador: JusPodivm, 2013. p. 299-322.

(407) *Idem*.

sua qualificação. Isso não afasta, entretanto, o direito a contraprestação salarial superior é devida. Entendimento diverso viola a boa-fé objetiva, o equilíbrio das prestações, a valorização do trabalho e o direito constitucional ao salário compatível com a complexidade das funções (art. 7º, V, CF).

Corolário dessa discussão é o debate que ocorre em relação a qual critério utilizar para restabelecer a comutatividade da relação patrimonial:

Tese B.1.: Analogia com a lei do radialista, nos termos do art. 13, I e II da Lei n. 6.615/1978, que reza:

> Art. 13. Na hipótese de exercício de funções acumuladas dentro de um mesmo setor em que se desdobram as atividades mencionadas no art. 4º, será assegurado ao Radialista um adicional mínimo de:
>
> I – 40% (quarenta por cento), pela função acumulada, tomando-se por base a função melhor remunerada, nas emissoras de potência igual ou superior a 10 (dez) quilowatts e, nas empresas equiparadas segundo o parágrafo único do art. 3º;
>
> II – 20% (vinte por cento), pela função acumulada, tomando-se por base a função melhor remunerada, nas emissoras de potência inferior a 10 (dez) quilowatts e, superior a 1 (um) quilowatt;
>
> III – 10% (dez por cento), pela função acumulada, tomando-se por base a função melhor remunerada, nas emissoras de potência igual ou inferior a 1 (um) quilowatt.

Tese B.2.: Analogia com o adicional por acúmulo de funções previsto no art. 22 da Lei n. 6.533/1978 (Lei dos artistas), que assim dispõe:

> Art. 22. Na hipótese de exercício concomitante de funções dentro de uma mesma atividade, será assegurado ao profissional um adicional mínimo de 40% (quarenta por cento), pela função acumulada, tomando-se por base a função melhor remunerada.
>
> Parágrafo único. E vedada a acumulação de mais de duas funções em decorrência do mesmo contrato de trabalho.

Interessante se notar, no parágrafo único do referido art. 22, a vedação à acumulação de mais de uma função no mesmo contrato de trabalho.[408] Contudo, caso, efetivamente, se constate a acumulação de mais de uma função no mesmo contrato de trabalho, tem-se por imperativo a incidência do adicional para cada função acumulada, somando-os.[409]

Cumpre observar, no entanto, que a análise da definição das funções acumuladas se dá com base em funções com descrição legal, conforme se nota, a título de exemplo, no Quadro Anexo ao Decreto n. 82.385/1978, que regulamenta a Lei n. 6.533/1978 e, no Quadro Anexo ao Decreto n. 84.134/1979, que regulamenta a Lei n. 6.615/1978, e não em outro parâmetro, como atividades descritas na CBO ou avaliação do que seriam "atividades inerentes à função". Tal fato, por não encontrar paralelo nas atividades desempenhadas pelos motoristas profissionais, suscitará discussões no que se refere a quais atividades, desempenhadas por esses profissionais, estariam inseridas

(408) Nesse mesmo sentido, os arts. 49 e 50 do Decreto n. 82.385/1978.

(409) Nesse sentido, Acórdão proferido quando do julgamento de recurso de revista pela 3ª turma do TST, nos autos do processo TST-RR-1461-29.2013.5.03.0006. Nas fls. 1-2 (ementa) do Acórdão, assim assenta o voto proferido pelo Ministro relator: "(...). *In casu*, entendeu o Regional que o autor fazia jus ao adicional por acúmulo de função previsto no art. 22 da Lei n. 6.533/78. Contudo, ainda que demonstrado o exercício concomitante de quatro funções, o TRT confirmou o entendimento da sentença no sentido de ser devido apenas um adicional pelas funções acumuladas. No caso, houve o exercício concomitante de quatro funções (maquinista, eletricista de espetáculos, operador de luz e técnico de som) dentro de uma mesma atividade (técnico de palco). Portanto, considerando a premissa fática de que o autor acumulou quatro funções, é devido o total de três adicionais de 40%, pois, das quatro funções exercidas de forma cumulativa, uma delas já foi remunerada pelo salário contratual, de forma que as outras três são consideradas como 'funções acrescidas'. (...).". A fundamentação de referida tese encontra-se nas fls. 18-27. RR – 1461-29.2013.5.03.0006. Data de Julgamento: 25.5.2016, relator Ministro: Alexandre de Souza Agra Belmonte, 3ª Turma, Data de Publicação: *DEJT* 3.6.2016.

no exercício de sua função e, quais, ensejariam o pagamento de adicional por acúmulo de função, criando incertezas e instabilidades incompatíveis com a segurança jurídica almejada com a regulamentação legal da atividade.

Tese B.3.: Analogia com o adicional do vendedor que realiza, também, as atividades de inspeção e de fiscalização, nos termos do art. 8º da Lei n. 3.207/1957.

Dispõe o referido artigo:

> Art. 8º Quando for prestado serviço de inspeção e fiscalização pelo empregado vendedor, ficará a empresa vendedora obrigada ao pagamento adicional de 1/10 (um décimo) da remuneração atribuída ao mesmo.

Tese B.4.: Pagamento da diferença entre os cargos acumulados para fixar a remuneração das novas atribuições. Nesta hipótese, a existência de quadro de carreira, ou a fixação de um determinado parâmetro de diferenciação, se mostra essencial.

Tese B.5.: Caso inexista parâmetro para a fixação do *quantum* adicional, tampouco seja possível a utilização de quaisquer dos critérios indicados nas teses B.1., B.2., B.3. ou B.4., há que se aplicar o disposto no art. 460 da CLT para garantir o pagamento do salário igual àquele que na mesma empresa "fizer serviço equivalente ou do que for habitualmente pago para serviço semelhante" nos termos do referido preceito legal.

A análise da questão sob a perspectiva meramente *monetizante*, que foca apenas na reparação pecuniária, como contraprestação por um trabalho já realizado, limita-se a solucionar questões pretéritas referentes a uma situação fática já ocorrida, de sorte que insuficiente para oferecer as respostas necessárias.

As peculiaridades da profissão do motorista exigem a superação desta perspectiva meramente reparatória, para adentrar a análise preventiva da compatibilidade biopsicofisiológica, agregando-se à discussão outras questões no que se refere à possibilidade de o trabalhador, efetivamente, realizar a atividade acumulada, sem prejuízo de sua saúde e das regras de segurança, com todos os seus desdobramentos.

Importante consignar que, embora de maneira tímida, e a despeito das discussões que ocorrem no TST, a mudança de mentalidade já vem avançando em diversas searas, provocando até mesmo alteração legal nesse sentido, como evidencia a Lei n. 13.154/2015, quando acrescentou o inciso VII ao art. 252 do Código de Trânsito Brasileiro, cominando penalidade ao condutor que:

> Art. 252. Dirigir o veículo:
>
> VII – *realizando a cobrança de tarifa com o veículo em movimento*:
>
> Infração – média;
>
> Penalidade-multa. (Marcas nossas)

O referido preceito estabelece um dever ao motorista profissional, mas também imputa ao empregador e ao contratante de serviços de transporte a obrigação de organizar as rotas de viagens e a duração do percurso, considerando o tempo a ser despendido com o veículo parado, durante a cobrança de tarifa. Se assim não proceder, não só tornará frágil eventual alegação de desídia, caso o motorista demore tempo maior nas viagens para poder atender ao comando legal e evitar o ato infracional assinalado, como também poderá ser responsabilizado por deixar de propiciar as condições necessárias para o efetivo cumprimento da lei.

14.2.2. Perspectiva traçada pelos conceitos de adequação e compatibilização com a condição pessoal do trabalhador. Superando a análise monetizante

As peculiaridades do exercício da profissão do motorista tornam imperioso transcender a análise estritamente contraprestativa da questão do acúmulo funcional, para focar na interpretação da parte final do parágrafo único do art. 456 da CLT, isto é, no conceito de compatibilidade do serviço a ser acumulado com a "condição pessoal" do trabalhador. Nesse aspecto, o referido preceito também coloca em discussão a compatibilidade biopsicofisiológica do trabalhador com as características do trabalho a ser realizado.

Com efeito, referida perspectiva traz à arena de discussão todos os consequentes desdobramentos do acúmulo funcional, inclusive no que se refere à possibilidade de o trabalhador efetivamente realizar com segurança a atividade acumulada. É o caso da sobrecarga imputada ao motorista que atua no transporte de passageiros, realizar, ao mesmo tempo, a atividade de cobrador, ou no caso de transporte de carga, a exposição do motorista a riscos diversos daqueles inerentes à sua profissão e para os quais não está treinado e habituado, como a exposição ao benzeno(410) durante o carregamento/descarregamento de combustíveis e demais derivados do petróleo,(411) de acompanhamento e participação na operação de carregamento/descarregamento de substâncias químicas diversas,(412) que podem comprometer não só a segurança da operação, mas também sua posterior atuação ao volante. Outra atividade que pode ser citada é o transbordo, armazenamento e manuseio de cargas pesadas como toras de madeira, entre outras, que demandam não só preparação específica para tanto como o conhecimento de máquinas e equipamentos utilizados na operação.

Por isso, quando se trata de acúmulo funcional, a atividade do motorista profissional, por suas próprias características, suscita duas questões principais, quais sejam:

> (i) A necessidade de que sejam fornecidas ao trabalhador as informações e o instrumental adequado para o exercício de sua atividade, notadamente para as funções acumuladas, que devem ter a necessária pertinência temática entre a qualificação ministrada e a atividade que será realizada. Exige-se, aqui, a correlação entre a capacitação e o treinamento do trabalhador com os riscos aos quais ele irá se expor;
>
> (ii) Análise da compatibilidade da acumulação exigida com a condição pessoal do motorista.

(410) Substância reconhecidamente carcinogênica, nos termos da Portaria Interministerial n. 9, de 7 de outubro de 2014 – Publica a Lista Nacional de Agentes Cancerígenos para Humanos (LINACH), como referência para formulação de políticas públicas, na forma do anexo a esta Portaria.

(411) A questão é discutida em inúmeras demandas judiciais, muitas delas oriundas de interdições determinadas por Auditores Fiscais do Trabalho no Estado do Rio Grande do Sul, como são exemplos os Termos de Interdição ns. 30416/044/2011 e 30215/00582013. Exemplo de atuação judicial é a Ação Civil Pública n. 0000002-25.2010.5.04.0020, proposta pelo Ministério Público do Trabalho. As discussões que envolvem a matéria, com menção ao histórico dos debates, podem ser verificadas no Acórdão proferido quando do julgamento do Mandado de Segurança n. 0021157-42.2013.5.04.0000, pela SBDI-1 do TRT-4, impetrado contra decisão do juízo da 3ª Vara do Trabalho de Passo Fundo/RS, nos autos da Ação Cautelar n. 0000468-25.2013.5.04.0663, proposta pela impetrante com o objetivo de suspender os efeitos do Ato de Interdição n. 30215/00582013. Administrativamente, fixou o Ministério do Trabalho posição no sentido de que "No caso do motorista de carga perigosa, é evidente que a atribuição da tarefa de descarregamento do caminhão implica em acréscimo indevido de responsabilidade que extrapola os limites de sua função, sobretudo por se tratar de atividade de risco e que exige conhecimento especializado. As demandas inerentes à sua função (conduzir o veículo pesado portando produtos altamente inflamáveis) já lhe impõem enormes responsabilidades e tensões, especialmente pela possibilidade de ocorrência de acidentes e exposição à violência. Não se afigura razoável impor-lhe outras responsabilidades que fogem à sua formação profissional e experiência, causando-lhe maior desgaste físico e psicológico. Assim, para além de uma questão formal e jurídica, com possíveis reflexos remuneratórios no contrato de trabalho, o acúmulo de funções, nesse caso, representa risco à vida e à saúde dos motoristas e dos demais empregados envolvidos. Isto porque a atividade de descarregamento de combustível expõe os trabalhadores a diversos agentes tóxicos (até mesmo cancerígenos, como o benzeno), ao risco de queda (por envolver atividades realizadas em altura) e ao risco da ocorrência de incêndios e explosões (decorrentes da geração de eletricidade estática).", conforme fl. 4 da Nota Técnica n. 167/2016/CGFIP/DSST/SIT.

(412) Nesse aspecto, são comuns as análises de acidente do trabalho realizadas pela Inspeção do Trabalho, como no caso de trabalhador falecido após sua exposição a ácido sulfúrico. Resumo da análise pode ser acessado pelo sitio do Ministério do Trabalho. Link do resumo: http://portal.mte.gov.br/data/files/8A7C816A48EC2EA40149E8605B6F3640/Morte%20em%20raz%C3%A3o%20de%20queimaduras%20decorrente%20de%20contato%20com%20%C3%A1cido%20sulf%C3%BArico.pdf. Acesso em: 1º jan. 2015. Diversos resumos de análises de acidentes vêm sendo disponibilizados no sítio do Ministério do Trabalho pelo Departamento de Saúde e Segurança do Trabalho (DSST), podendo ser acessados em http://portal.mte.gov.br/segsau/analise-de-aciclentcs-e-doencas-clo- trabalho.htm.

Assim, por exemplo, um motorista devidamente qualificado para o exercício desta profissão pode não ter as condições físicas suficientes para também atuar no carregamento/descarregamento de cargas pesadas.

Assim, o critério posto pelo parágrafo único do art. 456 da CLT, deve ser interpretado sob a perspectiva da especificidade dessa atividade quanto à aferição da possibilidade de acumulação de função estranha à atividade própria do motorista, sabidamente de risco, que exige nível elevado de atenção e constante disposição física e mental, para enfrentar o estresse causado pelo trânsito cada vez mais caótico a que está exposto. Portanto, deve ser analisada com cautela para não contribuir com a precarização das condições de saúde e segurança, não só em detrimento do trabalhador, mas de todos aqueles que com ele compartilham as vias públicas e rodovias.

Logo, o debate não pode ficar restrito apenas à questão da contraprestação eventualmente devida, devendo ser ampliada para a análise da compatibilidade sob uma perspectiva ampla, que considere a condição pessoal do motorista, as exigências específicas da profissão e todo o entorno social em que está inserido, para que se possa manter as condições de saúde e segurança do condutor, que no caso não fica restrita a um determinado ambiente fechado de trabalho, mas envolve a vida e a integridade física de terceiros, que com ele compartilham as vias públicas e rodovias.

A análise dos riscos a que os motoristas estão constantemente expostos, conforme ressaltado neste livro quando tratamos das condições de saúde e segurança do trabalho, leva-nos à conclusão de ser inadequado o acúmulo de função estranha à atividade de direção, característica do motorista profissional.

Com efeito, uma fração de segundo de distração ao volante, para conferir passagem e dar troco a passageiro, por motorista que acumula suas funções com a de cobrador, pode ser suficiente para provocar acidente grave.

A participação e exposição do motorista no carregamento/descarregamento de combustível em caminhões-tanque podem levar a um subsequente estado de letargia e desatenção ao assumir o volante. O carregamento/descarregamento de produtos transportados pode contribuir com a exaustão física, levando aos efeitos nefastos da sonolência e desatenção.

Nesse sentido, o estudo da OIT titularizado por Bruce A. Millies, ao tratar dos riscos da atividade do motorista profissional, que destaca:[(413)]

> Los accidentes de los vehículos a motor constituyen uno de los riesgos más graves con que se enfrentan los conductores de camiones y autobuses. Este riesgo se agrava si el mantenimiento del vehículo no es el adecuado, sobre todo si los neumáticos están desgastados o el sistema de frenos falla. La fatiga provocada por horarios de trabajo prolongados o irregulares o por otros factores de estrés aumenta la probabilidad de accidente. Una velocidad excesiva o el transporte de cargas con pesos superiores a lo aconsejable agravan la situación, al igual que el tráfico denso y las condiciones meteorológicas adversas, que disminuyen la tracción y la visibilidad. (...)
>
> Los conductores afrontan diversos riesgos ergonómicos. Los más obvios son las lesiones de espalda y de otro tipo por levantamiento de grandes pesos o por emplear técnicas de izado inadecuadas. (...)
>
> Con frecuencia, los asientos del conductor están mal diseñados y no disponen de medios de ajuste para mejorar el apoyo y la comodidad en períodos prolongados, lo que da lugar a molestias de espalda y daños musculares y óseos. (...)

(413) Enciclopédia em saúde e segurança do trabalho da Organização Internacional do Trabalho (OIT) 102 – *"Industria del transporte y el almacenamiento"*, Diretor do capítulo LaMont Byrd, que, em seu ponto "Transporte por carretera", Bruce A. Millies, p. 102.25.

> Los conductores corren el riesgo de sufrir pérdidas auditivas por exposición prolongada al fuerte ruido emitido por el motor. (...)
>
> Algunos camioneros están expuestos a riesgos de carácter químico, radiactivo o biológico asociados con la carga que transportan. (...)

Contudo, essa perspectiva ainda se mostra extremamente controvertida em âmbito judicial, bastando para tanto citar Acórdão do TST,(414) proferido em recurso ordinário em dissídio coletivo, em que foi mantida a validade de cláusula de convenção coletiva que previa a acumulação da atividade de direção dos motoristas profissionais do transporte coletivo urbano com a função de cobrador.

A cláusula em questão continha a seguinte redação:

> CLÁUSULA 8ª – GRATIFICAÇÃO DE COBRANÇA. As empresas poderão adotar em suas frotas veículos sem a presença de cobrador, onde o motorista procederá com a cobrança das tarifas aos usuários, em virtude de implementação do sistema de bilhetagem eletrônica e vendas antecipadas dos bilhetes garantindo-se a presença do cobrador em 60% (sessenta por cento) dos veículos.
>
> Parágrafo Primeiro. Ao motorista do veículo que operar sem a presença de cobrador *será assegurada uma gratificação equivalente a 2% (dois por cento) sobre a receita auferida no veículo por ele conduzido.*
>
> Parágrafo Segundo. O Motorista poderá se opor por escrito ao trabalho em veículo sem a presença de cobrador.
>
> Parágrafo Terceiro. Nos sábados, domingos e feriados fica autorizada a operação de veículos sem cobradores.
>
> Parágrafo Quarto. Eventual abuso no exercício de tal direito por parte do empregador será fiscalizado pelo SINTRO/RN, com a participação do SETURN e Setor de Mediação da Superintendência Regional do Trabalho e Emprego do Rio Grande do Norte – SRTE/RN, para deliberarem em conjunto o conflito relacionado ao percentual de frota sem cobrador a ser aplicável nesta empresa. (Marcas nossas)

Vale breve análise do Acórdão, principalmente no que se refere aos argumentos utilizados para se sustentar sua validade, conforme a seguir apresentado:

> Pelo princípio da adequação setorial negociada, as normas autônomas, criadas a partir da negociação entabulada pelos representantes das categorias profissional e patronal, podem prevalecer diante das regras estatais de proteção ao trabalho, *desde que não avancem sobre direitos de indisponibilidade absoluta.*
>
> No caso, a cláusula impugnada autoriza a adoção de veículos sem o empregado cobrador, mas a cobrança da tarifa será executada pelo motorista, por intermédio do sistema de bilhetagem eletrônica e vendas antecipadas de bilhetes.
>
> Diante desses recursos, infere-se que o trabalho do motorista, no que toca à cobrança da tarifa, fica bastante restrito, e, em uma primeira e abstrata análise, não se percebe que a acumulação das funções possa trazer impacto direto à saúde do trabalhador condutor do veículo.
>
> Além disso, a acumulação das tarefas de motorista e cobrador será relativa, *porque essas serão desempenhadas em momentos distintos, uma vez que, seguramente, o motorista somente poderá prestar o serviço de cobrador quando o veículo estiver parado, a exemplo de que ocorre na maioria dos países europeus.*

(414) Acórdão proferido nos Autos do RO-48500-73.2012.5.21.0000, publicado em 06.03.2015. O Acórdão pode ser consultado em: http://www.tst.jus.br/validador> sob o código 1000DA44E2B0466E78. Referido Acórdão, ademais, cita outro precedente, o ROAA – 124500-18.2002.5.12.0000, julgado pela SDC, e com acórdão publicado em 27.05.2005, cuja decisão também validou cláusula admitindo o acúmulo funcional.

No caso, ao contrário do que afirma o recorrente, *não vislumbro* na redação da norma impugnada *afronta às regras estatais de caráter de indisponibilidade absoluta, especificamente, no que concerne à saúde e segurança do trabalho.* (Marcas nossas)

Dos argumentos transcritos, fica clara a valorização da perspectiva *monetizante de matriz reparatória* da acumulação de funções. Isso se dá em dois aspectos principais, quais sejam:

(i) Não vislumbrar o Acórdão qualquer relação entre o acúmulo funcional e a necessidade de preservar as condições de atenção no trânsito, evitando as situações reiteradas de estresse, com os consequentes danos à saúde do condutor e precarização das condições de segurança, num ambiente que envolve também a vida e a integridade física de terceiros (passageiros do veículo e demais motoristas que trafegam pelas mesmas vias), ou seja, sem considerar os efeitos que o acúmulo funcional desencadeia sobre a atividade do motorista profissional, que se reveste de algumas peculiaridades importantes.

Ademais, ao presumir o Acórdão que, "seguramente, o motorista somente poderá prestar o serviço de cobrador quando o veículo estiver parado, a exemplo de que ocorre na maioria dos países europeus", desconsidera que no Brasil a situação fática é muito diferente da Europa e as condições de trabalho do motorista que atua no transporte coletivo urbano são muito mais precárias, atuando sob constante pressão, de modo que não são poucos os que executam a função de cobrador com o veículo em movimento, para poder realizar as viagens no tempo estipulado, apesar do trânsito cada vez mais caótico.(415)

(ii) O Acórdão não apresenta qualquer óbice ao permitir a estipulação de uma remuneração vinculada à "produtividade" do motorista — transportar mais passageiros para receber maior contraprestação, seja pela realização de viagens mais rápidas, seja pela acomodação do máximo possível de passageiros dentro de um mesmo veículo.

A forma como é pactuada a contraprestação obviamente reforça a presunção de que o motorista não negará esforços em realizar a cobrança enquanto dirige, haja vista que, quanto mais produzir, mais receberá. A lógica remuneratória, assim, choca-se frontalmente com a perspectiva da preservação da saúde, podendo também comprometer a segurança do transporte, em dissonância com o preceituado no art. 235-G da Lei n. 13.103/2015 que, nesse particular, apesar de algumas variações, acabou seguindo a diretriz anterior, inaugurada pelo art. 235-G da Lei n. 12.619/2012.

De qualquer sorte, se permitida a acumulação, exsurge inequívoca a obrigação patronal de qualificar o motorista profissional também para a nova atividade que irá desempenhar, seja por treinamentos periódicos, seja pela cientificação do trabalhador quanto aos riscos que estarão envolvidos nessa nova operação.

Trata-se, portanto, de obrigação do empregador prestar informações e fornecer treinamento e condições adequadas ao exercício da nova atividade que o trabalhador está sendo chamado a realizar, além da implementação dos programas de saúde e segurança do trabalho, que deverão considerar os efeitos provocados por essa acumulação.

(415) Vale a observação, aqui, que a Lei n. 13.154/2015, alterando o art. 252 do CTB, inseriu o novo inciso VII, que caracteriza como infração de trânsito "a cobrança de tarifa com o veículo em movimento". Assim, e sob a perspectiva trabalhista, deve eventual infração ser analisada inserida na sistemática com que o serviço é prestado, como, por exemplo, eventuais pressões para cumprimento de itinerários em determinado prazo e a existência de condições gerais para que o trabalho seja prestado adequadamente. O dispositivo em tela, portanto, longe de permitir ou autorizar a cumulação de funções na figura do motorista, indica o quanto temerária é eventual política patronal nesse sentido.

Nesse sentido dispõe o art. 19, § 3º, da Lei n. 8.213/1991, *in verbis*:

> § 3º É dever da empresa prestar informações pormenorizadas sobre os riscos da operação a executar e do produto a manipular.

Entretanto o cumprimento da referida exigência não é salvo-conduto que autorize a exposição a riscos diversos, em decorrência do acúmulo funcional. A afetação de atribuições além daquelas relativas à atividade própria do motorista profissional deve ocorrer de forma excepcional e, apenas se for compatível com sua função primordial e condição pessoal, sem acarretar sobrecarga biopsicofisiológica, pois a função do motorista, por si só, já é considerada atividade de risco.

Nesse passo, interessante a indicação constante do art. 19 do Decreto n. 96.044/1988 que, sob a perspectiva traçada pelas autoridades de trânsito, aprova o "Regulamento para o Transporte Rodoviário de Produtos Perigosos", preceituando que:

> Art. 19. O condutor não participará das operações de carregamento, descarregamento e transbordo da carga, salvo se devidamente orientado e autorizado pelo expedidor ou pelo destinatário, e com a anuência do transportador.

Em interpretação contextualizada com todo o exposto, tem-se que o art. 19 do Decreto n. 96.044/1988 não autoriza a *participação* do motorista nas atividades de risco indicadas, ou seja, sequer pode o motorista profissional encontrar-se no local onde essas atividades estão sendo realizadas.

Contudo, caso haja autorização e anuência para tanto — autorização essa que deve ser baseada não em mera liberalidade, mas sim, em análise das condições de saúde e segurança do local e do trabalhador —, admitir a *participação* do motorista profissional significa apenas permitir o *acompanhamento* da atividade e não a realização efetiva do trabalho. A interpretação é, obviamente, restritiva.

Assim, a aferição da compatibilidade com a condição pessoal e a adequação das atividades acumuladas, com a principal desempenhada pelo motorista profissional, que por si só já envolve risco considerável, deve ser objeto de atenção por parte do empregador quanto à realização de treinamentos, disponibilização de informações e acompanhamento por programas eficazes para a preservação da saúde e segurança no trabalho.

Tal se dá porque o trabalho do motorista profissional é especial, estando regrado agora por estatuto próprio, de sorte que a análise das questões afetas à acumulação de funções deve superar as disposições gerais postas pelo parágrafo único do art. 456 da CLT e considerar que o exercício dessa atividade, por si só, já sujeita o trabalhador a riscos consideráveis, contexto em que a possibilidade de acúmulo funcional deve ser vista com redobradas reservas.

Importante reiterar, por oportuno, que a controvérsia foi pacificada pelo TST.

Ao reafirmar sua jurisprudência e instituir a Consolidação do Sistema de Precedentes Obrigatórios na Justiça do Trabalho, com efeito vinculante, o TST estabeleceu o **Tema n. 128** nos seguintes termos:

> O exercício concomitante da função de cobrador pelo motorista de ônibus urbano não gera direito à percepção de acréscimo salarial.

15

Considerações Finais

Chega-se ao fim da quarta edição deste livro com a convicção de que ainda falta caminhar muito na implementação dos necessários marcos de proteção ao motorista profissional.

Nosso objetivo, mais uma vez, consistiu em enfrentar esses desafios com os olhos voltados para a realidade fática do que efetivamente acontece, traçando observações e examinando as matérias que têm suscitado os debates mais acirrados.

Nesta quarta edição, buscamos intensificar a análise contextualizada das Leis ns. 12.619/2012 e 13.103/2015 com as decisões proferidas pelo STF no julgamento da ADC 58, ADI 5.322 (inclusive os efeitos da modulação fixada na procedência parcial dos embargos declaratórios) e ADPF 381, assim como no Tema 1046, com repercussão geral, e seus impactos na negociação coletiva.

Também examinamos os temas afetos ao motorista profissional estabelecidos com efeito vinculante pelo TST, ao reafirmar sua jurisprudência e instituir a Consolidação do Sistema de Precedentes Obrigatórios na Justiça do Trabalho.

Ao longo deste trabalho, procuramos analisar as novas normas legais sob a perspectiva dos direitos fundamentais postos pela Constituição Federal de 1988, focando os marcos principais do caminho evolutivo que levou à formatação de um estatuto próprio para a categoria dos motoristas profissionais.

Apesar das notórias deficiências, provocadas por retrocessos que certamente serão superados no decorrer do tempo, o novo estatuto dos motoristas profissionais trouxe inequívocos avanços institucionais.

Pontuou, com percuciência, que os novos meios telemáticos e informatizados de comando, controle e supervisão das atividades externas, cuja eficácia foi reconhecida pela Lei n. 12.551/2011, ao alterar o art. 6º da CLT, retiraram o motorista profissional do regramento geral previsto no inciso I, do art. 62 da CLT.

Costurou um imbricamento das questões afetas aos limites de jornada e tempos de descanso, com as normas garantidoras de um meio ambiente de trabalho mais seguro, considerando que o local em que labora o motorista profissional é compartilhado com terceiros, o que lhe confere inequívoca especificidade, a exigir tratamento normativo diferenciado.

Chamou atenção para a importância da precaução para garantir saúde e segurança do trabalho, abrindo também novas perspectivas para a prevenção dos acidentes de trabalho, demonstrando que o direito contemporâneo não pode mais esgotar sua capacidade de atuação apenas na função reparatória do dano já ocorrido. Evidenciou que a intensificação da função promocional do direito se torna cada vez mais imperativa, no sentido do agir antes para evitar a busca posterior pela reparação da lesão já ocorrida.

Valorizou a perspectiva trazida pelo art. 8º da CLT, quando priorizou o interesse público sobre os particulares e de classe, abrindo seu horizonte ao descolar o contrato de trabalho do motorista profissional (subordinado ou autônomo) de uma mera relação comutativa entre os contratantes, impregnando-o do princípio da socialidade ao relacionar a preservação da vida e integridade física dos motoristas com a de terceiros, que com ele atuam no mesmo meio ambiente de trabalho. Assim, resgatou a gênese do direito trabalhista, comprometido com a edificação de vasos comunicantes entre a justiça comutativa e a justiça distributiva, conferindo-lhe novo perfil.

Ao agregar o princípio da solidariedade ao princípio da proteção, desafiando-o a atingir outro patamar, veio conferir uma nova dimensão aos direitos fundamentais, ultrapassando o contorno meramente individual para alçar a perspectiva do entorno social que lhe é subjacente, enfoque que se revela imprescindível em uma sociedade que atua em rede, cada vez mais interconectada.

Como procuramos demonstrar ao longo deste trabalho, as leis que criaram um estatuto próprio para o motorista profissional focaram na preservação da higidez física e mental para assegurar os primados da saúde e segurança, diretriz estabelecida pelos direitos fundamentais constitucionais e reiterada pela Emenda Constitucional n. 82 de 2014, ao acrescentar o § 10 ao art. 144 da Carta de 1988, reconhecendo a importância da segurança viária para a preservação da incolumidade das pessoas nas vias públicas.

O movimento neoconstitucionalista, desencadeado entre nós pela Carta de 1988, veio desmistificar o modelo teórico idealizado, para focar no cotidiano de um cidadão concreto e situado em determinadas condicionantes históricas, sociais e econômicas. Desse novo desenho deriva o lugar especial dedicado aos direitos fundamentais, nos quais integrou os direitos trabalhistas, como pedra angular do sistema normativo nacional.

Agradecemos às pessoas leitoras pela disposição em acompanhar este trabalho, que jamais buscou apresentar soluções prontas e acabadas. Pelo contrário, sempre procurou demonstrar a complexidade e multifacetariedade de cada um dos temas abordados, aguçando o espírito crítico, cada vez mais necessário para que se possa obter a maturidade da análise e a consequente concretização dos direitos fundamentais trabalhistas, sob o espírito republicano que caracteriza um Estado Democrático de Direito.

16

Referências Bibliográficas

ALEXY, Robert. *Teoria dos Direitos Fundamentais.* 2. ed., 4. tir. São Paulo: Malheiros Editores, 2015. Tradução Virgílio Afonso da Silva.

ARAÚJO, Luiz Alberto David. *Temas relevantes de direito material e processual do trabalho:* estudos em homenagem ao Professor Pedro Paulo Teixeira Manus. São Paulo: LTr, 2000.

ALVIM, J. E. Carreira. Desvendando uma incógnita: a tutela antecipada antecedente e sua estabilização no novo Código de Processo Civil. *Revista de Processo MP/SP*, São Paulo, ano 41, vol. 259, set. 2016.

BOBBIO, Norberto. *Da estrutura à função:* novos estudos da teoria do direito. São Paulo: Manole, 2007. Tradução de Daniela Beccaccia Versiaani; revisão técnica de Orlando Seixas Bechara, Renata Nagamine.

BONAVIDES, Paulo. *Curso de Direito Constitucional.* 8. ed. São Paulo: Malheiros, 1999.

CAMPILONGO, Celso Fernandes. *Interpretação do Direito e movimentos sociais.* Rio de Janeiro: Elsevier, 2012.

CANOTILHO, José Joaquim Gomes. Os métodos do achamento político. In: CANOTILHO, J. J. Gomes; MENDES, Gilmar F; SARLET, Ingo W; STRECK, Lenio L. (Coords.). *Comentários à Constituição do Brasil.* São Paulo: Saraiva/Almedina, 2013.

CASTRO, Maria do Perpétuo Socorro Wanderley de. O conceito de tempo de sobreaviso e as tecnologias da comunicação. *Revista do Tribunal Superior do Trabalho*, v. 78, 2012.

DELGADO, Mauricio Godinho. *Curso de Direito do Trabalho.* 11. ed. São Paulo: LTr, 2012.

______. *Curso de Direito do Trabalho.* 17. ed. São Paulo: LTr, 2018.

DERANI, Cristiane. *Direito Ambiental Econômico.* 3. ed. São Paulo: Saraiva, 2008.

Enciclopédia em saúde e segurança do trabalho da Organização Internacional do Trabalho (OIT) 102 — "*Industria del transporte y el almacenamiento*", Diretor do capítulo LaMont Byrd, ponto "*Transporte por carretera*", Bruce A. Millies.

DWORKIN, Ronald. *A raposa e o porco-espinho:* justiça e valor. São Paulo: WMF Martins Fontes, 2014. Tradução Marcelo Brandão Cipolla.

FONSECA, Ricardo Tadeu Marques da. *Lapidação dos direitos humanos:* o direito do trabalho, uma ação afirmativa. São Paulo: LTr, 2007.

______. O trabalho protegido do portador de deficiência. *Revista da Faculdade de Direito de São Bernardo do Campo*, São Bernardo do Campo, vol. 7, 2001.

______. Os efeitos da 8ª Convenção Internacional da ONU e o acesso ao mercado de trabalho para as pessoas com deficiência. *Revista de Direito do Trabalho*, São Paulo: RT, v. 128/2007, p. 390-396, out./dez. 2007.

GARCIA, Gustavo Filipe Barbosa. *Curso de Direito do Trabalho.* 5. ed. Rio de Janeiro: Forense, 2011.

______. *Curso de Direito do Trabalho.* 6. ed. Rio de Janeiro: Forense, 2012.

GEMIGNANI, Daniel; GEMIGNANI, Tereza Aparecida Asta. Meio ambiente de trabalho. Precaução e prevenção. Princípios norteadores de um novo padrão normativo. *Revista do Tribunal Regional do Trabalho da Décima Quinta Região*, v. 40, 2012.

______. *Fair play on the negotiate table: heading to a self-regulated model.* Trabalho apresentado na 7ª ILERA – Regional Congress of the Americas and 5ª – IBRET – Instituto Brasileiro de Relações do Emprego e

Trabalho – *Conference*, realizado em São Paulo, em 2011. O texto completo apresenta-se sob o título: *Fair play* nas negociações coletivas: rumo a um sistema normativo mais republicano, e está disponível em: http://www.ibret.org.br/ui/evento/anais/cdirca/trabalhos/2919.pdf.

______. A nova Lei n. 12.619/2012 que disciplina a profissão de motorista: questões controversas. *Revista do Tribunal Regional do Trabalho da 15ª Região*, v. 41, 2012.

______. *Direito constitucional do trabalho:* da análise dogmática à concretização de questões polêmicas. São Paulo: LTr, 2014.

______. As ações anulatórias e a reforma trabalhista: uma leitura constitucional. In: MARTINEZ, Luciano *et al* (Org.). *Curso de Direito Processual do Trabalho*. São Paulo: LTr, no prelo.

______. Neocorporativismo x neoconstitucionalismo: um debate sindical contemporâneo. *Revista Bonijuris*, Curitiba, n. 611, out. 2014.

GEMIGNANI, Daniel. *O federalismo brasileiro sob perspectiva funcional:* condomínio legislativo e proteção dos direitos humanos. Brasília: ESMPU, 2023. Disponível em: https://escola.mpu.mp.br/publicacoes/obras-avulsas/e-books-esmpu/o-federalismo-brasileiro-sob-perspectiva-funcional-condominio-legislativo-e-protecao-dos-direitos-humanos. Acesso em: 20 dez. 2023.

GOMES, Ana Virginia; PRADO, Mariana Mota. Flawed freedom of association in Brazil: how unions can become an obstacle to meaningful reforms in the labor Law system. *Comparative Labor Law & Policy Journal*, v. 32:843.

GUGEL, Maria Aparecida. O mundo do trabalho e as pessoas com deficiência. In: RAMOS, André de Carvalho; GONZAGA, Eugênia Augusta; MEDEIROS, Jorge Luiz Ribeiro de (Orgs.). *Ministério público, sociedade e a lei brasileira de inclusão da pessoa com deficiência*. Brasília: ESMPU, 2018. p. 227-302.

GUIGER, Rafael. *Análise de programas de gestão de saúde e segurança do trabalhador adaptados às pessoas com deficiência.* Apresentado como trabalho de conclusão no curso de Especialização em Gestão em Saúde e Segurança do Trabalhador da Universidade Federal do Rio Grande do Sul. Porto Alegre: 2014.

Guia de Análise de Acidentes. Ministério do Trabalho e Emprego, Secretaria de Inspeção do Trabalho. 2010.

JEAMMAUD, Antoine; REZENDE, Joaquim; FRAGALE FILHO, Roberto. *Trabalho, cidadania & magistratura*. Rio de Janeiro: Edições Trabalhistas, 2000.

LEIRIA, Maria de Lourdes. Comentários sobre a Lei n. 12.619, de 30 de abril de 2012 e o exercício da profissão de motorista profissional. *Revista LTr*, v. 76, n. 9, 07, jul. 2012.

LEIRIA, Maria de Lourdes. Riscos da insegurança no meio ambiente do trabalho e custos decorrentes. *Revista LTr*, São Paulo, v. 78, n. 04, 2014.

LEME MACHADO, Paulo Affonso. *Direito Ambiental Brasileiro*. São Paulo: Malheiros Editores, 2006.

MARINONI, Luiz Guilherme. Eficácia Temporal da revogação da jurisprudência consolidada dos Tribunais Superiores. São Paulo: *Revista dos Tribunais*, ano 100, v. 906, abr. 2011.

______. *Tutela Inibitória:* individual e coletiva. 5. ed. São Paulo: Revista dos Tribunais, 2012.

MARINONI, Luiz Guilherme; ARENHART, Sérgio Cruz. *Processo Cautelar* — Curso de Processo Civil. v. 4, 6. ed. São Paulo: Revista dos Tribunais, 2014.

MARINONI, Luiz Guilherme; ARENHART, Sérgio Cruz; MITIDIERO, Daniel. *Novo Curso de processo civil*: tutela dos direitos mediante procedimento comum. vol. II. São Paulo: Revista dos Tribunais, 2015.

MARQUES, Cláudia Lima. *Diálogo das fontes:* do conflito à coordenação de normas do direito brasileiro. São Paulo: Revista dos Tribunais, 2012.

MAZZUOLI, Valério de Oliveira. *O controle jurisdicional da convencionalidade das leis*. 2. ed. São Paulo: Revista dos Tribunais, 2011.

MELLO, Celso Antonio Bandeira de. *O conteúdo jurídico do princípio da igualdade*. 3. ed., 21 tir. São Paulo: Malheiros Editores, 2012.

MENDES, Gilmar Ferreira. *Direitos Fundamentais e controle da constitucionalidade* — estudos de direito constitucional. 3. ed. São Paulo: Saraiva, 2004.

MENDES, Rodrigo Hübner. Ciladas da dicotomia entre inclusão e aprendizagem. In: RAMOS, André de Carvalho; GONZAGA, Eugênia Augusta; MEDEIROS, Jorge Luiz Ribeiro de (Orgs.). *Ministério público, sociedade e a lei brasileira de inclusão da pessoa com deficiência*. Brasília: ESMPU, 2018. p. 221-234.

MORAES, Paulo Douglas Almeida de. Abordagem holística sobre nova regulamentação da profissão do motorista (Lei n. 12.619/2012). *Jus Navigandi*, Teresina, ano 17, n. 3331, 14 ago. 2012. Disponível em: http://jus.com.br/revista/texto/22405. Acesso em: 20 ago. 2012.

NASSAR, Rosita de Nazaré Sidrim. A visita à família e o direito à saúde do empregado. *Revista LTr*, v. 78, n. 04, abr. 2014.

NAVARRO, Marcelo Julio. *Derecho Administrativo laboral*. Policía del trabajo. Actuación de la administración publica en el âmbito de las relaciones de trabajo. Santa Fé: Rubinzal-Culzoni Editores, 2010.

NEIVA BELCHIOR, Germana Parente. *Hermenêutica Jurídica Ambiental*. São Paulo: Saraiva, 2011.

PASSOS, André; PASSOS, Edésio; LUNARD, Sandro (Orgs.). *Motorista Profissional:* Aspectos da Lei n. 12.619/2012 — elementos da legislação trabalhista e de trânsito. São Paulo: LTr, 2013.

______. *Motorista profissional:* aspectos críticos e apontamentos de inconstitucionalidade da Lei n. 13.103/2015: com remissões à Lei n. 12.619/2012, 3. ed. São Paulo: LTr, 2017.

PASSOS, Edésio; PASSOS, André; NICOLADELI, Sandro Lunard; NASCIMENTO, Giovani. Normatização do ato de dirigir por trabalhador subordinado. In: PASSOS, André; PASSOS, Edésio; LUNARD, Sandro (Orgs.). *Motorista Profissional:* Aspectos críticos à Lei n. 13.103/2015: Análise do novo referencial normativo, com remissões à Lei n. 12.619/2012, 2. ed. São Paulo: LTr, 2015.

POZZOLO, Paulo Ricardo. Enquadramento sindical e destinatários da Lei n. 12.619/12 — com referências à nova regulamentação do Ministério do Trabalho e Emprego sobre o registro das entidades sindicais, Portaria MTE n. 326, de 1º.3.2013. In: PASSOS, André; PASSOS, Edésio; LUNARD, Sandro (Orgs.). *Motorista Profissional:* Aspectos da Lei n. 12.619/2012 — elementos da legislação trabalhista e de trânsito. São Paulo: LTr, 2013.

OLIVEIRA NETO, Alberto Emiliano de. Ação civil pública trabalhista com pedido constitutivo negativo (declaração de nulidade). *Boletim Científico ESMPU*, Brasília, ano 12, n. 40, p. 11-30, jan./jun. 2013.

PEREIRA, Ricardo José Macedo de Britto. *Ação Civil Pública no Processo do Trabalho*. Salvador: JusPodivm, 2015.

ROCHA, Carmen Lucia Antunes. *Ação afirmativa:* o conteúdo democrático do princípio da igualdade jurídica. São Paulo: Malheiros, 1996.

SARMENTO, Daniel; GOMES, Fábio Rodrigues. A eficácia dos direitos fundamentais nas relações entre particulares: o caso das relações de trabalho. *Revista TST*, São Paulo: Lex Magister, v. 77, n. 4, out./dez. 2011.

SASSAKI, Romeu Kazumi. *Inclusão:* construindo uma sociedade para todos. Rio de Janeiro: WVA, 1997.

SELIGMANN SILVA, Edith. *Trabalho e desgaste mental* — o direito de ser dono de si mesmo. São Paulo: Cortez Editora, 2011.

SEN, Amartya. *Desenvolvimento como liberdade*. São Paulo: Companhia das Letras, 2010. Tradução Laura Teixeira Motta. Rev. Tec. Ricardo Doninelli Mendes.

SANTOS, Ronaldo Lima dos. *Teoria das normas coletivas*. 2. ed. São Paulo: LTr, 2009.

SILVA, José Afonso da. *Comentário contextual à Constituição*. São Paulo: Malheiros, 2005.

SOARES, José Batista Berthier Leite. O trabalho na Constituição da República Federativa do Brasil de 1988 – reflexões de um procurador do trabalho. In: *Estudos Aprofundados Ministério Público do Trabalho*. 2. ed. Salvador: JusPodivm, 2013.

SILVA, José Antonio Ribeiro de Oliveira. Lei do motorista profissional: tempo de trabalho, tempos de descanso e tempo de direção. *Revista do Tribunal Regional do Trabalho da 15ª Região*, vol. 41, 2012.

TEPEDINO, Gustavo. *Comentários ao novo Código Civil*. V. X. Rio de Janeiro: Forense, 2008. Coordenador Sálvio de Figueiredo Teixeira.

TEPEDINO, Gustavo. *Temas de Direito Civil*, tomo II. Rio de Janeiro: Renovar, 2006.

TORMENA, Keyla; VASCONCELOS, Lívia. Excesso de jornada põe vidas em risco — motoristas correm contra o tempo e extrapolam a jornada legal. *LABOR, Revista do Ministério Público do Trabalho*, ano I, n. 1, 2013.

TORRES, Ricardo Lobo. *Curso de direito financeiro e tributário*. 15. ed. Rio de Janeiro: Renovar, 2008.

VASCONCELOS, Fernando Donato. Atuação do Ministério do Trabalho na fiscalização das condições de segurança e saúde dos trabalhadores, Brasil, 1996-2012. *Revista Brasileira de Saúde Ocupacional*, v. 39, p. 86-100, 2014.

ZAGREBELSKY, Gustavo. *Il diritto mite*. Turim: Einaudi, 1992.

17

Quadro Sinótico — Comparativo entre as Leis ns. 12.619/2012 e 13.103/2015

Neste quadro optamos por marcar as alterações em negrito, a fim de possibilitar uma melhor visualização das mudanças ocorridas. Ao lado, em coluna apartada, foram feitos comentários gerais, expondo de forma sucinta as posições que foram objeto de análises detalhadas ao longo desta obra.

Registra-se que o foco da presente tabela é o cotejo das alterações existentes, entre as Leis ns. 12.619/2012 e 13.103/2015. A interpretação da Lei n. 13.103/2015, exposta de forma sucinta, encontra-se na tabela respectiva.

Lei n. 12.619/2012	Leis ns. 13.103/2015 e 13.154/2015	Observações
	Lei n. 13.103/2015	
	Art. 1º da Lei n. 13.103/2015	
Art. 1º É livre o exercício da profissão de motorista profissional, atendidas as condições e qualificações profissionais estabelecidas nesta Lei. Parágrafo único. Integram a categoria profissional de que trata esta Lei os motoristas profissionais de veículos automotores cuja condução exija formação profissional e que exerçam a atividade mediante vínculo empregatício, nas seguintes atividades ou categorias econômicas: I - transporte rodoviário de passageiros; II - transporte rodoviário de cargas; III - (VETADO); IV - (VETADO).	Art. 1º É livre o exercício da profissão de motorista profissional, atendidas as condições e qualificações profissionais estabelecidas nesta Lei. Parágrafo único. Integram a categoria profissional de que trata esta Lei os motoristas de veículos automotores cuja condução exija formação profissional e que exerçam a profissão nas seguintes atividades ou categorias econômicas: I - de transporte rodoviário de passageiros; II - de transporte rodoviário de cargas.	Apesar de constar do art. 21 da Lei n. 13.103/2015 que o art. 1º da Lei n. 12.619/2012 foi revogado, o novo texto, contudo, não promoveu alterações na redação, como se pode observar pelo cotejo dos dois preceitos. Mantém-se a aplicação ampla da regulamentação.
	Art. 2º da Lei n. 13.103/2015	
Art. 2º São direitos dos motoristas profissionais, além daqueles previstos no Capítulo II do Título II e no Capítulo II do Título VIII da Constituição Federal:	Art. 2º São direitos dos motoristas profissionais de que trata esta Lei, sem prejuízo de outros previstos em leis específicas:	Art. 2º da Lei n. 12.619/2012 foi revogado pela Lei n. 13.103/2015. A exclusão da referência a "além daqueles previstos no Capítulo II do Título II e no Capítulo II do Título VIII da Constituição Federal" não deve ser interpretada como um descolamento dos preceitos constitucionais garantidores dos direitos fundamentais.

Lei n. 12.619/2012	Leis ns. 13.103/2015 e 13.154/2015	Observações
I – ter acesso gratuito a programas de formação e aperfeiçoamento profissional, em cooperação com o poder público.	I – ter acesso gratuito a programas de formação e aperfeiçoamento profissional, **preferencialmente mediante cursos técnicos e especializados previstos no inciso IV do art. 145 da Lei n. 9.503, de 23 de setembro de 1997 — Código de Trânsito Brasileiro, normatizados pelo Conselho Nacional de Trânsito — CONTRAN,** em cooperação com o poder público;	Inclusão da preferência por cursos normatizados pelo CONTRAN.
II – contar, por intermédio do Sistema Único de Saúde — SUS, com atendimento profilático, terapêutico e reabilitador, especialmente em relação às enfermidades que mais os acometam, consoante levantamento oficial, respeitado o disposto no art. 162 da Consolidação das Leis do Trabalho — CLT, aprovada pelo Decreto-lei n. 5.452, de 1º de maio de 1943;	II – contar, por intermédio do Sistema Único de Saúde — SUS, com atendimento profilático, terapêutico, reabilitador, especialmente em relação às enfermidades que mais os acometam;	Exclusão da remissão a levantamento oficial e ao art. 162 da CLT, o qual traz a precisão do denominado Serviço Especializado em Segurança e Medicina do Trabalho (SESMT), regulamentado pela Norma Regulamentadora n. 4/MTE.
IV – receber proteção do Estado contra ações criminosas que lhes sejam dirigidas no efetivo exercício da profissão;	III – receber proteção do Estado contra ações criminosas que lhes sejam dirigidas no exercício da profissão;	Além da proteção do Estado, cabe ao empregador arcar com a contratação de um seguro. Ver art. 2º, inciso V alínea "c" da Lei n. 13.103/2015
	IV – contar com serviços especializados de medicina ocupacional, prestados por entes públicos ou privados à sua escolha;	
	V – se empregados:	
III – não responder perante o empregador por prejuízo patrimonial decorrente da ação de terceiro, ressalvado o dolo ou a desídia do motorista, nesses casos mediante comprovação, no cumprimento de suas funções;	a) não responder perante o empregador por prejuízo patrimonial decorrente da ação de terceiro, ressalvado o dolo ou a desídia do motorista, nesses casos mediante comprovação, no cumprimento de suas funções;	Mantém os requisitos estabelecidos para a imputação da responsabilidade profissional.
V – jornada de trabalho e tempo de direção controlados de maneira fidedigna pelo empregador, que poderá valer-se de anotação em diário de bordo, papeleta ou ficha de trabalho externo, nos termos do § 3º do art. 74 da Consolidação das Leis do Trabalho — CLT, aprovada pelo Decreto-lei n. 5.452, de 1º de maio de 1943, ou de meios eletrônicos idôneos instalados nos veículos, a critério do empregador.	b) ter jornada de trabalho controlada e registrada de maneira fidedigna mediante anotação em diário de bordo, papeleta ou ficha de trabalho externo, ou sistema e meios eletrônicos instalados nos veículos, a critério do empregador;	Embora não haja referência expressa ao tempo de direção, entende-se que não houve qualquer exclusão desta exigência, ante a necessária interpretação sistemática deste preceito com o disposto no § 2º do art. 67-E do CTB, aplicável a todos os motoristas, conforme redação que lhe conferiu a Lei n. 13.103/2015.

Lei n. 12.619/2012	Leis ns. 13.103/2015 e 13.154/2015	Observações
Parágrafo único. Aos profissionais motoristas empregados referidos nesta Lei é assegurado o benefício de seguro obrigatório, custeado pelo empregador, destinado à cobertura dos riscos pessoais inerentes às suas atividades, no valor mínimo correspondente a 10 (dez) vezes o piso salarial de sua categoria ou em valor superior fixado em convenção ou acordo coletivo de trabalho.	c) ter benefício de seguro de contratação obrigatória assegurado e custeado pelo empregador, destinado à cobertura **de morte natural, morte por acidente, invalidez total ou parcial decorrente de acidente, traslado e auxílio para funeral referentes às suas atividades**, no valor mínimo correspondente a 10 (dez) vezes o piso salarial de sua categoria ou valor superior fixado em convenção ou acordo coletivo de trabalho.	O dispositivo traz hipóteses de cobertura para além dos "riscos pessoais inerentes às suas atividades" como previa a lei anterior, conferindo maior proteção ao trabalhador.
	Art. 3º Aos motoristas profissionais dependentes de substâncias psicoativas é assegurado o pleno atendimento pelas unidades de saúde municipal, estadual e federal, no âmbito do Sistema Único de Saúde, podendo ser realizados convênios com entidades privadas para o cumprimento da obrigação.	Relacionados a esta matéria, ver o art. 13, 235-B, inciso VII e parágrafo único da Lei n. 13.103/2015. Ver também arts. 168 da CLT e 148-A do CTB.
	Art. 9º da Lei n. 13.103/2015	
Art. 9º As condições sanitárias e de conforto nos locais de espera dos motoristas de transporte de cargas em pátios do transportador de carga, embarcador, consignatário de cargas, operador de terminais de carga, operador intermodal de cargas ou agente de cargas, aduanas, portos marítimos, fluviais e secos e locais para repouso e descanso, para os motoristas de transporte de passageiros em rodoviárias, pontos de parada, de apoio, alojamentos, refeitórios das empresas ou de terceiros terão que obedecer ao disposto nas Normas Regulamentadoras do Ministério do Trabalho e Emprego, dentre outras.	Art. 9º As condições de **segurança**, sanitárias e de conforto nos locais de espera, **de repouso e de descanso** dos motoristas profissionais de transporte rodoviário de passageiros e rodoviário de cargas terão que obedecer ao disposto em **normas regulamentadoras pelo ente competente**. § 1º É vedada a cobrança ao motorista **ou ao seu empregador** pelo uso ou permanência em locais de espera sob a responsabilidade de: I – transportador, embarcador ou consignatário de cargas; II – operador de terminais de cargas; III – aduanas; IV – portos marítimos, **lacustres**, fluviais e secos; **V – terminais ferroviários, hidroviários e aeroportuários.** § 2º Os locais de repouso e descanso dos motoristas profissionais serão, entre outros, em: I – estações rodoviárias; II – pontos de parada e de apoio; III – alojamentos, hotéis ou pousadas; IV – refeitórios das empresas ou de terceiros; V – postos de combustíveis. § 3º Será de livre iniciativa a implantação de locais de repouso e descanso de que trata este artigo.	O art. 9º da Lei n. 12.619/2012 foi revogado pelo art. 21 da Lei n. 13.103/2015, que trouxe nova redação ao art. 9º, ampliando o regramento da matéria correlata nos arts. 10,11e 12, que com este devem ser conjuntamente analisados.

Lei n. 12.619/2012	Leis ns. 13.103/2015 e 13.154/2015	Observações
	§ 4º A estrita observância às Normas Regulamentadoras do Ministério do Trabalho e Emprego, no que se refere aos incisos II, III, IV e V do § 2º, será considerada apenas quando o local for de propriedade do transportador, do embarcador ou do consignatário de cargas, bem como nos casos em que esses mantiverem com os proprietários destes locais contratos que os obriguem a disponibilizar locais de espera e repouso aos motoristas profissionais.	
	Art. 10 da Lei n. 13.103/2015	
	Art. 10. O poder público adotará medidas, no prazo de até 5 (cinco) anos a contar da vigência desta Lei, para ampliar a disponibilidade dos espaços previstos no art. 9º, especialmente: **I - a inclusão obrigatória de cláusulas específicas em contratos de concessão de exploração de rodovias, para concessões futuras ou renovação;** **II - a revisão das concessões de exploração das rodovias em vigor, de modo a adequá-las à previsão de construção de pontos de parada de espera e descanso, respeitado o equilíbrio econômico-financeiro dos contratos;**	
	III - a identificação e o cadastramento de pontos de paradas e locais para espera, repouso e descanso que atendam aos requisitos previstos no art. 9º desta Lei; **IV - a permissão do uso de bem público nas faixas de domínio das rodovias sob sua jurisdição, vinculadas à implementação de locais de espera, repouso e descanso e pontos de paradas, de trevos ou acessos a esses locais;** **V - a criação de linha de crédito para apoio à implantação dos pontos de paradas.** **Parágrafo único. O poder público apoiará ou incentivará, em caráter permanente, a implantação pela iniciativa privada de locais de espera, pontos de parada e de descanso.**	

Lei n. 12.619/2012	Leis ns. 13.103/2015 e 13.154/2015	Observações
	Arts. 11 e 12 da Lei n. 13.103/2015	
	Art. 11. Atos do órgão competente da União ou, conforme o caso, de autoridade do ente da federação com circunscrição sobre a via publicarão a relação de trechos das vias públicas que disponham de pontos de parada ou de locais de descanso adequados para o cumprimento desta Lei. § 1º **A primeira relação dos trechos das vias referidas no *caput* será publicada no prazo de até 180 (cento e oitenta) dias a contar da data da publicação desta Lei.** § 2º **As relações de trechos das vias públicas de que trata o *caput* deverão ser ampliadas e revisadas periodicamente.** § 3º **Os estabelecimentos existentes nas vias poderão requerer no órgão competente com jurisdição sobre elas o seu reconhecimento como ponto de parada e descanso.** **Art. 12. O disposto nos** §§ 2º e 3º do art. 235-C **do Capítulo I do Título III da Consolidação das Leis do Trabalho — *CLT*, aprovada pelo Decreto-lei n. 5.452, de 1º de maio de 1943, e no *caput e nos §§ 1º e 3º do art. 67-C* do Capítulo III-A da Lei n. 9.503, de 23 de setembro de 1997 - *Código de Trânsito Brasileiro*, produzirá efeitos:** **I - a partir da data da publicação dos atos de que trata o art. 11, para os trechos das vias deles constantes;** **II - a partir da data da publicação das relações subsequentes, para as vias por elas acrescidas.**	**Há que se analisar, conjuntamente, os arts. 11 e 12.** **Aplicação restrita aos arts.** 235-C, §§ 2º e 3º da CLT que trata do Intervalo intrajornada mínimo de 1 (uma) hora e intervalo interjornada de 11 (onze) horas e 67-C, §§ 1º e 3º do CTB, que trata do tempo de descanso de 30 (trinta) minutos de descanso para o motorista profissional que se ativa no transporte de carga e intervalo interjornada de 11 (onze) horas. Durante os primeiros 180 (cento e oitenta) dias, a fiscalização terá caráter informativo e educativo. Em 180 (cento e oitenta) dias deverá ocorrer a publicação da primeira lista de locais de parada adequados. Periodicamente, novas listas deverão ser apresentadas e, neste novos locais, a cumprimento dos intervalos excepcionados será imediato.
	Parágrafo único. Durante os primeiros 180 (cento e oitenta) dias de sujeição do trecho ao disposto na Consolidação das Leis do Trabalho — CLT, aprovada pelo Decreto-lei n. 5.452, de 1º de maio de 1943, e na Lei n. 9.503, de 23 de setembro de 1997 — Código de Trânsito Brasileiro, com as alterações constantes desta Lei, *a fiscalização do seu cumprimento será meramente informativa e educativa.*	

<table>
<tr><th>Lei n. 12.619/2012</th><th>Leis ns. 13.103/2015 e 13.154/2015</th><th>Observações</th></tr>
<tr><td colspan="3">Art. 13 da Lei n. 13.103/2015</td></tr>
<tr><td></td><td>Art. 13. O exame toxicológico com janela de detecção mínima de 90 (noventa) dias de que tratam o art. 148-A da Lei n. 9.503, de 23 de setembro de 1997 - Código de Trânsito Brasileiro, os §§ 6º e 7º do art. 168 e o inciso VII do art. 235-B da Consolidação das Leis do Trabalho — CLT, aprovada pelo Decreto-lei n. 5.452, de 1º de maio de 1943, será exigido:
I - em 90 (noventa) dias da publicação desta Lei, para a renovação e habilitação das categorias C, D e E;
II - em 1 (um) ano a partir da entrada em vigor desta Lei, para a admissão e a demissão de motorista profissional;
III - em 3 (três) anos e 6 (seis) meses a partir da entrada em vigor desta Lei, para o disposto no § 2º do art. 148-A da Lei n. 9.503, de 23 de setembro de 1997;
IV - em 2 (dois) anos e 6 (seis) meses a partir da entrada em vigor desta Lei, para o disposto no § 3º do art. 148-A da Lei n. 9.503, de 23 de setembro de 1997.
Parágrafo único. Caberá ao CONTRAN estabelecer adequações necessárias ao cronograma de realização dos exames.</td><td>Relacionados a esta matéria os arts. 3º da Lei n. 13.103/2015 235-B, inciso VII e parágrafo único inseridos na CLT pela Lei n. 13.103/2015.
168 da CLT.
148-A do CTB.</td></tr>
<tr><td colspan="3">Art. 14 da Lei n. 13.103/2015</td></tr>
<tr><td>Sem correspondência.</td><td>Art. 14. Decorrido o prazo de 3 (três) anos a contar da publicação desta Lei, os seus efeitos dar-se-ão para todas as vias, independentemente da publicação dos atos de que trata o art. 11 ou de suas revisões.</td><td></td></tr>
<tr><td colspan="3">Art. 15 da Lei n. 13.103/2015</td></tr>
<tr><td></td><td>Art. 15. A Lei n. 11.442, de 5 de janeiro de 2007, passa a vigorar com as seguintes alterações:
Art. 4º.
§ 3ºSem prejuízo dos demais requisitos de controle estabelecidos em regulamento, é facultada ao TAC a cessão de seu veículo em regime de colaboração a outro profissional, assim denominado TAC - Auxiliar, não implicando tal cessão a caracterização de vínculo de emprego. § 4º O Transportador</td><td>Regulamenta a cessão de veículo ao TAC — Auxiliar, sem vínculo de emprego.</td></tr>
</table>

Lei n. 12.619/2012	Leis ns. 13.103/2015 e 13.154/2015	Observações
	Autônomo de Cargas Auxiliar deverá contribuir para a previdência social de forma idêntica à dos Transportadores Autônomos. § 5º As relações decorrentes do contrato estabelecido entre o Transportador Autônomo de Cargas e seu Auxiliar ou entre o transportador autônomo e o embarcador não caracterizarão vínculo de emprego. (NR) Art. 5º-A O pagamento do frete do transporte rodoviário de cargas ao Transportador Autônomo de Cargas — TAC deverá ser efetuado por meio de crédito em conta mantida em instituição integrante do sistema financeiro nacional, inclusive poupança, ou por outro meio de pagamento regulamentado pela Agência Nacional de Transportes Terrestres — ANTT, à critério do prestador do serviço. § 7º As tarifas bancárias ou pelo uso de meio de pagamento eletrônico relativas ao pagamento do frete do transporte rodoviário de cargas ao Transportador Autônomo de Cargas — TAC correrão à conta do responsável pelo pagamento. (NR) Art. 11. § 5º O prazo máximo para carga e descarga do Veículo de Transporte Rodoviário de Cargas será de 5 (cinco) horas, contadas da chegada do veículo ao endereço de destino, após o qual será devido ao Transportador Autônomo de Carga — TAC ou à ETC a importância equivalente a R$ 1,38 (um real e trinta e oito centavos) por tonelada/hora ou fração. § 6º A importância de que trata o § 5º será atualizada, anualmente, de acordo com a variação do Índice Nacional de Preços ao Consumidor — INPC, calculado pela Fundação Instituto Brasileiro de Geografia e Estatística — IBGE ou, na hipótese de sua extinção, pelo índice que o suceder, definido em regulamento. § 7º Para o cálculo do valor de que trata o § 5º, será considerada a capacidade total de transporte do veículo. § 8º Incidente o pagamento relativo ao tempo de espera, este deverá ser calculado a partir da hora de chegada na procedência ou no destino. § 9º O embarcador e o destinatário da carga são obrigados a fornecer ao transportador documento hábil a comprovar o horário de chegada do caminhão nas dependências dos respectivos estabelecimentos, sob pena de serem punidos com multa a ser aplicada pela Agência Nacional de Transportes Terrestres — ANTT, que não excederá a 5% (cinco por cento) do valor da carga. (NR)	
	Art. 13-A. É vedada a utilização de informações de bancos de dados de proteção ao crédito como mecanismo de vedação de contrato com o TAC e a ETC devidamente regulares para o exercício da atividade do Transporte Rodoviário de Cargas.	

Lei n. 12.619/2012	Leis ns. 13.103/2015 e 13.154/2015	Observações
	Art. 16 da Lei n. 13.103/2015	
	Art. 16. O art. 1º da Lei n. 7.408, de 25 de novembro de 1985, passa a vigorar com a seguinte redação: Art. 1º Fica permitida, na pesagem de veículos de transporte de carga e de passageiros, a tolerância máxima de: I – 5% (cinco por cento) sobre os limites de peso bruto total; II – 10% (dez por cento) sobre os limites de peso bruto transmitido por eixo de veículos à superfície das vias públicas. Parágrafo único. Os limites de peso bruto não se aplicam aos locais não abrangidos pelo disposto no art. 2º da Lei n. 9.503, de 23 de setembro de 1997 — Código de Trânsito Brasileiro, incluindo-se as vias particulares sem acesso à circulação pública. (NR)	
	Art. 17 da Lei n. 13.103/2015	
	Art. 17. Em todo o território nacional, os veículos de transporte de cargas que circularem vazios ficarão **isentos da cobrança de pedágio sobre os eixos que mantiverem suspensos.** § 1º O disposto no *caput* deste artigo abrange as vias terrestres federais, estaduais, distritais e municipais, inclusive as concedidas. § 2º Os órgãos e as entidades competentes da União, dos Estados, do Distrito Federal e dos Municípios disporão sobre as medidas técnicas e operacionais para viabilizar a isenção de que trata o *caput* deste artigo. § 3º Até a implementação das medidas a que se refere o § 2º deste artigo, considerar-se-ão vazios os veículos de transporte de carga que transpuserem as praças de pedágio com um ou mais eixos mantidos suspensos, assegurada a fiscalização dessa condição pela autoridade com circunscrição sobre a via ou pelo agente designado na forma prevista no § 4º do art. 280 da Lei n. 9.503, de 23 de setembro de 1997 (Código de Trânsito Brasileiro). § 4º Para as vias rodoviárias federais concedidas ou delegadas, será adotada a regulamentação da Agência Nacional de Transportes Terrestres (ANTT). § 5º Ficam sujeitos à penalidade prevista no art. 209 da Lei n. 9.503, de 23 de setembro de 1997 (Código de Trânsito Brasileiro), os veículos de transporte de cargas que circularem com eixos indevidamente suspensos.	Excluído o pagamento de pedágio sobre eixos suspensos. Alterações introduzidas pela Lei n. 13.711/2018.

Lei n. 12.619/2012	Leis ns. 13.103/2015 e 13.154/2015	Observações
	§ 6º O aumento do valor do pedágio para os usuários da rodovia a fim de compensar a isenção de que trata o *caput* deste artigo somente será adotado após esgotadas as demais alternativas de reequilíbrio econômico-financeiro dos contratos.	
	Art. 18 da Lei n. 13.103/2015	
	Art. 18. O embarcador indenizará o transportador por todos os prejuízos decorrentes de infração por transporte de carga com excesso de peso em desacordo com a nota fiscal, inclusive as despesas com transbordo de carga.	Responsabilidade do embarcador pelo excesso de peso, em desacordo com a nota fiscal.
	Art. 19 da Lei n. 13.103/2015	
	Art. 19. Fica instituído o Programa de Apoio ao Desenvolvimento do Transporte de Cargas Nacional — PROCARGAS, cujo objetivo principal é estimular o desenvolvimento da atividade de transporte terrestre nacional de cargas. **Parágrafo único.** ***O Procargas tem como finalidade o desenvolvimento de programas visando à melhoria do meio ambiente de trabalho no setor de transporte de cargas, especialmente as ações de medicina ocupacional para o trabalhador.***	
	Art. 20 da Lei n. 13.103/2015	
	Art. 20. Fica permitida a concessão de Autorização Especial de Trânsito — AET — para composição de veículos boiadeiros articulados (Romeu e Julieta) com até 25m de comprimento, sendo permitido a estes veículos autorização para transitar em qualquer horário do dia.	
	Art. 22 da Lei n. 13.103/2015	
Sem correspondência.	**Art. 22. Ficam convertidas em sanção de advertência:** **I – as penalidades decorrentes de infrações ao disposto na Lei n. 12.619, de 30 de abril de 2012, que alterou a Consolidação das Leis do Trabalho — CLT, aprovada pelo Decreto-lei n. 5.452, de 1º de maio de 1943, e a Lei n. 9.503, de 23 de setembro de 1997 — Código de Trânsito Brasileiro, aplicadas até a data da publicação desta Lei**; e	Inexistência de critérios normativos para aplicação deste dispositivo. A Lei não estabelece *anistia* ou *remissão*. A infração subsiste, modificando-se apenas a sanção, de pecuniária para advertência, que esgota seus efeitos quando da publicação. Portanto, não há impedimento legal a que infrações ainda não descobertas sejam assim sancionadas, o que coloca

Lei n. 12.619/2012	Leis ns. 13.103/2015 e 13.154/2015	Observações
	II – as penalidades por violação do inciso V do art. 231 da Lei n. 9.503, de 23 de setembro de 1997 — Código de Trânsito Brasileiro, aplicadas até 2 (dois) anos antes da entrada em vigor desta Lei.	em risco a credibilidade e eficácia do sistema coibitivo de condutas infracionais. Entretanto, as infrações conexas, sancionadas pecuniariamente, não são atingidas. A possibilidade de conversão, de sanção pecuniária (imposição de multa) para simples advertência, quando há conduta infracional aos dispositivos legais, não existe na legislação trabalhista.
CLT		
Art. 71, §5º da CLT		
Art. 71. § 5º Os intervalos expressos no *caput* e no § 1o poderão ser fracionados quando compreendidos entre o término da primeira hora trabalhada e o início da última hora trabalhada, desde que previsto em convenção ou acordo coletivo de trabalho, ante a natureza do serviço e em virtude das condições especiais do trabalho a que são submetidos estritamente os motoristas, cobradores, fiscalização de campo e afins nos serviços de operação de veículos rodoviários, empregados no setor de transporte coletivo de passageiros, mantida a mesma remuneração e concedidos intervalos para descanso menores e fracionados ao final de cada viagem, não descontados da jornada. (NR)	Art. 71. § 5º O intervalo expresso no *caput* poderá ser **reduzido** e/ou fracionado, e aquele estabelecido no § 1º poderá ser fracionado, quando compreendidos entre o término da primeira hora trabalhada e o início da última hora trabalhada, desde que previsto em convenção ou acordo coletivo de trabalho, ante a natureza do serviço e em virtude das condições especiais de trabalho a que são submetidos estritamente os motoristas, cobradores, fiscalização de campo e afins nos serviços de operação de veículos rodoviários, empregados no setor de transporte coletivo de passageiros, mantida a remuneração e concedidos intervalos para descanso menores ao final de cada viagem. (NR)	Relacionado a esta matéria, o art. 235-E, inciso I, inserido pela Lei n. 13.103/2015 na CLT, permite, em caso de transporte de passageiros, o fracionamento do intervalo em períodos de 5 (cinco) minutos. Entretanto, a **Súmula n. 437** do TST, em seu **inciso II** vem considerando "**inválida** cláusula de acordo ou convenção coletiva de trabalho **contemplando a** supressão ou **redução** do intervalo intrajornada porque este constitui medida de higiene, saúde e segurança do trabalho, garantido por norma de ordem pública (art. 71 da CLT e art. 7º, XXII, da CF/1988), infenso à negociação coletiva.
Art. 168 da CLT		
Sem correspondência.	**Art. 168, § 6º Serão exigidos exames toxicológicos, previamente à admissão e por ocasião do desligamento, quando se tratar de motorista profissional, assegurados o direito à contraprova em caso de resultado positivo e a confidencialidade dos resultados dos respectivos exames.** § 7º **Para os fins do disposto no § 6º, será obrigatório exame toxicológico com janela de detecção mínima de 90 (noventa) dias, específico para substâncias psicoativas que causem dependência ou, comprovadamente, comprometam a capacidade de direção, podendo ser utilizado para essa finalidade o exame toxicológico previsto na Lei n. 9.503, de 23 de setembro de 1997 — Código de Trânsito Brasileiro, desde que realizado nos últimos 60 (sessenta) dias. (NR)**	Relacionados a esta matéria os arts. 3º e 13 da Lei n. 13.103/2015, 235-B, inciso VII e parágrafo único da CLT e 148-A do CTB.

Lei n. 12.619/2012	Leis ns. 13.103/2015 e 13.154/2015	Observações
	Art. 235-A da CLT	
Art. 235-A. Ao serviço executado por motorista profissional aplicam-se os preceitos especiais desta Seção.	Art. 235-A. Os preceitos especiais desta Seção aplicam-se ao motorista profissional empregado: **I - de transporte rodoviário coletivo de passageiros;** **II - de transporte rodoviário de cargas. (NR)**	
	Art. 235-B da CLT	
Art. 235-B. São deveres do motorista profissional:	Art. 235-B. São deveres do motorista profissional empregado:	
I – estar atento às condições de segurança do veículo;		
II – conduzir o veículo com perícia, prudência, zelo e com observância aos princípios de direção defensiva;		
III – respeitar a legislação de trânsito e, em especial, as normas relativas ao tempo de direção e de descanso;	III – respeitar a legislação de trânsito e, em especial, as normas relativas ao tempo de direção e de descanso **controlado e registrado na forma do previsto no art. 67-E da Lei n. 9.503, de 23 de setembro de 1997 — Código de Trânsito Brasileiro;**	Também relacionado a esta matéria os acréscimos determinados pela Lei n. 13.154/2015 quanto a inserção do inciso VII no art. 252 do CTB, vedando a possibilidade do motorista realizar a cobrança de tarifa com o veículo em movimento.
IV – zelar pela carga transportada e pelo veículo;		
V – colocar-se à disposição dos órgãos públicos de fiscalização na via pública;		
VI – (VETADO);		
VII – submeter-se a teste e a programa de controle de uso de droga e de bebida alcoólica, instituído pelo empregador, com ampla ciência do empregado. Parágrafo único. A inobservância do disposto no inciso VI e a recusa do empregado em submeter-se ao teste e ao programa de controle de uso de droga e de bebida alcoólica previstos no inciso VII serão consideradas infração disciplinar, passível de penalização nos termos da lei.	VII – submeter-se **a exames toxicológicos com janela de detecção mínima de 90 (noventa) dias e a programa de controle de uso de droga e de bebida alcoólica, instituído pelo empregador, com sua ampla ciência, pelo menos uma vez a cada 2 (dois) anos e 6 (seis) meses, podendo ser utilizado para esse fim o exame obrigatório previsto na Lei n. 9.503, de 23 de setembro de 1997 — Código de Trânsito Brasileiro, desde que realizado nos últimos 60 (sessenta) dias.** Parágrafo único. A recusa do empregado em submeter-se ao teste ou ao programa de controle de uso de droga e de bebida alcoólica previstos no inciso VII será considerada infração disciplinar, passível de penalização nos termos da lei. (NR)	Relacionados a esta matéria, ver arts. 3º e 13 da Lei n. 13.103/2015,148-A do CTB e 168 da CLT. **Art. 261, § 8º, do CTB, inserido pela Lei n. 13.154/2015: A pessoa jurídica concessionária ou permissionária de serviço público tem o direito de ser informada dos pontos atribuídos, na forma do art. 259, aos motoristas que integrem seu quadro funcional, exercendo atividade remunerada ao volante, na forma que dispuser o CONTRAN." (NR)**

Lei n. 12.619/2012	Leis ns. 13.103/2015 e 13.154/2015	Observações
	Art. 235-C da CLT	
Art. 235-C. A jornada diária de trabalho do motorista profissional será a estabelecida na Constituição Federal ou mediante instrumentos de acordos ou convenção coletiva de trabalho. § 1º Admite-se a prorrogação da jornada de trabalho por até 2 (duas) horas extraordinárias.	Art. 235-C. **A jornada diária de trabalho do motorista profissional será de 8 (oito) horas, admitindo-se a sua prorrogação por até 2 (duas) horas extraordinárias ou, mediante previsão em convenção ou acordo coletivo, por até 4 (quatro) horas extraordinárias.**	
§ 2º Será considerado como trabalho efetivo o tempo que o motorista estiver à disposição do empregador, excluídos os intervalos para refeição, repouso, espera e descanso.	§ 1º Será considerado como **trabalho efetivo** o tempo em que o motorista empregado estiver à disposição do empregador, excluídos os intervalos para refeição, repouso e descanso **e o tempo de espera.**	
§ 3º Será assegurado ao motorista profissional intervalo mínimo de 1 (uma) hora para refeição, além de intervalo de repouso diário de 11 (onze) horas a cada 24 (vinte e quatro) horas e descanso semanal de 35 (trinta e cinco) horas.	§ 2º Será assegurado ao motorista profissional empregado intervalo mínimo de 1 (uma) hora para refeição, **podendo esse período coincidir com o tempo de parada obrigatória na condução do veículo estabelecido pela Lei n. 9.503, de 23 de setembro de 1997 — Código de Trânsito Brasileiro, exceto quando se tratar do motorista profissional enquadrado no § 5º do art. 71 desta Consolidação.**	
	§ 3º Dentro do período de 24 (vinte e quatro) horas, **são asseguradas 11 (onze) horas de descanso, sendo facultados o seu fracionamento e a coincidência com os períodos de parada obrigatória na condução do veículo estabelecida pela Lei n. 9.503, de 23 de setembro de 1997 - Código de Trânsito Brasileiro, garantidos o mínimo de 8 (oito) horas ininterruptas no primeiro período e o gozo do remanescente dentro das 16 (dezesseis) horas seguintes ao fim do primeiro período.**	
	§ 4º**Nas viagens de longa distância, assim consideradas aquelas em que o motorista profissional empregado permanece fora da base da empresa, matriz ou filial e de sua residência por mais de 24 (vinte e quatro) horas, o repouso diário pode ser feito no veículo** ou em alojamento do empregador, do contratante do transporte, do embarcador ou do destinatário **ou em outro local *que ofereça condições adequadas.***	

Lei n. 12.619/2012	Leis ns. 13.103/2015 e 13.154/2015	Observações
§ 4º As horas consideradas extraordinárias serão pagas com acréscimo estabelecido na Constituição Federal ou mediante instrumentos de acordos ou convenção coletiva de trabalho.	§ 5º As horas consideradas extraordinárias **serão pagas com o acréscimo estabelecido na Constituição Federal ou compensadas na forma do § 2º do art. 59 desta Consolidação.**	Controvérsia: A alteração do texto legal anterior pela Lei n. 13.103/2015 pode levar à conclusão de que houve um desestímulo à prática de horas extras, pois foi retirada a possibilidade de cláusula convencionada fixar adicional de horas extras em percentual superior ao estabelecido pela Constituição Federal de 1988?
§ 5º À hora de trabalho noturno aplica-se o disposto no art. 73 desta Consolidação.	§ 6º À hora de trabalho noturno aplica-se o disposto no art. 73 desta Consolidação.	
§ 7º (VETADO).		
§ 8º São consideradas tempo de espera as horas que excederem à jornada normal de trabalho do motorista de transporte rodoviário de cargas que ficar aguardando para carga ou descarga do veículo no embarcador ou destinatário ou para fiscalização da mercadoria transportada em barreiras fiscais ou alfandegárias, não sendo computadas como horas extraordinárias.	§ 8º São considerados tempo de espera as horas em que o motorista profissional empregado ficar aguardando carga ou descarga do veículo nas dependências do embarcador ou do destinatário e o período gasto com a fiscalização da mercadoria transportada em barreiras fiscais ou alfandegárias, não sendo computados como jornada de trabalho e nem como horas extraordinárias.	A Lei n. 13.103/2015 estabelece que o tempo de espera não pode ser assim considerado durante a jornada de trabalho, pacificando controvérsia anteriormente existente.
§ 9º As horas relativas ao período do tempo de espera serão indenizadas com base no salário-hora normal acrescido de 30% (trinta por cento).	§ 9º As horas relativas ao tempo de espera serão indenizadas **na proporção de 30% (trinta por cento) do salário-hora normal.**	A Lei n. 13.103/2015 reduziu o valor do pagamento do tempo de espera, utilizando fundamento semelhante ao adotado nos casos de sobreaviso e prontidão do ferroviário.
	§ 10. Em nenhuma hipótese, o tempo de espera do motorista empregado prejudicará o direito ao recebimento da remuneração correspondente ao salário-base diário.	
	§ 11. Quando a espera de que trata o § 8º **for superior a 2 (duas) horas ininterruptas e for exigida a permanência do motorista empregado junto ao veículo, caso o local ofereça condições adequadas, o tempo será considerado como de repouso para os fins do intervalo de que tratam os §§ 2º e 3º, sem prejuízo do disposto no § 9º.**	Com fundamento no princípio da aptidão para a prova, o ônus de comprovar em Juízo a existência de condições adequadas cabe ao empregador.
	§ **12. Durante o tempo de espera, o motorista poderá realizar movimentações necessárias do veículo, as quais não serão consideradas como parte da jornada de trabalho, ficando garantido, porém, o gozo do descanso de 8 (oito) horas ininterruptas aludido no § 3º.**	

Lei n. 12.619/2012	Leis ns. 13.103/2015 e 13.154/2015	Observações
	§ 13. Salvo previsão contratual, a jornada de trabalho do motorista empregado não tem horário fixo de início, de final ou de intervalos.	
	§ 14. **O empregado** é responsável pela guarda, preservação e exatidão das informações contidas nas anotações em diário de bordo, papeleta ou ficha de trabalho externo, ou no registrador instantâneo inalterável de velocidade e tempo, ou nos rastreadores ou sistemas e meios eletrônicos, instalados nos veículos, normatizados pelo CONTRAN, até que o veículo seja entregue à empresa.	Matéria relacionada ao art. 2º, inciso V, alínea *"b"* da Lei n. 13.103/2015.
	§ 15. Os dados referidos no § 14 poderão ser enviados a distância, a critério do empregador, facultando-se a anexação do documento original posteriormente.	
	§ 16. Aplicam-se as disposições deste artigo ao ajudante empregado nas operações em que acompanhe o motorista. **§ 17. O disposto no *caput* deste artigo aplica-se também aos operadores de automotores destinados a puxar ou a arrastar maquinaria de qualquer natureza ou a executar trabalhos de construção ou pavimentação e aos operadores de tratores, colheitadeiras, autopropelidos e demais aparelhos automotores destinados a puxar ou a arrastar maquinaria agrícola ou a executar trabalhos agrícolas." (Acrescentado pela Lei n. 13.154/2015)**	
	Art. 235-D da CLT	
Art. 235-D. Nas viagens de longa distância, assim consideradas aquelas em que o motorista profissional permanece fora da base da empresa, matriz ou filial e de sua residência por mais de 24 (vinte e quatro) horas, serão observados:	'Art. 235-D. Nas viagens de longa distância com duração superior a 7 (sete) dias, o repouso semanal será de 24 (vinte e quatro) horas por semana ou fração trabalhada, sem prejuízo do intervalo de repouso diário de 11 (onze) horas, totalizando 35 (trinta e cinco) horas, usufruído	O denominado **tempo de reserva** instituído pela Lei n. 12.619/2012 no § 6º do art. 235-E em benefício do motorista, **foi excluído pela Lei n. 13.103/2015** conforme disposição contida no § 5º do art. 235-D da CLT
I – intervalo mínimo de 30 (trinta) minutos para descanso a cada 4 (quatro) horas de tempo ininterrupto de direção, podendo ser fracionados o tempo de direção e o de intervalo de descanso, desde que não completadas as 4 (quatro) horas ininterruptas de direção;	no retorno do motorista à base (matriz ou filial) ou ao seu domicílio, salvo se a empresa oferecer condições adequadas para o efetivo gozo do referido repouso. I – revogado; II – revogado; III – revogado.	Inciso III do art. 235-E inserido pela Lei n. 13.103/2015 na CLT também exclui o tempo de reserva para o motorista profissional que atua no transporte de passageiros A questão, que está diretamente relacionada à manutenção das condições de atenção, higidez

Lei n. 12.619/2012	Leis ns. 13.103/2015 e 13.154/2015	Observações
II – intervalo mínimo de 1 (uma) hora para refeição, podendo coincidir ou não com o intervalo de descanso do inciso I; III – repouso diário do motorista obrigatoriamente com o veículo estacionado, podendo ser feito em cabine leito do veículo ou em alojamento do empregador, do contratante do transporte, do embarcador ou do destinatário ou em hotel, ressalvada a hipótese da direção em dupla de motoristas prevista no § 6º do art. 235-E.	§ 1º É permitido o fracionamento do repouso semanal em 2 (dois) períodos, sendo um destes de, no mínimo, 30 (trinta) horas ininterruptas, a serem cumpridos na mesma semana e em continuidade a um período de repouso diário, que deverão ser usufruídos no retorno da viagem. § 2º **A cumulatividade de descansos semanais em viagens de longa distância de que trata o *caput* fica limitada ao número de 3 (três) descansos consecutivos.** § 3º O motorista empregado, em viagem de longa distância, que ficar com o veículo parado após o cumprimento da jornada normal ou das horas extraordinárias fica dispensado do serviço, exceto se for expressamente autorizada a sua permanência junto ao veículo pelo empregador, **hipótese em que o tempo será considerado de espera.** § 4º Não será considerado como jornada de trabalho, nem ensejará o pagamento de qualquer remuneração, o período em que o motorista empregado ou o ajudante ficarem espontaneamente no veículo usufruindo dos intervalos de repouso. §5° Nos casos em que o empregador adotar 2 (dois) motoristas trabalhando no mesmo veículo, o tempo de repouso poderá ser feito com o veículo em movimento, assegurado o repouso mínimo de 6 (seis) horas consecutivas fora do veículo em alojamento externo ou, se na cabine leito, com o veículo estacionado**, a cada 72 (setenta e duas) horas.** § 6º Em situações excepcionais de inobservância justificada do limite de jornada de que trata o art. 235-C, devidamente registradas, **e desde que não se comprometa a segurança rodoviária**, a duração da jornada de trabalho do motorista profissional empregado poderá ser elevada pelo tempo necessário até o veículo chegar a um local seguro ou ao seu destino.	física e mental do condutor, como requisitos para garantir segurança no trânsito, pode se tornar ainda mais controvertida quando, por motivo de força maior e/ou necessidade imperiosa, for ultrapassado o limite de 72 horas.
	§ 7º Nos casos em que o motorista tenha que acompanhar o veículo transportado por qualquer meio onde ele siga embarcado e em que o veículo disponha de cabine leito ou a embarcação disponha de alojamento para gozo do intervalo de repouso diário previsto no § 3° do art. 235-C, esse tempo será considerado como tempo de descanso.	

Lei n. 12.619/2012	Leis ns. 13.103/2015 e 13.154/2015	Observações
	§ 8º Para o transporte de cargas vivas, perecíveis e especiais em longa distância ou em território estrangeiro poderão ser aplicadas regras conforme a especificidade da operação de transporte realizada, cujas condições de trabalho serão fixadas em convenção ou acordo coletivo de modo a assegurar as adequadas condições de viagem e entrega ao destino final. (NR)	
	Art. 235-E da CLT	
Art. 235-E. Ao transporte rodoviário de cargas em longa distância, além do previsto no art. 235-D, serão aplicadas regras conforme a especificidade da operação de transporte realizada. § 1º Nas viagens com duração superior a 1 (uma) semana, o descanso semanal será de 36 (trinta e seis) horas por semana trabalhada ou fração semanal trabalhada, e seu gozo ocorrerá no retorno do motorista à base (matriz ou filial) ou em seu domicílio, salvo se a empresa oferecer condições adequadas para o efetivo gozo do referido descanso. § 2º (VETADO). § 3º É permitido o fracionamento do descanso semanal em 30 (trinta) horas mais 6 (seis) horas a serem cumpridas na mesma semana e em continuidade de um período de repouso diário. § 4º O motorista fora da base da empresa que ficar com o veículo parado por tempo superior à jornada normal de trabalho fica dispensado do serviço, exceto se for exigida permanência junto ao veículo, hipótese em que o tempo excedente à jornada será considerado de espera. § 5º Nas viagens de longa distância e duração, nas operações de carga ou descarga e nas fiscalizações em barreiras fiscais ou aduaneira de fronteira, o tempo parado que exceder a jornada normal será computado como tempo de espera e será indenizado na forma do § 9º do art. 235-C. § 6º Nos casos em que o empregador adotar revezamento de motoristas trabalhando em	Art. 235-E. Para o transporte de passageiros, serão observados os seguintes dispositivos: I – é facultado o fracionamento do intervalo de condução do veículo previsto na Lei n. 9.503, de 23 de setembro de 1997 – Código de Trânsito Brasileiro, em períodos de no mínimo 5 (cinco) minutos; II – será assegurado ao motorista intervalo mínimo de 1 (uma) hora para refeição, podendo ser fracionado em 2 (dois) períodos e coincidir com o tempo de parada obrigatória na condução do veículo estabelecido pela Lei n. 9.503, de 23 de setembro de 1997 – Código de Trânsito Brasileiro, **exceto quando se tratar do motorista profissional enquadrado no § 5º do art. 71 desta Consolidação;** III – nos casos em que o empregador adotar 2 (dois) motoristas no curso da mesma viagem, o descanso poderá ser feito com o veículo em movimento, respeitando-se os horários de jornada de trabalho, **assegurado, após 72 (setenta e duas) horas, o repouso em alojamento externo ou, se em poltrona correspondente ao serviço de leito, com o veículo estacionado.** § 1º (Revogado). § 3º (Revogado). § 4º (Revogado). § 5º (Revogado). § 6º (Revogado). § 7º (Revogado). § 9º (Revogado). § 10. (Revogado). § 11. (Revogado). § 12. (Revogado). (NR)	A matéria disciplinada pelo inciso III está relacionada com o disposto no § 5º do art. 235-D inserido pela Lei n. 13.103/2015, ao disciplinar o transporte de carga. **Não há mais "tempo de reserva". O instituto excluído pela Lei n. 13.103/2015.**

Lei n. 12.619/2012	Leis ns. 13.103/2015 e 13.154/2015	Observações
dupla no mesmo veículo, o tempo que exceder a jornada normal de trabalho em que o motorista estiver em repouso no veículo em movimento será considerado tempo de reserva e será remunerado na razão de 30% (trinta por cento) da hora normal. § 7º É garantido ao motorista que trabalha em regime de revezamento repouso diário mínimo de 6 (seis) horas consecutivas fora do veículo em alojamento externo ou, se na cabine leito, com o veículo estacionado.		
§ 8º (VETADO). § 9º Em caso de força maior, devidamente comprovado, a duração da jornada de trabalho do motorista profissional poderá ser elevada pelo tempo necessário para sair da situação extraordinária e chegar a um local seguro ou ao seu destino. § 10. Não será considerado como jornada de trabalho nem ensejará o pagamento de qualquer remuneração o período em que o motorista ou o ajudante ficarem espontaneamente no veículo usufruindo do intervalo de repouso diário ou durante o gozo de seus intervalos intrajornadas. § 11. Nos casos em que o motorista tenha que acompanhar o veículo transportado por qualquer meio onde ele siga embarcado, e que a embarcação disponha de alojamento para gozo do intervalo de repouso diário previsto no § 3º do art. 235-C, esse tempo não será considerado como jornada de trabalho, a não ser o tempo restante, que será considerado de espera. § 12. Aplica-se o disposto no § 6º deste artigo ao transporte de passageiros de longa distância em regime de revezamento.		Em relação à permissão contida no § 9º que trata da força maior, ver matéria relacionada ao § 6º do art. 235-D, inserido pela Lei n. 13.103/2015 na CLT, que amplia esta permissão para as "situações excepcionais de inobservância justificada".
Art. 235-F da CLT		
Art. 235-F. Convenção e acordo coletivo poderão prever jornada especial de 12 (doze) horas de trabalho por 36 (trinta e seis) horas de descanso para o trabalho do motorista, em razão da especificidade do transporte, de sazonalidade ou de característica que o justifique.	Art. 235-F. Convenção e acordo coletivo poderão prever jornada especial de 12 (doze) horas de trabalho por 36 (trinta e seis) horas de descanso para o trabalho do motorista profissional empregado em regime de compensação.	Os requisitos anteriormente estabelecidos pela Lei n.12.619/2012, quanto a exigência de especificidade do transporte, sazonalidade ou existência de característica peculiar, para justificar a adoção da jornada 12 x 36, deixaram de constar do texto da nova Lei n. 13.103/2015.

Lei n. 12.619/2012	Leis ns. 13.103/2015 e 13.154/2015	Observações
		Entretanto, não poderão ser descartados pela hermenêutica deste dispositivo, pois admitir a dilação da jornada do motorista para a duração de 12 horas se reveste de inequívoca excepcionalidade, ante os efeitos que pode provocar nas condições de atenção e higidez física e mental do condutor, com reflexos diretos nas condições de segurança no trânsito.
	Art. 235-G da CLT	
Art. 235-G. É proibida a remuneração do motorista em função da distância percorrida, do tempo de viagem e/ou da natureza e quantidade de produtos transportados, inclusive mediante oferta de comissão ou qualquer outro tipo de vantagem, se essa remuneração ou comissionamento comprometer a segurança rodoviária ou da coletividade ou possibilitar violação das normas da presente legislação.	Art. 235-G. É **permitida** a remuneração do motorista em função da distância percorrida, do tempo de viagem ou da natureza e quantidade de produtos transportados, inclusive mediante oferta de comissão ou qualquer outro tipo de vantagem, **desde que essa remuneração ou comissionamento não comprometa a segurança da rodovia e da coletividade ou possibilite a violação das normas previstas nesta Lei.** (NR)	
	Art. 235-H da CLT	
Art. 235-H. Outras condições específicas de trabalho do motorista profissional, desde que não prejudiciais à saúde e à segurança do trabalhador, incluindo jornadas especiais, remuneração, benefícios, atividades acessórias e demais elementos integrantes da relação de emprego, poderão ser previstas em convenções e acordos coletivos de trabalho, observadas as demais disposições desta Consolidação.	Art. 235-H foi revogado.	A Lei n. 13.103/2015 reduziu o espaço da negociação coletiva anteriormente sinalizado pela Lei n. 12.619/2012.
	CTB	
	Art. 67-A – Lei n. 13.103/2015	
	Art. 67-A. O disposto neste Capítulo aplica-se aos motoristas profissionais: I – de transporte rodoviário coletivo de passageiros; II – de transporte rodoviário de cargas. § 1º (Revogado). § 2º (Revogado). § 3º (Revogado). § 4º (Revogado). § 5º (Revogado). § 6º (Revogado). § 7º (Revogado).	

Lei n. 12.619/2012	Leis ns. 13.103/2015 e 13.154/2015	Observações
	Art. 67-B da Lei n. 13.103/2015	
Art 67-B. (VETADO).		
	Art. 67-C da Lei n. 13.103/2015	
Art. 67-A. É vedado ao motorista profissional, no exercício de sua profissão e na condução de veículo mencionado no inciso II do art. 105 deste Código, dirigir por mais de 4 (quatro) horas ininterruptas.	Art. 67-C. É vedado ao motorista profissional dirigir **por mais de 5 (cinco) horas e meia ininterruptas** veículos de transporte rodoviário coletivo de passageiros ou de transporte rodoviário de cargas.	Conforme aduzimos na 1ª edição desta obra, a remissão ao inciso II do art. 105 do CTB não tinha justificativa. A Lei n. 13.103/2015 assim também considerou, ao excluir a referência anterior.
§ 1º Será observado intervalo mínimo de 30 (trinta) minutos para descanso a cada 4 (quatro) horas ininterruptas na condução de veículo referido no *caput*, sendo facultado o fracionamento do tempo de direção e do intervalo de descanso, desde que não completadas 4 (quatro) horas contínuas no exercício da condução.	§ 1º **Serão observados 30 (trinta) minutos para descanso dentro de cada 6 (seis) horas na condução de veículo de *transporte de carga*,** sendo facultado o seu fracionamento e o do tempo de direção **desde que não ultrapassadas 5 (cinco) horas e meia contínuas no exercício da condução**.	A exigência de um tempo maior de direção (a cada 6 horas) para concessão do intervalo se afigura inequívoco retrocesso, pois o escopo do preceito legal não visa apenas conceder um descanso ao condutor, mas também garantir suas condições de atenção e higidez física e mental, assim protegendo terceiros, que também transitam pelas vias públicas e rodovias.
	§ 1º-A **Serão observados 30 (trinta) minutos para descanso a cada 4 (quatro) horas na condução de *veículo rodoviário de passageiros*,** sendo facultado o seu fracionamento e o do tempo de direção.	
§ 2º Em situações excepcionais de inobservância justificada do tempo de direção estabelecido no *caput* desde que não comprometa a segurança rodoviária, o tempo de direção poderá ser prorrogado por até 1 (uma) hora, de modo a permitir que o condutor, o veículo e sua carga cheguem a lugar que ofereça a segurança e o atendimento demandados.	§ 2º Em situações excepcionais de inobservância justificada do tempo de direção, devidamente registradas, o tempo de direção poderá ser elevado pelo período necessário para que o condutor, o veículo e a carga cheguem a um lugar que ofereça a segurança e o atendimento demandados, **desde que não haja comprometimento da segurança rodoviária.**	Matéria relacionada com o § 6º do art. 235-D e art. 61 da CLT.
§ 3º O condutor é obrigado a, dentro do período de 24 (vinte e quatro) horas, observar um intervalo de, no mínimo, 11 (onze) horas de descanso, podendo ser fracionado em 9 (nove) horas mais 2 (duas), no mesmo dia.	§ 3º O condutor é obrigado, dentro do período de 24 (vinte e quatro) horas, a **observar o mínimo de 11(onze) horas** de descanso, que podem ser **fracionadas**, usufruídas no veículo e coincidir com os intervalos mencionados no § 1º, **observadas no primeiro período 8 (oito) horas ininterruptas de descanso**.	Houve uma alteração no critério de fracionamento, que passou de 9 + 2 (estabelecido pela Lei n. 12.619/2012) para 8 + 3 (fixado pela Lei n. 13.103/2015)
§ 4º Entende-se como tempo de direção ou de condução de veículo apenas o período em que o condutor estiver efetivamente ao volante de um veículo em curso entre a origem e o seu destino, respeitado o disposto no § 1º, sendo-lhe facultado descansar no interior do próprio veículo, desde que este seja dotado de locais apropriados para a natureza e a duração do descanso exigido.	§ 4º Entende-se como tempo de direção ou de condução apenas o período em que o condutor estiver efetivamente ao volante, em curso entre a origem e o destino.	

Lei n. 12.619/2012	Leis ns. 13.103/2015 e 13.154/2015	Observações
§ 6º Entende-se como início de viagem, para os fins do disposto no § 5º, a partida do condutor logo após o carregamento do veículo, considerando-se como continuação da viagem as partidas nos dias subsequentes até o destino.	§ 5º Entende-se como início de viagem a partida do veículo na ida ou no retorno, com ou sem carga, considerando-se como sua continuação as partidas nos dias subsequentes até o destino.	Sem alterações substanciais.
§ 5º O condutor somente iniciará viagem com duração maior que 1 (um) dia, isto é, 24 (vinte e quatro) horas após o cumprimento integral do intervalo de descanso previsto no § 3º.	§ 6º O condutor somente iniciará uma viagem após o **cumprimento integral** do intervalo de descanso previsto no § 3º deste artigo.	A lei exige que o início de uma nova viagem só será possível se houver o cumprimento integral do intervalo, **ou seja, o descanso de 11 (onze) horas.**
§ 7º Nenhum transportador de cargas ou de passageiros, embarcador, consignatário de cargas, operador de terminais de carga, operador de transporte multimodal de cargas ou agente de cargas permitirá ou ordenará a qualquer motorista a seu serviço, ainda que subcontratado, que conduza veículo referido no *caput* sem a observância do disposto no § 5º.	§ 7º Nenhum transportador de cargas ou coletivo de passageiros, embarcador, consignatário de cargas, operador de terminais de carga, operador de transporte multimodal de cargas ou agente de cargas **ordenará** a qualquer motorista a seu serviço, ainda que subcontratado, que conduza veículo referido no *caput* sem a observância do **disposto no § 6º**.	A supressão da restrição da aplicação do preceito somente às viagens superiores a 24 (vinte e quatro) horas representa um benefício ao condutor. Entretanto, a supressão do termo "permitirá" configura retrocesso por reduzir a responsabilidade. Neste contexto exsurge inequívoca a importância da instrução processual para apurar os casos de verdadeiras ordens camufladas sob a capa de uma pseudopermissão, apenas para criar uma válvula de escape para fugir da imputação de responsabilidade.
	Art. 67-D da Lei n. 13.103/2015	
Art. 67-D. (VETADO)."		
	Art. 67-E da Lei n. 13.103/2015	
Art. 67-C. O motorista profissional na condição de condutor é responsável por controlar o tempo de condução estipulado no art. 67-A, com vistas na sua estrita observância. Parágrafo único.	Art. 67-E. O motorista profissional é responsável por controlar e registrar o tempo de condução estipulado no art. 67-C, com vistas à sua estrita observância.	Artigo relacionado ao 67-E, §§ 2º e 4º do CTB: Art. 2º, inciso V, alínea b da Lei n. 13.103/2015.
O condutor do veículo responderá pela não observância dos períodos de descanso estabelecidos no art. 67-A, ficando sujeito às penalidades daí decorrentes, previstas neste Código.	§ 1º A não observância dos períodos de descanso estabelecidos no art. 67-C sujeitará o motorista profissional às penalidades daí decorrentes, previstas neste Código.	
	§ 2º **O tempo de direção será controlado mediante registrador instantâneo inalterável de velocidade e tempo e, ou por meio de anotação em diário de bordo, ou papeleta ou ficha de trabalho externo, ou por meios eletrônicos instalados no veículo, *conforme norma do CONTRAN*.**	Artigo relacionado ao 67-E, §§ 2º e 4º do CTB: Art. 2º, inciso V, alínea *"b"* da Lei n. 13.103/2015. Superação da OJ n. 332 da SBDI-1/TST.

Lei n. 12.619/2012	Leis ns. 13.103/2015 e 13.154/2015	Observações
	§ 3º O equipamento eletrônico ou registrador deverá funcionar de forma independente de qualquer interferência do condutor, quanto aos dados registrados.	
	§ 4º A guarda, a preservação e a exatidão das informações contidas no equipamento registrador instantâneo inalterável de velocidade e de tempo são de responsabilidade do condutor.	Artigo relacionado ao 67-E, § 2º do CTB e art. 2º, inciso V, alínea *"b"* da Lei n. 13.103/2015.
	Art. 132 do CTB	
	Art. 132. § 1º (...) § 2º Antes do registro e licenciamento, o veículo de carga novo, nacional ou importado, portando a nota fiscal de compra e venda ou documento alfandegário, deverá transitar embarcado do pátio da fábrica ou do posto alfandegário ao Município de destino. (NR)	
	Art. 145 do CTB	
Art. 145. Parágrafo único. A participação em curso especializado previsto no inciso IV independe da observância do disposto no inciso III. (NR)		
	Art. 148-A do CTB	
Sem correspondência.	**Art. 148-A. Os condutores das categorias C, D e E deverão submeter-se a exames toxicológicos para a habilitação e renovação da Carteira Nacional de Habilitação.** § **1º O exame de que trata este artigo buscará aferir o consumo de substâncias psicoativas que, comprovadamente, comprometam a capacidade de direção e deverá ter janela de detecção mínima de 90 (noventa) dias, nos termos das normas do CONTRAN.** § **2º Os condutores das categorias C, D e E com Carteira Nacional de Habilitação com validade de 5 (cinco) anos deverão fazer o exame previsto no § 1º no prazo de 2 (dois) anos e 6 (seis) meses a contar da realização do disposto no *caput*.**	Matéria relacionada aos arts. 3º e 13º da Lei n. 13.103/2015 e 235-B parágrafo único e inciso VII da CLT e 168 da CLT.

Lei n. 12.619/2012	Leis ns. 13.103/2015 e 13.154/2015	Observações
	§ 3º Os condutores das categorias C, D e E com Carteira Nacional de Habilitação com validade de 3 (três) anos deverão fazer o exame previsto no § 1º no prazo de 1 (um) ano e 6 (seis) meses a contar da realização do disposto no *caput*. **§ 4º É garantido o direito de contraprova e de recurso administrativo no caso de resultado positivo para o exame de que trata o *caput*, nos termos das normas do CONTRAN.** **§ 5º A reprovação no exame previsto neste artigo terá como consequência a suspensão do direito de dirigir pelo período de 3 (três) meses, condicionado o levantamento da suspensão ao resultado negativo em novo exame, e vedada a aplicação de outras penalidades, ainda que acessórias.** **§ 6º O resultado do exame somente será divulgado para o interessado e não poderá ser utilizado para fins estranhos ao disposto neste artigo ou no § 6º do art. 168 da Consolidação das Leis do Trabalho — CLT, aprovada pelo Decreto-lei n. 5.452, de 1º de maio de 1943.** **§ 7º O exame será realizado, em regime de livre concorrência, pelos laboratórios credenciados pelo Departamento Nacional de Trânsito — DENATRAN, nos termos das normas do CONTRAN, vedado aos entes públicos:** **I - fixar preços para os exames;** **II - limitar o número de empresas ou o número de locais em que a atividade pode ser exercida; e** **III - estabelecer regras de exclusividade territorial.**	
Art. 230 do CTB		
Art. 230. XXIII – em desacordo com as condições estabelecidas no art. 67-A, relativamente ao tempo de permanência do condutor ao volante e aos intervalos para descanso, quando se tratar de veículo de transporte de carga ou de passageiros: Infração – grave; Penalidade – multa;	Art. 230. XXIII – em desacordo com as condições estabelecidas no art. 67-C, relativamente ao tempo de permanência do condutor ao volante e aos intervalos para descanso, quando se tratar de veículo de transporte de carga ou coletivo de passageiros: Infração – média; Penalidade – multa;	

Lei n. 12.619/2012	Leis ns. 13.103/2015 e 13.154/2015	Observações
Medida administrativa – retenção do veículo para cumprimento do tempo de descanso aplicável; XXIV – (VETADO). (NR)	Medida administrativa – retenção do veículo para cumprimento do tempo de descanso aplicável. (...) § 1º Se o condutor cometeu infração igual nos últimos 12 (doze) meses, será convertida, automaticamente, a penalidade disposta no inciso XXIII em infração grave.	
	§ 2º Em se tratando de condutor estrangeiro, a liberação do veículo fica condicionada ao pagamento ou ao depósito, judicial ou administrativo, da multa. (NR)	
	Arts. 252 e 259 do CTB	
"Art. 259, § 3º (VETADO)." (NR)	**Art. 252. Dirigir o veículo:** (...) VII – realizando a cobrança de tarifa com o veículo em movimento; Infração – média; Penalidade – multa. **Art. 259** § 4º Ao condutor identificado no ato da infração será atribuída pontuação pelas infrações de sua responsabilidade, nos termos previstos no § 3º do art. 257, excetuando-se aquelas praticadas por passageiros usuários do serviço de transporte rodoviário de passageiros em viagens de longa distância transitando em rodovias com a utilização de ônibus, em linhas regulares intermunicipal, interestadual, internacional e aquelas em viagem de longa distância por fretamento e turismo ou de qualquer modalidade, excetuadas as situações regulamentadas pelo CONTRAN a teor do art. 65 da Lei n. 9.503, de 23 de setembro de 1997 – Código de Trânsito Brasileiro. (NR)	Inciso VII inserido no art. 252 do CTB pela Lei n. 13.154/2015.

18

Quadro Sinótico — Sistematização da Lei n. 13.103/2015

O presente quadro traz as principais interpretações e a estrutura geral da regulamentação da atividade do motorista profissional. Diferentemente da tabela anterior, que visa apenas comparar as Leis ns. 12.619/2012 e 13.103/2015, o presente quadro traz uma visão panorâmica e conclusiva da atual regulamentação, como se acha em vigor após a alternância legal.

Nesta edição, o quadro foi totalmente revisado e remodelado, para acompanhar a estrutura do livro. Buscamos, assim, apresentar de forma sucinta informações importantes, de modo a tornar a consulta fácil. Todas, contudo, encontram fundamentação no corpo da presente obra.

Passemos ao quadro:

Definições e direitos	Motorista profissional (empregado)	Motorista profissional (autônomo)	Observações
Vigência, definições e abrangência			
VIGÊNCIA Como não há a fixação de período de *vacatio legis* diverso da regra geral do art. 1º da Lei de Introdução às Normas de Direito Brasileiro (LINDB), e considerando-se que foi publicada no *Diário Oficial da União* em 3.3.2015, tem-se, com base no art. 8º, §1º da Lei Complementar n. 95/1998 que a Lei n. 13.103/2015 entrou em vigor em 17.4.2015.			
Art. 1º da Lei n. 13.103/2015.	**DEFINIÇÃO** A Lei n. 13.103/2015 define o motorista profissional como o trabalhador subordinado, ou não, membro de categoria diferenciada, ou não, que exerce como atividade remunerada a condução de veículo automotor. Portanto, a Lei n. 13.103/2015 é aplicável a todos os motoristas profissionais, empregados celetistas, transportadores autônomos de carga (TAC) e transportadores autônomos de cargas auxiliar (TAC-Auxiliar), consoante a amplitude explicitada em seus arts. 1º e 2º. A Lei n. 13.103/2015 acrescenta novas regras à atividade do transportador autônomo de cargas, que continua a ser disciplinada, também, pela Lei n. 11.442/2007.		A Lei n. 13.103/2015, na esteira da interpretação defendida na primeira edição deste livro, adota, também, posição ampliativa. Extrai-se da Resolução n. 525/2015 do CONTRAN interessante caracterização dos motoristas profissionais, que vem ao encontro da ideia de albergar, sob a mesma proteção, trabalhadores empregados e autônomos (inclusive TAC-Auxiliar), definindo o "motorista profissional como o condutor que exerce atividade remunerada ao veículo".

Definições e direitos	Motorista profissional (empregado)	Motorista profissional (autônomo)	Observações
Categoria diferenciada.	**CATEGORIA DIFERENCIADA** As disposições protetivas aplicam-se também aos integrantes da categoria diferenciada, assim incluindo o motorista que atua como empregado no meio doméstico e rural. Portanto, pode-se definir o motorista profissional como o trabalhador, subordinado, ou não, membro de categoria diferenciada, ou não, que exerce como atividade remunerada a condução de veículo automotor.		Aplicação da Súmula n. 374/ TST. Caso o empregador, ou órgão de classe, que tenha por atividade preponderante atividade diversa da de transporte, não tenha sido convidado a participar das negociações envolvendo a categoria diferenciada, deve-se aplicar o instrumento negocial coletivo aplicável à categoria preponderante. Contudo, se convidado a participar das negociações, negar-se ou omitir-se, deve ser ajuizado dissídio coletivo nos termos do § 2º do art. 114 da CF/88.
Trabalhador estrangeiro.	**TRABALHADOR ESTRANGEIRO** Aplicam-se as Leis ns. 12.619/2012 e 13.103/2015 ao motorista profissional estrangeiro, quando atua no território nacional.		
Trabalhador nacional que se ativa em rotas internacionais.	Deve-se aplicar a norma mais benéfica. Portanto, sendo mais benéfica a legislação brasileira, esta deve ser aplicada, ainda que o motorista se encontre em território estrangeiro.		
Incisos I e II do art. 235-B da CLT.	**SAÚDE E SEGURANÇA DO TRABALHO E A RESPONSABILIDADE SUBJETIVA DO EMPREGADOR E O DEVER DO EMPREGADO DE NOTICIAR O EMPREGADOR** Como corolário aos deveres estabelecidos nos incisos I e II do art. 235-B da CLT, o trabalhador tem o *direito de recusa*. Entretanto, o exercício do *direito de recusa* está atrelado ao dever de informar ao empregador ou tomador a existência de condições inadequadas à prestação do serviço. O empregador ou tomador de serviços, por outro lado, tem o dever de fornecer condições adequadas para o exercício do *direito de recusa*.	Responsabilidade do tomador de serviços é, em regra, subjetiva, salvo nos casos em que a atividade do trabalhador é, ela mesma, de risco (art. 927, parágrafo único, do Código Civil).	A responsabilização do empregador por questões afetas à criminalidade é objeto de ponto específico de análise. Registra-se, contudo, por pertinência, que em regra a responsabilidade do empregador é subjetiva, salvo nos casos em que a atividade do trabalhador é, ela mesma, de risco (art. 927, parágrafo único, do Código Civil).

Definições e direitos	Motorista profissional (empregado)	Motorista profissional (autônomo)	Observações
	Direitos e deveres assegurados aos motoristas profissionais de maneira geral.		
Art. 2º, *caput*, da Lei n. 13.103/2015.	Em seu art. 21-A, a Lei n. 13.103/2015 revogou o art. 2º da Lei n. 12.619/2012. O novo texto elenca direitos garantidos ao motorista profissional autônomo e também ao empregado, mas deixa de mencionar no *caput* a referência ao Capítulo II do Título II e Capítulo II do Título VIII da Constituição.		A despeito das alterações, mantém-se o entendimento de que, **com as devidas adequações**, os direitos previstos no Capítulo II do Título II e também no Capítulo II do Título VIII da Constituição são aplicáveis a todos os trabalhadores, independentemente da natureza jurídica do vínculo.
Art. 2º, inciso I, Lei n. 13.103/2015.	**TREINAMENTO** É direito do motorista receber treinamento não só em questões de trânsito e transporte, mas também em matérias relacionadas à saúde e à segurança no trabalho, além da possibilidade de frequentar programas destinados a alertar para os riscos ocupacionais e prestar esclarecimentos quanto à importância da adoção de medidas preventivas.	Há preferência por cursos previstos no CTB e normatizados pelo CONTRAN	Art. 2º, inciso I, Lei n. 13.103/2015.
	A responsabilidade dos empregadores e tomadores de serviço é não só de ministrar, como facilitar o acesso aos cursos, bem como exigir que sejam devidamente frequentados pelos motoristas.		
Art. 2º, incisos II e IV da Lei n. 13.103/2015.	**ACESSO A SERVIÇOS ESPECIALIZADOS DE MEDICINA OCUPACIONAL** O dispositivo garante ao trabalhador direito ao atendimento profilático, terapêutico, reabilitador e contar com serviços especializados prestados por entes públicos e acesso ao sistema público de promoção da saúde. Contudo, não autoriza a externalização ou a irresponsabilização do empregador ou tomador de serviços. Ambos continuam obrigados a manter sistemas de acompanhamento e tratamento da saúde do trabalhador.		Art. 2º, inciso IV da Lei n. 13.103/2015.

Definições e direitos	Motorista profissional (empregado)	Motorista profissional (autônomo)	Observações
Art. 2º, incisos III e V, alínea *"c"*, Lei n. 13.103/2015.	**CRIMINALIDADE** Reconhecimento da criminalidade como fator de risco na atividade do motorista profissional acarreta a responsabilidade do empregador e tomador caso não adote de medidas eficazes de prevenção e precaução. Para o caso dos motoristas empregados, a ocorrência de assaltos ou outros atos de violência exige a emissão de CAT, nos termos do art. 21, inciso II, alínea *"a"* da Lei n. 8.213/1991 e a Comunicação ao Ministério do Trabalho, art. 169 da CLT e Portaria n. 589/2014.	A responsabilização do tomador de serviços por questões afetas à criminalidade subjetiva, salvo nos casos em que a atividade do trabalhador é, ela mesma, de risco (art. 927, parágrafo único, do Código Civil).	O art. 2º, inciso V, alínea *c*, Lei n. 13.103/2015 traz hipóteses de cobertura para além dos "riscos pessoais inerentes ao trabalho", conferindo, assim, maior proteção ao trabalhador. O valor mínimo do seguro pode ser alterado por negociação coletiva. A responsabilização do empregador por questões afetas à criminalidade é subjetiva, salvo nos casos em que a atividade econômica explorada, por si só, for de risco (art. 927, parágrafo único, do Código Civil).
Art. 2º, inciso V, alínea *"a"* e art. 235-B, incisos I e III, Lei n. 13.103/2015.	**RESPONSABILIDADE PATRIMONIAL DO EMPREGADO** Hipótese mais elastecida que a do art. 462 da CLT. Possibilidade, *ope legis*, de desconto salarial tanto em caso de prejuízo doloso, quando culposo (desídia). A nova lei não trouxe inovação nesta seara, mantendo-se a mesmas hipóteses de desconto, anteriormente referidas pela Lei n. 12.619/2012. Aplicabilidade imediata, mesmo para os contratos já em vigor.	Possibilidade de prever, contratualmente, a responsabilização do motorista por prejuízos causados ao tomador, por desídia.	Eventual desconto deve vir acompanhado da prova/ apuração de que o fato se deu por dolo ou culpa — desídia — do trabalhador e, em caso de culpa, que se deu após a edição da Lei n. 12.619/2012 — uma vez que a Lei n. 13.103/2015 apenas manteve o mesmo texto. Referida previsão pode ser objeto de negociação coletiva, visando estabelecer condição mais benéfica para o trabalhador.
Arts. 3º e 13 da Lei n. 13.103/2015, 235-B, inciso VII e parágrafo único e 168 da CLT e 148-A do CTB.	**EXAMES PARA CONTROLE DO USO DE BEBIDAS E DROGAS** A criação de um programa para fins de controle do uso de bebidas alcoólicas e drogas é imperativo admitido em razão das especificidades do trabalho do motorista profissional empregado. Não há, aqui, que se falar em atentado à intimidade do trabalhador. Ademais, o escopo da verificação é amplo, haja vista a miríade de drogas indevidamente utilizadas pelos motoristas.	A proteção à saúde e segurança do motorista é questão que extrapola a relação de emprego, razão pela qual medidas de controle e acompanhamento devem ser adotadas de forma ampla em relação a todo motorista profissional. O tomador de serviço também deve instituir programa para identificar, acompanhar e tratar eventuais trabalhadores dependentes.	Fica instituída obrigação concorrente entre empregadores e tomadores de serviço, e o poder público. A realização de exames por parte do poder público não elide a responsabilidade de empregadores e tomadores de serviço por instituir programas para identificar, acompanhar e tratar eventuais dependentes. Vislumbra-se a possibilidade de que, por negociação coletiva, seja atribuída ao empregador a responsabilidade por custear os exames toxicológicos realizados pelo trabalhador

Definições e direitos	Motorista profissional (empregado)	Motorista profissional (autônomo)	Observações
	O empregador deverá instituir programa destinado a identificar, acompanhar e tratar eventuais empregados dependentes. Podem ser utilizados os exames realizados em razão do art. 148-A do CTB para subsidiar a elaboração de referido programa. Os resultados dos exames não podem ser utilizados para outros fins, que não o de informar ao empregado e permitir que se submeta à contraprova ou a tratamento. Nos termos do inciso VII, acrescentado ao art. 252 do CTB pela Lei n. 13.154/2015, caracteriza-se como infração administrativa a realização, em caso de cumulação das atividades de motorista e cobrador, de cobrança da tarifa com o veículo em movimento.		referentes à sua habilitação para conduzir veículo, ou renovação da CNH, mormente quando esses exames forem utilizados também nos programas de controle do uso de drogas e bebidas alcoólicas.
Art. 265, § 8º do CTB, inserido pela Lei n. 13.154/2015.	**ACESSO, PELO EMPREGADOR, CONCESSIONÁRIA OU PERMISSIONÁRIA DE SERVIÇO PÚBLICO, ÀS PONTUAÇÕES DE SEU MOTORISTA EMPREGADO** O empregador, concessionária ou permissionária de serviço público, apenas pode ter acesso aos pontos atribuídos ao motorista profissional seu empregado com finalidade preventiva, sendo, pois, vedado o uso da informação para fins sancionatórios ou disciplinares.	Não se aplica.	
Jornada e duração do trabalho.			
Arts. 2º, inciso V, alínea *"b"* da Lei n. 13.103/2015 e 67-E do CTB.	**CONTROLE DE JORNADA** É dever do empregador controlar a jornada do empregado, por meio de "diário de bordo, papeleta ou ficha de trabalho externo", assim como por "sistema e meios eletrônicos instalados nos veículos, a critério do empregador".	**CONTROLE DA DURAÇÃO DO TRABALHO** Deve ter seu horário de trabalho controlado em razão do disposto no art. 67-E, inserido pela Lei n. 13.103/2015 no Código de Trânsito Brasileiro e nos termos da Resolução CONTRAN n. 525 de 29.4.2015.	Pode haver, por parte da fiscalização, o confronto de informações contidas em documentos específicos de controle, com dados colhidos do tacógrafo, bem como diversos outros meios admitidos e passíveis de constatar eventual infração aos limites de tempo de trabalho.

Definições e direitos	Motorista profissional (empregado)	Motorista profissional (autônomo)	Observações
	Neste último caso, tem-se por aplicável regulamentação específica elaborada pelo Ministério do Trabalho (MTe), por meio da Portaria n. 1.510/2009 (art. 74, § 2º, da CLT), fixando o Sistema de Registro Eletrônico de Ponto (SREP) como meio eletrônico idôneo. Observa-se que a regulamentação ministerial possibilita a adoção de REP móvel. A Portaria n. 373/2011 permite a adoção, via negociação coletiva, de sistema alternativo ao SREP. A previsão contida no art. 2º, inciso V, alínea b da Lei n. 13.103/2015, vem ao encontro da alteração promovida no art. 6º da CLT, pela Lei n. 12.551/2011. Tais modificações representam avanço no que se refere à duração da jornada de trabalho do motorista, ratificando a diretriz adotada pela Lei n. 12.619/2012 no que se refere ao afastando do sistema anterior que o vinculava à regra genérica prevista no art. 62, inciso I, da CLT. Não se aplica o disposto no art. 74, § 2º da CLT.		Nesse passo, não se vislumbra confronto com a diretriz adotada pela OJ n. 332 da SBDI-1 do TST, que também está em consonância com os arts. 67-E, § 2ºdo CTB, além do disposto no 2º, inciso V, alínea b, da Lei n. 13.103/2015. Assim, ao tacógrafo deve-se agregar outro meio de controle. Registre-se que cabe ao motorista marcar o ponto, que será controlado de maneira fidedigna pelo empregador, podendo para tanto utilizar meios eletrônicos idôneos. Eventuais alterações irregulares nos dados registrados poderão ser constatadas pela fiscalização ou provadas em juízo. Em qualquer caso, tem-se a possibilidade de confronto de informações. As vicissitudes e problemas, referentes à possibilidade de manipulação dos registros, não foge à regra geral inexistindo qualquer particularidade ou eventualidade específica que justifique críticas ao art. 2º, inciso V, alínea b da Lei n. 13.103/2015, para o caso dos motoristas profissionais empregados, além daquelas já conhecidas e combatidas diuturnamente.
Art. 235-B, inciso III, da CLT. Interpretação sistemática com o art. 67-C do CTB. Art. 252, inciso VII do CTB acrescentado pela Lei n. 13.154/2015.	**DEVERES** Cabe ao motorista profissional registrar os horários, observar as normas relativas ao tempo de direção e de descanso previstos na legislação. Caso constatado o descumprimento ou eventual marcação inidônea, estará sujeito ao poder disciplinar do empregador — obviamente, caso a infração não decorra de ordens desse —, e às punições próprias das autoridades de trânsito.	Com base no que dispõe o Art. 67-C, § 7º do CTB, e art. 161, da CLT, o descumprimento de intervalos pode justificar a adoção de medidas baseadas no princípio da precaução/prevenção, como, por exemplo, a interdição do veículo.	

Definições e direitos	Motorista profissional (empregado)	Motorista profissional (autônomo)	Observações
	Nos termos do inciso VII, acrescentado ao art. 252 do CTB pela Lei n. 13.154/2015, caracteriza-se como infração administrativa a realização, em caso de acumulação das atividades de motorista e cobrador, de cobrança da tarifa com o veículo em movimento.		
Art. 235-C, *caput* da CLT.	**JORNADA DE TRABALHO** Máximo de 8 (oito) horas. Permitida a prorrogação por mais 2 (duas) horas extraordinárias.	**DURAÇÃO DO TRABALHO** A sistemática da Lei n. 13.103/2015 também permite que, ao invés de 2 (duas) horas extras, o motorista profissional se ative por 4 (quatro) horas extras, se assim for estabelecido em convenção ou acordo coletivo de trabalho, admitindo o cumprimento de jornadas com 12 (doze) horas de duração.	A possibilidade de ampliação da jornada trabalhada para 12 horas diárias deve ser vista com reservas, devendo ser admitida apenas em caráter excepcional e por curto período, ante a imperiosidade de preservar as condições de saúde e segurança para garantir a higidez física e mental do condutor. Nesse sentido, não há como se admitir a previsão inserida no § 17 do art. 235-C da CLT pela Lei n. 13.154/2015, ante sua flagrante inconstitucionalidade consubstanciada na fragilização da proteção à saúde e segurança do trabalhador e de toda a sociedade que com ele compartilha as vias públicas.
Arts. 501, 235-D § 6º, 235-C e 61 da CLT. Art. 393, parágrafo único do Código Civil.	**FORÇA MAIOR** A definição de força maior pode ser encontrada no art. 501 da CLT e parágrafo único do art. 393 do Código Civil. Acontecimento inevitável ou fato necessário, para o qual não concorreu o empregador, cujo efeito não era possível evitar ou impedir. A situação de força maior pode ser reconhecida em relação a todos os motoristas, empregados e autônomos. Em caso de força maior, devidamente comprovada, a duração da jornada de trabalho do motorista profissional poderá ser elevada pelo tempo necessário para sair da situação extraordinária e chegar a um local seguro ou ao seu destino. A alegação não pode ser usada como subterfúgio para burlar a lei. Por isso, necessário observar que o poder de direção é do empregador, de sorte que ele é o responsável por considerar as ocorrências usualmente verificadas no trecho a ser percorrido, quando efetuar o planejamento da viagem.		Arts. 501, 235-D, § 6º, 61 e 235-C da CLT. Art. 393, parágrafo único do Código Civil.

Definições e direitos	Motorista profissional (empregado)	Motorista profissional (autônomo)	Observações
Art. 235-C, § 13 da CLT.	**INEXISTÊNCIA DE HORÁRIO FIXO DE JORNADA E ADMISSÃO DE PERÍODOS DE TOLERÂNCIA** Tendo em vista as especificidades de que se reveste o trabalho do motorista profissional, a lei permite no § 13 do art. 235-C da CLT a inexistência de um horário **fixo**. Entretanto, tal não pode ser entendido como falta de limites de duração da jornada, nem como salvo-conduto para ultrapassar as balizas estabelecidas quanto à duração da jornada e concessão de intervalos.		
Art. 235-C, § 5º da CLT.	**COMPENSAÇÃO** A compensação de jornada deve observar o disposto no § 2º do art. 59 da CLT		
Art. 235-F da CLT.	**JORNADA ESPECIAL - DE 12 x 36** Só pode ser estipulada mediante negociação coletiva. A redação sucinta que a Lei n. 13.103/2015 atribuiu ao art. 235-F da CLT não pode ser considerada como permissivo amplo para a adoção do sistema 12 x 36, pois é preciso proceder a sua interpretação em conformidade com os preceitos constitucionais. Assim, imperioso concluir que a jornada 12 x 36 só pode ser adotada de forma excepcional e por um determinado período de duração, consignando-se a necessária justificativa fática para tanto. Em qualquer caso, entretanto, deverão ser respeitados os intervalos legais para refeição e descanso em sua Integralidade. Aplicável a exigência legal contida no art. 60 da CLT quando o motorista atuar em condições de insalubridade - seja na prorrogação, seja na compensação de jornada.	Não se aplica.	A hipótese deverá ser analisada também com base no Precedente Administrativo n. 81 do MTE e observância dos termos fixados pela Súmula n. 444 do TST, levando-se em conta as características do caso concreto. Cumpre registrar que tal previsão pode oferecer solução à situação fática referida no art. 235-D, § 8º da CLT.

<table>
<tr><th>Definições e direitos</th><th>Motorista profissional (empregado)</th><th>Motorista profissional (autônomo)</th><th>Observações</th></tr>
<tr><td colspan="4">Tempos relacionados ao motorista profissional empregado e fixação de parâmetros.</td></tr>
<tr><td>Art. 67-C, § 4º CTB.</td><td colspan="3">TEMPO DE DIREÇÃO
Aplica-se, por sua generalidade, tanto aos motoristas empregados, quanto aos demais motoristas profissionais (TAC e TAC auxiliar).
A importância desse conceito diz respeito aos parâmetros para a contagem dos tempos, especialmente do referente ao descanso de 30 minutos a cada 4 horas de direção para os motoristas profissionais de passageiros e, 5 horas e 30 minutos, para os motoristas profissionais que atuam no transporte de carga, único período de descanso que tem por parâmetro de contagem o "tempo de direção ou condução". Os demais descansos têm como parâmetro de contagem o módulo de duração da jornada (intervalo para refeição), o módulo dia (repouso diário) ou o módulo semanal (repouso semanal).
O tempo de direção poderá ser prorrogado apenas de forma excepcional, e desde que não haja o comprometimento da segurança rodoviária, quando, devidamente comprovada a situação, se revelar imperioso que veículo e carga cheguem a um local adequado nos termos do § 2º, do art. 67-C do CTB.
A lei permite o fracionamento do tempo de direção, desde que atendidas as seguintes exigências:
(i.i) Como regra geral o tempo máximo que o motorista profissional pode permanecer em tempo de direção é de 5 (cinco) horas e 30 (minutos). (i.ii) Caso se trate de motorista profissional de transporte de passageiros, há exceção a essa regra, uma vez que o tempo máximo para que esse profissional goze seu intervalo é de 4 (quatro) horas. Os 30 (trinta) minutos, podem ser gozados ao final dessas 4 (quatro) horas, ou de forma fracionada, desde que não haja permanência superior ao período de 4 (quatro) horas ao volante;
(ii) Caso se trate de motorista profissional de transporte de carga não poderá esse profissional permanecer mais do que 5 (cinco) horas e 30 (minutos) em tempo de direção. Deverá, assim, findo esse período, iniciar o gozo dos 30 (trinta) minutos de descanso. O período de descanso, contudo, não precisa ser gozado apenas ao final das 5 (cinco) horas e 30 (minutos) de direção, podendo, tal qual o período de direção, ser gozado de forma fracionada. A peculiaridade, aqui, encontra-se no fato de que deverá, em um interstício máximo de 6 (seis) horas, haver o gozo dos 30 (trinta) minutos de descanso.</td></tr>
<tr><td>Art. 67-C, § 5º do CTB.</td><td colspan="2">INÍCIO DA VIAGEM
A viagem tem início com a partida do veículo na ida ou no retorno. Tal fato tem relevância quando se analisa a questão dos motoristas profissionais que se ativam em viagens de longa distância, pois nesse caso há regramento próprio para disciplinar os descansos interjornadas e semanal, quanto à forma da concessão do gozo, fracionamento e acumulação, a teor do art. 235-C § 4º e 235-D da CLT.</td><td></td></tr>
<tr><td>Art. 235-C da CLT.</td><td>TEMPO DE ESPERA
O tempo de espera aplica-se aos motoristas empregados de maneira geral.
A remuneração do tempo de espera possui natureza salarial, a despeito do que sugere uma leitura rápida do texto da lei, por se tratar de contraprestação a um serviço efetivamente prestado pelo trabalhador em benefício da atividade econômica explorada pelo empregador.
Assim, a contradição entre o constante do § 9º do art. 235-C, que fala em horas</td><td>Para o motorista autônomo, há a previsão do art. 5º-A, § 5º da Lei n. 11.442/2007, com alterações da Lei n. 13.103/2015.</td><td></td></tr>
</table>

<table>
<tr><th>Definições e direitos</th><th>Motorista profissional (empregado)</th><th>Motorista profissional (autônomo)</th><th>Observações</th></tr>
<tr><td></td><td>"indenizadas", e o § 10 do mesmo artigo, que se refere a "remuneração" deste período, deve ser interpretada em favor deste último.
É constitucional a instituição do tempo de espera, bem como é constitucional a instituição de seu valor na proporção de 30% (trinta por cento) do salário-hora normal, porque o motorista desenvolve atividade peculiar neste período. Tal estipulação está lastreada no mesmo fundamento utilizado para a estipulação de remuneração diferenciada para os períodos de sobreaviso e prontidão do ferroviário.
O tempo de espera se aplica apenas após finda a jornada de trabalho. Ademais, no § 11 do art. 235-C, a Lei n. 13.103/2015 limitou a duração do tempo de espera a 2 (duas) horas.</td><td></td><td></td></tr>
<tr><td></td><td>EXTINÇÃO DO TEMPO DE RESERVA
O tempo de reserva, anteriormente previsto no § 6º do art. 235-E inserido pela Lei n. 12.619/2012 foi revogado pela Lei n. 13.103/2015.
Portanto, pagamento e demais considerações com relação a esse período se aplicam apenas ao tempo em que aquele dispositivo se manteve em vigor, tendo em vista a aplicação da lei no tempo.</td><td></td><td></td></tr>
<tr><td>Arts. 235-D, § 5º e 235-E, inciso III da CLT.</td><td colspan="2">VIAGENS COM REVEZAMENTO DE MOTORISTAS
Motoristas que trabalham em dupla no mesmo veículo, atuando no transporte de carga e passageiro, tem direito a usufruir o repouso interjornada mínimo de 6 (seis) horas consecutivas fora do veículo, em alojamento externo, ou cabine (poltrona) leito com o veículo estacionado, a cada 72 horas.</td><td>Assim, a hipótese de permanência junto ao veículo deve ser analisada no contexto com que o serviço é efetivamente prestado. Subterfúgios como a autorização expressa mostram-se inservíveis como meios obstativos da caracterização de fatos jurídicos inexoráveis. A permanência junto ao veículo, assim, é presumida por razões de serviço, sendo, pois, ônus do empregador demonstrar que proporcionou ao trabalhador condições de efetivamente optar.</td></tr>
</table>

Definições e direitos	Motorista profissional (empregado)	Motorista profissional (autônomo)	Observações
Art. 235-D, § 7º e art. 235-C, § 11 da CLT.	**ACOMPANHAMENTO DO VEÍCULO TRANSPORTADO** Quando o motorista estiver acompanhando veículo transportado, por qualquer meio em que ele siga embarcado por vários dias, o veículo tiver cabine leito ou a embarcação dispor de alojamento para gozo do intervalo de repouso, o período usufruído nessas condições será considerado como "tempo de descanso", findo o qual terá início outra jornada normal de trabalho, mesmo que ainda permaneça embarcado.		
Períodos de descanso.			
Arts. 67-C, §§ 1º e 1º-A do CTB. Arts. 235-C, § 2º e 235-E, incisos I e II da CLT.	**DESCANSO DE 30 MINUTOS** **FRACIONAMENTO** O intervalo de 30 (trinta) minutos pode ser fracionado, assim como pode ser fracionado o tempo de direção, desde que não ultrapasse os seguintes limites: (i) o **motorista profissional de transporte de passageiros** não pode permanecer mais de 4 (quatro) horas ininterruptas ao volante e o intervalo de 30 minutos deve ser concedido dentro destas 4 (quatro) horas. (ii) **motorista profissional de transporte de carga** não pode permanecer mais de 5 (cinco) horas e 30 (trinta) minutos ininterruptas ao volante, sendo que o intervalo de 30 (trinta) minutos deve ser concedido dentro do período máximo de 6 (seis) horas.		O intervalo de 30 minutos não integra a jornada de trabalho dos motoristas profissionais empregados.
	Mas, no caso do **motorista profissional de transporte de passageiros empregado,** o fracionamento pode ser feito **em períodos de no mínimo 5 (cinco) minutos.**		
	COINCIDÊNCIA COM O INTERVALO MÍNIMO DE 1 HORA No caso do **motorista profissional empregado em transporte de passageiros**, tem-se que o intervalo de 30 (trinta) minutos pode coincidir com o intervalo de 1 (uma) hora. Mas, o intervalo de 1 (uma) hora somente poderá ser dividido em dois períodos, **exceto quando se tratar do motorista profissional enquadrado no § 5º do art. 71 da CLT, em que é possível o fracionamento**		

<table>
<tr><th>Definições e direitos</th><th>Motorista profissional (empregado)</th><th>Motorista profissional (autônomo)</th><th>Observações</th></tr>
<tr><td></td><td>de ambos os intervalos em períodos mínimos de 5 (cinco) minutos.
No caso dos motoristas profissionais empregados no transporte de passageiros, o fracionamento do intervalo de 1 hora não precisa ser em dois períodos, e o fracionamento do intervalo de 30 minutos pode se dar desde que respeitados períodos de no mínimo 5 (cinco) minutos.</td><td>Violando o art. 7º da CF/88 e a diretriz estabelecida pelo inciso II da Súmula n. 437 do TST, a Lei n. 13.103/2015 alterou a redação do § 5º do art. 71 da CLT, não só possibilitando a redução, mas também o fracionamento do intervalo intrajornada em curtos períodos de 5 (cinco) minutos, não computados na jornada.</td><td></td></tr>
<tr><td></td><td colspan="3">COINCIDÊNCIA COM O DESCANSO DIÁRIO DE 11 HORAS
Tanto para motoristas profissionais empregados, como para autônomos, é possível estabelecer a coincidência do descanso de 30 minutos do tempo de direção com o intervalo interjornadas de 11 (onze) horas, em qualquer um dos períodos de fracionamento (8 horas + 3 horas).</td></tr>
<tr><td>Art. 235-C, § 2º da CLT.</td><td>INTERVALO MÍNIMO DE 1 HORA
Não tratou do tempo máximo permitido, nada impedindo que seja estabelecido em acordo ou convenção coletiva, em conformidade com as especificidades próprias desse tipo de trabalho, como são exemplo as hipóteses do art. 235-D, § 8º da CLT.
Caso o motorista cumpra jornada com duração inferior a 6 (seis) horas e superior a 4 (quatro) horas, o intervalo para refeição deve ter a duração de 15 minutos.</td><td>Não se aplica.</td><td>O fracionamento previsto no art. 235-E, inciso II da CLT, referente ao disposto no § 5º do art. 71 da CLT deve se dar por norma coletiva.
Nos termos do § 5º do art. 71 da CLT, o intervalo intrajornada dos motoristas, cobradores, fiscalização de campo e afins nos serviços de operação de veículos rodoviários, empregados no setor de transporte coletivo de passageiros, poderá ser reduzido e fracionado quando tiver a duração de 1 (uma) hora, ou apenas fracionado caso se trate do intervalo de 15 minutos.
Para que tal ocorra é necessário:
(i) estipulação por convenção/acordo coletivo;
(ii) o instrumento negocial coletivo deve consignar a natureza do serviço e as condições especiais do trabalho que justifiquem o fracionamento, não podendo ser assim considerada a mera conveniência econômica do empregador.
Deve haver embasamento técnico, em análise ergonômica do trabalho, a fim de que sejam considerados os impactos de referida redução/fracionamento por curtos períodos na condição psicofisiológica dos motoristas profissionais;</td></tr>
</table>

Definições e direitos	Motorista profissional (empregado)	Motorista profissional (autônomo)	Observações
Arts. 235-C, §§ 3º e 4º e 235-D da CLT e art. 67-C, § 3º do CTB.	**REPOUSO DIÁRIO DE 11 HORAS** É direito do motorista profissional autônomo gozar "dentro do período de 24 (vinte e quatro) horas" intervalo "mínimo de 11 (onze) horas de descanso". A lei proíbe o início de qualquer viagem caso não cumprido integralmente o período de repouso diário de 11 horas. O art. 67-C, § 7º do CTB preceitua que nenhum transportador de cargas ou coletivo de passageiros, embarcador, consignatário de cargas, operador de terminais de carga, operador de transporte multimodal de cargas ou agente de cargas ordenará que	**COINCIDÊNCIA COM OUTROS INTERVALOS E FRACIONAMENTO** Pode coincidir com o intervalo de 30 (trinta) minutos. O fracionamento pode se dar em, no máximo, dois períodos, sendo o primeiro deles de no mínimo 8 (oito) horas e, o segundo, de 3 (três) horas, que deverão ser gozadas **dentro das 16 (dezesseis) horas seguintes ao fim do primeiro período**. Não há permissão legal para a coincidência do intervalo interjornada (incluído o período remanescente de 3 (três) horas) com o intervalo intrajornada de 1 (uma) hora, mas apenas com o intervalo de 30 (trinta) minutos.	O intervalo de 30 (trinta) minutos, assim, **pode** coincidir com o intervalo intrajornada de 1 (uma) hora e com o intervalo interjornada de 11 (onze) horas. Mas, o intervalo intrajornada de 1 (uma) hora **não pode** coincidir com o intervalo interjornada de 11 (onze) horas. A vedação assume caráter amplo. Conquanto tenha havido a supressão do termo permitirá', razão não há para se manter a responsabilidade ampla do beneficiário do serviço, mormente porque é o beneficiário do serviço quem controla quando e como a atividade será realizada.
	motorista inicie viagem se não tiver cumprido integralmente o intervalo de descanso de 11 horas. Assim, todos os envolvidos na cadeia produtiva são responsáveis por garantir condições para o efetivo cumprimento do referido intervalo e, por exigir que esse intervalo seja cumprido. Portanto, conquanto tenha havido a supressão do termo "permitirá" pela nova redação estabelecida pela Lei n. 13.103/2015, não há razão jurídica para afastar a responsabilidade daqueles que detém o controle local da organização dos serviços. O intervalo interjornada dos motoristas que se ativam em viagens de longa distância, isto é, "aquelas em que o motorista profissional empregado permanece fora da base da empresa, matriz ou filial e de sua residência por mais de 24 (vinte e quatro) horas", pode ser gozado "no veículo", mas desde que este "ofereça condições adequadas".		

<table>
<tr><th>Definições e direitos</th><th>Motorista profissional (empregado)</th><th>Motorista profissional (autônomo)</th><th>Observações</th></tr>
<tr><td>Art. 235-D, §§ 1º e 2º da CLT.</td><td>DESCANSO SEMANAL DE 24 HORAS

O motorista profissional empregado que se ativa em viagens de longa distância, com duração superior a 7 (sete) dias, pode fracionar as 35 horas de descanso (24 + 11), sendo que as 30 horas devem ser gozadas por ocasião do retorno, enquanto as 5 (cinco) horas restantes devem ser concedidas dentro do módulo semanal de 7 (sete) dias, podendo ser acumuladas com a fração de 3 (três) horas restantes do descanso de 11 (onze) horas dividido do dia anterior, perfazendo, assim, um total de 8 (oito) horas, de modo a possibilitar um efetivo descanso interjornadas, mesmo quando há a postergação da concessão das 30 horas.

Os períodos de 30 (trinta) horas que podem ser acumulados restringem-se a, no máximo 3 (três), perfazendo um total de 90 (noventa) horas que, somadas às últimas 30, referentes à 4ª semana, resultarão num total de 120 horas (= 5 dias) em folgas que deverão ser concedidas de forma contínua, impreterivelmente no término da 4ª semana, cabendo ao empregador a obrigação de organizar as escalas de viagem de modo a possibilitar o cumprimento desta obrigação legal.

Logo, não pode o motorista permanecer em viagem por mais de 4 (quatro) semanas consecutivas.</td><td>Também se aplica aos motoristas profissionais autônomos.</td><td>Aplicam-se as regras ordinárias para a concessão do descanso semanal remunerado, inclusive no que se refere à preferência de gozo aos domingos e a obrigatoriedade de que o descanso se dê dentro do período máximo de 7 (sete) dias.</td></tr>
<tr><td>Arts. 67-C, § 6º e 230, inciso XIII do CTB.</td><td colspan="3">INTERDIÇÃO DO SERVIÇO E RETENÇÃO DO VEÍCULO

Pode ser aplicada aos motoristas profissionais de modo geral (empregados e autônomos), quando o descumprimento das normas legais e de segurança tornar impossível a continuidade da viagem.

(i) A interdição do serviço prestado pode ser determinada tanto pela fiscalização rodoviária, quanto pela fiscalização trabalhista, ante a presunção legal de risco grave e iminente;

(ii) Como a extrapolação do tempo de permanência ao volante e o descumprimento dos intervalos para descanso podem desencadear situações em que se constate a existência de risco grave e iminente, pode ser decretada a retenção do veículo para que haja o cumprimento do tempo de descanso;

(iii) Não se descarta a adoção de outras medidas preventivas que, contudo, dependem da necessária justificação, pois não foram casuisticamente expressas na lei.</td></tr>
</table>

Definições e direitos	Motorista profissional (empregado)	Motorista profissional (autônomo)	Observações
Art. 384 da CLT.	**PAUSA DO ART. 384 DA CLT** Aplica-se tanto para motoristas do sexo feminino quanto do sexo masculino – interpretação que tem por pressuposto à saúde e a segurança do trabalho, e não o gênero do trabalhador (aplicável até a entrada em vigor da Lei n. 13.467/2017).		
	Questões gerais		
A Lei n. 13.103/2015 revogou o art. 235-H da CLT, sem substituí-lo. Art. 235-D, § 8º da CLT.	**CONVENÇÕES E ACORDOS COLETIVOS** A Lei n. 13.103/2015 revogou o art. 235-H da CLT, que ampliava a atuação da negociação coletiva para a categoria dos motoristas, mas preservou essa modalidade quando se tratar do transporte de cargas perecíveis. Não obstante, a interpretação desse novo preceito legal não pode levar ao apequenamento da negociação coletiva, ante o estipulado no inciso XXVI do art. 7º da CF/88, que a reconhece como direito fundamental do trabalhador. Contudo, somente podem ser aceitas cláusulas convencionadas "desde que não prejudiciais à saúde e à segurança do trabalhador". A análise deverá ser feita casuisticamente.		Disposições fundamentam o incentivo às fontes autônomas negociais no Direito do Trabalho. Art. 7º, inciso XXVI da CF/1988; Declaração da OIT sobre os Princípios e Direitos Fundamentais no Trabalho, item 2, alínea a. Convenção da OIT n. 98, art. 4º. Convenção da OIT n. 154, arts. 1º, 2º, 5º, alínea "e", 8º.
Art. 9º da Lei n. 13.103/2015.	**PONTOS DE PARADA PARA DESCANSO** Mantém-se a responsabilidade do empregador, pela possibilidade de usufruir os intervalos de descanso nos pontos de parada, pois é ele quem planeja a viagem e determina os locais em que haverá a parada.	Entretanto, a responsabilidade pelas condições sanitárias e de conforto nos locais de parada cabe ao transportador de carga, embarcador, consignatário de cargas, operador de terminal de carga, operador intermodal de cargas ou agente de cargas. Tal ocorre porque todos os que, de alguma forma, integram a cadeia produtiva do transporte, são responsabilizados pelas externalidades desse serviço.	Para todos os casos é obrigatória a aplicação das Normas Regulamentadoras do MTE.

Definições e direitos	Motorista profissional (empregado)	Motorista profissional (autônomo)	Observações
Art. 235-G da CLT.	**REMUNERAÇÃO VARIÁVEL** Não obstante a Lei n. 13.103/2015 ter alterado o preceito anteriormente disposto na Lei n. 12.619/2012, indicando aparente movimentação contrária no sentido de "permitir", onde antes constava "vedar", na verdade houve a fixação de um balizamento. Assim a remuneração variável (comissão ou qualquer outro tipo de vantagem) só é permitida em função da: (i) Distância percorrida; (ii) Tempo de viagem; (iii) Natureza e quantidade de produtos transportados; Exemplos de casos em que a remuneração variável é permitida: pagamento de valores adicionais por combustível economizado, menor desgaste do veículo, etc.	Na verdade foram estabelecidos parâmetros, que deverão nortear a doutrina e a jurisprudência quanto à proibição dessa modalidade de remuneração, qualquer que seja sua denominação, quando: (i) Comprometer a segurança rodoviária ou da coletividade; (ii) Possibilitar violação das normas do ordenamento jurídico trabalhista.	A medida chama atenção para a relação direta existente entre a intensificação do ritmo e da velocidade do trabalho, provocada para atender às metas estabelecidas para o recebimento de remuneração variável, e a ocorrência de acidentes. A importância da Norma Regulamentadora n. 17, item 17.6.3, alínea a.